CONTEMPORARY POLITICAL PHILOSOPHY: AN INTRODUCTION

WILL KYMLICKA

上海译文出版社

当代政治哲学

[加] 威尔·金里卡 著
刘莘 译

献 给 休

目　录

为政治寻找理性：威尔·金里卡《当代政治哲学》推荐序①

钱永祥

（台湾“中研院”中山人文社会科学研究所副研究员）

威尔·金里卡《当代政治哲学》的中文译本问世，基于两个理由，我们应该重视与推介。第一，这是一本极为出众的著作，问题意识精准明晰，论证结构紧密犀利，还涵盖了丰富又扎实的内容，对当代政治哲学的全局发展提供了准确深入的介绍，值得一切对政治和哲学思考有兴趣的人细读。第二，政治哲学本身的发展，关系到政治究竟能不能成为一种有理性可言的活动，值得社会上具有实践意识的公民们积极涉猎，本书堪称是他们最得力的入门津梁。

一、 政治哲学的兴衰

在今天，读者会对政治哲学这个学术领域感兴趣，不能说是意外。这个时代，政治势力所掌握的动员能力和资源，以及支配社会各个领域、各种活动的压倒性优势，堪称睥睨古今，或许只有当年兴建金字塔的政教权威稍能望其项背。可是今天的政治权威，在一个致命的方面，又享受不到旧日政教权威所享受到的安逸：它已经无法借助一套具有绝对威信的宇宙观或价值观君临整个社会，巩固自己的正当性。这种情况之下，一方面，政治权力的需索与控制无所不在，即使无意过问政治的人也无所遁逃，另一方面，政治权威的正当性所仰仗的原则与价值观却又捉襟见肘，不仅无法获得普遍的认同，甚至必须不时面对质疑与挑战。既然政治已经成为众人的身边事，而政治体制的正当性根据又众说纷纭，那么大家会开始注意政治哲学，希望通过哲学的探讨，找到妥当的政治原则与政治价值，乃是很自然、正常的事。

这个情况，充分反映在学术浪潮的起伏演变上。在当前学术界，政治哲学是一个相当活跃的学术领域，西方世界固然如此，在台湾乃至大陆，它也开始有所发展和成长。本书作者在书中“第二版序”里，惊叹英语政治哲学界新创期刊的蓬勃景象，可以为一佐证。即使在台湾，近年也正有学者与民间出版机构合作，开中文世界之先河，②自行创办了《政治与社会哲学评论》这份学术期刊，足以窥见这个学门的生气。可是我们不要忘记，在20世纪50、60年代，政治哲学在西方曾经途穷路尽，甚至有人担心它业已死亡。而在中文世界，“政治哲学”原本是无声无息、乏人问津的一个学门；它成为研究主题、进入大学课堂，甚至借着著作或者翻译的形式进入书市，也不过是近十年才发生的新鲜事。

众所周知，政治哲学在西方曾经有过辉煌的历史。柏拉图、亚里士多德的盛名固不待言，单就近代而论，17世纪的霍布斯、洛克，18世纪的卢梭、康德，19世纪的黑格尔、马克思、约翰·密尔，都曾经撰述经典著作，共同界定了西方政治哲学的基本面貌，进而引导、影响西方(以及东方)历史的进程与方向。可是到了20世纪中叶，这个曾经有过如此显赫成就的领域，一时却显得虚脱羸弱无精打采，原因何在呢?

化繁为简地说，20世纪的政治社会生活里，有两个特有趋势，对政治哲学的萧条要负一些责任。第一方面，意识形态在20世纪国家化、政权化之后，在各个不同的社会，或者成为官方教条，或者沦为垄断性的舆

① 本文的某些论点，在 Isaiah Berlin，“Does Political Theory Still Exist?”（1961/1962）一文中已见申论，合当在此注明。

② 1996年在北京创办的《公共论丛》，至2003年已经出版七集。它的宗旨看来也是一份政治哲学刊物，不过由于它以专题丛刊的形式出刊，在技术意义上不便算作期刊。

论主流，甚至成为热战冷战的焦点，支配力量和僵化效果均为前所未见。思想一元化的趋势一旦成形，针对政治原则和政治价值要作批判与评比，也就不再可能，政治哲学当然无所施展。另一方面，社会科学的声望与势力在第二次世界大战后快速膨胀，逐渐构成公私领域“治术”的一环，于是循因果、结构与功能角度（甚至以相关的统计为已足）说明社会政治现象蔚为风气，取代了规范性与评价性的取径。进一步，从社会科学的“科学主义”角度来看，由于评价之举似乎总是陷身在主观、相对的泥沼中，而科学则可以得到客观、确定的结论，甚至产生明确的政策以资治理社会（委婉的说法谓之“服务社会”），那么关于制度安排、政策选择的思考与决定，当然也不容政治哲学置喙。

论者有谓，一直要到1971年罗尔斯《正义论》（John Rawls, *A Theory of Justice*, 1971/1999）一书出版，20世纪西方才产生了一本足以与上述思想家并列的经典著作；在本书中，作者也视罗尔斯这卷巨著为当代政治哲学一切争论的原点（ground zero）。表面看来或许属于巧合，但是20世纪70年代初期，正好也是西方社会开始检讨冷战局面、批判既有学术格局与社会文化体制的高潮。闸门一旦打开，老旧意识形态的僵持逐渐松动，各种社会议题逐渐暴露，弱势群体开始发出声音，西方社会——尤其是美国——一反先前弥漫的同质化与自满姿态，进入了一个以质疑、对抗、解放为主调的多元时代。罗尔斯的《正义论》能够赢得规模惊人的回响与瞩目，就时代精神而言，应该不是偶然。

在台湾，政治哲学能够萌芽，也受惠于类似的历史转折。在国民党主宰社会的年代，台湾虽然有一些零星的政治思想史的研究，不过并没有所谓的政治哲学探讨。异议的声音诚然依稀可闻，但是要对政治原则与价值进行批判性的反省，就那种封闭的环境来说，显然太过奢侈。一直要到20世纪90年代，到了解禁之后，台湾社会面临政局的动荡、体制的紊乱、权力斗争的激烈，尤其是族群与身份的挣扎厮斗，在一片喧嚣声中，政治哲学才开始有存身的可能。可以想象，随着政治经验的累积，随着政治课题从简单粗暴的敌我斗争，被迫转向复杂细致的合作共存，台湾社会对于政治的理解和期待，必须相应地有所调整。这个局面里，政治哲学将不得不承担更积极的角色。

如果是这样，我们对政治哲学的思考角度和论证途径，就需要有更深入的理解。

二、一本杰出的教科书

过去三十年间，英语政治哲学以罗尔斯《正义论》为基础，在西方学界发展与茁壮，进而引领、灌溉社会上的公共讨论，构成一段深刻、丰富的哲学故事。加拿大学者威尔·金里卡立志讲述这个故事，于1990年出版本书的第一版，甚受好评。如今第二版大幅度地扩张了章节篇幅，并且由刘莘先生译成中文，有兴趣的读者总算找到了一位可靠的导游。这本《当代政治哲学》自称教科书，可是我们要知道，它是一本很特出的“教科书”。它的学术水平以及可望提供给读者的助益，都超过了我们平常对于教科书的期望，即使浸淫已久的教师和学者也可以受惠。确实，书店中不难找到类似的导论书籍，不过恐怕没有哪一本书像本书一般，深入地呈现当代政治哲学的活力、复杂与广阔，同时又生动地反映了学院政治哲学与历史、社会现实结合的趋向。

一般而言，教科书旨在引导初学者进入一个领域，总会力求系统与客观地报道现状，结果往往变成静态地展示一幅解剖图，五脏俱全、罗列有序，独独不见了其间生机运作的搏动。打开本书目录，作者将当代主要学派分章陆续交代，似乎正好落入一般教科书的这种窠臼。可是如作者所言，他认为当代政治哲学的学派虽多，却都在处理几个共通的问题，面对同样的现实，从而也就有一个根本的问题意识贯穿其间。问题与环境既然共通，各个学派之间的对话与互动也就格外频繁紧张。本书章节的推进，其实可以看作一系列持续不断的辩证攻错，对于该一根本问题应该如何陈述、理解以及处理展开论争。这种绵密起伏的争论状况，确实是当代政治哲学的实况。本书有意识地去反映这种实况，是它的第一个优点。

其次，教科书为了保持客观，往往不愿意对于所介绍的各家说法表示太多的臧否意见。就政治哲学而言，这个态度容易坐实了一个流行的误解，就是认为政治思考纯粹是立场的表达，而政治立场本质上属于主观意见，只有是否同意其结论的问题，至于论证本身的周全与对错，并不是需要深究的。等而下之的教科书，遂不免充斥着条列“某主义或某思想家主张……”的陈套，仿佛各家主张都一样妥当，结果学说取代了思考，原则沦为牙慧口号。但是本书不然。在书中，作者不吝针对各家说法进行严密的分解，检讨其间的疏忽与矛盾，追究论证的一贯与完整。换言之，这是一本以哲学“实作”的方式介绍政治哲学的教科书，读者不仅可以认识“学说”，更可以目睹学说背后的思考运作与批判门径。作者本人在当代政治哲学界便是一位场子上的人物，立场明确（即所谓“平等主义的自由主义”），在几个题目上也卓有建树。由他来着手品评当代各家的长短得失，无妨看作示范演练，不时可以见到精彩之论。

第三，本书还充分反映了当代政治哲学的一大特色，即理论与现实的密切关联。政治哲学本质上必须就时代、社会的是非议题——并且通常涉及大是大非——发言，自古即无例外。因此，虽然当代一般哲学的学院化、抽离化趋势不时遭人诟病，不过，就政治哲学而言，即使它想隐遁到最客观、最抽离的概念分析，也无法摆脱介入争议与表达态度的宿命。过去三十年间，在东西方社会，都有许多潜伏已久或者新近生成的议题挑起了公共议论，令政治哲学受到深刻的冲击与启发，相应也有独特的响应与反省。可以说，学院政治哲学与社会现实议题的相互渗透，目前正处于高峰，并且不可能退潮。本书作者本人在这个环境里成长，他的学术工作与学术关怀，也在这个氛围里成形，所以他所叙述的故事，基本上可以看作政治哲学这个学门对于西方几十年来重大社会政治争议的响应。读者会注意到，书中对每一套政治理论的探讨，都以该理论的“政治”——即政治意义与可能促成的政策——结尾，是教科书中很罕见的写法，足以彰显政治哲学与现实政治的密切关系。

当代政治哲学的这种实践取向，是本书一项值得特别注意的特色。这项特色提醒我们，关于社会与政治的思考，原本就有其由价值意识引导的实践一面，政治哲学的本质如此，它在当代文化环境里的发达与困局也系于此。针对这个问题，我们可以稍作反省。

三、 政治哲学是什么

哲学所关心的，可以总结为“我应该相信什么”和“我应该做什么”这两大类分别涉及认知与实践的问题。不过，面对这些问题，哲学的主要责任倒不在于提供实质、具体的答案，告诉我们去信任这种或者那种知识(例如应该相信感官知觉，还是理性推论)，或者去根据这种原则或者那种原则行动(例如应该追求最有利的后果，抑或不必理会结果而是严格遵循规则)，而是追问：一种有关知识性质或者行动原则的主张，因为什么**理由**才是“对”的或者“好”的，是应该相信或者遵从的？在这个意义上，哲学乃是一种**后设性兼评价性**的思考：面对一个问题，与其说哲学要提供实质的正确答案，不如说它更关心这个答案为什么是“正确”的、是应该认可的、是讲理的人所不得不接受的。

哲学接连上政治，管道即在此。在政治领域，一个极为根本的问题，就是要求对各种现实的(或者理想中的)体制、政策进行排比评价，作出好、坏、对、错的分辨。即使最功利现实、最讲求机巧策略的政治人物，只要他还需要为自己的作为找理由(所谓找理由，当然就是认定所找到的理由是“对或好”的)，就不得不介入这种涉及比较与评价的思考。评价当然需要标准，标准就是各种政治原则与政治价值。可是这些原则与价值为什么是对的？是大家应该接受的？是政治制度与政策之所以成为“正当”的好理由？这些考量，构成了政治哲学的核心议题。

西方古典政治哲学，不仅界定了这个核心议题，处理这个议题的方式也有其独特之处。一般而言，古典政治哲学预设了人的生命有一个应然性的目的状态，或者来自本性(自然)，或者来自某种超越的旨意(天、神)，代表一种终极的理想目标，人的完成(perfection)在焉。政治生活在人生里有其位置，正是因为政治生活跟达成该一目标有某种特定的关系。在这样的思考架构里，政治体制、政治价值的正当性，可以由政治生活与该一目标的关联导出。古典政治哲学的任务，即在于发现这种关联，进行这种推导。柏拉图、亚里士多德、奥古斯丁的哲学和政治观点虽然迥异，却都体现了这个思考架构。简单地说，这是一种用“目的”来检讨政治体制与政治价值的思考架构。目的论式的思考要有说服力，当然取决于它所标举的目的状态能不能取信于人，是不是对的。而目的状态的说服力，又取决于有关人的天性或者超越的旨意的说法，能不能取得说服力。不过，目的论的实践性格，是很明白的：以它为典范的政治哲学，始终关切着政治与人生的价值关系。

到了近代，这套思考方式逐渐丧失力量。近代人不再从目的论的角度去思考政治问题，因为近代人不再敢预设一个明确、客观、完美的目的状态，具有无可置疑的权威，可以直接回答政治领域里的评价问题。奠定近代政治哲学基础的霍布斯，一口断言没有所谓的终极目的或者最高善可言，人的幸福不过在于欲望的不断满足。而欲望所指，自是由个人自行判断的。我们不必接受霍布斯的极端说法，不过到了今天，事实上人类已经没有理知资源，去主张一套完美的目的状态；人类在利益、理想、认知上的多元化，事实上也已经无可挽回。不敢面对这样雄辩的历史事实，甚至妄想加以改变，当然有失政治哲学的切事踏实职责。

但是在近代，哲学的评价责任并没有解除。随着目的的个人化与主观化，政治哲学如果还想善尽原先的评价职责，势必需要另辟蹊径，改而诉诸程序：政治体制与政策，无论其建立的方式，或者其运作、分配的方式，须要在程序上满足某种标准，即使人们各自的目的与利益不同，却都会同意这些制度与政策是对的。可以想象，要找到并证明这种关于程序之正当的标准，并不是很容易的事。近代政治哲学的复杂、丰富与多样，尽在于此。但我们会发现，这种从目的到程序的转折，并没有改变政治哲学对于政治与价值之间关系的关切。

四、政治哲学与自由主义

以上所言似乎表示，到了现代，政治哲学陷入了一个难局。一方面，它存身在一个价值与认知都日益多元化的环境中；它不但不能逃避这个环境，其实它本身便需要这种环境才能生存。另一方面，它又需要找到能够获得普遍接受的标准，以便对于政治制度和政策作出评价。这两方面的要求，不是有些矛盾吗？

前面提到，近代政治哲学只能以程序为着眼点，回避这里可能的矛盾；以程序意义下的正当性，保证评价标准的正当性。可是“程序正当”这个概念，在加以分梳之前，意思并不是自明的。举例而言，倘若我们肯定了种族主义的正当性，事先便用种族之间不平等的位置来界定他们的互动程序，那么不同种族之间许多不堪闻问的压迫关系，极可能都是符合程序正当标准的。

种族主义当然违反我们今天的道德直觉；可是你又如何确定，我们今天的道德直觉没有类似的其他盲点与成见呢？其实，当代政治哲学所采取的程序观点并不是仅仅涉及形式意义下的程序，而是更带有一些明确的价值认定，其目的即在于预防类似的盲点。这种价值认定，套用本书作者的话来说，可以表达为“所有人(以及某些动物)的利益都应该受到平等的考量”。读者阅读本书不久就会发现，“如何才算是对各个主体的利益作平等的考量”，构成了本书最占篇幅的主题，也是作者眼中当代政治哲学的核心议题。这项价值认定，为当代政治哲学各家所接受，从通称的左派到通称的右派皆无例外；各家的差异，完全来自大家对于这项认定有不同的诠释罢了。

一旦我们澄清了当代政治哲学用程序观念所肯定的价值认定，就能了解为什么当代政治哲学似乎很难摆脱自由主义的论述架构。简言之，当代政治哲学肯定了个人的抉择自由(因此价值多元)、个人的道德地位平等(因此每个人的利益同等重要)，以及制度须公平地对待个人(因此才能既尊重自由而又维持平等)，而这些价值，乃是在自由主义这个历史性的论述里才能同时并存的价值。如果本书的自由主义大架构令读者感到不自在，甚至怀疑作者的公正客观，居然将自由至上主义、马克思主义、女权主义、社群主义、多元文化主义、社会民主主义等旨在挑战自由主义的学说，也套进自由主义的架构来陈述批评，读者应该追问当代政治哲学本身，为什么必须以自由、平等与公平三项价值作为政治思考的基本参数(parameters)，发展各家的理论。我想，政治哲学之所以必须在这套架构里工作，并不是因为自由主义具备了什么绝对的、普世的正确性，而是因为这个时代与文化已经设定了——接受了——这几项根本价值。你尽可以对它们提出与众不同的诠释，却无法全盘否定或者放弃它们。

像这样的价值意识，距离古典政治思想已经很远了。可是用这样的价值意识去对政治体制和政治价值进行评价，却是常青的问题。本书各章，分别探讨各家对这些价值所提出的不同诠释，检讨各家眼里落实它们的时候所要倚靠的制度。终极的答案分明没有出现；坦白说，在人类历史的有限条件之下也不太可能出现。不过这个冗长繁复的追寻过程，已经使我们更清楚这些价值在制度与理论上的蕴涵。这些认识，将是政治哲学继续发展的动力。

五、结语：追求政治理性

最后我要提醒读者，在今天，并不是没有人在怀疑政治哲学是否有其可能。毕竟，哲学自诩为一种说理的活动，而政治则以权力为关注的焦点。莫怪乎有人说，权力容不下哲学的说理，因此所谓“政治”加“哲学”，乃是一种不可能的组合，注定流为学院里的袖手清谈。果然，保守派指责这种清谈纵情于某种抽象的普遍理性，破坏社群传统，颠覆原有的伦理秩序；激进派指责这种清谈蹈空编织一套美好的理想，企图掩饰现实中的压迫关系，麻痹人们的反抗意志；政治人物则指责清谈误国偾事，希冀用道德规范取代权力的独特逻辑，若非幼稚即属傲慢。换言之，政治哲学受到怀疑，是因为保守派、激进派、实务派殊途同归，一致地怀疑理性在政治领域是否适用、政治理性是否还有存在的可能。

这是一个真实、棘手的问题，在此无法深入讨论。毕竟，我们这个时代和文明，在虚无与纵欲之间摆荡跌撞已经有了一段时间，连“政治理性”这个概念本身都已经显得腼腆生涩了。但是回顾之下又可以发现，在虚无的时刻我们无所信仰，现实权力自然成为人间的最高权威；在纵欲的时刻我们认真地信仰，现实权力僭称道成肉身，依然发挥着权威的功能。因此我们不能不问：权力之外有更高的权威吗？权力可能受到理性的节制吗？

答案其实不用远求。如果政治理性的要求，即是用说理去探讨政治原则、政治价值，用说理的方式对政治体制与政策进行对错好坏的评价，那么落实政治理性，不外乎就是让政治本身产生一个说理的动力，让权力承认说理的必要性。制度上，这要依赖公共领域。观念上，这需要将政治带向公共化的方向。可是政治理性本身的重建，也就是发展说理与评价的资源与能力，关键的助力应该来自政治哲学。在这个节骨眼上，与其奢侈地怀疑政治哲学的可能，让政治沦落为非理性力量的刍狗，不如正视当代政治哲学的诸多见地与反省，试着给政治理性一个发展的机会，或许才是更积极、更踏实的态度。

2003 年仲秋于南港/汐止

2010 年重版赘记

这个“序”写于 2003 年，已经是七年以前的旧文字了。在本书重版前夕，译者刘莘先生与上海译文出版社表示，有见于这七年以来中文世界政治哲学的景观已有许多变化，或许我应该对原先所写的序言加以修订。我很重视这个机会，不过斟酌再三，发现七年以来自己进境很少，大体上维持着当年的想法，并没有新的观点值得补充。但是，原序中所再三强调的一个论点，即政治哲学旨在对政治价值与政治原则作出是非对错的评价，针对当前中文世界政治哲学的状况，其苦口逆耳的意义可能犹胜于七年前，我愿意在此再次赘言发挥。

所谓追问政治原则的是非对错、作出是非对错的评价，意义究竟何在？让我们从其对立面来观察。面对不同的政治价值与政治原则，独断论、相对论与国情论是很常见的几种态度。独断论采取一种教派或者党派的立场，坚信某一家某一派的政治学说乃是终极真理，为世间政治事务的是非对错提供了圭臬、准则，但其本身的是非对错则不在话下，无须检查。相对论则袖手坐视众多学说并陈，认为其间的比较、抉择只表达了主观偏好，无所谓客观的是非对错。至于国情论，往往根据本社会一时一地的需要去判断政治原则，政治原则为国情提供辩解，而不是以原则来规范和挑战国情。独断论的政治哲学研究以解经为主，也就是对本门派的经典展开训诂考据，无所谓评价，无所谓追问其见解的妥当与否。相对论的政治哲学研究走马看花，随情境信手拈来都是聊备一说的政治意见，同样不肯认真地进行评价、质疑各个意见在学理上与道德上的妥当与否。国情论则以现实为尊，用现状来论断政治原则、所追求的政治价值是否妥当，对原则本身、价值本身，并没有认真的认识与评价。

不可讳言，独断论、相对论以及国情论在中文政治哲学界都有一些症候，我本人也未必就能幸免。当西方政治思想以"新知"的姿态传进中土之时，不免带有一种流行时尚的色彩，百家纷呈，目不暇给，于是以为各家学说都有长短，兼容并蓄，结果疏忽了在中间进行严肃的批评与评价，形成一种相对主义泛滥的局面。又或者由于社会的变迁急遽，生活充满不确定感，现有文化资源却无法满足人心对于秩序和意义的渴望，于是某种超越性的自然秩序论，或者寄身于民族颠沛发展史的历史目的论会发挥强大的魅力，诱导人们信任与皈依，形成思想的独断，疏忽了理知上应有的怀疑，也剥夺了个人自行创造意义的机会。最后，由于中国历史进程与社会发展确实呈现了独特的轨迹，西方政治思想的说明能力与规范效应都不很确定，加上国族主义心情的激荡，用"中国化"来防堵政治哲学中评价所要求的客观与普遍特色，不也是很自然吗？

相对于这些症候，金里卡的《当代政治哲学》会给读者带来一种很不同的政治哲学的思考经验。这种政治哲学的思考，一方面需要厚重的思考资源，也就是需要吸纳当代各家理论所提供的概念、价值与论证分析方式，本书的丰富内容与犀利解析正好足以为读者所用。另一方面，这种政治哲学的思考，要求一种不懈的追问态度，尤其是要求素朴的求真精神，戒除“一种以理知上的趣味为尚的浪漫主义”（韦伯语）。这一点，金里卡的平实写作方式，值得读者参考。

话说回来，政治哲学的思考要能生根发展，最后还是要靠本社会的历史经验与公共生活来提供内容、问题、方向感以及动力。如果历史经验常遭遗忘，公共生活如果不够蓬勃，缺乏说理的动力与资源，甚至于横遭非公共性的势力所侵蚀、所挟持，关于政治原则与政治价值的哲学反省，就不免显得空洞、贫乏，甚至于玩物丧志。这一层次的缺憾，只能仰仗社会中的公民们来警惕与矫正，当然已不是一本外来教科书的翻译本所能过问的了。

钱永祥，2010 年　大暑之前

中译本序

从一种意义上讲，本书介绍的是当代西方政治哲学；但从另一种意义上讲，本书的范围要窄得多。本书几乎只集中探讨了在西方英美国家——特指美国、英国、加拿大和澳大利亚——的学术圈内占主导地位的政治哲学。如我试图在本书中作出的解释那样，支配当代英美政治哲学的是关于自由主义民主的论辩。个人权利、机会平等、民主的公民资格等自由主义民主的基本原则为哲学论辩提供了依据。哲学家们就这些术语的意义、意味和合理性进行论辩。这些论辩就是我在本书中试图加以概括的内容。

我相信，对于西方英美国家的当代学术圈中的政治哲学家而言，他们工作的根本特征和重要意义就体现在围绕自由主义民主而展开的探讨。但是，有必要强调，这种特征不应该被当作一般意义上的“西方”特征。毕竟，在西方世界中，也有不少非自由主义和非民主的传统，而这些传统纵然对专业政治哲学的影响不大，它们仍然对大众文化有着强大的影响力。从历史上看，所有的西方民主国家至少在涉及种族或宗教的少数群体、妇女、工人阶级或同性恋者时，都采纳过非自由主义和非民主的做法。这些群体曾被禁止享有公民权利、机会平等，甚至公民资格。大众舆论的调查表明，在一些西方国家中，有相当大一部分公民仍然不愿意让这些群体享有平等的公民资格。例如，这样一种想法——美国应该是白人的基督教国家——就有相当长的渊源，这种想法在过去甚至被政治精英和最高法院的决定予以公开支持。直到现在，即使学术界的政治哲学家不愿意为种族至上、男性统治和宗教纯洁等思想意识而辩护，它们仍然以微妙的方式存在于大众文化之中。

但值得注意的是，就是在哲学学术界，自由主义民主的传统仍然有其竞争对手。我所讨论的自由主义民主传统既是世俗的(不基于任何特殊的宗教传统)，也是人道主义的(信奉人的内在道德价值)，但并非学术界的全部哲学家都共享这类信念。一些哲学家论证说，只靠世俗的人类理性不可能引领政治事务，因此我们需要从《圣经》这样的宗教文献中获得神圣启示的智慧。还有相当多的霍布斯似的现实主义者和尼采似的虚无主义者，他们否认人具有内在价值，因此就否认道德推理在政治中有任何恰当作用。哲学的宗教分支和反人道主义分支在西方的知识生活中都有很深的根源，特别是在欧洲大陆哲学中影响甚强。

简言之，我在本书中所讨论的那种世俗的、人道主义的自由主义民主传统只是“西方”知识生活的一部分。这种传统在当代西方英美政治哲学刊物中占有主导地位，但与之并存的却是保留在更宽泛的大众生活中的若干非自由主义的信念和常规，以及在知识分子群体中仍然持有的若干神学的和反人道主义的哲学分支。①本书中所探讨的自由主义民主的思想方式，在当代西方国家的政治论辩中只是能够被听到的诸多“话语”中的一种。举例来讲，要是去听美国收音机中的对话节目，就会发现，实在难以把其中透露出来的根深蒂固的非自由主义情感与本书讨论的那种自由主义理论联系起来。②

---

① 一些在本国政治中支持自由主义的人道主义立场的人士，在国际关系问题上却支持现实主义的理解方式。按照这种现实主义的理解，道德考虑在决定如何处理国际事务时是无关要旨的。幸运的是，越来越多的人承认，要想一以贯之地坚持自由主义原则，就要对国际关系的实践予以道德约束。

② 要想了解美国政治生活中的各种“话语”，以及自由主义的话语与其他话语在历史上是如何竞争的，对此有一个很好的讨论，参见 Rogers Smith, *Civic Ideals: Conflicting Visions of Citizenship in American History* (Yale University Press, 1997)。

我之所以提及这些，部分原因是想强调这本书的局限：该书是对在英美政治哲学中占主导地位的思想进行考察，而不是对西方世界的更宽广的学术倾向或传统进行考察。但我却认为，当我们要追问西方政治哲学对中国有何意义时，这种考察有其重要性。人们很自然会有这样的质疑：对于具有不同历史和现实的国家，在西方背景下兴起的那种政治哲学是否仍然有意义？道德原则和政治原则是否具有普遍有效性，抑或这些原则只是对于由之产生的具体时空域才有效？

自有哲学以来，哲学家就一直在对这些问题进行论争，而我在这里并无什么新论。本书的读者可以自行判断，其中所探讨的原则是否关乎中国今天所面临的现实。然而，在思考该问题时，我的建议却是我们应当避免误导或不准确地谈论所谓的“传统”。譬如，人们有时说，自由主义的民主理论是“西方传统”，而它有别于“中国传统”。但从我前面的言说中有一点应该被厘清：并不存在一以概之的“西方传统”。西方有很多传统：一些传统是自由主义的，一些是非自由主义的；一些传统是世俗的，一些则是宗教的；一些传统是人道主义的，另一些则是现实主义的或虚无主义的。从历史上看，世俗的自由主义民主只是西方世界中相互竞争的传统中的一种，而它过去并非主流传统。这种传统在西方英美政治哲学界获得支配地位并非易事，也不能保证这种支配地位将会一直得以延续。如果这种传统能够被延续，只是因为后来的知识分子继续认为它不仅关乎他们将面临的问题，而且它本身具有说服力——而不是因为它属于一以概之的“西方传统”。假如某一天知识分子认为自由主义民主原则不再具有启发性和说服力，人们就有可能回归西方世界的其他诸多传统。

在我看来，关于传统的这种看法也适用于中国。并不存在一以概之的所谓“中国传统”。实际上中国也有很多传统：一些传统比另一些传统似乎更趋近于自由主义，一些传统比另一些传统更世俗化或更人道主义。如同西方，中国每一代知识分子都必须自己来决定自己的哪些传统最有助于帮助思考今天面临的问题——这些并非是“传统”为我们作出的决定。

当然，也许西方经验的某些方面使西方知识分子认为自由主义民主原则比其他原则更有说服力。一些评论者认为，基督教和自由主义具有特殊的亲缘关系；另一些评论者则认为，罗马法的遗产是自由主义理想得以滋长的肥沃土壤。因此，缺乏这些历史遗产的社会就不会认为自由主义有那样大的吸引力或有那样大的意义。然而，我的观点却是，自由主义价值在西方世界的当下兴盛，与这些历史遗产的关系并不大。毕竟，西方人在基督教和罗马法的遗产中生活了1 600年之久，自由主义才作为一种政治哲学而兴起。在那1 600年中，没有人曾认为基督教或罗马法会导向自由主义。

在我看来，自由主义的兴起与其说源于基督教或罗马法的遗产，毋宁说源于现代国家的兴起。我相信自由主义民主的核心优点就在于：它既使得有益于其公民的高效和强大的现代国家的建构得以可能，又能够约束国家的权力并避免滥用这种权力而对公民形成伤害。尽管这种现代国家首先出现在西方，但今天世界上所有国家都致力于实现类似的国家效率。因此，所有社会都面临着类似的挑战：既要使国家权力有效运转，又要约束国家权力。自由主义民主也许并非是对这种挑战的惟一回答。但依我看，无论在西方或是在中国，这是任何现代政治理论都必须直面的挑战。

威尔·金里卡

2003年5月

第二版序

这本书的初版是我刚从研究生院毕业后写就的。那时，我感到不解的是，为什么有多年教学经验和研究积累的年长同行们写就的政治哲学 viii
教材为数并不多。

十二年之后我才意识到，只有那种激情洋溢并对自己新形成的所学所思过于自信的研究生，才会想到要写这样一本雄心勃勃的著作。我当时撰写本书确有两个抱负。首先，我想为当代英美政治哲学中最重要的那些理论提供一个合理的综合概述。其次，我想要展现各种理论之间的内在联系。我想要表明的是：每一种理论都可被看作是在思考一些共同的问题，每一种理论都是对先前的理论所具有的弱点和局限作出的回应；于是，随着该研究领域的扩展，我们就可望看到贯穿于其中的进步。

现在看来，这两项任务的抱负似乎有些过高。予以综合概述的第一项任务在当时很有可能是不现实的，而随着过去十年政治哲学领域的大量论著的诞生，该任务甚至变得更加困难。其中的一个标志就是政治哲学领域的期刊数量的突飞猛涨。当罗尔斯在 1971 年出版他的《正义论》[1]——我把该书当作论辩的起点——的时候，只有《伦理学》(*Ethics*)这样一本生命力多少有些枯竭的期刊在关注政治哲学。而当我开始撰写本书第一版的时候，有一些新创刊的期刊已经在伴随重新焕发了生命力的《伦理学》——譬如，《哲学与公共事务》(*Philosophy and*

Public Affairs）和《政治理论》（*Political Theory*）。今天，我们已经看到了另一轮新期刊的诞生，包括：《政治哲学期刊》（*Journal of Political Philosophy*）、《国际社会与政治哲学的批判评论》（*Critical Review of International Social and Political Philosophy*）、《政治意识形态期刊》（*Journal of Political Ideologies*）。我们也已经看到了在政治哲学领域的新丛书的出版——其中最著名的是牛津大学出版社的"牛津政治理论"丛书和剑桥大学出版社的"当代政治理论"丛书。

简言之，与以往任何时候相比，目前有更多的人参与到政治哲学的研究领域，也涌现出了更多的文章和著作。这些著作和文章绝非只是对旧有立论的提炼，它们探讨的话题在 20 世纪 70 和 80 年代都还未曾出现——譬如，多元文化主义和慎议民主。

我显然不可能囊括所有的学术文献，也没能按最初所想的那样写成
ix 一本面面俱到的综合导论。事实上，我有时也在想，我们也许需要对政治哲学领域予以全新的介绍——譬如，用重点研究来代替全面综述，或者，更侧重于方法而非实质性理论。

然而，我承认自己对这本书的喜爱，并且愿意认为，本书能够把那些我认为极重要的思想介绍给这个领域的新读者。我认为仍然需要对该领域予以尽可能的综合介绍。

为了能够纵观全局，为了决定要把哪些内容放进这个新版本，我作出了困难的选择。我自己一直致力于研究公民资格的问题，而我认为这是 20 世纪 90 年代最富有成果的论域之一。事实上，一些评论家甚至说过，"公民资格"是 20 世纪 90 年代的时髦词语，正如"正义"是 20 世纪 70 年代的时髦词语，"共同体"是 20 世纪 80 年代的时髦词语。因此，我为第二版增加了关于公民资格的两章新内容。新增的第一章集中论述的问

---

① 该书的英文书名为"*A Theory of Justice*"，通常译为《正义论》。这种译法既不能表现罗尔斯的谦逊风格——这是诸多正义理论中的一种；又不能突出罗尔斯的特殊贡献——这是一种独创性的正义理论。作为对比，Brian Barry 的一本较有影响的名为"*Theories of Justice*"的著作应该译为《各种正义理论》。——译者

题是：公民们必须展现怎样的技能、品德和行为，才能使民主政体保持高效、稳定和正义。虽然很多思想流派都曾涉及过这个问题，但它却是在公民共和主义强有力的思想冲击下凸显出来的；并且，它也构成了新近对公民品德、公民教育、公共理性和慎议民主进行解释的基础。

新增的第二章集中探讨公民资格与群体差异之间的关系。公民资格常常被认为是我们所有人都应该拥有的地位或身份，但许多群体却通过某种形式的“差异的政治”或“承认的政治”来寻求对自己独特身份的法律和政治承认。这个问题是在多元文化主义理论家强有力的思想冲击下呈现出来的，但它也提出了更一般的问题——个人与群体权利、民族主义、种族主义、移民以及群体代表的问题。

这些并非是20世纪90年代涌现出来的全部重要问题。我特别感到遗憾的是，就我们对环境和动物的道德义务的日益激烈的论辩，没有专门的一章来加以探讨，而这种论辩涉及我们关于政治道德和政治共同体的性质的基本预设。①但我希望关于公民资格的这两章新增内容，与前些章的最新的纵深论述结合在一起，可以为读者提供一个纵然不是绝对完整的、但却相当有价值的对当代政治哲学的综述。

如我所述，本书初版的一个抱负是：澄清后来的理论在什么意义上既吸取了先行的理论的成果又弥补了前者的缺陷。由于政治哲学领域的话题和立论越来越多样化，这个任务在今天看来也更加复杂。要为该领域内的各种各样的进展找到一致的逻辑和叙述方式来予以统一解释，或找到衡量“进步”的统一尺度，现在看来也越来越困难。

事实上，由于立论的日益多样化以及每一种立论都有专属于它的术语和关注的内容，似乎当代政治哲学只是各不相同的立论或论辩的没有内在联系的汇总——每一种立论都按照自己的内在逻辑在发展，都与政

① 例如，考虑一下重要的“类人猿项目”（Great Ape Project）——要把某些基本“人”权推广到类人猿的国际运动（Cavalieri and Singer 1993）。关于扩展道德共同体并使之包含非人动物的一般问题，参见：DeGrazia 1995；Regan 2001。关于环境的道德地位的论辩，参见：Eckersley 1992；Dobson 1990；Zimmerman 1993；Goodin 1992a；De-Shalit 2000。

x 治哲学的其他领域无关。过去十年的各种新理论的令人头晕目眩的展示，似乎只是加深了零碎和混乱的感觉。

然而，我却认为理论与术语的丰富可能会遮蔽这样一个事实：所有的政治哲学家必须按照现代生活的特殊需求、愿望和复杂的现实处理一些共同的难题。理论家们就如何阐释这些难题和现实存有分歧，但如果不留意他们面对的共同问题，我们就将误解这些不同理论的意义与目的。而我们一旦明白了这些理论的共同目标，我们也就可以就这样一个问题——是否在实现这些目标的道路上确有进步——开始形成自己的判断。

我实在难于理解的是，如果有人不认为我们可以在那些问题上取得进步，他们为什么还要从事政治哲学的事业。由于我认为对进步的期望对于该项事业至关重要，我就没有掩饰自己的做法：我试图阐明在哪些情况下后来的理论对那些共同难题予以了不仅异于而且优于先行理论的解决方案。

那些各不相同的理论究竟涉及哪些共同主题或难题呢？我在第一版中强调的一个主题就是：每一种理论都可被视为是在对这个立论——政府要“平等关照和尊重”公民——的意义进行阐释。我在“导言”中对这个主题予以了详尽的讨论，在其中我也讨论了它如何使我们评价相互竞争的理论，在此就不再重复。

但在第一版中还有两个不那么明显的共同主题，而我在这一新版本中试图把它们更强有力地凸显出来。第一个主题是自由主义的民主在当代政治哲学中的中心地位。极简略地讲，我们可以说，当代政治哲学家分成了两个阵营。一个阵营的哲学家支持自由主义的民主的基本信念，他们关心的是如何为这些价值提供最好的哲学捍卫。到目前为止，有三种主要的捍卫自由主义的民主的立论：功利主义、自由主义的平等、自由至上主义。这三种立论共同确定了英美自由主义的民主传统中的政治论辩的言说方式。与这三种立论联为一体的概念——“权利”、“自由”、“最大多数人的最大利益”、“平等机会”——不仅在理论层面而且在实践层面左右着政治话语。的确，这些理论的支配力是如此之大，以致一些人甚至认为它们提供着“在我们的公共领域惟一在道德上令人信服的政治话语”（Grant 1974：5）。

本书第二、三、四章分别评估了这三种为自由主义的民主进行捍卫的、有着巨大影响力的立论。我们可以认为，这三种理论构成了当代政治 xi
哲学的“主流”。但总有一些人完全或部分拒斥自由主义的民主，而他们也提供了一些不同的概念和原则去补充或替换自由主义的民主的语汇。第五、六、七、八、九章分别考察了五个批判学派：马克思主义、社群主义、女权主义、公民共和主义、多元文化主义。我们可以认为，这些理论构成了对主流的自由主义的民主理论的“批判和替换”。

然而，我们将会看到，这五种立论中的每一种都展示了与自由主义的民主思想的矛盾关系。一方面，它们都批判主流理论，认为主流理论要么是在辩护要么是在遮蔽根本的社会问题——譬如，剥削与劳动异化（马克思主义）、社会原子主义（社群主义）、妇女的屈从地位（女权主义）、文化边缘化或文化同化（多元文化主义）、政治冷漠（公民共和主义）。但另一方面，他们又不时暗示，与其说是自由主义的民主原则出了问题，不如说是对这些原则的不完善实施或缺乏实施的恰当条件才是问题之所在。要解决这些社会问题，我们是要放弃自由主义的民主原则呢，还是要更好地实现它们？这些原则是自足的呢，还是需要被补充？

我认为，把这些理论中的每一种都视为要么是在为自由主义的民主提供不同的辩护，要么是在对它进行不同的批判，可以更清晰地呈现出它们的共同之处和相异之处。

贯穿整本书的另一个更具体的主题涉及责任理念。“责任”应该成为政治思想的中心范畴——这样一个想法时常与女权主义和公民共和主义联系在一起；这两种流派都指责自由主义者，认为他们过分看重“权利”。但我们将看到，责任理念在所有这些理论中都居于核心地位。事实上，这些理论可以被重新阐释为在对下述问题作出解释——究竟谁应该为满足什么需要、付出什么代价或作出什么选择而承担责任？

他们的分歧不在于责任本身是否具有中心地位，而在于更具体的关于个人责任和集体责任的问题。例如，我们应该为自己的选择承担代价而不应该期望他人来弥补我们主动选择的代价——我们应该在这个意义上为自己的选择承担责任吗？我们是否应该为弥补他人的被动劣势而承担责任，以至于我们认为无人应该在生活机会上因为不应得的和非选择的不平等而居于不利地位？对自己的责任和对他人的责任是所有这些理论的基点，以这种方式来思考这些理论可以帮助我们澄清它们之间的一致和分歧。

对人的平等关照和尊重，对自由主义的民主的捍卫和批判，对自己的
xii 的责任和对他人的责任——这就是我试图在整个文本中贯彻始终的一些主题。而我认为它们为理解和评价政治哲学中正在形成的各种理论提供了结构性的框架。

我希望当读者读完了这本书，他或她就能够挑选我先前提到的一些期刊来阅读并对其中的文章有亲切之感。我的著作没有定义或解释在这些期刊中出现的所有术语，但我希望它对当代政治理论期刊上的主要话题和进路都予以了解释。此外，我还希望这本书能够解释这些话题和进路之所以如此重要的原因。我希望读者能够明白，为什么有些话题会呈现某些进路的缺陷，并且，其他进路是如何在弥补这些缺陷的过程中而展开的。①

有必要强调的是，这并非一本可以轻松阅读的著作。这诚然是一本导论，但我的目标却是要把读者引向政治哲学领域中正在开展的前沿工作。如我在本书的第一版“导言”中谈到的那样，我相信在政治哲学领域中已经开展了一些真正伟大的工作，而这就是我想告诉人们的内容。

前沿工作总是相当复杂：那些概念常常有多重内涵，而论证又基于微妙的区分或事例。我试图为新涉猎该领域的人士尽可能清楚地解释这

① 不用说，在英美政治哲学传统之外也有大量有趣的著作——这些著作常常有一些非常不同的关注内容。对于战后欧洲的“政治哲学的回归”的解释，参见：Manent 2000。

些概念和区分，但我并不以牺牲复杂与微妙为代价。

换言之，本书不仅是对当代政治哲学中的主要问题的介绍，也是对我们最好的解决之道的介绍。要理解其中的论证需要全神贯注，但我希望你的收获会报偿你的付出。

第二版鸣谢

我要感谢下列人士，他们对第一版予以了有益的评论，并且(或者)对第二版提供了建议。他们是英格丽德·罗宾斯(Ingrid Robeyns)、法伊特·贝德(Veit Bader)、大卫·施米茨(David Schmidtz)、马特·马特劳弗斯(Matt Matravers)、保罗·瓦伦(Paul Warren)、斯蒂文·赖贝尔(Steven Reiber)、萨缪尔·弗里曼(Samuel Freeman)、谢利·特里梅恩(Shelley Tremain)、辛迪·斯塔克(Cindy Stark)，以及为牛津大学出版社进行推荐的六位匿名评议人。

我要特别感谢科林·麦克劳德(Colin Macleod)和雅各比·利维(Jacob Levy)，感谢他们的全面评论，以及在一些对我而言不那么驾轻就熟的话题上的及时帮助。我还要特别感谢休·唐纳德森(Sue Donaldson)再一次与我一起逐行检查了新增的内容。

我还要感谢伊迪尔·博兰(Idil Boran)杰出的研究助理工作和萨拉·奥利里(Sarah O'Leary)在文献上的帮助，以及牛津大学出版社的蒂姆·巴顿(Tim Barton)和安格拉·格里芬(Angela Griffin)的热诚与耐心。

第一版鸣谢

我要感谢理查德·阿尼森(Richard Arneson)、伊恩·卡特(Ian Carter)、詹姆斯·格里芬(James Griffin)、萨莉·哈斯林格(Sally Haslanger)、布拉德·胡克(Brad Hooker)、安德鲁·克尔诺汉(Andrew Kernohan)、大卫·诺特(David Knott)、亨利·莱科克(Henry Laycock)、科林·麦克劳德(Colin Macleod)、苏珊·莫勒·奥金(Susan Moller Okin)、阿瑟·里普斯坦(Arthur Ripstein)、韦恩·萨默(Wayne Sumner)、彼得·瓦伦丁(Peter Vallentyne),感谢他们对本书部分内容或全部内容有帮助的评论。我特别感激G·A·科恩,因为我所知道的政治哲学的方法和目标的很大一部分源于他的教导。他慷慨而耐心地对本书中的许多论证予以了评论。我欠休·唐纳德森(Sue Donaldson)的最多,因为她不止一次地与我一起逐行检查了本书。

第一章

导　言

第一节　本书课题

本书旨在介绍政治哲学的当代论争中的主要思想流派，并对它们进 1
行批判性评论。本书的资料几乎都源于规范性的政治哲学的新近著作。更确切地讲，这些著作大都涉及关于正义社会、自由社会、优良社会的种种理论。除偶尔所需，本书一般不涉及历史上著名的思想家。本书也不涉及过去曾被当作政治哲学的若干中心话题，譬如，对于权力、主权、法律性质等概念进行的意义分析。那些话题在三十五年前颇为流行，但政治哲学的新近重点却在于强调正义、自由、共同体等理想，这些理想是在对政治制度和政策进行评价的过程中被召唤出来的。当然，我并不会涉及在这些领域新近发展出来的全部内容，我将只集中探讨这样一些理论：这些理论不仅有众多的追随者，它们还为各种政治理想提供着丰富程度不等的远见卓识。

撰写本书的理由之一是，我相信在政治哲学领域内已经展开了大量极为有趣和重要的工作。简单地讲，今天政治哲学的智慧场景已经与二十年前甚至十年前的景象有了相当的差异。那些正在发展中的论点通常是真正具有原创性的。这些原创性的论点不仅表现在对旧有论题的新发展（如诺齐克对于洛克式的自然权利论的发展），还体现在产生了诸如女权主义这样的新视野。这些发展的结果是，探讨和评价政治理论的传统范畴显得越来越不能胜任了。

我们关于政治场景的传统图景是这样的，即将各种政治原则视为对应着一条直线，视为从左到右的展开。根据这种传统图景，左派人士因为相信平等而支持某种形式的社会主义，右派人士因为相信自由而支持某种形式的自由市场资本主义。而居中的则为自由主义者，他们因为相信软
2 弱无力的平等与自由的混合，而支持某种形式的福利国家资本主义。当然，在这三种立场之间也有许多其他立场，而许多人接受着不同理论的不同部分。但人们总是认为，要理解或描述某人所持政治原则的最好办法，就是将这些原则置于这条直线上的某处。

以这种方式思考西方政治理论也多少有些道理。可这种思维变得越来越不能胜任了。首先，这种思维方式忽略了很多重要的问题。例如，区分左派与右派的依据是在男性占支配地位的政府和经济领域他们关于自由和正义的观点。但对于传统的以女性为主的家庭领域，当涉及公平与自由时，情况又是怎样呢？从左到右的主流政治理论家总倾向于要么忽略这些领域，要么断言这些领域不涉及正义与自由的问题。关于性别平等的完整理论将对传统左右派争论所不涉及的领域予以考察。政治思想的传统图景还因为其忽略了历史语境的问题而受到批评。无论左派或右派的理论都企图向我们提供这样的原则——借助它们我们能够对自己的历史传统和文化实践进行检验和批判。但社群主义者却认为，我们不能够用脱离历史的标准去评价和判断政治制度。社群主义者相信，政治评价不过是对我们身处其中的传统和常规进行解释。因此，就存在着我们如何被“镶嵌”于历史和共同体中的问题，这些问题也不曾在传统的左右派辩论中出现。要是我们坚持把女权主义或社群主义置于一条从左到右的连续线上，我们就无法理解它们。

传统图景的一个问题是它的狭隘。这种反对意见现在已颇为普遍，而许多评论者已经试着将更宽泛的原则引入政治论辩。但是，我相信，传统图景的另一个特征也同样需要修正。传统图景暗示，不同的理论持有根本不同的价值观。右派与左派之所以在资本主义的问题上形成分歧，是因为左派相信平等而右派相信自由。由于它们是在根本价值观上发生了分歧，所以这些分歧无法通过理性的途径获得解决。左派可能这样论证：

如果你相信平等，你就应该支持社会主义；右派可能这样论证：如果你相信自由，你就应该支持资本主义。但任一方都无法论证平等高于自由或自由高于平等，因为这些是根本价值，因为不存在双方可以共同诉求的更高的价值或前提。我们越是深入探讨这些政治论辩，这些论辩就显得越复杂。除了相互矛盾地诉求根本对立的价值，我们一筹莫展。

传统图景的这种特征几乎没有受到质疑，甚至那些拒斥传统的左右 3
派划分的评论家也没有对此过多质疑。每一种新的理论都被认为是在诉求一种不同的终极价值。于是，我们被告知，除了早先对“平等”(社会主义)与“自由”(自由至上主义)的诉求，政治理论现在还诉求下面一系列终极价值：“契约协定”(罗尔斯)、“共同利益”(社群主义)、“效用”(功利主义①)、“权利”(德沃金)、“身份”(多元文化主义)、“男女均可”(女权主义)。②因此我们现在就有了更多的终极价值，我们无法在它们之间作出合理性的(rational)论证。但是，潜在的终极价值的急剧增加，却为发展一种综合的正义理论的整个计划带来了一个明显的问题。如果存在着如此众多的潜在终极价值，我们有什么理由认为一种适当的政治理论可望立足于它们中的某一种价值呢？确实，面对所提议的如此众多的终极价值，合情理的反应就只能是放弃那种建立“一元论的”正义理论的想法。用一种高高在上的价值来约束其他价值，似乎是一种不切实际的幻想。

---

① 译者按哲学界的习惯把“utilitarianism”译成“功利主义”，希望“功利主义”作为一个广泛采纳的哲学术语，能自然地唤起读者心中已有的对 utilitarianism 的各种历史论述的印象，以便从思想史的角度增强对现代西方政治哲学的理解。但译者却按经济学界的习惯把“utility”译成“效用”，译者这样做是希望读者明白，哲学家和经济学家是在从不同的思维视野涉及和探讨同一个对象—— utility(这意味着在探讨与之相关的问题时哲学家和经济学家需要相互交流和学习)。译者期望，随着思想的相互渗透和语言习惯的渐进改变，“utilitarianism”与“utility”的中文对应译法要么是“功利主义”和“功利”，要么是“效用主义”和“效用”。在中文里用同一个词素来统一这两个术语，当然有助于更好地理解在英文表达中已经具有的二者之间的内在关联。——译者

② 在对正义理论的新近考察中，可以找到对“终极价值”的各种列举——它们之间有一些细微的差别(例如 Brown 1986；Pettit 1980；Sterba 1988；Campbell 1988；Miller 1976)。

因此，一种正义理论要想获得成功，就不得不从现存的若干理论中吸取零零散散的内容。但是，如果关于那些价值的分歧果真是根本性的，它们又如何可能被整合进某一种理论呢？政治哲学的一个传统目标是寻找融贯的综合的准则，以解决政治价值之间的相互冲突。但是，如果没有比相互冲突的价值更根本的价值据以判断那些相冲突的价值，我们如何可能建立这类综合的标准呢？如果缺乏更根本的价值，就只能对冲突予以头痛医头脚痛医脚似的解决。我们似乎不得不接受不同理论间无法避免的妥协，我们似乎不再可能希望建立任何一种单独的理论以提供综合指导。在许多评论者看来，这的确是在当代背景下创立正义理论的任何努力都摆脱不了的命运。根据这种观点，政治哲学的成功导致了它的失败。的确，寻求一种正确可靠的正义理论作为政治哲学的传统目标曾经激发了大量的兴趣，但结果却使这种传统目标看起来似乎不合理。

这真是政治哲学场景的准确图景吗？当代政治理论是否真是在诉求相互冲突的终极价值？我愿意在这里考察一下由罗纳德·德沃金所提出的观点：当代各种政治理论并没有诉求不同的根本价值。根据德沃金的看法，任何一种看似合理的政治理论都分享着同一种终极价值——平等。这些看似合理的不同类型的政治理论都是“平等主义”理论（Dworkin 1977：179—183；1983：24；1986：296—301；1987：7—8；参见 Nagel 1979：111）。假如“平等主义理论”是指平均分配收入，这种看法就肯定是错的。但在政治理论当中，还有另一种更抽象也更根本的平等理念——即要把人“当作平等者”。对于这种更基本的平等理念，存在着多
4 种阐释途径。一种理论是平等主义，只取决于它是否承认共同体内每一位成员的利益都同等重要。换句话讲，各种不同的平等主义理论都要求政府平等对待其公民：每个公民都有获得平等关照和平等尊重的权利。这种更基本的平等理念既出现在诺齐克的自由至上主义中，也出现在马克思的共产主义中。不同的只是左派人士相信平等的收入和财富是平等待人的前提，而右派人士却相信对于劳动和财产的平等权利是平等待人的前提。

因此，这种抽象的平等理念可以用不同的方式进行阐释，如收入、财富、机会、自由；但是，这其中的任何一种阐释并不必然具有优先性。上述理论相互争论的焦点是，究竟哪一种具体的平等才吻合更抽象的平等待人的理念。当然，并非历史上曾经出现过的理论都属于这种广义的平等主义。但是，如果某种理论声称某些人没有资格受到政府的平等对待，如果这种理论声称某类人不如他人重要，那么，现代世界里的绝大多数人就会立刻拒斥这种理论。德沃金的提议是，任何政治理论要想看起来合理，都以人人平等的理念作为其内核。

我愿意在本书里探讨这种提议，因为我相信这种提议和它所欲以阐释的任何特殊理论都同样重要。（这种提议的一个优点是，它使得探求某种综合的正义理论成为更可理解的事情。）并非所有人都同意，这些理论的基础是平等原则，而我也将探讨阐释这些理论的其他方式。譬如，我将讨论自由至上主义将自由或功利主义将效用作为根本价值意味着什么。对于每一种理论，我都将比较对于它的不同阐释，以判断哪一种阐释最具融贯性和吸引力。

如果德沃金的提议是正确的，那么，面对各种正义理论之间的争论，许多人对合理解决的可能性所持的怀疑主义就是错置了地方，或者至少也是太草率了。如果每种理论都分享“*平等主义共识*”（egalitarian plateau），即是说，如果每种理论都试图对平等对待其社会成员的社会的、经济的、政治的条件进行界定，那么，我们或许能够证明，其中的某一种理论比其他所有理论能更好地吻合它们所共同认可的标准。虽然传统观点告诉我们说，政治理论的根本争论就在于是否将平等视为一种价值，这种修正的观点却告诉我们说，争论的焦点不在于是否接受平等价值，而在于如何最好地阐释这种价值。这就意味着，人们——甚至包括那些无法纳入传统左右派划分的人士——可望在相互理解的基础上进行论辩（姑且这样说）。这样，政治争论的*平等主义共识*，就是一个涵盖力更 5
大的理念，它既可容纳当代政治哲学的差异性，又可容纳当代政治哲学的统一性。

第二节 对方法的说明

这种导论性著作通常有一个共同点，即总要对方法论说点什么，总要谈一下作者对政治哲学事业的理解，包括政治哲学与其他学术领域——如道德哲学——的区别是什么，以及如何判断这种事业究竟是否成功。我不会在这里过多地谈论这些问题，部分原因是我认为以提纲挈领的方式实在传达不出多少内容。本书将要探讨的每一种理论都对这些问题给予了不同的回答：每一种理论都在解释政治哲学与道德哲学的区分是什么，每一种理论都在解释什么是成功论证的标准。因此，要对关于政治哲学性质的某一特定解释进行评价，就离不开对各种实质性的正义理论的评价，并且，前一种评价也无法先于后一种评价而单独进行。

然而，预先提出一些将在后续章节中出现的关键点也许是有帮助的。我相信在道德哲学和政治哲学之间，有一种根本性的关联，这表现在如下两方面。第一，如诺齐克所说："道德哲学为政治哲学既提供了背景又确定了边界。人们之间可以做什么不可以做什么限定了通过国家机器作用于他人的边界，或者，限定了要建立这样的国家机器可以做什么不可以做什么的边界。具有约束力的道德禁令就是国家强制力的最根本的合法性源泉。"(Nozick 1974：6)道德义务存在于我们之间，其中的一些是通过公共机构进行强化的公共责任，另一些则是涉及个人行为规则的私人责任。政治哲学关注的焦点是那些使得公共机构的运作具备合法性的道德义务。虽然不同的理论以不同的方式区分着公共责任与私人责任，但我同意诺齐克的观点：这些责任的内容以及公私责任的界限，都必须诉求更深刻的道德原则才能确定。

与第一点相关的第二点是，对公共责任的任何解释都必须能够契合更宽广的道德框架：这种道德框架既要能够容纳又要能够说明我们的私人责任。甚至对于在公共责任和私人责任之间作出截然区分的政治理论，即便这种理论所支持的政治原则与约束私人行为的规则几乎没有直接的关系，这种理论无论在理论上或实践上都仍然不能排挤我们的私人责任感，如帮助朋友、承担诺言、积极进取。我相信，功利主义在对正义的解释中，正是在这一点上面临困难(第二章)。另一方面，同样真实的是，对我们私人责任的任何解释都必须能够容纳罗尔斯所说的“适用于政治制度的那些极为伟大的价值”，如民主、平等、宽容。譬如，对于“关怀伦 6
理”的最重要批评就是，它无法容纳这些政治价值：这些政治价值被伦理关怀的动力排挤了(第九章)。

就道德哲学与政治哲学的关系，以及就私人价值与政治价值之间我们所期望的汇合或可以容忍的冲突，都给我们留下了大量未予解答的问题。但这些问题都只有在特定的理论中才能够被讨论。

我们用什么标准来判断政治哲学事业是否成功？我相信，任何正义理论都需要面临这样的最终检验：这种正义论不仅与我们对于正义的深思熟虑的确信相融贯，而且还有助于阐明这些确信。如果经过反思，我们在直觉上确信奴隶制是不正义的，那么，这种确信对于任何倡导奴隶制的正义理论都构成强有力的反对。相反，如果一种正义理论与我们深思熟虑的直觉相吻合，并且这种正义理论还能够把这些直觉组织起来以引出它们的内在逻辑，那么，我们就有强有力的理由支持这种理论。当然，直觉可能是没有根据的，而哲学史也充斥着不诉求我们关于对错的直观感受的各种论证。但我不相信除此之外还有什么看似合理的论证方式。无论如何，我们对于正确和错误的确拥有自己的直观感受，并且，下述努力是自然的甚至可说是不可避免的：我们试图挖掘出那些直觉的深层含义，我们试图“使我们对社会正义的确信相互融贯并为它们提供辩护”(Rawls 1971：21)。①

不同的理论以不同的方式诉求着我们各种各样的深思熟虑的确信。例如，功利主义者和自由至上主义者对它们的回应就比自由主义者或女

① 要想获得对这种“方法论的罗尔斯主义”(Methodological Rawlsianism)有帮助的解释，以及了解它在当代英美政治哲学中所占的支配地位，参见 Norman 1998。

权主义者要间接得多，而社群主义者看待直觉的方式又迥异于马克思主义者。但是，这些问题仍然只能放在特定的理论背景下才可能被探讨。

因此，我所理解的政治哲学是一种道德论证，而道德论证又得诉求我们深思熟虑的确信。当这样说时，就正在逼近我心目中关于道德和政治论证的常识。这些常识包含下述内容：首先，我们都拥有道德信念；其次，这些信念可能正确也可能错误；再次，我们有理由认为它们要么正确要么错误；最后，这些理由和信念可以被组织到系统化的道德原则和正义理论之中。因此，政治哲学的中心目标之一，就是要对那些相互竞争的正义理论进行评判，并进而评估这些理论为自己的正当性所作辩护的力量和融贯性。

对许多人而言，这似乎是没有什么希望的目标。有些人认为道德价值并不真实地存在，因此我们关于这些价值的“信念”只不过是对个人偏好的表达罢了。由于仅仅是个人的偏好，道德价值就既不可能正确也不可
7 能错误，因此就不可能对它们进行合乎理性的评判。另一些人则相信，虽然道德信念要么正确要么错误，但却没有办法把它们组织到系统化的原则之中。我们关于正义的判断源于某种心照不宣的领悟或恰到好处的感受——我们据此来对不同的特殊情境作出不同的反应。任何将这些特殊判断形式化并进而形成抽象规则或原则的企图，只会歪曲这些判断并进而形成空洞的公式。更有一些人相信，虽然我们关于正义的信念是有理由的，虽然这些理由也可以被组织到系统化的原则之中，但只有诉求历史传统，这些理由和原则才可被理解。因此，正义是文化阐释的事务而不是哲学论证的事务。

在后面的章节里，我将探讨对政治哲学事业的不同理解方式。然而，我并不认为，对传统政治哲学目标的这样那样的批判是成功的。我既不会试图证明有可能为某种综合的正义理论提供合乎理性的辩护，我也不会试图拒绝对它的各种反对意见。事实上，除了为特定的理论提供特定的论证，我怀疑是否存在着证明这种可能性的任何其他途径。要想表明有可能就正义原则的对或错发展出具有说服力的论证，惟一的途径就是实际

地给出某些具有说服力的论证。因此，本书的余下部分，就是我为自己的方法论假设的有效性所给出的全部论证。至于论证是否成功，则交由读者去裁决。

进一步阅读指南

还有一些关于政治哲学的导论性读物。许多这类读物提供了比我的书更宽广的历史回顾，既介绍了当代论争又介绍了一些历史上的重要人物，如亚里士多德、霍布斯和康德。下述四种有益的导论都属于这种风格：Jean Hampton, *Political Philosophy* (Westview, 1997); Jonathan Wolff, *An Introduction to Political Philosophy* (Oxford University Press, 1996); Raymond Plant, *Modern Political Thought* (Blackwell, 1991); Dudley Knowles, *Political Philosophy* (Mcgill-Queen's University Press, 2001)。

也有像我的书一样聚焦于当代论争的导论性著作，参见：Lesley Jacobs, *An Introduction to Modern Political Philosophy: The Democratic Vision of Politics* (Prentice-Hall, 1997); Tom Campbell, *Justice*, 2nd edn. (Palgrave, 2000)。

正如其名称所提示的那样，政治哲学是哲学与政治科学的交叉学科。要想获得关于当代政治理论的、与政治科学相关的导论性读物，参见：Iris Young, "Political Theory: An Overview" and Bhikhu Parekh, "Political Theory: Traditions in Political Philosophy", both in Robert Goodin and Hans-Dieter Klingeman (eds.), *A New Handbook of Political Science* (Oxford University Press, 1997), and William Galston, "Political 8
Theory in the 1980s", in Ada Finifter (ed.), *Political Science: The State of the Discipline* 2 (American Political Science Association, 1993)。

一本对学生和学者都极为有用的参考资料是：Robert Goodin and Philip Pettit (eds.), *A Companion to Contemporary Political Philosophy* (Blackwell, 1993)。这本资料包含了四十一个条目，它们考察了当代政治

哲学思想的主要概念和流派，每一个条目后面都附有精心挑选的参考书目。布莱克威尔指南系列中的 Peter Singer(ed.)，*A Companion to Ethics* (Blackwell, 1991)也有许多相关条目。

有一些文集，它们选有从当代政治哲学最重要的著作中摘选的内容。其中最好的两本是 Robert Goodin and Philip Pettit (eds.), *Contemporary Political Philosophy: An Anthology* (Blackwell, 1997)和 George Sher and Baruch Brody(eds.)，*Social and Political Philosophy: Contemporary Readings* (Harcourt Brace, 1999)。我也曾编辑过一本两卷本的名为 *Justice in Political Philosophy* (Edward Elgar, 1992)的选集，该选集收录了从 1971 年至 1990 年最有影响的五十五篇论文。

对于那些愿意追踪最新进展的人士而言，有几种专业期刊，它们广泛地刊登英美政治哲学领域的文章。最有名和最持久的期刊是：*Ethics*; *Political Theory*; *Philosophy and Public Affairs*。其他相关期刊(其中有些是新近创立的)有：*Journal of Political Philosophy*; *Critical Review of International Social and Political Philosophy*; *Social Theory and Practice*; *Public Affairs Quarterly*; *Journal of Political Ideologies*; *Journal of Applied Philosophy*; *Ethical Theory and Moral Practice*; *Philosophy, Politics and Economics*。要想获得有帮助的概览，参见 David McCabe's "New Journals in Political Philosophy and Related Fields", *Ethics*, 106/4 (1996): 800—816。

尽管总的来说其内容超越了本书的范围，下述政治哲学期刊也是重要的：*Review of Politics*; *Interpretation*; *Constellations*; *Philosophy and Social Criticism*。前两本期刊专门研究政治思想史，后两本期刊专门研究大陆政治哲学。

与其他领域相比，政治哲学在互联网上的资源还不很丰富。最重要的网址是美国政治学协会(American Political Science Association)(**www.political-theory.org**)的名为"Foundations of Political Theory"的分类主页。该网址罗列了新近出版物、相关的学术会议、示范课程提纲、在线文本，以及与其他相关学会的主页链接。其中的一个链接是“American Society for Political and Legal Philosophy”（**www. political-theory. org / asplp. html**），该学会编辑重要的 NOMOS 年鉴系列，专注于政治哲学的特殊话题。

另一个有帮助的网址是 Lawrence Hinman's Ethics webpage（**www. ethics. sandiego. edu/index. html**）。该网址所包含的资源（有注解的专题书目、在线文本、范例问题）对涉及伦理学和政治哲学的学生和教师都有益处。

第三个值得查阅的网址是 Brown Electronic Article Review Service（BEARS），该网址为新近出版的关于伦理学和政治哲学的文章提供简短的电子版评论（**www. brown. edu /Departments /Philosophy /bears / homepage. html**）。

许多国家都有自己为政治哲学领域的人士建立的专业学会。而 9
“Conference for the Study of Political Thought”却是一个地道的国际机构，该机构在北美洲、欧洲和亚洲都有自己的分会，同时，它还定期出版有价值的通讯。它的网址是 **www. cspt. tulane. edu**。

第二章

功利主义

10 一个普遍认可的事实是，规范的政治哲学复兴于罗尔斯1971年出版的《正义论》。要想了解当代的各种正义理论，罗尔斯的理论是一个自然的出发点。罗尔斯的理论支配着当代政治哲学的论争，并不是因为人人都接受他的理论，而是因为其他不同的观点通常是在回应罗尔斯理论的过程中产生的。但正如这些不同观点只有依照它们与罗尔斯的关系才能得到最好的理解，同样，要理解罗尔斯也就要求首先理解他所回应的那种理论——功利主义。我认为罗尔斯的下述看法是正确的：功利主义在我们的社会里是一个不言而喻的背景，其他理论不得不在这个背景下出场和论证。因此，功利主义也是我探讨的起点。

功利主义的最简单表述形式是这样的：能够为社会成员创造最大幸福的行为或政策就是道德上正当的。虽然这种观点有时被当作一种综合的道德理论，我将只集中探讨作为一种政治道德的狭义功利主义。按照这种观点，功利主义的原则适用于罗尔斯所说的社会的“基本结构”，而不适用于个体的私人行为。但由于功利主义作为一种政治道德的绝大部分吸引力源于这样一个信念——功利主义是惟一融贯和系统的道德哲学，因此，我将在第三节简短地探讨一下综合的功利主义的特征。无论是狭义的或综合的，功利主义既有执著的追随者也有激烈的反对者。那些反对功利主义的人士声称，功利主义的缺陷简直太多了，它肯定会从政治哲学的场景中消失（例如，Williams 1973）。而另一些人士则认为，道德就是使人类幸福最大化，除此之外很难想象道德还能是什么（例如，Hare 1984）。

第一节 两种吸引力

我的探讨将从功利主义的吸引力开始。功利主义的两个特征使它成为有吸引力的政治道德理论。首先，功利主义所倡导的目标不依赖于上帝的存在或灵魂的不朽，也不依据于其他可疑的形而上学实体。一些道德理 11
论声称灵魂的状态才是重要的，另一些道德理论则声称人们应该按照上帝的神圣意志而生活，还有一些道德理论声称现世生活的幸福取决于彼岸世界的永生。许多人曾经认为，没有诸如此类的宗教观念的支撑，道德本身就是不融贯的。如果没有上帝，我们面对的就只是要求做什么或不允许做什么的一系列规则，没有目的或意义。

并不清楚为何人们会这样看待功利主义。功利主义所致力于增进的善(the good)，①无论是幸福、福利(welfare)或福祉(well-being)，都是我们在生活中所追求的东西，也是我们希望自己所爱的人拥有的东西。功利主义者只是要求在追求人类福利或效用(我将互换地使用这两个术语)的过程中，应该公平地对待社会的每一个成员。无论我们是不是上帝的子女，无论我们有没有不朽的灵魂或自由意志，我们都要么痛苦要么幸福，我们的生活状态也可能更好也可能更坏。无论我们离宗教多远，我们都无法否认幸福的价值，毕竟我们在生活中总是珍视自己的幸福。

与之相关，功利主义的另一个显著吸引力是它的“后果论”。我将在后面详细探讨后果论意味着什么。但它的重要性暂时可以这样表述：后果论要求我们检查相应的行为或政策，以判断它们是否的确能够产生某些可识别的好处。我们都遇到过这样一些人，他们声称某事在道德上是错误的，譬如同性恋(或赌博、跳舞、喝酒、诅咒，等等)，但却不能指出这些所谓的错误言行有什么坏的后果。后果论反对这种没有依据的道德禁

① 请参见“中译本附录：关于‘good’的翻译的哲学解释”。——译者

令。后果论要求那些把某事当作道德错误而加以谴责的人指出，这种被谴责的道德错误究竟使谁受到了伤害，也即是说，他们必须能够指明究竟谁的生活因为这种被谴责的行为而恶化了。类似地，后果论认为，只有那些改善人们生活的事情，在道德意义上才是好的。其他许多道德理论，虽然以关照人类福利为初衷，也可能只是由一系列要求服从的规则所构成，而无视这些规则的后果。但功利主义却不仅仅是另一套规定能做什么或不能做什么的规则。功利主义旨在提供某种检验手段，以保证这类规则能够起到有益的作用。

后果论的吸引力还在于，它吻合我们对道德领域与非道德领域进行区分的直觉。如果某人声称某些类型的两相情愿的性行为在道德上是错误的，理由是这样的行为“不恰当”，但却不能指出究竟谁在这种行为中受到了伤害；那么，我们就可以这样回答：这里所谓的“不恰当”根本就不是一个道德观念。这种针对行为恰当与否的判断更像是审美判断，或者，这种判断最多是在诉求成规或习俗。某人或许会说朋克摇滚乐是“不恰当的”，它根本就不是正统的音乐。但这只是审美的批评，而不是道德的批评。说同性性行为是“不恰当的”但却不能指出任何不好的后果，就
12 如同说鲍勃·迪伦(Bob Dylan)的演唱是不恰当的——就算这个判断是对的，它也不是道德批评。这些关于恰当与否的标准不是后果论的。但我们认为道德比纯粹的成规更加重要，而后果论正好有助于对这个区别作出解释。后果论似乎也为解决道德问题提供了直接的方法。要寻找道德上正确的答案就变成了对人类福利的变化进行测量的事情，而不是去咨询精神领袖，也不必固守似是而非的传统。因此，历史地看，功利主义是相当进步的。功利主义要求，压制人民若干世纪之久的习俗和权威必须接受人类进步标准的检验(“人是万物的尺度”)。在最好的情况下，功利主义是针对偏见和迷信最强有力的武器，因为功利主义所提出的标准和程序向那些以道德的名义对我们声称权威的人提出了挑战。

功利主义的两大吸引力就在于它吻合我们的两个直觉：第一，人的福祉是重要的；第二，道德规则必须依其对人的福祉的后果而受到检验。

如果我们接受这两点，功利主义几乎必然会出现。如果人的福利就是道德所涉及的善，道德上最好的行为就只能是：在同等程度地关注每个个体福利的前提下最能增加人类总体福利的行为。认为功利主义不可能错误的人确信，任何理论，只要否认了这两个直觉中的任何一个，就肯定是错误的。

我认同这两个核心直觉。如果要挑战功利主义，就不能采取否定这些直觉的方式。挑战功利主义要想获得成功，就必须能够表明，还有一些别的理论比功利主义更好地阐明了这两个直觉。我将在后面论证，的确存在着这样的理论。但我们首先得仔细地了解一下功利主义究竟意味着什么。功利主义可以分解成两个部分：

第一，对人的福利或“效用”的解释；

第二，对每个人的福利都予以同等重视的效用最大化要求。

功利主义的特别之处在于第二个主张，该主张可以与对福利或效用的各种解释相结合。这样，我们对功利主义的判断最终取决于对第二个主张的评价。但要对功利主义作出最终的评价，却必须首先考察一下对效用或福利的各种解释。

第二节　对效用的界定

我们应该如何界定人的福利或效用？历史上的功利主义者曾经以幸 13
福来界定效用，因此才有这样一个流行但却引人误解的口号：“最大多数人的最大幸福”。①但并非每一个功利主义者都接受对人类福利的这种“享乐主义”解释。事实上，至少可以辨识出四种界定效用的立场。

① 这个流行口号之所以引人误解，是因为它含有两个“最大化目标”：“最大幸福”与“最大多数”。任何一种理论都不可能包含两个最大化要求，任何想要贯彻这种理论的企图很快就会走向死胡同。（例如，如果两组可能的分配方式是 10∶10∶10 和 20∶20∶0，我们就不可能既产生最大幸福又产生最大多数人的幸福。）参见 Griffin 1986：151—154；Rescher 1966：25—28。

(一) 享乐主义

第一种观点也许是功利主义传统中最有影响的：快乐体验或快乐感是人的首要利益。这种利益(good)[①]本身就是目的，而其他所有利益都只是手段。作为功利主义的奠基人，边沁有一句著名的引言：如果快乐的强度和持续时间一样，则“针戏与诗歌一样好”(pushpin is as good as poetry)。如果我们偏好诗歌甚于针戏，如果我们认为把时间花在诗歌上更有价值，惟一的原因就在于诗歌带给我们更大的快乐。

这样解释我们为什么偏好某些行为甚于其他行为是值得怀疑的。下述说法虽然老套但却不乏真实：诗人的创作充满着痛苦和折磨，但诗人仍然看重写诗的价值。领悟诗歌也是这样：我们从诗歌中经常收获忧伤而不是快乐。边沁也许会回答说，诗人的快乐就像受虐狂的快乐：别人看到的表面痛苦恰恰就是他的快乐，也许诗人的确在折磨和挫败中寻找自己的快乐。

我怀疑这种说法，但却不必自己想办法去进行反驳。因为诺齐克反驳享乐主义的理由更有说服力(Nozick 1974：42—45；cf. Smart 1973：18—21)。诺齐克要求我们进行这样的想象：神经心理学家能够把我们放进一架机器并为我们注射药物。这些药物能够产生可以想象出来的最快乐的意识状态。假如快乐就是我们的最大利益，我们就都会愿意关进机器里度过终生：我们不停地服药，除了快乐什么也感受不到。但显然很少有人会作出这种选择。因为这不仅不是最好的生活，它甚至几乎不能算作是生活；这不仅不是最有价值的生活，许多人反而会认为这简直就是在浪费生命，毫无价值。

事实上，某些人宁愿死去也不愿意这样活着。很多美国人签署了自己的“遗嘱”：如果不再有康复的希望，就算生命维系装置可以免除痛

---

① 至于为什么把前文中的“the good”译为“善”，而把这里的“good”译为“利益”，参见“中译本附录：关于‘good’的翻译的哲学解释”。——译者

苦和带来快乐，也不要继续维系这样的生命。我们纵然不清楚死亡是否对我们更好，我们却清楚不依赖生命维系装置的生活肯定对我们更有价值。虽然我们也愿意既投身于有价值的事业又拥有快乐，但我们却绝不愿意为了唾手可得的快乐而放弃有价值的事业。

（二）效用：非享乐主义的心理状态

对效用的享乐主义解释是错误的，因为生活中值得珍视和为之行动 14
的价值不能被简单地归结为如快乐这样的心理状态。一种回应是，由于很多经验都有价值，因此我们应该全方位地提升各种各样的有价值的心理状态。采取这种解释的功利主义者承认，诗歌创造的经验以及与之相伴的心理状态是有报偿的，但却并不一定是快乐的。无论经验的表现形式是什么，功利主义关注的是各种有价值的经验。

但这种说法仍然无法逃脱诺齐克的诘难。诺齐克的发明被称作“体验机器”，它结合药物可以制造出任何所欲的心理状态：坠入爱河的狂喜、诗歌创作的成就感、宗教沉思的宁静感，等等。所有这些体验都可以被机器复制出来。问题是：我们是否愿意在机器里生活？显然，答案仍然是否定的。

我们想在生活中获得的不止是，或者根本就不是心理状态或“内心体验”，无论快乐或是不快乐。我们不只是想要有创造诗歌的体验，我们想要实际地创作诗歌；我们不只是想要恋爱的体验，我们想要实际地恋爱；我们也不只是想有完成某事的成功体验，我们想要获得真正的成功。毫无疑问，当我们实际恋爱或真正成功时，我们也想体验恋爱或成功的感受，并且我们也希望其中一部分感受就是快乐。但就算可以在经验机器里轻而易举地获得各种所欲的感觉，我们也不愿意因此而放弃自己投入爱河和争取成功的真实机会（Lomasky 1987：231—233；Larmore 1987：48—49；Griffin 1986：13—23；Finnis 1981：85—88）。

不可否认，我们有时只是想获得某种特定的体验。这就是为什么有人要吸毒的原因。但不吸毒的行为并不是我们因为无法体验吸毒才进行的无可奈何的替代选择。同理，不会有人愿意把心理状态当作一切，以致被关在体验机器里居然成了人生的全部目标。

（三）偏好的满足

人的福祉不只是或根本就不是获取所欲的心理状态。对效用的第三种解释是“偏好的满足”。根据这种观点，增加人们的福利也就是满足他们的偏好——无论这些偏好是什么。如果人们想体验诗歌创作，这种体验的偏好也许在体验机器中能够获得满足。但人们如果想要实际地创作诗歌，体验机器就不再有用。采纳这种解释的功利主义者要求我们平等地满足所有种类的偏好，因为他们把偏好的满足等同于福利。

15 可是，如果说最初的两种观点在对福祉的解释时遗漏太多，这第三种观点就是包含太多。满足我们的偏好并不总是有益于我们的福祉。设想我们正在订午餐，我们中的一些人想吃比萨而另一些人想吃中餐。如果最大限度满足偏好的方式是订购比萨，那么这种功利主义就要求我们订购比萨。假如不为我们所知的是，所订购的比萨其实是有毒的，情况又会怎样呢？显然，现在订购这样的比萨并不会真正促进我们的福利。这样看来，如果我们缺乏足够的信息，或者，如果我们错误地计算了一个具体行为的得失，满足我们当下的偏好并不是我们利益的真正所在。

因此，偏好并不能确定我们的利益。更准确的说法是：偏好是对我们利益的预见。我们希望自己拥有的事物有价值，我们当下的偏好则反映了我们当下的信念——究竟哪些事物有价值。但要弄清什么具有价值什么不具有价值并不总是那么容易——因为我们的信念完全可能出错。买什么或做什么的确基于自己的偏好，但随后我们可能会意识到所买的东西或所做的事情没有价值。无论是对于选择食物这样的具体偏好，还是对于如何生活这样的“总体偏好”，我们的决定都时常出错。一个曾经梦想当律师的人也许会用若干年就读法学院，但最终却可能意识到自己决策的错误。也许这类人对律师职业有一种相当浪漫的想法，完全不曾料到这种工作的紧张竞争和繁杂琐碎。曾经愿意一直在家乡生活的人也许后来终会意识到，这种生活封闭狭隘又缺乏刺激。这类人也许会为过去若干年的学习和生活而后悔。他们是为自己以前的选择后悔，因为人们总是想拥有或从事有价值的事情，而真正的价值却可能不同于他们在进行选择时的当下偏好。对我们而言，真正重要的不是当下的偏好，而是真正的价值（Dworkin 1983：24—30；2000：242—254）。

提倡满足偏好的功利主义认为，事物有价值是因为很多人欲求它。可是，这不仅说不通，简直就是说反了。对某件事物的偏好并不是使它有价值的原因，相反，某件事物有价值才是偏好它的正确理由。如果事物本身没有价值，满足我对它的错误偏好并不能增进我的福祉。要增加我的效用，不能靠满足我的任何偏好，而要靠满足那些没有建立在错误信念基础上的偏好。

用满足偏好来定义效用的另一个问题就是所谓“适应性的偏好”（adaptive preference）现象。这种现象是指，当人们不能实现某些所欲的目标时就会逐渐丧失对目标的期望。这就是伊索寓言中的“酸葡萄”现象。寓言中的狐狸想要吃到头顶上的葡萄，但尝试若干次后仍然不能取得成功，最后干脆声称自己根本就不想吃这些葡萄，因为它们很可能是酸的。无法满足偏好导致的失望着实令人难受，处理这种失望的方法之一就是 16
说服自己，那个无法企及的目标根本不值得追求。这种现象的极端例子就是“满意的奴隶”：奴隶为了适应被奴役的状态，干脆声称自己根本就不需要自由。是否真有满意的奴隶颇有争议，但适应性的偏好作为一种普遍现象，却是心理学和社会科学的研究确定无疑地揭示出来的现象（Elster 1982b；1983a）。譬如，要解释人们对传统性别角色的态度，也会面临这种现象。人们越难于改变自己的角色，人们就越可能只偏好与自己的角色相吻合的事情。①

---

① 要想了解对适应性的偏好的探讨，参见 Elster 1982b；1983b；Barry 1989b；Sunstein 1991；Sunstein 1997：chs. 1—2。要想了解适应性的偏好对于性别问题的实际意义，参见 Sunstein 1999；Okin 1999；Nussbaum 2000。适应性的偏好当然也相关于马克思主义者的“虚假”意识理论。这种理论认为，工人被资本主义社会同化到这样一个程度，以致他们根本无法明白在社会主义里自己的真正利益。

这种现象引出了一个严峻的问题：如何能够仅仅依据人们偏好的满足程度来衡量政治制度呢？如果人们按照现实的期望范围来调整自己的偏好，就算专制社会剥夺了人民想要有所成就的重要机会，也仍然可以很好地满足他们的适应性偏好。事实上，这种专制社会甚至可能比开放和民主的社会更容易满足人们的偏好，尽管后一种社会的公民自豪地享有各种自由和机会。完全可能的是，自由社会里无法满足的愿望要多于专制社会——因为人们在强权社会里从小就被灌输要禁绝某些愿望。

（四）有理据的偏好

对效用的第四种解释试图规避错误偏好和适应性偏好的问题，它把福利定义为满足“理性的”（rational）或“有理据的”（informed）偏好。根据这种观点，功利主义的目标就是满足那些基于充分信息和正确判断的偏好，而排除那些错误的和非理性的偏好。我们试图向人们提供他们有很好的理由偏好的东西，因为这些东西的确会使他们的生活变得更好。

这第四种解释似乎是正确的——满足理性的偏好就是人的首要利益。①尽管这种观点无法反驳，但它却是极端含混，以至于很难对有理据的偏好进行应用或衡量。幸福至少还有这样一个优点：它在原则上是可衡量的。我们大都明白什么可以增进幸福，什么可以提升快乐而降低痛苦。快乐机器就能够最大限度地增加快乐。可一旦把效用等同于有理据的偏好的满足，我们反而失去了方向。

首先，我们如何知道，当人们对情况有所了解并遵从理性时，他们会有什么样的偏好？例如，见多识广的人究竟会信奉什么样的宗教呢？我们如何知道，愿意遵从传统的性别角色，究竟是某人对自己利益的真实表达

---

① 当然，假如有理性的依据我就会偏好 A，但这并不意味着在没有理据的当下状态，A 也会给我带来益处。这种情况虽然使得这种解释——将效用解释成有理据的偏好——变得复杂，但却并没有颠覆这种解释。促进我的福祉的事物不能等同于满足我的当下偏好，它甚至也不等同于满足我的理想意义上的有理据的偏好（Griffin 1986：11—12；32—33）。然而，存在着这种可能性：充分发展这种解释将使它接近有时被称作“客观清单”的理论（Parfit 1984：493—502）。

呢，还是无可奈何的适应性的偏好？什么样的“时间贴现率”才是合乎理性的呢？譬如，我看重现在发生的事情甚于看重将来发生的事情，这是非 17
理性的吗？这些问题相当复杂，如果不能予以回答，功利主义的计算就无法进行。

其次，就算我们知道哪些偏好是合乎理性的，但由于有理据的偏好也有许多不同的种类，要想加总它们并不容易。如果没有一种单一的首要的价值（如幸福）以衡量它们，我们如何在事业成就和浪漫爱情之间进行权衡呢？这两种利益也许“不可通约”（incommensurable），也就是说根本无法把它们纳入统一的尺度进行衡量。①

然而，一旦我们放弃了“经验要求”，就不得不面对更加令人困惑的事情。根据这第四种解释，只要能够满足有理据的偏好就能增加我们的效用——但我们的意识却可能经验不到自己效用的增加。理查德·黑尔对这第四种解释作了下述论证：如果我的配偶有了外遇，我的生活就会变糟，即便我对此并不知情。我的生活之所以变糟是因为我不愿意发生的事却发生了。不愿意配偶有外遇是典型的合乎理性的和有理据的偏好，然而，无论该偏好是否被满足，我的经验意识都没有什么不同（Hare 1971：131）。

我同意黑尔的看法：要确定福祉就应该把“经验不到的”偏好计算在内。在不知情的情况下违背了我的偏好，的确会使我的生活变糟。例如，如果我像往常那样对待配偶，只是因为我不知道她有外遇，我的行为就是出于错误的信念。我实际上生活在蒙蔽之中，但我们并不想这样生活（Raz 1986：300—301）。在涉及他人时，我们常常认为不知情也就不会被伤害。可一旦涉及自己的利益，我们却很难认同这一点。如果我的确不适合研究哲学，我就不愿意仍然以为自己适合。同理，如果我的家庭的确不美满，我就不愿意仍然以为自己有一个美满的家庭。对我隐瞒真相诚然可

① 要想了解对“不可通约性”（incommensurability）的讨论以及它带给功利主义的困难，参见 Finnis 1983：86—93；Raz 1986：321—368；George 1993：88—90。

以阻止我经历痛苦，但我为此付出的代价却可能大得足以瓦解我生活的全部意义。我之所以研究哲学是因为我相信自己能够胜任。如果不能胜任，我就宁愿转行。我不愿意继续出于错误信念去生活，因为我不愿意这样浪费自己的生命，也不愿意继续生活在蒙蔽之中。如果我认识到自己的信念不过是虚妄，我依据这种虚妄信念的行动也就丧失了意义。但意义的丧失并不发生在虚妄被我认识之时，而发生在信念成为虚妄之时。正是在信念成为虚妄之时，我的生活也就随之恶化，因为从那一刻起，我所向往的目标就再也没有实现的可能了。

再考察一下父母对儿女的期盼。格里芬注意到，“如果父亲期望子女幸福，他值得为之期望的就不是自己意识的状态而是世界的状态。只是骗使他相信自己的子女发达了，对他而言毫无价值”（Griffin 1986：13）。如果子女遭受痛苦，就算父亲意识不到子女的痛苦而继续保持快乐，他的生活也因此而恶化。

我们必须承认：即便我们的经验意识没有变化，生活也可能恶化。
18 可这却会导致某些奇怪的结果。譬如，黑尔就扩展了效用观念并将死者的偏好也纳入效用计算之中。我希望自己的名誉在死后不受玷污，我也希望自己的遗体不至腐烂——这些都属合乎理性的偏好。要将死者的偏好也纳入效用计算实属稀奇，可是，如何将死者的偏好（某人希望自己的名誉在死后不受玷污）与其他偏好（某人希望自己的配偶不背着自己发生婚外情）区别开来呢？这两种合乎理性的偏好有一个共同点：无论偏好是否被满足都不影响我们的意识状态。事实上，并非违背死者偏好的所有行为都会反过来恶化死者的生活，但我们又如何进行区分呢？我们如何在死者的偏好与生者的偏好之间进行权衡呢？①

---

① 我并不认为死者的偏好总是缺乏道德分量。我们死后的事情的确能够对我们此前生活的好坏发生影响，而我们对死后某些事情的期望也的确可能成为我们生活的重要关注点。事实上，假如死者的偏好在任何时候都没有道德分量，就无法理解我们对待遗嘱的方式。想要了解有关探讨，参见 Lomasky 1987：212—221；Feinberg 1980：173—176。关于“经验要求”的更广泛论述，参见 Scanlon 1991：22—23；Larmore 1987：48—49；Lomasky 1987：231—233；Griffin 1986：13—23；Parfit 1984：149—153。

简而言之，把福利解释成“有理据的偏好”在理论上似乎有些道理，但在实践上却行不通。一方面，如何确定增进效用必须满足哪些偏好，也就是说，如何确定哪些偏好是理性的或有理据的呢？另一方面，就算知道哪些偏好是理性的，我们又如何确定不同理性偏好的福利水准，也就是说，我们又如何在“不可通约的”效用之间进行比较呢？这两个问题都难以回答。最终我们也许会明白自己的处境：无论对于特定个体还是对于整体社会，根本就不可能知道哪些行为能够使效用最大化。

有人正是据此得出结论，说功利主义必须被拒斥。如果我们接受第四种观点，即把福利解释成对有理据的偏好的满足，并且，如果按照这种观点根本不可能对福利进行清晰识别和综合计算，就不可能知道如何才能使福利最大化。这样，我们就需要重新解释什么是道德上正当的行为。

然而，这个论点就算有些道理，但却太强了。毕竟，不仅在功利主义的道德推理中存在着识别和平衡有理据的偏好的困难，在关于如何生活的任何形式的审慎推理中也存在类似的困难(Bailey 1997：18—19)。我们总是要在不同的时间段里不断地就如何平衡不同类型的利益进行决策，并进而判断我们的生活将变好或是变糟。如果我们只是因为缺乏信息或因为不同利益之间不可通约而无法作出理性的判断，那么，面临威胁的就是一切形式的审慎推理，而不仅仅是功利主义。然而，就算没有办法保证自己的偏好真是有理据的，就算根本没有数学公式可以据此把生活中各类利益进行总计，我们仍然在现实生活中进行着成功程度不等的决策。

然而，作为一种政治哲学的功利主义要求我们能够就不同人的效用得失进行比较，而不仅仅是在个人生活内对效用的得失进行比较。为了确定谁应该得到稀缺资源，我们也许需要判断某人的潜在所得是否超过另一人的潜在所失。这就是效用的“个体间的可比性”问题。而有人认为，就算我们能够就如何使自己的个体效用最大化给出理性的判断，我们也无法就如何使个体间的效用最大化给出理性的判断。理由是，我们无法进入他人的意识，因此我们无从就自己的所得和所失与他人的所得和所失进行比较。①

但作出这个判断仍然太快了。假如我们不能就个体间的效用进行比较，我们也就无法对下述事情作出理性的决定——譬如，是否以及何时向朋友、邻居乃至我们的孩子提供帮助。然而，父母却总是能够判断，给予某个孩子的利益是否足以超过另一个孩子的所失或父母本人的负担。只有极端的唯我论才会坚持，我们无法就个体间的效用比较作出理性的判断。

此外，要克服这些困难还有各种各样的间接途径。例如，将效用当作有理据的偏好解释方式要求我们排除适应性的偏好和非理性的偏好。然而在实践中，政府却找不到可直接用于操作的办法以达到这个目的。因为要达到排除适应性的偏好和非理性的偏好的目的，政府就必须了解每个个体的背景、能力、情绪特征等方面的若干细节，而几乎没有人愿意政府对他们的个人情况如此了如指掌。但政府却能够以一种更间接的方式去处理非理性的偏好与适应性的偏好的问题：政府用不着检查不同个体的具体偏好，政府只需为创造这些具体偏好提供各种适宜的条件。我们也许不能确定哪些具体偏好是被误导了的错误偏好或适应性的偏好，但我们却可以检查人们形成和修正自己的偏好时所必须依据的社会条件和文化条件，以保证人们能够掌握充分的信息和机会去尝试各种生活方式，同时保护人们免于错误印象或宣传机器的误导。我们处理错误偏好或适应性的偏好的问题所采取的方式，不是直接排除它们，而是消除导致这些偏好产生的背景条件。我们将在后面的章节，特别是关于社群主义和女权主义的章节中看到，当代政治哲学的许多争论正是围绕着下述问题而展开：我们在形成自己偏好的时候，要具有怎样的背景条件才算是恰当的？

类似地，要解决个体间的可比性问题，也有相应的间接方案。功利主义在理论上声称，我们应该直接比较不同人的福利得失。但这在实践上却行不通，因为政府不可能进入公民的意识以衡量他们满意与失望的相对

① 要想了解对该问题的详尽探讨，参见相关论文：Elster and Roemer，1991。

程度。然而，就公共政策的目的而论，我们却可以采纳一种更间接的策略。我们可以忽略个体偏好的细节，重点关注那些通用益品（all-purpose goods），①譬如各种自由以及对一切具体偏好都有用的资源。于是，我们就能够通过分配这些通用益品，去合理地替代对偏好满足的分配（Goodin 1995：13，20—21）。我们衡量个体的得失，不是通过检查偏好的满足是增加了还是减少了，而是通过衡量满足偏好所需的、适用于一切目的的手 20
段是增加了还是减少了。

按照这种观点，功利主义的目标就不再是直接地使人们的偏好满足最大化，而是通过最大限度地增加通用益品，从而间接地使人们的偏好满足最大化。我们将看到，这种对于个体间可比性问题的“资源主义”解决方式，被绝大多数自由主义的正义理论所采纳。这种方式之所以受到青睐，既是出于方便和可行，也是基于对责任的考虑（参见第三章第72—74页②）。

因此，尽管功利主义面临着严峻的逻辑问题，但这样的问题却并不致命。毫无疑问，在有些情况下，我们根本无法确定哪种行为将使效用最大化，因此也就无法根据功利主义的原则去确定哪种行为在道德上是正当的。但正如我们将看到的那样，绝大多数政治理论都面临着类似的问题。没有理由不正视这样一种可能性，即人类并非总能够确定什么是道德上正当的行为。无论如何，就算根本无法比较异类价值，以至于我们无法断定促进某一价值的行为是否会使整体价值最大化；我们仍然可以粗略地对价值进行排序，然后据此判断哪些行为较好哪些较坏（Griffin 1986：75—92）。

因此，尽管功利主义与享乐主义具有传统渊源，它仍然可以与四种效用解释中的任何一种相协调。当然，一旦抛弃了享乐主义，功利主义也

---

① 至于为什么要在前文中把“goods”译为“利益”，但在这里却把“goods”译为“益品”，参见“中译本附录：关于‘good’的翻译的哲学解释”。——译者

② 凡参见页码均为原书页码，即边码，下同。——译者

就失去了它的一个吸引力。一旦我们拒绝将福利简单地解释成幸福或偏好的满足，就不再有直接测量效用的办法。功利主义没有提供一种独特而又简单易行的标准或科学方法，以确定什么是正当的与什么是错误的。然而，虽然对于衡量人类福利而言，功利主义与其他理论相比并不占优势，但也并不处于劣势。每一种多少具有可信度的政治理论，都必须面对如何恰当解释人类福利的麻烦问题，而功利主义也有权采纳它的批判者所青睐的任何解释。①所以，要想推翻功利主义，就只能驳斥功利主义理论的第二部分，也就是要驳斥功利主义的下述要求：无论最终如何定义效用，我们都应该使效用最大化。

第三节　使效用最大化

假设已经对效用形成了一致的解释，我们是否应该支持使效用最大化的功利主义信条？这是否最好地解释了我们对于“后果论”的直觉信奉？后果论要求我们增进人们的效用，理想意义上，要求我们满足所有人
21 的一切有理据的偏好。不幸的是，这根本不可能，因为能够用于满足人们偏好的资源是有限的。此外，人们的偏好还会相互冲突。那么，我们应该满足哪些偏好呢？后果论要求我们从后果的角度关注人类的福利，但是，如果增进某人的福利与增进另一个人的福利相冲突，又该怎么办呢？要给出这个问题的答案，就需要对后果论进行详细解释。

我们应该增进人们的效用——对于这个理念，功利主义是如何解释的呢？功利主义者声称正当行为就是能使效用最大化的行为——譬如，正当行为就是要尽可能多地满足有理据的偏好。但如果某些人的偏好与效用最大化的总体要求相冲突，这些人的偏好就将得不到满足。这的确不

① 关注如何分配资源但却不理会这些资源如何影响每个人福利的政治理论，也许对于这个一般论断是个例外。但正如我将在第三章指出的那样，这种理论是一种误导人的见解。甚至基于资源考虑的政治理论，也必须对人们的“根本利益”给予“最具综合性的”理论说明(Dworkin 1983：24)。

幸。但由于受益者在数量上肯定超过受损者，就没有理由优先考虑受损者的偏好，而不优先考虑受益者的数量更大的(或强度更大的)偏好。对功利主义者而言，只要效用的总量一样，无论谁拥有效用，都没有什么区别。没有人在效用的计算中处于特殊地位，没有人可以对利益提出比他人更多的要求。因此，我们就应该追求这样的后果——最大限度地满足社会生活中的(有理据的)偏好。(这当然只是对后果论的功利主义解释的最粗略描述，我将在下一节中探讨使这种解释变得丰富的两种方式。)

与要求我们遵循传统或神圣律法而不理会后果的那些理论相比较，承诺从后果的角度去检查人类福祉，正是功利主义的吸引力之一。但我认为，后果论一旦以功利主义的形式表现出来就不再有吸引力。我们的直觉并不认为，在不可能满足所有偏好的情况下，只要效用的总量一样，后果也就一样。功利主义过于简化了我们对于后果论的信奉。

然而，在对这些问题进行详细探讨之前，需要澄清功利主义内部的诸多重要区别。我已经说过，如果是功利主义者，我们的目标应该是满足最大总量的偏好。但我曾经提到过，就功利主义而言的"我们"有两种不同的解释：一种观点是，"我们"是指我们所有人都应该按照效用原则而运作，甚至包括我们的个人品行(综合的道德功利主义)；另一种观点是，"我们"仅指与我们相关的主要社会制度，即社会制度应该按照功利主义原则而运作(政治功利主义)。至于"按照功利主义原则而运作"，也有两种不同的解释：一种观点是，主体应该有意识地进行功利主义的计算，应该努力评估不同的行为如何影响着有理据的偏好的满足，然后再决定采取什么样的作为(直接功利主义)；另一种观点是，使效用最大化的理念只是间接地(如果可能的话)进入主体的决策过程。按照后一种观 22
点，道德上正当的行为的确是使效用最大化的行为，但只有遵守非功利主义的原则或习惯而不是遵从功利主义的计算，主体才更有可能使效用最大化(间接功利主义)。

上述两类区分的交叉结合可以产生不同形式的功利主义。功利主义原则的应用范围或宽或窄，应用方式或直接或间接。新近的许多关于功利主义的著作都在详细探讨这些不同的类型，而似乎不容置疑的是，每一种不同的类型都会有不同的结论。然而，我却相信，一切形式的功利主义都有同一个根本缺陷。我将论证，使效用最大化的功利主义要求本身就缺乏吸引力，并且，功利主义原则的应用方式（直接或间接）和应用范围（综合的或政治的）的变化并不会实质性地影响到它的根本缺陷。①

我将首先探讨作为一种综合决策程序的功利主义所面临的问题。如果我们这样看待功利主义，那么，道德责任者就是布林克所称的“效用主体”（U-agent）。效用主体指这样的人：他通过计算自己各种行动对于总效用的效果，来决定如何支配自己的时间和资源（Brink 1986：425）。这种形式的功利主义在当代罕有支持者，并且许多功利主义者也愿意认同我将对此提出的批评。但我之所以要从作为一种综合决策程序的功利主义开始探讨，只是因为思考这种形式的功利主义，可以清晰地引出同时包含在间接功利主义和政治功利主义中的问题（第五节）。并且，将由本节引出的、与私人关系的适当范围相关的问题，也将在后面的章节中重复出现。

假设我们就是效用主体，假设我们能够计算哪种行为能够产生最大效用。②我们的行为是否应该基于这些功利主义的计算？针对功利主义的

---

① 不清楚的是，功利主义是否真能将自己限制在社会基本结构或政治决策的范围之内。就算功利主义首先适用于政治决策或社会结构领域，而不适用于私人行为，政府也得确定私人生活的正当范围。如果人们在自己的私人生活里没有使效用最大化，重组社会基本结构以缩小私人生活的领域就可以增大效用。如果综合的道德功利主义不能容纳我们在私人生活里所持的价值观，政治功利主义就没有理由去保护一个健全的私人领域。总之，功利主义在政治哲学中占据支配地位的主要原因是，人们相信功利主义是惟一融贯的和系统的道德哲学（Rawls 1971：pp. vii—viii）。因此，如果能够证明综合的道德功利主义是站不住脚的，支持政治功利主义的动机也就会被削弱。

② 效用主体时常被当作“行为功利主义者”（act utilitarian），因为效用主体的行为是直接基于效用计算的。但考虑到“行为功利主义者”常常是与“规则功利主义者”（rule utilitarian）形成对比，上述看法多少有些误导。效用主体的本质是，他把效用最大化直接当作一种决策程序，而我们将看到，当这样做时他也可以重点关注规则而不是行为。直接功利主义与间接功利主义的区分超越了行为功利主义与规则功利主义的区分（Railton 1984：156—157）。第一种区分的关键依据是：效用最大化原则究竟被当作一种决策程序还是被当作一种正当标准；而不是效用最大化原则（要么作为正当标准，要么作为决策程序）究竟适用于行为还是适用于规则。

决策方式，有两种主要的反驳意见。第一，功利主义的决策方式排斥了我们对于特定个体的特殊义务。第二，功利主义的决策方式把本来不应该被纳入计算的偏好纳入了进来。这两个问题源于功利主义的同一个根本缺陷，我将分别对它们进行探讨。

（一）特殊关系

效用主体将自己的行为建立在效用计算的基础上，并假设每个人与他都有同样的道德关系。可是，这种假设却排斥着我与朋友、家人、债权人之间的特殊道德关系，也就是说，相比可能从我的行为中获益的其他人而言，这种假设不允许我对这些具有特殊道德关系的人承担更大的义务。我们的直觉坚持，存在着这样一些特殊义务，就算我们本可以采取另外的行动以使与自己没有特殊义务关系的人受益更大，我们也必须尽到自己的特殊义务。

考虑一下借贷关系。日常道德告诉我们，借出方现在所享有的收款权利源于过去的借出行为。如果某人借给我十美元，就算另外一人可以更 23
好地利用这笔钱，借钱者也有权利得到我归还的十美元。功利主义的推理忽视这种后溯的权利，因为它只重视前瞻的后果。对于效用主体而言，某个行为的道德价值就仅仅在于它具有某种能够产生可欲的事态的因果属性。因此，我应该做的就是拉动因果杠杆，以产生出对于系统整体而言的最大效用。要决定如何使用自己的十美元，我就必须了解人们（包括我自己）的一切潜在偏好，然后再决定采取怎样的行动可以最大限度地满足这些偏好。就其本性而言，效用主体自然不会关心究竟是谁借给我十美元，也不会关心是否另外某人因为替我做了某事而期待获得这笔钱。事情可能是这样的，如果效用计算表明我应该遵守还款承诺，那我就应该还款。但在决定如何行动的时候，就好像我从来没有借过这笔钱或从来没有承诺要还这笔钱。

这显然违反我们的直觉，因为绝大多数人会说："人们过去的所作所为能够确定哪些是其应得的权利哪些是其应得的赏罚。"（Nozick 1974：

155）借十美元给我的人，由于这个借钱的行为，就拥有了得到那十美元的权利，而无论把这笔钱用于其他方面是否能够使幸福最大化。这个直觉是否冲突于我们所支持的这样一个观点，即道德应该从后果上关注人类福利？答案是：不冲突。说我应该还钱只是意味着，就此事而言，与帮助他人相比，我有更大的义务去增进债权人的福利。我们应该还钱并不意味着我们不应该关心还钱行为可能导致的利害得失，而只意味着某一特定利益具有特殊分量。

不同于顽固的非后果论者，我们没有必要认为，关于总体社会后果的任何计算都不能动摇这些权利。如果偿还借款居然会引起核毁灭，那么我们显然不应该还钱。但我们却可以说，就算要考虑总体社会利益的道德分量，我们还钱和守信的义务仍然具有某些独立的道德分量。源于过去的权利在一定程度上对功利主义的目标——使总体利益最大化——给予了预先的约束。不愿意毁灭人类当然可以作为不还钱的充分理由，但仅仅因为还钱不能使效用最大化，却构不成不还钱的充分理由。仅仅因为不能使效用最大化而拒绝还钱，就是无视我们对于借出者的义务的特殊性质。

道德义务如此深地扎根于我们的道德意识，以至于许多功利主义者试图以功利主义的方式对信守诺言的价值作出解释。他们指出，违背承诺具有许多负面效果。例如，虽然有人能够比借方更好地使用这笔钱，但如
24 果不信守诺言就会激怒借方，以至于这种愤怒作为一种负效用，将超过把钱给予他人所增加的效用（Hare 1971：134）。但这简直就是倒因为果了。我们不是因为食言能导致愤怒才认为它是错误的；相反，因为食言是错误的，它才导致了愤怒（参见 Williams 1973：143）。另一种功利主义的策略是指出诺言产生了人们赖以生活的预期。进一步讲，不履行还钱义务将损害借方将来借钱的意愿，这样也就损害了一种有价值的社会制度。因此，功利主义者回答说，与人们的最初印象相反，还钱实际上比不还钱更可能使效用最大化（Sartorius 1969：79—80）。

还钱或许的确能使效用最大化，但这个说法没有解决问题。它仍然

暗示着这种可能性：“如果你雇了一个男孩来修剪自己的草坪，当他完成工作要求报酬的时候，只有当你没有办法更好地使用这笔钱时，你才应该支付你所承诺的报酬。”（Sartorius 1969：79）效用主体的推理虽然比初看之下要显得复杂，但仍然漠视了雇主与雇工或债权人与债务人之间的特殊关系。一些功利主义者乐意接受这种结果。譬如，萨托里乌斯就说，如果常规因素不能保证一旦支付就能够使效用最大化，也就是说，如果那个男孩“不会大力宣传我对他的食言，他仍然保留对人类的普遍信任，并且我本可支付给他的数额如果捐献给联合国儿童基金会就能够发挥更大的作用，那么，根据行为功利主义，结论就只能是，我应该把钱捐献给联合国儿童基金会。难道这真是荒谬的吗？”（Sartorius 1969：80）是的，这的确荒谬。但并不是这里的结论必然荒谬，真正荒谬的是：那个男孩完成了工作以及我曾经作出过支付的承诺，这两点与最后的决定根本就没有任何关系。要注意，假如那个男孩根本就没有修剪草坪，但他却只是错误地相信已经修剪了草坪，或是错误地相信我承诺过要付酬给他，也丝毫不影响萨托里乌斯的结论。因为那个男孩修剪草坪的事实或我承诺要支付的事实，对效用主体的计算不起丝毫作用。在效用主体看来，我们的言行并不能够赋予我们特殊的道德义务，因此，我对于那个男孩的义务也就不可能优先于我对于他人的义务。无论那个男孩做了什么或我承诺什么，他对我的行为的要求都不能超过他人对我的行为的要求。

常识告诉我们，承诺一旦作出，就在承诺者与被承诺者之间构成了特殊的义务关系。可是，效用主体却否认承诺和契约可以构成与他人的特殊道德关系，只认为承诺和契约是在计算总效用时要予以考虑的新增因素。常识告诉我们，我应该还钱，*无论*还钱是否会使效用最大化。效用主体却认为，我应该还钱，*因为*还钱能使效用最大化。那个男孩向我提出的要求不能多于别人向我提出的要求，他只是碰巧比
别人更需要那笔钱，因此，付钱给他只不过是我履行功利主义的义务 25
的最好方式。

但这并非承诺的真实含义——“作出承诺并不仅仅是采取某种机智的手段以增进普遍福祉。作出承诺就是把承诺者本人置于与承诺对象的新关系中，这种新关系向承诺者规定了一种崭新和特殊的自明义务，这种义务不能被简化为增进社会普遍福祉的义务。”（Ross 1930：38）在效用主体眼中，包括自己在内的每个人都处于完全一样的道德地位，即是说，作为人们行为的潜在受益者，每个人都处于平等的应得地位。但这样一幅道德图景未免太单调干瘪了，因为总有人“处于承诺者与被承诺者、债权人与债务人、妻子与丈夫、孩子与父母、朋友与朋友、同胞与同胞等关系之中，而这些关系中的每一种都构成一种自明义务的基础”（Ross 1930：19）。

这里的问题不仅仅在于对承诺作出了不恰当的解释。问题在于，效用主体没能考虑到义务对于我们的重要性。我们都有自己的义务，如对家庭的忠诚、对政治事业的忠诚、对工作的忠诚。这些忠诚内容是我们生活的关键，它们决定着我们以什么身份而存在。但如果我像效用主体那样行动，我就得时时要求将自己的义务与他人的事业简单地合并到一起加以考虑，而一旦促进他人的事业能够创造出更大的效用，就必须牺牲自己的义务。这种表面上的大公无私似乎令人敬仰，但这种做法实在荒谬。一方面，要真心持守某项义务，另一方面，只要能使效用最大化就情愿牺牲该项义务——这如何可能？功利主义的决策方式要求，我应该同等地忠诚于自己的事业和他人的事业。也就是说，功利主义要求我同等地忠诚于自己的义务和他人的义务。但这无异于说，我根本就不应忠诚于自己的事业和义务。伯纳德·威廉斯对此作了如下表述：

> 如果你全身心地且真心诚意地维系一些令人尊敬的事业、情感和义务，你就不可能同时成为在思想和行动中不折不扣地满足功利主义要求的人，你也不愿意成为这样的人……功利主义必定要么无视这些非功利主义品质的价值，要么无望地试图降低其价值，最终退回到早期功利主义对人的大胆但却粗浅的描述。根据这种颇具空

> 想色彩的描述，人要么只懂得自私地维系自己的事业，要么相反，只要具备功利主义的道德仁爱品质，就能够随时牺牲自己的事业。(Williams 1981：51，53)

因此，功利主义常常被说成是在对我们进行“异化”，也就是说，功利主义强迫我们疏远赋予我们生命以意义的义务和事业。①

当然，我们在忠诚于自己的事业和义务的同时，也应该尊重他人的 26
正当义务。但尊重他人的义务并不意味着我有必要像对待自己的义务那样消耗同样的时间和精力对待他人。这种要求不具有心理学上的可能性，就算有这种可能性，它也没有吸引力。无论怎样解释，人生必须充实相应的事业和义务，才有意义和方向。正是在这种持守中的继之而来的成就和进步的前景才使得我们当下的行为具有意义。然而，效用主体在决定自己如何行动的时候，完全不考虑自己的事业和义务。效用主体的决定与“满意的总量形成一种函数关系——他的行为影响着满意的总量。而这就意味着，他人的事业无限制地制约着他自己的决定”(Williams 1973：115)。效用主体几乎不懂得选择自己的生活方式，因为效用主体很少有机会思考自己是哪类人或自己愿意成为哪类人，其行动也几乎不会根植于这类思考。因此，效用主体几乎不能容纳与我们“生活”理念相关的事物。效用主体因为只考虑哪一种效用因果杠杆更有效率，从而使自己的生活被这样的问题所窒息。

如果我想要有自己的生活，就必须能够自由地建立和忠实于自己的义务，包括前面所讨论的那种契约或承诺。不允许人们通过承诺自由地建立特殊义务关系，只是不允许人们确立和追求自己的人生目标这一更大问题的一个方面。问题的焦点就在于效用主体的假定：每个人都有同等的权利要求从他的行为中受益。

---

① 对于这种立足于“异化”的反驳，还有其他一些有影响的说法。参见 Kagan 1989：1—2；Railton 1984；Jackson 1991。

我们的直觉支持有意义的义务，但这是否冲突于这样一个思想——道德应该关注后果？答案是否定的。我们虽然信奉后果论的一般理念，但却并不支持这样一个立场：要不断地依据别人的偏好来不偏不倚地决定我们的行为，要排除我们与他人的特殊关系和自己的特殊事业。对于我们所信奉的后果论，这种立场显得过于粗陋。

（二）不正当偏好

作为一种决策程序的功利主义面临的第二个问题，也与它的要求相关。这第二个问题不涉及这个要求：每个人在我们的决策过程中都被给予同等程度的考虑；而涉及另一个不同的要求：每一种效用来源（例如每一种偏好）在我们的决策过程中都被给予同等程度的考虑。考虑一下白人占优势的社会里的种族歧视。某项政府保健政策本来计划为每十万人建一个医院，无论这些人是属于哪个种族。但一些白人却希望不向黑人提供同等的保健措施。把这些白人的偏好包括在内的效用计算表明，如果剥夺黑人的平等保健待遇（或平等就学条件），反而会实现效用的最大化。如果公开的同性恋者深深地冒犯了占人口绝大多数的异性恋者，情况又怎样呢？或许公开的同性恋者受到公开惩罚或干脆被关进
27 监狱，将使效用最大化。再考虑一下贫民窟的醉鬼，他没有朋友，冒犯众人且人见人厌，不仅沿街乞讨而且把公共场合搞得乱七八糟。对于这种醉鬼，又该如何办呢？也许我们迅速处决这样的人将会使效用最大化，因为公众不再受到冒犯，并且也节约了把他们投入监狱要消耗的社会资源。

这其中的某些偏好当然是缺乏理据的，因此满足这些偏好实际并不会增加效用（假设我们已经放弃了关于效用的赤裸裸的享乐主义解释）。但否定他人权利的愿望并不总是缺乏理据的。就算是对效用给予了最恰当的解释，对于某些人而言，满足这些偏好仍然是效用的真正所在。正如罗尔斯所说，这种偏好从正义的观点来看是“不合理的”，但从个体效用的观点看却并非总是“非理性的”（Rawls 1980：

528—530)。①如果这种效用也被纳入效用计算，就将导致对不受大众欢迎的少数群体的歧视。

日常道德告诉我们，这类偏好是不公平的，因此不应被纳入效用计算。种族主义者虐待某一群体的愿望，根本构不成不给予该群体平等保健待遇的理由。种族主义者的愿望是不正当的，因此无论满足这种偏好将如何增加效用，这种偏好都没有道德分量。即便这里没有直接的偏见，也可能有不应该予以考虑的不公平的偏好。某些人不希望黑人搬入自己的社区，不是因为他们不喜欢黑人(他们无所谓憎恨也无所谓喜欢)，只是因为别人不喜欢黑人，他们的房产价值就会因黑人的搬入而下跌。希望黑人被排除出社区的偏好，并不能等同于种族主义者的歧视。但这种偏好仍然是不正当的，因为它要求错误地拿走本应属于黑人的东西。所有这些歧视行为都将使效用最大化，但受益者的偏好却都基于对他人的不正当剥夺。这类以剥夺他人的正当权利为前提的偏好，在我们的日常道德中几乎没有分量。

但功利主义者却拒不接受这个断言：剥夺他人"正当"权利的偏好是不正当的。在效用主体看来，不可能先于效用计算去建立正当权利的标准。效用主体认为，只有使效用最大化的分配形式才能够确定什么是我的正当所有，因此根据定义，使效用最大化的行为就根本不可能剥夺我的权利份额。但这个说法却违背了我们日常道德的一个重要要素。我们对于后果论的信奉并不意味着我们要信奉这样一种观念：每一种效用来源都应

① "unreasonable"("不合理的")的反义词是"reasonable"("合理的")，而"irrational"("非理性的")的反义词是"rational"("理性的")。但"reason"的中文惯常译法却是"理性"，而"rationality"、"rationalize"和"rationalism"的惯常译法却又分别是"合理性"、"使合理化"和"唯理论"或"理性主义"。读者需要知道，即使在英文文本中，"reason"与"rationality"及它们各自的派生词的含义也有交叉重叠之处。但罗尔斯在这里却用"unreasonable"和"irrational"来表达不同的意思：前者指在道德意义上的"不合理"，后者指在理性判断或理性计算的意义上的"非理性"。由于中文构词法的局限，当把这些概念分别译成中文后就更易引起理解上的混淆和困难(譬如"reasonableness"和"rationality"的中文表达都可能是"合理性")。译者认为，当在中译本中出现这些易混淆的译名时，惟一可行的意义辨识的方式就是立足于语境的辨识。——译者

该被赋予道德分量，每一种偏好都应该被纳入效用计算。

因此，试图使效用最大化的效用主体，更像是违背了而不是阐明了
28 我们关于后果论的直觉理念。有些人否认功利主义的决策方式具有这些反直觉的结果。这些人承认功利主义的推理似乎不仅允许甚至会要求下述做法：只要能够使效用最大化，就可以采取违背特殊关系或基本权利的行为。但他们却断定，如果我们明白功利主义的决策方式还有一种更复杂的形式，这些侵权行为就应该被否决。我一直假定，效用主体将效用最大化的标准应用于具体行为。但“规则功利主义者”却论证说，我们应该将效用标准应用于规则，就算违背规则的行为可以产生更大的效用，我们也应该采取那些受最好的规则所支持的行为。社会合作要求遵守规则，因此我们不应该简单地评估暂时的行为所导致的后果，而应该评估约束我们行为的规则所导致的后果。①

这样，效用主体所面临的问题，就是确定哪一些规则能够使效用最大化。有两种规则，第一种规则要求我们信守诺言、维持特殊关系、尊重权利；而第二种规则要求把这些原则置于从属于效用计算的地位。那么，按功利主义的标准来看，遵守哪一种规则更好？功利主义者会论证说，后一种规则的荒谬就在于，它会导致效用的减少。按照后一种规则，社会合作将变得困难重重，恐惧与不安将随之产生，并进而削弱生活与自由的价值（Goodin 1995：22；Singer 1977）。并且，人们将更可能滥用自己的权力去违背诺言或以公共利益的名义从事歧视性活动（Bailey 1997）。如果我们采取这样一条规则——只要为了效用最大化就可以言而无信或歧视少数群体——那么，每个人的情况都将变得更糟。

一些评论者论证说，规则功利主义会消融于行为功利主义之中，因为我们可以用极为详细和繁琐的方式去描述规则，最终使规则等同于行

① 在新近为规则功利主义所作的辩护中，下述两部著作的影响力最大：Harsanyi 1985；Hardin 1988；cf. Ball 1990。规则功利主义事实上有不同的版本，每一种版本都有其特殊的长处和短处。想要获得有帮助的概述，参见：Scarre 1996：122—132。

为（Lyons 1965：ch. 4；Hare 1963：130—136）。另一些人则不同意这个观点（Harsanyi 1977b）。但就算规则功利主义和行为功利主义之间的区分是有效的，认为那些旨在使效用最大化的规则总可以保护弱者和少数群体的权利，就似乎是过于乐观了。正如威廉斯所说，确信正义终会得到彰显最多只是“证明了某些功利主义者的高雅和想象力，并不证明他们理论的一致和他们的功利主义”（Williams 1972：103）。

无论怎样，规则功利主义并没有真正答复针对功利主义的反驳，而就算规则功利主义的结论是正确的，它的理由也是错误的。按照规则功利主义的观点，歧视少数群体之所以错误，是由于允许歧视行为的规则会普遍地增加人们的不安全感。拒绝支付报酬给那个替我修剪了草坪的男孩之所以错误，是由于这将促使人们对承诺的怀疑从而会削弱承诺机制。但这肯定是一种曲解。歧视行为之所以错误，是由于被歧视者不应该因为他人的偏好而遭受痛苦。拒绝支付报酬给那个男孩之所以错误，是由于那个男孩对被承诺的款项有特殊的权利。无论这种错误的长远效果是什么，错误终归是错误。

规则功利主义者的回答没有把握住真正的问题。对功利主义决策方式的反驳是：功利主义没有把本应包含的特殊义务包含进来，没有把本 29
应排除的不正当偏好排除出去。这些要求是优先于效用最大化的道德要求（但效用主体只把这些要求当作实现效用最大化的工具）。如果这就是我们提出的反驳，规则功利主义者的下述说法就是无关痛痒的：信守诺言和消除歧视从长远来看总能使效用最大化，或者，信守承诺和维护人权作为使效用最大化的工具要比我们最初以为的要巧妙得多。这种说法正好佐证了而不是瓦解了我们针对功利主义的批评：效用主体不把特殊义务置于优先于效用最大化的位置，反而使之从属于效用最大化的计算。我们的反驳不是说承诺是实现效用最大化的坏工具，而是说承诺根本就不是这样的工具。把效用原则的应用层面从行为提升到规则，并不能逃避这个问题。从我们日常的道德观点看，这个问题是效用原则本身的问题。

换一个角度，我们也可以得出相同的结论。从行为功利主义转向规则功利主义也许可以改变效用计算的结果，但却不会改变计算效用的前提(input)。规则功利主义者在进行效用计算时仍然会把所有的偏好考虑进来，而无论这些偏好在道德上正当与否。聚焦于规则而不是行为也许能更好地约束不正当的偏好，但不正当偏好仍然与其他偏好处于同等的效用地位。这样，规则功利主义甚至会产生如下的悖谬：喜欢损害他人或侵犯他人权利的人越多，这样的行为就越不坏。例如，虽然规则功利主义不太可能会支持热衷于强奸和抢劫的生活方式，但它却的确认可把强奸者和抢劫者的快乐纳入效用计算之中。于是，作恶者的快乐越多，其行为的错误就越小。这正如斯卡里论述的那样，作恶者的快乐

> 似乎抵消了他们的部分邪恶：作恶者的快乐在效用平衡中作为正值而部分补偿着受害者的痛苦。杀人狂从他施暴的对象中获得的快乐越多，其行为所导致的邪恶的净余量就越小——这个论断与我们的日常道德信念形成极大的冲突……从杀人行为中获得享受，使杀人变得更坏，而不是更好。(Scarre 1996：155)

类似地，虐待狂可以因为相互分享虐待的快乐而部分抵消自己的邪恶。规则功利主义不大可能宽容对孩童的摧残，但的确蕴涵着这种可能：如果虐待儿童的人分享他们的快乐——譬如，允许参观虐待或干脆在互联网上示范虐待，摧残儿童的邪恶性质就会减弱。规则功利主义也许会作出这样的判断：被虐待狂集体分享的虐待行为是错误的；但规则功利主义同时又会作出另一个判断：被虐待狂集体分享的虐待行为要好于单独的虐待行为。

再来看一看古罗马斗兽场的例子。在五万狂热观众的呐喊中，战俘被野兽撕成碎片。毫无疑问，聪明的规则功利主义者可以找出理由反对这种事情。规则功利主义者会论证说，把权利优先赋予一小部分战俘而不是

优先赋予喜欢血腥的五万观众，从长远来看本可以使效用最大化。①我们可以合理地追问，如果增加斗兽场的容纳空间甚或想象一下如果用卫星电视转播给全世界数以百万计的人观赏，功利主义的这种聪明论证是否还站得住脚。但这里的真正问题仍然不在于功利主义者效用计算的最后结果，而在于效用计算的途径。按照规则功利主义的观点，这种娱乐的观赏者越多并且每一个观赏者从中获得的享乐越大，它的邪恶性也就越小。然而，我们的日常道德观却持一个相反的立场：从摧残他人的活动中获得享乐的人越多，该活动的邪恶性质就越大。

一些功利主义者会同意我到目前为止的说法。他们说，把我们的权利和忠诚置于优先于效用计算的地位，既正当又恰当。我们应该接受这样的日常道德观点：被欺骗和被歧视的特定个体所受到的伤害，足以成为要求人们信守诺言和尊重权利的理由。我们不应该成为只依据效用计算来决定如何行动的效用主体，也不应该成为把承诺当作工具以实现效用最大化的效用主体。相反，我们应该视自己的承诺和他人的权利具有至高的重要性，这些如此重要的内容从根本上讲不能屈从于社会利益的计算。一句话，在进行道德推理时我们应该采纳非功利主义者的立场。但这些功利主义者却又论证说，这并不意味着功利主义是错误的。正好相反，我们之所以应该在进行决策时采纳非功利主义者的立场，恰恰是因为只有这样我们才更有可能使效用最大化。由相信承诺和权利的内在价值的非功利主义者组成的社会，比起将承诺和权利当作工具以实现效用最大化的

---

① 例如，贝利的论证是：根据规则功利主义，虽然允许罗马斗兽场式的娱乐也许会增加效用，但允许这样做却是一个次优的选择。因为为了得到快乐，我们本可以用更好的、不必残害人的方式把人们组织起来（Bailey 1997：21，144—145）。换句话讲，从功利主义的观点看，由于罗马人兽相斗的娱乐比起不进行这种娱乐的状态增加了总体效用，这种娱乐就是好的。但要增进效用我们本有更好的方式，所以功利主义者就应该选更好的方式而不应该选择人兽相斗的娱乐。贝利认为，这个论证能够使功利主义与我们的日常道德直觉相一致。然而在现实中，绝大多数人认为罗马人兽相斗的娱乐是邪恶的而不仅仅是次优的，并且，无论这种娱乐能够给观赏者带来多大的快感，都不应该被赋予道德分量。无论是对于贝利、黑尔（Hare 1982：30）还是斯马特（Smart 1973：25—26），功利主义都没能提供一个基础，以将这类不正当偏好排除到效用计算之外。

行为或规则功利主义者组成的社会，更有可能使效用最大化。

这听起来颇为矛盾。但的确引出了一个真实而重要的论点：功利主义本质上是一种“正当标准”，而不是一种“决策程序”(Brink 1986：421—427；Railton 1984：140—146)。功利主义之为功利主义在于这样一个断定：正当行为就是使效用最大化的行为；而不在于另一个断定：我们应该刻意(deliberately)使效用最大化。至于我们是否应该采纳功利主义的决策程序去评定行为或规则，则是一个开放的问题——事实上，只有检查不同种类的决策程序对总效用的不同后果，才能回答这个问题。完全可能存在这样的情况：采纳非功利主义的决策程序反而比采纳功利主义的决策程序要更好地吻合功利主义的正当标准。当涉及我们个人忠诚时的确是这样：如果不能采取直接功利主义预先排除的方式，全身心地和无条件地忠于自己的义务，生活的价值就将被削弱。因此，有人论证说，我们应该成为“间接功利主义者”，也就是说，无论是针对行为还是针对规则，我们在日常生活中进行决策的依据都不是功利主义的决策程序。

31 虽然就正当标准和决策程序作出区分是有道理的，但如果过于强调这种区分，作为一种正当标准的功利主义就可能彻底失去它的可信度。如果推向极端，间接功利主义就可能陷入“自我反驳”：间接功利主义本打算为自身辩护，但辩护的结果却是自己将自己从人们的思想和信念中瓦解掉了(Williams 1973：135)。最可能使效用最大化的世界也许就是无人相信功利主义的世界。不那么极端的间接功利主义则被威廉斯称作“政府大厦”(Government House)功利主义(Williams and Sen 1982：16；Williams 1973：138—140)。按照这种观点，只有一小部分精英知道功利主义是正确的道德理论。这一小部分精英将采纳功利主义的决策方式，以设计出能够使效用最大化的规则或机构。然而，芸芸众生却不会接受功利主义的教育。他们所受的教育将使他们相信，社会规则和社会习俗具有内在价值。(这之所以被称作“政府大厦”功利主义，是因为印度或其他地区的某些英国殖民地官员好像曾持下述观点：英国殖民官员应该明白所谓权利不过是促使效用最大化的机智工具；但却应当教育当地民众并使他们相信，权利因为其内在价值而不能受到侵犯。）

政府大厦功利主义一直受到广泛的批评，因为这种精英主义理念违背了要求“公开”的民主原则——国家应该向公民公开解释它的行为。①由于这种批评，许多间接功利主义者倾向于使人人都分享这种双重道德观。在绝大多数时间里，我们采用非功利主义的决策方式，并且不让权利和正义屈从于效用最大化的计算；但偶尔（也许只在危急时刻），我们也会采纳功利主义的决策方式进行集体决策和民主决策，并以此来修正我们的日常规则和制度。

可以追问的是，这种双重道德模式究竟是否具有心理学上的可能性。②无论怎样，这种双重道德模式也未能回答前面提出的反驳。考虑一下我们的日常观点：不公平的偏好在我们的道德决策程序中不应该被给予任何分量。功利主义的正当标准也完全可能赞成采纳这种非功利主义的决策程序。如果这样，双方都同意某些偏好不应被纳入道德考虑。依照我们的日常观点，不公平的偏好之所以在我们的决策程序中不应该被给予任何道德分量，是因为这些偏好在道德上是不正当的——它们没有资格被纳入道德考虑。但间接功利主义者却持不同的观点：我们之所以将不公平的偏好排除出道德考虑，仅仅是因为如果不这样做就会减少效用。根据功利主义的正当标准，不公平的偏好（只要是理性的和有理据的）与其他所有偏好一样正当；但同样根据功利主义的正当标准，我们只有在决策过程中把这些偏好视为不正当，才能促使效用的增加。

---

① 关于政府大厦功利主义的讨论，参见：Wolff 1996a：131；Goodin 1995：ch. 4；Bailey 1997：26，152—153。

② 与规则功利主义者不同的是，间接功利主义者不把承诺当作实现效用最大化的巧妙工具，而是把我们关于承诺的信念当作有助于效用最大化的巧妙工具。但人们事实上并不这样看待自己的道德信念，而且还可以论证，人们根本就不可能这样看待自己的道德信念（Smith 1988）。

32 这样，要把某些偏好视为不正当，我们就有两种相互矛盾的解释。要想捍卫功利主义，就不能只是表明功利主义的正当标准可以为采纳非功利主义的决策程序提供辩护。要想捍卫功利主义，还必须证明这的确是一个正确的辩护。功利主义者声称，我们之所以采纳非功利主义的程序是因为这些程序恰好能使效用最大化。然而，我们之所以采纳非功利主义的程序仅仅是因为我们接受一种非功利主义的正当标准——难道这种说法不更加令人信服？为什么一定要为我们的非功利主义信念提供某种间接功利主义的解释呢？

某些功利主义者似乎认为，如果可以为我们的道德确信提供某种功利主义的解释，就再也没有必要去考虑任何别的非功利主义解释。但这不过是以尚未解决的问题作为论证理由。要想证明功利主义的正当标准优越于其他正当标准，还需要一些理由。在功利主义的文献中能否找到这样的论证？的确能找到两种不同的论证，但我将证明这两种论证无法单独起作用，因此功利主义的可靠性取决于将这两种论证加以合并的结果。一旦我们考察了这些论证，我们就将明白，前面讨论的那些问题直接根源于功利主义的正当标准，也就是说，这些问题并不因为如何运用该标准而受到实质性的影响。

第四节　支持效用最大化的两种论证

在本节里，我将探讨把效用最大化作为道德正当性的标准①的两种主要论证。我们将看到，它们对什么是功利主义给予了两种完全不同的阐释。

（一）对各种利益的平等考虑

一种阐释是，功利主义是用于合计个体利益和欲望的标准。不同的

① 无论该标准是否被当作一种决策程序。——译者

个体具有不同的偏好，这些偏好甚至形成潜在的冲突。因此，我们需要一种标准，以确定在这些不能兼顾的偏好之间采取的哪些取舍在道德上是可接受的，哪些取舍对于其福利与这些取舍利害攸关的人而言是公平的。这就是关于功利主义的第一种阐释试图回答的问题。在许多理论中都能找到这样一种被人们普遍接受的答案：应该平等考虑每个人的利益。从道德观点看，每个人的生命都同等重要，因此应该平等考虑每个人的利益。

按照第一种阐释，功利主义接受这条一般的平等主义原则。然而，由
于平等待人是一个含混的理念，要想提供一种确切的正当标准，还需要对 33
这个理念进行更详尽的说明。对该理念进行说明的一个显而易见的、好像颇具吸引力的方式是：无论偏好的内容或当事人的物质状况怎样，都应该对每个人的偏好予以同等程度的重视。正如边沁所说，我们把每一人当作一人，不把一人当作多人。根据对功利主义的第一种阐释，我们之所以应该同等程度地对待每个人的偏好，是因为这样才吻合以平等的关照和平等的尊重去平等待人的原则。

如果我们接受这种正当标准，我们就将得出这样的结论：道德上正当的行为将是使效用最大化的行为。但值得注意的是，效用最大化并不是该标准的直接目标。效用最大化只不过是这个标准的副产品，而该标准的目标是公平地合计人们的不同偏好。效用最大化的要求完全派生于在先的平等待人的要求。因此，支持功利主义的第一种论证是这样的：

（1）人是重要的，并且每个人都同等重要；因此，

（2）应该同等程度地对待每个人的利益；因此，

（3）道德上正当的行为将使效用最大化。

这种平等待人的论证隐含在密尔的陈述中：“从拿撒勒人耶稣的黄金规则中，我们体会到了效用伦理的完整精神。你们愿意人怎样待你们，你们也要怎样待人，以及爱你的邻人要像爱你自己，都标明了功利主义道德的完美境界。”（Mill 1968：16）豪尔绍尼、格里芬、辛格、黑尔等当代功利

主义者更加明确地肯定了这个理由(Harsanyi 1976：13—14，19—20，45—46，65—67；Griffin 1986：208—215，295—301；Hare 1984：106—112；Singer 1979：12—23；Haslett 1987：40—43，220—222)。事实上，黑尔认为，难以想象还可以用什么别的方式去表达对人的平等关照(Hare 1984：107；cf. Harsanyi：1976：35)。

(二) 目的论的功利主义

然而，对功利主义还有另一种阐释。按照这种阐释，使效用最大化是首要目的而不是派生目的：我们之所以平等待人仅仅是因为平等待人是实现价值最大化的途径。我们的首要义务不是平等待人，而是创造出有价值的事态。根据威廉斯的表述，人只是被当作效用的场所，或被当作服务于“效用系统”的因果杠杆。“对功利主义而言，价值的基本载体是事态”(Williams 1981：4)。按照这种观点，功利主义首先要关注的不是人，而是事态。罗尔斯称之为一种“目的论”的理论，意指：正当行为是以利益最大化而不是平等待人来界定的(Rawls 1971：24)。

对功利主义的第二种阐释是功利主义的另一种截然不同的形式，而
34 不仅仅是用不同的方式去描述同一种理论。让我们看一下关于人口政策的功利主义讨论，就能明白它的独特之处。帕菲特提出这样一个问题：从道德角度看，我们是否应该使世界人口增加一倍——即使这样做会使每个人的福利减少几乎一半(虽然减少了每个人的福利，但却增加了整体效用)？他认为，使人口翻倍的政策就算令人不快，也是功利主义合乎逻辑的结论。

事实上，我们不应该止步于仅仅使人口翻倍。在拥有一千亿人口的世界，虽然每个人都过着几乎没有价值的生活，但包含于其中的总效用仍然多于一个只有五十亿人的世界的总效用，尽管后一个世界里每个人都过着高质量的生活。比较两个可能世界：世界A，即我们生活的世界，拥有五十亿人，其中每个人拥有效用的平均值是十八个单

位；世界B，拥有一千亿人，其中每个人的福祉都被降到了一个单位（参见图1）。

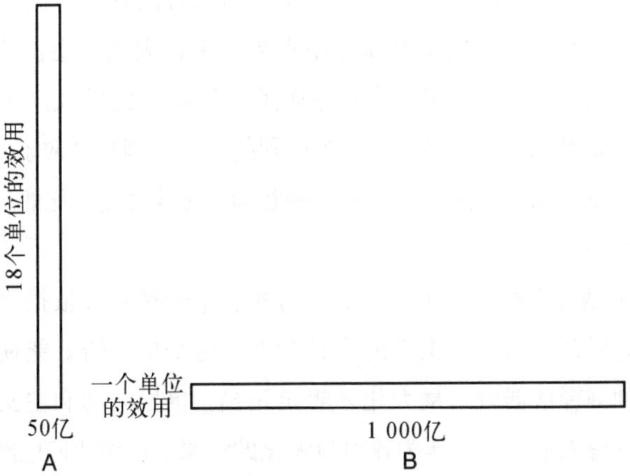

图1　帕菲特的令人难以接受的结论

在世界B里，每个人的处境都很凄惨，比死亡好不了多少，然而，世界B的总效用却从九百亿个单位增加到了一千亿个单位。根据帕菲特的理解，功利主义者应该努力使世界的效用最大化——无论这种做法将会对活着的人的效用产生什么样的影响，因此，功利主义者宁愿选择世界B（Parfit 1984：388）。

但如果我们视功利主义为平等待人的理论，就不必导向这个结论。不存在的人不可能提出要求——我们没有对“他们”而言的将其带入这个世界的道德义务。布鲁姆注意到：我们“不可能对任何人负有使他存 35
在的义务，因为不能履行这种义务并不会辜负任何人”（Broome 1991：92）。那么，根据功利主义的第二种阐释，这里的义务是什么呢？答案是：就算使所有活着的人比以前生活得更差，也有义务使价值最大化，也有义务去创造有价值的事态。

在托马斯·内格尔的讨论中，第二种阐释的独特之处也特别显眼。他要求我们把平等待人的“义务论”约束加于功利主义——他认为功利主义关心的是如何选择“与个人无关的最优结果”（Nagel 1986：176）。内格尔认为，要有资格履行使效用最大化的义务，我们必须增加平等待人的义务。显然，只是针对关于功利主义的第二种阐释——我们的根本义务不是公平地合计个体的偏好而是给世界带来最大的效用价值——内格尔的要求才有意义。因为根据第一种阐释，功利主义已经是一种道德平等的原则了；如果把功利主义当作平等原则的第一种阐释失败了，整个功利主义理论也就失败了，因为按照第一种解释，使效用最大化的理念根本不具有独立地位。

第二种阐释将第一种阐释颠倒了过来。第一种阐释依据平等待人来界定正当，以此导向功利主义的合计标准，这个标准恰好能使效用最大化。第二种阐释依据效用最大化来界定正当，也导向功利主义的合计标准，但平等待人最多只是作为效用最大化的结果。正如我们已经看到的那样，这种颠倒无论在理论上还是在实践上都会导致重要的后果。

因此，要达到效用最大化的要求，我们就有两条不仅相互独立而且事实上也相互冲突的路径。究竟其中的哪一条路径是支持功利主义的根本理由？到目前为止，我一直暗示着第一种观点：功利主义最好被视为如何尊重平等待人的道德要求的理论。然而罗尔斯却认为功利主义从根本上讲是第二种理论，也就是依据利益最大化来界定正当的理论（Rawls 1971：27）。但第二种阐释却多少有些离奇。因为完全不清楚的是，为什么效用最大化应该作为我们的直接目标，应该作为我们的道德义务？这义务是相对于谁的呢？按照我们的日常观点，道德关涉人与人之间的义务关系，也就是说，人与人之间的义务是相互的。但使效用最大化的义务，却是对于谁的义务呢？这义务的对象不可能是效用最大化的事态本身，因为事态不可能提出道德要求。也许我们义务的对象是那些将受益于效用最大化的人们，但假如这个义务不过就是要求平等待人（这似乎是最可信的说法），我们最终又回到了以平等待人去理解功利主义的第一种阐释。这样，效用最大化就不再是功利主义的最终根据，效用最大化只不过是副产品。于是，我们就没有必要使人口翻倍，因为我们没有义务去生产未曾出世的但却可使世界人口翻番的人。①

如果我们仍然把效用最大化本身当作目标，这最好被视为某种非道德理想，就像是某种审美理想。罗尔斯举尼采为例，表明这种刻画是恰当的(Rawls 1971：25)。尼采理论所欲以最大化的利益(如创造力)，只有特殊的少数人才有资格获得。其他人的用处就在于能够成为特殊的少数人增进自身利益的工具。而功利主义所致力于最大化的价值要寻常得多，这种能够最大化的价值是人人都能共享或贡献的(虽然效用最大化的政策也许会以牺牲很多人为代价)。这意味着，功利主义的目的论之不同于尼采的目的论就在于：每个人的偏好都必须予以考虑。但两种目的论的根本原则都不是平等待人，而是使利益最大化。这样，两种理论都不能被当作一种道德原则。它们的目标不是尊重人——只有把事物当作手段把人作为目的才是真正对人的尊重；相反，它们的目标是尊重利益——特定的人则成为要么有用要么无用的工具。如果人成为了利益最大化的工具，道

---

① 为了支持目的论的解释，帕菲特举下面纯属假想的例子来予以说明。想象一个妇女，她可以选择是否推迟自己的怀孕。如果立刻怀孕，生下的小孩虽不至于在痛苦中生活但也不会生活得很幸福。而如果她推迟两个月怀孕，相应的小孩将生活幸福、事业有成。帕菲特论证说，绝大多数人将视选择立刻怀孕为不道德，除非选择立刻怀孕是出于某种紧急原因。然而，这个判断却不能通过平等待人而得到解释，因为不推迟怀孕并不会伤害任何人。(立刻怀孕所生的小孩不会因为其出生而受到伤害，因为他宁愿自己出生而不是不出生；推迟怀孕而未能出生的小孩也不会受到伤害，因为他根本就不存在。)因此，如果立刻怀孕在道德上是错误的，那么，帕菲特认为，只可能是由于下述原因：我们有增进世界效用总量的义务，这个义务独立于以平等关心或平等尊重去平等对待特殊个体的义务(Parfit 1984：358—361)。如果这位妇女有义务通过怀上一个更幸福的小孩以增进世界的总效用，那么，为什么我们所有人不应该履行通过多生小孩去增进世界总效用的义务呢？这样，只有一个小孩的夫妇就应该生出更多的小孩，就算这会减少第一个孩子的效用和孩子们的平均效用，只要每一个新增小孩的效用能够超过已有家庭成员的效用损失，就应该让更多的小孩出生。

我愿意让读者自己去判断，这是不是支持目的论功利主义的可靠理由。至于人们为什么会认为那位妇女应该选择推迟怀孕，我觉得在一定程度上是因为这样做是出于谨慎的理由而不是出于道德的理由(例如，我们认为，如果推迟怀孕对母亲本人更好)；也在一定程度上是因为人们错误地认为推迟两个月怀孕的小孩与两个月前怀孕的小孩是同一个小孩，于是以为这个孩子将因为他“过早”出生而受到伤害。一旦我们过滤掉谨慎的理由，并且弄明白相差两个月怀孕的小孩是两个完全不同的小孩(即是说，这是不同的精子与卵子的结合)，那么，有意识地选择一个不那么幸福的小孩(与另一个本可以出生的小孩比较而言)究其道德意义而言是否有何过错，还远非那么清晰明白。

德也就不复存在，取而代之的则是非道德理想。尼采式的社会也许在审美意义上更好，亦即更美，但却并非在道德意义上更好(尼采本人也许不会拒绝这个评价，因为他的理论正是要“超越善恶”)。功利主义如果以这种目的论的方式被阐释，它也不再是一种道德理论。

我曾说过，功利主义的吸引力之一是它的现世性质：对功利主义者而言，道德之所以重要是因为人重要。但这种富有吸引力的理念却不见于关于功利主义的第二种阐释——这种阐释缺乏清晰的道德立场。人们因此被视为某一种利益的潜在生产者或消费者，而我们的义务也就成了相对于那种利益的义务，而不是相对于他人的义务。这有违我们的核心直觉：道德之所以重要是因为人重要。事实上，很少有人把功利主义当作一种完全不诉求平等待人理想的纯粹的目的论而加以支持。(G·E·摩尔的《伦理学》是一个出色的例外)。如果斩断了与这个核心直觉的联系，功利主义就不再有任何吸引力。

如果最好把功利主义视为一种平等主义学说，就不可能单独支持福利最大化的理念。功利主义者必须承认，只有当效用最大化的标准成为对平等待人原则的最好解释时，我们才应该使用这个标准。这很重要，因为功利主义的绝大部分吸引力都依赖于将这两条理由悄然地混为一体。①要不是因为许多人将效用最大化作为另一条独立的理由加以采纳，由于只诉求直觉就能感受到功利主义的不公平，功利主义恐怕早就没有资格作
37 为一种平等待人的理论了。功利主义者以偷梁换柱的手法，通过诉求效用

① 功利主义的批判者也把两种形式的功利主义合并为一体。例如，罗尔斯就声称功利主义者忽略了人的独立。按照罗尔斯的观点，功利主义者之所以支持效用最大化原则，是因为他们把适用于一个人的情况(对个体而言，使他的幸福最大化是合乎理性的)类推到了多数人的情况(对社会而言，使它的幸福最大化是合乎理性的)。罗尔斯反对这种类推，是因为这仿佛把社会当作了一个人，因此就忽略了某人就自己的一生所进行的利益平衡与在不同人之间进行利益平衡的区别(Rawls 1971：27；cf. Nozick 1974：32—33；Gordon 1980：40；Mackie 1984：86—87)。然而，无论是对功利主义的平等主义解释或对功利主义的目的论解释，都没有作过这种类推，罗尔斯只是依据于对这两种解释的合并才作出了自己的断定。关于这一点，参见：Kymlicka 1988b：182—185；Freeman 1994；Cumminsky 1990；Quinn 1993。

最大化的标准，逃避针对他们对平等待人所作解释的直觉反驳。能够混合这两种理由，似乎正好是功利主义的独特威力。不幸的是，在同一种理论中采用这两个标准却是不融贯的。不能一方面说道德从根本上讲就是使利益最大化，另一方面又说道德从根本上讲就是尊重人的平等要求。如果功利主义者只持守其中任何一个标准，他们理论的绝大部分吸引力就会因此而消失。如果被视为效用最大化的目的论，功利主义就不能吻合我们关于道德意义的核心直觉；如果被视为平等主义的理论，功利主义所引出的系列结论又会冲突于我们对平等待人的理解——我现在就希望以一种更系统的方式对此予以揭示。

第五节　不适当的平等观

如果要把功利主义当作一种合理的政治道德，我们就必须将它阐释成一种平等理论。考虑到功利主义可能会允许不平等的行为，如剥夺不为绝大多数人喜欢的少数人的自由，这种阐释似乎有些奇怪。但我们应该把平等这种价值区分成不同的层面。虽然功利主义也许会让人们产生不平等的印象，它却可以声称自己的动机是平等待人。的确，黑尔就作过下述追问：如果我们相信人们的本质利益（interest）就在于满足他们的有理据的偏好，并且每个人又应该受到平等对待，那么，除了对每个人的偏好予以同等程度的考虑——把一人当一人而不把一人当多人——我们还能做什么呢？（Hare 1984： 106）

虽然功利主义试图平等待人，但却在很多方面违背了我们对于平等待人的真实含义的直觉。完全可能，我们与功利主义相冲突的直觉是不可靠的。然而，我将论证的是，功利主义误解了平等待人的理想，这样，功利主义就允许某些人成为他人实现目的的手段，允许这些人因此而遭受不平等的待遇。

像功利主义那样来描述平等关照，为什么是不适当的呢？功利主义者假定，每一种幸福或每一类偏好，如果能够产生相同的效用，都应该被给予同等程度的考虑。我将论证，要想恰当地描述平等关照，就必须区分不同种类的偏好，而只有其中某些偏好才具有合法的道德分量。

（一）涉他偏好

在不同种类的偏好中，有一个重要的区分：“私人”偏好（personal preferences）与“涉他”偏好（external preferences）（Dworkin 1977：234）。
38 私人偏好是关于各种益品、资源和机会的偏好，这些偏好的内容也就是偏好者自己想拥有的东西。涉他偏好特指偏好者愿意他人拥有的各种益品、资源和机会。涉他偏好有时是带有歧视性的。某人希望黑人占有较少的资源，只是因为此人认为黑人不配享有平等的尊重。这种涉他偏好应该被纳入功利主义的计算吗？能否把这种偏好作为一个道德理由并据此剥夺黑人的资源呢？

我们已经看到，间接功利主义者会论证说，根据功利主义的标准，在某些情况下从我们日常的决策程序中排除这类偏好对我们更为有利。但我在这里想要探讨的问题却是：是否对这类偏好的排除应该基于更系统的理由，也就是基于我们的正当标准？而我同时想追问的是：功利主义的最根本原则能否明确，这类涉他偏好在它的正当标准中不占有任何道德分量？我们已经看到，功利主义的最根本原则是一种平等主义的原则。每个人都有平等的道德地位，每个人都与他人一样重要，因此每个人的偏好都应该被纳入效用计算。但是，如果这就是我们被功利主义所吸引的原因，把这类涉他偏好纳入效用计算的做法似乎就是自相矛盾的。因为如果涉他偏好也要被纳入效用计算，那么，我能够正当地拥有什么就要取决于他人对我的看法。如果他人认为我不配享受平等关照，在功利主义的利益合计中我就将处于不利的地位。但功利主义却不能接受这个结果，因为功利主义的立论前提恰恰是每个人应该享受平等对待。

如果我们相信每个人都应该受到平等对待，那么，如果只是因为他人不喜欢平等对待某些人就让这些人承受不平等的痛苦，就显然违背了我们平等待人的最根本原则。正如德沃金所说，非平等主义的涉他偏好

"与功利主义处于同一水准，与功利主义实为一体"。因此，功利主义"不可能同时履行两个义务。一方面，要承担义务去驳斥这种观点——某些人的偏好应该比其他人的偏好具有更大的分量；另一方面，要承担义务去努力满足那些执迷于这种错误观点的人的[涉他]偏好，就像要努力满足其他的偏好"(Dworkin 1985：363)。要求在我们的正当标准中平等考虑每个人偏好的那个原则，也要求我们排除那些否认人们的偏好应该得到平等考虑的偏好。改述一下豪尔绍尼的说法，当面对这类偏好时，功利主义者应该成为"尽心尽责的反对者"(Harsanyi 1977a：62；Goodin 1982：93—94)。

(二) 自私的偏好

第二种类型的不正当偏好是这样的：偏好者欲以占有超过了本人公平份额的资源。我称这些偏好为"自私的偏好"(selfish preferences)，因
为它们漠视了下述事实：他人也需要这些资源，并且可以对这些资源提 39
出正当要求。就如同不平等的涉他偏好，自私的偏好也时常是非理性的和没有理据的。但满足自私的偏好有时也的确会产生真正的效用。如果这种自私的偏好是理性的，是否应该被功利主义的正当标准所允许？

功利主义者肯定会反对我提问题的方式。正如我们已经看到的那样，功利主义者否认存在着独立于效用计算的公平份额(因此也就没有独立于效用计算的自私的偏好)。对功利主义者而言，公平分配就是能使效用最大化的分配，先于效用计算就无法确定自私的偏好。因此，假定我们可以先于效用计算而确定自私的偏好，就是以未经证明的假定去反对功利主义。但我们却可以追问，功利主义者自己所支持的最根本的原则是否能够提供一些基础，以建立某种公平份额的理论，并且，这种理论不仅可以确认什么是自私的偏好，而且还可以依据我们的正当标准将其排除？

黑尔与麦凯(John Mackie)的新近辩论探讨了这个问题。像绝大多数功利主义者那样，黑尔相信一切理性的偏好都应该被纳入效用合计，包括那些看起来似乎是不公平的偏好。就算我拥有大量资源而我的邻居却只

拥有很少资源，但只要我贪图邻居的资源，就必须将我的欲望纳入效用计算。而假如效用计算的结果对我有利（也许因为我有众多朋友来分享我的欢悦），我就应该得到那些资源。无论我已经得到了多少，就算我所欲的那些资源必须得自另一个资源占有很少的人，我获取新资源的欲望仍然应该被纳入平等的考虑。

为什么功利主义者应该把这种偏好纳入考虑呢？黑尔相信，这是平等考虑原则所要求的。按照黑尔的说法，要解释平等主义原则的最好办法就是运用下述心智试验：我们换位于他人的立场，并且试图想象我们的行动将如何影响他人。我们的确应该换位于每一个受我们行为影响的人的立场进行思考。我们照顾每个人的立场，并将其当作我们自己的立场而予以平等的重视和关心。黑尔的确认为，我们应该把其他的那些立场当作我们自己的立场。这样就能保证我们对每一个人给予平等的考虑。如果我们已经照此把自己换位于每一个不同的立场，我们就应该选择对于“我”而言最好的行为：“我”在这里意味着很多个“我”，也就是我把所有那些自己进行换位思考的立场都当作自己的立场而平等地加以对待。如果我试图选择对我的所有不同的“自我”最好的行为，我就会选择这样一个行为：它能够最大限度地满足所有这些“自我”的偏好。因此，黑尔声称，功利主义的合计标准是从关于平等考虑的这种直觉模式中自然地产生出来的。如果我想象把每个人的立场都当作自己立场的一部分，并进而平等地看重每个人的利益，我就会采纳功利主义的原则（Hare 1984：109—110；cf. 1982：25—27）。

40 黑尔认为，要表达对人的平等关照，这是惟一理性的途径。但麦凯却指出，就算我们接受黑尔的要求——我们根据换位思考、通过平等地看重这些不同的“自我”而平等待人，仍然存在着理解平等关照的不同途径。平等关照也许不是最大限度地满足所有这些“自我”的偏好，而是保证每个“自我”在生活中都有一个“公平前景”，也就是保证每个人都拥有适当水准的资源和自由。或许，我们应该在相继站在这些不同的立场时，优先照顾最不利者的利益；或许，我们应该向每个人提供平等份额的资源和自由。这些不同的观念都从属于平等关照的抽象理念(Mackie 1984：92)。

面对这些表达平等关照的不同途径，我们应该如何选择？功利主义者指出，他们的观点也可以引向某种平等主义的资源分配。一般而言，缺乏资源的人从每一份增加的资源中所获得的效用，要多于已经拥有很多资源的人从中获得的效用。饥饿者从同一份食物中所获得的效用，肯定要多于饱足者从中获得的效用(Hare 1978：124—126；Brandt 1959：415—420；Goodin 1995：23)。可用图形来表述这个意思(见图2)。如果我们将一个在R点的富人的财富拿走十美元(沿着曲线下降至R1)，然后给予在P点的一个穷人(沿着曲线上升至P1)，我们就可以增加总效用，因为穷人的所得超过了富人的所失。

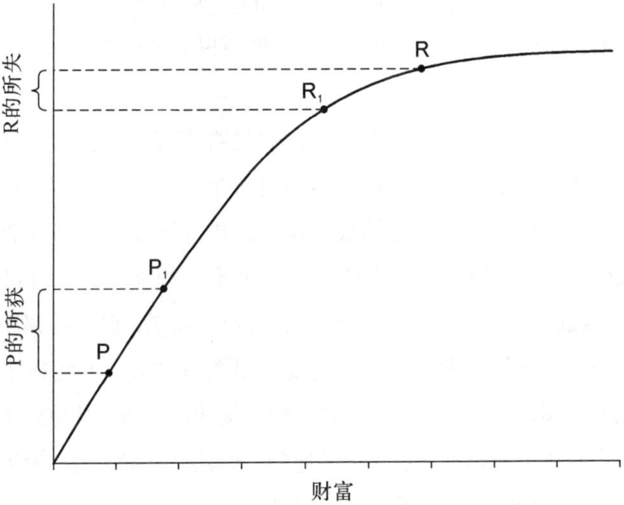

图2　边际效用递减

论辩的双方都同意最初可以有一种大致平等的资源分配。然而，黑尔和麦凯对这种初始平等分配的理解却大异其趣。对于麦凯而言，只要其他每个人都拥有公平份额的资源，最初分配给我的资源就是我的，也就是说，其他人就不再能够针对我的资源提出合乎正义的正当要求。已经拥有 41

自己公平份额的人也许还想获得一些我的份额。但从道德意义上讲，这种欲望是不重要的：这些偏好没有道德分量。这些偏好不过是自私的偏好，因为它们没能尊重我对于公平份额的要求。根据麦凯的观点，国家就应该保护每个人的资源份额。也就是说，国家不应该允许出现这样的情况：仅仅因为他人对正当地属于另一些人的资源份额存在着自私的偏好，这些资源份额就被夺走。最好的平等关照观会将这类自私的偏好排除在外。

可是，对于黑尔而言，最初分配给我的资源并不真正属于我。除非他人能够更好地利用这些资源——“更好”意味着总效用更大，这些资源就属于我。黑尔认为，这项限制性条件——它对拿走我的资源份额予以条件限制——所依据的价值，与政府最初同意将这资源份额分配给我所依据的价值是一样的，即平等关照每个人的目标。如果我们平等关照人们的目标，那么，只要我们通过重新分配资源可以满足更多的目标，这种做法就是正当的。

面对这些不同的平等关照观，我们是否有理由选择其中的一种呢？我们需要更详尽地了解一下在黑尔的再分配中所涉及的偏好的类型。假设我与每个人一样拥有自己的公平份额，并且假设我们都生活在一个富裕的社会，以至于我们每个人所享有的公平份额都包含着自己的住宅和草坪。在我居住的街区，每家的草坪都改成了花园，但街区邻居却希望我向公众开放自己的草坪以供小孩玩耍或供狗儿嬉戏。可我却愿意独自享用自己的花园。他人将我的草坪作为公共场所的愿望，从总效用的角度讲也许大大超过了我拥有自己草坪的愿望。因此，黑尔认为，为了更大多数的他人的愿望而牺牲我的愿望是正当的。

我坚持拥有自己的花园——如果这在道德上是错误的，我们就需要知道谁在这错误中受到了伤害。如果平等待人要求我作出牺牲，那么，如果我拒绝这样的牺牲，谁又将遭受不平等对待呢？黑尔的回答是：如果不允许街区其他成员的偏好取代我的愿望，他们就将遭受不平等对待。但这显然说不通，因为他们已经拥有了自己的草坪，拥有了属于自己的公平的资源份额。按照黑尔的说法，我的邻居对于如何使用我的资源的愿望与如何使用他们自己资源的愿望都是正当的偏好，并且都能够作为道德要求的基础。但是，将这样的偏好简单地界定为自私，不更为准确吗？为什么我的邻居应该假定，平等关照的理念就允许他们提出占有我的资源份额的要求呢？如果他们已经有了自己的草坪，我愿意单独使用自己草坪的偏好优先于或超越于邻居们的偏好——这种立场并不意味着我对自己的 42
邻居不公正。我仍然将他们当作平等者加以尊重，因为我并没有对他们的生活资源提出要求。但他们却没有把我当作平等者加以尊重，因为他们希望或要求我放弃自己的资源份额，以满足他们超出了自己公平份额的自私的偏好。

这表明了我们日常道德观中关于平等待人的一个重要内容：我们不应该希望牺牲他人的目标来实现自己的目标。也许我和朋友们的生活品位较高，如我们喜欢品尝鱼子酱以及终日打网球。期望他人放弃自己的公平资源份额以满足我们的品位，无论这样将使我们幸福到什么程度，这种愿望都是自私的。如果我已经拥有了自己的资源份额，如果只是因为能增加我的幸福就以为自己能够对他人的资源提出道德上正当的要求，那就没有做到对他人的平等关照。如果我们相信他人也应被当作平等者，我们就应该将这类自私的偏好从效用计算中排除出去。

因此，支持对资源进行初始平等分配的那条原则，也就是支持对这种分配进行保护。黑尔的限制性条件——初始分配要服从使效用最大化的再分配——瓦解了而不是扩展了初始分配的意义。进行道德论证时要把他人的利益当作我自己的利益——黑尔的这个理念并不一定是错误的。这是旨在使道德平等的理念得以生动显现的众多途径之一（在下一章我们将考察一些别的途径）。但是，如果认为他人的偏好总能够构成对我们一切行为和资源的平等要求，黑尔所致力于提倡的平等关照就无法实现。相反，平等告诉我们：要想实现自己的目标，我们应该拥有多少资源并且我们应该给他人留下多少资源。平等关照并不意味着他人拥有与我平等的发言权来决定如何使用我的份额，而是意味着他人能够自行支配自己的公平份额。保障人们能够自行支配自己的公平份额——而不是让这些公平份额受制于自私的偏好，才更好地表达着黑尔所寻求的平等关照。

罗尔斯认为，这就是他所阐释的正义与功利主义之间的根本区别。罗尔斯认为我们的正义感有这样一个根本特征，即“违背正义才能得到的利益是没有任何价值的”；因此，不正当偏好的出现“并不可能歪曲我们对彼此的要求”(Rawls 1971：31，450，564)。因为正义“规定着哪些善观念①可被接受，所以，违背正义原则的善观念必须绝对地加以排除：企图贯彻那些不可接受的善观念的要求不具有任何分量”。正因为不公平的偏好“绝不进入社会计算(姑且这样说)”，人们的权利“才会免遭他人的不合理要求的侵犯”。然而对于功利主义者，情况完全不同：“没有基于权利和正义的限制被用来约束利益满足的目的。”(Rawls 1982b：184，171n.，170，182)

43 我们终于能够明白，功利主义无法承认特殊关系或不能排除不正当偏好的原因是什么了。在两种情况下，功利主义都是依据对在先存在的偏好的合计去阐释平等关照，而无论这些偏好的所指，也无论这些偏好是否侵犯了他人的权利或义务。但直觉却告诉我们：在我们形成偏好的过程中就应该将平等考虑在内。平等待人的部分含义是：在决定自己的生活目标时要考虑到什么是他人的正当权利范围。②因此，歧视性偏好和自私的偏好在一开始就应该被排除在外，因为它们已经违背了平等关照。可

① “善观念”的英文原文是“conceptions of the good”。在这个语境下，“the good”实际是指伦理含义较弱的“利益”，正如前一段话中有所谓的“违背正义的利益(interests)没有价值”。读者可把这一语境下的“善观念”在自己的头脑中替换成“利益观”，这样阅读起来将更加流畅。但译者在整本书中都把“conception(s) of the good”译为“善观念”而不译为“利益观”，对此的说明，请参阅“中译本附录：关于‘good’的翻译的哲学解释”。——译者

② 这只是平等所要求的部分内容，因为平等有时还意味着：承担一定义务以帮助那些无力自助的人，承担“善良的撒玛利亚人义务”(Good Samaritan obligations)以帮助那些在紧急状况下急需帮助的人。在这些情况下，我们的义务并不局限于仅仅是尊重人们的正当权利。我将在第九章回过头来探讨这些问题。

是，如果我在设立自己的人生目标时尊重了他人的正当权利，就算其他行为可使效用最大化，我仍然有排除这些行为但却维系特殊关系的自由。如果我的人生计划遵从了平等的教导，优先关注我的家庭和事业就不是什么错误。这意味着我的日常行为所表现出来的关照是不一样的：我关怀自己的亲友和自己的事业较多，关怀陌生人较少。这正是友谊和事业的部分特征。而只要我尊重了他人在追求自己的目标过程中的权利要求，这种亲疏有别的关怀就完全是可以接受的。

如果我们弄清了是什么价值激励着功利主义，也就是弄清了是什么价值使功利主义最初具有一定可信度，我们也就能明白了功利主义为什么必须被修正。功利主义的最初吸引力源于这样的价值信念：人是重要的而且同等重要。但功利主义者所致力于实现的平等待人的目标，只有与某种公平份额理论相结合，才能得到最好的实现。这样一种理论应该排除那些无视他人正当权利的歧视性偏好和自私的偏好，但却允许我们忠诚于自己的特殊义务(它们正是我们生活的构成要素)。这些修正不仅不冲突于后果论的一般原则，反而以此为前提。这些修正是对“道德应该关乎人类福利”的一般理念的改良。功利主义的问题就在于，它对我们的直觉信念——应该合乎道德地关心他人的福利——给予了过于简化的理解。

罗尔斯和麦凯维护权利的重要性，因为权利保护人们免于效用计算的侵蚀，但他们却并不质疑后果的道德重要性。罗尔斯注意到：“值得我们关注的所有伦理学理论在判断什么是正当时都考虑了它们的后果。如果有哪个伦理学理论不是这样做，那么它就是非理性的、愚蠢的理论。”(Rawls 1971：30) 罗尔斯、麦凯和其他“基于权利”的理论家在自己的理论中对于后果的考虑只是不同于功利主义者对后果的考虑：与功利主义者相比，他们在更早的阶段就把后果纳入了考虑。他们论证说，道德的要求是：在我们形成自己偏好的时候就要把对他人的后果纳入考虑，而不仅仅是在对偏好进行效用合计的时候才纳入考虑。

我们已经看到，间接功利主义者声称，我们对于非功利主义决策程

序的直觉信念并不会瓦解作为一种正当标准的功利主义，因为我们可以
44 为采纳非功利主义的决策程序提供功利主义的辩护。但这种回应是无效的，因为我的论证正是针对作为一种正当标准的功利主义。我论证的是：功利主义者把自己的正当标准建立在偏好满足的基础之上，功利主义者为此给出了自己的理由，但这个理由也恰好就是排除涉他偏好和自私的偏好的理由。我的论证是对功利主义原则的反驳，而不仅仅是针对如何把原则应用于决策程序的反驳。

支持对功利主义作出此种修正的评论者认为，修正的结果就是在效用与平等两类价值之间取得平衡，或者是在后果论和义务论之间取得妥协（例如，Raphael 1981：47—56；Brandt 1959：ch. 16；Hospers 1961：426；Rescher 1966：59）。这并不是我所论证的。相反，需要修正的是功利主义对自身所诉求的平等考虑的解释，以便对该理想作出更好的表达。

这里有必要稍作停顿，以便思考一下刚被提出的这种论证，因为我相信这类论证展示了政治论证的一种基本形式。我在“导言”中说过，平等理念常被认为是政治道德的基础。黑尔的功利主义和麦凯的“享有公平前景的权利”都诉求着这样一个理念：人人都有资格被平等关照。但他们并没有给出具有相同说服力的解释。直觉告诉我们，功利主义没能做到平等待人，因为它缺少一种公平份额理论。

有人也许会这样看待政治推理：政治推理就是从道德平等的公认前提出发，进而正确地推演出特殊的原则。因此，政治论证的主要工作就是揭示那些错误的推演。然而，政治哲学却不是逻辑学：只有在逻辑推演中，结论才是完全地被包含在前提之中。道德平等的理念过于抽象，以至于我们根本不可能从这个抽象理念中推演出任何具体的内容。平等待人有很多不同的甚至相互冲突的表现形式。譬如，机会平等就可能导致不平等的收入（因为有些人有较高的天赋），而平等的收入却可能产生不同的福利（因为有些人有更大的需求）。平等待人的所有具体形式在逻辑上都相容于道德平等的理念。问题的实质在于：哪一种形式的平等待人最能够把握平等待人的精髓？这不是一个逻辑问题。这是一个道德问题，这个

问题的答案取决于对下述复杂问题的回答：究竟什么是人性以及他们的利益和相互关系。要确定哪一种具体形式的平等待人最能把握平等待人的精髓，我们并不需要只是精通逻辑推演的逻辑学家。我们需要这样的人：他能够深刻理解人性，懂得为什么人应该受到尊重和关照，明白哪些行为最能展现这种尊重和关照。

道德平等虽然是一个根本理念，但却抽象得无法作为一个前提，进
而从中推演出某种正义理论。政治论证不是依据于一个单一的前提然后 45
给出各种相互竞争的推演，政治论证是为一个单一的理念提出相互竞争的观念或相互竞争的对这个理念的阐释。每一种正义理论都不是从平等理想*推演*而出的，相反，每一种正义理论都是在*追求*这个理想，而判断一种理论是否成功就是判断这种追求是否成功。德沃金对此的表述如下：当我们要求政府官员依据平等理念行事时，“我们对他们委以这样的责任：去丰富和运用他们自己的平等观……这当然不能等同于授予他们按自己的愿望任意行事的权力；平等理念为他们设定了一个标准——无论最后是否成功，他们都必须试着去满足这样的标准，因为这个理念假定一种平等观要优越于另一种平等观”（Dworkin 1977：135）①。无论我们对某一具体的平等观抱有多么大的信心，都必须在相互竞争的各种观念面前将它提出来加以检验，以判断哪一种观念最好地表达了或把握住了平等理念。

这就是我提出来用以反对功利主义的论证。功利主义的缺陷是在比较中凸显出来的：能够保障权利和公平资源份额的平等观要优越于功利

① 这说明下述断言是错误的：德沃金所说的平等主义共识是“纯粹形式上的”或“空洞的”，因为它可以相容于各种各样的分配类型（Hart 1979：95—96；Goodin 1982：89—90；Mapel 1989：54；Larmore 1987：62；Raz 1986：ch. 9）。德沃金指出，这种反驳“误解了政治理论和政治论辩中的抽象理念的作用”（Dworkin 1977：368）。平等待人的理念虽然抽象但却并不只具有空洞的形式，相反，这是一个实质性的理想，这个理想排斥着某些理论（如种族主义的理论），并为别的理论所致力于追求的目标设定了一个标准。某个抽象理念需要被阐释，以及不同的理论以不同的方式对它进行阐释——这个事实并不表明该理念是空洞的，也不表明这些阐释没有优劣之别。

主义的平等观。比较这两种观念就能发现，与我们关于基本的平等理念的直觉相冲突的功利主义，对道德平等的解释是不太可信的。但功利主义的不可信并不在于它是一个逻辑错误，而某种公平理论的可信也不因为它是一种逻辑证明。对那些习惯于更严格的形式化论证的人士而言，也许颇为令人失望。但如果平等主义的看法是正确的，也就是说如果每种理论都旨在吻合平等待人的理想，那么，政治论证就必须采取这种形式。要求政治论证成为逻辑论证不过是误解了这项事业的性质。应该依据什么样的政治原则对社会施行管理呢？无论对此持什么样的信念，要对它们进行说明和辩护都得采取下述形式：要就平等理念（the concept of equality）的不同观念（different conceptions）进行比较。①

① 英文中的“concept”、“conception”、“idea”、“notion”所表达的哲学含义有时会有很大的区别，有时又有相当的重叠。一般而言，“concept”与“conception”的关系是：后者指对贫乏的前者的丰富理解和阐释。因此对于“the concept of equality”，就有若干种“conceptions of equality”（要注意以定冠词开头的“the concept”与作为复数形式的“conceptions”的区别）。与之对应，每一种都是对前者的理解和阐释。“idea”与“notion”在使用上有时可以互换，但“idea”有时用于表达抽象程度很高的理念（相当于上文的“concept”），有时又用来表达一些具体想法或观念（接近于“conception”的含义）。由于这些术语的含义分层和含义交叉同时存在，在用中文作对应翻译时就面临相当大的困难。译者尽可能用中文的“理念”和“观念”来转换这些术语在不同语境下的不同含义。当“concept”、“idea”、“notion”被用于表达类似于这段话中的“concept”所欲以表达的极抽象简捷的内容时，都被统一地译作“理念”；当“conception”、“idea”、“notion”被用于表达类似于这段话中的“conception”所欲以表达的较具体丰富的内容时，都被统一地译作“观念”（譬如，“conceptions of the good”被译作“善观念”）。但英文的“idea”所表达的内容的抽象程度有时又介于该段中的“concept”和“conception”之间，因此，译者按照整个文本的意思，把不能达到本段的“concept”的抽象程度的“idea”大都译为“观念”（在必要时也译作“思想”或“想法”）。因此，“观念”所表达的内涵在一些情况下可能会比另一些情况丰富。在有些语境下，译者也按常规把“concept”译为“概念”而不译为“理念”。二者有两重直觉区别：第一，“理念”指人们熟悉的那些抽象内容（如“正义理念”），没有必要从语义上对它进行解释，而“概念”（“无知之幕的概念”）是指被构造出来的陌生的抽象内容，有必要对它进行语义上的解释；第二，“理念”（如“公民资格的理念”）更强调思想内容，而“概念”（如“公民资格的概念”）更强调语义内涵及其与其他概念的关系。翻译上的这些问题既源于日常语言的模糊，又源于哲学思想的复杂。译者希望读者在整体性的阅读中，感受不到翻译者的这些既源于语言又源于哲学的诸多考量，或许这恰好说明这些考量有其必要。关于哲学翻译与哲学思考的关系，请参阅“中译本附录：关于‘good’的翻译的哲学解释”。——译者

第六节　功利主义的政治

作为一种政治道德，功利主义有什么实践意义呢？我已经指出了功利主义的危险，即它允许为了大多数人的利益牺牲弱小群体。但功利主义也曾经被用来攻击少数特权阶层，指责他们以牺牲绝大多数人的利益为代价来维护自己的不公正特权。事实上，功利主义作为一种自觉的政治和哲学运动，兴起于对英国社会的激进批判。最初的功利主义者就是所谓的“哲学激进论者”，他们希望对英国社会进行彻底的反思，他们认为英国的社会现状是封建迷信的产物，而不是理性的产物。那个时代的功利主义与进步的政治改革纲领密切相关，如扩大民主、进行刑事改革、制定福利 46
措施，等等。

但当代功利主义者却是“极端的顺从者”——他们似乎乐于表明，功利主义认可一切现状(Williams 1972：102)。正如汉普希尔所言，英国功利主义者“旨在改善世界”，并且

> 在其后许多年内取得了相当大的成功……功利主义哲学，在第一次世界大战以前以及随后的许多年里，仍然是一种勇于进取甚至是勇于颠覆的学说，而伴随它的则是一系列成功的社会批判。我相信功利主义正在失去这种批判功能，它现在反而成为［社会发展的］障碍。(引自 Goodin 1953：3)

确切地讲，一些功利主义者仍然声称功利主义要求对武断的和非理性的日常道德现状予以激进的批判(例如：Singer 1979)。但功利主义现在已经不再是一种内在一致的政治运动，相反，功利主义倾向于为社会现状提供辩护。

如何解释这种逐渐增强的保守主义？我认为有两个主要的原因。首先，人们越来越清楚地认识到实际运用功利主义原则的困难。虽然最初的

功利主义者愿意以人类福祉为最高标准去评判社会准则，但许多当代功利主义者却论证说，功利主义有很好的理由要求人们遵守日常道德。我们似乎可以突破日常道德规则去增加效用，但功利主义却有理由要求人们在任何情况下都持守好的规则。新规则的收益是不确定的，但现存常规的价值却业已得到证明（常规经受住了文化演进的洗礼）——现存常规也是人们生活预期的基础。就算从功利主义的角度来看，日常规则并不完善，但不用效用去评价日常规则却恰好立足于功利主义的理由。直接基于效用计算的行为恰得其反，因为这样的行为助长那种与我们本应执守的个人义务和政治义务相脱离的、随效用计算的变动而随时变动的态度。此外，这种行为的后果也不容易预见，而就算弄清了行为的后果，也不容易对其进行测量。因此，由于我们无法准确地判断究竟什么能使效用最大化，使社会制度合理化的企图就更有可能带来坏处而不是好处。

因此，现代功利主义者就不重视功利主义作为一种原则本应具有的批判功能和政治评价功能。①一些功利主义者声称，只是在我们的日常道德准则相互冲突的时候，才应该诉求功利主义的推理；另一些功利主义者则声称，从功利主义的角度来看，无人按照明显的功利主义方式进行推理的世界，才是最好的世界。威廉斯认为，这种功利主义是自己挫败自己，它的成功就是它的失败。但是，自我挫败并非意指功利主义的技能低下，
47 毕竟，这种功利主义并没有说道德上正当的行为不是使效用最大化的行为。但这种功利主义的确表明，功利主义作为一种言说方式，已经不再适宜于政治论辩。政治论辩依照的应该是日常道德的非功利主义语言，如权利、个人责任、公共利益、分配正义，等等。按照某些现代观点，功利主义认可一切现状，它脱离了日常政治决策，因而不再提出与之竞争的方案。

---

① 例如，贝利就捍卫着一种功利主义，但却认为这种功利主义只适合于作“局部”分析而不适合于作“全面”分析。譬如，我们不应该基于功利主义原则企图对制度进行全面的重新设计，而只应该基于功利主义对不适应环境变化的现存制度进行局部的调整（Bailey 1997：15）。

使功利主义变得越来越保守还有另外一个原因。功利主义兴起于英国，当时的社会背景是这样的：社会组织的功能主要在于满足一小部分精英的利益，而以牺牲绝大多数（农民和工人）的利益为代价。人们之所以认同这种精英型社会结构，是因为关于传统、自然和宗教的意识形态偏见起到了相应的维系作用。那个时代最根本的政治争论就是：是否需要改革这种精英型社会结构以提升绝大多数人的权利。在这种情况下，功利主义坚持自己的世俗特点和效用最大化要求，意味着它愿意与历史上被压制的绝大多数人站在一起，共同反对一小部分特权精英。

然而，在当代自由主义的民主国家里，根本的政治问题已经发生改变。多数人（至少是多数男性公民）早已获得了基本的公民权利和政治权利。从20世纪50、60年代的黑人民权运动开始，许多急迫的政治问题都围绕着历史上受压迫的少数群体（如美国黑人、同性恋者、土著人、残疾人）的权利。此外，这些权利通常是针对大多数人而提出来的权利——譬如，这些权利旨在强迫大多数人接受他们所不愿意的、不能代表自己利益的种种政策。面对这些情况，功利主义不再能够提供清晰可靠的行动指南。所涉及的少数群体也许人数既少（也许只有百分之二到百分之五）又不受欢迎。主流社会里的许多人对这些少数群体抱有偏见，就算没有偏见，主流社会的成员也受益于历史上对少数群体的压迫。例如，主流社会的发达就离不开对土著人的驱逐。把土地权赋予土著人或把接近权（accessibility rights）赋予残疾人，也许会增加主流社会成员的经济负担，并进而迫使他们放弃自己所珍视的、但却是靠着排挤少数群体才建立起来的传统和常规。

面对这些情况，功利主义的目标很不清晰。如果我们只是计算票数或进行民意调查，结果很可能是同性恋权利的反对者要多于支持者。或者，如果我们计算土著人土地权导致的损益情况，我们很可能会发现受益的只是少数人而受损的反倒是大多数人。直接运用功利主义的后果，实际上就无异于支持多数人去压迫寻求自己权利的少数群体。当然，正如我们已经看到的那样，功利主义者可以提出各种理由来声称：从长远的观点 48

看，只有保护非主流的少数群体的权利，并使之免于社会主流出于偏见或经济利益的侵犯，社会中的每个人才会因此而受益。因此，我们需要权衡的是，究竟维系多数对少数的压迫或多数对少数的忽略所带来的短期利益更大呢，还是通过保持稳定运行的制度所带来的长期利益更大。然而这些问题是如此复杂和难解，以致不同的功利主义者对此有不同的看法。

简而言之，对于是否应该反对少数特权者以捍卫多数被压迫者的利益的问题，功利主义给出了明确和进步的回答。但对于是否应该反对多数特权者以捍卫少数被压迫者的权利的问题，功利主义所给出的答案却取决于如何确定和权衡短期利益与长期利益，因而是模棱两可和相互矛盾的。问题的实质在于，“功利主义的论证之风吹向了太多的方向”(Sher 1975：159)。事实上，在公共政策的所有领域，都显现出这个问题。例如，虽然一些功利主义者认为：由于边际效用递减，通过大规模地重新分配财富就会使效用最大化；但另一些功利主义者却捍卫自由放任的资本主义，认为它可以创造更多的财富。这不仅仅是一个预测的问题：依据某种共同认可的效用尺度去预测不同的经济政策会有什么不同的“后果”。这也是一个如何确定比较尺度的问题：经济利益(economic goods)与人的其他利益(如闲暇、共同体，等等)有什么样的关系？这还涉及效用计算本身的作用：我们有几分把握去确定总效用的大小？保留至今的习俗究竟有多重要？由于在如何测量以及何时测量效用的问题上存在着这些分歧，功利主义注定要产生根本对立的判断。

我并不是说，所有这些立场都似乎同样有理，也不认为在非功利主义理论中不存在这些问题。早期功利主义者在进行政治判断时之所以能够自信地保持相互一致，只是因为他们过于简化了问题。然而，一旦我们认清了相关问题在经验层面和道德层面的多重复杂性，任何理论都无法避免一定程度的不确定性。当代功利主义者坚持：效用不能简化为快乐；并不是所有种类的效用都是可测量的或可通约的；甚至企图测量这些效用也不总是恰当的。就此而论，他们是正确的。可是，这些复杂的补充却付出了这样的代价：功利主义再也不能直接确定哪些政策具有独特的优越性。尽管有过去的激进根源，现代功利主义不再是一种清晰的政治立场了。

进一步阅读指南

功利主义最著名的论述，仍然属于 19 世纪的奠基者，特别是边沁、 49
密尔和西季威克。的确，甚至涉及功利主义的当代文献，也多是对这些作者予以评论。要了解关于功利主义的经典论述，参见：Jeremy Bentham, *An Introduction to the Principles of Morals and Legislation*, ed. J. H. Burns and H. L. A. Hart（Athlone Press, 1970; 1st pub. 1823）; J. S. Mill, *Utilitarianism*, *Liberty*, *Representative Government*, ed. A. D. Lindsay（J. M. Dent and Sons, 1968; 1st pub. 1863）; and Henry Sidgwick, *The Methods of Ethics*（Hackett, 1981; 1st pub. 1874）。要想获得当代的评论性著作，参见：David Lyons(ed.), *Mill's Utilitarianism: Critical Essays*（Rowman and Littlefield, 1997）; Roger Crisp(ed.), *Routledge Philosophy Guidebook to Mill on Utilitarianism*（Routledge, 1977）; Ross Harrison（ed.）, *Bentham*（Routledge, 1999）; Bart Schultz（ed.）, *Essays on Sidgwick*（Cambridge University Press, 1992）。

很多文献，无论是赞成或是反对功利主义，都把它当作一种关于伦理或个人道德的综合理论，认为功利主义旨在对我们的个人行为和选择给予引导或评价。要想了解捍卫功利主义伦理学的有影响的当代著作，参见：James Griffin, *Well-Being: Its Meaning, Measurement, and Moral Importance*（Oxford University Press, 1986）; David Lyons, *Forms and Limits of Utilitarianism*（Oxford University Press, 1965）; Richard Brandt, *A Theory of the Right and the Good*（Oxford University Press, 1979）and *Morality, Utilitarianism and Rights*（Cambridge University Press, 1992）; R. M. Hare, *Moral Thinking*（Oxford University Press, 1981）。要了解把功利主义广泛应用于实践问题（安乐死、第三世界的贫困、动物权利）的尝试，参见：

Peter Singer, *Practical Ethics* (Cambridge University Press, 1993)。

把功利主义当作评价政治制度和公共政策的特殊政治道德并对它加以捍卫的著作还相对较少。但有两个重要的例外：Robert Goodin, *Utilitarianism as a Public Philosophy* (Cambridge University, 1995)；James Bailey, *Utilitarianism, Institutions, and Justice* (Oxford University Press, 1997)。

无论被当作关于个人伦理的学说还是被当作关于政治制度的学说，功利主义一直遭到无情的批判。一种最早产生的但到现在都还强有力的批判是由伯纳德·威廉斯提出来的，参见：J. J. C. Smart and B. Williams (eds.), *Utilitarianism: For and Against* (Cambridge University Press, 1973)。其他的重要批判与回应包括：Amartya Sen and Bernand Williams (eds.), *Utilitarianism and Beyond* (Cambridge University Press, 1982)；Raymond Frey (ed.), *Utility and Rights* (University of Minnesota Press, 1984)；Lincoln Allison (ed.), *The Utilitarian Response: The Contemporary Viability of Utilitarian Political Philosophy* (Sage, 1990)。

有两种对这些论辩的介绍性评述：Geoffrey Scarre, *Utilitarianism* (Routledge, 1996)——它是“the Routledge 'Problems of Philosophy' series”中的一本；William Shaw, *Contemporary Ethics: Taking Account of Utilitarianism* (Blackwell, 1998)。许多相当重要的阅读材料都被摘录进 Jonathan Glover(ed.), *Utilitarianism and its Critics* (Macmillan, 1990)。

要想追踪这个领域的最新进展，可以查阅专门研究功利主义的名为“*Utilitas*”的期刊，以及经常包含功利主义者与其批判者进行论辩的 *Economics and Philosophy*。也有一些专门涉及功利主义的网址。第一个网址是伦敦大学的“Bentham Project”(**www. ucl. ac. uk /Bentham-Project/**)，从该网址可查找到 *Utilitas* 以及国际功利主义研究学会(the International Society for Utilitarian Studies)的网址。第二个网址是
50 “Utilitarian Resources”(**www. utilitarianism. com**)。两个网址都包含了大量的书目和在线资料。

第三章

自由主义的平等

第一节　罗尔斯的课题

（一）直觉主义与功利主义

在上一章里我曾论证到，我们需要某种优先于效用计算的公平份额 53
理论——因为为了一些人的利益而牺牲另一些人的做法，必须有一个合法的限度。如果我们要把人们当作平等者加以对待，我们就必须保护本应属于他们的那些权利和自由。但究竟是哪些权利和自由呢？

过去三十年里问世的大多数政治哲学著作都试图回答这个问题。我们知道，有一些人仍然在捍卫功利主义。但相当多的人已经疏远了"这个曾经广为尊奉的古老信条：某种形式的功利主义（只要我们能够找到那种正确形式），肯定可以把握住政治道德的本质"（Hart 1979：77）。大多数当代政治哲学家都希望能找到系统地取代功利主义的办法。约翰·罗尔斯作为最早的开拓者之一，提供了一种取代功利主义的理论，其标志就是1971年出版的《正义论》。另有许多人也撰写著作来批判功利主义的反直觉特征。但罗尔斯的著作却开始于这样一种批判——他指责政治理论一直在两个极端摇摆不定：要么是功利主义，要么就是观念与原则的不成体系的大杂烩。罗尔斯称这第二个极端为"直觉主义"，他批评直觉主义不过是针对特殊问题的特殊直觉的混杂。

以直觉主义来替代功利主义是不能令人满意的。虽然我们在特定的问题上的确持有与功利主义相反的直觉，但我们还需要一种能够替代功利主义的理论以阐明这些直觉的意义。我们需要一种理论来说明，为什么这些问题会引出我们反对功利主义的直觉。但“直觉主义”却从不深入直觉或跳出直觉去进行研究，因此就不能理清直觉之间的关系，也不能提供作为直觉基础的原则来架构这些直觉。

罗尔斯认为直觉主义理论有两个特征：

54 第一，直觉主义理论由若干第一原则组成，在特定情况下，这些第一原则可能相互冲突，以致作出完全相反的指令；第二，直觉主义理论并不包含衡量这些原则优劣的任何明晰的方法和优先规则：我们只能依靠直觉，依靠在我们看来似乎是最正确的东西来建立平衡。要么，就算有优先规则，它们也被认为是或多或少无足轻重的东西，对作出判断没有任何实质性的帮助。(1971：34)

直觉主义依它们原则的概括程度而被分成若干种类。

常识直觉主义以若干类相当具体的准则的形式出现，每一类准则适用于一种具体的正义问题。一类准则适用于公平工资的问题，另一类准则适用于税收问题，还有一类准则适用于惩罚问题，诸如此类。譬如，为了得到公平工资的观念，我们就必须在各种相互竞争的标准之间求得平衡，如技术、培训、努力、责任心、工作的危险性等要求，同时还要兼顾对需要的考虑。大概没有人仅靠这些准则中的某一个就能作出决定，因此在这些准则之间就必须求得某种妥协。(1971：35)

但也有概括程度高得多的各种原则。于是，人们通常会诉求直觉去谈论如何在平等与自由或平等与效率之间求得平衡，而这些原则可以用于正义论的全部领域(1971：36—37)。这些直觉主义者的进路无论是处于具体的准则，还是普遍的原则的层面，都不能在理论上令人信服，也无法在实践上有所帮助。因为当这些具体的、不可通约的准则发生冲突时，直觉主义并不能指导我们如何解决这种冲突。然而，我们之所以要寻求能够指引我们的政治理论，正是因为这些准则之间的相互冲突。

因此，尝试在这些相互冲突的准则之间确立某种优先性，就至关重要。这就是罗尔斯给自己规定的任务——去发展一种架构我们各种直觉的综合的政治理论。他并不假定有这样一种理论，他只是认为有必要去尝试：

> 这种直觉主义的信条从其本性上讲并不是非理性的。事实上，它也许是对的。我们决不可想当然地认为，从可识别的伦理原则中肯定可以推出我们关于社会正义的全部判断。与之相反，直觉主义者相信，道德事实的复杂性使我们无法充分说明我们的判断，从而使相互竞争的原则的多元性成为必然之事。直觉主义者争辩说，超越这些原则的任何尝试，要么流于空洞——譬如，声称社会正义就是赋予每人应得的部分；要么导致错误和过分简化——譬如，依效用原则来处理一切问题。因此，驳斥直觉主义的惟一途径就是，提出一些可认识的伦理标准，这些标准能够满意地解释我们认为——依据我们深思熟虑的判断——可以恰当地赋予各种原则的优先分量。要想驳倒直觉主义，关键就在于给出这些据认为是不存在的建设性标准。(1971：39)

因此，罗尔斯的历史重要性就在于打破了直觉主义与功利主义的僵局。但他的理论之所以重要还有另一个原因。他的理论对政治哲学领域的巨大影响力并不在于人们都对此表示赞同(事实上很少有人同意他理论的全部内容)，而在于后来的理论家正是在反对罗尔斯的过程中才确立了自己的理论。他们通过将自己的理论与罗尔斯的理论进行对比来解释自己的理论。这样，如果我们不能够理解罗尔斯，我们也就不能够理解其他后续的正义理论。 55

（二）正义的诸原则

我准备这样来表述罗尔斯的思想：我将首先给出他对正义问题的解答，然后再讨论他对这个解答给出的两个论证。他的“一般正义观”包含了这样一个核心思想：“所有的社会基本益品（social primary goods）①——自由与机会、收入与财富、自尊的基础——都必须平等地分配，除非对某一种或所有社会基本益品的不平等分配将有利于最少受惠者。”（1971：303）在他的“一般正义观”里，罗尔斯将正义的理念局限在社会益品的平等份额上，但却有一个重要的转折。要实现平等待人，我们并不是消除一切不平等，而只是消除那些使某些人受损的不平等。如果某些形式的不平等将使所有人获益——譬如，可以充分发挥有益于社会的禀赋和能力，这样的不平等就可被每个人接受。如果给他人更多的财富反而会促进我的利益，那么平等关照我的利益就允许而不是禁止这种不平等。如果不平等能够增进我最初的平等份额，这样的不平等就可被允许；如果不平等像功利主义那样侵占我的公平份额，这样的不平等就不被允许。罗尔斯说，我们可以这样考虑：把某种对不平等的否决权授予较不利者，他们就可否决牺牲而非促进自己利益的那些不平等（Rawls 1978：64）。居于罗尔斯理论核心的，就是这样一个简明观念。

可是，这个一般正义观却不足以成为一种完整的正义理论，因为根据这个原则被分配的各种益品可能相互冲突。例如，我们也许可以通过剥夺某些人的某种基本自由来增进他们的收入。这种对自由的不平等分配虽然从一方面（如收入）有利于最不利者，但从另一方面（如自由）却不利于最不利者。再例如，如果某种不平等的收入分配从收入的角度看有利于每个人，但这种不平等分配所导致的机会不平等却有损于较低收入者，又该如何办呢？是否收入的提高就足以抵消在自由和机会方面受到的损害呢？这个一般正义观未能触及这些问题，因此也未能解决直觉主义理论家

① 参见“中译本附录：关于‘good’的翻译的哲学解释”。——译者

无力解决的难题。

我们需要一个优先序列来处理这个理论中的不同要素。罗尔斯是这样处理的：他把这个一般观念分解成三个部分，这三个部分又根据“词典式优先”原则来进行排序。

第一原则：每个人都应有平等的权利去享有与所有人享有的类似自由体系协调一致的、由平等的诸基本自由构成的最大总体系。① 56

第二原则：社会和经济的不平等应该这样安排，使得：(a) 这两种不平等都能够最大限度地增进最不利者的最大利益；(b) 这两种不平等所依系的职务和地位，应该基于机会的公平平等条件向所有人开放。

第一优先规则(自由优先)：诸正义原则要以词典式序列进行排序，这样，自由只有为了自由的缘故才能被限制。

第二优先规则(正义优先于效率和福利)：第二正义原则词典式地优先于效率原则和使总体利益最大化的原则；公平机会要优先于差别原则。(1971：302—303)

这些原则构成了“特殊的正义观”，它们旨在提供直觉主义不能给予我们的系统性指导。按照这些原则，某些社会益品要比另一些益品更加重要，因此，不能为了促进后者而牺牲前者。平等的诸自由要优先于机会平

① 《正义论》(1971)中的原文为：“Each person is to have an equal right to the most extensive total system of equal basic liberties compatible with a similar system of liberty for all.”罗尔斯在 *Justice as Fairness: A Restatement*(2001)中对该原则的重新表述为：“Each person has the same indefeasible claim to a fully adequate scheme of equal basic liberties, which scheme is compatible with the same scheme of liberties for all.”在这个重新表述中，有三处关键性的修正。第一，用“fully adequate”取代了最初表述中的“most extensive”(“最广泛的”)；第二，原句中的第二个“liberty”变成了“liberties”；第三，用“the same scheme”替换了“a similar system”。罗尔斯因为意识到了最初表述带来的问题，才作了这种修正。参见本书作者在“第四章自由至上主义”的第四节中对第一种修正的解释。——译者

等，机会平等要优先于资源平等。但在每一个范围内，罗尔斯的简明观念都保持不变：只有当某一种不平等有利于最不利者时，这种不平等才被允许。因此，优先规则并不影响保持在每一个范畴内的关于公平份额的基本原则。

这两个原则就是罗尔斯对正义问题的答案。但我们还没看到他是如何论证这两个正义原则的。他实际上提出了两种不同的论证，我将依次对它们进行考察。我将集中探讨罗尔斯对第二个原则（他称之为“差别原则”，该原则规定了经济资源的分配）所作的论证。只有到了后面的章节，我才会就自由原则以及为什么罗尔斯要赋予它优先地位展开探讨。然而，要注意，罗尔斯并没有支持某种一般的自由原则，以至于任何似乎可被称作自由的东西都要被赋予压倒一切的优先性。相反，罗尔斯只是对他称作的“诸基本自由”给予了特殊的保护。所谓“诸基本自由”，被罗尔斯用来特指在自由主义的民主国家里普遍得到承认的、那些标准的公民权利和政治权利，如投票权、竞选权、享有正当审判程序的权利、自由言论权、自由迁徙权，等等（1971：61）。这些权利对自由主义至关重要——事实上，识别自由主义的标志之一就在于，是否承认这些基本自由具有优先性。

诚然，认为公民权利和政治权利应该具有优先性的假设在我们的社会里有广泛的共识。这就意味着，罗尔斯与其批评者之间的争论关涉的是另外的问题。应该保护人们的基本自由——这个观念在他的理论中是最少受到争议的部分。但我之所以拒斥功利主义还因为我们需要一种关于经济资源的公平份额理论，而这种理论却颇有争议。一些人拒绝“经济资
57 源的公平份额理论”的理念，就算接受这个理念的人对于这种理论应该采取什么形式，也是仁者见仁智者见智。从功利主义转向别的、我们即将考察的正义理论，资源分配问题是至关重要的。因此我将要集中探讨罗尔斯对差别原则的解释。

罗尔斯对他的正义原则给出了两种论证。一种论证是，他把自己的理论与涉及分配正义的主流思想进行对比，也就是与机会平等的理想进

行对比。罗尔斯论证说，他的理论更好地吻合着我们关于正义的深思熟虑的直觉，并且他的理论对主流思想所诉求的公平理想给予了更好的阐释。罗尔斯的第二种论证相当不一样。罗尔斯论证说，他所提出来的这些正义原则之所以优越于其他的正义原则，是因为它们是某种假定的社会契约的结果。罗尔斯断言，如果人们在一种特定类型的前社会状态下不得不决定应该选择哪些原则去治理社会，他们就会选择他的那些原则。每个人在罗尔斯所说的“原初地位”①下，都会出于理性的利益去采纳罗尔斯式的原则以规范社会合作。这第二种论证受到了最多的批评与关注，也是罗尔斯享有大名的原因。但要解释这个论证并不容易，而要想较好地理解它，我们的探讨还得从第一个论证开始。②

第二节　诉求直觉的机会平等的论证

在我们的社会里，为经济分配所作的流行的辩护建立在“机会平等”的理念之基础上。当且仅当存在着获取职务和地位的公平竞争时，收入与名望的不平等才被认为是合理的。当国民的平均收入为两万美元的时候，某人收入十万美元之所以能被接受，是因为存在着机会的公平平等，也就是说，没有人仅仅因为自己的种族、性别或社会背景等因素而在竞争中处

① “the original position”不能译作“原初状态”——国内哲学界普遍接受这种错误译法。“状态”（“state”）一词含有变化的意味，譬如，从一个状态到另一个状态；而“原初地位”则是对人的应然道德地位的一种与变化无涉的说明方式。由于古典契约论者在说明“自然状态”时没能把它的规范意义与想象中的发生过程区别开来，把“the state of nature”译成“自然状态”就是恰当的。正是因为看到了古典契约论的问题，罗尔斯才避免使用“state”（“状态”）一词，而选用“position”（“地位”）一词。——译者

② 罗尔斯为自己的两个正义原则给出了若干从属论证。例如，罗尔斯说，他的两个正义原则比对正义的其他解释更充分地吻合着“公开性”(1971：133)和“稳定性”的要求(1971：176—182)。正义原则必须公之于众并易于执行，并且，与之相应的正义感必须是稳定的和自我强化的(例如，“承诺的压力”不能太大)。罗尔斯有时颇为强调这类论证对自己理论所具有的支持力，但由于从它们自身无法产生一种明确的正义理论，因此，它们从属于我所探讨的两个主要论证。对这些从属论证的总结，参见：Parekh 1982：161—162；Raikka 1998。

于不利的地位。无论较不利者是否从这种不平等中受益，这种不平等收入都是公正的(这正是麦凯所说的“享有公平前景的权利”——参见第二章第40页)。

这冲突于罗尔斯的理论。虽然罗尔斯也要求在分派职位时要有平等机会，但他否认据有较高地位的人仅仅因为其地位就有资格享有较大份额的社会资源。一个罗尔斯式的社会也许可以付给这些具有较高地位的人高于平均水准的报酬，但条件是这种做法必须有利于社会的全体成员。根据差别原则，人们之所以能够对社会资源主张较大的份额，只是因为让某些人占据较大份额会有利于那些占据较小份额的人。然而，那种流行的机会平等观却持相反的立场：较不利者对这些不平等的结果没有否决权，也没有权利期望从这些不平等中受益。

58 为什么我们社会里的很多人认为机会平等的想法是公平的?原因在于它能保证人们的命运取决于自己的选择而不是取决于他们的境况。如果我是在一个机会平等的社会里追求自己的志向，那么，无论成功或失败，都只取决于我自己的表现而不取决于我的种族、阶级或性别。如果我失败了，不会是因为我碰巧生长在了一个“错误的”群体中。我们的命运不应该因为种族或民族这类道德任意因素，就据此享有特权或遭受不幸。在一个没有人因其社会境况而处于不利地位的社会中，人们的命运将掌握在他们自己手中，成功或失败将会是我们自己的选择和努力的结果。因此，无论我们获得怎样的成功，都是自己“挣来的”，而不是被赋予的，在一个机会平等的社会里，收入的不平等是公平的，因为成功是一种“奖励”，它只给那些“应该得到”它的人。

然而，就如何才能保证机会的公平平等的问题，人们却持有不同的看法。一些人相信，只要有法律保障的非歧视性教育和雇佣制度就足够了。另一些人则争辩说，如果想要使经济上和文化上处于不利地位的群体真正享有获得经济成功的平等机会，就应该实施“维权行动计划”(affirmative action programmes)。但是，无论持哪种看法，都支持那个激励人心的核心观念：个体对各种社会益品的不平等占有是公平的，如果这些不平等源于个体的努力并且的确应该被这些个体所享有——也就是说，这些不平等是个体的行动和选择的结果。但假如个体仅仅因为他们在社会境况中的任意的和不应得的差别，就据此获得特权地位或被置于不利地位，这样是不公平的。

罗尔斯承认这个观点的吸引力。但还有一种不应得的不平等，却为这种观点所忽略。的确，社会的不平等是不应得的，仅仅因为这种不应得的不平等就使得某人的命运变坏，这是不公平的。但同样的道理也可用于自然天赋的不平等。没有人生来就应该是残疾的，或生来就应该拥有一百四十的智商，正如没有人天生就应该属于某个特定的阶层、性别或种族。如果使人们的命运受后一类因素的影响是不公正的，为什么当人们的命运受前一类因素的影响时同样的不公正没有得到平等考虑呢？两种情况都面临同样的不公正(injustice)①：分配份额不应该受到从道德的角度看任意因素的影响。自然天赋与社会境况都只是纯粹的运气，但人们的道德要求却不应该依据于纯粹的运气。

因此，被人们普遍认可的机会平等的理想就是“不可靠的”，因为“一旦我们在决定分配份额时被社会偶得或自然机会的影响所困惑，在反思中我们也注定要被另一种影响所困扰。从道德的立场看，这两种影响似乎是同样任意的”(1971：74—75)。德沃金甚至声称，由于自然资质的 59
不应得特征，那个流行的观点与其说是不可靠的还不如说是“不诚实的”(Dworkin 1985：207)。那个流行的观点认为，消除社会的不平等就等同于把能够获得社会利益的平等机会赋予了每个个体，这样，由于个体之间

① 英文的“justice”有时表示伦理含义较弱的“公正”，有时表示伦理含义较强的“正义”。在绝大多数情况下，译者都把“justice”译作“正义”。理由是：政治哲学所探讨的“正义”，既涉及一般意义上的“公正或不公正的”制度和原则，又涉及更强意义上的“正义或不正义的”制度和原则，还涉及在正义或不正义的制度下被塑造的正义或不正义的人。由于在伦理含义较弱的“公正或不公正”与伦理含义较强的“正义或不正义”之间，以及正义的微观视域(正义之人或公正之举)与宏观视域(正义原则或正义制度)之间具有深刻的内在关联，汉语中的“公正”与“正义”的语义差异就被纳入了能够解释并整合这种差异的、作为整体的哲学思考。——译者

的任何财富差别都出于人们的努力和选择，这些不平等就都是挣得的。然而，天生的残障者却不拥有获取社会利益的平等机会，他们不能取得成功也与自己的选择和努力没有任何关系。如果我们真正愿意致力于消除不应得的各种不平等，那么关于机会平等的流行观点是不充分的。

作为这个流行观点根基的富有吸引力的理念是：人们的命运应该取决于他们的选择（取决于他们对自己生活目标的决定），而不应该取决于他们的偶然境况。但流行观点只认识到社会境况的差别，却忽略了自然天赋的差别（或者干脆把自然天赋也当作是人们选择的结果）。流行观点实际上是对自己的核心直觉的任意限制。

我们应该如何对待自然天赋的差别呢？一些人因为认识到了社会背景的不平等与自然天赋的不平等之间的类似，就认为没有人应该受益于自己的自然不平等。但罗尔斯却说，虽然

> 没有人天生就应该有较高的自然才能，也没有人天生就应该在社会中享有一个比较有利的起点……这并不意味着应该消除这些差别。还有另外一种方式处理这些差别。可以把基本结构安排得使这些偶然因素有利于那些最不幸者的利益。因此，如果我们希望构建这样的社会制度，也就是说，如果希望偶然的自然资质或社会地位不要在没有相应补偿的情况下影响人们的得失，我们就被引向了差别原则。（1971：102）

虽然人们不应该仅仅由于在自然天赋方面不应得的不平等就遭受不利，却可能存在这样的情况：允许这种不平等反而能够有利于每一个人。没有人天生就应该从自己的自然天赋中受益，但如果允许某些人受益于自己较高的天赋反而能够促进在“自然不测之事”中较不幸者的利益，这种允许就不是不公平的。而这正是差别原则的宗旨。

这就是罗尔斯为自己的公平份额理论给出的第一个论证。根据那种流行观点，天赋高的人很自然地会预期自己将获得较高收入。但由于天赋

高的人并不是天生就应该享有自己的优势，他们的较高预期“只有在其成为提升社会中最不利者的预期的安排的一部分时才是公正的”（1971：75）。这样，从对机会平等的流行观点的考察中，我们就引向了差别原则。正如罗尔斯所言，“一旦我们努力找到了（机会平等的理念）——它将每个人平等地视为有道德的人，并且它不是根据人们的社会命运或他 60
们在自然不测之事中的运气来权衡人们在社会合作中利益与负担方面的份额；那么，在所有可选的原则中选择差别原则显然就是最好的。”（1971：75）

第一个论证就是这样。我认为这个论证的基本前提是正确的。关于机会平等的流行观点是不可靠的，而我们应该认识到，我们在自然天赋中的分配处境从道德角度看也是任意的。但罗尔斯的结论并不完全正确。自然的不平等和社会的不平等从道德角度看是任意的——从这个事实也许可以推出：仅当最不利者能从分配中受益时，这些不平等才应该影响分配。但差别原则却说，所有不平等都必须有利于最不利者。如果我既不生于一个特权社会群体，又没有任何特殊天赋，但却靠着自己的选择和努力获得了多于他人的财富，这种情况应该如何对待呢？这个论证并没有解释为什么差别原则适用于一切不平等，而不是仅仅适用于源于道德任意因素的不平等。我将在考察第二个论证后再回过头来讨论这个问题。

第三节　社会契约的论证

罗尔斯认为对他的正义原则所作的第一个论证不如第二个论证重要。他的主要论证是诉求“社会契约”——这个论证要回答的问题是：当人们在“原初地位”中建立自己的社会时，他们会选择哪种政治道德？罗尔斯这样谈及我们刚才考察过的论证：

> 前述（关于机会平等的）所有评论都不是赞成这个（正义）观念的论证，因为严格地讲，根据契约理论，所有论证只有依据人们在原初

> 地位中可能作出的理性的选择才能提出。但我在这里所关心的是要为恰当解释两个正义原则铺平道路，以使这些标准（特别是差别原则）不会使读者感到太异乎寻常或太不可思议。（1971：75）

因此，罗尔斯认为自己诉求直觉的第一个论证不过是为真正的论证做好准备，而真正的论证奠基于社会契约的观念。这真是一个不寻常的策略，因为人们普遍认为诉求社会契约的论证太弱了，而罗尔斯似乎是在把一个相当强的论证降到对较弱的社会契约的论证起支撑作用的程度。

为什么社会契约的论证被认为是较弱的？因为这些论证似乎都依据于一些不太可信的假定。这些论证要求我们想象在政治权威出现之前有一个自然状态。在自然状态中每个人都自行其是，也就是说，不存在更高的、有权力要求人们服从或有责任保护人们利益或财产的权威。问题是，
61 为了确定拥有这些权力和责任的政治权威，在这种自然状态下的个体会同意什么样的契约？一旦我们知道了契约的条款，我们也就知道，根据契约建立起来的政府有什么统治义务以及公民有什么服从义务。

不同的理论家——霍布斯、洛克、康德、卢梭——都运用过社会契约的论证方式，并对上述问题给出了不同的答案。但他们都易于遭受同一种批评，即从来就没有这样一种自然状态或这样一种契约。因此，无论公民或是政府都不会受这种想象中的契约的约束。只有当契约各方实际签署某项契约时，相应的契约才会对各方产生义务。我们可以声称某种协定就是人们在自然状态下将会选择的契约，因此是一种假定的契约。但德沃金却说："假定的契约不仅仅是实际契约的一种苍白的形式；假定的契约根本就不是契约。"（Dworkin 1977：151）假如我们处于某种自然状态就会接受某种契约，这种契约就对我们有约束力——这个想法暗示了：

> 假如提前询问某人他就会同意某项原则，由于这个缘故，当时过境迁他实际上不同意这个原则的时候，把这个原则应用于他就仍然是公平的。但这真是一个坏的论证。想象一下，在星期一我不知道

> 自己绘画的价值，假如在那时你出一百美元我就会接受这个价格。但星期二我却发现自己的绘画要有价值得多。你不能论证说，让法院要求我在星期三仍然按一百美元卖给你这种做法居然是公平的。你不在星期一购买我的绘画，是我的运气，但这却构不成后来强制我的理由。(Dworkin 1977：152)

这样看来，社会契约的观念要么从历史的角度看是荒谬的(如果认为它确有其事的话)，要么从道德的角度看是无意义的(如果认为这是一种假定契约的话)。

但德沃金注意到，还有另一种阐释社会契约的论证的方式。我们不应该首先把社会契约当作一种现实的或假定的协定，而应该当作这样一种策略——用它来澄清关乎人们道德平等的道德前提的意义。我们诉求自然状态的观念，并不是为了追寻社会的历史起源，也不是为了确定政府和个人的历史义务，而是用这个模型来展示人的道德平等的理念。

道德平等理念的部分含义是：没有人生来就应该屈从于他人的意志，没有人生来就应该成为别人的所有物或作为别人的主人。我们生而自由，我们生而平等。历史上的绝大部分时间里，许多群体都被否认享有这种平等——例如，封建社会的贵族就认为农奴生来就屈从于他们。驳斥这种封建主义的前提，就成为洛克这样的古典自由主义者的历史使命。而为了明确否认某些人生来就低人一等，他们的方法就是想象有这样一种自然状态，人们在其中有平等的地位。正如卢梭所言：“人生而自由，却 62
无往不在枷锁中。”因此，提出自然状态的观念，其目的并不在于对人类的前社会状态作出人类学意义上的断定，而在于提出人天生本没有等级之分的道德断定。

古典自由主义者并非无政府主义者，后者认为政府是绝对不可接受的。无政府主义者相信，从来没有人能够成为另一些人的合法权威，因此，要求人们遵从这种权威的任何强迫措施都是不合法的。由于这些自由主义者并不是无政府主义者，摆在他们面前的迫切任务就是去回答为何生而自由平等的人要接受政府的统治。粗略地讲，他们的答案是这样的：由于社会生活的动荡和社会资源的匮乏，个体在不放弃自己的道德平等的前提下，愿意将某些权力让渡给国家，但条件是，国家必须将个体委托的这些权力用于保护个体免于社会动荡和资源匮乏的伤害。如果政府辜负这种委托并滥用其权力，公民就不仅不再有服从的义务，而且还有反抗的权利。将权力赋予某些人以对另一些人进行管理，与对道德平等的尊重相一致，因为统治者只拥有旨在保护和促进被管理者利益的、受其委托的权力。

这就是罗尔斯所采纳的那种理论。正如他所说，“我的目标是要提出一种正义观，这种正义观把人们所熟知的诸如洛克、卢梭和康德的社会契约论加以概括，并提升到一个更高的抽象层次上来。”（1971：11）契约的意义就在于，可以从平等地位出发去确定正义原则。在罗尔斯的理论中，

> 平等的原初地位对应着传统的社会契约论中的自然状态。这种原初地位当然不是被当作一种真实的历史样态，更不是被当作一种原始的文化环境。它被理解成一种纯粹假想的情况，是为了得到某种正义观而提出来的。（1971：12）

虽然罗尔斯的原初地位“对应着”自然状态的观念，但原初地位仍然有别于自然状态，因为罗尔斯认为，通常意义上的自然状态实际上并没有达到“平等的初始状况”（1971：11）。罗尔斯的契约论论证与诉求直觉的论证就在这里汇合。对自然状态的通常解释都没有吻合公平的要求，因为在达成契约的过程中一些人比另一些人有更大的谈判控制力（bargaining power）——更高的自然天赋、更多的资源，甚或更强的体力。这样，那些更具谈判控制力的人就会设法利用自己的力量取得有利于自己的契约结果，而那些体力较差或天赋较低的人则只好妥协让步。自然的不确定性诚然影响着每一个人，但有些人却能够更好地对付这些不确定性，因此，这

些人就只会同意能够确保自己的自然优势的社会契约。我们知道，在罗尔斯的眼中，这是不公平的。由于这些自然优势是不应得的，在决定正义原则时，这些不应得的优势就不应该将有些人置于有利的地位而将另一些 63
人置于不利的地位。①

因此，为了澄清道德平等的含义，就需要运用某种新策略，以防止人们在选择正义原则时利用自己的任意优势。这就是为什么罗尔斯要发展出一种不同于自然状态的奇特构思——“原初地位”。在这种修正过的原初地位里，人们处于“无知之幕”的后面，以致

> 无人知道自己在社会中所处的位置，自己的阶级地位或社会身份；也无人知道在自然资质分配中的命运、能力、智商、力量，等等。我甚至假设当事人不知道他们的关于善的观念或他们的特殊心理倾向。对正义原则的选择是在无知之幕的掩盖下进行的。这就保证了在选择正义原则时，没有人因为自然机会的结果或社会环境中的偶然因素而处于有利或不利的地位。既然所有人都处于类似的处境，没有人能够设计出有利于自己的特殊情况的原则，于是，公平协议或公平商讨的结果就是正义的原则。(1971：12)

许多批判者把这个要求——人们要对自己的社会背景和个人愿望一无所知——当作指责罗尔斯关于个人身份②的古怪理论的依据。如果一个人连

---

① 正是对传统自然状态固有的不公平进行的指责，使罗尔斯有别于另一种契约论传统：这种传统从霍布斯一直持续到如戈捷和布坎南这样的新近思想家。就像罗尔斯一样，他们也想以初始地位的契约观念为出发点，进而建立对社会生活进行规范的正义原则。但他们不同于罗尔斯的地方在于，契约的目标是互利(mutual advantage)而不是正义。因此，使初始状况反映真实世界里的谈判控制力之间的差异，这种做法不仅被允许，反而成为这种契约论的关键。我将在第四章里探讨这第二种契约论途径，并追问：互利理论从根本上讲是否应该被当作正义理论。

② 政治哲学中“个人身份”的英文对应词是“personal identity”，它在形而上学或心智哲学背景下一般译作“个人同一性”或“人格同一性”。在形而上学或心智哲学中，“个人同一性”或“人格同一性”问题是一个核心问题。但本书作者认为，罗尔斯关于原初地位的一系列设定与形而上学和心智哲学的问题无关。——译者

自己的自然天赋、社会背景和个人愿望都一无所知，他还有什么自我呢？想象自己处于无知之幕的背后比想象自己处于传统的自然状态之中还要困难得多——因为，相对而言，自然状态之中的虚拟人物至少还有统一的心智和身体。

但无知之幕却与个人身份的理论无关。无知之幕是对公平的直觉测验，它类似于下面这种情况：为了确证对蛋糕的公平划分，就要求切蛋糕的人不知道自己将得到哪一块。①类似地，无知之幕也是旨在确保没有人可以利用自己的有利地位去影响选择结果。正如罗尔斯所说：

> 因此，人们不应该被体现原初地位特征的那些不同寻常的条件所误导。这里的观念只是要让我们明白对赞成正义原则的论证必须有所限制，因而也就是对这些原则本身有所限制，这似乎是合理的。因此，任何人都不应该在选择原则时由于自然命运或社会环境而处于有利或不利的地位，这似乎既合理又能得到普遍认同。不能让原则来适应一个人自己的境况，这也似乎得到了广泛的同意……这样，自然而然就有了无知之幕。(1971：18—19)

原初地位旨在“表明，作为道德人格的人，他们彼此都是平等的”，而被选出的正义原则就是那样一些原则：“在已知没有人由于社会和自然的偶然因素而处于有利地位时作为平等的人可能同意的原则”。我们应该把
64 原初地位当作“一种说明手段”，它“概括了”我们公平观念的“意义”，并“帮助我们推断出它们的结果”。(1971：19，21，586)

---

① 罗尔斯认为，在原初地位下选择正义原则与不知道自己将得到哪块蛋糕而去划分蛋糕，这两种情况有重要的区别。他称第一种情况为“纯粹的程序正义”，第二种情况为“完善的程序正义”。两种情况下，人们都期望相应的程序会产生正义的结果。但对于第一种情况，没有“独立和已经给定的标准以确定什么是正义的”，而在第二种情况下却存在这样的标准(Rawls 1980：523)。但这两种情况的区别却被夸大了，因为我们将看到，在评价原初地位的选择结果时，的确存在着“独立和已经给定的标准”。不管怎样，这两种情况都具有我正在引导人们去注意的特征：利用无知去确保不偏不倚的决定。

因此，罗尔斯的论证并不是从一种假定的契约理念中推出某种确定的平等观。如果那样，就会容易受到德沃金所提到的那些批评的攻击。相反，假定的契约作为一种方法只是为了表现某种平等观，这种方法也适用于从这种平等观中引出关于社会制度的正义规则。通过清除偏见的根源和要求达成共识，罗尔斯希望找到能够被所有处于平等地位的人接受的解决方案，也就是说，这种解决方案能够尊重每个人的要求——希望自己被当作自由和平等的人。

由于这个论证的前提是平等而不是契约，要想批评这种论证我们就需要表明它不能表现对平等的充分说明。声称这种契约不是历史的事实，声称无知之幕不具有心理上的可能性，或者声称原初地位从别的方面看不具有真实性——这些意见不仅不够，简直就是不切题。问题不在于原初地位是否真实存在，而在于：考虑到选择过程的性质，在原初地位中选择出来的原则是否公平？

就算接受罗尔斯的思想，把社会契约当作展现某个平等观的工具，我们仍然不清楚的是，在原初地位条件下将实际选择什么样的原则。罗尔斯当然会认为差别原则将被选出。但在这里所作的论证应该独立于第一种诉求直觉的关于机会平等的论证。我们已经看到，罗尔斯认为，那种论证在契约论的框架内，“严格地讲”，不是一种相关论证。因此，差别原则只是当事人在原初地位下可能选择的若干原则中的一种。

如何对正义原则进行选择呢？罗尔斯的基本思想是这样的：虽然我们不知道自己将在社会中占据什么样的地位，也不知道自己将有什么样的人生目标，但我们总想拥有或总是需要某些特定的事物，才能使自己过上优良生活。无论个体的生活计划有多大的差别，他们总有一个共同点：他们都得*去生活*。正如沃尔德伦所言：“可以认为，所有的人都在*实践对优良生活的某种理解*，包括那些生活目标很不确定的人……虽然人们的生活理想各不相同，他们却都能从自己的生活经验中提炼出这样一种领悟：*究竟怎样才算是忠于优良生活的理想*。”(Waldron 1987：145；cf. Rawls 1971：92—95，407—416)我们都忠于某种良好生活的理想，为了实践理想生活要求的那些内容——无论这些内容是什么，我们都需要某些特定的事物。在罗尔斯的理论中，这些事物被称作“基本益品”。基本益品分为两类：

65 第一，社会的基本益品：直接由社会制度分配的益品，如收入和财富、机会和权力、权利和自由；

第二，自然的基本益品：虽受社会制度影响但却不直接由其分配的益品，如健康、智力、活力、想象力，以及其他自然天赋。

在对正义原则进行选择时，无知之幕背后的人们力求确保自己有最好的途径去获得由社会制度分配的基本益品（即社会基本益品）。这并不意味着我们正义感的基础是唯我论。由于没有人知道自己将在社会中占据什么地位，要求人们决定怎样对自己最有利也就与下述要求具有同样的结果：要求人们公平地决定如何才对每个人最有利。为了在无知之幕的背后确定哪些原则能够增进我的利益，我就必须把自己置于社会中每个人的地位并进而确定什么能够促进他们的利益——因为无知之幕一旦揭开我就可能成为其中的任何一个人。所以，一旦结合了无知之幕，对于人的理性的自利的假定“就达到了与仁爱一样的目的”（1971：148），因为我必须发自内心地把自己与社会中的每个人视为一体，并把他们的利益当作自己的利益。以这种方式，在原初地位下确定的协定就能够实现对每个人的平等关照。

因此，原初地位条件下的当事人试图保证自己能够最大限度地获取有价值的生活所必需的基本益品，但却并不知道自己将在社会中处于什么样的地位。尽管这样，他们可以选择的原则仍然多种多样。他们也许会选择这样一种原则：要对社会的基本益品进行平等分配，而无论人们所处的社会地位如何。但罗尔斯却说，这种分配原则是非理性的，因为某些种类的不平等（譬如由差别原则所支持的那种不平等）能增加每个人的基本益品。他们也许会选择功利主义的原则，这个原则要求社会制度按社会效用最大化的方式去分配基本益品。这种方式也许会使平均效用最大化，原初地位条件下的当事人可以期望真实世界具有最大化的平均效用，因此，根据对合理性的某种解释，这也算是一种理性的选择。但这种原则却包含着这样的风险：你可能正好就是为了他人的较大利益而被无限牺牲的人。在这种情况下，你的各种自由、一切财产，甚至你的生命都要求屈从于他人自私的和不正当的偏好。事实上，你可能发现自己正是在最需要保护的情况下——当你的信仰、肤色、性别、自然习性使你不被主流社会所接纳或所轻视时——无法得到保护。这表明，根据对合理性的某种解释，功利主义是一种非理性的选择。因为即使这种做法——确证你的基本权利和资源受到了保护——因此而降低了你获取多于或超出你试图保护的基本益品的其他利益的机会，它也是理性的。 66

这样，对于在这种情况下怎样选择才算是理性的，就存在着相互冲突的解释：冒险的合理性与寻求安全的合理性相对立。假如我们知道自己的基本权利在功利主义社会里被侵犯的概率有多大，我们就会更清楚作出冒险选择的理性程度究竟有多大。但无知之幕却排除了这种信息。冒险是否理性也取决于选择者本人是否具有冒险的个人倾向：有些人天生喜欢冒险，另一些则宁愿安全。但无知之幕也排除了当事人对自己的个人倾向的知识。那么，理性的选择究竟会是怎样的呢？罗尔斯说，采纳“最大的最小”(maximin)策略才是理性的，也就是说，你要使自己在最小或最坏情况下的所得最大化。罗尔斯说，这种做法就像是假定你的社会处境将由你最坏的敌人来决定(1971：152—153)。这样，你就会选择能够使最小分配份额最大化的方案。

例如，假设下述三组数据就是一个三人世界里的三种可能的分配方案：

(1) 10 : 8 : 1

(2) 7 : 6 : 2

(3) 5 : 4 : 4

罗尔斯的策略要求你选择方案(3)。如果你不知道自己究竟有多大的机会处于最好的地位或最坏的地位，按照罗尔斯的理性的选择，你就应该选择方案(3)。因为就算你最后是处于最差的境地，方案(3)也能够保证你的所得超过其他方案下最差的所得。

要注意，就算前两种方案有更高的平均效用，你也应该选择方案(3)。前两种方案的问题在于，你的生活有可能完全无法令人容忍，而你并不知道出现这种可能性的概率是大还是小。由于我们每个人都只有一次人生，接受这种如此无法令人容忍的生活可能性，就是非理性的。因此，罗尔斯的结论是，原初地位下的人们将选择差别原则。而这个结果正好吻合诉求直觉的第一个论证告诉我们的结论。运用某种公平决策程序选择出来的正义原则，与我们的直觉认为是公平的正义原则正好一致。

许多人批评罗尔斯的断定——“最大的最小”才是合乎理性的策略。一些人声称，基于功利主义的冒险就算不更加理性，至少也一样理性(Hare 1975：88—107；Bailey 1997：44—46；Barry 1989a：330—340)。另一些人则论证说，理性的策略就是某种形式的“优先主义”，它既可以对不利者的利益予以更多的照顾，也可以允许富裕者的较大所得超过贫穷者的较小所失(e. g. Parfit 1998；McKerlie 1994，1996；Arneson 2000a)。还
67 有一些人声称，如果不知道概率的大小或人们厌恶冒险，就不可能对冒险的合理性作出评价。这些批评者断言，罗尔斯之所以会支持差别原则，是因为他为了引向差别原则而拼凑起来的对无知之幕的说明，或者是因为罗尔斯给出了他没有资格作出的无缘无故的心理学假设(e. g. Barry 1973：ch.9)。①

(一) 两个论证的汇合

这些批评虽有一些道理，但总的来说却是走错了方向。因为罗尔斯承认自己是为了引出差别原则才去说明这样一种原初地位的。罗尔斯承

① 弗罗利克和奥本海默尔进行了一系列为测试这个问题而设计的实验。受试者不知道在一个奖励计划中自己能够得到哪种程度的奖励，但受试者却被要求在不同的分配原则之间进行选择，包括罗尔斯的“最大的最小”原则、功利主义原则，以及这样一种混合模式——在保证底线的前提下使平均效用最大化。实验表明，受试者大都选择第三种方案(Frolich and Oppenheimer 1992)。

认，“每一种传统的正义观都存在一种对初始状况的解释，按照这种解释，它们的原则就是最好的解决方案”，并且，有些解释将导致功利主义（1971： 121）。有很多种对原初地位的说明方式，每一种说明都可以相容于创建公平决策程序的目标，并不是各种原初地位下的当事人都会选择差别原则。因此，我们能够决定哪些原则会在原初地位下被选出，我们需要确定对原初地位的哪种说明可以接受。因此，罗尔斯说，我们之所以挑选某一种对原初地位的说明的理由之一就是，它所引出的原则恰好能为我们的直觉所接受。

这样，声称原初地位应该展现人的道德平等理念之后，罗尔斯接着又说，“然而，还可以从另一方面来证明对原初地位的具体说明是否正确。这就是要弄清楚，可能被选择的这些原则是否吻合我们对正义的深思熟虑的确信，是否以某种可接受的方式扩大了它们。”（1971： 19）因此，为了确定对原初地位的哪种说明是更好的，“我们要从两方面进行考虑”。如果在某种说明下被选择的正义原则不吻合我们对于正义的确信，

> 我们就作选择。要么我们可以修改对初始状况的说明，要么我们可以修改我们现有的判断，因为哪怕是那些我们暂时作为支点的判断，也是可以修改的。这样反反复复，有时改变契约境况的条件，有时又收回我们的判断并使它们与原则一致；我假定我们最终会找到一种对初始状况的说明，这种说明既表达了合理的条件，又产生了吻合我们经过恰当修改和调整的深思熟虑的判断的原则。（1971： 20）

可以看出，诉求直觉的论证与依据契约的论证根本就不是相互独立的。罗尔斯承认可以这样修改原初地位， 以便从中引出的原则能够吻合我们的直觉（至少是经过这种对理论和直觉的双向调整并最终使二者和谐一致后的那些直觉。）这看起来像是诡辩。但仅当我们以为罗尔斯会持这种观 68
点——这两种论证分别为对方提供完全独立的支撑，这个说法才能够成

立。虽然他有时也的确这样说过，但在另一些地方他却承认，这两种论证是相互依赖的，两种论证都凭借同一组深思熟虑的直觉。

如果这样，为什么还要费力地运用契约的论证策略呢？为什么不仅仅运用第一种诉求直觉的论证呢？这是一个很好的问题。虽然契约的论证不像某些批判者所说的那么糟，但也不像罗尔斯所说的那么好。如果每种正义理论都有对订立契约状况的自己的解释，那么，为了知道对原初地位的哪种说明才是恰当的，我们就不得不事先决定接受哪种正义理论。由于罗尔斯反对为了众人的利益而冒险牺牲某一人的生活，也反对将那些有不应得的自然残障的人置于不公平的地位，他就以一种方式对原初地位进行了说明；那些不同意他上述观点的人将对原初地位进行不同的说明。要解决这种争议就不能去诉求契约协定。任何一方为了捍卫自己的正义理论而诉求自己对契约状况的解释，都只是循环论证，因为契约状况的设定以相应的正义理论为先决条件。因此，为了确定对原初地位的哪种说明是可接受的，就需要事先确定正义的所有主要问题。但这么一来，契约的论证就是多余的了。

这并不是说契约论策略完全没有用处。首先，原初地位提供了一种使我们的直觉变得生动清晰的途径——就像早期的契约论者，他们也是通过诉求自然状态才使得自然的平等的理念变得生动清晰。其次，虽然在机会平等论证中所诉求的直觉已经显示，机会的公平平等是不充分的，但这些直觉却没有告诉我们还需要些什么，而契约论策略可以使我们的直觉更加准确。这就是罗尔斯所说的契约论策略可以帮助我们“挖掘出直觉的结果”。第三，契约论策略为我们提供了一个视野，我们从这个视野出发对相互冲突的直觉进行检测。某个自然天赋很好的人也许会真诚地反对这样一个观念即天赋是任意的。这样，不同的直觉在此就发生了冲突。但假如同一个人由于不知道自己在自然不测之事中会有怎样的结果，她就不再反对上述观念；那么，我们就可以多少有些自信地说，我们的直觉是正确的，而她的直觉实际上源于与我们的直觉相冲突的个人利益。如果我们从一种超然于自己社会地位的视野来打量某些直觉，它们也许就不那么有说服力了。契约的论证为支持我们的直觉提供了下述理由：这些直觉会在一个不偏不倚的视野里被接受。这样，契约的论证就使某些一般直觉变得更加生动清晰，并为我们考量较为具体的直觉提供了一个公平的视野(1971：21—22，586)。

因此，采纳契约论策略仍然是有益的。但从另一方面讲，契约论策略并不是要达到这些目的的先决条件。正如我们在上一章看到的那样，某些理论家(如黑尔)诉求“理想的同情者”而不是公平的契约者，来表达平等关照的理念(第二章第39页)。两种理论都要求道德主体能够持有一个 69
公平的立场。区别只是在于：公平的契约者把社会中每个人的利益都当作自身利益的未来可能的利益，理想的同情者把社会中的每个人的利益当作自身利益的组成要素——因为理想的同情者同情每个人的命运并因此而分担每个人的命运。两种理论使用了不同的策略，但策略之间的差异却并非那么重要，因为每一种理论的关键步骤都是要求道德主体采纳这样一种视野——这种视野不允许他们知道自身的特殊利益，或者有能力去促进自身的特殊利益。事实上，要把公平的契约者与理想的同情者区分开来，常常是件困难的事(Gauthier 1986：237—238；Diggs 1981：277；Barry 1989a：77，196)。①

尽管人们都知道自身的利益并且有能力去促进自身的利益，要实现平等关照也可以不需要任何特殊策略，而只需要求道德主体对他人予以平等关照(e. g. Scanlon 1982；Barry 1989a：340—348)。事实上，无论是运用契约论策略或是理想同情者的策略去表达道德平等的理念，都会面临某种奇怪的悖谬。无知之幕的概念旨在使下述观念变得生动清晰：他人因其自身而重要，他人绝不仅仅是我们自身利益的构成要素。但为了达到这个目的，无知之幕的概念却给出了这样一个视野——按照这个视

① 罗尔斯否认在自己的契约论和黑尔的公平的同情者之间有任何本质的相似之处。但正如巴里所说，这个否定“似乎是徒劳无益的”(Barry 1989a：410 n. 30)。罗尔斯夸大自己的理论与黑尔理论之间的距离是一种不幸，因为这种夸大恰好不利于罗尔斯。参见第九章第三节(三)道德概念。

野，他人的利益正好只是我们自己(现实或潜在)利益的构成要素。一旦我们诉求“这样一种选择观——单一的理性个体为了促进自身的利益而进行选择，并且，他把社会中的各种个人生活当作众多的选择可能性”，人是目的的理念便被遮蔽了(Scanlon 1982：127；cf. Barry 1989a：214—215，336，370)。原初地位下的人们把社会中各种各样的个人生活仅仅当作他们自利选择的众多可能结果——罗尔斯试图弱化原初地位下的人们的这种看法；但契约论策略却加强了这个观点，因此也就遮蔽了平等关照的真正含义。

这样看来，契约论策略并没有为罗尔斯的理论增添什么内容。诉求直觉的论证才是首要的论证，无论罗尔斯是否持相反的看法，而契约的论证(最多)只是有助于表明第一个论证。但这个说法——罗尔斯需要一个独立的契约的论证——却是不清晰的。罗尔斯最初抱怨人们被迫在两个极端中进行选择：要么是系统化的、但却违反直觉理论的功利主义；要么是没有理论结构的、由一大堆直觉混为一体的直觉主义。如果罗尔斯已经找到了既能吻合我们的直觉又能替代功利主义的系统化理论，这样的理论就是强有力的，它并不被直觉的论证与契约的论证的相互依赖所削弱。正如罗尔斯所说：“一种正义观并不能从不证自明的前提或从对原则所加的条件中推演而出；相反，一种正义观是否正当，这是一个许多考虑相互印证的问题，是把各方面情况结合成一个前后一致的观点的问题。”(1971：21)他称之为“反思的平衡”(reflective equilibrium)——这就是他的目标。[1]对我们日常实践中直觉的反思以及从超然于我们日常地位的公
70 平视野对正义性质的反思，共同地支持着他的正义原则。因为罗尔斯所寻求的是这样一种反思的平衡，黑尔与巴里的那类批评就是言过其实了。因为就算他们的这个说法成立——当事人不会在罗尔斯所说明的原初地位下选择差别原则，罗尔斯也可以重新界定原初地位以引出差别原则。这听

① 对“反思的平衡”观念的权威解释，参见：Daniels 1979；cf. Nielsen 1993；Norman 1998。

起来就像是诡辩，但如果这的确可以把我们引向反思的平衡——如果反思的平衡意味着“我们试图使我们对社会正义的确信相互融贯并为它们提供辩护”（1971：21），这种做法就是有用的和正当的。

因此，要对罗尔斯的理论进行真正成功的批评，就只有要么质疑他的根本直觉，要么说明差别原则为什么没能最好地阐明这些直觉（也因此要说明为什么对原初地位的不同说明应该成为我们反思的平衡的一部分）。我将在后面的章节中考察质疑这些基本直觉的种种理论。但我首先要考察一下第二种方案。我们能否找到罗尔斯理论的内在问题？我们能否对他展开直觉的方式而不是对他的直觉提出批评？

（二）内在问题

我们已经看到，罗尔斯的一个核心直觉涉及选择与境况的区分。他用以反对流行的机会平等观的有力依据是：这个流行观点为不应得的那些自然禀赋（natural endowments）留有太大的余地，以至于允许它们过多地影响我们的命运。在这里我赞同罗尔斯。但罗尔斯本人既为自然的不平等留下太大的影响空间，又为我们的选择留下太小的影响空间。

第一，补偿自然的不平等

我将首先考察自然天赋的问题。罗尔斯声称，人们不应该依据他们的自然禀赋去对社会益品提出要求。天赋高的人并不是本来就该得到较高的收入，并且，必须使收入差异能够有利于较不利者，他们才应该接受较高的收入。因此，按照罗尔斯的意思，差别原则是旨在保证自然资质不会有不公平影响的最好原则。

但罗尔斯的方案仍然默认了任意因素对人们命运的极大影响。这是因为罗尔斯对最不利者地位的界定，完全依据于人们所拥有的那些社会的基本益品，如权利、机会、财富，等等。他没有把人们所拥有的那些自然的基本益品作为确定最不利者的因素。对罗尔斯而言（在当下的语境里），如果两个人拥有同样多的社会的基本益品，就算其中某人智力较低，有身体缺陷或精神障碍，两个人也有同样的利益处境。类似地，如果某人在社会益品方面比他人稍微多一点点优势，按照罗尔斯的标准，她也更为有利——即使那稍微多出一点点的额外收入并不足以抵消她为自己
71 的自然劣势而负担的支出，如为医治某种疾病的支出，或为某种残障添加某种特殊装置的支出。

但是，当以最不利者的生活前景去评判社会制度是否公正的时候，为什么只依据社会益品去界定最不利者的生活前景呢？这个规定既冲突于直觉的论证又冲突于契约的论证。根据契约的论证，原初地位下的当事人所依据的那种合理性不会支持这个规定。如果确如罗尔斯所说，健康与财富对于成功的生活都同样重要，并且，如果当事人试图寻求这样一种社会安排——确保自己在最坏的可能结局中拥有尽可能多的基本益品（这是根据“最大的最小”原则推理的）；那么，为了达到社会分配的目的，当事人为什么不把缺少健康和缺少财富作为界定不利处境的同等要素呢？每个人都承认，如果身心突然遭受伤残，即使她的社会益品的总量保持不变，她的处境也会变得较为不利。为什么她不希望社会也承认她的不利呢？

诉求直觉的论证也指向同一个方向。不仅优良生活同样需要自然的基本益品，而且人们具有什么样的自然资质也并非本来应得的；因此，人们就不应该仅仅因为自然资质的偶然差异就处于有利或不利的处境。我们已经看到，罗尔斯认为这种直觉把我们引向了差别原则。根据差别原则，仅当人们能够使自己的天赋有利于较不利者，才能够接受天赋带给他们的额外奖励。“如果我们希望构建这样的社会制度，也就是说，如果希望偶然的自然资质或社会地位不要在没有相应补偿的情况下影响人们的得失，我们就被引向了差别原则。”（1971：102）但这个说法却是错误的，或至少是误导的。因为我们被引向差别原则，仅仅基于把上文的“得失”理解成社会益品的得失。差别原则确保，有较好禀赋的人不能仅仅因为他们在自然资质的分配中所处的任意地位就获得更多的社会益品，并且，身心残障者不能仅仅因为他们的自然地位就被剥夺对社会益品的享有。但这却没有完全“缓和自然偶发事件与社会环境的影响”（1971：

100）。因为有较好禀赋的人仍然拥有禀赋带来的自然益处，而身心残障者缺少这样的益处——但却是他们本来不应该缺少的。差别原则也许能够保证我与某位残障者拥有同等额度的社会益品，但那位残障者却必须付出额外的医疗和交通开支。为了生活得稍微好一点，她承担着本来不应承担的负担——因为这个负担源于她的境况，而不源于她的选择。而差别原则不但没有消除反而允许这样的负担。①

罗尔斯为了反对流行的关于机会平等的观点，提出了自己的论证，但他却似乎没有意识到自己论证的全部含义。他所批判的立场是：

（1）社会的不平等是不应得的，因此应该得到修改或补偿；但自然的 72
不平等仍然可以以机会平等的名义左右分配。

---

① 这个反驳由巴里和森提出。他们批评说，当罗尔斯坚持用基本益品去界定最不利者的地位时，面临着相应的问题，但他们的批评却是基于错误的理由（Barry 1973：55—57；Sen 1980：215—216）。罗尔斯的问题事实上在于他对基本益品的不完全运用，例如，他武断地拒绝把自然的基本益品作为确定最不利者地位的标志。罗尔斯事实上也探讨过对自然劣势进行补偿的观念，但却只是以“弥补原则”的名义进行的探讨。根据“弥补原则”，补偿的作用在于消除残障的直接影响，并因此而造就机会的平等（Rawls 1971：100—102）。罗尔斯正确地拒斥了这个观点，认为它既不可能也无吸引力。但是，为什么不把补偿当作消除——体现在全部基本益品中的——不应得的不平等的方式呢？人们为自己无法选择的自然劣势支付无法避免的成本，应该对这种支付给予补偿。但补偿的理由却不在于被补偿者可以与他人在同一起跑线上相互竞争，而在于被补偿者能够获得满意生活所要求的同等能力。要想了解更多的探讨，可将“Michelman（1975：330—339）”、“Gutmann（1980：126—127）”、“Daniels（1985：ch. 3）”中的观点与“Pogge（1989：183—188）”、“Mapel（1989：101—106）”中的观点进行比较。

有些评论者论证说，罗尔斯事实上支持对自然劣势进行补偿，但却不是出于对正义的考虑。相反，罗尔斯把我们对自然劣势者的义务当作“公共仁爱的义务”（Martin 1985：189—191）或“道德要求”（Pogge 1989：186—191，275）。对自然劣势者的这些义务并不是纯粹的慈善事务，因为应该通过国家来加强这些义务，但这些义务仍然不是正义的要求。按照博格和马丁的观点，罗尔斯的正义理论是关于“根本正义”的理论，而对自然劣势者的补偿却关涉着“世界的全面公平”（Martin 1985：180；Pogge 1989：189）。不幸的是，两位作者都没有解释这种对比，也没有解释这如何一致于罗尔斯所强调的内容：“缓和自然偶发事件与社会命运的影响”（1971：585）。譬如，马丁似乎认为，缓和由自然*资质*的差异所形成的影响是关涉根本正义的事情，而缓和由自然*残障*的差异所形成的影响则只是关涉仁爱的事情（Martin 1985：178）。在罗尔斯的理论路径上，难以看出是什么在支持这种区分。（巴里论证说，仅当罗尔斯完全放弃视正义为平等关照的观念，并进而采纳与之相反的霍布斯式的视正义为互利的观念，这种限制才是合法的。参见：Barry 1989a 243—246；cf. n. 2 above。）

罗尔斯声称，自然的不平等和社会的不平等都同样不应得，因此(1)就是“不可靠的”。事实上，他支持：

(2) 社会的不平等应该被补偿，而自然的不平等也不应该左右分配。

但如果自然的不平等和社会的不平等也同样是不应得的，(2)也就是“不可靠的”。我们应该支持：

(3) 自然的不平等和社会的不平等都应该被补偿。

按照罗尔斯的观点，生来就处于弱势阶级或种族的人们不仅不应该被剥夺对社会利益的享有，而且有权要求补偿自己的弱势。那么，为什么要以不同的方式对待天生残障的人呢？除了要求非歧视性的对待，为什么他们就不应该有权要求对自己的劣势(例如，对医疗、交通、工作培训等给予补贴)进行补偿呢？

因此，无论直觉的理由还是契约的理由，都承认先天残障应该得到补偿，也承认应该把自然的基本益品当作一种指标，以界定最不利者的地位。我们将在第五节看到，试图补偿自然的不平等会面临诸多困难。也许根本不可能依照我们所直觉到的最公平的方式去进行补偿。但是，罗尔斯甚至没有认识到试图补偿这类不平等的愿望。

第二，对人们的选择进行补贴

第二个问题涉及这个直觉的另一面。人们本来不该承受非选择的成本负担，但我们应该如何看待那些基于自己的选择去从事高成本事情的人们呢？我们通常有这样的感受，非选择的成本开支比主动选择的成本开支更有理由获得补偿。某人每周花费一百美元购买昂贵的药品以控制自己的非选择的疾病，另一人每周也花费一百美元但却用于享受昂贵的葡萄酒——对于这两种不同的花费，我们的感受完全不一样。罗尔斯批评流行观点不能敏感地洞察到自然不平等的非选择属性，他的批评就是基于这个直觉。但我们应该怎样敏于人们的选择呢？

假设我们已经成功地让人们处于平等的社会境况和自然境况了。让我们考虑一种最简单的情况。想象有两个人，他们的自然天赋是相等的，他们也有相同的社会背景。其中一个人整天都想打网球，他在邻近某个农场里工作，希望挣到足够的钱用于购买一个网球场并能够维持他所向往的那种生活方式(例如，能够购买食物、衣服、网球设备)。另一个人也想拥有与网球场相同面积的土地，但却把它当作菜园，希望从种植蔬菜中既 73
能维持生计又能赚钱。让我们沿着罗尔斯的思路进一步假设，这两个人一开始都拥有足够的平等资源，能够保证他们最终达成自己的愿望：一人拥有了网球场而另一人拥有了菜园。如果我们再想象他们处于自由市场的环境中，最终的结果就是，蔬菜生产者将很快获得多于网球爱好者的资源。虽然他们最初的资源份额相等，但网球爱好者将很快消耗掉自己的最初份额，他只是偶尔到农场打工，刚好能够维持自己乐于网球的生活方式。然而，种植者却充分利用她自己的初始份额，通过自己更辛勤的工作，最终使收入获得稳定的增长。罗尔斯的差别原则允许他们两人之间的收入不平等，但前提却是，这种不平等要有利于最不利者，也就是说，要有利于现在收入较少的网球爱好者。如果那位网球爱好者不能从这种不平等中获益，政府就应该把种植者的一些收入转移给网球爱好者，以便缩小不平等的差距。

但声称需要这样征税才能实现平等或吻合对平等待人的理解，却多少有些离奇。要记住，网球爱好者与种植者有同样的天赋和同样的社会背景，最初的资源分配也相同。因此，如果网球爱好者愿意的话，他本可以选择有较高收入的种植蔬菜的生活方式，就像种植者本可以选择收入较低的沉醉于网球的生活方式。他们俩都面临众多的可供选择的方案，每一种方案都提供工作、闲暇和收入的不同组合。而他们两人分别选择了自己愿意的生活方式。他之所以不选择种植蔬菜，只是因为他偏好打网球胜于通过种植蔬菜去获利。对于是否值得以牺牲闲暇去换取高额收入，不同的人有不同的偏好，但他总归偏好闲暇而她却偏好收入。

考虑到这种生活方式的区别是自由选择的结果，允许她拥有自己的收入和保持自己的不为他所要的生活方式，如何算得上是对他的不平等对待呢？罗尔斯捍卫差别原则的理由在于，差别原则抵消了自然的偶然因素和社会的偶然因素的不平等。但该理由在这里却不沾边。差别原则在这里并没有消除任何劣势，反而使她为他昂贵的休闲生活提供补贴。她不得不为自己的选择付出代价，而她的选择却不过是放弃闲暇以便增加收入。但他却不必为自己的选择付出代价，也就是说，他不必为了闲暇而放弃收入。他当然愿意她为自己的选择付出代价并且也愿意她来为他的选择提供补贴——而这也正是罗尔斯理论的要求。然而，这种做法不仅没有促进平等，反而破坏了平等。他得到了自己愿意的那种生活方式（闲暇的网球生活），同时还从她的税负中得到了某些补贴，而她为了得到自己愿意的那种生活方式（有产出的种植生活），却不得不以纳税的方式减少自己的收入。她不得不放弃自己生活的一部分价值以促进他生活的大部分价值，在这个意义上，他们无缘无故地面临着不平等的待遇。

74 当收入的不平等是自由选择的结果而非境况左右的结果，企图消除不公平的差别原则反而会制造着不公平。平等待人意味着，人们应该为自己的选择承担代价。为选择承担代价正好对应着我们直觉的另一面：不应该为不平等的境况承担代价。仅仅因为境况的不平等就使人们处于不利地位，是不公平的；但要求他人为我的选择承担代价，也同样不公平。用更技术化的语言加以描述，分配结构应该“钝于禀赋”（endowment-insensitive）而“敏于志向”（ambition-sensitive）（Dworkin 1981：311）。人们的命运应该取决于自己的志向（关于人生的远大目标和计划），而不应该取决于他们的自然禀赋和社会禀赋（即他们追求自己志向的环境条件）。

罗尔斯本人也强调我们应该为自己选择的代价承担责任。他立足于基本益品的分配而不是福利的分配去对正义进行解释，正是出于这种考虑。对于同等数量的基本益品，偏好奢侈之人从中获得的福利就会少于偏好俭朴之人。但罗尔斯说，这并不意味着俭朴之人就应该为奢侈之人提供补贴，因为我们拥有“为自己的目标承担责任的能力”。因此，“可以推测，那些奢侈想法较少的人就会在自己的生活历程中调整自己的喜好，以与自己能够合理期望的收入和财富相匹配；而如果要求减少他们的收入，以便使其他人免受自己挥霍的影响，这种要求就被认为是不公平的”

(Rawls 1982b：168—169；cf. 1975：553；1980：545；1974：643；1978：63；1985：243—244)。可见，罗尔斯并不希望那位种植者为那位网球爱好者提供补贴。事实上，罗尔斯常说，自己的正义观旨在调节影响人们生活机会的那些不平等，而不打算调节源于人们生活选择的不平等，因为人们要为自己的选择承担责任(1971：7，96；1978：56；1979：14—15；1982b：170)。然而不幸的是，差别原则却没有能够在选择的不平等和非选择的不平等之间作出任何区分。因此，实施差别原则的一种可能的后果就是，一些人要为另一些人的选择承担代价——如果后者的低收入不过是选择的结果，就像那位网球爱好者。罗尔斯希望差别原则能够缓和自然劣势和社会劣势对人们造成的不公正影响，但差别原则却削弱了个人选择和个人努力的正当效果。

所以，罗尔斯虽然愿意对选择和境况作出区分，但他的差别原则却在两个重要方面违背了这个区分。差别原则本来旨在缓和人们在自然资产分配中的影响。但在寻找标准以确定最不利者的地位时，罗尔斯没有把自然的基本益品纳入考虑，因此，对于那些遭受本不应得的自然劣势的人而言，他们实际上没有得到任何补偿。另一方面，人们本来应该为自己的选择付出代价和承担责任。但差别原则却要求一些人为另一些人的选择代价提供补贴。我们能够在“敏于志向”和“钝于禀赋”上做得更好吗？
这就是德沃金的理论的目标。 75

第四节　德沃金论资源平等

德沃金接受了“敏于志向”和“钝于禀赋”的目标——正是这个目标激发了罗尔斯的差别原则。但他认为，另一种分配结构可以更好地实践这个理想。德沃金的理论相当复杂，使用了诸如拍卖、保险方案、自由市场和税收等方式来予以表达，不可能在这里对他的理论予以全部展示。但我将提出他理论中的一些核心的直觉观念。

（一）为选择承担代价："敏于志向"的拍卖

我首先探讨一下德沃金对敏于志向的分配方案的解释。为简单起见，我再一次假设每个人都有相同的自然天赋（我将在后面探讨德沃金如何解决不平等的自然禀赋的问题）。德沃金要我们想象，社会的所有资源都被拍卖，每个人都参加这个拍卖会。每人手中都有同等程度的购买力，按照德沃金的例子，每人手中都有一百个蛤壳（clamshells）。人们就用手中的蛤壳，通过喊价去竞买最适合自己生活计划的那些资源。

如果拍卖成功了（如果不成功就总可以重新来过），每个人都会对自己的竞买结果感到满意，因为他们都不愿意用自己的拍卖品与他人的拍卖品进行交换。假如真想要另外一组拍卖品，他们本可以去竞买这些东西，而不去竞买他们现在手里买到的东西。这实际上概括了前面提到的网球手与种植者面临的情况：他们最初拥有相同的财富，通过自己最初的财富购买到了分别吻合各自愿望的土地。如果拍卖成功了，每个人都面临相同的情况：每个人都愿意要自己的而不是别人的那组拍卖品。德沃金称之为"羡慕的检验标准"（envy test），如果满足了这个标准，就证明人们享有平等关照，因为人们之间的差异正好反映了他们愿望的差异和生活态度的差异。成功的拍卖吻合这个羡慕的检验标准，并使每个人都要为自己的选择承担代价（Dworkin 1981：285）。①

"羡慕的检验标准"的观念用最经得起辩护的形式，展示了自由主义的平等主义正义观。如果这种正义观能够得到完全贯彻，罗尔斯理论的三个主要目标也就可以实现：尊重人的道德平等、缓和自然偶发事件和社会偶发事件的任意性、为我们的选择承担责任。即使这种分配方案允许收入上的某种程度的不平等，它仍然是公正的。种植者和网球爱好者有不同的收入，但从尊重和关心的角度看却没有不平等，因为他们都能够过上自

① 关于"免于羡慕"（envy-freeness）的观念的进一步讨论，以及把它作为一种分配正义标准的用处，参见：Fleurbaey 1994；Arnsperger 1994。

己选择的生活，都有相同的能力去竞买最能够吻合其人生价值的信念的那组社会益品。换句话说，没有人能够声称在资源分配的过程中遭受到了不平等的对待——因为假如某人愿意拥有他人的那组社会益品，她本可以通过拍卖会去购买。因此，我既没有理由抱怨别人，别人也没有理由抱怨我。①

（二）补偿自然劣势：德沃金的保险方案

然而，仅当没有人处于自然资质的劣势地位时，拍卖才能够满足羡慕的检验标准。而在真实世界里，拍卖之所以不能达到这个标准，是因为人们之间的某些差异并非选择的结果。残障者也能够竞买到与他人相同的社会益品，但由于残障者有特殊需要，她的一百个蛤壳就不能带给她与别人一样多的利益。因此，她就愿意自己没有残障并与别人处于同样的境况。

我们应该如何处理这种自然劣势呢？德沃金对这个问题的回答相当复杂，但我们可以首先来看一下比较简单的回答，为理解更复杂的回答做点准备。残障者在生活的过程中要面临额外的负担，这些负担要占用她的

---

① 即便满足了羡慕的检验标准，仍然可能有人要持异议。由于羡慕的检验标准并不关涉人们的福利，因此，完全可能出现这样的情况：两个有同等天赋的人，其中一个感到生活痛苦，另一个则感到生活幸福。羡慕的检验标准所能告诉我们的只是，那位痛苦者如果获得的是那位幸福者的资源，他会更加痛苦。想象一下，某人天生就闷闷不乐，而无论他拥有什么资源以及无论他取得哪种成功。在这种情况下，满足羡慕的检验标准并不会给每个人带来相等的益处。由于天生不快乐的人无法控制自己的牢骚天性，我们也许会想，他可能会提出额外的资源要求。（另一方面，根据我们的假定，因为他的痛苦不是源于他所拥有的资源，因此不清楚什么样的再分配可以消除他的痛苦。）

这个例子暗示，德沃金的简单分类是不充分的。他倾向于这样看待每件事情：要么是*志向*（他把志向当作我们彰显个性的选择），要么是*资源*（他把资源当作非选择的境况）。但个人特质或心理倾向（如喜欢抱怨）却不容易被纳入这个分类，但这些要素却影响着人们从社会资源中获得益处的大小。对德沃金分类的批评，参见：Cohen 1989：916—934；Arneson 1989；Alexander and Schwarzschild 1987：99；Roemer 1985a。虽然我不能在这里详尽地探讨这些问题，但我却相信，这些问题（以及其他困难，如不能自控的贪婪）并不会摧毁德沃金理论的目标和方法，最多只是使他的理论变得更为复杂。（就像德沃金指出的那样，贪婪或天生的情绪低落可以被当作一种自然劣势，这种自然劣势可以与其他心理或身体疾患一起，通过保险的方式予以帮助—— Dworkin 1981：301—304。）

一百个蛤壳。为什么不在拍卖开始之前，就从社会的公共资源中支付这些额外成本，然后把余下的资源平等划分之后再用于拍卖呢？在拍卖开始之前，我们给劣势者足够的社会益品以补偿他们在自然资质方面非选择的不平等。做到了这一点之后，我们再把余下的资源按份额平等地拍卖给每个人，以满足他们的选择。拍卖结果现在应该吻合羡慕的检验标准了。先于拍卖的补偿能够保证每个人在选择和追求有价值的生活计划时，具有相同的能力；而拍卖范围内对资源的平等分割保证每个人的选择都得到了公平的对待。因此，这种分配应该是“钝于禀赋”而“敏于志向”了。

这种简单的回答不能解决问题。额外的资金的确可以补偿某些自然劣势，譬如，如果我们为某些身体残障者提供最好的技术装置（虽然很昂贵），他们也可以像正常人那样活动自如。但对于某些自然劣势，无论提供多少社会益品，都不能对其进行完全的补偿。设想某人智力严重迟钝。提供额外资金当然可以购买医疗设备或获得专业人士的帮助，这些东西可以使他的生活免除不必要的痛苦。更多的资金也许还能对他小有帮助。但无论怎样，都无法使他与正常人处于真正平等的境况之中。无论多少资金，都不可能使这位智力严重迟钝者按他人的正常方式去生活。

77 要想使境况完全平等是不可能的。我们可以试着尽可能地使境况平等。但这似乎也难以令人接受。虽然额外任何一点资金都可以对智力严重迟钝者起到相应的一点点帮助，但要使境况完全平等却总不可能；如果把所有的资源都给予这类残障者，其他人就将一无所有（Dworkin 1981：242，300；cf. Fried 1978：120—128）。如果必须首先（先于拍卖）使用资源以使得每个人都有平等的境况，就没有资源可供我们按照自己的选择去行动（在拍卖中竞买自己偏爱之物）了。但使境况平等的目标之一正是在于使每个人都按自己选择的生活计划去行动，因为我们的境况影响着我们追求志向的能力。这就是为什么境况具有道德上的重要性，为什么境况的不平等值得关注。我们关心人们的境况，也就是关心如何才能提高人们实现目标的能力。如果试图使手段平等，却反而阻断了人们实现自己目的的可能性，我们就彻底失败了。

如果不能实现境况的完全平等，并且也不应该以此为目标，我们又该怎么办？考虑到这些困难，罗尔斯拒绝对自然劣势进行补偿就是可以理解的了。我们需要一个尺度以确定最不利者，如果把自然劣势也纳入这个尺度，看来会产生无法解决的难题。我们既不能漠视这些劣势，又不能进行完全的弥补，除了特殊的同情或怜悯，在这二者之间还有别的出路吗？

德沃金的建议类似于罗尔斯的原初地位的观念。我们想象人们居于一种修正过的无知之幕的后面。人们不知道自己在自然天赋的分配中的地位，但却假定每个人都有同样的可能性受制于（打开无知之幕后出现的）种种自然劣势。[①]我们给每个人平等的资源份额（如一百个蛤壳），然后询问他们愿意从自己的平等份额中支付多少去购买保险，以抵御在自然天赋的分配中将出现的残障或其他劣势。人们也许愿意从自己的资源份额中抽取譬如说百分之三十去购买这类保险，所支付的保险额为他们可能遭受的各种劣势提供相应水准的保险。如果这种假想的保险市场对我们而言的确有意义，如果我们能够进一步明确人们愿意花费多少资源来购买保险，我们或许可以利用税收机制来再现这种结果。可以通过收取所得税的方式来支付人们在假想状态下愿意支付的保险费。各种福利、医疗保障、失业救济方案可算是保险支出的几种途径，旨在为遭受自然劣势但却被保险覆盖的人们提供相应的保护。

这就提供了一种居中的选择，以避免走向这样两个极端：要么漠视不平等的自然资产，要么徒劳地企图使境况完全平等化。这种居中的选择并没有忽视人们面临的问题，因为每个人都愿意购买一些保险。如果面对随时可能降临的灾难但却不愿意寻求保护，就是一种非理性的态度。但却没有人愿意把全部蛤壳用于购买保险，因为一旦发现自己没有遭受自然 78

① 我这里有些过于简化了。德沃金事实上提出了两种独立的保险方案，分别处理两类自然劣势：一类是自然的残障，一类是不平等的自然天赋。关于两种保险方案的细节，参见：Dworkin 1981。对德沃金的批评（批评他展现这两种方案的方式和对这两种方案进行区分的方式），参见：Tremain 1996；Macleod 1998：chs. 4—5；Van Parijs 1995：ch. 3；Roemer 1985a；Varian 1985。

劣势，就没有资源可用来实现自己的生活目标了。我们致力于补偿自然劣势的社会资源的规模，应该受制于人们愿意从最初的份额中拿出来购买保险的分量（Dworkin 1981：296—299）。这个基本原则可以指导我们去决定应该拿出多少社会资源去帮助那些在“自然不测之事”中居于劣势的人们。

根据这个方案，仍然有些人遭受着不应得的劣势，因此，我们并没有找到希望中的那种完全吻合“敏于志向”而“钝于禀赋”的分配方式。但由于无论怎样努力都不可能达到这个目标，因此我们只需要有一种“次优”的理论。德沃金声称，他的保险方案作为一种次优理论是公平的，因为它是一种公平的决策程序的结果。这种方案产生于一种平等待人的程序，排除了对资源的明显不公平的占有，这样，就没有人在购买保险时能够居于特权地位。我们面临这样一种希望：每个人都认识到并且承认，通过自己在这种假想的平等地位下的选择意愿所确定的补偿是公平的。

德沃金在补偿自然残障时不愿意尝试最优方案似乎意味着对残障者福祉的关心仍然不够。毕竟，残障者的境况并非他们选择的结果。但如果我们企图为残障者提供最高可能额度的保险，就将导致“聪慧者被奴役”（slavery of the talented）的结果。考虑一下，那些必须支付保险但却得不到任何补偿的健全的人，面临怎样的情况——

> 在这个意义上遭受“损失”的人必须足够刻苦地工作才能够负担自己的保险费，然后才能享受多一些消费而少一些工作的自由——可是，假如他没有保险的话，他早该享有这些自由了。如果保险总额太高，保险者就将受奴役。并不仅仅是因为保险费太高了，而是因为他的天赋已经不可能使他的收入高于自己的保险支出。这意味着他必须全力以赴地工作，意味着他几乎没有对不同性质的工作进行选择的自由。（Dworkin 1981：322）

“自然不测之事”中的幸运者就将被迫从事高产出的工作，以支付他

们在假想的状态下针对自然劣势而购买的保险。这个保险方案就不再是
高天赋者在确定自己的生活道路时能够予以同意的合理约束了，这个保
险方案反而成了支配他们生活的决定因素。天赋居然成为一种负担并限
制着高天赋者的选择，天赋不再是扩展选择的资源。这个保险方案将使得
天赋较高者不能自由选择较为休闲的生活方式，而天赋较低者反倒可以
过上这种生活。因此，要实现对残障者和天赋正常者的平等关照，即使残 79
障者会羡慕天赋正常者，也不能只是要求再分配最大限度地有利于残
障者。①

纳维森声称，由于不能在真实世界里满足羡慕的检验标准，德沃金的理论就遭到了削弱。假设史密斯天生就比琼斯处于劣势地位，琼斯就能够挣到更多的收入。即使我们从琼斯的收入中抽税去兑现源于这个假想拍卖中的保险义务，琼斯的收入仍然比史密斯的高，而这种不平等仍然是不应得的。纳维森说，“事实在于，无论对他们两人采取什么措施，史密斯在现实世界里都不如琼斯。我们能否板着面孔对史密斯说，按照某个实质的平等理论，把假想的情况附着于真实的资源状况，就已经对他给予了足够的‘补偿’？”（Narveson 1983：18）羡慕的检验标准在真实世界里失败了，而纳维森也说，只是因为在某个假想的状况下满足了这个标准，就声称我们已经给予了足够的补偿，这个说法似乎有些离奇。

但这种反驳意见却是在诉求不成立的假定。如果我们不能够使真实世界的境况完全平等，为了遵从我们的确信——我们确信某人在自然境况和社会境况中处于什么地位具有某种任意性，我们还能做什么呢？可是，德沃金却没有声称他的方案能够完全弥补不应得的不平等，而只是

① 为了避免要么漠视不平等、要么使境况完全平等的两个极端，也许有比德沃金的保险方案更好的中间方案。阿马蒂亚·森的“能力平等”方案是一种可能的候选方案，罗尔斯本人似乎支持通过这种方案去关照残障者（Rawls 1982b：168；cf. Sen 1980：218—219）。森旨在为自然劣势者提供某种类型的平等补偿，但他把这种平等补偿限制在“基本能力”的范围内，而不打算提供德沃金认为不可能而加以拒绝的完全的境况平等。森的方案的可行性程度以及与德沃金保险方案的结果的差异程度，都难以确定（Cohen 1989：942；cf. Sen 1985：143—144；1990：115 n. 12；Dworkin 2000：ch. 7）。

说，这个方案是我们为了遵从对正义的确信而能够给出的最好方案。因此，要想批评德沃金，我们只能证明，要么能够找到遵从这些信念的更好的方案，要么有理由不去遵从这些信念。

（三）税收与再分配：真实世界的对应物

这就是德沃金理论的核心：我们想象最初有一种平等的资源份额，这种平等的资源份额经过假想的保险（这能够针对不平等的境况为人们提供保护）和假想的竞拍选择（这能够敏于选择）的调整，就使我们能够确定一种公正的资源分配。德沃金声称，他的理论优越于传统的平等理论，后者既没有为敏于选择留下空间，又没有为解决不平等的自然禀赋问题提供原则性的标准。他还论证说，他的理论也优越于右翼的自由至上主义者的理论（下一章的主题），后者只强调自由选择的重要，却无视境况平等的需要。

但这样一种理论有什么样的实践意义呢？假设那种保险模式对于境况平等的问题是一种正当的（尽管是次优的）回答，我们如何将其应用于现实世界？不可能把假想的保险当作真实的保险契约来予以执行。那么，真实世界的什么措施与购买保险和分发保险收益相对应呢？我在前面已经说过，我们可以运用税收机制向占有自然优势的人收税以支付保险费，
80 并且，把福利制度视为向劣势者提供保险的一种途径。但由于下面两个原因，税收机制最多只能接近德沃金保险方案的结果（Dworkin 1981：312—314）。

第一，在真实世界里无法测量人们的相对优势与劣势。理由之一是，如何发展自己的天赋是人们生活中的一项重要选择。本来天赋相同的人在后来会有完全不同的技艺水准。这类区别不应该得到补偿，因为它们是不同选择的结果。技艺较好的人会进一步发展自己的技艺，这进一步的差别一部分源于自然天赋的差别，一部分源于选择的差别。在这种情况下，应该得到补偿的只是差别的某一部分而不是全部。而要对此进行测量，则极端地困难。

阿尼森强调，甚至试图测量人们应该为自己的收入负多大的责任，都将是“荒唐的”：

> 我们也许应该首先估计人们应得总额和总体责任，然后再据此调整我们的分配正义体制——这个观念，似乎纯粹是妄想。个体并不会在自己的额头上标明自己究竟承担了多少责任。无论制度还是他人，如果妄图猜测个体的责任分量，都将在实践上为偏见和歧视打下伏笔。（Arneson 2000a：97）

事实上，根本不可能确定个体责任的大小，甚至只是进行尝试都会明显侵犯隐私。①

并且，也不可能先于拍卖就确定什么是自然优势。什么是自然优势取决于人们看重什么样的技艺，而看重什么样的技艺又取决于人们有什么样的生活目标。某些技艺（如体能）就不如以前重要，而另一些技艺（如抽象的数学思维）则要重要得多。因此，不可能先于人们的选择而确切地知道哪些自然能力是优势哪些是劣势。这些标准的变化是持续的（就算不是突然的），因此根本不可能密切关注这些变动着的标准。

既然无法分辨哪些收益是源于天赋而不是源于志向，我们如何能够公平地实施这个保险方案呢？德沃金的回答也许颇为令人失望：就算某些人致富纯粹是出于勤劳而不是出于天赋，就算某些人（如那位网球爱好者）受穷并不是因为自然劣势而是因为自己的选择，我们仍然向富人征税以资助穷人。因此，某些人仅仅因为自己勤劳致富，就使得他们实际享受的保险好处不如他们在假想状况购买的保险应该带来的好处多。而有些人只是因为贪图享受的生活方式，他们实际获得的保险好处反而超过他们本应得到的好处。

① 关于自由主义的平等主义的正义和隐私权之间的潜在冲突，参见：Arneson 2000a。

要实施这种分配模式的第二个困难是：自然残障并非导致境况不平
81 等的惟一因素（就算不同的种族、阶级和性别都在一个社会里共享机会平等）。在真实世界里，我们既不可能拥有充分的信息又不可能重新进行拍卖，因此，羡慕的检验标准会因不可预见的事情而失效。一场枯萎病也许足以使那位种植者几年之内几乎颗粒无收。但是，与那位网球爱好者不同的是，她并没有选择去过这种无收成的生活方式。这是完全不可预见的自然偶然因素的结果，因此，要她为自己选择的生活方式承担全部代价就是错误的。假如她曾经知道这种生活方式的代价是如此昂贵，她就会选择一种不同的生活计划（不同之处在于，那位网球爱好者清楚将要为自己的生活方式付出多大的代价）。这类无法预见的代价应该受到公平的对待。但如果我们试图通过类似于补偿自然天赋的保险方案来对这些代价进行补偿，就会面临同样多的问题。

于是，我们就在两个方面偏离了"敏于志向"而"钝于禀赋"的分配理想。我们希望人们有一个公平平等的起点，然后通过自己的选择来决定自己的命运。但起点平等的理念不仅要求对不平等的禀赋给予不可实现的补偿，而且要求对未来的事件作出不可能的预见。前一个要求旨在使境况平等，后一个要求旨在确定选择的代价并在此基础上为这些代价承担责任。德沃金的保险方案是对这些问题的次优答复，而他的税收方案又是对实施这个保险方案过程中面临问题的次优答复。由于理想与现实的这种距离，某些人将不可避免地因为自己的不幸境况而遭受本不应得的惩罚，而另一些人却为自己选择的代价获得了本不应得的补贴。

为了实现"敏于志向"而"钝于禀赋"的分配理想，难道我们就不可能做得更好了吗？德沃金承认，我们只能更好地实现两个目标中的一个。可是，这两个目标之间却有一个相反的张力：我们越是企图使分配敏于人们的志向，某些居于自然劣势地位的人们就越有可能遭受不应得的惩罚，反之亦然。这两种情况同样偏离了这个分配理想，但由于这个理想的两方面都同样重要，因此试图照顾一个目标而放弃另一个目标的方案就令人无法接受。我们必须兼顾两个标准，尽管这样做将使得两个目标都不可能完全实现(Dworkin 1981：327—328，333—334)。

这是颇为令人失望的结论。德沃金的论证确有说服力，即公正分配必须能够分辨“个人经济地位的哪些方面是出于选择，哪些方面是出于与选择无关的优势与劣势”(Dworkin 1985：208)。但就实践而言，德沃金的理想却不能与像罗尔斯的差别原则这样的理论“形成有实质意义的区别”，虽然这些理论没有那么明确标示这种区分(Carens 1985：67；cf. Dworkin 1981：338—344)。德沃金的理论所要求的假定的预测是如此复杂，而要对这些预测从制度层面予以实施却又如此困难，因此，他的理论 82
的长处并不能在实践上体现出来(Mapel 1989：39—56；Carens 1985：65—67；cf. Varian 1985：115—119；Roemer 1985a)。

德沃金承认自己的理论很抽象，但却坚持可以依据他的理论去评价真实世界里的分配和制定相应的公共政策。这个理论并没有达到这样的精确程度，以至于可以就任何一种分配去判断它是否正确。但却可以用这个理论去排除那些明显不公正的分配。例如，德沃金论证说，无论人们在那种假想的保险条件下会确定什么方案以针对自然的不幸而提供保护，任何一种或多或少合理的解释所确定的保险总额，都会“大大高于”当代美国或英国为残疾者、病人或无技艺者提供的保护(Dwrokin 1981：321)。

德沃金还论证说，自己的理论模式表明，一种介于传统的社会主义和自由市场的自由至上主义之间的“第三条道路”，具有更大的优越性(Dworkin 2000：7；cf. Giddens 1998；White 1998)。譬如，他论证说，他的理论可以解释，我们为什么既需要公共医疗体制，又需要给人们留有购买私人健康保险的自由。假想的保险方案表明，公共医疗体制之所以必要就在于它可以使境况平等化；假想的拍卖方案表明，允许购买私人健康保险是对人们个人选择的敏感(Dworkin 1993；2000：ch.8)。类似地，他还说，他的理论表明，有必要把优厚的福利措施(旨在使天赋较低者的境况较为平等)与某些工作福利的要求(旨在让那些有天赋但却懒惰的人为自己的选择承担代价)结合起来(Dworkin 2000：ch.9)。

此外，德沃金的政策建议也相当温和。这些政策主要关注如何在接受市场经济导致的不平等的前提下对这些不平等予以修正，也就是说，这些政策把市场经济条件下的收入不平等当作一个给定的事实，然后再去询问，税收应该如何针对优势群体的某些不平等收入，应该如何把这些不平等收入向弱势群体转移。但这些建议却没有明确应该如何实施他理论的一个重要纲领：人们应该首先具备在先的平等禀赋，然后再进入市场。要以政策的方式实践他的理论，就要求真实世界里的人们都有一个与假想世界的一百个蛤壳相对应的平等起点，并用这些平等的资源份额去进行诸如投资、储蓄、冒险、培训等个人选择。比起事后再根据由市场导致的不平等去转移收入，事先就实现资源的真正平等至少同样重要(如果不是更重要的话)。事实上，假如人们事先在禀赋上就有更大的平等(例如，他们的投资能力和发展自己技艺与天赋的能力)，事后的再分配就不那么要紧，因为需要加以修正的市场条件下的非选择的不平等将大为减少。

当然，任何实现这种事先平等的尝试，都要求对我们的社会业已确立的经济分界进行较强的抨击。德沃金本人并没有提供关于如何实现这
83 个目标的具体政策建议。在这个意义上，他的政策处方却是“惊人地保守”(Macleod 1998：151)。为了贯彻德沃金的理论，我们能否想象更富有革新意义的途径呢？为了实现自由主义的平等，一些理论家为此提供了更激进的措施。让我简要地对下述四种措施加以描述：

第一，“利益相关者社会”(stakeholder society)。阿克曼的建议如下：在每个人高中毕业的时候就一次性地获得八万美元的“股本”(stake)——它由百分之二的财产税来提供(Ackerman and Alstott 1999)。人们可以按自己的意图使用这笔股本：购买更多的教育或培训，帮助购买住房，开办小型企业，购买股票或债券，甚或用于自己偏爱的消费或闲暇。这实际上是一个较为古老的想法——至少能够回溯到18世纪的托马斯·潘恩(Thomas Paine)，这个想法似乎也能很好地吻合德沃金的理论。

通过减少年轻人在获取生产资料或发展他们的市场能力方面的现实存在的不平等，就可以设法使分配更真实地反映选择而不是反映境况。①

第二，“基本收入”(basic income)。范·帕里斯支持无条件地为每个人(无论是否失业)提供有保障的基本收入，如每年五千美元(Van Parijs 1991；1995)。自由主义的平等主义者有时反对给予无条件的基本收入，理由是这可能造成这样一种情况：向勤劳公民征税去贴补不愿工作的懒散公民——他们就像不愿出力的“冲浪者”。但事实上，这种方案也可以被简单地当作第一种提议——“利益相关者社会”——的另一个版本。②基本收入可被看作每人“股本”的年利息。基本收入的提议与阿克曼的提议的主要区别在于，基本收入提议不允许人们把自己的股本兑成现金：人们只能提取利息，而不能提取本金。这就可以减轻这样一种担心：某些年轻人可能会一次性地将所有股本挥霍一空。但由于收入有了保障就会使借款较为容易，这个提议还有助于达到下述目的：使人们在生产资料或教育和培训方面的投资能力倾向于平等。③

勒默尔以“息票资本主义”(coupon capitalism)的名义将“股本”与“基本收入”的模式进行了合并(Roemer 1994；1999：65—68)。每个人一旦成年，就将收到本国企业的一组股票，这组股票旨在给她国家利润的人头份额。她可以在竞争的股票市场上以市场价格进行股票交易，但却不能把股票兑成现金提走。到每个人死的时候，每个人的股票组合又将归还国库，并重新发给下一代的成年人。勒默尔估计，每个人的股票“股本”可

---

① 其他一些作者也做过类似的提议，但却对人们如何使用自己的“资金”作出了限制，如“资金”可用于教育或投资，但却不能用于消费和享受(e.g. Tobin, Unger, Haveman 1988)。阿克曼和阿尔斯托特考虑了为这个方案提供资金的一系列办法，包括财产税。关于财产税的某些规范性问题，参见：Rakowski 2000。

② 我应该指出，范·帕里斯本人也为基本收入提供这样的辩护：可以把基本收入看作在高失业条件下就业者欠失业者的“租金”。

③ 要了解对基本收入提议的批评和捍卫，参见：Van Parijs 1992, 2001；Groot and van der Veen 2000；White 2000；以及“基本收入？——关于范·帕里斯的专题讨论会”，载 *Analyse und Kritik*, 22 (2000)。范·帕里斯提议的一个变化是这样的：将基本收入与从事某些有益于社会的事情(虽然并不一定是有报酬的工作)相结合。要想了解这个变化，参见：Atkinson 1996。

以为美国的每个家庭产生八千美元的年收入。勒默尔并没有乐观地认为，这种方案可以在美国采纳——虽然他指出数量正在增长的各种“员工持股计划”(Employee-Share-Ownership Programs)也许是可能的先驱。

84 第三，“补偿教育”(compensatory education)。勒默尔还支持这样一个方案——为贫穷家庭和社区的孩子提供教育方面的补偿投资(Roemer 1999：69—70)。他指出，大多数西方国家在孩子的教育方面进行了大致平等的投资，而无论这些孩子的种族和阶级。勒默尔认为，这是有重要意义的平等主义成就。毕竟，就在一个世纪前，还只有富有家庭的男孩才享有受教育的机会。然而，就算对每个孩子都有平等的公共开支，并不等于就能够产生平等的机会，因为一般而言，富有家庭的孩子在享受教育和其他机会方面都会有很多优势。富裕的家长本身很可能受过良好的教育，因此就更重视教育，就更愿意也更有能力将更多的时间和资源投向自己孩子的教育。如果我们真想使机会平等，就需要对弱势群体的孩子投入更多的补偿教育资金。例如，勒默尔估计，要想使美国的白人小孩和黑人小孩在未来享有平等的收入机会，对黑人小孩的人均教育投资就必须十倍于白人小孩。

第四，“平等主义的计划者”(the egalitarian planner)。勒默尔还提出实践德沃金理论的另一种途径，他称作“平等主义的计划者”(Roemer 1993a; 1995)。我们已经知道，实践德沃金理论的一个主要障碍是，我们没有可行的办法去确定，个人的劣势在多大程度上源于她的选择又在多大程度上源于她的境况。勒默尔承认，在个体的层面上的确无法进行判断，但他却论证说，我们可以尝试在社会层面上对某些环境因素的影响进行中和。按照他的提议，社会可以列出一个人人都同意的清单，这份清单标明哪些是与环境相关而不是与选择相关的因素，如年龄、性别、种族、残障、父母的经济阶层或教育水平。这样，我们就可以根据这些因素把社会分成不同的群体或“类别”。例如，某一个类别可能是：父母受过大学教育的六十岁的健康白人男性；另一个类别可能是：父母是只受过小学教育的六十岁的健康黑人女性。

在每一类里，人们的收入或财富之间将会有很大的差别。在“父母受过大学教育的六十岁的健康白人男性”的群体内(称之为A类)，绝大多数人的年收入大约为六万美元，其中百分之十的最高收入者的年收入超过十万美元，另有百分之十的最低收入者的年收入低于四万美元。我们假定在A类型之中的这种不平等主要源于人们的选择。因为A类的所有成员都共享同一种基本的社会经济和人口境况，显现出来的不平等很可能反映了关于工作、闲暇、培训、消费、冒险等因素的不同选择。因此，我们就用不着在类型A内尝试资源的再分配，我们假定每一类型中的分配总体而言是敏于志向的。勤劳而审慎的、其父母受过高等教育的白人男 85
子，就不应该被迫为喜好享乐和沉溺于对自己不负责的生活习惯的同类白人男子提供补贴。

类似地，在“父母只受过小学教育的六十岁的健康黑人女性”的群体内(称之为B类)，也存在着财富之间的差异。或许这个群体的平均年收入约为二万美元，而其中百分之十的最高收入者的年收入超过三万三千美元，另有百分之十的最低收入者的年收入低于一万美元。同样地，我们也假定B类型中的不平等主要源于人们的选择，因为所有成员都拥有大概一样的社会境况。因此，我们也就不应该希望勤劳而审慎的黑人妇女为喜好享乐和不那么审慎的黑人妇女提供补贴。

因此，根据勒默尔的观点，每一群体内的不平等大致吻合了“敏于志向”的标准。但是，要注意到在类型A和类型B之间存在着极大的不平等，按照勒默尔的假说，这些不平等的根源是境况而不是选择。A类中百分之十的勤劳而审慎的成员的收入相比B类中百分之十的勤劳而审慎的成员的收入，前者是后者的三倍。但却不可能依据选择的差异来对这种不平等予以合理的解释。人们应该因为自己的勤劳和审慎而获得高于平均水准的收入，但类型A中拥有这类特点的人的收入居然三倍于类型B中拥有同样特点的人的收入，这却是何道理呢?

类似地，类型A中的轻率懒惰的白人男子，虽然在自己的类型中居于百分之十的最低收入位置，但相比类型B中同样轻率懒惰的居于百分之十的最低收入位置的黑人妇女，前者的收入却是后者的四倍。人们的确应该为自己的选择承担代价，因此轻率懒惰的人们不应该抱怨自己的收入低于审慎勤劳的人们。但比较类型 B 中的轻率懒惰者与类型 A 中的轻率懒惰者，为什么前者竟要付出四倍于后者的惨重代价呢？

因此，“平等主义的计划者”的目标就是，接受每一类型中的不平等，但却拉平类型间的不平等。这样，每个类型中高居百分之十收入位置的人都应该获得一样的收入，而无论他们隶属于哪个类型；居于其他收入位置（如居中的百分之五十或最低的百分之十）的人，无论他们隶属于哪个类型，也都应该获得一样的收入（参见图 3）。这仍然可以保证人们为自己的选择负责：每个类型中的审慎勤劳者都应该比轻率懒惰者获得更高的收入。照这样，我们就能够抵消掉最重要的非选择性境况对人们的影响。①

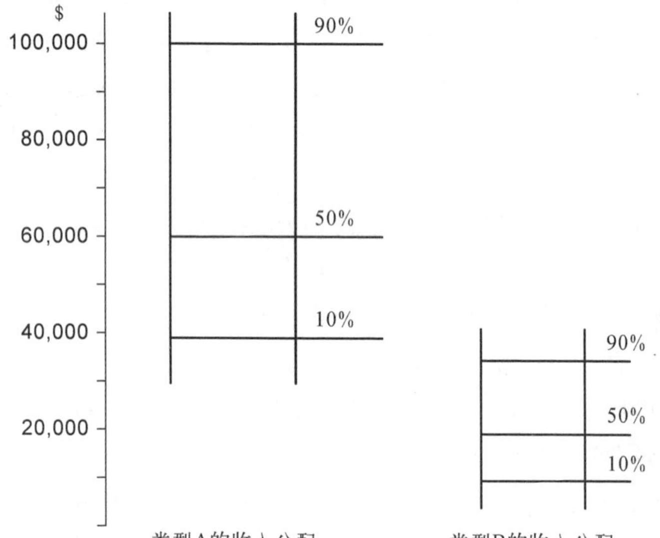

图 3　勒默尔的分类

① 当然，要拉平类型间的不平等，还可以把这个途径与其他途径相结合，如赠送“风险金”、提供补偿教育，或支付基本收入。关于勒默尔的建议所引起的讨论，参见载于“*Boston Review*，20/2（1995）”的专题研讨会。

当然，勒默尔自己也承认，这个模型只能抵消最显眼的和最具系统性的被动劣势(involuntary disadvantage)的影响。这个模型无法处理下述情况：子女虽然生在富裕和受过良好教育的家庭，但却受到缺乏爱心的父母的忽视。类型 A 中的某些成员可能没有享受到同类型中其他成员享受到的优势，并且完全可能遭受大多数类型 B 的成员所遭受的类似劣势。 86
这些人仍然会遭受不公平的对待，因为勒默尔的方案只分辨和弥补了最显眼的社会境况的不公平。正如我已经提到过的那样，在德沃金的理论中也有这类不公平。勒默尔的方案并没有消除这种不公平，但也许有理由认为，他的理论在消除不公平方面或许做得更好，因为他的理论更好地接近了“钝于禀赋”和“敏于志向”的双重目标。

这虽然只是一小部分试图在实践上贯彻德沃金理论的有趣尝试，但却证明了他理论的影响力。德沃金的“羡慕的检验标准”的观念，不仅显明了而且更生动地揭示了什么样的分配方案才能真正实现罗尔斯理论的基本目标：尊重人的道德平等的分配方案，既要能够补偿不平等的境况，又要能够让个体为自己的选择承担责任。要贯彻这些思想，也许还有一些想法比德沃金的集拍卖、保险与税收于一体的构思更恰当。但如果我们接受这些根本前提，德沃金就已经帮助我们澄清了这些前提对于分配正义的重要意义。事实上，在过去二十年里，关于分配正义的最有意义的工作都立足于德沃金的基本前提，并且，这些工作都试图使我们“敏于志向和钝于禀赋”的理念变得更为精确。①

有必要在这里暂时作些停顿，然后回顾一下到此为止已经提出过的 87

① 要了解对德沃金方案的发展和提炼，参见：阿尼森对“福利的机会平等”的解释(Arneson 1989；1990)，以及他稍后的对“满足责任的优先主义”的解释(2000a；2000b)；科恩对“利益享用平等”的解释(Cohen 1989；1992；1993)；拉科夫斯基对“运气平等”的解释(Rakowski 1993)；勒默尔对“途径或机会平等”的解释(Roemer 1993a；1996)。虽然他们使用不同的术语，并且，在如何才能精确界定或分辨主动劣势和被动劣势方面存在着分歧，他们都赞同德沃金的基本直觉：既要消除非选择的不平等，又要为基于责任的由选择造成的不平等留有余地。安德森称所有这些理论家为“运气平等主义者”，因为他们都致力于消除被动的(或运气不好的)不平等(Anderson 1999)。对这种方式有一些相关讨论，参见：Lippert-Rasmussen 1999；Schaller 1997。

论证。我的探讨开始于功利主义，而功利主义的吸引力就在于：它坚持应该基于对人类福利的关照去阐释道德。我们看出这种关照是一种平等主义的关照，但使福利最大化却并非实现平等主义的途径。平等关照个人偏好的功利主义思想，作为平等关照人们福利的一个方式，初看之下似乎有些说服力。但经过审视我们得知，功利主义经常有违我们关于平等待人的感受，特别表现在它缺少一种公平份额理论。这就是为什么罗尔斯要发展一种能够系统取代功利主义的正义观。当我们审视关于平等份额的流行观念，我们就会形成这样一个信念：让人们受制于纯粹偶然的因素，让人们因为道德上任意的和无法选择的境况而遭受不幸，这是不公平的。我们要求机会平等应该被有不同种族背景和阶级背景的人共同分享，就是出于这种考虑。但同样一种直觉也要求我们承认，人们在自然资质的分配中的地位也是任意的。这就是为什么罗尔斯要提出他的差别原则。根据差别原则，仅当较幸运的人能够有利于较不幸运的人时，较幸运的人才应该享有更多的资源。

但对于那些本不应得的不平等问题，差别原则的反应既过度又不足。差别原则没有为自然劣势提供任何补偿，因此是不足的；差别原则排除了反映着不同选择而非反映着不同境况的不平等，因此是过度的。相比罗尔斯的差别原则，我们需要一种更“敏于志向”而更“钝于禀赋”的理论。德沃金的理论旨在追求这个双重目标。但我们看到，这些目标根本不可能完全实现。任何公平份额理论都必须是一种次优的理论。德沃金的拍卖与保险方案作为一个提议，旨在公平地化解作为自由主义平等观的两个核心目标之间的紧张关系。

因此，德沃金的理论是对罗尔斯的平等观中所包含问题的回应，正如罗尔斯的理论是对功利主义的平等观中所包含问题的回应。应该这样看待每一种后继理论：它的目标并不是试图拒斥那些促成了先行理论的直觉，而是试图提炼这些直觉。罗尔斯的平等主义既是针对功利主义的回应，也是对功利主义核心直觉的发展，德沃金与罗尔斯的关系也是这样。每一种理论在捍卫自己的原则时，都诉求着促使人们采纳先行理论的那些直觉。

第五节　自由主义的平等的政治

大多数人这样看待自由主义的平等主义，认为它旨在为战后的自由主义的民主福利国家提供相应的哲学论证。事实上，与福利国家的这种关联有助于解释，自由主义的平等主义的政治理论为何具有如此不同寻常的影响。在20世纪50与60年代，绝大多数西方民主国家都向着福利国家的目标进行了重要的扩张，但当时却没有一种令人满意的政治哲学可以对这个现象进行说明。罗尔斯与德沃金的理论出现在20世纪70年代，它们为理解围绕福利国家进行的政治争论提供了在思想上令人满意的框架。 88

在罗尔斯的理论诞生之前，针对福利国家的最常见看法是这样的：福利国家是对相互竞争的理想的一种特别妥协。右翼的自由至上主义者因为相信自由就支持自由市场，左翼的马克思主义者因为相信平等就支持国家计划，而居中的自由主义者相信的则是自由与平等的含混妥协。人们认为，这就可以解释为什么自由主义者要支持福利国家，因为福利国家正是对下述两方面的特别结合：一方面是资本主义的自由和不平等；另一方面是各种平等主义的福利政策。

但罗尔斯和德沃金却为我们思考福利国家提供了更复杂的思维方式。如果他们的理论允许某些会产生不平等的经济自由，并不是因为他们相信自由而反对平等。相反，他们相信，更一般的平等理念本身就要求这些经济自由。要求自由主义者允许市场自由的那个原则——它要求人们为自己的选择承担责任，也就是要求自由主义者限制市场的那个原则——它不允许人们因为非选择的境况就遭受不公平的对待。同一种平等观既成为市场自由的依据，又成为限制市场自由的依据。因此，自由主义者青睐混合经济和福利国家，并非是为了在冲突的理想间寻求妥协，“而是为了最大限度地实践平等本身的要求”（Dworkin 1978：133；1981：313，338）。

由于自由主义的平等哲学与福利国家政治学具有如此紧密的联系，因此许多人称自由主义的平等主义为“福利国家自由主义”（例如，Sterba 1988），而称罗尔斯“为平等主义类型的福利国家资本主义”提供了“一种哲学辩解”（Wolff 1977：195；cf. Doppelt 1981：262；Clark and Gintis 1978：311—314）。但如今这二者之间的关联已经遭到了严重的质疑。贯彻自由主义的平等主义究竟会在什么意义上引向福利国家，已经不再是那么显而易见了。

首先，自由主义的平等要求每个人在生活之初都有一份平等的社会
89 资源，而欲以实现这个目标的各类政策大大超越了福利国家的传统运作途径。我们已经看到，福利国家主要关注如何通过税收和转移方案实现对市场不平等的事后修正。但密尔在很早以前就曾意识到，只关注对收入的事后再分配，就是“改革家和慈善家的重大错误……就是不痛不痒地微调非正义权力的后果而并没有对非正义本身予以纠正”（Mill 1965：953）。如果我们的目标是事先实现更大的禀赋平等，我们就需要直接抨击现代社会业已确立的经济等级制度，正是这些制度将穷人、妇女或少数民族置于弱势地位。这也许就会涉及相当激进的政策，如维权行动、基本收入、雇员所有权、“拥有股本”、对料理家务者付薪、补偿性的教育投资，等等。我们应该逐一审视这些政策，判断它们是否使我们更倾近于德沃金的假想拍卖的结果，而答案应视具体情况而定。也许，自由主义的平等会青睐我们既有的收入再分配结构，但前提却是必须对财富和财产所有权进行一次性的激进再分配（Krouse and McPherson 1988：103）。

有趣的是，罗尔斯本人意识到福利国家并不能满足自由主义平等的诸原则。他支持一种完全有别于福利国家的理念：“拥有财产的民主”（property-owning democracy）（Rawls 1971：274）。二者之间的区别被描述如下：

> 福利国家资本主义（按通常的理解）接受在物质资本和人力资本两方面严重的不平等的阶级分配关系，但却试图通过再分配的税收

> 和转移方案以减轻市场造就的悬殊差异。与之相反，拥有财产的民主致力于这样一个目标：大大地缩小作为前提的财产与财富分配的不平等，大大地提高投资于人力资本的机会平等；这样，在人们进入市场的起始处，不平等就已经减少。可见，这两种可供选择的制度标示了两种可供选择的、为政治经济提供正义的策略：福利国家资本主义把财产和技艺禀赋的最初分配的实质不平等当作给定的内容而加以接受，然后再试图通过事后的办法对收入进行再分配；拥有财产的民主试图使财产和技艺禀赋的分配事先就获得更大的平等，这样就可以相应淡化事后的再分配措施。（Krouse and McPherson 1988：84）①

罗尔斯论证说，拥有财产的民主将优越于福利国家，不仅因为它可以减少进行事后分配的需要，而且因为可以阻止把劳动分工变为主从关系。如果事先的禀赋更为平等，那么“任何人都不需要卑躬屈膝地去依赖别人，被迫在窒息人的思想和情感的单调乏味的日常工作之间作出选择”（Rawls 1971：529，281；cf. Krouse and McPherson 1988：91—92；DiQuattro 1983：62—63）。

---

① 要注意：虽然德沃金论证说，公正的分配要求实行比现行的福利制度*更多*的福利再分配；罗尔斯却论证说，公正的分配可以实行比现行的福利制度*更少*的福利再分配。罗尔斯似乎认为，在这种拥有财产的民主里的市场收入，将自然地满足差别原则（Rawls 1971：87），并且事实上也会吻合德沃金“敏于志向而钝于禀赋”的分配理念（Rawls 1971：305；cf. DiQuattro 1983：62—63）。因此，罗尔斯反对累进的所得税，也反对对市场收入进行大规模的再分配（Rawls 1971：278—279）。与密尔一样，罗尔斯似乎认为，假如“财产权的分布是令人满意的”，福利措施“就不是很重要”（Mill 1965：960）。但是，如果说德沃金忽略了对财产进行平等分配的需要，罗尔斯就是忽略了对收入进行公平再分配的需要。因为就是在他的拥有财产的民主里，也会存在由于自然天赋的不平等而产生的市场收入的不应得差异，也会存在由于自然劣势和其他不幸而引起的就需求而言的不应得差异（Krouse and McPherson 1988：94—99；Carens 1985：49—59；1986：40—41）。

这引向了罗尔斯和德沃金之间的另一项有趣的区别。罗尔斯认为，差别原则在实践上将会类似于德沃金的“敏于志向而钝于禀赋”的分配理想，因为市场会自然地造就这种分配。德沃金认为，“敏于志向而钝于禀赋”的分配理想将在实践上类似于罗尔斯的差别原则，因为无论市场还是政府都无法在禀赋和志向之间作出清晰的区分。因此，他们两人都声称自己的理论将在实践上与另一个人的理论类似，但却分别基于相反的理由。

90 这种想法引出的重要问题就是：自由主义的平等具有怎样的现实意义？从德沃金的论著中经常可以看到，他认为实施自己的正义观最明显和最可能的后果是，在现存的社会角色的占有者之间提高转移支付的水准(e.g. Dworkin 1981：321；1985：208)。但罗尔斯却强调，自由主义的平等主义者也应该关注这些现存社会角色是如何被确定的。机会作为对人们有益的一项重要资源要素，包括了技艺发展的机会、个人成就的机会、体现个人责任的机会。这些机会至关重要，最重要的还不是与这些机会相关的某项工作的收入，而是这项工作所包含的社会关系。人们一般不愿意选择进入这样的社会关系——在其中，这些机会被剥夺或被迫处于一种依附地位。从平等地位的角度看，妇女不会同意这样一种社会角色制度——这种制度确定“男性的”工作不仅支配而且优越于“女性的”工作。而工人也不会同意在“脑力”劳动和“体力”劳动之间进行过分的区分。我们知道，在最初的平等地位下，人们不会选择这些居于次要地位的社会角色，因为它们是未经妇女和工人的同意而创设的，并且事实上经常要求他们在法律和政治上受压迫。譬如，女性保健工作者就反对在医生和护士之间划出界线(Ehrenreich and English 1973：19—39)，而工人也反对所谓的“科学管理”体系(Braverman 1974)。假如妇女与男人有同样的权力，假如工人与资本家有同样的权力，在这两方面都会发生实质性的变化。变化的结果很可能是不仅在不同社会角色之间的市场收入更为平等，而且在接受培训、自我发展以及发扬责任等方面的更多的机会平等。

德沃金认为，提高转移支付是正当的，因为我们能够假定，只要进入市场时有平等的基点，穷人就将乐意从事报酬较高的工作(Dworkin 1985：207)。而我们也能够假定，如果穷人在进入市场时有平等的基点，他们就不会愿意接受罗尔斯所说的“卑躬屈膝地依赖别人”或“窒息人的思想和情感的单调乏味的日常工作”。对于这两种说法，我们都能找到同样有说服力的证据。因此，自由主义的平等主义者，就不应该只是关注如何通过再分配把优势群体的收入向弱势群体转移，而且还应该确保不能让优势群体仅凭自己的能力就确定工作中的支配和依附关系。我们再一次看到，福利国家的传统税收和转移方案不可能实现这个目标。要实现这个目标，就应该在先提高人们在进入市场时的禀赋。

福利国家在实现自由主义的平等时有其自身的局限，认识到这一点正是罗尔斯的功劳。遗憾的是，他并没有对自己提出的“拥有财产的民主”予以充分的描述。正如一位批评家所说，“这些要点从来没有被纳入 91
他的正义理论的实质内容”（Doppelt 1981：276）。除了在限制遗产方面给予了相当温和的提议，罗尔斯并没有谈及如何贯彻这种拥有财产的民主，也没有谈及如何消除在我们的社会里业已确立的阶级不平等。同样，德沃金也没有提到如何事先使禀赋平等。

简而言之，自由主义的平等主义的制度承诺无法跟上自己的理论承诺。这种不合拍已经导致了自由主义的平等主义政治学内部的分歧甚至危机。康诺利说，自由主义的理论前提可以与自由主义的传统制度相结合，“只要有可能相信，立足于私有经济的增长的福利国家能够成为自由和正义的载体”（Connolly 1984：233）。但他又说，私有经济的要求与作为福利国家基础的正义原则相冲突。福利国家需要持续的经济增长以维系它的再分配方案，但经济结构的性质却是：只有支持那些与作为福利方案基础的正义原则不协调的政策，经济增长才能得以维持（Connolly 1984：227—231）。

按照康诺利的说法，这已经引起了“自由主义的分歧”。自由主义的一个分支坚持自由主义的传统制度，并规劝人们降低与正义和自由相关的期望。自由主义的另一个分支（他把德沃金包含于内）重申那些原则，但“对自由主义原则的承诺却越来越脱离实践问题……这种原则性的自由主义既不安心于产业文明，又不准备挑战产业文明的霸权”（Connolly 1984：234）。我认为，这是对当代自由主义的状况的准确描述。自由主义的平等理想诚然是令人信服的，但这些理想所要求的改革远远超过了罗尔斯或德沃金明确允许的范围。罗尔斯与德沃金都没有挑战“产业文明”——正是它使得业已确定的种族、阶级以及性别之间的不平等被固化了。

我认为，自由主义与实践问题相脱离的部分原因是，自由主义的平等主义者对于国家实现正义的能力已经逐渐失去了信心。当罗尔斯于1971年出版他的著作的时候，福利国家还被很多人认为本质上是成功的，并且的确被认为或多或少地“解决了”贫穷与阶级分界的问题。然而，在过去的三十年间，这种信念已经被深深地动摇了。由石油输出国组织(OPEC)石油危机引发的20世纪70年代的经济衰退，以及随后政府财政赤字的猛增，让很多人相信，也许根本无法负担或维系福利国家。而不断升温的经济全球化又使很多人相信，要想使本国企业保持与外国企业的竞争力，就必须削减税收和政府开支。

92 此外，不断增加的证据表明，福利国家并不像人们曾经期望或以为的那样成功。当然，一些福利方案也颇有成效。很多国家对公共养老金的实施在很大程度上消除了老年贫穷的问题。可是，旨在促进平等的其他方案常常面临这样的结局：要么固化了穷人的依赖性和强化了穷人的耻辱感(例如，由福利资格测试造成的“贫穷困境”(poverty trap))，要么会不成比例地有利于方案覆盖群体中的富人(例如，全面的保健和教育)。加之“新经济”似乎在市场收入方面正在制造着日益增长的不平等：管理者与工人的收入差距或有大学文凭者与未受教育者之间的收入差距，正在越拉越开。一个普遍令人关注的事实是，比例相当大的一部分人将被这种新知识经济断然排除。一言以蔽之，一方面，越来越需要有积极的国家政策来抗击人们在禀赋与收入方面的不平等，然而另一方面，对于福利国家实现这个目的的能力，绝大多数自由主义的平等主义者却越来越没有信心。①

当然，这一切都发生在20世纪80年代新右派对福利国家进行猛烈反击的背景下。美国总统里根和英国首相撒切尔夫人作为新右派的领军人

---

① 这表明，对于任何可信的正义理论，关于国家能力(state capacity)的理论极端重要。正如罗斯坦所说，这正是当代自由主义的平等主义正义理论的主要局限(Rothstein 1992; 1998)。

物，论证说福利国家忽视了个人责任、窒息了创造力、降低了效率。许多福利方案自然被削减，相应的后果就是，在许多西方国家(特别是英国和美国)，不平等被剧烈地拉大了。逐渐增加的市场不平等不再受任何具有重要意义的再分配水准的遏制。

这将自由主义的平等主义者置于思想与政治上的两难。从思想角度来看，自由主义的平等主义者要求超越传统的通过征税来转移收入的福利国家，要求从福利国家过渡到某种形式的“拥有财产的民主”或“相关利益者社会”。但从政治的角度来看，在20 世纪80 至90 年代困难的政治和经济环境下，这类想法似乎只是不切实际的幻想。于是，自由主义的平等主义者不再企图扩展福利国家，相反，他们一直在进行捍卫：他们试图保存福利国家的残存内容以抵御新右派的攻击，为的是保持最低水准的再分配，以减少贫困和提供基本的公共服务。

这有助于解释罗尔斯和德沃金著作中的“惊人的保守”气质(Macleod 1998：151)。面对新右派的威胁，自由主义的平等主义者关注的是如何保存福利国家的残存内容。自由主义的平等主义者不以拥有财产的民主的理想来强调福利国家的不足；相反，自由主义的平等主义者强调，对比新右派所支持的不加限制的财产权，福利国家有其必要性和正当性。

当然，人们可以追问，甚至从一种纯粹的政治视野来看，知识分子的
这种软弱是否真有助于自由主义的平等主义目标。人们还可以论证说，自 93
由主义的平等主义者在不知不觉中帮了新右派的倒忙。部分是为了回应新右派的批评——福利国家惩罚了勤劳者而奖励了懒惰和不负责任者，德沃金试图强调，福利国家可以按更敏于选择的方式进行运转。德沃金的政策集中于两点：一方面，要使拥有资源者有更多的选择(例如，允许增加私人健康保险)；另一方面，确保懒惰或草率者不能将自己选择的代价转嫁到他人头上(例如，实行劳动福利制度)。我们已经看到，德沃金并没有用更多的精力和时间去思考这样一个问题——分配制度如何才可以更钝于境况。

这在某种意义上是可以理解的，因为使德沃金与传统的平等理论形

成主要区别的，正是在于他关心如何才能够敏于选择。从哲学的角度讲，我同意，正义要求人们能够进行选择而且能够为自己选择的代价承担责任。此外，在过去二十年里还看不到旨在纠正不平等境况的严肃改革被实施的可能性。

然而，由于强调要敏于志向，自由主义的平等主义者也许在不知不觉中反而强化了使新右派着迷的纲领：识别并惩罚那些懒惰和不负责任的人。按照新右派的说法，福利国家的错误就在于它为了补贴依赖福利者的不负责任的行为而对富有者的选择加以限制。德沃金自己对私人健康保险和劳动福利的建议，居然令人意想不到地吻合了新右派的纲领。这些政策并没有纠正不平等的境况，反而可能使纠正不平等境况的想法更难以得到公共支持。允许私人健康保险可能会削弱中产阶级对公共保健的支持；而增加享有福利的限制性条件，也许会使需要福利者更进一步感受到屈辱。这些当然都不是德沃金的本意。他本来是希望我们的政策既更敏于选择又更钝于境况。但是他没有考虑到在我们当下的政治气候中存在着这种可能性，即强调敏于选择反而会强化对那些“不应当得到补贴的穷人”的成见，这些人正在为自己不负责任的生活方式寻求公共补贴。

当然，许多不平等并不能令人信服地归因于人们的选择（如勒默尔例子中类型 A 与类型 B 的差异）——通过对这一事实的揭示，自由主义的平等主义者不仅能够而且的确对这种思维定式提出了挑战。并且，自由主义的平等主义者正确地坚持，仅当人们的偏好和能力是在正义的条件下发展出来的，社会才能够理直气壮地要求人们为自己的选择承担责任。譬如，如果社会不能为人们提供像样的教育，要求人们为自己的选择承担责任就是“极大的虚情假意”（Elster 1992：240；cf. Rawls 1979：14—15；Arneson 1981：205；1997a；Scanlon 1988：185—201）。①因此，我们就不

① 换句话讲，人们承担责任的能力要受到他们或幸运或不幸运的生长环境的影响。在受压迫条件下长大的人（如长期受到父母忽略或长期遭受性虐待）不太可能发展出与责任或道德善（moral goodness）相关的能力。就责任判断何以在这种条件下被作出的生动讨论，参见：Card 1996。

能以在那种思维定式看来“不负责任”的人们的行为作为理由，从而不去纠正他们的不平等境况——因为要判断人们能否为自己的行为承担责 94
任，就要首先判断他们是否面临境况的不平等。

总而言之，自由主义的平等主义者一直试图抗击新右派“谴责受害者”的倾向，即谴责弱势者不为自己的困境承担责任的倾向。可是，自由主义的平等主义者对敏于志向的强调又在不知不觉中强化了这种主流意见：福利国家的主要问题就在于对不负责任者的迁就。①

沃尔夫论证说，这个问题表明，正义理论的倡导者面临着一个颇有趣味的两难处境。他暗示，从一个纯哲学的观点看，自由主义的平等主义也许的确是最好的正义理论。但从政治的观点看，自由主义的平等主义却是在促进一种错误的关于平等的氛围(Wolff 1998)。它鼓励国家用不信任的眼光来打量弱势公民，把他们当作潜在的欺骗者。而为了克服这种不信任，弱势者就必须如沃尔夫所说的那样去“揭示屈辱”，即是说，他们不得不证明自己的确受害于某些被动劣势——要么自己的自然天赋较差，要么自己在孩童时期遭受过虐待。沃尔夫论证说，这必然会损害而不是加强公民间的团结纽带和相互关心。从哲学的角度看，最公平的分配也许的确能够分辨主动不平等和被动不平等，但任何在实践中对这二者进行区分的企图，都会导致不信任、羞耻和屈辱。也许的确可以分辨究竟谁具有最公平的要求，但分辨的过程却肯定会削弱公民礼仪(civility)与团结——而最初引导人们关心正义的，正是团结。

安德森针对自由主义的平等主义者提出了类似的反对意见——她称自由主义的平等主义者为“运气平等主义者”。她论证说，自由主义的平等主义强调分辩主动不平等与被动不平等，但这样却使“应当的”穷人只能获得缺乏尊重的怜悯，而使“不应当的”的穷人面临家长式统治的威胁。这里再一次显示，为自由主义的平等主义进行的哲学论证也许可行，

① 自由主义的福利改革如何已经“以自由主义的名义”得到了辩护，关于这点的分析，参见：King 1999。

但指向实践的政治却未必可行。①

沃尔夫和安德森(Elizabeth Anderson)暗示，关于“氛围”的这些问题，为抛弃自由主义的平等主义以寻求其他形式的平等提供了一个理由(我将在第五章考察他们所偏好的那种平等形式)。然而，这些关于氛围的问题也许正好给出了相反的暗示：我们需要区分自由主义的平等主义的两根支柱，然后再把它们放置于不同的地方。也许，从第一人称的角度看，当思考我们自己的要求时，我们应该尽心尽职地为自己的选择承担责任，而不要求他人去贴补我们的选择。把敏于选择的要求进行内化，的确应该被看作民主社会中公民“氛围”的一个重要部分。一个好公民在提出自己的要求时，应该就选择的结果与境况的结果作出区分。可是，当我们
95 试图把这个区分应用于他人，当我们试图探明他人究竟应该为自己的困境承担多大的责任时，就会产生相应的问题。这将会导致沃尔夫所讨论过的彼此危害的互不信任和对屈辱的揭示。因此，不要窥探他人是否为自己承担了责任，但却信任他人像我们一样努力为自己的选择和要求承担责任，也许正是好公民“氛围”的一种表现形式。当然，这意味着我们也许会被不那么认真的同胞所利用。但如果我们成功地培植了这样一种好公民氛围——这种氛围强调主动为个人选择承担责任的重要性，这类欺骗者也许就不会太多。(我将在第八章回过头来探讨这样一个问题：自由主

---

① 不清楚的是，安德森是否接受罗尔斯或德沃金的论点——被动劣势是不公正的；她只是说这些劣势“或许”不是不公正的。要想了解对沃尔夫和阿尼森的回应，参见：Arneson 2000a；以及载于“BEARS 1999”的电子研讨会。什么才是自由主义的正义的恰当“氛围”——这个相关问题在罗尔斯的理论中曾被提及。我们已经看到，罗尔斯允许对那些占有自然优势的人给予激励，激励他们为了所有人的利益去发展自己的天赋。但为什么首先需要给予激励呢？为什么天赋较高者在不要求额外收入的前提下就不愿意发展和运用自己的天赋去帮助那些较不利者呢？在某些情况下，也许需要激励去补偿发展或运用这些天赋所承担的不平等负担(例如，额外的培训、额外的压力、额外的风险)。但罗尔斯明确认为，在其他情况下——仅仅因为天赋较高者由于缺乏奖励而拒绝发展和运用自己的天赋，也许仍然需要提供激励。对于这种情况，科恩论证说，激励不过是天赋较高者实行的一种经济讹诈。瑞典或日本的管理者和工人之间的不平等之所以要小于美国，是因为在前两个国家有一种平等的“氛围”，阻止着这种经济讹诈。科恩论证说，任何人只要关心正义，就不得不关注如何向社会逐渐培养这种氛围(参见：G. A. Cohen 1993；1997；Murphy 1999；以及“Smith 1998”的回应；Pogge 2000；Estlund 1998；A. Williams 1998)。

义者能否或怎样促进一种良好公民的氛围。）无论如何，那种会促使每个人都把自己的同胞当作潜在欺骗者的正义方案，不能够成为发展信任与团结的基石。

这暗示，自由主义的平等主义政治学的主要任务仍然应当是纠正人们境况的（日益增长的）不平等，或许应当采纳阿克曼、勒默尔和范·帕里斯建议的那些改革方案。该目标几乎毫无疑问会要求一系列激进改革，而这些改革方案都超越了传统福利国家的范围。按照德沃金的说法，作为罗尔斯（以及他自己）理论根基的平等主义前提，“以任何更激进的平等观的名义都不能被否定，因为根本就不存在这样一种更激进的平等观”（Dworkin 1977：182）。事实上，这个前提所蕴涵的激进意义既超乎德沃金也超乎罗尔斯的认识——传统的自由主义制度根本无法包容这些激进内涵。

也许，要完全贯彻罗尔斯式的或德沃金式的正义，就要求对我们界定和分配财产权的方式进行重大调整（Buchanan 1982：124—131，150—152；DiQuattro 1983）。也许，这会推动我们更大胆地对两性关系进行调整。当代男性与女性之间的不恰当的资源分配，既不吻合罗尔斯原初地位下的自由选择的结果，也不吻合德沃金的自由拍卖结果。然而，就如何消除对妇女工作贡献的系统化的贬低，这两位理论家并没有给予任何建议。事实上，罗尔斯界定原初地位与分配原则的方式——他把原初地位当作是“家庭首脑”的聚会，把分配原则当作是对家庭总体收入的衡量，就已经排除了家庭内部的正义问题（Okin 1987：49）。在当代自由主义者未曾关注的全部问题中，性别不平等是最明显的疏忽，性别不平等也是自由主义的制度最没有能力加以处理的事情（参见第九章第一节）。

因此，并不清楚的是，当代自由主义理论与传统自由主义的政治实践究竟具有什么样的关系。这二者在很多方面都相互脱节。自由主义经常 96
被称作与激进或批判理论相对立的“主流”的政治理论。这个称谓从某种意义上讲是准确的，因为罗尔斯与德沃金致力于阐明和捍卫各种理想，他们相信这些理想正是我们自由主义的民主文化的道德基础。如果这个称谓含有这样一个意思——自由主义的各种理论旨在捍卫主流自由主义政治的各个方面或旨在拒绝其他政治传统纲领的各个方面，它就是不准确的。如果认为我对于自由主义的平等的解释必然依附于任何特定的自由主义制度，或者必然反对任何特定的社会主义、女权主义或多元文化主义的建议，就肯定是错误的。事实上，只有先考察那些不同的理论，我们才能够弄清它们与自由主义的平等究竟有怎样的不同。

有些人论证说，如果自由主义者支持这些更激进的改革，他们就已经抛弃了自己的自由主义而进入了一个“后自由主义”的新阶段，因为他们的关注焦点已经不局限于如何保护个人免于国家的侵犯，而且还包括如何保护个人免于——源于不平等条件的不公平的——社会角色和社会成规的侵犯(e. g. Hampton 1997：191—209)。①考虑到自由主义与激进主义的历史关联，这个限制性说法似乎是不恰当的(Gutmann 1980)。这个说法也是引人误导的，因为无论自由主义原则与我们自由主义的传统成规拉开了多大距离，这些原则仍然是清晰可辨的自由主义原则。在本节中我已论证说，自由主义者有必要对采纳更激进的政治纲领进行严肃思考。②在后继的章节里，我将论证，激进的理论家需要对采纳自由主义的原则进行严肃的思考。正如自由主义的实践经常有害于自由主义的原则，我将论证，激进的原则也经常有害于激进的政治纲领。但在考察这些理论之前，我将首先在下一章考察这样一种思想流派。这种思想流派论证说，自由主

---

① 汉普顿认为后自由主义者是这样一些理论家，他们致力于“以更复杂的方式确保全体公民的自由与平等，他们不仅面对政府对这些价值的威胁，他们还面对持久存在的不公正的社会成规——尽管政府对所有人的自由与平等给予了道德承诺”(Hampton 1997：203)。自由主义者需要严肃对待社会和文化的压迫——要了解关于这个论断的类似论证，参见：Kernohan 1998。

② 我主要想表明的是，关于理想正义社会的自由主义的平等主义的观点支持一些颇为激进的目标。自由主义者是否应该采取激进手段以实现这些目标，则是更进一步的问题。就这个问题而言，罗尔斯和德沃金是明确的改良论者而不是革命论者。他们都论证说，尊重人们的自由不仅优先于对物质资源的正义分配的追求，而且对这种追求给予了限制(Rawls 1971：303；1982b：11；Dworkin 1987：48—49)。我无法在这里探讨这个问题，虽然从罗尔斯的契约者的动机的角度来看，这些规定似乎是未经证明的(参见：Pogge 1989：127—148)。

义的平等主义者在社会和经济平等的方向上走得太远了。

进一步阅读指南

对自由主义的平等主义的最有影响的论述，当然是罗尔斯的《正义论》(John Rawls, *A Theory of Justice*, Oxford University Press, 1971)。对罗尔斯理论的早期讨论有：Brian Barry, *The Liberal Theory of Justice* (Oxford University Press, 1973); Norman Daniels (ed.), *Reading Rawls* (Basic Books, 1975); Robert Paul Wolff, *Understanding Rawls* (Princeton University Press, 1977)。三十年之后，罗尔斯的著作仍然激发着人们经久不衰的兴趣。关于罗尔斯的最新近的讨论有：Chandran Kukathas and Philip Pettit, *Rawls: A Theory of Justice and its Critics* (Polity, 1990); Robert Talisse, *On Rawls* (Wadsworth, 2000)。要想综合了解对罗尔斯的全方位回应，参见五卷本(!)的名为《罗尔斯的哲学》的文集(Henry Richardson and Paul Weithman (eds.), *The Philosophy of Rawls*, Garland, 1999)。

罗尔斯本人已经发展了他的思想，具体表现在他的《政治自由主义》(*Political Liberalism*, Columbia University Press, 1993)、《万民法》(*The Law of Peoples*, Harvard University Press, 1999)、《论文集》(*Collected Papers*, ed. Samuel Freeman, Harvard University Press, 1999)之中。我将在
论述社群主义的那一章中探讨罗尔斯论“政治自由主义”的新近工作，我 97
之所以要留到后面探讨，是因为他的《政治自由主义》本是针对社群主义对他最初理论的批判而作出的后继回应。

仅次于罗尔斯的、对自由主义的平等主义最有影响的论述是由罗纳德·德沃金发展的，特别表现在他的“平等是什么”(“What is Equality?”)的系列论文中。这些论文现在已经集中收入了：Dworkin, *Sovereign Virtue: The Theory and Practice of Equality* (Harvard University Press, 2000)。要想了解对德沃金的正义理论的详尽批评，参见：Colin Macleod, *Liberalism, Justice and Markets: A Critique of Liberal Equality*

(Oxford University Press, 1998)。

以下列举的是另外一些对自由主义的平等主义的有影响的论述：Amy Gutmann, *Liberal Equality* (Cambridge University Press, 1980)；Bruce Ackerman, *Social Justice in the Liberal State* (Yale University Press, 1980)；Brian Barry, *Theories of Justice* (University of California Press, 1989)；Richard Arneson, "Equality and Equal Opportunity for Welfare", *Philosophical Studies*, 56 (1989)：77—93；G. A. Cohen, "On the Currency of Egalitarian Justice", *Ethics*, 99 (1989)：906—944)；Amartya Sen, "Equality of What?", in S. McMurrin, (ed.), *The Tanner Lectures on Human Values*, vol. i (University of Utah Press, 1980)；Martha Nussbaum and Amartya Sen (eds.), *The Quality of Life* (Oxford University Press, 1993)；Thomas Scanlon, *What We Owe to Each Other* (Harvard University Press, 1998)；Eric Rakowski, *Equal Justice* (Oxford University Press, 1993)；Philippe Van Parijs, *Real Freedom for All* (Oxford University Press, 1995)；John Roemer, "A Pragmatic Theory of Responsibility for the Egalitarian Planner", *Philosophy and Public Affairs*, 22 (1993)：146—166。所有这些论述都分享了这样一个基本直觉：既要消除非选择的不平等，又要为基于个人责任的、由个人选择形成的不平等留有余地。

Stephen Darwall (ed.), *Equal Freedom: Selected Tanner Lectures on Human Values* (University of Michigan Press, 1995)，收集了不少有益的论自由主义的平等主义的文章。

没有专门为自由主义的平等主义服务的学术刊物。但是，由于自由主义的平等主义有理由被认为代表了当代英美政治哲学的主流，因此，关于它的很多文章都刊载在主要的政治哲学刊物之中，特别是 *Ethics* 与 *Philosophy and Public Affairs*。

关于如何最好地贯彻使资源平等的规范要求，在自由主义的平等主义内部有很多争论。*Boston Review* 刊载了好几个专题论文集，这些论文集是关于各种建议的实践优点和哲学优点的争论，涉及勒默尔的"平等主义的计划者”的观念(vol. 20/2, Apr. 1995)以及范·帕里斯的“基本收入”的观念(vol. 25/5, Oct. 2000)。这些论文集附有一些杰出政治哲学家的评论(譬如，Scanlon, Rosenblum, Barry, Goodin 等人)。可以在下面的网址上查阅这些论文集：**www. bostonreview. mit. edu**。

关于有保障的基本收入方案的其他信息，可以查找名为“Basic Income European Network”的网址：**www. econ. ucl. be /ETES /BEIN / bein. html**。

第四章

自由至上主义

第一节　右翼政治理论的多样性

102　自由至上主义者捍卫市场自由，反对运用再分配的税收机制去贯彻自由主义的平等理论。然而，并非所有的自由市场的支持者都是自由至上主义者，因为他们并不全都接受自由至上主义的下述观点：自由市场本质上是正义的。例如，为不受约束的资本主义进行论证的一种通常途径是：断言这是能够最有效率地增加社会财富的生产方式。许多功利主义者支持自由市场就是因为相信，具有这种效率的生产方式能够最大限度地满足总体偏好。[1]但对资本主义的功利主义式的信奉必然立足于偶然的基础之上。如果像大多数经济学家认同的那样，自由市场在某些情况下不具有最大生产效率（如在自然垄断的情况下），那么功利主义者就会支持政府对财产权予以约束。此外，正如我们在第二章看到的那样，某些功利主义者论证说，就算再分配会降低生产率，它也会增进总体效用。由于边际效用递减，即使再分配削弱了生产率，处于效用底端的人们从再分配中的所获，也将大于处于顶端的人们在再分配中的所失。

另有一些人捍卫资本主义，其理由不是资本主义能使效用增到最大，而是资本主义能使暴政的危险降到最小。赋予政府管制经济交换的权力将形成中央集权，由于权力必然会腐败，市场管制就是哈耶克的著名论断——“通往奴役之路”的第一步。政府越有能力控制经济生活，政府就越有能力（也越有意愿）控制我们生活的方方面面。因此，我们需要资本主义的自由（capitalist freedoms）②为我们的公民和政治自由（civil and political liberties）提供保护（Hayek 1960：121；Gray 1986a：62—68；1986b：180—185）。但对市场自由的这种捍卫也必然立足于偶然的基础之上，因为历史并没有展现出资本主义与公民自由之间的恒常关联。那些本质上无限制的资本主义国家有时却具有很差的人权纪录（如资本主义的智利或阿根廷的军事独裁统治；美国的麦卡锡主义），而有些实行广泛福利措施的国家在保护公民权利和政治权利方面又有极为优秀的纪录（如 103
瑞典）。

所以，为自由市场进行捍卫的这两种途径都立足于偶然的基础之上。更重要的是，这两种捍卫自由市场的途径都是**工具性的**捍卫。这两种途径告诉我们，市场自由要么是促使效用最大化的手段，要么是保护政治权利和公民自由权的手段。按照这些解释，我们之所以赞成自由市场，并不是因为人们享有财产权。相反，我们把人们的财产权当作增进效用或稳定民主的途径；因此，如果可以通过其他途径来增进效用或稳定民主，我们对财产权予以限制就是正当的。

自由至上主义与其他右翼理论的区别在于这样一个断定：由于通过

---

① 的确有大量的著述旨在证明，自由至上主义能够确保对资源的最有效率的使用。这些著述有时被冠以“法律与经济”和“公共选择”的名称。例如，可参见：Posner 1983、1996；Epstein 1985、1995a；Buchanan and Tullock 1962；Buchanan and Congleton 1998；cf. N. Barry 1986：chs. 2—4。

② 对应于中文的“自由”，分别有“freedom”与“liberty”两个英文词。在一些语境下，这两个词表达的意思有较为清楚的区别：“freedom”指“事实上的自由”（*de facto* freedom），而“liberty”指“应然的自由”或“法定的自由”（*de jure* freedom）。当“liberty”特指“*de jure* freedom”时，在一些语境下也可译成“自由权”。但英文经常有“the right to liberty”的说法，如果在任何时候都把“liberty”译成“自由权”，就要把“the right to liberty”译成“对于自由权的权利”，这种译法显然不妥。何况，即使在英文文本中，“freedom”与“liberty”在使用上也经常互换，并没有严格地遵照“*de facto*”与“*de jure*”的区分。如果在中译本中严格地用“自由权”来对应“liberty”，用“自由”来对应“freedom”，反而会使文句变得难懂。除非在极为特殊的情况下，译者都把“freedom”和“liberty”译作“自由”。译者认为，具体语境可以帮助读者判断，“自由”究竟是指“事实上的自由”还是指“应然的自由”或“法定的自由”，还是同时指两种意义上的自由。在非常必要时，译者会把英文原文附于中文表达之后。——译者

税收的再分配是对人们权利的侵犯，因此它本质上是错误的。①人们有权利自由地处置自己的财产和劳务——无论这种自由能否保证生产率，人们都拥有这样的权利。换句话讲，就算是为了增进效率，政府也没有干涉市场的权利。正如罗伯特·诺齐克所言："个人拥有权利，有些事情(那些侵犯个人权利的事情)是不能做的，无论是以个人还是以群体的名义。这些个人权利是如此坚韧和意义深远，以至于它们向人们提出了国家及国家官员可以做什么(如果能够做什么的话)的问题。"(Nozick 1974：p. ix)由于人们有权利按自己认为合适的方式处置自己的财产，因此，政府的任何干涉都无异于强迫——这并非对效率的侵犯，而是对我们基本道德权利的侵犯。

(一)诺齐克的"资格理论"

自由至上主义者如何将正义与市场联为一体？我将集中探讨诺齐克的"资格理论"(entitlement theory)。就像大多数自由至上主义的理论一样，诺齐克理论的要旨是这样的：如果我们假定每个人对他们当下持有的财物(他们的"财产")拥有资格，那么，正义的分配就只是那些源于人们自由交换的分配。在正义状况下凭着自由转移而产生的任何分配都是正义的。因此，政府在违背当事人意愿的情况下对这些交换进行强制性征

---

① 区分自由至上主义者与"新保守主义者"至关重要——虽然它们都是撒切尔夫人和里根领导的那场旨在促进自由市场运动的一个组成部分，因此这二者有时在"新右派"的称谓下被混为一谈。我们将看到，自由至上主义在捍卫它对市场的信奉时，所依据的是一种宽泛的个人自由观——也就是说，每个个体都有权自由地决定如何按自己认为最恰当的方式支配自己的能力和财产。因此，自由至上主义者支持放宽对同性恋、离婚、堕胎等的法律限制，并把这个态度看作与对市场的捍卫是连续一致的。另一方面，新保守主义者"的主要兴趣在于恢复传统价值，加强爱国精神和家庭情感，推动强硬的民族主义和反共产主义的对外政策，重新强调对权威的尊重"，所有这一切都可能导致对"不赞成的生活方式"的限制(Brittan 1988：213)。新保守主义者支持市场力量"更多是因为市场力量可以加强纪律而不是因为市场力量可以提供自由。他或她也许会把福利国家、放纵的道德、军费开支或战争准备的'不足'，统统当作是正在削弱西方元气的、过度放纵自我的种种例证"。因此，从自由至上主义者的观点来看，新保守主义者是所谓的"新斯巴达分子"，而由里根和撒切尔所采纳的沙文主义的对外政策和道德主义的社会政策，正好冲突于自由至上主义者对个人自由的信奉(Brittan 1998：240—242；cf. Carey 1984)。

税就是不正义的——即使这些税收将用来贴补某些人为自己不应得的自然残障所承受的额外开支。惟一正当的课税途径就是：为旨在保护自由交换机制的背景制度——如旨在保证人们实施自由交换的警察和司法制度——提供维持运转所需的经费。

更确切地讲，诺齐克的“资格理论”包含了三个主要原则：

第一，转移原则：任何通过正当途径的所获之物都可自由地转移；

第二，正义的初始获得原则：为人们最初是如何获得那些可以按照第一原则而转移的事物提供解释； 104

第三，对非正义的矫正原则：如何处理通过不正当途径的所获之物或通过不正当途径而转移的财产。

如果我拥有一块地，第一原则说的就是，我可以按自己愿意的任何方式自由地转移这块地。第二原则告诉我们，这块地最初是怎么被拥有的。第三原则告诉我们，当第一原则和第二原则被违背时该怎么办。这三个原则的结合就意味着，如果人们当下的财产是通过正当途径获得的，分配正义的公式就是：“各尽所择，按择所予”(Nozick 1974：160)。①

诺齐克资格理论的结论是：“最弱的国家只限于提供下述保护措施：避免暴力、偷盗、欺诈以及对契约的强制执行，等等；这个意义上的最弱的国家才能得到合理的辩护；任何功能更强的国家都将侵犯个人不得被迫从事特定事情的权利，因此就得不到合理的辩护。”(Nozick 1974：p. ix)②这样，就不会有公共教育、公共保健、公共交通、公共道路以及公

---

① “各尽所择，按择所予”的原文是“from each as they choose, to each as they are chosen”。诺齐克在句型上套用马克思的“from each according to his ability, to each according to his needs”(“各尽所能，按需分配”)，但却表达了与共产主义分配理想大相径庭的自由至上主义的分配理想。——译者

② 在这一段里，诺齐克(就像大多数自由至上主义者)把“欺诈”当作最弱的国家能够禁止并且应该禁止的行为之一。但自由至上主义的理论能否一贯地对欺诈予以禁止？欺诈并不是对任何人的自我所有权的侵犯，而根据自由至上主义者的理论，要判断卖方承诺是否真实，一般而言责任是在买方而不在国家(“买主自行小心”)。如果国家能够向人民提供免于欺诈的家长式保护，为什么不可以也要求国家颁布强制标签法、健康与安全要求，或对新食品或药品的强制性检验呢？自由至上主义在探讨欺诈标准时前后不一致——要想详细了解这种批评，参见：Child 1994；Katz 1999。

园。这些设施的建设需要强制税收的支持，而强制税收会违背某些人的意愿，因而就会违背“各尽所择，按择所予”的原则。

我们知道，罗尔斯和德沃金也强调，正义的分配必须敏于人们的选择。但他们却认为，这只是分配正义的一个方面。正义的分配必须敏于志向——诺齐克承认这一点；但正义的分配必须钝于禀赋——诺齐克却不承认这一点。仅仅因为处于自然劣势的人没有可供自由交换的东西就让他们忍饥挨饿，或者，出生于贫穷家庭的孩子仅仅因为贫穷就得不到保健或教育，这些都是不公平的。因此，自由主义的平等主义者主张对自由交换课税以补偿自然劣势者和社会劣势者。

而诺齐克却说这是不正义的，因为人们对自己的财产拥有资格（如果这些财产是通过正当途径获得的），而这里的“资格”意味着，“有绝对的权利按自己认为恰当的方式自由地处置财产，只要这种处置不涉及暴力和欺诈”。对于我能够做什么也有一些限制，譬如，我有资格拥有自己的刀并不意味着我有权利把刀插向你的背，因为你对自己的背拥有资格。但除了这类限制，我可以按我愿意的任何方式自由地支配我的资源。我既可以把它们用于交换他人的财物和劳务，如果我愿意，我也可以白白地送给他人。诺齐克不反对这种自愿的私人慈善行为——恰恰相反，他认为这是行使自己财产权的极好方式（Nozick 1974：265—268）。但面对他人（包括政府），我也可以决定保留自己的资源。任何人都没有权利把这些资源拿走，甚至是把这些资源拿去救济那些忍饥挨饿的人。

人们的财产资格会排斥自由主义的再分配方案——对于诺齐克的这
105 个断定，我们为什么应该接受呢？一些批评者论证说，诺齐克并没有给出论证——他向我们提供了“没有根基的自由至上主义”（Nagel 1981）。但对诺齐克给予更宽厚的解读，就会觉察到他的两个不同论证。与罗尔斯一样，第一个论证诉求直觉，这个论证试图提炼出自由行使财产权的富有吸引力的特征。第二个论证更有哲学意味，它试图从“自我所有权”（self-ownership）的前提推导出财产权。与我的整个论证途径保持一致，而我认为也与诺齐克的意图保持一致，我将把基于自我所有权的论证解释成对平等待人的理念的诉求。

另有一些人采取完全不同的论证方式来捍卫自由至上主义。一些自由至上主义者论证说，维护诺齐克资格理论的最好方式不是诉求平等而是诉求自由；而另一些自由至上主义者试图通过诉求互利——契约式的理性选择理论就表达了这个观念——来维护诺齐克的资格理论。因此，除了探讨诺齐克的论证，我还将分别考察自由权的观念（第四节）和契约式的互利观念（第三节）。

（二）诉求直觉的论证：张伯伦的例子

首先，让我们来看一看诺齐克的直觉论证。我们已经知道，他的“转移原则”说的是：如果我们对某物的获取是正当的，我们就对该物拥有绝对的财产权。我们可以按自己的意愿自由地对它加以处置，就算这些转移很可能会导致在收入和机会分配方面的极大的不平等。由于人们与生俱来就有不同的自然天赋，有些人将得到丰厚的报偿，而缺少市场技艺的人将得到很少的报偿。由于自然天赋方面的这些不应得差异，一些人将飞黄腾达而另一些人将忍饥挨饿。而这些不平等将进一步影响到后代的机会。一些人生而享有特权，另一些人生而承受贫穷。诺齐克承认这些不平等是无限制的资本主义的可能后果，也正是这些不平等，成为我们直觉地反对自由至上主义的原因。

诺齐克如何可能转而为这些权利提供直觉的辩护呢？他首先要我们确定一种我们认为是正当的初始分配；然后，他论证说，依据直觉我们将支持他的转移原则而不是自由主义的再分配原则；于是，这就可以解释，人们对资源的正当处置意味着什么。让我详细地引述他的论证：

> 不清楚的是，那些持有不同的分配正义观的人如何能够拒斥（资格理论）。假设某一种非资格理论的分配正义观得到了实现。让我们假设这就是你所青睐的那种分配，让我们称这种分配为 D1；也许每个人都有一个平等份额，也许每个人拥有的份额的大小都是依据你

所看重的尺度而不同。现在设想，有很多篮球队都抢着想要张伯伦，因为他是一位巨星……他与一个球队签署了这样一个协议：在每一个主场比赛，他从每张门票收入中提成二十五美分……赛季开始
106 了，人们兴高采烈地去观看他所在的球队的比赛；人们每一次购买球票的时候，都得向一个写有张伯伦名字的箱子里单独丢入二十五美分。人们激动地看他的比赛，对他们来说，付出这么多门票钱是值得的。让我们假设，在某一个赛季里，有一百万人在主场观看了他的比赛，因此张伯伦最终获得了二十五万美元，他的收入大大超过了人们的平均收入，甚至高于任何一个人的收入。他有没有资格获得这笔收入呢？这个新的分配 D2 是否是不正义的呢？如果的确不正义，为什么？对于人们是否有资格控制他们在 D1 中持有的资源，是**没有**什么疑问的；因为我们（为了论证的目的）假定（你所青睐的）那种分配是可接受的。每个人**选择了**把自己的二十五美分给予张伯伦。人们本来是可以把这笔钱花到其他用途上的，如看电影、买糖块、买几份《异议》或《每月评论》杂志。但他们（至少一百万人）都共同选择了把这笔钱给予张伯伦，以观看他的篮球比赛。如果 D1 是一种正义的分配，而人们又自愿地从 D1 转向 D2，也就是说转移了他们在 D1 下的部分资源份额（如果不用这些资源来做点什么，这些资源有什么意义呢？），难道 D2 不也是正义的吗？如果人们有资格处理他们有资格拥有的资源（在 D1 状况下），这种资格难道就不包括给予或与张伯伦交换比赛的资格吗？任何人能够基于正义而对此有所抱怨吗？在 D1 下每个人都已经拥有了他的合法份额。在 D1 下，没有任何一个人能够基于正义对另一个人的所有提出异议。当某人把某些东西转移给张伯伦后，第三方**仍然**拥有他们的合法份额；**他们的**份额并没有改变。在这两方进行资源转移之前，第三方对他们各自的拥有并没有基于正义的异议；那么，这两方之间的资源转移怎么就会引出基于分配正义的、针对被转移的份额的正当异议呢？（Nozick 1974：160—162）

因为 D2 似乎是合法的，诺齐克就论证说，他的转移原则比像罗尔斯差别原则那样的再分配原则更能与我们的直觉保持一致。

我们如何看待这个论证？这个论证初看之下有些吸引力，因为它强调，公平份额理论的全部意义就在于它允许人们对自己的份额做某些事情。声称人们获得自己的公平份额极为重要但又阻止人们按自己的所愿去使用相应的份额，这是极为荒谬的。但是，这是否冲突于我们关于不应得的不平等的直觉呢？假设我按照罗尔斯的差别原则确定了最初的分配 D1。这样，无论人们的自然天赋怎样，每个人在开始时都有一份平等的资源。但在篮球赛季结束时，张伯伦将获得二十五万美元，而那些可能没有谋生能力的残障者将耗尽他们的资源并处于饥饿的边缘。而我们的直觉明确告诉我们，我们仍然可以向张伯伦的收入抽税以避免让那些人挨饿。诺齐克的例子有一定的说服力是因为它吻合我们关于选择的直觉，但他的例子却漠视了我们的另一个直觉——要公平处理不平等的境况。

事实上，当诺齐克面临不平等境况的问题时，他也承认自由主义立 107
场的直觉力量。他承认，在获取社会合作的利益时，让一些人因为不应得的不平等而遭受痛苦，似乎是不公平的。他“感受到了”上述反对意见的“力量”。然而，

> 每个人都有权利获得如机会平等与生活平等这样的事物，因此就要实施这种权利——对于这种说法的主要反驳是：这些“权利”要有相应的物质和行为来支撑，而其他人对这些物质和行为也许正好拥有权利和资格。对于某种东西，如果某人要实现对它的拥有，就要求动用一些特定的事物和采取一些特定的行为——而他人正好对这些事物和行为拥有权利和资格，那么，此人对这种东西就没有权利。（Nozick 1974：237—238）

换句话讲，我们不能向张伯伦课税以贴补残障者为生活付出的代价，因为他对自己的收入拥有绝对的权利。但诺齐克承认，我们的直觉并

不一致赞成对财产权利的这种解释。相反，他同意，我们一些最有力的直觉赞成对不应得的不平等给予弥补。但要贯彻这个在直觉上有吸引力的观念，却面临这样的困难——人们对自己的收入拥有权利。虽然麦凯的观念——对于生活的“公平前景”的一般权利——在直觉上是有吸引力的，但是，“对于事物的特殊权利充满了权利的空间，使得在特定的物质条件下，根本就没有一般权利的立足之地”（Nozick 1974：238）。

但是，我们为什么应该认为，由于“对于事物的特殊权利充满了权利的空间”，因此对于公平生活前景的权利就没有立足之地？诺齐克承认，这并非我们对于财产权的日常理解，在直觉上也缺乏吸引力。然而，他却论证说，这种绝对的财产权观不可避免地出自我们执著信奉的一个更深刻的原则：自我所有权的原则。

第二节　自我所有权的论证

诺齐克提出“自我所有权”的原则来阐释人作为“自在目的”（ends in themselves）的原则。把人当作自在目的的原则本来是康德用以表述道德平等的方式，这个方式也被罗尔斯和功利主义者所采纳。这的确是一个我们执著信奉的原则。因此，如果诺齐克能够证明这个原则导出自我所有权，而自我所有权又导出自由至上主义，那么，他就为自由至上主义提供了强有力的辩护。然而，我将论证的是，诺齐克从平等待人或人是自在目的出发，既不能推出自我所有权也不能推出财产所有权。①

---

① 不清楚的是，诺齐克本人是否接受如下断定：把人当作“自在目的”等同于把人“当作平等者”；也不清楚他是否接受德沃金的平等主义共识。罗尔斯将把人“当作自在目的”的理念与平等原则联系到一起（Rawls 1971：251—257），而尼尔森论证说，德沃金的平等主义共识“在诺齐克的道德组成部分中”与在罗尔斯理论中“占有同样大的分量”（Nielsen 1985：307）。然而，就算诺齐克的把人“当作自在目的”的“康德式原则”与德沃金的把人当作平等者的原则有一些距离，这两个原则仍然是明确相关的观念，而在我下面的论证中并不需要使它们的联系变得更加紧密。就我的目的而言，只要诺齐克是通过诉求这样一个原则——尊重每个人的道德地位和内在价值——来捍卫自由至上主义的，也就足够了。

诺齐克著作的第一句话就表达了他的理论要旨："个人拥有权利，有些事情(那些侵犯个人权利的事情)是不能做的，无论是以个人还是以群体的名义”(Nozick 1974：p. ix)。社会必须尊重这些权利，因为它们 108
“反映了作为根基的康德式原则：个人是目的而绝不仅仅是手段；不能在未得到个人同意的前提下，就为着他人的目的而牺牲或利用他们”(Nozick 1974：30—31)。这条“康德式原则”要求一种强有力的权利理论——因为权利肯定着我们的“独立存在”，人们才会因此而认真看待“不作为他人资源的独特个人的存在”(Nozick 1974：33)。因为我们每个人都是独特的个体，每个人都有自己独特的要求；因此，对于能够要求某人为了他人的利益作出的牺牲，就要有一些限制——权利理论正表述着这些限制。这就是为什么否认有这类限制的功利主义不能被诺齐克接受的原因。尊重这些权利也就是尊重人们的这样一个要求——希望自己被当作自在目的——的一个必要方面。按照诺齐克的看法，自由至上主义的社会不把个人当作“工具或资源”，而当作“拥有尊严(这是由这种社会所确定的)和个人权利的人。通过尊重我们的权利而尊重我们，就意味着在拥有同样尊严的他人的自愿合作与帮助下，只要可能，我们就可以按自己的意愿单独地或与他人共同地去选择自己的生活，去实现我们自己设定的人生目标”(Nozick 1974：334)。

这里可以看出，在诺齐克与罗尔斯之间存在着重要的连续性。这不仅表现在诺齐克对抽象平等原则的诉求，而且表现在诺齐克反对功利主义的更具体的论证。由于允许为了他人的较大利益而无限制地牺牲某些人的利益，功利主义就不能做到把人当作自在目的——这正是罗尔斯论证的一个重要部分。因此，罗尔斯与诺齐克都同意，平等待人需要一些限制性措施，去限制为了他人的利益或为了社会总体的利益而对另一人加以利用的程度与途径。个人拥有一个正义社会应该尊重的权利，这些权利既不能屈从于功利主义的计算，也不是功利主义计算的结果。

然而，罗尔斯与诺齐克的分歧在于，要把人当作自身的目的，哪些权利是最重要的？有点过于简化的说法是，在罗尔斯看来，最重要的权利之一是拥有某一确定份额的社会资源的权利。而另一方面，在诺齐克看来，最重要的权利莫过于对于自己的权利，正是这些权利构成了“自我所有权”。对自己拥有权利的观念似乎有些离奇，因为这个观念似乎暗示着人拥有一个被称作“自我”的截然不同的事物。但在“自我所有权”中的“自我”却具有“纯粹的反思意义。它意味着所有者与被所有者是同一个人，也即是说，是一个完整的人”（Cohen 1986a：110）。自我所有权的观念可以通过比较奴隶制来理解：具有自我所有权就意味着对自己享有权利，这种权利也就是奴隶主把奴隶当作财产的那种权利。

罗尔斯与诺齐克的差异究竟意味着什么并非一目了然。为什么我们
109 不能同时采纳这两种立场呢？毕竟，要求我们对自己行使所有权并没有就外部资源的占有作出任何说明。而要求我们对公平的社会资源份额享有权利也并没有排除这种可能性——我们能够对自己行使所有权。然而，诺齐克却认为，这两者是不相容的。按照诺齐克的观点，罗尔斯的要求——天赋高者所产出的财富要用于增进弱势者的福祉——与承认自我所有权是不相容的。如果我拥有自己，我就拥有自己的天赋。而如果我拥有自己的天赋，我就拥有任何靠着自己的天赋所产出的东西。正如拥有一块地就意味着我拥有那块地的一切产出，拥有我的天赋也就意味着我拥有天赋的一切产出。因此，要求通过再分配的税收机制把天赋高者的产出向天赋低者转移，就侵犯了自我所有权。

问题并不在于罗尔斯和德沃金相信，他人能够像奴隶主拥有奴隶那样拥有我或我的天赋。恰恰相反，正如我曾经努力表明的那样，他们在理论中假想的原初地位正是为了展现这样一个论断：没有人是附庸于他人的(第三章第61—64页)。有很多方式都可体现自由主义者对个人天赋的尊重。自由主义者承认，我是自己天赋的正当持有者，我有按自己的选择和计划自由地运用天赋的权利。因此，自由主义者对自我所有权的否定是局限在一定范围之内的。自由主义者声称，由于人们的天赋是纯粹运气的产物，人们对自己天赋的权利就不应该包括通过运用自己的天赋增加不平等报偿的权利。因为天赋是不应得的，政府把人们的天赋视为他们境况

的一部分就并没有否认道德的平等，同样，把人们的天赋作为补偿弱势群体的一种可能依据也没有否认道德的平等。生来就处于自然劣势的人对那些优势者可以提出正当的要求，而自然的优势者对劣势者具有某种道德义务。因此，在德沃金的理论中，天赋高者需要承担保险费以为劣势者提供保护；而在罗尔斯的理论中，仅当天赋高者的天赋有利于劣势者，天赋高者才能够从自己的天赋中获益。

在诺齐克看来，这就是对自我所有权的否定。如果他人能够对我的天赋的成果提出正当的要求，就不能认为我拥有自己的天赋。罗尔斯的原则“规定他人可以对人们以及人们的行为和劳动行使(部分)所有权。这些原则偏离了古典自由主义的自我所有权的观念，转变成了(部分)享有他人财产权的观念”(Nozick 1974：172)。在诺齐克看来，这种自由主义的平等主义的观点没有做到把人当作自在目的并进而实现平等待人。就像功利主义，这样做就使得某些人仅仅成为他人生活的资源，因为这些人的某些部分(譬如他们的自然特质)成为了服务于全体的资源。由于我拥有自我所有权，处于自然劣势中的人就不能对我或我的天赋提出正当的要求。一切旨在对自由市场的交换实施强制性干预的措施都有违于此。只有不受限制的资本主义才能完全承认我的自我所有权。

我们可以把诺齐克的论证总结成下述两个论断：

第一，罗尔斯式的再分配(或者政府对于市场交换的任何强制性干 110
涉)与承认人是自我所有者不相容。只有不受限制的资本主义才会承认自我所有权。

第二，承认人是自我所有者是平等待人的核心。

诺齐克的平等观源于对自我的权利，但他却相信这些权利蕴涵着我们对于外部资源的权利，这正是他与自由主义的再分配相冲突的地方。

针对诺齐克的立场，有两种主要的反驳意见。第一，许多批评者论证说，诺齐克错误地相信自我所有权必然会导致绝对的财产权利。自我所有权也可以相容于各种财产所有权，包括罗尔斯式的财产所有权。第二，批评者论证说，自我所有权的原则不足以对平等待人作出充分的解释，即使接受诺齐克关于生活价值的观点，也是这样。如果我们尝试重新阐释自我所有权的观念并使之成为一个更充分的平等观，并且，如果我们在此基础上挑选一种经济制度，我们就将被引向而不是远离自由主义的正义观。我将依次考察这两种反驳意见。

（一）自我所有权和财产所有权

首先，自我所有权是如何导出财产所有权的呢？诺齐克声称，市场交换意味着个人对自己能力的运用，由于个人拥有自己的能力，他们也就拥有在市场中运用这些能力而获得的任何事物。

但正如诺齐克承认的那样，这个结论显得太仓促了。市场交换包含的内容要多于对自我所有的能力的运用。市场交换还包含对于*事物*（外部财物）的法定权利，而这些事物仅凭我们自己的能力是无法被创造出来的。如果我拥有某块土地，我也许可以通过运用自己的能力提高这块土地的产量。但我却不曾创造出这块土地，因此我对于那块土地的资格（以及我在市场交换中使用这块土地的权利）就不能仅仅是基于我对自己能力的运用。

诺齐克认识到，市场交易所包含的内容要多于对自我所有的能力的运用。按照他的理论，我对于外部财物的资格源于这样一个事实，即他人曾经按照转移原则把这个资格转给了我。这种说法当然假定，较早的所有者拥有正当资格。如果某人卖给我某块土地，我对这块土地的资格最多与她的资格一样大，而她的资格最多与她之前的某人对这块土地的资格一样大，依此类推。但如果我的财产权的有效性取决于较早的财产权的有效性，要确定我对于外部财物的资格是否有效，就要沿着转移链条去回溯开端。但这个开端是什么呢？开端是否意味着某人以自己的能力创造出那块土地的时刻？不，因为那块土地不是由任何人创造的。它先于人类的存在而存在。

111 因此，这个转移序列的开端并不是土地被创造的时刻，而是它被某个个体第一次占用为自己的私有财产的时刻。按照诺齐克的理论，我们必须沿着转移链条进行回溯，以确定初始获得是否正当。我们拥有自己的天赋——这个事实（如果这是一个事实的话），并不能保证这样一种结论：任何人可以为着自己的目的正当地占用不能通过自己的天赋加以创造的事物。如果第一个人不正当地占用了那块土地，她对那块土地就不具有正当资格，因此也就没有将这块土地转移给他人的正当权利，他人也就没有把这块土地转移给我的权利。因此，如果我像诺齐克所相信的那样对于自己从市场交换过程中积累的全部财富具有资格，那么，我就不仅必须是自己能力的正当所有者，还必须成为最初没有所有者的外部资源的所有者。

关于外部资源的初始获得的问题，优先于任何正当转移的问题。根据诺齐克的理论，如果不存在正当的初始获得，就不可能有正当的转移。因此，诺齐克需要向我们解释，在最初的时候，个体是如何为着自己的目的获得外部资源的。诺齐克清楚，他需要给出这种解释。有的时候，他说"事物的生成与对它们拥有资格的那些人相关"（Nozick 1974：160）。但他意识到，人们今天所拥有的任何一件事物总包含着某种要素，这种要素无论从法律或是道德意义上讲，都不是作为私有财产而生长出来的。在人们今天拥有的任何一件事物中，都包含着某种自然要素。那么，这些最初不属于任何人的自然资源，如何变成了某人私人财产的组成部分？

第一，初始获得

历史的答案往往是这样的：某人通过力量使自然资源成为了自己的财产。对于那些希望诺齐克的理论能够捍卫现存不平等的人士而言，这是一个颇为令人尴尬的事实。要么对力量的运用证明了初始获得的不正当——就这种情况而言，当下的资格就是不正当的，因此，认为政府不应该对财富进行充公或对财富进行再分配就是缺乏道德理由的。要么对力量的最初使用并不必然使得初始获得是不正当的——就这种情况而言，运用力量剥夺当下所有者的财产并对它进行再分配也不必然是不正当的。初始获得往往是运用力量的结果——就这个事实而言，无论哪种情况都意味着，在诺齐克的理论框架内不存在相应的道德依据，以反对就现有财富实行的再分配(Cohen 1988：253—254)。①

诺齐克对这个难题的回应所针对的是第一种情况：运用力量的初始获得是不正当的，因此当下的资格也是不正当的(Nozick 1974：230—231)。由此，那些稀缺资源的当下所有者就没有权利剥夺他人获取这些资源的权利，譬如，资本家就没有资格剥夺工人获取现有生产方式的产品和
112 利润的权利。理想地讲，不正当获得所造成的影响应该得到纠正，而资源也应该归还给正当的所有者。可是，往往不可能知道究竟谁是正当的所有者，因为我们不知道是从谁手中不正当地夺取了资源。诺齐克暗示，按照罗尔斯的差别原则一次性地对资源进行全面的再分配，或许就可以对现实的不正当资格予以纠正。只有经过了这种再分配，自由至上主义的转移原则才能够成立。一旦我们知道谁是正当的所有者，我们就应该把资源归还给他。例如，莱昂斯就论证说，诺齐克的观点支持把新英格兰的很大一部分归还给美洲印第安人，因为强行剥夺他们的初始资格是不正义的(Lyons 1981)。另一些人论证说，诺齐克的纠正原则意味着应该对非洲裔美国人予以赔偿，而最好以维权行动计划的形式进行赔偿(Valls 1999)。

不承认当下资格的正当性并不是诺齐克理论中可以与其他部分分离开来的奇谈怪论。如果某人真正相信诺齐克的资格理论，那么当下资格的正当性就取决于在先的资格是否正当。如果在先的资格是正当的，通过市场交换达成的任何新的分配都是正义的。这就是自由至上主义者的正义理论。但这个理论的推论却是，如果在先的资格是不正当的，新的分配也就不正当。新的分配是市场交易的结果——这个事实本身是无关宏旨的，因为任何人都没有权利通过市场机制对那些不正当获得的资源进行转移。这个反面推论与资格理论的正面论述都居于诺齐克理论的核心。它们其实是同一个问题的两面意见。

① 当然，即使初始获得是不正当的，也许存在非诺齐克式的尊重财产权的理由，如出于效用的理由或基于合理预期的理由。但这些关于财产权的“目的论式的”辩护方式，却冲突于诺齐克的“历史的”或“发生的”辩护观(参见：Schmidtz 1990b)。

财产权的很多捍卫者想要避免过于深入地考究财产权的历史渊源。正如布莱克斯通所说："几乎没有人愿意陷入考虑财产权的渊源与基础的麻烦中。由于乐于承认现有的财产状况，我们似乎害怕回溯财产是怎么获得的，就如同害怕在我们的资格中具有某些缺陷。"①这种对历史的健忘是可以找到很多理由的：试图纠正过去在财产占有中的不正义就会打开潘多拉的盒子(Waldron 1992)。常识告诉我们，真正重要的是，当下的分配是否会促进人们的自由以及是否满足人们的需要；因此，我们就应该忽略不正当占用资源的历史"原罪"(Sanders 1987)。常识告诉我们，真正重要的不是历史的渊源而是最后的结果。但诺齐克却不能依靠这种常识而把历史问题放在一边，因为他的整个理论都立足于这样一个观念：正义是一个关于"历史"的问题而不是关于"最终状况"(end states)的问题。他之所以拒绝自由主义和社会主义的理论，正是因为这些理论者对正义的界定都是依据于"最终状况"，譬如，需要的满足、效用的提升、对功绩的奖励；而他却坚持，只有历史的标准才是评价正义的标准。这正是 113
为什么他要称呼自己的理论为"历史的"正义观(Nozick 1974：153—154)。

由于绝大多数初始获得事实上都是不正当的，诺齐克的理论就无法使现有的财产免于再分配。但我们仍然需要知道，本来可以如何正当地获得财产。如果我们不能回答这个问题，我们就不仅应该推迟贯彻诺齐克的转移原则，直到历史的资格被探明或被纠正的时候；我们还应该完全拒绝他的理论。如果人们在为自己占据无主资源的时候必然会否认他人对于平等关照的要求，那么，诺齐克的转移权利就成了无本之木。

哪种类型的对无主资源拥有绝对权利的初始获得能够与平等待人的理念相一致？对于自由至上主义者而言，这是一个古老的问题。诺齐克借鉴了约翰·洛克对这个问题的回答。在17世纪的英格兰，曾经有所谓的

---

① 布莱克斯通的《英格兰法律评论》第二卷(Blackstone, *Commentaries on the Law of England*, book 2)。

"圈地"运动(私人对土地的占用),被圈的土地以前是可供人们在一般意义上共同使用的。这些土地("公地")可以被所有人用来放牧或取用木材。这种私人占有的结果是,某些人开始致富,而另一些人则失去了获取资源的机会,并进而失去了维持生计的能力。洛克希望为这种做法提供辩护,因此就需要解释:对于最初无人占有的世界,从道德正当的意义上讲,人们如何会拥有充分的所有权?

洛克的答案或者至少他的答案之一是:如果我们将"足够多和足够好"的资源留给他人,我们就有资格占用一些外部世界。吻合这条标准的占用行为就没有侵犯他人的平等,因为他人并没有因为这个占用行为而被迫处于不利地位。①

洛克意识到,绝大多数占用行为都没有给他人留下足够多和足够好的资源。那些17世纪的圈地者很显然没有为他人留下足够多和足够好的土地。但洛克却说,如果圈地运动使人们的总体利益保持不变甚或更好,对土地的这种占用就是可接受的。而他相信,圈占公地的确会使每个人总的而言变得更好,即使对于那些没有土地可圈的人也是这样。

为什么会是这样?可以从"公地悲剧"找到一部分答案。当土地在一般意义上被共同使用的时候,任何个体都没有为了提高土地的生产率而投入自己时间和努力的动力。因为土地是公共的,就没有办法保证个体能够从自己的投入中获得利益。如果每个人都有权利随时拿走我的种植成果,我为什么要在公地上投入自己的劳力呢?只有当我能够排除那些搭便
114 车者也就是那些不劳而获者,投入劳力增进土地的产量对于我才是理性的。但这就要求把公地私有化,并要求赋予某人对土地予以控制的权利,包括不让他人使用和从这块土地中受益的权利;也就是说,要求某人对这

---

① 洛克还给予了其他回答,譬如,我们可以占用将自己的劳动混于其中的东西。但诺齐克正确地拒绝了这个回答,认为这是行不通的。如果我把自己制作的番茄酱倒入大海,我应该拥有大海的多大一部分?如果我在一块地的外围立上栅栏,我应该拥有栅栏之内的土地呢,还是只应该拥有栅栏之下的土地?事实上,我只是把自己的劳动与栅栏之下的土地混合到了一起(Nozick 1974:174)。

块土地拥有财产权。

事实上，“公地悲剧”的情况可能会更糟。对于个人而言，向公地进行投入不仅是非理性的，甚至耗尽资源反而是理性的——一旦使用公地的人口超过了资源的承受能力，资源就将被耗尽。考虑一下，当海洋仍然是一块“公地”的情况下，对鱼类的过度捕捞。由于各个国家的捕鱼船从海洋中都捕捞大量的鱼类，或者捕捞未长成的鱼苗(在它们产卵之前)，以至于一些鱼种已经濒临灭绝。这看似是非理性的：从事渔业的人们正在摧毁自己和后代的生存基础。但从每一个捕鱼船船长的角度来看，甚或从每一个国家的角度来看，这样做完全是合乎理性的。就算加拿大的渔船不去捕鱼，西班牙或冰岛的渔船仍然会工作。如果他人不能对环境负责，对环境负责就没有意义：你不过是把资源留在公地任由那些责任意识淡漠的人去消耗。因此，我们都急于对鱼类进行捕捞，其结果就是更小的鱼苗也会变成捕捞的牺牲品。其结果就是有的时候公地并不是无人照管而是正在被毁灭，公地被过度捕捞、过度利用和过度开发。

因此，通过圈地将公地私有化反而能避免资源的毁灭，反而可以促进对土地的生产性投入。如果我们允许圈地，我们就有理由预见，即便那些没有土地可圈的人日子也会更好过。他们的确失去了进入公地的权利，但他们过去并没有从公地中得到多少。他们过去最多只能从(快速损耗的)公地中得到很小一部分(未能开发的)资源。可是，当公地私有化之后，他们很有可能得到新土地所有者提供的在被圈土地内工作的机会，他们进而可以用自己的工资购买更多的以前闻所未闻的物品——因为没有人在过去有使产出增加的动力。以前，人们不得不力争先于他人从公地的(无人照料的)苹果树上摘得少量的苹果；如今，人们只用一部分工资就可买到从善加耕种的土地上产出的大量苹果和其他食物。无产者的确失去了土地，但却获得了比以前更多的财物。

这个故事的教益在于，由于公地悲剧的存在，总的而言，圈地反而有可能使包括无产者在内的每个人的日子比以前更加好过。而诺齐克论证说，这就是正当占用的恰当检验标准：占用的正当性就在于不使每个人的总体状况恶化。诺齐克称之为“洛克式的限制性条件”，并且，诺齐克采纳这个标准去判断什么是正当获得：“如果使不再能够自由使用那些被占用事物的人们的境况因为占用而恶化，通过正常步骤占用先前的无主事物并进而拥有永久的可继承的财产权就不被允许”（Nozick 1974：
115 178）。[①]施密特论证说，圈占公地不仅应该*被允许*，圈占公地事实上反而是一种*道德义务*。明明知道公地的资源将被耗尽还使资源保留在公地状态，这种做法本身就违背了把“足够多和足够好”的资源留给他人的原则。因此，保证我们能够将足够多和足够好的资源留给后代的惟一办法，就是通过分配对资源的财产权而避免公地悲剧（Schmidtz 1990a）。

到目前为止，一切都合情合理。自由至上主义者作出了一个强有力的论证：某些人或某类人必须通过某种途径获得对自然界的某些部分的控制权，并且要排除他人对这些部分的权利。判断这种占用是否正当的标准就在于他人的状况是否因为这种占用而恶化——这种说法也似乎合情合理。这就遵守了平等关照人们利益的原则。如果获取资源没有恶化他人的处境，这种获取就没有违背平等关照。

但是，究竟什么是“使某人处境恶化”的准确含义？所谓“恶化”是与哪种情况相比较而言呢？我们如何回答这些问题，将决定哪类占用能够通过洛克式的限制性条件。诺齐克的回答是：当从一般的公共使用变为私人占用的时候，如果就*物质条件而言*，不会使得人们的境况差于他们过去一*般性地使用资源*的境况，对某一特定事物的占用就是合法的。举例来讲。艾米与本最初都靠对公共土地的一般性使用为生。而如今艾米占用了绝大部分土地，以至于本无法靠着余下的土地生存。这似乎会使本的处境恶化。但艾米却向本提供一笔工资以使他在她的土地上做工，而本的所获超过了艾米占用土地之前他从公地上的所获。由于下述两个原因，艾米当

① 诺齐克这里的论断有些含混。他没有告诉我们，什么是关于占用的“正常步骤”。因此，不清楚的是，“不使之恶化”仅仅是正当占用（加上“正常步骤”）的必要条件呢，还是正当占用的充分条件（任何不恶化他人境况的步骤都是正当的）。如果“不使之恶化”不是充分条件，诺齐克就并没有告诉我们什么才是正当占用的充分条件（Cohen 1986a：123）。

然也获得了比最初占有土地之前更多的资源：第一，由于劳动分工而提高了生产效率；第二，她占有后的份额要大于占用前的份额。本必须接受这个结果，因为已经没有足够的剩余土地使他像以前那样生活。他需要使用她占用的土地，而她能够规定他使用她的土地要满足什么条件，因此他能够获得的利益就少于劳动分工之后的一半利益。艾米的占用行为满足诺齐克的限制性条件，因为在她占用土地之后，无论对于艾米还是对于本，物质资源的总体状况都要好于把土地用作一般用途时的状况。（事实上，并不需要本的状况*更好*，而只需要他的状况不恶化。）

拥有自我所有权的人们通过对无主世界的这种占用，就最终获得了完全的财产权。诺齐克相信，这个限制性条件很容易满足，因此世界的绝大部分都将很快被私人占用。因此，自我所有权引出了对外部世界的绝对所有权。由于初始占用就包括了转移权利，我们就将很快具有一个充分发展的买卖生产资料（如土地）的市场。由于这种占用排除了他人占有这些生产资料的可能性，我们也将很快具有一个充分发展的劳动力市场。由于 116
人们在市场交换中获得的劳动力和财产都具有合法性，他们就都有正当的资格去获得源于市场交换的报偿。由于人们有资格获得一切源于市场的报偿，政府通过再分配去帮助弱势群体的做法就会侵犯人们的权利。这样做就会使一些人成为另一些人的资源。

第二，洛克式的限制性条件

对于什么是公平的初始获得，诺齐克的解释是否能被我们接受？我们可以把诺齐克的解释总结如下（cf. Cohen 1986a）。

（1）人们自己拥有自己。

（2）世界最初是无主的。

（3）只要不使他人的状况恶化，你就可以获得对于极不平等的世界份额的绝对权利。

（4）获得对于极不平等的世界份额的绝对权利是相对容易之事。

因此：（5）一旦人们占有了私人财产，建立自由的资本市场与劳动力市场就吻合道德的要求。

我将集中探讨诺齐克对第(3)条的解释，也就是探讨他如何解释什么叫做“使他人的状况恶化”。他的解释有两个相关特征：第一，这个解释是依物质福利来界定“恶化”的；第二，这个解释把占用前的公共使用当作了判断是否“恶化”的比较标准。批评家论证说，这两个特征都不恰当，因此，任何具有一定可信度的、经过修正的关于最初获得的检验标准，所引出的都只是有限制的财产权。

物质福利。我们知道，诺齐克强调自我所有权的理由在于，我们是相互独立的个体，我们的生活各有各的目标(参见第108页)。自我所有权保证我们有追求自己生活目标和“自己人生观”的能力，因为自我所有权可使我们抵制他人的下述企图：仅仅把我们当作工具以实现他们的目的。人们理应期望，诺齐克对于占用行为如何会使他人状况恶化的解释，会类似于下述做法：强调人们应该有能力依据自己的人生观去行动，并且，反对把某些人置于不必要的和不合意的、依赖于他人意志的次要地位。

但是，需要注意的是：在诺齐克评价占用的公平性时，并没有把本现在受制于艾米的事实纳入考虑。事实上，艾米对土地的占用剥夺了本的两种重要自由：第一，他对自己先前一直在使用的土地的归属没有任何发言权——艾米单方面地占用了土地而并没有征询本的意见，更没有得到本的同意；第二，本对自己的劳动力将被如何使用没有发言权。他必须接受艾米的雇佣条件，否则他就无法生存；因此，他必须放弃对自己时间
117 的支配权。在艾米私自占用土地之前，他也许还有这样一种人生观：他愿意当一个与自然和谐相处的牧羊人。可如今，他不得不放弃这种追求，转而服从艾米的命令——说不定艾米会命令本从事剥夺自然的活动。由于这些后果，就算艾米对土地的占用可使本的物质收入略有提高，本的处境也被恶化了。

在解释自我所有权的重要性时，难道诺齐克不应该考虑到这些后果吗？诺齐克声称，按照我们自己的善观念去选择生活方式的自由是如此重要，以至于不能以其他社会理想(如机会平等)的名义去牺牲这种自由。诺齐克声称，对人们自由生活的愿望的关照，是他的无限制的财产权的理

论根基。然而，在他为财产的初始占用提供辩护的过程中，却根本没有把本的自主(autonomy)纳入考虑。

有趣的是，虽然诺齐克声称本的处境没有因为占用公地而恶化，他却并没有要求占用公地要征得本的同意。如果要事先获得同意才能占用公地，本很有可能反对这种占用。如果本的反对是正确的——也就是说，如果根据本自己的(非物质主义的)善观念，这种占用的确会使他的处境恶化；那么，这种占用就不应该被允许。当然，本的反对也可能是错误的，因为这种占用带给他的物质福利超过了他在自主方面的损失。在这种情况下，我们也许可以把艾米的占用当作一种家长式统治，并进而允许这种占用。但诺齐克却明确反对这类家长式统治。例如，他反对为了人们自身的利益而强制性地建立健康保险或退休养老机制。但对公共资源的私人占用却同样会冲突于某人的意愿，这种冲突一点不小于违背其意愿但却硬要向他征税。如果我们排除家长式统治并转而强调自主，就像诺齐克在他理论的其他地方所强调的那样；那么，本对于把他从公地的私人占用中排除出去就应该享有否决权。考虑到公地悲剧的存在，本几乎肯定会接受对公地的某种类型的圈占。但由于持有否决权，他就有能力确保，大家关于圈地的共识能够使他继续追求自己认可的那种人生观。①

任意缩减可供选择的方案。诺齐克的限制性条件要求，一种占用行为不得使他人的处境反而比不上占用发生前的处境。但是，这个限制性条件却忽视了很多相关的替代方案。让我们设想，本因为担心艾米单方面地占用那块土地而决定自己抢先占用，然后也给艾米一份在如今属于他的土地上工作的工资，同时将生产效率提高后的大部分收益归为己有。这也能够通过诺齐克的检验标准。诺齐克认为谁占用那块土地是无关紧要的，只要没有占用的人的处境不会因此而恶化。诺齐克事实上接受了先来先

① 在我们解释“不会恶化”的时候，不仅应该考虑物质福祉还应该考虑自主——要想了解这种观点，参见：Kernohan 1988：70；Cohen 1986a：127、135。米尔德(Milde 1999)论证说，同一个问题也会瓦解戈捷关于财产权的互利解释(这个问题将在本章下一节讨论)。

得的占用原则。但是，我们为什么应该把这种先来先得的原则当作一种公平占用程序加以接受呢？我们为什么不应该接受某种可以使占用机会更
118 加平等的机制呢？难道我们的最重要价值——我们有选择自己生活的能力——居然要依赖于先来先得的任意性？

考虑一下别的方案。这一次是由本占用了那块土地，由于他能够更好地组织劳动以至于生产效率更高于艾米占用情况下的效率，这样，无论艾米还是本，与艾米占用的情况相比，都能分别获得更大的利益。换句话讲，如果由艾米占用，他们的处境都不如改由本占用土地时各自的处境。可是，诺齐克仍然允许艾米去占用这块土地，并进而否认本的处境因此而遭到了恶化，理由是，本在艾米占用下的处境要好于无人占用土地的处境——艾米的占用居然成了诺齐克惟一加以考虑的选择方案。

最后，如果艾米和本联合占用那块土地、共同行使所有权、经过协商而进行劳动分工，情况又怎么样呢？如果可以由有自我所有权的个体共同占用那块土地，本为什么宁愿让艾米单独剥夺他追求自己人生观的能力而不宁愿与艾米共享所有权呢？

按照诺齐克的限制性条件，所有这些可替代的选择方案都无关紧要。至于别的占用方案是否更公平或更有效率，或者，是否更好地服务于人们的物质利益或自主，居然与占用方式的正当性没有任何关系。然而，在诺齐克体系中对某一方形成的伤害，在每一种可替代的选择方案中都能得到避免。在确定最初占用是否使某人的处境恶化时，为什么不把这些伤害考虑在内呢？

如果我们把目光转向资本主义制度的发展程度，诺齐克的限制性条件所面临的这些问题将显得更加清晰。诺齐克所允许的那些最初占用的行为方式将很快导向这样一种状况：所有的有用之物都被占用。那些有占有能力的人拥有大量财富，而没有占用能力的人则处于完全的赤贫状态。这些差异将向后代传递，一些人的后代将被迫过早工作，而另一些人的后代则拥有生活的各种特权。诺齐克接受这种情况，只要占用与转移制度继续吻合洛克式的限制性条件——譬如，只要没有人的处境比不上对

外部世界进行私有化之前的公地状态下的处境，持续发展的资本主义制度就是正义的。

诺齐克向我们保证，资本主义通过了这个检验标准：与人们在公地状态下的命运相比，资本主义并没有使人们的处境恶化(Nozick 1974：177)。可是，考虑到公地悲剧的存在，事实上任何一种财产所有权都能够通过这个检验标准，包括：国有制、工人所有制、基布兹似的集体所有制(kibbutz-like communal ownership)。要么考虑一下各种形式的有限的而不是绝对的个人财产权，譬如，以使用权替代所有权，或不包括财产遗赠权的有限所有权。所有这些财产制度都允许某些人对资源拥有足够的控制力并将搭便车者排除出去，因此，都能提供开发资源和避免耗光资源的激励措施。事实上，任何一种人类社会，只要走出了狩猎与采集阶段，都 119
发展出了某种形式的能够避免公地悲剧的财产制度——否则人类就无法生存，但这些财产制度几乎都不是纯粹的资本主义制度。因此，仅仅依据资本主义优越于公地状态的事实，并不能说明什么，这个事实更不能构成偏好资本主义而不偏好任何其他财产制度的理由。①

要注意，即使无产者的生存要完全依赖于有产者是否购买他们的劳动力，即使有些人会因为没有人购买他们的劳动力而忍饥挨饿，资本主义还是能够通过这个检验标准。诺齐克认为这是可接受的——因为就算还处于公地状态，天赋较低的人一样会忍饥挨饿。无产者的抱怨没有正义的根据——因为“那些劳动力出卖者的所获至少不会少于而且很可能会多于他们在野蛮的自然状态下运用劳动力的所获；而那些因其劳动力没有出卖价值的无产者，虽然他们在诺齐克的非福利国家里将(被饿)死，但他们在自然状态下早就(被饿)死了”(Cohen 1986b：85 n. 11)。

这是一个软弱无力的要求。如果一个人在诺齐克的占用体制里将被

① 施米茨强调(Schmidtz 1994)，公共所有制和集体所有制都可避免公地悲剧，在某些情况下甚至可能更有效地避免搭便车与外部性问题——当然，他认为只是在有限的情况下才是这样。

饿死，但这个人在另一个体制下却不会被饿死，声称这个人的处境在诺齐克的体制下没有被恶化，则是一种古怪的说法。关于正当占用的一种更合理的检验标准，应该把所有这些相关的选择方案纳入考虑，应该把人们的物质财富和自主同时纳入考虑。我们能否一方面保持洛克式的限制性条件的直觉要点——检验占用是否正当的标准就在于某种占用是否会恶化某人的境况；另一方面又对该限制性条件进行调整，以便把这些考虑都包纳进来？我们或许可以说，如果某些人在另一种可能的方案里会有更好的处境，就意味着这一种占用制度会恶化这些人的处境。不幸的是，每一种财产分配制度都通不过这个检验标准。在诺齐克的完全的资本主义里，没有天赋的人的处境就不如他们在罗尔斯的差别原则下的处境；有天赋的人的处境在罗尔斯的制度里又不如在诺齐克的制度里的处境。无论在哪一种制度下，总有一些人的处境不如在另一种制度下的处境。此外，这个检验标准也不合理，因为没有人能够正当地提出这样一个要求：这个世界要按他们的偏好进行最大限度的调整。我的处境在另一种可能的体制下会更好——这个事实并不能够表明，现存的制度在任何道德意义上对我形成了伤害。我们需要知道一种占用制度是否使人们的处境更坏，但我们不是把这种制度与能够最大限度地满足他们特殊利益的制度相比较，而是把这种制度与能够使他们的利益得到公平照顾的世界相比较。

人们的所得胜过最初在公地状况下的所得——这并不足以成为正义的检验标准。但人们也不能提出这样的要求：无论哪种制度都要使他们
120 得到最大利益。洛克式的限制性条件要求一种中间状态。难以表述这种中间状态是什么，或这种中间状态与罗尔斯或德沃金的原则如何不同。阿瑟论证说，平等主义的检验标准才是恰当的检验标准：一种占用是否恶化某些人的处境，取决于这些人所得到的资源是否少于自然资源所具有的价值的平等份额。他论证说，这是惟一合乎情理的决策，“如果考虑到这样一个事实：（每个人）都有资格像他人那样获取资源。他并不是生下来就应该得到人世间财富的较小份额，也没有任何人生来就有资格获得大于平均水准的份额”（Arthur 1987：344；cf. Steiner 1977：49）。科恩论证

说，罗尔斯的差别原则也许可以提供一个关于正当占用的公平标准(Cohen 1986a：133—134)。范·帕里斯论证说，应该要求占用者为基本收入制度提供资金，以此作为正当占用的条件并以此为失去财产的人提供补偿(Van Parijs 1992：9—11)。大量的文献提供了关于公平初始获得的各种各样的模型，每一种模型的结果都或多或少地存在着差异。但实际上没有人认为，关于公平获得的某种合理的检验标准会导向诺齐克的观点：人们能够不平等地占用资源并进而形成没有限制的财产权。①如果洛克式的限制性条件承认了自我所有者的各种利益和各种可替代的选择方案，它就很可能不会引向对不平等资源的无限权利。允许人们对外部世界进行不平等占用的制度，就其与道德上相关的其他替代方案相比较的意义上讲，将使某些人的处境在一些重要的方面被恶化。如果像诺齐克本人所说，“每一个财产所有者对其财产的资格，都因为关于占用的洛克式的限制性条件而被蒙上了历史阴影”(Nozick 1974：180)；很有可能就是，“(洛克式的限制性条件的)阴影如此深重地包绕着这类资格，以至于根本无法识别这些资格”——也就是说，对自己具有所有权的人们，要想就不平等的资源获得任何资格，都将极大地受制于没有财产的人们的要求(Steiner 1977：48)。

对世界的初始所有权。诺齐克的限制性条件还面临另一个困难，从而阻断了从自我所有权向无限制的资本主义的过渡。回忆一下我对诺齐克论证的总结：

(1) 人们自己拥有自己。

(2) 世界最初是无主的。

(3) 只要不使他人的状况恶化，你就可以获得对于极不平等的世界

---

① 下面列举的是这些丰富文献的一部分：Arneson 1991；Arthur 1987；Bogart 1985；Christman 1986、1991；G. A. Cohen 1986a、1986b、1990b、1998；Epstein 1998；Exdell 1977；Feallsanach 1998；Fox-Decent 1998；Gorr 1995；Ingram 1993；Kernohan 1988、1990、1993；Mack 1990、1995；Michael 1997；Otsuka 1998b；Ryan 1994；Sanders 1987；Schmidtz 1990a、1994；Schwartz 1992；Shapiro 1991；Vallentyne 1997、1998；Weinberg 1997、1998；Wenar 1998。要想了解对诺齐克观点的一种勇敢辩护，参见：Palmer 1998。

份额的绝对权利。

（4）获得对于极不平等的世界份额的绝对权利是相对容易之事。

因此：（5）一旦人们占有了私人财产，建立自由的资本市场与劳动力市场就吻合道德的要求。

121 我们已经考察了诺齐克对第(3)条的阐释，由于这种阐释太弱了，因此(4)就是错的。但还有第二个困难。为什么要接受第(2)条呢？为什么要接受“世界最初是无主的”这个断言，然后听任对世界的霸占呢？为什么不设想世界是被人们共同拥有的，因此每个人对如何处置土地都有一份平等的否决权呢(Exdell 1977：146—149；Cohen 1986b：80—87)？诺齐克从来没有考虑过这种选择，可包括一些自由至上主义者在内的其他人却声称，这是最可辩护的对世界拥有所有权的解释(洛克本人相信，世界最初属于每个人，而并不是不属于任何人，因为上帝“把这个世界交给人们共同使用”(cf. Christman 1986b：159—164))。

如果世界曾经被共同拥有，以至于并不能单方面将这世界私有化，情况究竟会怎样？有各种可能的结果，但总的而言，这些结果都拒绝自我所有权的这种非平等主义含义。例如，弱势者或许能够动用他们的否决权，通过谈判去争取与罗尔斯差别原则相对应的分配制度。我们也许最后以罗尔斯式的分配结束自然状态，不是因为我们否认自我所有权(以至于弱势者能够直接要求优势者)，而是因为我们是外部世界的共同拥有者(以至于天赋低者可以否决仅仅有利于天赋高者的土地使用方案)。如果我们既不认为外部世界可以任意霸占又不认为外部世界被共同拥有，而认为外部世界可在人类成员中进行平等划分，或许也可以引致类似的结果(Cohen 1986b：87—90)。

对外部世界的道德地位的这些解释，都相容于自我所有权的原则，因为仅从自我所有权无法确定对外部资源应该采取哪种所有权。当然，不同的自由至上主义者也会支持不同的选择。“左派自由至上主义”有一个悠久的传统，可以回溯到18至19世纪的托马斯·潘恩、乔治、瓦尔拉，当代的斯坦纳和瓦伦丁(Peter Vallentyne)也在为它进行辩护。“左派自由至上主义”的出发点是自我所有权，但却认识到，要为对无主世界的不平等的占用权提供辩护，面临着难以克服的困难；因此，就接受对自然资源的国有化或平等化，或接受对无产者的补偿。①这些选择方案中的每一个都必须经受诺齐克所诉求的根本价值的评价。但诺齐克却没有进行这种评价。然而，有一点似乎是不容置疑的：仅当我们诉求武断且站不住脚的关于占用和关于外部世界的地位的前提时，才能够维护不平等的绝对财产权。

（二）自我所有权和平等

我已经尝试着证明了，仅仅根据自我所有权的原则，无法为资本主义提供道德辩护，因为资本家不仅要求对自己具有所有权，而且要求对资源具有所有权。诺齐克相信，自我所有权必然会引向无限制的财产权，但我们事实上面临各种经济制度，这些经济制度都相容于自我所有权，至于 122
支持哪种经济制度却取决于我们的正当占用理论以及我们对外部世界的地位的假定。②诺齐克相信，自我所有权要求，人们对自己通过市场交换所取得的一切报偿都享有资格，然而不同的财产制度的不同之处正在于：究竟允许具有自我所有权的个体保留多少源于市场交换的报偿。一些财产制度允许高天赋者利用自己的天赋以获取对外部世界的不平等所有权

① 要想了解对这个传统的综述，参见：Vallentyne and Steiner 2000；cf. Steiner 1981：561—562；Vogel 1988。甚至洛克似乎也认为，不平等的财产所有权无法源于任何个人的占用权利。财产所有权要求有以接受货币为其表现形式的集体同意(Christman 1986：163)。在考察当代自由至上主义的过程中，巴里论证说，各种类型的自由至上主义(功利主义的、契约论的、自然权利论的、唯我论的)都无法对原初资格给予充分的说明。

② 这并不是说自我所有权对财产所有权没有任何关系。克尔诺汉论证说，蕴涵在自我所有权中的某些权利逻辑地蕴涵着对资源的拥有。拥有自己的各种能力，从最完整的法律意义上讲，蕴涵着对这些能力的运用；而这又要求本人拥有运用这些能力的权利，要求拥有相应的管理权利以确定还有哪些人也可以运用自己的那些能力，要求对源于运用这些能力的任何利益具有收益权利。如果没有对外部资源的某些权利，上述这些权利就都不能实现(Kernohan 1988：66—67)。然而，自我所有权与财产所有权之间的这种逻辑关联仍然可以相容于各种各样的正当的财产制度。事实上，这种逻辑关联惟一排除的财产制度正是诺齐克希望予以辩护的那种制度——在这种制度下，某些人无法拥有资源。按照克尔诺汉的观点，缺乏财产权就是对自我所有权的否定。

(虽然并不必然允许到诺齐克所允许的程度),另一些财产制度支持对市场收入的再分配,以保证自然劣势者同样能够享有资源(如罗尔斯或德沃金的理论所支持的制度)。自我所有权相容于所有这些选择。

对于具有自我所有权的个体,有没有什么理由使他们更倾向于自由至上主义的经济制度而不是自由主义的平等主义的经济制度?我能够想出三种可能的论证,它们都依赖着自我所有权的观念,但它们也都超越着这个观念——因为光凭这个观念不足以确定正义的分配。第一种论证与同意相关,第二种论证与自我决定的观念相关,第三种论证与尊严相关。

诺齐克也许会说,如果可能的话,选择哪种经济制度应该由具有自我所有权的人们共同决定。而他也许会进一步断定,只要交由他们去决定,拥有自我所有权的人们都会选择某种自由至上主义的经济体制。可是我们已经看到,诺齐克自己的获得制度有一个前提,即艾米在占用土地时不必征求本的同意。不同的人在不同的经济制度下有不同的处境,因此人们认同的经济体制不会相同。也许可以试着像罗尔斯那样,通过无知之幕下的协议来保证达成某种统一共识。但我们已经看到,这将引向自由主义而不是自由至上主义。

第二,诺齐克也许会声称,那些会引向自由主义的假设虽然在形式上相容于自我所有权,但事实上会瓦解自我所有权的价值。例如,世界是共同拥有的或世界应该以集体的名义加以占用——这类假设将消解自我所有权的价值。如果从事任何事情都得征求他人的允许,如何能够叫做我对自己有所有权呢?在一个共同享有所有权的世界里,艾米与本难道不是既共同拥有这个世界,而且事实上也相互拥有对方吗?艾米与本也许对自己享有法定权利(这是他们与奴隶的区别),但他们都不独立享有资源。因此,他们法定的自我所有权就仅仅是纯粹形式上的权利,因为无论想要追求什么样的生活目标,只要涉及资源的动用,他们都得获得对方的允许。所以,我们应该挑选这样一种经济制度,这种制度不仅包含形式上的自我所有权,而且允许更有实质意义的、能够使人们对自己的生活行使有效控制的自我所有权。

我在这里借鉴弗里德的做法，用“自我决定”（self-determination）这个术语来描述更具实质意义的自我所有权的观念。他说，“自我决定”要求一个“确定的领域……免于他人的干涉”（Fried 1983：55）。类似地，埃斯特尔也说，实质性的自我所有权涉及“这样一种权利，即自己有选择 123
的权利以决定去发展哪一种能力”（Elster 1986：101）。这两种关于实质的自我所有权的阐释，都享有一个共同观念：在生活的核心领域，就我们最重要的目标而言，我们应该按照自己的善观念自由地行动。这两人都论证说，尊重自我决定权就是把人当作目的而非手段的一个重要方面，因为每一个独特的个体都有专属于自己的生活。

我认为，诺齐克既诉求形式的自我所有权的观念，又诉求实质的自我所有权的观念。他明确捍卫自我所有权的形式观念——这个观念涉及人对于自己的物质存在的法定权利。但至少诺齐克捍卫形式的自我所有权的部分原因在于，它促进着实质的自我所有权——它促进着我们按照自己的人生观采取有效行动的能力。事实上，他说，能够实施自我所有权的实质能力——“能够形成整体人生观的能力……以及依据某人愿望中的总体生活观去行动的能力”——正是他的权利理论的根基。正是这种能够形成和追求某种善观念的能力，才赋予了生活以意义；而正因为我们能够过上有意义的生活，我们才应该被当作我们自身的目的（Nozick 1974：51）。

因此，诺齐克很可能愿意支持这样一种经济制度，它能够最大限度地促进实质的自我所有权（在受形式的自我所有权约束的范围内）。虽然不同的经济制度都相容于形式的自我所有权，他或许会论证说，自由主义的经济制度只保证纯粹形式的自我所有权，而更接近自由至上主义的经济制度才能保证实质的自我所有权——因为自由至上主义的财产权可以使人们按自己的愿望自由地行动而无须征求他人的允许。

当然，问题在于，在自由至上主义的经济制度下，并非每一个人都能够将自己的形式的自我所有权转化为实质的自我所有权。自由至上主义者无法保证每个人都能对自己的生活予以实质性的控制，而诺齐克也明确谈到，人们只能对形式的自我所有权提出正当要求。他说，没有财产、被迫以不利条件向资本家出卖劳动力的工人，拥有“充分的”自我所有权(Nozick 1974：262—264)。她拥有充分的自我所有权——即使如诺齐克所承认的那样，她为了生存而被迫同意了资本家的苛刻条件。相应的“协议”很可能在本质上无异于对工人的奴役，就像维多利亚时代的英格兰。工人在形式上具有自我所有权的事实，意味着她不可能是另一个人的法定财产(这使她不同于奴隶)，但经济的困窘却会迫使她同意极为不利的条件。

缺乏财产与缺乏权利具有完全一样的压迫效果。正如密尔所说：

124 > 广大民众的被奴役状态或依附状态不再由法律的力量来维系，而由贫穷的力量来维系；他们被拴在某个地方和某个岗位，顺从雇佣者的意志；他们仅仅因为偶然的出生，就无法享有人间的快乐，就无法取得智识和道德的优势——可是，有些人无需努力也不凭借任何功绩，仅靠自己的出生就白白得到了这些东西。这是一种邪恶，这种邪恶几乎与人类一直在抗争的那些邪恶没有什么不同——贫穷者的这个信念并不是错误。(Mill 1967：710)

无产者的“充分的”自我所有权，并不比实行集体所有权的艾米与本所拥有的自我所有权更实质。没有本的允许，艾米不能使用生产资源，但对于依附于资本家的工人而言，面临同样的情况。事实上，拥有集体所有权的人们，对自己的生活还能有更真实的控制权，因为艾米与本要使用他们的资源还必须通过协商达成某种共识；而资本家与为了生存的某个工人之间却无需任何协商，尤其当那位工人没有天赋或失业率很高的时候，更是这样。

自由至上主义者不仅限制着无产者的自我决定，还使她成为他人的资源。在他人已经占用了所有可得财产之后再进入市场的人，“被局限于他人愿意施舍和恩赐的礼物和工作上”，因此“如果他们被迫在既有财产制度下参与合作，他们就是被迫有利于他人。被迫服从这种财产制度就是剥削的一种形式，并且冲突于（诺齐克的）最根本理念，因为它使得后来者仅仅成为他人的资源”（Bogart 1985：833—834）。

什么样的制度最能促进实质的自我所有权呢？自我决定既要求拥有资源又要求对自己的物质存在拥有权利。仅当我们不因为经济的窘迫、不因为获取谋生的必要资源而被迫接受他人强加的条件，我们才能够不受制于他人的要求去追求我们最重要的人生目标。由于有意义的自我决定既要求资源又要求各种自由，又由于我们每个人都是独立存在的个体，因此，每个人都应该对这些资源和各种自由拥有平等的要求。

但是，如果的确如此，对自我决定的关注就将把我们引向自由主义的制度而不是自由至上主义的制度。自由至上主义者声称，对财产权加以限制的自由主义的福利计划，不恰当地限制了人们的自我决定。因此，抛弃再分配的福利计划（诺齐克）或取消对最低生活水准的限制（弗里德），就自我决定而言，就是一个进步。但是，虽然再分配计划的确在一个有限的程度上限制了富裕者的自我决定，再分配计划也将自我决定赋予了以前缺乏它的那些人，并使他们能够真正控制自己的生活。因此，自由主义
的再分配并不是为着其他目标去牺牲自我决定。相反，自由主义再分配的 125
目标是，对自我决定所要求的手段行使更公平的分配。与之相反，自由至上主义允许分配中的不应得的不平等——也就是说，自由至上主义关注自我决定，但它的关注却不足以保证对自我决定所要求的那些条件予以公平的分配。

自由主义的经济制度——向不应得天赋的不平等报偿课税——的确限制了一些人的自我决定。但这种限制是严重的或不能令人接受的吗？自由地选择自己的职业对自我决定是至关重要的，但针对不应得的自然天赋的报偿进行课税，却不会严重地伤害某人的自我决定。即使对某人收入的课税遵照了罗尔斯式的原则，她仍然拥有一份公平的资源份额和享有诸多自由，她仍然可以凭借这些自由去对自己生活的根本事务进行控制。对自然天赋的报偿进行征税，并不会不公平地使任何人在实质的自我所

有权方面处于不利地位，也就是说，没有人在就自己人生观而言的行为能力方面处于不利地位。①

最后，诺齐克还可能论证说，福利的再分配会否定人们的尊严，而尊严对于平等待人则是至关重要的(e. g. Nozick 1974：334)。诺齐克常常论述说，这个观念——他人对我的天赋成果能够提出要求——有损于我的尊严。但为什么征税会有损于我的尊严呢？诺齐克常常把尊严与自我决定相联系，如果真是这样，就可以论证说，能够最好地促进人们尊严的，正是自由主义而不是自由至上主义的制度，因为自由主义的制度才能保证每个人都有自我决定的能力。无论怎样，尊严依据于其他道德信念，或者，尊严是其他道德信念的副产品。只有当我们已经确信某事是错误的时候，才会感到它有损于我们的尊严。只有当我们相信再分配在道德上是错误的，再分配才会有损于我们的尊严。如果我们相信再分配是平等待人所要求的内容，那么，再分配反而将促进而不是损害人们的平等尊严感。

因此，通过自我所有权、同意、自我决定或尊严对自由至上主义进行辩护的企图，都面临着严重的困难。所有这些内容要么是含混的，要么反而支持着自由主义的平等主义。自我所有权并不排斥再分配的税收机制，因为许多不同的经济制度都在形式上相容于自我所有权。而如果我们超越形式的自我所有权去寻求最能保证实质的自我所有权的制度，诺齐克并没有给予我们任何理由以说明，为何要偏爱自由至上主义的不平等而不支持自由主义的平等。

但我们为什么必须对形式的自我所有权给予任何关注呢？在前述论证中，我运用了实质的自我所有权的观念，用它在相容于形式的自我所有权的那些制度之间进行裁决。但如果我们对比这两个观念，显然，实质的自我决定更为根本。我们支持自我决定，并不是因为它能促进形式的自我

① 克尔诺汉注意到，保留某人所获得的全部市场收入——这样一个权利并非惟一的甚或不是自我所有权的首要要素；并且，对这样一个权利予以限制，反而能够强化对于实质的自我所有权而言的一些更重要的要素(Kernohan 1990)。

所有权。相反，我们支持形式的自我所有权，仅仅因为它能够促进自我决定。正如我已经在前面提到过的那样，事实上，诺齐克本人有时也认为，实质的自我所有权的观念更为根本。那么，为什么不仅仅把自我决定作为起点，并使之成为更好的平等待人观的基础呢？与其追问哪一种相容于形式的自我所有权的制度最能促进自我决定，为什么不简单地追问：哪一种制度最能促进自我决定？完全有可能出现这样的情况：从自我决定的角度来看的最好的制度，不仅超越而且还会限制形式的自我所有权。如果真是这样，形式的自我所有权就应该让位于真正关乎我们命运的、实质的自我决定（Cohen 1986b：86；Kernohan 1990）。 126

自我决定的可取之处似乎如此明显，以至于需要解释，为什么诺齐克要强调形式的自我所有权。就像古典自由主义者，诺齐克希望阐明这样一种平等观，这种平等观否认任何人生来就从属于他人，或在权利上从属于他人。没有人仅仅是他人的资源，如同奴隶是奴隶主的资源。如果奴隶制是否认平等的标志性模式，肯定平等的最好方式似乎就是赋予每个人像奴隶主拥有奴隶般的、对于自己的法定权利；防止一个人对另一个人实行奴役的最好方式就是将自我所有权赋予每个人。不幸的是，我拥有自我所有权——这个法定事实并不意味着，我有能力摆脱另一个人对我的事实上的奴役。即使资本家不能像奴隶主奴役奴隶那样对我拥有法定的奴役权，我也许仍然不具备任何可以对自己的生活进行决策的实际能力。要防止出现在奴隶制度中的那种对平等的否定，最好的办法并不是废除法定的奴役权利，而是以平等的自由和平等资源的形式，缩小个人在资源控制方面的实质性差距。

奥金论证说，诺齐克的自我所有权的原则事实上会倒退至一种“母权奴隶制”（matriarchal slavery）。诺齐克谈论人们对自己劳动成果的所有权，但他却忽略了这样一个事实：每个人都是某个人的劳动成果——每个人都是其母亲的劳动成果。为什么母亲不对自己的孩子享有所有权呢？正如奥金所言，一个女人无论是通过购买精子或通过自然受精而怀孕，无论是亲自购买食品或有人提供食品以维系胎儿的生命，都吻合诺齐克所设立的、对成果享有正当所有权的全部标准。如果我们只是通过利用那些自由地转移给我们的东西，然后就拥有靠天赋产生的一切成果，那么母亲似乎也应该拥有自己的孩子(也许是与孩子的父亲共同拥有——假如他提供精子构成了共同拥有的条件)。奥金总结道，诺齐克的整个理论都以排除妇女为隐含的前提，并且，他的理论还基于这样一个假设——生育和抚养小孩的工作只是在按照他所忽略的其他一些原则在进行(Okin 1989b：ch. 4)。为了避免这个难题，需要在很大程度上重新对自我所有权的原则进行阐述(要想了解其中一种尝试，参见：Jeske 1996)。

127 诺齐克之所以强调形式的自我所有权的观念，也许还由于它的无差别性质。自我所有权的观念有一种误导作用，它暗示我们要么具有自我所有权，要么缺乏自我所有权；仿佛构成自我所有权的各种不同的权利和能力是一个整体，我们必须要么全部接受要么全部拒绝。如果这的确是我们面临的选择，强调自我所有权就合情合理。但在现实中，存在着广泛的替代性方案，每一种方案所包含的、可用于人们控制自身选择和环境的措施都各不相同。自我所有权的观念易于阻止人们去考虑各种相关的替代方案，诺齐克自己的讨论就对此予以了佐证。但仅当这个断言——无差别的自我所有权对于把人当作自身的目的而言至关重要——与无差别地否定自我所有权的单一方案相比较，它才具有一种似是而非的合理性。

我们需要弄清哪些要素涉及对自我的控制，然后弄清它们如何相关于控制外部资源的那些不同要素。我们应该按各自的本性分别考虑每一种权利和能力，然后弄清它们分别以什么方式促进每个人的根本利益。就每个人实现人生目标的能力而言，权利与资源的哪一种组合能够给予最大的帮助？一方面，最好的组合超越了形式的自我所有权(如对资源的拥有)；但另一方面，最好的组合又可以对它提出较少的要求——因为为了实质的自我决定而在一定程度上放弃形式的自我所有权，也许是值得的。

为了对这一节做个总结，我论证说，罗尔斯式的再分配不仅相容于形式的自我所有权，并且，就能够公平地促进实质的自我决定而言，比自由至上主义做得更好。我也曾论证说，形式的自我所有权转移了人们的注意力，因为实质的自我决定才是更为根本的价值。但诺齐克诉求自我所有权的论证还面临一个更深刻的问题。诺齐克未能足够地正视罗尔斯的论断：对于运用自己不应得的天赋而形成的报偿，人们并不具备正当要求。我也曾试图表明，就算不用否定自我所有权，我们也可以走向罗尔斯式的分配方案——因为关于外部资源的公平理论也会要求进行资源的再分配。但我仍然认为，罗尔斯对自我所有权的否定是完全站得住脚的。我认为，我们可以把人们的天赋当作他们境况的一部分，因此，就其本性而言，也可以把天赋当作是否对人们进行补偿的可能依据。人们诚然对自己的天赋享有拥有的权利和使用的权利，但劣势者也有权利要求对自己的劣势给予一定程度的补偿。要人们因为自己不应得的境况不平等而受到伤害，这种做法是不正确的；并且，劣势者可直接对占有优势的幸运者提出要求，而这种要求独立于外部资源的获取问题。我在讨论他的张伯伦的例子时就曾说过，诺齐克并没有给予我们任何可以拒斥罗尔斯式直觉的理由。

第三节　基于互利的自由至上主义

许多自由至上主义者承认，诺齐克的论证是一个失败。他们说，诺齐 128
克的结论本身没有问题；诺齐克的问题在于他企图诉求康德的“人作为自身的目的”的平等主义理念来为这些结论作辩护。如果我们开始于这样一个理念——每个人都同等地重要，正义所要求的内容就不同于诺齐克的自我所有权。但是，这些自由至上主义者却声称，这正好表明，把自由至上主义当作一种平等待人的理论是不恰当的。那么，自由至上主义究竟是一种什么理论呢？对此有两种主要的可能性：在本节里，我将探讨作为一种互利[①]理论的自由至上主义；在下一节里，我将探讨作为一种自由

① “mutual advantage”（“互利”）中的“advantage”有“利益”和“优势”（或“有利条件”）两层含义。譬如，“comparative advantage”一般就译作“比较优势”。“mutual advantage”是指人们根据各自的有利条件和优势，以互利的方式行事或在互利的规则中行事。本节中出现的“互利”都有“优势互利”的含义。——译者

理论的自由至上主义。

自由至上主义的互利理论时常以契约论术语来加以表述。而这颇有误导作用。因为自由主义的平等主义理论也以契约论术语来表述，并且，这两种理论对契约论策略的共同使用可能会模糊它们之间的根本差异。因此，我将首先罗列出罗尔斯式的契约主义与以互利为特征的契约主义之间的某些差异，然后再对基于互利为自由至上主义提供辩护的途径进行评价。

对罗尔斯而言，契约论策略依附于我们“正义的自然义务”。我们有公平待人的自然义务，因为人“就是正当要求的自足根源”。从道德的角度看，人之所以重要并不是因为人能够有害于或有益于我们，而是因为人作为“自身的目的”(Rawls 1971：179—180)，人们据此才享有平等关照的资格。这之所以称为“自然”义务，是因为这种义务并非源于同意或互利，而仅仅是作为目的的人的义务(Rawls 1971：115—116)。契约论策略有助于我们确定这种自然义务的内容，因为它要求契约的各方考虑“作为自由者和平等者”的他人的需要。为了保证契约能够对每一个契约者予以平等关照，罗尔斯的原初地位就从天赋和能力的差异中抽象出来，以避免产生不平等的谈判控制力。通过消除这些任意的差异，契约论策略“就以道德的平等取代了身体的不平等”(Diggs 1981：277)，并因此“表明，作为道德人格的人，他们彼此都是平等的”(Rawls 1971：19)。因此，对于罗尔斯而言，契约论策略的意义就在于它有助于把握我们正义的自然义务的内容，因为契约论恰当地体现了我们的道德平等(第三章第三节)。

互利理论家也运用契约论策略，但却出于相反的理由。对这些理论家而言，根本不存在所谓的自然义务或自发的道德要求。除了我们自然的身体不平等，根本不存在所谓的道德平等。他们说，现代的世界观排除了
129 这样一个传统观念——人及人的行为具有内在的道德地位。人们以为是客观的道德价值的东西，只不过是个人的主观偏好(J. Buchanan 1975：1；Gauthier 1986：55—58；Narveson 1988：110—121)。

因此，就人的行为而言，根本就不存在自然的“对”或“错”，即使是伤害他人的行为。然而，虽然伤害你并不是什么内在错误，但不去进行伤害对我反而更好——只要他人都不伤害我。遵守不相互伤害的常规是互利的——这样，我们就不必为了保护我们自己和财产而浪费资源，我们也才有可能建立起稳定的相互合作。偶尔违反这种协议也许吻合自己的短期利益，但根据自己的短期利益去行事却会动摇我们相互合作与相互约束的根基，因此反而会伤害每个人自己的长期利益(这最终会导向霍布斯的“一切人反对一切人的战争”)。虽然伤害不是什么内在错误，但如果每个人都接受将其定义为“错误”或“不正义”的常规，从长远来看，每个人的所获都将大于所失。

这类常规的内容将是谈判的主题：每个人都希望这类常规能够最大限度地保护自己的利益，而尽可能小地对自己进行限制。虽然常规并非真正的契约，但我们可以把指向这种互利常规而进行的谈判当作这样一个过程——共同体通过它建立了“社会契约”。虽然，与罗尔斯的契约不同的是，这种契约并不是对我们关于道德和政治义务的传统观念的详尽说明；但它将包含某些约束，这些约束正是罗尔斯或其他人所说的“自然义务”——譬如，不偷盗的义务、公平地分享合作成果的义务。互利常规与传统道德形成了某种重叠，由于这个原因，可以认为它提供了某种“道德”准则——尽管这种准则“是从与道德无关的理性选择的前提推出的理性约束”(Gauthier 1986：4)。

这种理论被其著名的倡导者戈捷恰当地描述为“道德的诡计”，因为这是一种人为地确定约束规则的方式——约束人们不要侵犯他人自然地拥有的东西。这种理论还在另一个意义上涉及着“诡计”：它要求社会建立复杂的机制——如若必要可以采用强力——去实施这些基于自利的协议。至于为什么需要这种强制性措施，并非一目了然。如果协议吻合每个人自身的利益，为什么我们不能依赖于每个人的自觉遵守呢？为什么我们还需要一些人为的社会机制以强化这些协议呢？

困难在于，虽然赞成契约或常规吻合每个人的利益，但实际遵守它也许并非吻合每个人的利益。思考一下我先前讨论过的对海洋鱼类进行过度捕捞的例子。每个人都赞成限制捕捞量以维系可持续发展的环境，因为这显然吻合每个人的利益。如果所捕捞的鱼类灭亡了，会危害每个人的
130 生计。但是，除非我能确信他人都不再过度捕捞，停止过度捕捞才真正吻合我的利益。如果他人继续过度捕捞，我对自己的约束就几乎没有意义——因为只是我不捕捞并不能阻止那些鱼类的灭绝。我对自己的约束只是意味着我在使他人单独受益于对海洋的掠夺。用博弈论的术语来说，如果我怀疑他人将“背叛”，我就没有理由“合作”。

就算我相信他人会合作，我们也面临另一个问题。正因为我相信他人会合作，所以采取背叛行为对我而言就是理性的。如果我有足够的理由认为他人都会遵守对环境负责的捕捞规则，我为什么不可以偷偷地趁夜深人静之时超限额地多捕捞一些？只要他人都遵守捕捞规则，我那一点超额捕捞根本不会对整个鱼群构成损害。如果他人都不过度捕捞，我的背叛简直不影响大局——我不可能单独摧毁整个种群。从道德的观点看，这似乎是“不公平的”，但从互利理论的视野看，这种说法没有任何根据——因为根本就没有独立于自我利益的所谓“道德的观点”。诚然，如果每个人都认为自己的背叛无关大局，每个人都会背叛，这样，整个体系就崩溃了。

简而言之，虽然赞成保护环境的系列规则吻合我的利益，但在有些情况下，遵守规则事实上却不吻合我的利益。每个个体按照自己的理性追求自身的利益，他们依据个人理性的选择总和，却恰好就是集体的非理性结果。这就是所谓“集体行动”的难题的一个实例。另一个经典的例子被称作“囚徒困境”。想象一下，你和你的犯罪同伙因为涉嫌抢劫而被关进监狱（你们被关在不同的房间），而检察官向你们分别宣布了下述政策：①

① 我阐述的这种囚徒困境取材于：Darwall 1998：58；cf. Gauthier 1986：79—80。

> 我没有足够的证据给你或你的同伙定抢劫罪，但我可以就你们都强行入室而定你们的罪，罪刑是服刑一年。但是，如果你承认从事了抢劫，并且提供指控你同伙的证据，那么，如果他不招供，你就将获得自由而不受任何惩罚。如果他也招供了，你们就都将服刑五年。而如果你不招供，但你的同伙却招供了，那么你将服刑二十年，而他将获得自由。

让我们假设，两个囚徒都只受自己利益的驱动（他们都想尽量减少服刑时间），并且不知道另一个囚徒会如何选择。可以将每个囚徒面临的选择及其后果列举如下：

最优结果：我招供，同伙不招供（我得自由，同伙服刑二十年）；

次优结果：我不招供，同伙也不招供（我们都服刑一年）；

第三结果：我招供，同伙也招供（我们都服刑五年）；

第四结果：我不招供，同伙招供（我服刑二十年，同伙得自由）。

两个囚徒事先商量好都不招供——也许在他们实行抢劫之前就商量好， 131
显然是理性的。让我们假设他们事先的确有这么一个协议。然而，当事到临头真要决定是否招供的时候，每个囚徒都面临一个困境。让我们假设，我如何选择并不影响我的同伙进行选择：他是否招供与我是否招供无关。如果这样，招供对我而言就是理性的，因为无论我的同伙是否招供，我招供后的处境都会更好。如果他招供，我招供将得到第三种结果而不是第四种结果。如果他不招供，我招供将得到最优结果而不是次优结果。因此，无论我的同伙是否招供，我招供后的处境总会更好。

当然，我的同伙面临与我完全一样的情况。无论我是否招供，他招供后的处境总会更好。于是，最后的结果就是，我们都落入了第三结果：我们都服狱五年。假如我们都保持沉默，我们本来都可以得到次优结果：每人只服狱一年。不招供是集体的理性选择，但招供却是个人的理性选择。为了实现集体的理性目标，在某种程度上我们需要阻止人们按他们的理性自利去行事。

至于在什么领域内会出现集体行动的难题，以及人们如何克服这类难题，不同的学者有不同的看法。例如，如果招供会阻断我与同伙在未来进一步合作的可能性，招供也许就不是理性的。招供也许在“单局”的囚徒困境中才是理性的选择，但在“重复”或“多局”的囚徒困境中——两个囚徒还会再相遇——却不是理性的选择。①

但中心论点却保持不变：要保证集体理性的结果，只是对特定的常规表示赞成是不够的。还有必要建立某些机制以强制人们遵守这些常规——也就是说，即使背叛对于个人是理性的，也要建立某些机制阻止人们的背叛行为(上述的过度捕捞或招供即为背叛的形式)。②通常的霍布斯式的对策是，通过赋予国家惩罚背叛行为的权力来加重不遵守规则的代价。我们在进行决策时就不得不把被罚款或坐牢的风险纳入考虑，而这也许会以有利于合作而不是背叛的方式对总体局面发生影响。(类似地，犯罪团伙或有组织的罪犯辛迪加试图通过威胁惩罚他们或他们的家庭成员来阻止其成员向警方认罪；害怕惩罚使很多罪犯没有勇气“背叛”团伙或辛迪加的规则。)

然而戈捷本人却认为，完全依赖于强制性措施来解决这个问题是不够的。例如，如果我知道国家缺少足够的人力或资源去监控我的行为，或者，如果我知道可通过行贿买通警察和法官，我就不会担心惩罚。而要建
132 立能够避免所有这些问题的一个庞大的警察和司法系统，要付出高昂代价，甚或根本就不可行。③

相反，戈捷坚持，如果人们采纳“受约束的最大化”(constrained

---

① 要想了解关于囚徒困境的全面探讨，以及在不同的情况下，究竟合作还是背叛才是理性的选择，参见：Campbell and Sowden 1985。

② 参见戈捷就“谈判问题”与“服从问题”的区分所作的讨论：“谈判问题”涉及究竟什么是互利的规则；“服从问题”涉及如何约束人们才不会对互利规则采取背叛行为(Gauthier 1991)。

③ 一个自利的渔夫总会过度捕捞，除非受到警察的监控和惩罚。但一位自利的警察总会接受渔夫的贿赂，除非受到上级的监控和惩罚。而一位自利的上级总会接受那位警察的贿赂，除非他又受到更高权威体系的监控和惩罚。以此类推……

maximization)原则，就能够克服集体行为的难题而无需凭借强权国家的惩罚威胁。“受约束的最大化”是指：只要人们确信他人也会遵守合作规则，人们就有遵守互利常规的倾向，而不会计算背叛是否是理性的。戈捷假设，人从根本上讲是受自利的驱使，但却论证说，人们只有通过下述途径才可能真正使得自己的福利最大化：承认对自我利益的追求应该受到“道德”原则的约束——所谓“道德”，就是指由互利的常规界定的那些原则。只要能够确信他人也会遵守常规，就算违背常规是理性的，人们肯定也会同意他们“应该”遵守这些常规。事实上，社会化过程应该使人们认为，背叛是“错误的”或“不公平的”。如果社会常规本身是“正义的”(亦即互利的)，并且，如果能够相信他人会参与合作；那么，人们就应该把合作当作一种“道德”约束，并通过这种约束去消除基于自利的可能背叛。因此，从自利的角度来看，使自己成为“受约束的最大化者”而不是成为“直接的最大化者”，反而是理性的——也就是说，在决定与其他受约束的最大化者一起合作并共同遵守互利常规的时候，使自己的行动不以自利为前提。①

于是，按照戈捷的观点，互利理论在两个意义上仿效着传统道德：互利理论不仅建立规则并以此限制我们不受约束的自利天性，而且要求我们把这些规则置于这样一个地位——使它优先于对自我利益的不受约束的追求。这些规则本身以互利为根基，但为了达到互利的效果，我们需要把这些规则当作在一定程度上阻止个体进行自利决策的“约束”。

不少批评者都质疑戈捷的“受约束的最大化”观念是否前后一致或

---

① 这与功利主义者面临的问题有一种有趣的相似之处。如我们在第二章所看到的，企图基于功利主义的推理而决定如何行动，可能具有相反的效果，可能反而会削弱我们使社会总效用最大化的能力。类似地，基于唯我论的推理而决定如何行动，也可能具有相反的效果，也可能反而会削弱我们使自己利益最大化的能力。而两种解决方案也彼此类似：戈捷的“受约束的最大化”的解决途径类似于规则功利主义的解决途径。在每一种情况下，我们都被告之要遵守规则，而不要计算遵守规则是否会使总效用或个人利益最大化。卡夫卡称戈捷的解决方案为“规则唯我论”，以标明它与规则功利主义的相似(Kavka 1986：ch.9)。

是否具有心理学上的可行性，并且他们论证说，互利理论最终必然要严重依赖强制性措施才能克服集体行为的难题。①我暂且把这些质疑放在一边，而集中探讨这样一个问题：无论这些互利常规如何得到强化，它们能否作为捍卫自由至上主义的合理基础？这些常规当然包容着一些责任和义务，我们通常把这些责任和义务与道德联系在一起。然而，我们通常理解的道德与互利之间的重叠部分相当有限。遵从某项特定常规是否有利，取决于当事人的偏好和能力。既强壮又有天赋的人比既弱小又无天赋的人占有更大的优势，因为他们有更大的谈判控制力。弱者几乎创造不出有益于他人的利益，而就算弱者创造出一些利益，他人也可以简单地占用
133 他们的成果而不害怕遭到报复。由于与弱者合作无利可图，并且不用担心弱者的报复，因此接受那些旨在承认或保护弱者利益的常规反而不利于强者。

这正是罗尔斯所反对的传统的自然状态论证——这些论证允许当事人有不同的谈判控制力；但在确定正义原则时，却不应该反映当事人在谈判控制力上的差异。他构思出“原初地位”，正是为了消除在谈判控制力方面存在的差异。可是，戈捷却把契约论策略用于确定互利原则，而不是公平的道德原则；因此，谈判控制力上的差异反而在他的理论中有至关重要的地位。相应的常规会把权利赋予不同的人，但由于这些权利有赖于人们的谈判控制力，因此，互利的契约主义“不承认每个个体有相对于其他个体的内在的道德地位”（Gauthier 1986：222）。

无论怎样强调这两种契约主义之间的差异都不过分。罗尔斯运用契约论策略去发展我们关于道德义务的传统观念，而戈捷却运用它去取代我们关于道德义务的传统观念；罗尔斯运用契约论的观念去阐明人的内在道德地位，而戈捷却运用它去虚构一个道德地位；罗尔斯运用契约论策略去消除谈判控制力的差异，而戈捷却运用它去反映这种差异。无论就其前提还是结论，这两种契约理论都具有截然不同的道德意义。

① 参见载于 Vallentyne 1991 中的论文。

我很快就会追问互利论究竟有几分道理。但就算我们接受这种理论，它如何为自由至上主义的制度——每个人对自己的自我和财产拥有无限度的契约自由——提供辩护？这种理论当然不可能引出作为一种自然权利的自我所有权。正如戈捷所说，互利理论不为人提供一个“内在的道德地位”，而如果没有义务去尊重他人，显然也就没有自然义务去尊重他们的自我所有权，也就没有义务去按他人本来会自愿赞成或同意的方式去对待他人。但自由至上主义者却论证说，尊重自我所有权是互利的：把自我所有权赋予他人并且不试图强迫他人来促进我们的利益，这种做法吻合每个人的利益——只要他人也同样尊重我们的自我所有权。强迫他人的代价太高，而收益却太低，以至于不值得让自己也被置于被强迫的危险地位。然而，互利却没有为其他权利提供辩护——譬如，没有为罗尔斯差别原则所要求的、对一定资源份额的权利提供辩护。这样的权利可以保障穷人的利益，但富人的利益却是保护自己的资源，可是穷人却缺乏足够的能力拿到这些资源或使富人保护资源的成本超过他们的利益。这样，互利就引向了自由至上主义，因为坚持自我所有权不仅吻合每个人的利益而且吻合每个人的能力；而再分配只吻合一部分人的利益，但这部分人 134
却没有能力去要求再分配（Harman 1983：321—322；cf. Barry 1986：ch. 5）。

互利能否为向每个人赋予自我所有权提供辩护？由于人缺乏内在的道德地位，对自己的天赋和财产是否具有无限制的契约自由，就取决于人是否有能力捍卫自己的天赋和财产，并使之免于他人的强夺。基于互利的自由至上主义者声称，每个人事实上都具备这样的能力。他们声称，人类就其本性而言是平等的——不是指罗尔斯所说的人们享有自然权利的根本平等；相反，权利的平等“源于事实性的、条件意义上的根本平等，源于易于被他人侵犯的、易受伤害的平等”（Lessnoff 1986：107）。正如霍布斯所说：“就体力而言，最弱者也足以杀死最强者。”在伤害与被伤害的意义上，人们有近乎平等的自然能力——而正是这种事实平等，构成了平等尊重自我所有权的基础。

但这却是不真实的。许多人缺乏保护自己的能力，因此就无法基于互利的理由对自我所有权提出要求。正如布坎南所说，“如果个体之间有足够大的差异”，强者也许就有“消灭”弱者的能力，或者，强者也许就会强夺由弱者创造的利益，并进而建立起“类似于奴隶契约”的制度(J. Buchana 1975：59—60)。这些并不是抽象的可能性——个体间的差异的确是巨大的。天生的弱者就像儿童那样将“被排除在正义准则之外”(Gauthier 1986：268)，因为“儿童无法报复损害其福利的人”(Lomasky 1987：161；Grice 1967：147—148)——这就是互利理论的不可避免的后果。

很多互利理论家也许并不真心相信这样一个假设：人们在谈判控制力方面具有自然的平等。他们的最后断言并不是：人们天生是事实上的平等者；相反，他们断言：仅当这是一个事实时，正义才可能。从事实的角度讲，每个人都有资格运用他们所能获取的一切手段；并且，仅当人们在自己的能力和易受伤害性方面具有大致的平等，才会产生道德约束。只有在这种情况下，每个人从保护自己及其财产的所获，才会大于自己不利用他人的身体或资源的所失。然而，自然的平等也不足以保证产生道德约束，因为有类似自然能力的人也许具有完全不同的技术能力；因此，“那些拥有更先进技术的人就有能力规定与自己同胞的交往条件”(Gauthier 1986：231；Hampton 1986：255)。事实上，技术或许会把我们引至如霍布斯所说的地步：世界上有一种“无法抗拒的强力”，对霍布斯及其当代追随者而言，这种强力“无论被谁拥有，都使得拥有者的所有行为既真实又恰当”。没有人能够向这种强力要求自我所有的权利。①

135 互利就这样使个体的自我所有权从属于他人的强力。这就是为什么

① 要想了解这样一种徒劳无益的尝试，即试图证明互利相容于甚至要求向无防御能力者提供义务援助，参见：Voice 1993；Lomasky 1987：161—162、204—208；Waldron 1986：481—482；Narveson 1988：269—274；Grice 1967：149。要想了解为什么这些尝试是徒劳无益的，参见：D. Phillips 1999；Goodin 1988：163；Copp 1991；Gauthier 1986：286—287。

诺齐克要使自我所有权成为一种自然权利的原因。在诺齐克看来，强迫他人是错误的，其原因并不在于强迫者的代价太高，而在于人是自在目的，因此强迫就是把人当作手段进而侵犯了人的内在道德地位。所以，诺齐克对自由至上主义的捍卫就完全立足于戈捷所否定的前提：人具有内在的道德地位。但这两条立论都无法捍卫自由至上主义。诺齐克的立论解释了为什么每个人具有与谈判控制力无关的平等权利，但却无法说明为什么人的权利不应该包含对社会资源的某些要求。戈捷的立论解释了为什么易受伤害者和弱者无法对资源提出要求，但却不能解释尽管有不平等的谈判控制力，他们对自我所有权仍然有平等的要求。将人当作自在目的的要求，要多于（或不同于）尊重人们的自我所有权（与诺齐克相反）；而依照互利去待人所要求的内容，却总是要少于对人们的自我所有权的尊重（与戈捷相反）。①

可是，让我们假设，互利的确可以引向自由至上主义。也许洛马斯基的观点是正确的：要确定谁可以被奴役或谁必须被当作平等者得付出太高的代价，因此，强者就会同意这样的常规——把自我所有权赋予包括最弱者在内的所有人（Lomasky 1987：77）。可是，如何依据这个观点去捍卫自由至上主义呢？按照我们的常识，仅当互利行为尊重了他人的权利（包括那些弱小得不足以保护自己利益的人的权利），这样的行为才是正当的。要强者不杀害或不奴役弱者也许不吻合强者的利益，但弱者具有针对强者的、对正义的优先要求。否认这一点就是“对正义理念的空洞而拙劣的奚落——是对受伤者的侮辱。通常并不认为在极端不平等的权力条件下正义就消失了；恰恰相反的是，在这种情况下，正义特别重要”

---

① 我把平等和互利的两种方法当作相互排斥的两种选择，其理由是这二者对道德有截然相反的假定。但有必要注意，一些人在为某种能整合这两种视野的混合理论作辩护。这种混合方法有时被称作“休谟式”方法，因为据说休谟曾经把康德的平等与霍布斯式的互利相结合（e. g. Sayre-McCord 1994）。巴里则论证说，休谟的理论及其后来的倡导者，只是在这两种方法之间不一致地摇来摆去，而没有连贯地将它们整合到一起（Barry 1989a：145—178）。无论怎样理解这第三种模式，它能否引向自由至上主义都是可疑的。要进一步了解这两种方法的区别，参见：Barry 1989a；Kymlicka 1990；A. Buchanan 1990。

(Barry 1989a：163)。按照我们的常识，压制无防御能力的人是最大的不正义，而互利理论家却说，我们对无防御能力的人不具有任何义务。

这种诉求日常道德的做法是以未经证明的论点作为前提，而互利理论的核心要点就在于：人与人之间不存在自然义务。互利理论对这样一种信念提出了挑战："在正当和错误之间的确存在着人人都有义务加以尊重的道德差别"(Gough 1957：118)。如布坎南所言，根本就没有比我们自然的不平等更进一步的所谓自然的道德平等，因此日常道德"极易"受到经验的"反驳"(J. Buchanan 1975：54；cf. Gauthier 1986：55—58)。仅仅声称戈捷漠视了尊重弱者的义务并没有给出反对他的理论的立论，因为这类义务是否存在正是所要争论的问题。

136 但是，正因为放弃了人具有内在道德地位的观念，互利理论就不是对正义的某种可替代的解释，相反，互利理论成为了对正义的替代。虽然互利在自然和技术平等的条件下也许会产生正义的结果，但它却允许对弱者的压迫——只要"个体间的差异足够大"；因此，在互利理论的框架内，就没有使正义优先于压迫的基础。如果人们行事正义，不是因为他们把正义当作一种价值，而仅仅是因为他们缺乏"无可抗拒的强力"才不得不勉强接受正义。因此，从日常道德的观点来看，互利的契约主义也许能够对理性的自利或现实政治提供一种有用的分析，"但是，我们为什么应该把它当作一种道德论证的方法，则是完全不可思议的"(Sumner 1987：158；cf. Barry 1989a：284)。正如罗尔斯所说，"按照每个人的威胁优势(threat advantage)"简直不能成为一种正义观(Rawls 1971：134)。

但所有这些对互利理论家都形不成困扰。如果拒绝这样的观念——人或行为具有内在道德地位，那么，道德约束就肯定是根据互利常规而人为虚构出来的产物。而如果互利常规居然冲突于日常道德，那么"道德就被置于更加不利的处境"(Morris 1988：120)。在不存在自然义务或客观道德价值的世界里，互利也许就是我们最大的希望了。

就那些对互利理论的道德怀疑主义持赞同态度的人而言，这种理论是富有吸引力的。然而，西方传统中的大多数政治哲学都共享一种完全相反的观点：存在着能产生道德约束的、正确与错误的道德区别，并且人人都有义务尊重这种区别。我也接受这样一个假设。的确，我们关于自然义务的断言既无法观测也无法检验，但并没有理由就因此希望道德义务具有物理学中的那种客观性。正如内格尔所言："如果某些价值是客观的，它们就是客观的价值，而不是客观的其他。"（Nagel 1980：98）

但就算我们可以识别这类正义规范，仍然存在着关于动机（motivation）的难题：我为什么要按道德上应该做的去行事呢？互利理论家论证说，仅当做某事能够满足我自己的某些欲望，我才有理由这样做；因此，"如果要使某事是正义的能够成为做这件事的充分理由，就必须能够向当事者证明：正义吻合其利益"（Barry 1989a：363）。如果道德行为不能促进我的欲望的满足，我就没有理由从事这些道德行为。就算存在着客观的道德价值或自然义务，关于合理性的这种立论仍然可以成立。罗尔斯的理论也许对正义给予了一个恰当的解释，但那"仅仅是一种智识——这种看待世界的方式不会从动机上影响人的行为"（Hampton 1986：32）。①

那么，那些拥有不平等力量的人，为什么在促进自身利益的时候应该对自己的力量予以约束呢？布坎南论证说，仅当强势者在"对内在伦理 137
规范的一般信奉"的"人为"驱动下，他们才会把他人当作道德平等者（J. Buchanan 1975：175—176）。而罗尔斯的确诉求着"对内在伦理规范的信奉"——这种信奉表现为在先存在的行事正义的倾向——以解释道德行为的合理性（Rawls 1971：487—489）。与罗尔斯类似，巴里也论证说，"必须承认"，把他人当作道德平等者加以尊重的愿望"是一种不能归结为其他因素的根本动机"（Barry 1989a：167）。布坎南将这类对内在伦理规范的诉求称作"人为的"，他因此暗含着这样一个意思：罗尔斯

---

① 或如康德指出的那样，我们也许可以承认某些特定的道德真理或道德理由，但这种承认也许"仅仅伴随着冷漠和没有生命力的赞同，而缺乏感召力"（引自：Riley 1982：251 n. 47）。

和巴里没有找到正义行为的“真正”动机。但是，为什么我们正义行为的动机不可以是一种道德动机呢？为什么我们不可以与康德持同一个立场：道德“是我们内在决定的自足的*原初*源泉”，因此不需要“外于自身的决定理由”？（Kant，引自“Riley 1982：251 n. 47”）人们道德行为的动机为什么不可能单纯地源于对道德理由的领悟呢？

对那些从互利的观点看待合理性的人而言，上述说法似乎只是“人为的虚构”；然而，这种观点能否被接受却正是问题之所在。正如巴里指出的那样，把合理性等同于最大效率地追求自利——这种霍布斯式的观点“全然”是一种“断定”。虽然“不可能通过直接证明唯我论不具有逻辑自洽性而反驳唯我论”，但是，认识到他人本质上是类似于我们的有目的的存在者，就是“接受公平道德要求的强大理由”（Barry 1989a：285、273）。因此，道德平等的“证据”就在于“我们或可称作的人性一致”；而“人类事实上共同关心行为的不以强制力为简单依凭的合理性根据”——这个事实本身就意味着，“人性一致”的确是一个强大动力（Barry 1989a：288、285、174—175）。①

当然，就算我们承认，存在着不可归结为其他因素的道德动机，也并不会因此就可以确定这些动机的有效性。承认他人与我们类似，是否就足以驱使我们去承受道德平等也许会要求的那些牺牲或重担？自由主义的正义理论家期望人们把道德理由置于优先于自我利益的位置——就此而论，这些理论家是否不现实？我将在后面的章节里回过来探讨这个问题——因为社群主义者、公民共和主义者和女权主义者的一个主要担忧是：自由主义者对我们道德动机的解释是不充分的。

这当然都是些困难的论题，而一些人对是否存在道德义务和（或）道德动机，仍然会保持自己的怀疑主义态度。对于这些人而言，互利也许是

① 如埃斯特尔所说，有丰富的经验证据凸显着这些道德动机：“上个世纪（19 世纪）的主要政治改革并非出于实用的考虑。相反，这些政治改革是由某种正义观所支撑的社会运动所推动的。”（Elster 1987：89）也可参见科恩在解释反奴隶制运动时就不可归结为其他因素的道德理由的地位所作的论述（Cohen 1997）。

我们建立社会规则时可以诉求的惟一依据。但所有这些预设并不支持自由至上主义者，因为互利常规通常是非自由至上主义的。按照互利理论，一些人将有能力强迫他人并侵犯他们的自我所有权，而一些人将有 138
能力剥夺他人的财产并侵犯他人的财产所有权。因此，互利只为财产权提供了一种极为有限的辩护，而就是这极为有限的一点辩护也绝非道德辩护。

第四节　作为自由的自由至上主义

一些人论证说，自由至上主义既不是平等理论也不是互利理论；正如其名称所指，它是一种*自由*理论。按照这种观点，平等和自由在我们的道德信念中相互竞争，而自由至上主义的本质就在于它将自由当作一种根本的道德前提，而拒绝在自由与平等间寻求妥协(这使之区别于福利国家自由主义)。

这样解释诺齐克的理论显然是不恰当的。诺齐克的确声称，从道德的观点看，我们可以自由地运用自己的支配力做任何我们想要做的事。但他的自我所有权也并非源于任何自由原则。诺齐克并不认为，由于自由是第一位的，因此为了保证自由我们就需要自我所有权。诺齐克并不认为，自由观念优先于自我所有权，并且前者推出了后者。相反，他的观点是，我们享有的自由的性质及其范围应该依我们的自我所有权而定。

然而，另一些自由至上主义者却声称，自由至上主义的基础是自由原则。说某个理论以自由原则为基础是什么意思？如何通过自由原则去捍卫资本主义？一种显而易见的回答是：

（1）无限制的市场允许更多的自由；

（2）自由是最根本的价值；

（3）因此，自由市场吻合道德的要求。

这种观点虽然在大众中颇为流行，但在哲学文献中却很少见到，其原因也许是要支持这种观点非常困难。试图测量自由的大小面临异乎寻常的困难，正如同试图赋予可被这样测量的自由以某种内在价值。我们将依不同的理由去评估不同种类的自由的价值，但仅仅使自由的量最大化的观念却既模糊不清又明显缺乏吸引力。

（一）自由的价值

第一，自由在平等主义理论中的作用

让我们以前提(2)——它涉及自由的价值——作为起点。在考察这样一种断言——自由是一种根本价值——之前，很有必要澄清一下，自由在我们目前已经考察过的理论中究竟具有怎样的作用。我曾论证说，功利主义、自由主义和诺齐克的自由至上主义在以道德平等为前提的意
139 义上都是平等主义的理论。虽然自由在这些理论中不是一种根本价值，但这并不意味着这些理论不关心自由。相反，在每一种理论中，对某些自由的保护都具有极大的重要性。诺齐克与罗尔斯的理论就是明证：前者强调自我所有权的形式的自由，罗尔斯将词典式优先赋予基本的公民自由和政治自由。对于绝大多数功利主义者，情况同样如此——譬如，密尔就认为，赋予人们选择自己生活方式的自由将使效用最大化。

为了决定应该保护哪些自由，道德平等主义理论家在解释什么是对人们利益的平等关照的时候，就把这些自由纳入了考虑。他们询问某种特定自由是否会促进人们的利益；如果回答是肯定的，就应该促进这种自由，因为这样才可以促进人们的利益。举例来说，如果婚姻自由对于人们的利益至关重要，否认某人有这种自由就是否认了他有资格享有的尊重，就是否认了她作为人类一员理应享有的平等关照。因此，要为某一特定的自由提供辩护，就要回答下述两个问题：

（1）就我们对人的利益的解释而言，哪些自由才是重要的和有意义的？

（2）怎样分配这些重要的自由，才算是对每个人的利益予以了平等的关照？

换句话说，平等主义的理论家所追问的是：一种特定的自由如何契合于关于人的利益的理论，更进一步，对这种自由的分配如何契合于平等关照人的利益的理论。譬如，就罗尔斯的理论而言，我们追问的是：在契约立场下——这种立场表达了对人们利益的公平关照——当事人将同意什么样的自由方案。按照这种方式，一些特定的自由就会在平等主义的理论中呈现出重要的作用。我称之为评价自由的“罗尔斯式的方法”。

互利理论以类似的方式对自由予以评价。就像罗尔斯，他们也问：哪些自由会促进人们的利益，更进一步，对这些自由的哪种分配方式源于对人们利益的恰当权衡。这二者的惟一区别在于：就互利理论而言，权衡人们的利益要依据他们的谈判控制力，而不依据公平关照。譬如，就戈捷的理论而言，我们所要询问的是：基于各自利益并且为了互利而谈判的契约者们，会就什么样的自由方案达成协议。

如我们已经看到的那样，许多自由至上主义者以这两种方式中的一种来捍卫自己所偏好的那些自由(譬如，在市场中支配自己天赋的自由)。事实上，声称自己的理论是“以自由为基础的”那些自由至上主义者，仍然依据对人的利益的关照去捍卫他们所偏好的那些自由——
他们或者依据平等标准或者依据互利标准去衡量人的利益。他们称自 140
己的理论是基于自由的立论，他们这样做是为了强调自己的下述信念：某种类型的自由体现着我们的根本利益——但是，这个新的说法无法掩盖那个更基本的立论。无论说法怎样，无论依据道德平等还是互利去评价自由，由于我已经探讨的理由，都无法导向自由至上主义。

能否基于自由来捍卫自由至上主义呢？基于自由对自由至上主义的捍卫，真的能够不同于基于平等或互利的捍卫吗？诉求自由原则来捍卫自己所偏好的那些自由，对自由至上主义者究竟意味着什么？有两种可能性。一种自由原则说，应该使社会的自由最大化。诉求这个原则来捍卫自己所偏好的自由的那些自由至上主义者声称，对这些特定的自由的承认将会最大限度地实现社会的自由。第二种自由原则是：人们有权利享有与所有人享有的类似自由协调一致的最大自由。[1]诉求这个原则捍卫自己所偏好的那些自由的自由至上主义者声称，承认这些特定自由就会促进每个人的总体自由。我将论证，第一种原则是荒谬的，甚至对于自由至上主义者也毫无吸引力；第二种原则要么是以一种含混的方式重新陈述了平等主义的立论，要么它基于一种不确定的和不具吸引力的自由观。更进一步，就算我们接受了对自由原则的荒谬或没有吸引力的阐述，这些阐述仍然无法为自由至上主义提供辩护。

第二，目的论的自由(Teleological liberty)

第一种基本自由原则声称，我们应该致力于使社会中自由的总量最大化。如果自由是终极价值，为什么不应该以自由最大化为目标呢？这显然是目的论功利主义者为使效用最大化而采取的论证方式，因此我相应地称之为“目的论的”自由原则。但正如我们在第二章看到的那样，这种理论与我们对道德的最根本的理解简直南辕北辙。因为各种目的理论把有益的东西(如自由或效用)当作根本的关注对象，而把对人的关照当作附带的：增加有益的东西成为与促进人的利益无关的事情。例如，我们可以通过增加人口数量来增加社会中自由的总量，即便每个人的自由并没有得到改善。然而，不会有人认为，一个人口稠密的国家仅仅因为它的人口，就具更多的与道德意义相关的自由。

事实上，完全有可能通过对人的牺牲去增进有益的东西。例如，一种目的论的原则可以对我们提出这样的要求：强制人们生育和抚养小孩并因此而增加人口数量。这虽然使人们失去了一种自由，结果却可能是增加了自由的总量，因为新增人口能够享有的多种自由的总和超过了旧有人口在一种自由上的损失。第一种自由原则还允许对自由的不平等分配。如
141 果五个人联合起来奴役我，就没有理由假定我的自由损失会超过五个奴役者的自由增量。他们自由地对我实施的奴役能够共同增加他们的选择

① 原文为“people have a right to the most extensive liberty compatible with a like liberty for all”。可与第三章第一节的罗尔斯“第一个原则”及相应的译者注释进行对照。——译者

机会，他们的所获大于我的所失（假设有可能对这些内容加以测量——参见第 143—145 页）。没有自由至上主义者支持这样的政策，因为它们违反了基本权利。

无论怎样声称自己的理论是以自由为基础，自由至上主义者都不可能在这个意义上谈论自由。然而，这却是对“自由是根本价值”的惯常阐释，而这种阐释又在自由至上主义者浮夸性地拒斥平等的背景下被强化了。自由至上主义者相信平等的自我所有权，但他们中的许多人却不愿意通过诉求一种平等原则来捍卫这个信念。他们试图为平等分配自由找到一种以自由为基础的理由。于是，一些自由至上主义者声称，他们之所以青睐平等的自由是因为他们对自由的信奉：每个人都可以是自由的，因此每个人就应该是自由的。①但假如这真的就是对自由至上主义者所信奉的平等自由所作的解释，自由至上主义者就应该增加人口数量，因为未来的人们也可以得到自由。自由至上主义者拒绝通过增加人口数量来增进自由的总量，而他们拒绝这样做所依据的理由，与他们拒绝通过对自由的不平等分配去增加自由总量的理由，是同一个理由——也即是说，他们的理论是以平等为基础的。正如琼斯指出的那样：“愿意有平等的自由而不愿意有不平等的自由，就是愿意有平等而不愿意有不平等；而不是愿意有自由而不愿意有非自由”（Jones 1982：233）。只要自由至上主义者信奉每个人的平等自由，他们的理论就是一种基于平等的理论。

第三，中性自由（Neutral liberty）

作为第二候选方案的自由的根本原则似乎更有希望，它声称：每个人都有资格享有与所有人享有的类似自由协调一致的最大自由。②我称之为“最大的平等自由”原则（the “greatest equal liberty” principle）。这个

① 左翼理论家也经常犯同类错误。例如，布伦科特就论证说，马克思对自由的信奉与任何平等原则都没有关系（Brenkert 1983：124、158；cf. Arneson 1981：220—221；Geras 1989：247—251）。

② 原文为“each person is entitled to the most extensive liberty compatible with a like liberty for all”。可与第三章第一节的罗尔斯的“第一个原则”相对比。——译者

原则总的而言没有超出平等主义理论的构架，因为它不允许为了更大的总体自由而牺牲平等的自由。但这个原则仍然与罗尔斯式的方法有重大的区别(参见第139页)。为评价特定的自由，罗尔斯式的方法首先询问的是：它们怎样促进我们的利益？但是，为评价特定的自由，最大的平等自由方法——它假设我们的利益就在于自由的总量最大化——询问的却是：这些自由能给我们带来多大量的自由？两种方法都把特定自由的价值与对我们利益的解释联系在一起。但罗尔斯式的方法却没有说我们对自由的量感兴趣，没有说我们对任何一种特定自由的兴趣都对应着这种自由所包含的自由量，甚至没有说对不同自由所包含的自由量可以进行有意义的比较。不同的自由为着不同的理由促进不同的利益，因此，没有理由假定，对我们而言最有价值的自由就是包含着最大自由量的那些自
142 由。然而，最大的平等自由方法却说，任何一种特定自由的价值就在于它所包含的自由量的大小，因为我们对那些自由的兴趣源于我们对自由量的兴趣。与罗尔斯式的方法不同的是，对不同的自由进行价值判断，不仅要求而且源于对自由量的大小的判断。

如果自由至上主义诉求的是这种最大的平等自由原则，那么在严格的意义上，它就不是“以自由为基础”的理论，因为(不同于以自由为基础的目的论理论)对于自由的权利源于人们所要求的平等关照。但在一个更宽泛的意义上，它仍然是以自由为基础的，因为(不同于罗尔斯式的论证自由的方法)它是依据对自由量的大小的判断才作出对各种特定自由的价值的判断。自由至上主义者能否通过诉求最大的平等自由原则来为自己偏爱的那些自由作辩护？为了回答这个问题，我们需要找到测量自由的办法，这样我们才能够确定，譬如说自由市场是否会使每个人的自由量最大。

为了测量自由，我们需要对自由予以界定。可以从不同文献中找到对自由的不同定义，但出于我们的目的，有一些定义不在我们的考虑之列。例如，一些人依据我们对权利的运用来定义自由。一种限制是否会减少我们的自由，取决于我们是否有权利做那被限制的事情。举例来讲，阻

止某人行窃并非是对其自由的限制，因为根据这种观点，被限制者本没有行窃的权利。这是对自由的“道德化的”定义，因为这个定义预设了一个在先的权利理论。这种道德化的定义反映着一种日常的自由观。但该定义在这里却不可行。如果最大的平等自由原则才是根本的原则，这种“道德化的”定义就必须被排除。如果我们正准备从对自由大小的判断中推出权利，我们对自由的定义就不能预设某些关于权利的原则。诉求最大的平等自由原则的自由至上主义者相信，我们是否有权利占用譬如说无主的资源，就取决于该权利是否会增加每个人的自由。但根据对自由的道德化的定义，为了弄清对占用的某种限制是否限制了人们的自由，我们首先需要知道人们是否有权利占用无主资源。

因此，如果要想使最大的平等自由原则起到任何作用，我们就需要以一种非道德化的方式去定义自由，譬如，可以考虑把自由定义为选择，而不必假设我们有从事这些选择的权利。我们可以按使每个人的自由最大化的方式来分派权利，当然，每个人享有的自由要与所有人享有的类似自由相一致。这样，人们是否具有占用无主自然资源的权利，就取决于赋予这种权利将会增加还是减小每个人的自由(cf. Sterba 1988：11—15)。

然而，有两种不同的方式，分别都可以对自由给予非道德化的定 143
义——也就是说，为了确定某一特定的自由是否会增加某人的自由总量，这两种定义提供了不同的标准。第一种方式是“中性”自由观，它只是通过计算可能的行为或可能的选择，以纯粹定量的方式对自由予以测量。第二种方式是“有目的依据的”自由观，它通过评价各种选择方案的价值或重要性，对自由予以更多的定性衡量。

让我们首先来关注一下“中性”自由观。根据这种观点，只要没有人阻止我们按照自己的(现实的或潜在的)愿望行事，我们就是自由的。这是一种非道德化的定义，因为它并不预设我们有按这些愿望行事的权利。使用这种定义，我们也许可以对某人的自由量的大小进行比较。按照这种定义，任何一个人都或多或少地拥有自由，因为任何一个人都可以按自己的一些愿望而非其他愿望自由地行事。如果我们可以就不同权利提供的自由的大小进行比较，我们就可以决定哪些权利是最有价值的。如果最大的平等自由原则采纳关于自由的这种定义，那么，每个人都有资格享有与所有人享有的类似自由相一致的最大量的中性自由。

这是否为评价不同自由的价值提供了一个有说服力的标准？这里潜藏着两个难题。首先，我们对不同自由的价值的直觉判断似乎并不依据于对中性自由的量化判断。把伦敦的市民与极不发达的如像阿尔巴尼亚这样的（1989 年以前的）共产主义国家的市民作一个对比。我们一般认为普通伦敦人享有更多的自由。毕竟，她有权利进行选举，有权利从事自己所信仰的宗教活动，有权利享有其他的公民自由与民主自由。而阿尔巴尼亚人却不具有这些自由。可另一方面，阿尔巴尼亚没有伦敦那么多红绿灯，而那些有车的人面对的交通法规要少得多。阿尔巴尼亚的交通限制较少——这个事实并不改变我们这样一个看法：阿尔巴尼亚人的自由要少于伦敦人的自由。但我们能够通过对中性自由的量化判断来解释这个事实吗？

如果自由可以被中性地量化，我们就可以测量依法设立的交通灯每天阻止伦敦人的次数；没有理由认为，这些次数将超过法律阻止阿尔巴尼亚人在公共场合从事宗教信仰的次数。正如查尔斯·泰勒（我引用的例子源于他）所说：“只有一小部分伦敦人在公共场所从事宗教信仰，但所有人都得遵守交通规则。那些从事宗教信仰的人一般而言每周为此用上一天的时间，而这些人却每天受制于交通灯。从纯粹量化的角度，被交通灯约束的行为的数量肯定大于被禁止的公共宗教活动的数量。”（Taylor 1985a：219）

144 对于阿尔巴尼亚人的自由，为什么我们不接受泰勒所说的那种“可憎的辩护”呢？为什么我们会认为伦敦人有更多的自由呢？大概答案在于，对公民自由和政治自由所作的限制比起对交通自由所作的限制，对人的影响要大得多。这些限制之所以对人有更大的影响，不是因为它们涉及着就自由的中性定义而言的*更多量的自由*，而是因为它们涉及着一些*更重要的自由*。这些自由之所以更加重要，是因为必须凭借这些自由，我们才能更好地控制自己生活的核心目标，我们才因此而享有更大的自我决定；交通自由就不具有这种重要性，而无论交通自由所涉及的中性自由的量是多还是少。

中性自由观声称，每一种中性自由都一样重要。但当我们把不同的自由与人们的利益联系起来思考的时候，我们就发现一些自由比另一些自由更重要，而有些自由甚至根本就不具有任何价值——譬如，诽谤他人的自由（Hart 1975：245）。我们的理论必须能够对这些不同种类的自由的区别作出解释。

中性自由还面临更进一步的困难。要判断自由的量的大小或许根本不可能，因为根本找不到可以量化中性自由的尺度。我刚才说，假如我们可以分别计算交通规则和政治审查制度所约束的行为的数量，交通规则所约束的自由行为很可能更多。但“自由行为”的观念却是令人费解的。仅仅就甩动手臂而言，可以有多少次自由的行为呢？假如某个国家的法律不允许这样甩动手臂，有多少行为因此而被禁止了呢？我们如何把这种禁止与对宗教仪式的禁止相比较呢？就每一种情况而言，我们都可以要么同样有道理要么同样没有道理地声称，法律只禁止了一种行为（甩手臂，从事宗教信仰），或者，法律禁止了无数多的本可以实行无数次的行为。可最大的平等自由原则所要求的正是对这两种情况的自由的量进行区别。譬如，按照这种原则，我们要能够说得出限制宗教自由拿走了五单位的自由行为，而限制甩手臂只拿走了三个单位。但我们如何可能作出这样的判断，则完全无法令人理解。如奥尼尔所说：“如果愿意，我们可以把任何自由——如竞选公共职务的自由或组建家庭的自由——按我们觉得有用的方式分解为要素自由，就此而言，我们也就能够把该自由任意地分解成更多的要素自由。”（O'Neill 1980：50）把世界分解成行为或可能的行为，然后又声称控制交通比控制言论对中性自由有更大的限制——这种做法不可能不是任意的。（一种例外是这样的：有两组几乎完全一样的权利，第二组权利不仅包含了第一组权利的所有中性自由，而且还多包含了一种自由行为——参见 Arneson 1985：442—445。）

交通规则与政治压制都对自由行为构成了约束。试图基于一种中性自由的尺度对两种自由中的行为进行个体化的分离，然后再通过测量这
145 些个体化的自由行为来权衡这两种自由——这样的企图总是令人难以置信。也许存在这样一种尺度，但那些依据中性自由观来支持最大的平等自由原则的自由至上主义者，至今还没有就发展这种尺度作出有效的尝试。①此外，我将要在第四节的(二)中指出，就算能够定义中性自由，也没有理由认为这样一种尺度可以支持自由至上主义。

第四，有目的依据的自由(Purposive liberty)

我们最有价值的那些自由(就是那些使我们被最大的平等自由原则所吸引的自由)似乎不包括最大的中性自由。对于那些倡导最大的平等自由原则的人而言，采纳对自由的“有目的依据的”定义，是一种显而易见的策略。根据这种定义，一种特定的自由包含多大的自由量——在考虑到我们的各种利益和各种目的的前提下——取决于这种自由对于我们的重要性。如泰勒所言：“因为我们是有目的的存在者，所以自由才对我们如此重要。但是，这就意味着，因为不同种类的目的有不同的重要性，所以不同种类的自由就必然具有不同的重要性。”(Taylor 1985a：219)。例如，因为宗教自由服务于更重要的利益，所以与交通自由相比，它带给我们更大的自由——即使宗教自由并没有包含量上更多的中性自由。②

为了测量有目的依据的自由所包含的自由量的大小，对自由的有目的依据的定义就要求有一些标准，用以评价自由的重要性。有两种基本的

---

① 要想了解就定义和测量中性自由进行的有趣尝试，参见：Steiner 1983、1994；Carter 1992、1995a、1995b、1999。卡特尔试图这样来克服对行为进行个体分离时面临的一些难题：他区分了“行为类型”(act-types)(譬如，居住在房子里)与“行为标识”(act-tokens)(譬如，在这个特定时间居住在这个特定的房子里)，并且论证说，我们可以依据每一种行为标识的时空范围来测量它所涉及的“行动的程度”(extents of action)。他认为，运用这个框架就可使我们反驳泰勒所说的旨在承认阿尔巴尼亚为自由国家的“可憎的辩护”(Carter 1992：45)——虽然我承认自己没有看出这如何能够证明英国的自由要多于阿尔巴尼亚的自由。

② “有目的依据的”自由观有下述倡导者：Loevinsohn 1977；Norman 1981；Raz 1986：13—16；Sen 1990b、1991；Arneson 1985；Connolly 1993：171—172。

标准："主观"标准称，特定自由的价值取决于个体对这种自由的愿望程度的大小；"客观"标准称，特定自由的重要性并不取决于具体的人是否想要这些自由。人们通常认为后一个标准更为可取，因为它可以避免"满意的奴隶"的难题——由于"满意的奴隶"没有拥有正当权利的愿望，因此从主观的标准看，根本就不缺乏任何重要的自由。

无论依据哪种标准，我们都通过确定某人所拥有的那些具体自由的价值来评价某人的自由状况。由于这个理由，那些具有较高价值的自由就包含着更多的有目的依据的自由。一旦把自由解释成有目的依据的自由，最大的平等自由原则就是：每个人都有资格享有与所有人享有的类似自由相一致的、最大可能量的有目的依据的自由。该原则类似于罗尔斯式的评价自由的方法，因为它允许以定性的方式去评价特定自由的价值；但它又不同于罗尔斯式的方法，因为它以为肯定可以依据某一种单一的自由尺度去评价这些自由。

这个原则比基于中性自由的最大的平等自由原则有更大的吸引力——因为它吻合着我们的日常观点：某些中性自由比另一些中性自由更有价值。然而，问题在于，基于这种论证，谈论自由的量的大小就完全失去了意义。事实上，这种有目的依据的最大的平等自由原则，不过是以
一种含混不清的方式对罗尔斯式的方法所作的重新陈述。这个原则与罗 146
尔斯式的方法的区别似乎在于这样一个说法：我们之所以有资格享有那些重要的自由，是因为我们有资格享有最大量的平等自由——在罗尔斯的方法中没有这一个推论步骤。但是，这个步骤对于论证这个原则没有丝毫帮助，相反，正是这个步骤使真正的问题模糊不清。

最大的平等自由原则为保护某一种特定的自由给出了如下论证：

（1）每个人的利益都重要，并且同等地重要；

（2）最大量的自由就是人们的利益；

（3）因此，人们应该拥有最大量的自由，所拥有的自由要相容于他人的平等自由；

（4）就我们的利益而言，对于 x 的自由是重要的；

(5) 因此，对于 x 的自由就增加了我们的自由；

(6) 因此，每个人都应该（在假定有关因素不变的情况下）拥有对于 x 的权利，这种权利要相容于他人对 x 的权利。

把上述论证与罗尔斯式的论证作一对比：

(1) 每个人的利益都重要，并且同等地重要；

(4) 就我们的利益而言，对于 x 的自由是重要的；

(6) 因此，每个人都应该（在假定有关因素不变的情况下）拥有对于 x 的权利，这种权利要相容于他人对 x 的权利。

第一种论证以一种不必要的复杂方式重述着第二种论证。从第(4)步到第(5)步没有添加任何东西（与之相对应，从第(2)步到第(3)步也没有添加任何东西）。依据于这种观点的自由至上主义者会说，因为某一特定的自由是重要的，因此它增加了我们的自由，而我们应该尽可能地拥有最大量的自由。但事实上，只要对自由的重要性作出了评价，为自由所作的论证也就完成了。

考察一下勒文森测量自由的理论——这个理论运用主观标准来测量有目的依据的自由。他说："当强力或惩罚的威胁被用来阻止某人从事某种可能的事情时，他的自由因此而受到限制的程度取决于……从事这种事情对于他的重要程度。"（Loevinsohn 1977：343；cf. Arneson 1985：428）。因此，我越是向往一种自由，这种自由给予我的自由也就越大。如果我对宗教自由的愿望超过交通自由，那么前者就给予我更大的自由。但勒文森却没有解释，从"更向往的自由"这个说法移至"更大的自由"这个说法有什么样的所获。这种再表述（从第一种论证的第(4)步移至第(5)步）没有添加任何东西，因此最大的平等自由原则（第一种论证的(2)和(3)）也就没有做任何工作。我的意思并不是把那些更值得向往的自由重新表述成更大量的自由是不可能的或不合法的；但是，这个事实——我
147 们可以通过这种方式对它们进行再表述——并不意味着，我们说出了任何有道德意义的内容，或者，我们已经找到了一种以自由为根基的、对特定自由的价值进行评价的独特方式。

最大的平等自由作为前提不仅是不必要的，而且由于一系列原因，它还是令人混淆的。首先，它错误地暗示，我们对于自由的兴趣只是出于一种理由。我们根据各种自由分别向我们提供了多少有目的依据的自由来评价这些自由——这种说法暗示：这些不同的自由对于我们的重要性是出于同一种理由，这些不同的自由都在促进同一种利益。但事实上，不同的自由却是以不同的方式分别促进着我们不同的利益。宗教自由对于自我决定至关重要——譬如，宗教自由使我们可以按自己最根本的价值和信念生活。民主自由服务于一种更具象征意义的利益：否定我的选举权是对我的尊严的侵犯，但也许对我追求生活目标的能力没有形成实质性的影响。经济自由有一种纯粹工具性的价值：我也许会希望国家之间有自由贸易，因为自由贸易会降低消费品的价格，但假如限制国际贸易反而会降低价格，我就会支持对国际贸易的限制。我拥有这些自由的愿望并非出于同一种理由，而我愿望的强度也不是依据这些自由对某种单一利益的促进程度。①要把这些不同种类的利益重新表述为对于有目的依据的自由的利益，这种做法虽然总是可能的，但却也总是不必要地令人混淆。

此外，谈论我们对更大自由的利益，而不是谈论我们对不同自由的不同利益，会遮蔽自由与其他各种价值的关系。无论我们对某一特定自由

① 这些例子表明，我们对于从事 X 的自由的利益，并非就是对于从事 X 的利益。例如，我也许会关注自己选择衣服的自由，即使我对于选择服装这件事毫不在意。虽然穿着对我简直无关紧要，但假如他人要控制我的穿着，就是对我的隐私的令人无法容忍的侵犯。另一方面，我也许会关注其他的自由——譬如，我会关注免税购买外国商品的自由，但我关注这些自由只是因为它们可以使我买到更多的商品。还有一些情况，我们做某事的自由——如宗教崇拜的自由——也许正好就是构成那个行为的价值的组成要素。也就是说，我们能够享有选择宗教仪式的自由，对于宗教仪式的价值至关重要。这样，我们对于做 X 的自由的利益，就我们对 X 的利益而言，可以是工具意义上的利益，可以是内在的利益，也可以是某种完全独立于此的利益。因此，我们对不同的自由的利益是各不相同的。这种不同不仅表现在我们对每一种具体事项的利益不同，而且表现在我们对做某一事情的自由的利益也可能分别出于不同的理由：可能是出于工具性的利益，可能是出于内在的利益，也可能是出于象征意义的利益。所有这些不同的利益都只是对更广泛的自由的单一利益——这种观点，只是一种毫无希望的含混不清的说法。

具有怎样的利益——这种利益无论是内在的或工具性的，也无论是象征性的或实质性的——完全有可能，我们对其他事物也具有同样的利益。例如，如果选举自由对我们的尊严有重要的影响，那么其他任何能够促进我们尊严的事物就也是重要的(譬如，满足基本需求或阻止诽谤)，而且其重要性也出于同一理由。那些捍卫有目的依据的自由的人声称，我们关注的是那些重要的自由，而不是那些陈旧的中性自由。但如果我们探求一下是什么使得自由对我们如此重要，那么，自由就不会与其他价值——如尊严、基本生活保障、自主——形成系统性的竞争关系，因为这些价值正是使得自由具有重要性的原因。把更重要的那些自由描述成更大的自由，就会导致这种错误的对比，因为这种描述假定特定自由的重要性源于它们所包含的自由的量。

因此，最大的平等自由原则无论表现为哪种形式，都无法有效地替代罗尔斯式的评价自由的方法。有必要注意，罗尔斯本人曾经也支持对于最大的平等自由的权利，而只是在他理论的最终表述中，他才采纳了我所谓的罗尔斯式的方法。他现在在为“基本自由”的平等权利原则提供辩护，而否认有任何可能和任何意义去测量自由的总量(Rawls 1982a：5—
148 6; Hart 1975：233—239)。他认识到，要决定哪些自由是基本自由，我们并不询问哪些自由可使我们最大化地拥有被称作“自由”的那种单一的东西。罗尔斯较早的论断——人应该获得最大限度的自由——“只是在简略地表述这样一个论断：人应该在各个重要的方面或在那些最重要的方面享有自由”(MacCallum 1967：329)。但罗尔斯现在认识到，一旦我们这样说，最大的平等自由原则就是不必要的了。在一个特定方面拥有自由之所以重要，并不是因为包含在其中的自由量有多大，而是因为它所服务的利益具有重要性。如德沃金所言：

> 如果我们之所以对基本自由享有权利不是因为自由这种东西在这些情况下对于我们性命攸关，而是因为侵犯基本自由对我们的伤害或贬损超出了对自由本身的冲击；那么，我们所享有的权利根本

> 就不是对自由的权利，而是对因侵犯自由而被破坏的那些价值、利益或立场的权利。(Dworkin 1977: 271)

因此，在作出关于自由的断言时，我们有资格享有的，并不是被当作单独一种东西的最大平等数量的自由；我们有资格享有的，是对使特定的自由具有重要性的那些利益的平等关照。①

(二) 自由与资本主义

人们通常认为，依据于某种自由原则就能够最好地理解和捍卫自由至上主义。到现在为止，我们已经考察了可用于捍卫自由至上主义的、对于自由的三种可能的定义。道德化的定义之所以行不通，是因为这类定义预设着某种权利理论。关于自由的中性定义也没有什么希望，因为对中性自由的量化测量既不具有确定性又不具有可信性。而有目的依据的自由定义也只是遮蔽了我们对自由的价值进行评价的真实基础。

一些读者在这里也许会感到有些不耐烦。他们也许会认为，无论这些概念之间具有怎样的微妙差异，在自由与自由市场之间或在自由与自由至上主义之间肯定有某种重要的关联。是的，区分"左派"自由主义者与自由至上主义者的关键，难道不就是前者支持政府对个人自由实施更多的限制吗？这个缺乏依据的观点无论在学术论文或是大众读物中，都是根深蒂固的。例如，弗卢就声称，虽然自由主义者和社会主义者支持政府对个人的限制，自由至上主义却"反对对个人自由实施任何社会或法律约束"(Flew 1979: 188; cf. Rothbard 1982: p. v)。弗卢就这样把福利国家等同于对自由的限制，而把资本主义等同于对自由的无所限制。

甚至某些福利国家的捍卫者也把资本主义等同于不受限制的自由。他们同意这样一个说法：再分配的福利政策是在自由与平等之间的妥

① 想要了解更深入的讨论，参见：Norman 1991a、1991b；他在这些文献中探讨了"过于认真地对待'自由行为'"的问题。

协；他们也认可那样一种看法：那些只相信自由的人士就应该支持资本主义。

149 自由市场真的比福利国家包含着更多的自由吗？为了对上述断言作出评价，我们首先需要对自由进行定义。弗卢的断言似乎依赖着对自由的非道德化的中性定义。通过自由市场消除福利国家的再分配，也就消除了处置私有资源的法律约束，也因此就促进了某些中性自由。例如，如果政府通过向遗产和资本收益征收百分之八十的税来为福利计划提供资金，就会阻止人们把财产向他人转移。弗卢并没有告诉我们，取消该项税收将为此而增加多少中性自由，但取消该项税收却的确可以允许某些人按自己的方式行动，而在有这项税收的情况下他们却不能这样行动。显而易见，资本主义会增进自由这个说法就是指中性自由的这种扩展。许多中性自由又是有价值的有目的依据的自由——因为人们之所以可能把自己的财产向他人转移，是有重要的理由为其依据的。因此，资本主义的确提供着某些中性自由和某些有目的依据的自由，而这些自由在福利国家里是不存在的。

然而，对这种增加的自由，我们需要有更加明确的认识。每一种关于自由的陈述，如果要想有意义，都必须具有这样一种三元结构——它必须具有形如“*X* 有不受 *Y* 的阻碍去做 *Z* 的自由”（*X* is free from *Y* to do *Z*）的结构。“*X* 有不受 *Y* 的阻碍去做 *Z* 的自由”之中的“*X*”表示自由的主体，*Y* 表示阻碍行为的因素，“*Z*”表示特定的行为。每一种自由陈述都必须同时具备这三个组成要素，这样一个陈述必须明确：谁有不受什么阻碍去做什么的自由（MacCallum 1967：314）。弗卢的观点向我们明确了后两种因素：要有不受法律约束去处置财产的自由。但他的观点却没有明确第一个因素：谁具有这种自由？一旦我们提出这样一个问题，弗卢把资本主义与自由画等号的做法就变得十分可疑。因为只有资源的拥有者才有处置资源的自由，而没有资源的人就没有这种自由。想象一下，（在没有遗产税的情况下）你本可以继承一个大庄园，但（由于税收的原因）该庄园现在变成了公园或廉价房。遗产税并没有消除使用该财产的自由，它只是对这个自由进行了再分配。如果你继承了这个庄园，你就有按自己的意愿处置它的自由；假如我在没有得到你允许的情况下，就把你的后园用作我的野餐场地或当作我的草坪，我就违反了法律，而政府就会对我进行干涉并强行剥夺我继续这种行为的自由。另一方面，如果福利国家通过对你的遗产征税而向我提供了买得起的廉价房或我可以享受的公园，我运用和享有该财产的自由就会得到增加。因此，自由市场会根据相应的法律限制我的自由，而福利国家却会增加我的自由。显然，在对自由进行中性定义的情况下，自由的这种增减关系是最明显的；但我从遗产税中所获得的中性自由中的相当一部分，也是重要的有目的依据的自由。①

当我们思考私有财产的起源时，很明显的就是，财产权会通过限制某些人的自由而增进另一些人的自由。当艾米单方面地占用公用的无主 150
土地的时候，本就在法律上被剥夺了使用这块土地的自由。因为某人对某物具有私人所有权就意味着他人对该物没有所有权，"自由市场"既创造着自由又限制着自由，正如福利国家的再分配既限制着自由也创造着自由。因此，如科恩所言："私有财产既是对自由的分配又是对不自由的分配。"（Cohen 1981：227）于是，"可以证明，'自由企业构成经济自由'这句话肯定是错误的"（Cohen 1979：12；cf. Gibbard 1985：25；Goodin 1988：312—313）。

这瓦解了诺齐克的一项重要断言：他断定自己的正义理论优越于自由主义的再分配理论。他说，"如果不对人们的生活进行持续干涉，就不可能持续兑现"罗尔斯的理论（Nozick 1974：163）。因为只要让人们自主管理自己的生活，人们就会进行不容于差别原则的自由交换，因此，要执行差别原则就要持续地干涉人们的交换。诺齐克声称自己的理论避免了对人们生活的持续干涉。因为他的理论不要求人们按照某一种特殊的交

① 赖贝尔论证说，虽然再分配的遗产税的确会对使用被征税资源的自由进行再分配，但它却单方面地减少了遗赠财产的自由（Rieber 1996）。

换模式进行交换，因此也就不要求对人们的交换进行干涉。①不幸的是，诺齐克本人所捍卫的那套交换机制，它本身也要求对人们的生活予以不断的干涉。只有在国家的不断干涉下，才可能阻止人们侵犯诺齐克的正义原则。因此，诺齐克的财产权与罗尔斯的差别原则一样，都只有通过对人们生活的持续干涉才能得以实施。

因为财产权本身就包含着对个人自由的限制，像弗卢那样反对“对个人自由实施任何社会或法律约束”的人就应该拒绝由国家强力保证的财产权，就应该转而支持无政府主义。但自由至上主义者却不是无政府主义者——前者坚决相信，国家应该通过约束个人自由而维护财产权。

一些自由至上主义者也许会论证说，财产拥有者所获得的自由要大于他人所失去的自由。然而，不清楚的是，我们如何可能进行这样的衡量。就算我们可以进行这样的衡量，也不清楚这如何与“最大的平等自由”原则联系起来。通过牺牲一些人的自由而赋予另一些人以自由，纵然能够增加自由的总量，也仍然是违背而不是维护最大的平等自由原则——人们应该拥有相容于他人的平等自由的最大量的自由。就算通过维护财产权给财产所有者带来的自由超过了他人因此而失去的自由，这也很难被当作是增加平等自由的途径——除非有某种规定能够保证，每个人都拥有同等数量的财产。②

无论怎样，绝大多数自由至上主义者都不会声称，自由市场所产生

① 诺齐克这里的断定实际上是不正确的。事实上，他的理论要求人们在进行自由交换时要遵从某个特定的模式——即洛克式的限制性条件——因此，它也要求持续地干涉自由交换以维系这种模式化的分配。这就推翻了诺齐克就“模式理论”(如罗尔斯的理论)与“历史理论”(他自己的理论)所作的著名对比。所有理论都既包含着模式化的因素也包含着历史的因素。例如，只要人们的过去行为和选择遵从着差别原则，罗尔斯就允许人们享有相应的权利(历史因素)；诺齐克则要求，源于人们行为的分配模式不能使任何人的境况差于在自然状态下的境况(模式化因素)。诺齐克声称洛克式的限制性条件不是一种模式化要求(Nozick 1974：181)；但如果真是这样，罗尔斯的差别原则同样也不是模式化的要求(Bogart 1985：828—832；Steiner 1977：45—46)。无论怎样，就算这种对比是能够成立的，也并非是在干涉人们生活的理论和不干涉人们生活的理论之间的对比。

② 在自由至上主义内部，存在着尊重每个人的自由与促进总体自由之间的冲突。要想了解相关的讨论，参见：Kagan 1994。

的自由要多于它剥夺的自由。他们会与弗卢一样论证说，自由市场根本就不会产生任何不自由：资本主义对个人自由不实施任何限制。自由至上 151
主义者如何能够作出这种断言呢？对此的解释是，他们在不知不觉中已经转向了对自由的道德化定义——根据这种定义，自由就是对权利的运用。当不允许他人擅自动用我的财产时，他人的自由并没有因此而受损，因为他人本来就没有权利去动用我的财产。由于他人没有权利擅自动用我的财产，通过强制性地维护我的财产权就不会减少他人的（道德化的）自由。

旨在吸引大众目光的许多花哨读物在解释自由市场如何增进自由的时候，都依赖于对自由的这种道德化定义。根据任何非道德化的自由定义，私有财产既产生着自由也产生着不自由。然而，依据对自由的道德化定义，我们可以说自由市场对任何人的自由都没有约束，因为它只是不让人们做他们没有权利去做的那些事情（如擅自使用他人的财产）。

当然，一旦自由至上主义者采纳了对自由的这种道德化定义，这个断言——自由市场会增加人们的自由——就要求对财产权的存在予以在先的证明，而这个证明本身却不能又以自由为基础。自由市场会增进按道德化的方式所定义的自由——要捍卫这个论断，自由至上主义者必须证明人们享有财产权。但这种证明却不是以自由为前提来证明财产权。相反，关于自由的论断预先就设定了财产权，也就是说，仅当我们有在先的和独立的理由把这种权利当作是道德上正当的权利，才有理由认为财产权会增进自由。而我却已经论证了，现行的通过诉求自我所有权或互利的论证方式，是不成功的论证。

无论怎样，一旦我们把自由定义为有道德权利去做某事的自由，自由就无法成为相互竞争的权利理论的仲裁者。每一种理论都可以论证说，按照它的道德权利观念行事的政府都不会限制（道德化的）自由。如果接受自由至上主义的断言——人们对不平等的世界资源的绝对财产权是一种合乎道德的权利，那么，资本主义就的确不会对（道德化的）自由形成任何约束。但是，如果我们接受的是自由主义的平等主义观点——人们对源于自己不应得天赋的利益没有相应的道德权利，那么，不会对（道德化的）自由形成任何约束的反而是福利国家。如果人们对源于自己不应得的自然优势的利益没有道德权利，那么，当福利国家通过再分配把优势者的资源向劣势者进行转移时，就没有对任何（道德化的）自由形成约束。人们应该有自由去做他们有权利去做的任何事——这个说法，对于解决自由主义者与自由至上主义者之间的争端并没有任何帮助。我们只有首先在他们对道德权利的不同解释之间作出选择，我们才能够在他们对道德化的自由的不同解释之间作出选择。

152 我们现在能够看出，自由至上主义的标准立场——把福利国家等同于对自由的限制而把资本主义等同于取消对自由的限制——究竟有什么样的缺陷。自由至上主义在作出这个断定时，依据着两种不一致的自由定义。自由至上主义者为了论证福利国家对财产所有者的自由构成了限制，他们会诉求关于自由的非道德化的定义。福利国家的确限制了人们的自由，但依据非道德化的自由定义，资本主义也同样限制着人们的自由。为了避免这个难题，为了论证资本主义不会限制非财产所有者的自由，自由至上主义者又转向了关于自由的道德化的定义。①假如我们接受诺齐克或戈捷为财产权所作的论证，资本主义不会限制人们自由的论断就是正确的，但这个论断本身却不是接受这些论证的理由。因此，福利国家限制自由而资本主义不限制自由的这个通常论断所依据的是：在论证的中途，把一种自由定义换成了另一种自由定义。

要对资本主义与自由的关系进行恰当的梳理，我们需要始终如一地坚持某一种自由定义。是否有某种可在论证中首尾一致地加以运用的自

---

① 如果不偏袒任何一方的话，我们会发现，自由主义的平等主义者在运用自由的定义时，也存在同样的不一致。为了论证福利国家不会限制自由（因为福利国家通过税收机制只向优势者征收他们没有道德权利获取的资源），自由主义的平等主义者会诉求道德化的自由定义；但他们为了论证资本主义会限制自由（因为它限制非财产所有者的自由以阻止他们使用财产所有者的资源），又会诉求非道德化的自由定义。

由定义会支持下述论述：自由至上主义比自由主义的再分配机制提供着更多的平等自由？

如果自由至上主义者首尾一致地坚持关于自由的中性定义，并进而断定自由市场增进着中性自由的总量，情况会怎么样呢？首先，必须证明，通过允许私有财产而增加的中性自由要大于因此而减少的中性自由。这种情况是否真实，甚或是否可能进行相应的测量，都是不清楚的。此外，就算资本主义的确会增进人们的中性自由，我们仍然想要知道，这些中性自由究竟有什么样的重要性。如果自由市场对我们的重要性仅仅类似于对他人进行诽谤的自由或擅闯红灯的自由，我们对资本主义的辩护就不会有太大的说服力。

如果自由至上主义者采纳有目的依据的自由定义，并进而断言自由市场向我们提供着那些最为重要的自由，情况又会怎样呢？下述观点显然是正确的：拥有财产不仅对追求我们的人生目标至关重要，而且能够在一定程度上帮助我们实现生活的自主和维系生活的私有空间。①但是，无限制的财产权只会有助于那些实际拥有财产的人，只会促进财产拥有者实现自己最重要的人生目标。拥有遗赠财产的自由固然会促进你最重要的人生目标，但前提是你必须要有可遗赠的财产。因此，无论财产与有目的依据的自由具有怎样的关系，为人们提供最大的平等自由的目标意味着对财产的平等分配，而不是无限制的资本主义。诺齐克否认这个看法，他声称，即使对于那些缺乏财产的人，形式的自我所有权也是最重要的自由。我们已经看到，诺齐克的论证基于尊严和自主的观念，基于要按自己的生活取向而行动的观念；但这样的观念既要求人们能控制自己又要求人们能控制相应的资源。就我们的人生目的而言，因此也就我们的有目的依据的自由而言，能够独立拥有资源是至关重要的。但这样的论证却有利于自由主义的平等，而不利于自

---

① 要想了解拥有财产对这些价值究竟具有怎样的重要性，参见：Waldron 1991；Michelman 1996。

由至上主义。

153 如果自由至上主义者坚持对自由的道德化定义，并进而断言自由市场能够提供我们有权利拥有的自由，情况又会怎样呢？按照道德化的自由定义，仅当我们已经知道我们对哪种自由拥有权利，我们才能说尊重这种自由会增加我们的自由。我不相信自由至上主义者已经为下述观点给出了具有说服力的论证：对无限制的财产所有权具有这样一种道德权利。这样一种权利不可能源于某种有说服力的平等理论（因为它使不应得的不平等的影响力太大），它也不可能源于某种有说服力的互利理论（因为它使不应得的不平等的影响力太小）。难以看出，任何其他的论证如何可能避免这种似乎是无法克服的反驳意见。但是，就算我们能够提出可以把资本主义的财产权包含进来的、具有说服力的平等观念或互利观念，也不能令人混淆地声称这是为自由所作的论证。

因此，在我看来，关于自由的三种定义中的任何一种，都不能支持这个观点——自由至上主义会增进自由。这三种立论的失败意味着，以自由为基础的理论不过是观念的混乱。我们对某些自由的信奉并非源于对自由的任何一般权利，而是源于自由在最好的道德平等理论中（或互利理论中）所起的作用。我们应该询问的是，考虑到人们的根本利益，究竟哪些自由对人们最有价值；考虑到平等或互利的要求，究竟对这些自由作怎样的分配才是正当的。那样的自由观以及自由量的大小，在政治论证中根本派不上用场。

戈登反对这种把“自由”从政治评价的范畴中抹去的做法，反对用对更具体的各种自由的评价去取代“自由”：“如果被迫……对自由进行越来越细的说明，作为一种哲学和政治难题的自由就将因此而消失，无数多的各种具体‘自由’就将因此而抹杀自由。”（Gordon 1980：134）当然，这正是关键之所在。再也没有关于自由的这种哲学和政治难题了，真正的难题只是如何评价各种具体的自由。无论何时，只要有人声称我们应该拥有更大的自由，我们就必须追问：谁应该免于什么障碍去拥有做什么的更大自由？与戈登相反，使真正的问题被遮蔽的，不是对这些内容的详细说明，而是未能对它们进行详细的说明。①无论何时，只要有人试图基于自由去维护自由市场或其他什么，我们都必须要求他们明确，是谁有自由去从事哪类行为，然后再询问为什么那些人对那些自由具有正当的要求。譬如，我们应该追问，哪些利益会被这些自由所促进，对平等或互利的哪种解释会要求我们以促进那些自由的方式去关照那些利益。我们不可能首先诉求那样的自由原则或自由范畴，进而阻止对这些具体问题的讨论。

第五节　自由至上主义的政治

自由至上主义与自由主义的平等一样，信奉这样一个原则——要尊重人们的选择；但自由至上主义却拒绝另一个原则——要纠正境况的不平等。如果走向极端，这个立场不仅在直觉上不可接受，而且还会自我瓦解。因为，拒绝对劣势的境况进行纠正，恰好会摧毁第一个原则——要尊重人们的选择——所倡导的那些价值（如自我决定）。自由至上主义者否认不应得的境况不平等具有道德要求，这就意味着，自由至上主义者没有认识到境况的差异对人们的选择能力、自主和自尊具有深远的影响。 154

然而，在实践的层面，自由至上主义却可能展现为稍微不同的面貌。

① 戈登接下来的讨论凸显了这些危险。例如，他声称，自由市场增进了人们的自由，但必须以正义的名义加以约束。但是，他并没有详细说明哪些人在自由市场中获得了哪种自由（他说，详细说明这些事情会遮蔽“那种自由”难题）。因此，他忽略了私有财产权所导致的自由损失，因此就错误地以为在正义和自由之间存在着冲突。试图把“自由”观念作为一种单独的价值而加以保存的另一种类似尝试，也是含混不清的（Raphael 1970：140—141）。拉斐尔注意到，对财产的再分配可被看作以正义的名义对自由的再分配，而不是以牺牲自由来促成正义。但是，他又说，这会使自由不再成为一种独立的价值，相应地，“承认国家所追求的道德目标的复杂性，承认正义和共同利益虽与自由紧密相关但却不等同于自由，是更加明智的做法”；因此，“国家不应该为了服务于正义和共同利益的目的而最大限度地干涉社会生活”（Raphael 1970：140—141）。为了保存他们所声称的自由与正义或自由与平等之间的对比，戈登与拉斐尔都歪曲了或忽略了所涉及的实际自由与不自由。还有一些讨论试图说明这样一个论述——自由“被赋予了超过其他政治利益或价值的优先性”——的含义，而这些讨论也基于类似的混淆。例如，由于用来衡量自由的标准诉求着那些其他价值，就使得这种优先论断变得不可理解（例如：Gray 1989：140—160；Loevinsohn 1977）。

自由至上主义之所以赢得广泛的支持，是因为它的“滑坡”论证关注这样一个事实：为了满足使境况平等的原则，社会开支在不断地增长。与罗尔斯一样，自由至上主义者认识到，流行的机会平等观是不可靠的。如果我们认为社会劣势应该得到纠正，就没有理由不纠正自然劣势。但自由至上主义者却说，虽然不平等的境况也许*在原则上*可以提出正当的要求，但实施这种原则的企图却必然会*在实践上*沿着一个滑坡滑向压制性的社会干涉、中央计划甚至人类工程。该原则会引向奴役之路，到那时，尊重选择的原则就会被境况平等的要求所吞噬。

为什么可能会出现这样的情况呢？自由主义者希望平衡这样一对孪生要求：尊重选择与纠正境况。就一些事例而论，这似乎没有什么困难。使教育条件平等的企图并不会压制个人选择——例如，要确保黑人居住区的公立学校与白人居多的公立学校具有同样好的教育条件和水准。消除不同社会群体之间根深蒂固的不平等，几乎不会与个人选择相冲突。这样的不平等呈现出如此显著的系统性，以至于很难认为这些不平等源于个人选择的不同。但使境况平等的原则不仅适用于社会群体之间的悬殊，也适用于个体之间的差异，而不那么清楚的是：个体之间的哪些差异源于选择，哪些差异源于境况。考虑一下与努力相关的问题。为了捍卫敏于志向的原则，我曾提出种植者与网球手的例子，在那个例子中，两人收入的差异源于努力的不同，因而是正当的。那个例子成功地说明问题，种植者与网球手就必须处于相同的境况——譬如，他们在技术和教育方面不能有不平等，因为这些不平等会导致个人能力的不平等，而个人能力的不平等又会影响个人努力的成效。但在现实世界里，人们总是生活在不同
155 的背景中，而这些不同的背景有可能正是导致他们作出不同选择的原因。

例如，人们在努力方面的差异有时与自尊方面的差异相关联，而自尊方面的差异又常常与人们的社会环境相关联。一些儿童能获得亲友的较多关爱，或者干脆直接受益于社会生活的偶然因素（譬如，不会恰好在考试前生病）。不清楚这些差异究竟会造成什么样的影响，任何企图明确这些影响的做法都会严重侵犯个人生活。罗尔斯说“自尊的社会基础”也

许是最重要的基本益品(Rawls 1971：440)，但我们是否想要政府来监控父母对我们的关爱程度呢?

此外，与其补偿不平等境况所造成的影响，为什么不对儿童实行共同抚育以消除境况不平等对努力的影响呢? ①自由主义者认为，这是不能令人接受的对选择的限制。但自由至上主义者却害怕，这是自由主义的平等主义信念——要使境况平等——的逻辑终点。自由主义者使境况平等是为了更充分地尊重选择，但我们如何保证前者不会吞噬后者呢?

进一步讲，为什么不把使境况平等的原则延伸到基因工程呢? 也就是说，为什么不控制人类胚胎以使人的禀赋更加平等呢?(Reinders 2000；Brown 2001)或者，考虑一下器官移植：如果某人天生失明而另一人天生就有两只功能良好的眼睛，为什么不要求移植一只眼睛给天生失明的人呢?(Nozick 1974：207—208；Flew 1989：159)德沃金指出，要区分下述两种做法：一方面，为了平等待人而改变东西，另一方面，为了平等待人而改变人。使境况平等的原则要求前一种做法，因为这种做法是平等待人这个更一般的要求的一部分(Dworkin 1983：39；Williams 1971：133—134)。这是一个有效的区分，但却仍然无法回避所有难题——因为按照德沃金的理论，人们的自然天赋是他们境况的一部分(自然天赋“是用于追求良好目标的东西”)，而不是人的一部分(自然天赋“不是确定优良生活的信念”)。为什么眼睛移植要当作对人的改变，而不仅仅当作对人们境况的改变呢? 德沃金说，体现人之为人的某些特征既可以是人的一部分(就这些特征构成我们的同一性而言)，又可以是人的境况的一部分(一种资源)。这似乎也说得过去。但却不容易划出相应的界线。譬如说，血液应该划入哪一类呢? 如果我们要求健康者向血友病患者输血，我们是否在改变人呢? 我不认为是在改变人。但如果要求移植肾脏呢? 与被输出的血液一样，第二个肾脏对我们的自我认同并非必不可少的要件，但

① 有人担心，罗尔斯的自由主义的逻辑结论就是，要求用国家对小孩的平等抚养来取代家庭——对于这种担心的回应，参见：Mallon 1999；Lloyd 1994；Fishkin 1983。

我们却不愿意把这种移植要求当作是源于正义的正当要求。

我们再一次面临着滑坡难题。一旦我们走上使境况平等的道路，哪里才是我们的终点呢？德沃金认识到了这个滑坡难题，所以他说，我们也
156 许应该确定身体有一个不受侵犯的范围；无论这个范围内的某个特殊部分对我们是多么不重要，也要保证平等境况原则不会侵犯到个人。自由至上主义者在实践中正好延伸了这个策略。如果我们为了确保对个人人格的尊重而对人的身体划出一个保护范围，为什么不可以出于同样的考虑对她的境况也划出一个保护范围呢？为了确保我们不会在统一的抚养模式下失去个体特性，为什么不可以说，境况的差异并不能产生有约束力的道德要求呢？①

如果我们以这种方式看待自由至上主义，它之所以得以流行就是可以理解的了。是的，否认不平等的境况会导致不公平，是不人道的；但是，除非我们可以在选择与境况之间划出一条既可令人接受又泾渭分明的界线，要使这些形式的不公平成为有约束力的道德要求的基础，则多少令人不安。自由至上主义利用了这种不安，并认为我们能够避免在选择与境况之间被迫进行划界。

作了这些说明之后，也不必对自由至上主义的流行程度或它的政治影响过于夸张。在20世纪80和90年代，许多国家无疑有向右翼转的倾向：削减国家的福利开支、反击“主张纳税和支出的自由主义者”以及选举“保守”或“新右翼”党派。但是，我认为，以为这些变化根源于特征分明的自由至上主义的信念，则是一个错误。大多数右翼党派的支持者承认，有一些义务去补偿机会的不平等和保护弱势群体。他们之所以反对福利国家，并非必然出于对自由主义的平等主义的敏于志向与钝于禀赋的分配目标的拒斥。相反，他们认为，福利国家的失败就在于，在实践上，这两个目标一个都没有得到兑现。

---

① 对于残障问题的处理方法，自由主义与自由至上主义(与女权主义)形成了一个有趣的对比。要想了解这个对比，参见：Silvers, Wasserman and Mahowald 1998。

一方面，人们普遍认为福利国家是在向辛勤工作的公民征税以贴补那些就是不愿工作的好逸恶劳者。这就违背了敏于志向的原则，也违背了人应该为自己的选择承担责任的原则。民意调查表明，人们今天比二十年前更有可能认为，那些依赖于失业救济或国家福利的人是在为自己的生活状态承担责任，他们并非不幸或机会不平等的牺牲者。

另一方面，人们也认为福利国家事实上没有能够做到补偿穷人的劣势。虽然自由主义的平等主义者一贯认为，再分配的政策能够使劣势者进入主流社会并使他们有效地运用自己的公民权利与政治权利，新右派却论证说，福利国家助长了穷人的消极性，不仅没有实际增进他们的生活机会，反而产生了一种依赖性的文化。福利国家不仅不是问题的解决之道，反而使问题越发难以解决，使公民在官僚制的保护下成了消极的依赖者。因此，福利国家没有能够在实践上成功地补偿境况的不平等，相反，福利 157
国家甚至加重了穷人的劣势处境。

为了克服福利国家的失败，新右派认为，我们必须“超越资格”；我们必须强调：人们应该为自己的生活承担责任。①由于福利国家削弱了人们的独立意识，社会安全网就应该被削弱，并且，任何保留下来的福利都应该附加与之对应的义务。这个观念支撑着20世纪80年代对福利体制的主要改革——“工作福利”方案。该方案要求福利接受者为自己享有的福利而工作，这样做的目的是为了重新强化这样一个观念：公民应该自食其力。人们认为，这种方法就下述意义而言要优于福利国家：一方面能增进责任感，另一方面能使人们走出贫困或失业。

这些观念和信念降低了公众对福利国家的狂热，并使公众转而支持右翼政策，但它们与哲学意义上的自由至上主义却几乎没有什么关系。西方民主国家的公民并没有整体性地拒绝自由主义的平等原则，但很多人却不再相信福利国家能够兑现这些原则。因此，左翼党派与右翼党派之间

① “*Beyond Entitlement*”是米德的一本很有影响的新“右派”书籍，该书批判福利国家助长了消极和排斥，参见：Mead 1986；cf. N. Barry 1990：43—53。

的争论并不是就保护弱者的原则进行争论（双方都不反对对弱者采取某种保护措施），而是就这样一些经验问题进行争论：哪些人是被迫处于劣势地位的。是否再分配政策真的能够帮助他们克服这些劣势。

这意味着，那些目前支持右翼党派的人士有可能转而支持再分配政策——如果他们有理由相信，这些政策既能够弥补被动劣势又不会赞助好逸恶劳者。①不幸的是，福利国家所表现出来的失败不仅助长了对传统再分配政策的不满，而且还导致了对政府实现社会正义的能力的广泛不信任。赫克洛承认："现在，对于政府欲以实现社会目标的能力，存在着一种根深蒂固的讥讽态度。这不仅仅是保守主义巧言善辩的结果，而且是善意努力被极端复杂的社会现实撞击后的痛苦经验的结果。"（引自"King 1999：45"）许多人进而相信，真正的困难不在于特定的社会政策的复杂细节，而在于国家是否有能力去"操纵"社会。因此，许多人认为，任何关于社会政策的新设想都将面临失败，尝试这些建议不过是浪费纳税人的金钱。②

"管理的乐观主义"在西方民主国家呈普遍的衰减之势，但一些国家却比另一些国家衰减得更多。事实上，这种差别是解释不同国家之间社会政策之不同的一个关键因素。人们常常认为，一些国家比另一些国家采纳更弱的福利政策的原因在于，这些国家的公民持守着独特的个人主义或
158 自由至上主义的正义观。事实上，就公平而言，就希望能够有弥补被动劣势的公共政策而言，西方国家公民之间所持的信念并无多大差异。在西方国家公民之间，更大的差异表现在，公民对于国家能否成功实施这类政策抱有多大的信任度，以及公民对于自己同胞的合作精神持有多大的信任度。按照罗斯坦的说法，这是信任水准的不同，而非正义原则的不同；信

① 想要了解支持这种说法的明确证据，参见：Bowles and Gintis 1998、1999；Gilens 1999。

② 一些人论证说，福利国家的弱点是如此之多，以至于一个严格的罗尔斯主义者——他只关心如何使最不利者的利益最大化——也应该拒绝公共退休制度和公共保健制度等政策，并支持自由市场的资本主义；譬如，Shapiro 1997、1998。要想了解与之相反的经验证据，参见：Sterba 2000：471—474。

任水准的不同，很大程度上解释着为什么西方民主国家对福利政策持有不同的态度。①

可见，许多公民之所以支持右翼党派削减福利政策，是出于各种各样的理由。（当然，很多人只是不喜欢交纳高额税收，但由于人们总是不喜欢交税，因此就不能解释为什么人们今天比二十年前更不愿意支持福利政策。）但要注意，所有这些理由都没有基于自由至上主义的论证——自我所有权或财产所有权具有至高无上的神圣性。今天，"左派"与"右派"的主要争论焦点，不在于是否要人们为自己的选择承担责任或是否要弥补境况不平等，而在于一些根本的经验问题：

（1）在什么程度上，人们遭受贫穷是因为不幸和机会不平等？在什么程度上，人们遭受贫穷又是因为他们自己的选择？如果我们通过再分配把金钱给予穷人，我们这样做是在帮助境况不平等的牺牲者呢（"左派"人士倾向于持这种信念），还是在贴补昂贵的嗜好和助长不负责任的选择呢（"右派"人士倾向于持这种信念）？

（2）福利国家是否做到了帮助穷人克服自己的劣势并进而帮助他们参与社会生活（"左派"人士倾向于持这种信念）？或者，福利国家是否产生了一个被边缘化的、反而为贫穷所困的福利依赖阶层（"右派"人士倾向于持这种信念）？

（3）在有些情况下，贫穷部分源于自己的选择，部分源于境况的不平等，那么，哪种因素是首要的呢？我们是否应该要求穷人证明自己有能力为自己的行为担负责任，然后才允许他们获得帮助（如"右派"人士倾向于持这种信念）？或者，我们是否应该首先使他们的境况平等，然后再要求他们为自己的选择担负责任（"左派"人士倾向于持这种信念）？

（4）国家有纠正被动劣势的能力（"左派"人士倾向于持这种信

① Rothstein 1998：164—165。要想了解西方民主国家中关于正义的大众信念的经验证据，以及这种经验证据与哲学正义理论的关系，参见：Miller 1992、1999 ch. 4；Swift et al. 1995；Skitka and Tetlock 1993。

念)，真是这样吗？或者，如贫穷、无家可归、高辍学率这样的社会问题的原因太过复杂，以至于如果企图由国家来解决这样的问题，一般而言不仅免不了失败的命运，反而会使这些问题更加恶化(“右派”人士倾向于持这种信念)？

这些复杂的问题不可能轻易获得解答。①但没有哪种右翼立场是在诉求自由至上主义的原则。许多右翼立场至少在原则上承认，纠正境况的不平
159 等是合意的，但对不平等的程度以及福利国家纠正这些不平等的效果却持有异议。相反，自由至上主义者坚持，国家没有纠正境况不平等的义务。事实上，自由至上主义者坚持，国家甚至**被禁止**去纠正这些不平等，因为这种尝试将侵犯到神圣的财产权。这类自由至上主义的立场甚至在“右翼”的圈子里也并不普遍——许多自由至上主义者承认这个事实并为之叹息。②

进一步阅读指南

对于新近的自由至上主义思想，有下述作品集可供参考：Tibor Machan and Douglas Rasmussen (eds.), *Liberty for the Twenty-First Century: Contemporary Libertarian Thought* (Rowman and Littlefield, 1995); David

---

① 思考一下国家能力的问题。似乎无可置疑的是，各种自由主义的平等主义的理论对国家能力都作了过于乐观的假定。例如，为了详细论述自己的自由主义的平等理论，阿克曼明确地诉求着“完善的正义技术”的观念(Ackerman 1980：21；要想了解类似的假设，参见：Arneson 1990：158；Roemer 1985a：154)。当然，阿克曼知道，不可能在现实世界里获得“完善的正义技术”。但是，他没有告诉我们，相应于我们实际存在的“正义技术”，依据“完善的正义技术”观念发展出来的理论中的哪些部分可以在现实世界里得到贯彻。然而，无论“右派”社会科学家(Glazer 1988)或是左派社会科学家(Rothstein 1998)，都对实现社会目标的国家能力的局限性形成了自己的理论。可这类文献还没有渗入哲学的争论。如果去查找那些主要的左翼—自由主义政治哲学家(罗尔斯、德沃金、科恩、勒默尔、阿尼森、阿克曼)的文献巨著，将找不到这样的探讨：国家在多大程度上有能力或没有能力实现他们所倡导的那些正义原则。

② 作为一个著名的美国自由至上主义者(支持以互利为基础的自由至上主义)，洛马斯基曾著有一篇名为“Libertarianism as if (the Other 99 Percent of) People Mattered”的文章(Lomasky 1998)。在这篇文章中，洛马斯基承认，只有一小部分美国人支持自由至上主义的理想。他的文章提出了这样一个问题：由于绝大多数人都不同意他们的原则，自由至上主义者在一个民主制度中如何从事政治？

Boaz(ed.)，*The Libertarian Reader: Classic and Contemporary Writings from Lao-tzu to Milton Friedman*（Free Press，1997）。后一本选集包含了大量的对于自由至上主义思想的加注文献。巴里在他的著作 *Libertarianism in Philosophy and Politics*（Norman Barry，Cambridge University Press，1991）中，为当代自由至上主义提供了一个综述。要想了解对自由至上主义的全面批评，参见：Alan Haworth，*Anti-Libertarianism: Markets，Philosophy and Myth*（Routledge，1994）。

虽然我在本章集中探讨的是当代自由至上主义思想，但弗里德里希·哈耶克的著作却仍然具有深远的影响力，特别是下面两本著作：Friedrich Hayek，*Road to Serfdom*（University of Chicago Press，1944）；*The Constitution of Liberty*（University of Chicago Press，1960）。要想了解相应的评论，参见：Chandran Kukathas，*Hayek and Modern Liberalism*（Oxford University Press，1989）；Roland Kley，*Hayek's Social and Political Thought*（Oxford University Press，1994）。

正如本章指出的那样，为自由至上主义的辩护通常会走向下述三种主要路径的某一种：(1）自我所有权；(2）互利；(3）使自由最大化。对自我所有权的论证最有影响的阐释是 Robert Nozick 的 *Anarchy，State，and Utopia*（Basic Books，1974）。对诺齐克最有力的批评是 G. A. Cohen 的 *Self-Ownership，Freedom and Equality*（Cambridge University Press，1995）。科恩对诺齐克的批评曾经是(至少)三个专题研讨会的主题，分别载于：*Critical Review*，12/3（1998）；*Journal of Ethics*，2/1（1998）；*Proceedings of the Aristotelian Society*，supplementary volume（1990）。围绕诺齐克对自由至上主义的辩护所引起的争论，还有更多的一般性概述，譬如：Jeffrey Paul (ed.)，*Reading Nozick*（Rowman and Littlefield，1981）；Jonathan Wolff，*Robert Nozick: Property，Justice，and the Minimal State*（Stanford University Press，1991）。

虽然自我所有权的理念通常用于对右翼自由至上主义的辩护，但事实上，“左翼自由至上主义”也有一个悠久的传统。“左翼自由至上主义”试图把这两者结合在一起：一方面，强烈地坚持自我所有权的原则，另一方面，同样强烈地信奉对外部资源的平等所有权原则。要想了解对该传统的全面综述，参见：Peter Vallentyne and Hillel Steiner, *The Origins of Left-Libertarianism: An Anthology of Historical Writings* (Palgrave 2000); *Left-Libertarianism and its Critics: The Contemporary Debate* (Palgrave 2000)。

160 对于以互利论证的自由至上主义的清晰表述，参见：David Gauthier, *Morals by Agreement* (Oxford University Press, 1986); Jan Narveson, *The Libertarian Idea* (Temple University Press, 1988); Peter Vallentyne, *Contractarianism and Rational Choice: Essays on Gauthier* (Cambridge University Press, 1991)——该论文集的撰稿人对戈捷的论证予以了评价。戈捷的论证依据着社会契约论的传统，要想了解对该传统的明确解释，参见：Jean Hampton, *Hobbes and the Social Contract Tradition* (Cambridge University Press, 1986)。

当面向大众谈论自由至上主义的时候，虽然使自由最大化的论证也许是被诉求得最多的，但在学术界情况却正好相反。令人吃惊的是，很少有学者为“使自由最大化”的观念提供理论的说明，也很少有学者去说明我们该如何测量自由。查尔斯·泰勒曾试图证明，“使自由最大化”的观念是没有意义的，他的论述颇有影响，参见：Charles Taylor, “On Negative Freedom”, in his *Philosophy and the Human Sciences: Philosophical Papers*, vol. ii (Cambridge University Press, 1985)。要想了解一种迎接这种挑战的勇敢尝试，参见：Ian Carter, *A Measure of Freedom* (Oxford University Press, 1999)。

除了上述三种论证，还有一个为自由至上主义提供辩护的、有深远影响的传统。这个传统即是基于纯粹的功利主义去维护自由至上主义和最小政府，以保证最有效率地运用资源和产出最大的总体福利。对于这种通过效率(功利主义)去维护自由至上主义的做法，有一些有影响力的论述，例如：Richard Epstein, *Takings* (Harvard University Press, 1985);

Bargaining with the State, (Princeton University Press, 1995); *Simple Rules for a Complex World* (Harvard University Press, 1995); James Buchanan and Gordon Tullock, *The Calculus of Consent* (University of Michigan Press, 1962); James Buchanan and Richard Congleton, *Politics by Principle, Not Interest* (Cambridge University Press, 1998); Richard Posner, *The Economics of Justice* (Harvard University Press, 1983); *Overcoming Law* (Harvard University Press, 1996)。当然，这样一个论断——自由至上主义的政治安排会使效用最大化——是颇有争议的。要想了解对该论断的质疑，参见：Rick Tilman, *Ideology and Utopia in the Social Philosophy of the Libertarian Economists* (Greenwood, 2001)。无论上述论断是否成立，这种功利主义的自由至上主义的立场所引出的基本哲学问题与在第二章中探讨过的其他形式的功利主义所引出的那些问题是一样的。

有几本期刊专门研究自由至上主义的哲学，包括：*Critical Review*; *Social Philosophy and Policy*; *Journal of Libertarian Studies*; *Independent Review*。

有帮助的网址包括：

(1) "Libertarian. org"，它提供"对自由至上主义的介绍"和"对自由至上主义哲学及自由至上主义运动的综述"。它加盟于更大的"Free-Market. Net: The Freedom Network" (**www. libertarian. org**; **www. free-market. net**)。

(2) 经济自由基金会出版名为"*Ideas on Liberty*"的杂志。它的网址包括课程计划、文献目录以及关于"自由市场的经济优势和伦理优势"的论坛(**www. fee. org**)。

(3) 自由意志党("原则党")——在本书中所探讨的思想流派中，也许是惟一一个有其政治党派的流派(**www. lp. org**)。

(4) "Critiques of Libertarianism"，这个网站上有批评自由至上主义理论和政策建议的大量链接(**www. world. std. com / ~ mhuben /libindex. html**)。

第五章

马克思主义

166 左翼思想家对自由主义的正义通常持这样一种批判立场：自由主义的正义只是支持形式的平等——支持机会平等或公民权利与政治权利的平等；而忽略物质的不平等，忽略对于资源占有的不平等。对于自由至上主义而言，这是一种有效的批判，因为它承诺形式的自我所有权而不是实质的自我决定。但是，由罗尔斯和德沃金所倡导的当代自由主义的平等主义理论，却似乎不易受到这样的批判。罗尔斯的确相信，物质不平等（依照差别原则）相容于权利平等（依照自由原则）。一些批判家说，这表现了罗尔斯对形式平等的恋恋不舍（e.g. Daniels 1975a：279；Nielson 1978：231；Macpherson 1973：87—94）。但差别原则所允许的不平等却旨在促进较少受益者的物质境况。差别原则不仅没有以形式平等的名义忽略实质的自我决定，相反，差别原则的合理性恰好在于：假如他们拒绝吻合差别原则的不平等，“较不幸的社会成员实现自己目标的能力甚至可能会更弱”（Rawls 1971：204）。因此，以人们实质的自我决定的名义去反对这类不平等，有相当大的误导作用。①

社会主义者与自由主义的平等主义者都信奉物质平等，他们对正义的解释是否因此而相同呢？就社会主义思想的某些分支而言，答案是肯定的。在德沃金的自由主义的资源平等理论与社会主义的各种“补偿正义”（compensatory justice）理论——也旨在实现敏于志向和钝于禀赋的分配目标——之间，似乎不存在深刻的差异（e.g. Dick 1975；DiQuattro 1983；cf. Carens 1985）。②类似地，在自由主义所解释的“拥有财产的民主”或“利益相关者社会”与各种模式的“市场社会主义”之间，也不存在深刻的差异——因为后者在使生产资料所有权更平等的同时，依然依靠市场来分配商品和劳务。③

然而，别的一些社会主义思想分支却走向了不同的方向。我将在本
章里探讨这样一些在马克思主义的新近著作中得到阐述的思想分支。随 167
着东欧社会主义制度的名誉扫地和最终瓦解，人们通常认为马克思主义现在已经“僵死”了，就像更古老的关于神学统治、封建制或绝对君主制的理论那样，已经被扔进了历史的垃圾箱。可是，令人吃惊的是，社会主义制度在东欧的消失却伴随着马克思主义理论在西方的复兴。在20世纪的绝大部分时间里，马克思和马克思主义几乎被英美哲学界完全忽略了（Ware 1989：1—2）。但在过去的二十年里，却涌现了大量试图重新对马克思主义理论进行系统阐述的著作。这个运动通常被称为“分析的马克思主义”，因为它的倡导者旨在运用当代英美分析哲学和社会科学的手段和方法对马克思的洞见予以再阐述。

这种“重新阐述”马克思的过程当然有其选择性的目标。马克思的许多信念和预见都被合情合理地推翻了，而几乎没有人愿意再去捍卫他思想中的僵死内容。特别地，很少有分析的马克思主义者愿意去捍卫被称为“历史唯物主义”的马克思的历史理论。按照历史唯物主义的说法，人类

---

① 虽然自由主义的平等主义者与马克思主义者都支持物质平等，但他们在采用什么手段去实现这个目标的问题上却呈现出分歧。如果社会违背了差别原则但却尊重公民权利，我们能否通过限制公民自由来纠正物质不平等呢？对此，罗尔斯与德沃金都会持否定看法。与之相反，一些马克思主义者愿意采纳更激进的手段以实现分配正义（参见第三章，本书第126页注释②）。

② 事实上，德沃金理论的一些重要方面已经在迪克对“补偿正义”的解释中初露端倪。迪克论证说，如果资源不平等能够对人们所承受的负担的差异作出补偿，资源不平等就是正当的（Dick 1975）。按照迪克的观点，那些在危险和艰苦环境下工作的人们就比那些在安全和舒适环境下工作的人们有资格获得更高的报酬。他认为，这种做法的目的是要同时实现对利益和负担的平等分配。在适宜的市场条件下，这种观点很可能消融进德沃金的资源平等观点：前者所解释的“负担”正好是后者所解释的“昂贵偏好”的另一面，这二者都在资源平等的条件下由市场机制所决定（Carens 1985）。

③ 比较第三章末所讨论过的一些提议与新近关于市场社会主义的观点，如 Bardhan and Roemer 1993；LeGrand and Estrin 1989；Miller 1989。二者的重叠部分通过下述事实清晰地反映出来：勒默尔的使所有权份额平等的提议有时被称为“息票资本主义”，有时又被称为“市场社会主义”。

社会的发展是由阶级斗争决定的，阶级斗争又被生产方式的发展所决定；而生产方式发展的必然后果就是无产阶级通过革命去推翻资本主义。资本主义首先要被社会主义所替代，而最后一旦实现了物质的极大丰富，资本主义就将由充分发展的共产主义所替代。

当代的分析的马克思主义者中很少有人相信无产阶级革命的必然性。然而，正是出于这个理由，对于马克思主义者而言，澄清他们所信奉的社会主义或共产主义的规范性基础就显得更为重要。当过去的马克思主义者相信社会主义是*必然的*(inevitable)，就没有必要去解释社会主义为什么是*合意的*(desirable)。社会主义不过是被历史发展预先决定好了的一个阶段性终点。资本主义由于其内部矛盾将自我瓦解，而且越来越贫穷的无产者除了推翻资本主义制度将别无选择。作为革命基础的，是经济矛盾而非道德依据。

事实上，马克思与恩格斯对那些试图通过道德来论证社会主义的理论家提出了严厉的批评。一方面，他们认为道德论证是不必要的，因为工人阶级除了革命别无选择；另一方面，他们认为道德论证是一种会制造分裂的策略，因为正义理念会导致无穷无尽的争论。此外，资本主义的捍卫者已经制造出了旨在为资本主义的自由和平等提供辩护的复杂的意识形态。如果把辩论引向道德论证的领域，就会使资本主义的理论家去转移工人的注意力并妨碍他们去从事革命任务。

可是，今天的马克思主义者认识到，如果要实现社会主义或共产主义的理想，就要说服人们并使他们相信，这些理想具有道德上的正当性，
168 并且值得追寻。事实上，工人的贫困不仅没有不断加深，相反，大多数工人的生活水准都有所提高，而且，他们还经常选举忠诚于资本主义的政党。如果社会主义政党要想获得胜利，就必须说明，为什么社会主义社会比我们今天看到的国家福利资本主义更令人向往——更自由、更正义或更民主。事实上，当代分析的马克思主义的许多工作正是在于发展这类规范性论证。

换句话讲，作为一种历史必然性理论的“科学的”马克思主义的消

亡，却换来了作为一种规范政治理论的马克思主义的诞生。①作为一种新趋势，分析的马克思主义的根本目标就是批判并取代自由主义的正义理论。

在本章里，我将考察两种批判。一种批判所反对的恰好是正义理念本身。根据这种观点，正义只是一种补救性道德，是对社会生活的某些缺陷所作出的反应。正义试图协调个人之间的冲突，而共产主义却消除这些冲突，因此也就消除了对正义的需要。第二种批判与自由主义一样强调正义，但却拒斥自由主义的这种信念——正义相容于生产资料的私人所有制。就第二种批判而言，又有两个分支。一个分支是基于对剥削的考虑去批判私有财产，另一个分支是基于对异化的考虑去批判私有财产。在每一种情况下，马克思主义的正义都要求对生产资料进行社会化，以便使生产资料成为共同体的共有财产或成为每个企业内部工人的共有财产。自由主义的平等主义的正义理论试图在采纳私有财产的同时消除相应的不平等，而马克思主义者的正义理论则更加激进，因为他们认为私有财产权在本质上就是不正义的。

第一节　超越正义的共产主义

罗尔斯理论的最引人注目的特点之一就在于它的这样一个陈述——“正义是社会制度的首要价值”（Rawls 1971：3）。按照罗尔斯的观点，正义并不是与自由、共同体、效率这样的政治价值并列的一种政治价值。相反，正义是我们衡量这些价值的重要性的依据。如果某种政策是不正义的，就不可能诉求另一些想置正义于不顾的其他价值来向这种政策提供辩护——因为那些价值的正当性只有依据它们在最好的正义理论中所处

① 科恩作为分析的马克思主义的倡导者之一，就自己的观点如何发生这种转变，向我们提供了一份充满吸引力的具有自传性质的说明。科恩从小就被养成了这样的信仰，即共产主义的平等必将获胜；但他后来放弃了这种信仰，他现在强调，有必要向人们解释为什么共产主义的平等在道德上是令人向往的（Cohen 2000）。

的地位才能得以确定。(反过来讲，对正义理论的一种检验就是，看这种正义理论是否为正义之外的其他价值赋予了恰当的分量。如罗尔斯所说，如果一种正义理论没有为共同体和自由留有足够的余地，它对我们就没有什么吸引力。)

自由主义者之所以强调正义，是因为他们看到在正义与道德平等的
169 基本理念之间有一种紧密的联系。自由主义者通过详尽阐述*法律*平等的理论来促进*道德*平等；法律平等清晰地表达每个个体所要求的促进其福祉的条件。与之相反，许多马克思主义者不仅不看重正义，而且反对这样一个观点：共产主义的基础是某种正义原则。就此而论，他们跟随马克思本人，因为马克思批判“平等的权利”与“公平的分配”的理念为“陈词滥调”(Marx and Engels 1968：321)。马克思的这个结论依据于他对“贡献原则”的分析——“贡献原则”断言，劳动者对自己劳动产品享有权利。虽然马克思同时代的许多社会主义者把贡献原则作为社会主义进行辩护的一个重要论点，马克思却认为这个原则有很多“缺陷”，以至于它最多可以作为资本主义与共产主义之间的一个过渡性原则。贡献原则将“平等权利”赋予人们，因为每个人都被同一个标准(如劳动)所衡量。可是，由于一些人具有更高的天赋，这个平等权利就变成了“对不平等劳动的不平等的权利”：

> 它默认不同等的个人天赋，因而也就默认不同等的工作能力是天然特权。**所以就它的内容来讲，它像一切权利一样是一种不平等的权利。**权利，就它的本性来讲，只在于使用同一的尺度，但是不同等的个人(而如果他们不是不同等的，他们就不成为其不同的个人)要用同一的尺度去计量，就只有从同一个角度去看待他们，从一个**特定的**方面去对待他们，例如在现在所讲的这个场合，把他们**只当作劳动者**；再不把他们看作别的什么，把其他一切都撇开了。(Marx and Engels 1968：320)

按照伍德的看法，这一段话表明，马克思不仅反对正义观念，而且反对作为正义观念基础的道德平等的理念。按照伍德的观点，马克思“并非这样一种观念——‘平等’本身即善——的盟友”，因此他并不“信奉平等者的社会”（Wood 1979：281，1981：195；cf. Miller 1984：ch. 1）。

但是，马克思的论证却并非要拒斥这个观点——共同体应该平等对待其成员。他所拒绝的只是共同体应该通过贯彻法律平等的理论来实现对其成员的平等对待。在这一段引文中，马克思支持平等关照原则，但却否认任何一种“平等权利”能够兑现这个原则——因为要使权利得以运行，要使个体被平等对待，只有确定一个有局限的视野。例如，贡献原则只把人当作工人加以看待，却漠视了这样一个事实：不同的工人在天赋和需求方面都有所不同——例如，“一个劳动者已经结婚，另一个则没有；一个劳动者的子女较多，另一个的子女较少，如此等等”（Marx and Engels 1968：320）。在现实生活中，为了确定什么才是真正的平等关照，有无数个相关视野；无论怎样，都不可能事先确定采取哪一个视野。但要注意，仅当人们享有平等关照和尊重的前提下，对“平等权利”的这种描述才构成一种批评意见——只有在这种前提下，这些不平等才是“缺陷”。马克思拒斥平等权利的理念，不是因为他反对平等待人的理念，而 170
只是因为他认为诉求权利不可能吻合那个理想。事实上，道德平等的理念是马克思的思想基础（Arneson 1981：214—216；Reiman 1981：320—322，1983：158；Geras 1989：231，258—261；Elster 1983a：296，1985：ch. 4）。①

马克思主义者对法律平等的观念提出了许多反对意见。我们已经看到，第一种反对意见是说，平等的权利有不平等的效果，因为平等权利只

① 出现在康德、罗尔斯和诺齐克那里的道德平等理念，也经常以同样的形式出现在马克思那里——例如，经常表现为这样一个要求：我们应该把人当作自身的目的而不应该把人当作手段。马克思认为，资本主义在两个意义上没有能够做到把人当作目的：第一，就生产关系而言（资本主义的劳动过程把工人降低为物的水准，使之成为被资本家剥削的工具）；第二，就交换关系而言（“每个人都不把他人的需要和愿望当作需要和愿望，而当作可以操纵的杠杆，当作可以利用的弱点”——Buchanan 1982：39）。

明确了少数几个与道德相关的立足点。但这个论证是没有说服力的，因为即使我们真的不能事先界定所有相关的立足点，也并不意味着平等待人的最好途径就是不确定任何平等待人的视野。即使某份权利清单不能完全体现平等关照，它也可能比任何别的替代方案做得更好。事实上，除了试图明确我们认为与道德相关的立足点，我们还能做什么呢？要想逃避这个艰巨任务，惟一的办法就是根本不作出任何关于分配的决定。的确，某些马克思主义者曾经以为在共产主义制度下将会有极为丰富的资源，因此也就希望资源的极大丰富将消解分配问题；但我们将看到，这只是一种不切实际的希望。

第二种反对意见是这样的：关于“正义分配”的理论过于关注分配，而不关注更根本的生产问题(Young 1981；Wood 1972：268；Buchanan 1982：56—57，122—126；Wolff 1977：199—208；Holmstrom 1977：361；cf. Marx and Engels 1968：321)。如果我们所做的不过就是通过再分配手段把那些生产资料拥有者的收入向不拥有生产资料的人进行转移，我们仍然会面临阶级、剥削和利益之间的冲突，我们就仍然会把正义放在首要位置。因此，我们关注的问题应该是如何转移生产资料的所有权。一旦实现了生产资料所有权的转移，如何进行公平分配的问题就不复存在。

这的确引出了一个重要问题。我们应该关注所有权，因为所有权不仅使所有权的拥有者有更多的收入，而且使他们能够在一定程度上控制他人的生活。某种再分配的税收机制也许可以使资本家与工人有平等的收入，但资本家仍然有权决定工人如何支配她的时间，而这种权力是工人所不具备的。可是，这种针对正义理念的反对意见是不能成立的。正义理念并不局限于收入问题。恰恰相反，正如我们已经看到的那样，罗尔斯和德沃金都把生产资料当作要按某种正义理论进行分配的社会资源。事实上，罗尔斯论证说，他的“拥有财产的民主”理想要求某种更趋于平等的财产所有权。而德沃金在探讨如何在实践上贯彻自己的理论时，如果只关注收入的再分配机制，而不关注更为根本的对财富的再分配，就会与他自

已的正义理论相冲突(第三章第五节)。马克思主义者反对资本主义生产 171
关系下的阶级结构，首先是反对资本主义生产关系下的分配结构，因此这正好吻合正义理论的关注范围(马克思本人有时也注意到这一点—— Marx and Engels 1968：321；Marx 1973：832；cf. Arneson 1981：222—225；Geras 1989：228—229；Cohen 1988：299—300)。

这两种反对意见最多只是指出了某些正义观的局限。可是，马克思主义者的批判内核所针对的却是法律共同体的观念。许多马克思主义者相信，正义远非社会制度的首要价值，相反，真正优良的共同体根本就不需要正义。正义有其意义仅仅因为我们处于“正义的条件”(circumstances of justice)之中，正是这样的条件产生着只有通过正义原则来加以解决的冲突。正义的条件主要包括下述两点：第一，目标冲突；第二，物质资源的有限。如果人们的目标不一致并且又面临资源的匮乏，他们就必然会有相互冲突的要求。可是，如果我们能够要么消除人们的目标冲突要么消除资源匮乏，我们就不再需要法律平等的理论；而当我们不再需要那样的理论时，我们的处境反而更好(Buchanan 1982：57；Lukes 1985：ch.3)。

按照一些马克思主义者的观点，共产主义力图消除正义的条件，因为正义的条件与善观念相冲突。他们把家庭当作非法律制度的典范：由于利益的一致，家庭成员满足彼此的需要是出于相互之间的自发的爱，而不是基于权利义务的考量或个人利益的计算(cf. Buchanan 1982：13)。如果作为整体的共同体也具有利益的一致和情感的纽带，人们也就不再需要正义——因为把自己当作权利的载体就是“把自己当作人际冲突的潜在一方；在冲突中，就有*必要*明确自己的权利并为自己认为正当的要求而‘奋争’”(Buchanan 1982：76)。如果我们是出于爱或出于利益的和谐而满足彼此的需要，这样一种权利理念就不可能出现。

我在别的地方曾经论证过，马克思并不相信存在这种具有一致利益的、如此有效地熔为一炉的共同体。对马克思而言，共产主义的关系没有对抗，但却“不是指个人的对抗，而是指从个人的社会生活条件中生产出来的对抗”(Marx and Engels 1968：182)。①事实上，试图通过“目标和谐”去消除正义的条件，更像是社群主义的理想而不是马克思的理想(参见第六章第八节(三))。此外，值得怀疑的是，究竟“目标和谐”是否真能够消除正义的条件。因为就算我们共享一组目标，我们仍然会有相互冲突的个人利益(譬如，两个音乐爱好者都想得到惟一一张歌剧入场券)。
172 而就算我们个人利益相互一致，我们也会在如何实现共同目标或该目标值得我们予以多少支持的问题上出现分歧。你和我都相信，欣赏音乐是优良生活的构成要素，并且，应该投入时间和金钱去支持音乐事业。但你支持音乐的方式却是希望音乐被尽可能多的人欣赏，即使这意味着大众所欣赏的音乐质量低下；而我支持音乐的方式是希望有最高水准的音乐，即使这意味着某些人将失去欣赏音乐的机会。只要存在着资源匮乏，我们在如何支持音乐事业上就必然会发生分歧。只有当人们同时就目标和路径以及路径的优先性达成一致，目标的一致才会消除因如何使用匮乏资源而引起的冲突。但出于同样理由并且同等强度地支持同样目标的人却只能是同样的人。于是，这就引出这样一个问题：是否应该把目标的冲突当作需要加以“矫正”或克服的“难题”。也许冲突本身并不具有价值。但使冲突必然得以发生的目标的多样性，却可能具有价值。

另一种消除正义的条件的途径是消灭物质匮乏。如马克思所言：

> 在共产主义社会高级阶段上，在迫使人们奴隶般地服从分工的情形……消失之后；在劳动已经不仅仅是谋生的手段，而且本身成了生活的第一需要之后；在随着个人的全面发展生产力也增长起来，而集体财富的一切源泉都充分涌流之后，只有在那个时候，才能完全超出资产阶级法权的狭隘眼界，社会才能在自己的旗帜上写

① 马克思说共产主义的生活将是一种“社会生活”(Marx 1977a：90—93)，共产主义社会的个人将是“社会个人”(Marx 1973：705，832)。但他却没有说过，在共产主义社会将会有利益的天然一致，也没有说过，我们应该以创造这种和谐为目标。马克思关于社会生活的这些陈述究竟意指什么——要想了解我的观点，参见：Kymlicka 1989a：ch.6。

上：各尽所能，按需分配！(Marx and Engels 1968：320—321)

马克思强调丰富的重要性，因为他认为，正是匮乏使得冲突无法解决。生产力的高度发展“是(共产主义的)绝对必需的实际前提，还因为如果没有这种发展，那就只会有贫穷的普遍化；而在极端贫困的情况下，就必须重新开始争取必需品的斗争，也就是说，全部陈腐的东西又要死灰复燃”(Marx and Engels 1970：56)。也许，正因为马克思对匮乏的社会效果过于悲观，他才会对丰富的可能性过于乐观(Cohen 1990b)。

可是，这种消除正义的条件的途径也不可行(Lukes 1985：63—66；Buchanan 1982：165—169；Nove 1983：15—20)。某些资源(如空间)天然就是有限的，而近年来的环境危机已经表明，我们所依赖的其他资源也是有限的(如干净的饮用水；石油储备)。此外，有些冲突和伤害在资源丰富的背景下仍然会产生。譬如，在家长式统治中，帮助他人的能力和愿望会成为产生潜在冲突的原因。因此，即使正义的恰当性就在于它只是对社 173
会问题的反应，也不太可能去消除这些问题。

但是，正义是否最好被看作一种应该被取代的、补救性的道德？马克思主义者论证说，虽然正义可以调解冲突，但它也可以产生冲突；或者，至少会削弱人的天然的社会属性。因此，正义只是现实条件下令人遗憾的要件，但在物质充裕的条件下，正义却阻碍着走向更高形式的共同体。源于彼此之间自发的爱的行为，要好于把自己和他人当作正义资格的载体而产生的行为。

但为什么这二者是相互对立的呢？为什么我们必须在爱和正义之间作出取舍呢？的确，有人就论证说，正义感不仅是爱的先决条件而且还是爱的部分构成要素。对正义的担心是，如果我们赋予人们以相应的权利，人们就会无视对他人的影响而自动实施这样的权利。例如，布坎南就说，正义“使当事各方成为无法妥协的权利载体，使得狭隘的冲突不可避免”(Buchanan 1982：178)。社群主义者对“权利言论”也有类似的抱怨，他们论证说，谈论权利和正义会使人认为社会生活具有相互对抗的零和性质，这样就会使爱的情感荡然无存。①

但如果运用我的权利会伤害我所爱的人，为什么我不能选择放弃自己的权利呢？思考一下家庭。当代法国的妇女有权利不经自己丈夫的允许就搬至另外一座城市并在那里工作，这个事实是否意味着她们宁愿运用自己的权利而不愿意保持自己家庭的完整呢？（类似地，虽然男人总有这样的权利，难道他们就从不为自己的家庭牺牲工作迁移的机会吗？）布坎南说："有些人感觉权利承载者通过相互尊重建立起来的纽带过于僵化和冷漠，以至于根本不可能体现最好的人际关系；对这些人而言，马克思的这样一个设想——真正的共同体*而不是*仅仅是法律联合体——仍然充满吸引力。"（Buchanan 1982：178，楷体为作者所加，表示强调）但如果家庭是最好的人类关系的典范，这种对比就是虚妄的。家庭总是一个法律联合体，家庭中的配偶和子女都是权利承载者（虽然他们的权利并不相等）。这是否意味着，婚姻怎么也不是互爱的场所，而如康德所说，乃是两人之间"相互运用对方性器官"的协议？显然不是这样。家庭能够包容爱的关系，而婚姻的法律性质丝毫也无损于这种关系。当然，没有人相信，如果不允许人们以其他方式行事，人们就将只是出于爱而行动。②

罗尔斯关于正义的优先性的陈述并非是："人是否将要或是否应该为了各种利益而把自己的正当要求推至极限"（Baker 1985：918）。虽然
174 正义的优先性保证个体能够对特定的利益提出要求，它同时也允许人们能够与自己所爱的人分享这些利益。慷慨而富有爱心的人会在拥有正义资格的同时保持自己的慷慨和爱心——正义的优先性不仅不会对此形成

① 譬如，Sandel 1982：30—33；Glendon 1991；Etzioni 1993；Hardwig 1990。沃尔德伦（Waldron 1993：370—391）提出了一种更微妙的观点，他论证说，虽然在有爱的情况下权利与正义的理念是不必要的，但对于没有爱或爱不够的情况，这样的理念却是必不可少的。

② 要想了解良好的婚姻（与良好的友谊）如何把正义与爱相结合，参见：Okin 1989b；Kleingeld 1998；Friedman 1993。关于下面这点的讨论，即在我们决定是否及何时行使权利时我们以何种方式呈现我们的伦理价值，参见：Tomasi 1991、2001：ch. 3；Meyer 1997。关于对这样一个观点——权利对任何合意的共同体观念都居于中心地位——的辩护，参见：S. Walker 1998；Ignatieff 2000；Dworkin 1989。

阻碍，相反，它使之成为可能。正义所排斥的不是仁或爱，而是不正义——通过否定正义资格而使某些人的利益屈从于另一些人的利益(Baker 1985：920)。而这当然与真正的仁爱相对立。

正义不仅相容于对他人的关心，正义本身还是关心他人的一种重要形式。常有这样的说法：关注权利会使人基于唯我论去理解自己，会使人关注如何在具有零和性质的社会生活中通过与他人对抗而保护自己。例如，布坎南就说，把人当作权利承载者就是“把人当作必定会坚持权利要求的人际冲突的潜在方”(Buchanan 1982：76)。这种观点认为，要求权利就会对他人将就我们的要求作出什么样的反应持一种悲观看法。但布坎南本人也暗示，有一种看重权利的理由。他说，某人把自己当作权利承载者就是“认为他自己有能力要求他有权利享有的东西是应得的，而不是认为他要求的东西是可欲求的”(Buchanan 1982：75—76)。这是两种截然不同的理解自己的方式，虽然它们常被相提并论。第二种理解自己的方式所关涉的，不是我有多大的可能性得到我想要的东西，而是自己有什么理由认为能够恰当地(也即不自私地)拥有这种东西。我也许不愿意利用他人的(可能牺牲自己利益的)爱。如果这样，正义就能够作为这样一个标准，以确定我能够不自私地对什么东西拥有资格——即使他人愿意给予我的东西要多于我有资格拥有的东西。

正义还可以作为确定如何向他人提供帮助的标准——即使我只是出于爱而向他们提供帮助。我也许愿意帮助好几个需要帮助的人，只是因为我爱他们，而不是因为我有帮助他们的义务。但如果他们的需要相互冲突，我该怎么办呢？如罗尔斯所指出的那样，声称我应该以仁爱的方式而不是以正义的方式行事，是于事无补的；因为“只要仁爱体现在它的许多对象身上的许多爱是相互对抗的，仁爱就会茫然不知所措”(Rawls 1971：190)。虽然爱是我的动机，但正义却可以是我诉求的标准，因为爱可能产生相互冲突的命令。因此，“虽然友谊不必以正义为动机，但友谊仍然需要作为标准的正义的某些方面。朋友并不是不假思索地就知道要为彼此做些什么”(Galston 1980：289 n. 11)。所以，正义有两项重要的功能。

当提出要求时，即使他人不关注我的资格也会满足我的要求，我也许仍然希望知道自己有什么样的正当资格。当对他人的要求作出反应时，即使我的动机是爱，我也许仍然希望知道他人有什么样的资格。在两种情况下，我对正义的兴趣都不是为了“维护自己的权利”。

175 对权利的公共认同还在另一个意义上有价值。或许某人由于从事着一种受到高度重视的社会工作（譬如教育工作）而确信自己会得到她所想要的东西。按照布坎南对权利的第一种解释，她不需要权利，因为她的工作贡献为大家所看重，她因此而得到慷慨的报偿。但是，即使人们与她对该工作的信念不同，她也许仍然想要确定，人们会承认她的权利。即使她没有脱离该工作的想法，她也许仍然想要对此予以确定——因为这意味着，她自身就是价值的源泉而不仅仅是某一个社会角色的占有者。

正义不只是一种补救道德。正义的确可以通过弥补某些缺陷而对社会起到协调作用，而这些缺陷又不可能被彻底消除；但正义也表达了对个人的尊重，把个人当作自身的目的而加以尊重，而不是把个人当作实现他人利益甚至实现共同利益的手段。通过解释什么是我们可以公正地要求的权利和资格，正义承认共同体成员的平等地位。但是，正义并不强迫人们以他们所关心的人或事业为代价来运用这些资格。正义作为一种关照形式，指导我们应该如何关照共同体的成员；但正义也使我们能够追求与道德平等的根基相一致的、其他形式的爱。这样一种观点——我们可以在放弃公平、权利和义务理念的同时创造一个由平等者组成的共同体——是站不住脚的。①

---

① 我在本章开头就曾说过，历史上的马克思主义者针对正义还曾提出过其他反对意见。例如，诉求正义曾被认为是会引起分裂的和不必要的策略——会引起分裂是因为正义理念本身就具有竞争性；不必要是因为历史发展的动力在于劣势者的理性利益。此外，各种正义观还被认为是为了适应现存财产制度而产生的意识形态，因此，社会主义的正义观只得跟随于而不是超前于财产关系的变化。马克思主义者曾经相信这些都是正义的缺陷，这些所谓的缺陷正是以目前已经不再被人信仰的马克思历史唯物主义为前提的。关于意识形态反驳，参见：Wood 1981：131—132；Brenkert 1983：154—155；Wood 1972：274；相应的回应参见：Geras 1989：226—228；Nielsen 1989；Arneson 1981：217—222；Norman 1989。关于阶级斗争中道德动机的作用，参见：Wood 1984；Miller 1984：15—97；相应的回应参见：Geras 1989：251—254；Nielsen 1987。

马克思消解正义的方法是某种更宽泛的理论形式的一部分。马克思相信，共产主义将不再需要自由主义思想中的大多数基本概念和范畴：权利、宽容、代议制民主、反对派政党、法治以及市场。马克思相信，所有这些概念"仅仅起某种补救作用，用于缓解那些本可以得到克服的物质的、社会的、文化的和认识论上的问题；因此，这些起补救作用的概念就是不必要的"(Lukes 1995：3)。马克思所构想的未来社会没有匮乏，没有经济利益的冲突，没有种族或宗教的分歧，没有理性的不完善。这样一种社会不会需要自由主义国家发展出来的那些用于弥补这些问题的常规和制度。此外，如我在本章开头指出的那样，马克思认为陷入关于常规和制度的道德争论只会削弱无产阶级革命的必然使命。因此，直到不久以前，几乎没有什么马克思主义者有兴趣去发展一种关于正义、权利、宽容或民主的规范理论。

可是，今天几乎所有的分析的马克思主义者都承认，匮乏、冲突、多元以及理性的不完善是人类的永久特征；任何有吸引力的规范的政治理论都必须解释政治制度应该如何处理这些事实。而向这个方向迈进的第一步就是去发展一种马克思主义的正义理论。①

第二节　共产主义的正义

如果正义既是无法根除的又是令人向往的，马克思主义的正义会是 176
怎样的呢？一般认为，马克思主义是左翼的平等主义，与自由主义相比具有更大的平等主义特征。按照主流自由主义的机会平等思想，只要对于高收入职位有公平的竞争，无限度的不平等就是正当的——就此而论，上述说法当然是正确的(第三章第二节)。但不清楚的是，比罗尔斯式的自由主义的平等主义正义观更左的思想还有多大的立足空间——因为罗尔

① 与分析的马克思主义者关于正义的大量论述相比，就发展一种马克思主义的民主理论而言，现有的工作还相当有限。要想了解其中一个显著的例外，参见：Gilbert 1980；1991。

斯式的观点也拒绝那种流行的机会平等观，并且，它之所以接受不平等只是因为那些不平等有利于最不利者的利益。使马克思主义的正义有别于罗尔斯式的正义的，并非资源应该被平等化到怎样的程度；而是这种平等化应该采取什么样的形式。罗尔斯相信，资源平等应该采取这样一种形式：使每个人所能获得的私有财产的数量平等化。但马克思却持另一种立场："一言以蔽之，共产主义理论就是：废除私有财产。"私人所有权只限于日常生活所需的衣物、家具和休闲品，等等。对马克思主义而言，"根本的问题在于，对于拥有和控制生产资源的私人所有权，不存在相应的道德权利"（Geras 1989：255；cf. Cohen 1988：298）。使生产资源平等应该采取使生产资料社会化的形式，这样每个人在就如何发展生产的集体决策中——或者在单个企业内部或者在国家经济计划的高度上——才享有平等的发言权。

为什么应该采取对公共资源的平等拥有形式，而不采取平等分配私人资源的形式呢？一个直截了当的理由是，罗尔斯的"拥有财产的民主"的观念在经验上或许是不可行的。除了通过所有权的社会化，在现代经济中根本不可能使生产资源平等化。如恩格斯所言："资产阶级要是不把这些有限的生产资料从个人的生产资料变为社会化的，即只能由大批人共同使用的生产资料，就不能把它们变成强大的生产力。"然而在资本主义制度下，这些"社会化的生产资料"仍然"像从前一样被当作个人的生产资料"来处理。要解决这个矛盾，"只有由社会公开地和直接地占有已经发展到除了社会管理不适于任何其他管理的生产力"（Marx and Engels 1968：413，414，423）。

就恩格斯而论，使所有权社会化的需要不是基于任何独特的正义理
177 论，而只是基于这样一个事实：无法想象在现代工业经济的状况下还有什么别的手段可以使资源平等化。一些马克思主义者也基于经验的理由来反对罗尔斯的设想：在一个良序社会里（a well-ordered society），源于市场交易的不平等会有利于较不利者。如果做不到使不平等有利于较不利者，并且如果再分配机制本质上容易受到政治压力的危害，那么，我们也

许就可以基于“更大可能原则”而采纳社会主义(Schweickart 1978：11，23；DiQuattro 1983：68—69；Clark and Gintis 1978：322)。

由于这样那样的理由，一些批评家得出这样的结论，罗尔斯的“拥有财产的民主”观念“最多只是一种想象”(Nielsen 1978：228)，并且，这整个观念只有回到杰斐逊似的背景条件下——由独立的土地所有者所组成的农业社会——才有意义(Macpherson 1973：135—136；Weale 1982：57)。如果真是这样，使生产资料社会化也许就是惟一可行的实施差别原则的途径。另一方面，如我在第三章指出的那样，自由主义的平等主义者也提出了旨在事先使禀赋更加平等的各种建议，如利益相关者社会、补偿教育、基本收入、息票资本主义以及务实的平等主义计划者——只不过，这些建议还从来没有尝试过。因此，这样一种断言——在生产资料方面求得更大平等是不切实际的——也许还太早了一点。

认为平等主义的私有财产不可行的反对意见说明了为什么罗尔斯理论会受到左翼思想的大量批判，并且解释了自由主义的平等主义者与社会主义者之间日常争论的主要内容；但是，就私有财产这个观念本身而言，还存在着更具理论深度的反对意见。按照许多马克思主义者的观点，应该废除生产资料的私人所有权，因为它产生了本质上不正义的劳资关系。一些马克思主义者认为，劳资关系本质上是一种剥削关系，而另一些马克思主义者则认为，劳资关系本质上是令人异化的。就算罗尔斯式的拥有财产的民主具有经验上的可行性，这些观点仍然认为，只有废除私有财产才能够保障正义。

(一) 剥削

对马克思主义者而言，不正义的范例就是剥削；而在我们的社会里，资本家就是工人的剥削者。马克思主义者声称，自由主义正义的根本缺陷就在于它允许这种剥削继续下去，因为它允许买卖劳动力。自由主义的正义是否允许某些人对另一些人的剥削？如何回答这个问题当然取决于我们如何界定剥削。就其日常含义而言，剥削(当把这个词用于人而不是用于自然资源的时候)①意味着“不公平地利用他人”。因此，每一种正义理论都有它自己的关于剥削的理论——因为每一种理论都要解释，从他人那里受益的哪些方式是被允许的，哪些方式是不被允许的。例如，按照罗尔斯的理论，如果高天赋者利用低天赋者的较弱的谈判地位而拥有不被差别原则允许的、不平等的资源份额，高天赋者就是在不公平地利用低天赋者。但
178 是，如果雇佣者虽然从雇佣他人的行为中受益，但如果这种雇佣行为却能够使最不利者的利益最大化，这就不是剥削。如果我们确信罗尔斯理论的公平性，我们就不会认为它是在允许剥削——因为接受某种正义理论就意味着接受这种理论就什么是不公平地利用他人所提出来的判断标准。

可是，马克思主义者却采纳着更技术化的剥削定义。按照这种技术化的定义，剥削特指资本家从工人的劳动中榨取的价值(以产品的形式)，超过了对工人劳动力的报酬(以工资的形式)。按照经典的马克思主义理论，资本家只是在能够榨取工人的“剩余价值”的前提下才会雇佣工人，因此，这种通过剥削把剩余价值从工人转向资本家的做法存在于所有的劳资关系中。对剥削的这种技术化定义有时被认为只具有科学的意义而不具有道德的意义。例如，资本家榨取剩余价值这个事实被认为只是解释了在经济竞争的条件下利润是如何可能的，而这个陈述本身并不意味着榨取剩余价值是错误的。然而，绝大多数马克思主义者都把对剩余价值的榨取当作不正义的证据——事实上，当作了不正义的范例。

马克思主义的剥削观是否含有道德意义，例如，是否涉及对他人的不公平利用？技术意义上的剥削是一种不正义——对此的传统论证是这样的(引自“Cohen 1988：214”)：

(1) 只有劳动才创造价值；

(2) 资本家获得了产品的一部分价值；

因此：(3) 劳动者所获得的价值要少于他所创造的价值；

① 英文词“exploitation”有两层含义，当用于人时意指“剥削”，当用于自然时意指“开发、利用”。——译者

（4）资本家获得了劳动者所创造价值的一部分；

因此：（5）劳动者被资本家所剥削。

这个论证中有很多漏洞。最低限度地讲，前提(1)就是有争议的。许多马克思主义者曾试图通过诉求“劳动价值论”来捍卫这个前提——按照“劳动价值论”，产品的价值由生产该产品所需的劳动量来决定。但如科恩所指出的那样，劳动价值论事实上正好与(1)相矛盾——因为按照劳动价值论的说法，产品的价值由*当下*所需的生产这种产品的劳动量所决定，而不是由在生产中实际投入的劳动量所决定。如果技术革新使得当下生产某种产品只需要过去一半的劳动量，劳动价值论就说，对于在过去生产出来的产品而言，即使投入其中的劳动量并没有什么变化，该产品的价值也只有以前的一半。如果劳动价值论是正确的话，工人实际投入的劳动 179
就不是价值的决定因素。

从道德意义上讲，重要的不是工人创造了价值，而是“他们创造了*具有价值的东西*……使剥削的指控得以成立的，不是资本家占有了工人生产的一部分价值，而是占用了工人生产的*东西所具有的价值*的一部分”（Cohen 1988：226—227）。创造具有价值的产品不同于创造那些产品的价值，而前者才真正构成了对剥削的指控。就算不是工人创造了产品的价值——譬如，如果产品的价值由消费者的购买愿望所决定，马克思主义者仍然会说，资本家剥削了工人，因为产品既不是由资本家也不是由消费者创造的，而是由工人创造的。因此，恰当的论证是这样的(Cohen 1988：228)：

（1a）只有劳动者才是创造产品的人，而产品具有价值；

（2a）资本家获得了产品的一部分价值；

因此：（3a）劳动者所获得的价值要少于他所创造的产品具有的价值；

（4a）资本家获得了劳动者所创造的产品的价值的一部分；

因此：（5a）劳动者被资本家所剥削。

这种改进过的马克思主义的论证引出了这样一个结论：劳资关系本质上是剥削关系。但并不清楚，这种剥削关系如何是一种非正义。首先，如果主动将自己的劳动力贡献给他人，就不存在不正义的问题。因此，大多数马克思主义者补充了一个限制性条件：工人为资本家工作必定是被强迫的结果。由于工人总的而言不拥有任何生产资料，而工人只有通过为拥有财产的资本家（虽然不必是为任何特定的资本家工作）工作才能得以谋生，因此，绝大多数劳资关系吻合这个限制性条件（Reiman 1987：3；Holmstrom 1977：358）。

这样一种论断——对剩余价值的强迫转移是一种剥削——在日常意义上成立吗？这个论断既太弱又太强。这个论断太弱，是因为它把严格意义上讲并非出自强迫的劳资关系排除到了剥削范围之外。举例来讲，如果社会安全网能够发挥作用，能够保证所有人都有一份最低收入，无产者就可以通过福利政策维持自己的生计，而不必为资本家工作。但我们也许仍然愿意认为，工人遭到了剥削。虽然无产者没有因为生计而被迫为资本家工作，但为
180 资本家工作也许是能够过上体面生活的惟一途径；而我们或许会认为，工人为了保证较为舒适的生活而不得不向资本家付出额外劳动，这是不公平的。有人也许会说，这些工人是“被迫”在为资本家工作，因为其他的选择在某种意义上要么不能令人接受要么是不合理的。但正如我们将要看到的那样，真正的问题不在于工人是否被迫为资本家工作，真正的问题在于：“强迫”工人接受剩余转移的、对资源的不平等占有是否不公平。

把剥削定义成对剩余劳动的强迫转移也太强了，因为对剩余价值的强迫转移在很多情况下也可能是正当的。如果工人就像学徒，必须为他人工作为期五年的时间，但之后他们本人却可以成为资本家（或师傅），情况又怎么样呢？按照雷曼的说法，这仍然是剥削：“我们在乎工人被迫出卖自己的劳动力，因为我们把工人出卖自己的劳动力理解成强迫他们工作而不付酬劳。而我们在乎工人被迫工作而得不到酬劳的时间有多长，因为无论时间的长短，只要人们被迫工作而得不到酬劳，我们就会感到不安。”（Reiman 1987：36）但这是说不过去的。如果所有的工人都可以成为资本家，而如果所有的资本家都首先要成为工人，那么，从人们整体的生活过程而言，就不存在不平等。就像学徒，必须付出的那段时间只是工人理应付出的（Cohen 1988：261 n.9）。如果坚持认为，只要强制性地转

移剩余价值就是剥削——而无论这种强制转移如何吻合更大的分配正义模式，就会抽空控诉剥削的道德力量。它不过是劳动拜物教的一种表现形式。事实上，这是一种对自我所有权的自由至上主义式的关注：

> 马克思主义者声称资本家从工人那里盗取了劳动时间。但你只可能盗取恰当地属于他人的东西。因此，马克思主义者批判资本家为非正义，就意味着，工人是自己劳动时间的恰当所有者：只有工人本人，而不是其他人，才有权利决定如何运用自己的劳动时间……因此，马克思主义者的立论——资本家剥削了工人——就依靠着这样一个命题：人们是自己能力的正当所有者。（事实上），如果像马克思主义者那样，你把最一般意义上的对劳动时间的占有当作不正义的范例，那么，你就**无法**避免对像自我所有权原则这样的内容予以肯定。（Cohen 1990a：366，369）

这是一种自由至上主义的假定，下述事实对此予以了佐证：按照雷曼的定义，旨在保护儿童或年老体弱者的强制性征税也应该被当作剥削。如果我们强迫工人纳税以保护年老体弱者，我们就是在强迫他们做没有酬劳的工作。①

---

① 雷曼否认对老弱病残者的强制性援助是一种剥削，因为这种援助可以被看作每个人都购买的保险，因此“就等同于劳动者的贡献间接地回到了劳动者那里，而这也就没有改变那个根本的分配原则”——没有人被迫为他人工作（Reiman 1989：312 n. 12）。但是，对于接受这种援助的许多人而言（如先天的残障者），这种说法显然是错误的。霍尔姆斯特姆与雷曼一样，以“被强制的、不付酬的剩余劳动”来定义剥削（Holmstrom 1977：358）。她说，保护残障者的措施不是剥削，因为“剩余部分是由那些生产它的人所控制着的。不存在非生产者阶级去占用工人所生产的东西。工人没有消费所有的剩余产品，但他们作为一个阶级却整体控制着这些剩余”（363）。但工人阶级控制剩余产品并不表明，工人个体不被强迫交出自己的剩余产品。如果我作为一个工人个体反对作为一个整体的工人阶级就如何支配剩余产品所作的决定，该怎么办呢？我是否能够要求得到我所生产的东西的全部价值？如果不能，而如果我必须为了生计而工作，按照她的定义，我就是在受到剥削。此外，如果在宪法上对福利权利有一种保证，因此要求工人依法拿出自己的一部分产品去保护老弱病残者，情况又会怎样呢？按照她的定义，作为一个整体的工人阶级也遭到了剥削，因为他们并不依法享有对全部剩余产品的控制权。

在他初次对马克思主义的剥削论予以表述的时候，科恩否认预先设定这样一个前提，即人们拥有自己的劳动产品——“一方面，可以认为，资本家通过占用工人所生产的东西的一部分价值而剥削了工人；另一方
181 面，又不必认为，所有这些价值都应该归于工人。可以肯定某种以需求为基础的分配原则，同时又可以认为，资本家剥削了工人，因为资本家对工人产品的一部分价值的获得，并非以他的需求为基础”（Cohen 1988：230 n. 37）。但是，声称资本家剥削工人，这种说法的理由是什么呢？假设某个资本家对某个产品没有需求，因此对它也就没有正当要求，但这并不意味着按照需求原则，工人就能够对此形成正当要求。最需要产品的人也许是第三者（如儿童），因此儿童是惟一能够对产品拥有正当要求的人。如果资本家仍然占有了产品，他就是在不公正地对待儿童，而不是在不公正地对待工人。事实上，如果工人占有了产品，她就成了不公正地对待儿童的人。一旦违背了需求原则，受到不公正对待的就是需求者，而不是生产者。

更进一步，假如那个资本家的确需要剩余价值，情况又如何呢？让我们假设这个资本家是一位残障者，他仅凭运气而继承了公司的一大笔股份。科恩暗示说，这仍然是一种剥削，因为“他对工人产品的一部分价值的获得，并非以他的需求为基础”。相反，他获得工人生产的产品，是基于他对生产资料的所有权。但是，工人的需求也构不成她获得产品的基础。相反，工人获得产品，是基于她对产品的生产。那么，资本家在剥削谁呢？根据需求原则，没有人被资本家所剥削，因为无论资本家还是工人，对资源都不具有任何正当要求。再进一步，为什么资本家的需求不可能构成她获取剩余价值的基础呢？如果政府为了避免通过不断变更的政策来支持残障者，转而给残障者配以一定的资本，以使残障者能够从资本中获得稳定的财源上的支撑，情况又怎么样呢？把资本分配给残障者也许的确是满足需求原则的好途径（cf. Cohen 1990a：369—371；Arneson 1981：206—208）。一旦我们放弃自我所有权的要求，对剩余价值的占有在本质上就不是剥削——是不是剥削，取决于对剩余价值的具体处理是

否吻合更大的分配正义模式。

就马克思主义的剥削论而言，还存在另一个难题。对于那些不得出卖自己劳动力的人，情况又是怎样呢？在许多国家，法律规定不得雇佣已婚妇女。因此，她们就没有受到剥削。她们不仅没有受到剥削，她们还受到免于剥削的保护，许多人正是基于此来为性别歧视作辩护。但如果这些国家的政府向已婚妇女提供一小笔收入，按照马克思主义的剥削论，她们反而成为了剥削者——因为每个工人的一部分收入都被强行向这些已婚妇女作了转移。但是，把这种状况下的妇女当作剥削的受益者却是不合情理的。她们所遭受的不正义要比资本家的剥削更为严重，而女权主义运动的首要任务之一就是让妇女能够平等地进入劳动力市场。①或者，再考虑一下那些享有法定雇佣资格、但却没有被雇佣的失业者。按照马克思主义 182
的定义，这些失业者也没有被剥削，因为他们没有生产任何可供资本家占有的剩余价值。而如果政府向工人征税以向这些失业者提供救济金，他们也会成为剥削者。但是，那些失业者的境况显然要差于那些能够被雇佣的人（Roemer 1982b：297；1988：134—135）。

这些事例暗示，存在着使剥削成为不正义的更深的不正义——对生产资料的不平等占有。在我们的社会，没有选举权的妇女、失业者、靠工资生活的工人都遭受到这种不正义，而资本家却从这种不正义中受益。资本家对工人的剥削只是这种分配不平等所表现出来的一种形式。妇女所处的依附地位与失业者的处境是其他表现形式，而对比人们为了工资进行的奋争，这些也许是不正义的更具伤害性的形式。对于那些没有财产的人而言，被迫出卖劳动力也许要好于被迫不准出卖劳动力（的妇女），要好于不能出卖劳动力（的失业者），要好于通过犯罪、乞讨、依靠仅有的公共资源苟且偷生的人（马克思的“Lumpenproletariat”（流氓无产阶级））。

---

① 有一种要想重新阐述马克思关于剥削的剩余价值观的有趣尝试，以便使之适用于妇女的没有报酬的家务活动，参见：Bubeck 1995：ch. 2。

剥削理论一定在什么地方出了差错。人们本来期望剥削理论能够对资本主义提出激烈的批判。然而，按照它的标准形式，它却忽视了在资本主义制度下那些境况最糟的人，并且实际上排除了需要对他们给予帮助的行动(如对儿童、失业者和残障者的福利支持)。如果剥削理论要对这些群体予以恰当关照，就必须抛弃对剩余转移的狭隘关注，就应该转而考察这些转移在其中发生的更宽泛的分配模式。这就是勒默尔的剥削理论的主要目标。他对剥削的定义不是基于剩余转移，而是基于对生产资料的不平等拥有。按照他的观点，某人是否遭到了剥削，取决于在一种假想的分配平等的条件下他的境况是否会更好——那种假想的条件意味着，某人可以带着自己的劳动力和人均拥有的外部资源而退出现行的分配条件。如果我们把不同的经济群体当作由现有财产关系确定规则的游戏的参与者，那么，某个群体一旦满足下述条件就被视为遭到了剥削：如果该群体的成员带着人均拥有的外部资源退出了这个游戏并开始自己的游戏之后其处境反而更好。按照勒默尔的看法，如果退出资本主义的游戏，在岗和下岗工人的处境都将变得更好，因此他们遭到了剥削。

技术意义上的剥削——对剩余价值的转移——在勒默尔的理论中所起的作用相当有限。剥削是资本主义制度下分配不正义的最常见的结果之一，但如果不考虑产生剥削的不平等，剥削就不具有伦理意义。“仅当
183 剥削是生产资料的分配不平等的*不正义*结果，剥削才是一种邪恶。”(Roemer 1988：130)剩余转移是正当的，如果它没有因为分配不平等而受到玷污，或者，如果它反而有助于纠正不平等。例如，国家对失业者和没有选举权的妇女的强制性支持是在削弱而不是在制造剥削，因为这种做法帮助纠正“由财产的最初不平等分配所导致的(令他们)痛苦的损失”(Roemer 1988：134)。因此，对勒默尔而言，剥削理论的“伦理命令”就不是消除剩余转移，而是“废除对于可转让的生产资料的不平等所有权”(Roemer 1982b：305；1982c：280)。

科恩认为，勒默尔的理论使马克思主义者成为“更具一致性的平等主义者”(Cohen 1990a：382)。但根据勒默尔对剥削的解释，对残障者

（或儿童）的强制性支持仍然是一种剥削，因为这种支持赋予他们的东西超过了他们根据自己的人均资源份额本来有能力为自己争取到的东西。[①] 源于不平等自然天赋的不平等不是一种剥削，因此，勒默尔的“伦理命令”的平等主义色彩仍然弱于那些试图补偿自然劣势的理论。把剥削定义为对外部资源的不平等分配的结果，勒默尔“没有诉求要否认自我所有权的激进的平等主义前提”（Roemer 1988：168）。

勒默尔对于迈出了这激进一步的理论，如像罗尔斯和德沃金的理论，表示理解和同情。而他自己也认为，要从社会主义过渡到共产主义，就应该消除因为自然天赋的差异而对资源享有的差异资格。他认为，源于自然天赋的差异的不平等可以被看作一种“社会主义的剥削”形式——即是说，这是一种在社会主义制度下继续存在的但到了共产主义社会就会被废除的剥削形式。但是，虽然他个人认为，通过限制自我所有权去补偿源于自然天赋的不平等是正当的；他又说，这是一个独立的问题，有别于传统马克思主义者关于工人在资本主义制度下遭受剥削的观点——因为该观点持这样一个预设：人对自己的劳动成果享有资格（Roemer 1982c：282—283；1982b：301—302）。马克思主义的剥削理论持有这样一个“更保守的前提”——人们有权利享有自我所有权，这样资源平等就不包含任何要补偿天赋不平等的要求（Roemer 1988：160；cf. 1982a：chs. 7—8）。

阿尼森对剥削作了类似的解释。与勒默尔一样，他认为，要判断是不是“错误的剥削”，要求与某种假想的平等主义分配进行对比，但他对平等分配的解释既排除了天赋不平等产生的差异又排除了外部资源的不平

---

① 勒默尔为了避免这种结论，在此添加了一个“首要条件”（Roemer 1982a：237），或这样一个要求——不存在“消费的外部性”（也即，工人从帮助残障者的行为中得不到任何快乐）（Roemer 1989：259）。但这却是特设性的，因为添加的条件或要求脱离了他所确定的、作为剥削理论基础的“伦理命令”（他也承认这一点—— Roemer 1982c：277 n.）。事实上，为了否认剥削理论中内含着的自由至上主义的内容，为了瓦解自由至上主义的这样一个断言——福利国家是具有剥削性的；为此所添加的条件或要求似乎是在诉求未加证明的前提。

等产生的差异。阿尼森相信，按照这个检验标准，资本主义制度下的绝大多数工人都遭到了剥削——因为他们因不应得的财富不平等或不应得的天赋不平等而使自己被他人所利用(Arneson 1981：208)。与勒默尔一样，剩余转移在阿尼森的理论中起一种派生作用。如果剩余转移是不平等分配的结果，它就是错误的；如果剩余转移的出现与财富或自然天赋方面
184 不应得的差异无关，或被用于补偿这些差异，它就是正当的。因此，对失业者和残障者的强制性支持就是正当的。然而，在资本主义制度下从工人那里拿走的绝大部分剩余都是不正当的，因为这些剩余最后都进入到了受益于不应得的天赋分配和财富分配的那些人的腰包。因此，资本主义是一种剥削制度——虽然支持这个结论的理由相比最初的马克思主义剥削论要复杂得多。

这是对剥削的更加言之成理的一种解释。通过关注更宽泛的分配模式，而不仅仅是在劳资关系内部出现的交换，勒默尔和阿尼森避开了使雷曼的解释陷入困境的那两个难题。他们的解释允许我们认为福利国家的工人也会遭到剥削，无论他们是否“被迫”为资本家工作，因为工人缺乏平等拥有生产资料的途径。他们的解释也允许我们处理劳资关系之外的分配不正义，如不能被雇佣或不准被雇佣的不正义，因为这些不正义的事例也源于对资源的不公平占有。①

然而，不幸的是，正因为这种立论抛弃了原初的马克思主义剥削论的全部特色，它才变得更加具有吸引力。这种新论在三个重要方面有别于原初的马克思主义剥削论。第一，现在，要从在先的和更宽泛的关于不平等分配的原则，才能推出剥削的观念。为了知道什么是剥削，我们需要首先知道人们对自身和外部资源拥有什么样的权利和资格。而一旦我们明确了这些基础性的原则，显而易见的就是，剥削只不过是分配不正义的诸

① 如阿尼森所言，回答这个问题——为什么对贫穷工人的剥削是错误的——的依据，也可以用来解释，为什么资本家因为自己的懒散而置工厂于不顾，以至于让工人挨饿是错误的(Arneson 1993a：288)。与之形成对比的是，马克思主义对剥削的传统解释会暗含这样一个结论：资本家一旦关闭自己的工厂，就不再剥削任何人了。

多形式中的一种，而不是不正义的范例。可是，马克思主义者却仍然易于夸大剥削的地位，认为剥削是道德的中心问题。例如，勒默尔就扩大剥削的范围并使之覆盖所有形式的分配不平等。①我们已经看到，这促使他既思考有薪可领的工人的命运，又使他思考失业者的命运。但要称这两种都是剥削的事例，则是令人混淆的。常识告诉我们，剥削意味着在剥削者与被剥削者之间有一种直接的交互关系，在这种剥削关系中，剥削者不公平地利用被剥削者，但对于失业者而言却不是这样。失业者遭到了不公平的忽略或排挤，但并不必然地遭到了不公平的利用，因为资本家从他们的困境中也许得不到什么好处。声称一切形式的不正义都是剥削，不仅不能给予什么洞见，反而言不达意。②

此外，当勒默尔试图把不正义与剥削融为一体的时候，他也就模糊了平等与剥削的关系。他说，不同形式的不平等(不公平利用、排除、忽略)都属于更宽泛的剥削范畴。但相反的说法却更为准确：剥削是不平等的诸多形式中的一种，所有的不平等都要由某种更深入和更宽泛的平等原则来加以裁决。按照勒默尔的理论，这种更深层的平等原则就是要使拥 185
有资源的途径平等化的“伦理命令”。因此，剥削在平等理论中就不再占有道德关注的中心地位。

---

① 类似地，范·帕里斯也扩展了剥削观念以覆盖这样的事例，如富国与穷国之间的不平等(他所说的“公民资格剥削”)，甚至如工作者与失业者之间的不平等(他所说的“工作剥削”)(Van Parijs 1993：143—147，123—130)。

② 勒默尔在某些地方并不把非正义与剥削融为一体。为了吻合我们的常识——剥削意味着某人对另一个人的利用，他增添了下述限制性条件：不仅被剥削群体带着自己的天赋和人均资源份额退出后境况会变好，而且在被剥削者带着自己的现有资源退出之后，剥削者的境况会变差(Roemer 1982b：285)。如果这个增添的条件不能得到满足，不能拥有平等资源的群体就只是“在马克思的意义上受到了不公平对待”，而不是遭到了“剥削”，因为他人没有利用他们(“他们即使从人们的视野中消失也不会改变他人的收入”——Roemer 1982b：292)。但正如他自己承认的那样，这个增添的条件仍然没有把握住“不公平地利用”这句话的直观意义(Roemer 1982b：304 n. 12；cf. Elster 1982a：366—369)。在他新近的著作中，勒默尔又回到了他对剥削所作出的原初定义：无论某人的损失是否源于他人对他的利用，剥削就是“某人因为最初财产的不平等分配所遭受的损失”(Roemer 1988：134)。因此，“如果通过对可让渡的社会生产资料的平等主义的再分配，某人就可从中获益”，他就算是遭到了资本主义意义上的剥削(Roemer 1988：135)，而根据这个检验标准，有收入的工人和失业者都遭到了剥削。

第二，把对剥削的思考包含于其中的更宽泛的正义理论越来越接近罗尔斯式的正义理论。原初的马克思主义者的论证是，工人对自己的劳动产品享有资格，而资本主义的不正义就在于使工人被迫放弃这种资格。但大多数当代马克思主义者都试图避免这种自由至上主义式的前提，因为这(与其他理由一起)使得对老弱病残的援助在道德上居然成为可疑的了。而他们越是试图顺应我们的常识——并非一切技术意义上的剥削都是不正义的，他们就越是在诉求罗尔斯式的平等原则。虽然马克思主义对剥削的声讨被认为比自由主义的平等主义正义观更为激进，“马克思主义对资本主义不正义的谴责，并没有迥然不同于表现得不那么激进的当代政治哲学理论所得到的结论——尽管这些理论的辞藻不如马克思主义的辞藻那么华丽”(Roemer 1988：5)。譬如，阿尼森的马克思主义剥削理论就诉求着作为德沃金理论根基的敏于志向而钝于禀赋的分配原则。以这种新的形式，马克思主义的剥削理论似乎是在运用自由主义的平等主义原则，而不是在与这些原则相竞争。

最后，这种对剥削的新解释抛弃了原初的马克思主义剥削论的*存在依据*——也就是马克思主义的这样一个论断：劳资关系本质上就是不正义的。因为如果要依据是否存在不应得的不平等来判断某种剥削是不是错误，某些劳资关系就可能不是剥削关系。有两种“干净通道”通向劳资关系。第一，如我们看到的那样，赋予残障者对资本的所有权可以补偿自然天赋的不平等，于是就可以使我们更接近钝于禀赋的分配方式。第二，具有相同禀赋的人最后可能会具有对生产资料的不同的所有权——如果他们对投资或风险有不同偏好的话。在第三章我提出的种植者与网球手的例子中，那位网球手愿意以修建网球场的方式把自己的资源立刻用于消费，而那位种植者却以修建蔬菜种植场的方式把自己的资源用于生产投资(第三章第四节)。我在第三章论证过，即使网球手最后要为种植者工作(或其他拥有生产资料的人)，这也是正当的，因为这吻合“羡慕的检验标准”。各方都可以自由地作出与另一方相同的选择，但每一方都不愿意采取对方那种生活方式，因为他们对于工作和闲暇有不同的偏好。类似地，种植者通过积极冒险可以获得更多的生产资料，而网球手虽然也可以冒同样的险，但他却偏好没有风险的收入较少的生活方式。对闲暇和风险的不同选择可以以一种正当而又能够通过羡慕的检验标准的方式，引向不平等的生产资料所有权。如果人们的偏好并没有这些差异，或者，如 186
果这类差异与人们愿意共享对工作的民主发言权相比并不那么重要，我们就有可能维系对生产资料享有平等所有权的体制。但是，如果对所有的劳资关系都予以强制性禁止，就将是对正义分配的敏于志向的要求的任意违背。①

这些说法都无法为现实存在的生产资料所有权的不平等提供辩护。资本家是通过自己的辛勤与节俭才获得了自己的财产——对于持这种论调的人，马克思不屑一顾；马克思进而指出，“征服、奴役、劫掠、杀戮”，总之，暴力在资本积累中“起着巨大的作用”（Marx 1977c：873—876，926；cf. Roemer 1988：58—59）。这种不正义的初始获得瓦解了风险论，因为就算资本家愿意用资本来冒险，承担风险的也并不是（从道德意义上讲）他们的资本。工人也许愿意像资本家那样去冒险，假如他们也拥有任何可用于冒险的资本。无论怎样，“都不可能严肃地坚持，工人的

① 沃伦论证说，即使存在着通向劳资关系的“干净通道”，把这种关系当作一种剥削关系而加以禁止仍然是被允许的——因为雇佣者不仅把自己的不平等能力用于这种关系，而且还从这种关系中获得了不成比例的好处。即使雇佣者与被雇佣者之间的资源不平等是正当的（即是说，这种资源不平等源于自主的选择），允许雇佣者以这种不正当的方式利用这种正当的不平等仍然是错误的（Warren 1997）。沃伦的立论就好像是说想得到雇佣的需求是资源的（主动）不平等所造成的不受欢迎和预想不到的后果，而愿意成为工人的人需要得到保护以阻止这种需求。这是一种误导。根据假设，双方都面对同样多的选择，包括成为雇佣者的机会，包括成为共同所有者以共同决定储蓄、投资与风险的机会。愿意成为工人的人作出了不同的选择，因为她具有不同的生活目标，也许要求有更多的闲暇、更大的消费或更大的安全感，而她知道这将要求她为他人工作。成为工人的决定是她从众多选择方案中挑选出来的一个，与包括成为雇主的其他方案相比，她更偏好这个选择。换句话讲，决定接受雇佣已经考虑了“羡慕的检验标准”。无论怎样，自由主义社会中的人们有进入这种关系的自由——在这种关系中，存在着权力与奖励的不平等；事实上，许多（大多数？）人类联合体在某种程度上都包含着这种关系。当然，并不需要自由主义社会中的机构（教堂、慈善机构、政治党派）被组织成下述模式：要么使其所有成员的权力都平等，要么按照人们所付出的劳动而对人们进行奖励。重要的是，决定进入哪种关系的人是在资源平等的地位上作出这些决定的，而通向劳资关系的“干净通道”就满足这个要求。

生活风险要少于资本家的生活风险。工人要冒患职业病、失业以及在贫困交加中退休的风险，而这风险却与资本家和管理者无关”（Roemer 1988：66）。因此，无论是诉求努力还是诉求风险，都不能为现实存在的不平等提供辩护（Roemer 1982b：308；对立于 Nozick 1974：254—255）。但是，历史上的资本主义兴起于不应得的不平等——这个事实并不能证明劳资关系不能在如罗尔斯的“拥有财产的民主”那样的制度下正当地产生。事实上，如果人们能够充分意识到他们选择的后果，并且，如果人们的不同偏好是在正义条件下形成的，那么，“这种论点好像几乎无懈可击”（Elster 1983a：294）。①

因此，私有财产不一定产生剥削。相反，对生产资料的社会化也许会产生剥削。马克思主义者喜欢声称，在社会主义制度里不存在剥削，因为产品由生产者所控制（e. g. Holmstrom 1977：353）。而根据这种新的剥削论，虽然人们在民主经营和工人所有的企业里以投票的方式能够平等地拥有社会资源，并不能避免剥削。这一切都取决于人们要用自己的资源作出什么样的民主决策。如果有这样一个企业，在它的内部一直有这样两个群体：一个群体人数占优，他们就像那位种植者，对收入的偏好超过对闲暇的偏好；另一个群体人数较少，他们就像那位网球手，对闲暇的偏好超过对收入的偏好。如果多数群体在所有决策上都赢得了胜利，而如果他们又不允许少数群体把自己在社会主义制度下对资源的平等拥有权转变

---

① 勒默尔试图反驳这个论点，参见：Roemer 1988：149—156。他的主要反驳理由是，就算我们可以使资源平等化，源于人们选择的对资本的不平等所有权将在很大程度上反映着更早的不正义的持续影响。那些出生于贫穷家庭的孩子因为教育的原因而形不成勇于冒险和乐于享受未来成果的习惯，而这些习惯在富裕的家庭里却代代相传。涉及工作与闲暇的不同偏好并不能为生产资料的不同所有权提供辩护，因为偏好本身都是在非正义条件下形成的（Roemer 1988：62—63，152—153；1985b：52）。这是一个有效的论点：仅当人们的偏好是在正义条件下形成的，人们才能够对自己的选择担负起完全的责任（cf. Rawls 1979：14；Arneson 1981：205；Scanlon 1988：185—201）。但这却很难对全面禁止私有财产提供辩护。该论点意味着，我们必须在一至两代的时间内留意和弥补这种影响。也许我们应该实施维权行动计划，以促使以前的劣势群体养成那些相关的品质并使它们能够传递到下一代。但这并没有瓦解这样一个一般原则：不同的志向可以正当地促成对生产资料的不同所有权。

成自由主义的对个人资源的平等所有权(譬如，通过出卖他们在企业中的份额)，多数群体就将以不公平的方式去利用少数群体。按照勒默尔—阿尼森的立论，少数群体遭到了剥削，因为如果他们带着自己的人均资源份额退出的话，他们的处境反而会更好(Arneson 1981：226；Geras 1989：257)。

因此，就对生产资料进行社会化而不是对生产资料进行平等化这点 187
而论，对剥削的关注并不能证明前者优于后者。使资源平等也许不会产生剥削，即使一些人在为另一些人工作；而使资源社会化也许会产生剥削，即使人们都在为彼此而工作。这取决于人们的偏好和境况。重要的是，人们要有对资源的某种拥有途径，使得他们可以就工作、闲暇和冒险等任何事情作出吻合自己生活目标的决定。也许，要实现这种自我决定的最好办法是采取一种兼有私有财产、公共所有权和工人民主的混合所有制形式，因为每一种形式的所有制在创造某些选择的同时又会阻碍其他的选择(Lindblom 1977：ch. 24；Goodin 1982：91—92；Weale 1982：61—62)。这些问题总的而言是经验问题，而不可能通过对剥削的一揽子指控而取消。

(二) 需求

直到现在，我还没有怎么涉及马克思的下述论断：在共产主义制度下将按照“按需分配”原则进行分配。我的确说过，这个原则与传统的马克思主义剥削观不一致——因为这种剥削观不允许把工人的剩余劳动向他人进行强制性的转移。但对作为一种正义原则的这个原则本身，应该有怎样的看法呢？如我们已经看到的那样，有可能马克思本人不认为这是一个正义原则。考虑到他对物质丰富的预测，“按需分配”并不是适用于资源匮乏的分配原则，而只是对共产主义社会里将要发生的情况进行描述——人们从丰富的资源储备中取得自己所需的东西(Wood 1979：291—292；Cohen 1990b；but cf. Geras 1989：263)。

然而，绝大多数当代马克思主义者都不赞成马克思关于丰富的乐观预测，转而把需求原则当作一种分配原则。按照这种看法，最好把需求原则理解成一种需求的平等满足原则，因为马克思用它来解决贡献原则的“缺陷”——如我们所知，这里所谓的“缺陷”是指由人的不同需要产生的不平等(Elster 1983a：296；1985：231—232)。这是一个有吸引力的原则吗？如果需求被理解成对纯粹的生活必需品的需要，这个原则就不太具有吸引力。社会主义政府如果只满足人民的最基本的物质需要，就很难说得上是对西方某些民主福利国家的发展。然而，马克思主义者却以一种宽泛得多的方式来对“需求”进行解释。事实上，对于马克思而言，人的需求是由他们“无限可塑的本性”决定的，因此，人的需求包括“作为在其生产的所有方面的、作为在其消费中的丰富个性”(Marx 1977c：1068；1973：325)。这样，“需求”就被当作了“利益”的同义词，而“利益”
188 则既包含具体的物质需要又包含人们认为值得在生活中拥有的各种益品。按照这种阐释，需求就把重要的欲望和志向包含在内，而需求原则“最好被理解成一种平等福利原则”(Elster 1983a：296)，而不是更狭义的需求的平等满足原则。

不幸的是，一旦我们采纳了对需求原则的这种宽泛解释，对于如何分配资源，该原则就不再能给我们提供多少指导。马克思主义者似乎认为，对于这样一个问题——对人们的利益予以平等关照究竟意指什么——需求原则给予了相应的回答。可是，一旦我们扩展了“需求”的含义并把我们所有的利益都包含进来，一旦我们放弃了关于充裕的假设，声称分配应该依据需求就并不是对那个问题的回答，而只是以另一种方式重新提出了这个问题。对于应该如何关照不同种类的利益，需求原则什么也没有说。譬如，虽然在最弱的意义上需求与选择无关，但在马克思主义的意义上，需求却既与选择相关又与境况相关。因此，某个资源份额是否满足某人的需求，就取决于需求内容的价值高低，而需求内容的价值高低既取决于需求者的境况又取决于需求者的选择。我们是否应该为那些有昂贵需求的人提供额外的资源？如果予以肯定回答，那么，是否应该把我们所有的资源都花在某位严重残障者的身上？对于昂贵的需求，我们应该区分哪些是出于选择的需求哪些是被迫的需求吗？这些就是罗尔斯和德沃金所关注的问题，如果不对这些问题予以回答，正义理论就是残缺不全的。但总的来讲，对于需求原则应该如何权衡人们的利益，马克思主义者却没有予以相应的解释。

就算马克思主义者对需求原则赋予了某些内容，马克思主义者与自由主义的平等主义的最大分歧却在于是否赞成下述论断：人们应该为自己的选择承担代价，因此分配应该敏于志向。一些马克思主义者径直拒绝这个立场，其理由是，人们的选择是他们物质境况或文化环境的产物，因此人们不应该为他们的选择承担责任(e. g. Roemer 1985a：178—179；1986a：107，109；1988：62—63)。莱文认为，否认个体应该为自己的选择承担责任，“意味着这种平等待人观念的激进性远甚于”德沃金理论中的观念(Levine 1989：51 n. 25)。但不清楚的是，这种对责任加以否定的观念，其激进性(或吸引力)究竟表现在什么地方。至少，在对个人责任的否定与我们对民主的信奉之间，有一种冲突。如果人们对自己的偏好不承担责任，为什么我们应该尊重这些偏好并把它们当作民主过程的正当输入呢？如果人们对自己的偏好不承担责任，为什么我们应该认为人们有能力进行理性的论证和慎思呢？在我们的民主理论中把人当作责任的承担者，但在我们的正义理论中却不把人当作责任的承担者，就是一种“语用上的不一致”(Elster 1992：239)。

此外，如许多马克思主义者愿意承认的那样，要求某些人去补偿他人的昂贵嗜好就是不公平。如阿尼森所言：“思考一下这样两个人，他们
都有艺术上的需求。其中一个人意识到了这种需求的费用，因此懂得如何 189
通过较为便宜的手段(如用水彩、笔、墨作画)去满足自己的需求；而另一个人则没有费用意识，要发展他的天赋必须依赖昂贵的消费(如巨型大理石雕塑、深海摄影)。并不清楚的是，如何根据‘按需分配’的原则在这些艺术家之间分配匮乏的资源。”(Arneson 1981：215)为了处理昂贵的选择，需求原则就要确定什么是“合理的”需求，“以便在偏好形成的早期阶段，就对人们加以引导并使他们懂得，社会不会为所有的昂贵爱好

承担费用”（Elster 1983a：298；Geras 1989：264）。按照阿尼森的观点，需要这样一种社会规范反映了“马克思的口号的模糊性”，但却“无法动摇它的基本道德力量”（Arneson 1981：215）。但这事实上却是对需求原则的一种极不寻常的理解，因为它要求按照在先存在的分配标准去调整需求；而对需求原则的通常理解则是，它要求我们按照在先存在的需求去调整分配（Elster 1983a：298）。

无论这种敏于志向的要求应该被当作是对需求原则的删减或是丰富，它都使得马克思主义的平等多少倾同于德沃金的资源平等理论（Elster 1983a：298 n. 65）。①也许这二者是不同的，但马克思主义者却没有告诉我们有怎样的不同，因为马克思主义者没有告诉我们如何衡量人们的选择成本。例如，是什么在起德沃金的拍卖所起的作用？马克思主义者历来反对市场机制。但是，如果要人们为自己的选择成本承担责任，就要有类似于市场这样的机制来衡量机会成本。（参见诺夫对下述问题的论述：敌视市场与丰富假设相结合，如何阻止了马克思主义者去发展某种连贯的机会成本观［Nove 1983：ch. 1］。）

---

① 一些社会主义者接受敏于志向的分配原则，但又关注如何限制因之而产生的不平等。例如，一些人认为，收入的巨大差异会破坏人的自尊（Nielsen 1978：230；Daniels 1975a：273—277；Doppelt 1981：259—307；Keat 1982：68—70；but cf. Rawls 1971：107；DiQuattro 1983：59—60；Gutmann 1980：135—138）；要么，会瓦解形成正义感的必要条件（Clark and Gintis 1978：315—316），或形成团结感的必要条件（Crocker 1977：263）。我怀疑通过了羡慕的检验标准的收入差异怎么会产生这些问题。（如果他人的较多资源伴随着我不愿意采纳并因此而自由地加以拒绝的生活方式，他人的较多资源如何会破坏我的自尊呢？）一些人认为，收入的巨大不平等会破坏作为民主基础的平等政治权力（Daniels 1975a：256—258），或者会把机会不平等带给儿童（Nielsen 1985：297—298）。这些是严肃的担忧，但罗尔斯与德沃金正是因为有这样的担忧才要对正当的不平等予以约束（关于政治平等，参见：Rawls 1971：225—226；Dworkin 1988；关于机会不平等，参见：Rawls 1971：73）。要想更多地了解社会主义者关于敏于志向的观点，参见：Nielsen 1985：293—302；Elster 1985：231—232，524；1992：237—240；Levine 1988：53；1999。

卡伦斯论证说，社会主义者与自由主义者的根本区别不在于需求原则，而在于马克思的著名口号的另一半（“各尽所能，按需分配”）。卡伦斯认为，这句话赋予了人们贡献的责任，即“善加使用”他们天赋的责任；但自由主义者却认为，可能会通过强迫有天赋的人去做那些他们擅长但却不愿意做的事情，而对他们形成奴役（Carens 1986：41—45）。我不相信卡伦斯对马克思口号的这种解释会被绝大多数马克思主义者所接受，但这个论题却值得投入更多的讨论。

正义分配需钝于禀赋——对于这个立场，争议较少。需求原则“切断了经济利益与‘道德上任意’的遗传和社会因素——它们决定着人的经济能力——之间的所有关联”（Arneson 1981：215—216）。在这里，需求原则的要求较为清晰，因为“提出需求原则正是为了关照这些情况”（Elster 1983a：298）。但是，就是在这里，需求原则也是不完整的——因为当不可能对自然劣势予以完全弥补的时候，需求原则并没有告诉我们做什么。如我们在第三章看到的那样，不可能使一位严重痴呆患者的境况变得平等，也没有必要把我们所有的资源投向这个目标。这使得德沃金构思出他假想的保险方案。但在当代马克思主义的文献中，对于这个难题却没有类似的解决方案；事实上，当代马克思主义者没有像德沃金那样认识到，这是一个难题。只是声称需求原则应该对不平等的境况作出补偿，是不充分的。我们需要知道，要以什么代价和以什么途径去实现这个目标。除非这些问题得到了回答，否则不可能把需求原则与自由主义的平等理论相提并论。 190

（三）异化

关于剥削理论与需求理论，我们看到在马克思主义的正义论与自由主义的平等主义的正义论之间，呈现出一种相互接近的趋势。如勒默尔所言：“当代分析的马克思主义与当代左派自由主义的政治哲学之间的界线是模糊的。这说明二者有一个共同的核心。”（Roemer 1986b：200）然而，还有一种相当不同的马克思主义思想分支，它更明确地有别于自由主义的平等主义。按照卢克斯的说法，马克思对资本主义的批判不仅诉求着对剥削的“康德式”的关注，而且诉求着对异化的“完善论”的关注（Lukes 1985：87；cf. Miller 1989：52—54）。①康德式分支强调，私有财

① 卢克斯还认为在马克思的思想中，有一个“功利主义”的分支；但我不准备涉及这个话题，部分是因为我们已经探讨过了功利主义，部分是因为马克思思想的这个分支对当代马克思主义者的影响要小于马克思主义的康德式分支和马克思主义的完善论分支。此外，我还怀疑在马克思的思想中是否有这样一种功利主义的分支。马克思拒绝这样一个观念：仅仅因为能够增进总体利益就可以对某个个体进行伤害（Murphy 1973：217—220；but cf. Allen 1973；Brenkert 1981）。

产如何使一些人(工人)成为了另一些人(资本家)获利的工具；马克思主义的完善论式的分支则强调，私有财产如何阻碍着我们去发展自己最重要的能力。按照这种完善论的观点，私有财产的问题不仅仅在于它允许剥削，因为那些剥削的受益者也遭到了异化，从而无法发展他们作为人的本质能力。要为禁止私有财产提供辩护，这种异化论似乎更有希望——因为虽然使私有财产平等化可以消除剥削，但这也许正好会导向异化的普遍化。

完善论——马克思的异化论是完善论的一个实例——认为对资源的分配应该促进“人实现自已人之为人的独特潜质和卓越”，同时应该阻止与人之卓越背道而驰的生活方式(Lukes 1985：87)。这类理论之所以被称作“完善论”是因为它们声称，某些生活方式构成了人的“完善”(或“卓越”)，因此这类生活方式就应该得到促进，而不太有价值的生活方式就应该受到抑制。自由主义或自由至上主义的理论却不是这样，这些理论不试图促进某一种特殊的生活方式，而让个体运用自已的资源自由地去做他们认为最有价值的任何事情。我将在下一章考察自由主义理论与完善论之间的一般区别，但我将首先简略地考察一下马克思主义的完善论如何为禁止私有财产提供辩护。

任何完善论都必须解释，什么是“人之为人的独特卓越”，以及应该怎样分配资源才能促进这种卓越。据马克思所言，人之为人的独特卓越就在于有能力去从事自由而富有创造性的合作生产。如果某种生产方式妨碍了这种能力的发展，生产者就遭到了“异化”，并与我们的真实“类本质”相疏离。因此，马克思主义的完善论者论证说，在共产主义社会里，
191 对资源的分配应该达到这样一个目的，即通过生产合作去促进人的自我实现。分配也许仍然要受到需求原则的管辖，但对完善论者而言，需求原则并不照顾所有的需求。相反，需求原则要求“选出那些最能体现生产和娱乐的合作理想与创造理想的人类利益”(Campbell 1983：138；cf. Elster 1985：522)。

如何促进这样一个理想呢？马克思主义者论证说，最好的办法就是

废除劳资关系并使生产资料社会化。劳资关系异化我们，使我们与自己最重要的能力相疏离，因为它把工人的劳动力转变成了不受自己控制的纯粹的商品。此外，对资本主义制度下的许多工人而言，这样使用劳动力既缺乏内在满足又削弱心智。使生产资料社会化能够保证，每个人对于如何组织自己的工作与生活都具有有效的发言权，并且，每个人都能够通过组织生产去促进生产的内在价值而不是增加资本家的利益。资本主义把我们变成手段，我们为了过上一定水准的生活而不得不忍受；但社会主义将恢复工作的正当地位，把工作本身当作目的，当作“生活的第一需要”（或者，更准确地讲，社会主义使得历史上第一次有了这样一种可能性，即劳动将获得自己的正当地位）。

这就是要求废除生产资料私有财产的完善论。我们应该如何看待这样的立论呢？如果只在能获得内在满足的工作和不能获得内在满足的工作之间进行选择，大多数人会愿意选择富有创造性和合作性的工作。有显著的证据表明，资本主义制度里的绝大多数工人希望自己的工作更加令人满意。资本主义强加于许多人的“低级劳动”不仅是令人憎恨的，而且在不知不觉中限制了人们发展自己潜质的能力（Schwartz 1982：636—638；Doppelt 1981）。自由主义者对待这个问题的方式只是区分哪些雇佣方式是正当的，哪些是不正当的。但根据马克思主义的观点，任何劳资关系都是使人异化的，因为工人放弃了对自己劳动力和劳动产品的控制。劳资关系也许不是剥削关系，如果双方都始于平等的资源份额；但劳资关系却是令人异化的，而我们只有通过使生产资源社会化——而不是使私有财产平等化——的方式去消除异化。

可是，虽然非异化劳动肯定要优于异化劳动，但劳动的异化与否却并非惟一的价值准绳。我也许看重非异化劳动，但却更看重其他事物，如我的闲暇。也许我打网球的愿望更要甚于从事非异化生产的愿望。我必须从事某项生产工作以保证有足够的资源来支持自己的网球爱好，而如果其他一切都不变的话，我愿意从事非异化工作。但其他一切并非总是一样。最有效的生产方式也许留给创造或合作的空间并不大（如流水生产 192

线）。如果真是这样，从事非异化工作要求我支付的时间就要多于我愿意支付的时间。譬如，如果我获取同等资源的途径是：两小时的异化劳动或四小时的非异化劳动；从事异化劳动所节约出来的额外两小时用于打网球，也许可以绰绰有余地弥补两小时的异化劳动。因此，问题不在于我是否愿意从事非异化劳动而不愿意从事异化劳动，而在于我是否如此看重闲暇以至于我愿意通过异化劳动而获得闲暇。非异化工作的机会"并非天赐馅饼。必须动用资源才能获得这样的机会，而这就意味着要减少获得其他利益的机会"，如获得闲暇的机会（Arneson 1987：544 n. 38）。①

消费也许是与非异化生产相冲突的另一种利益。有些人喜欢消费各种商品和服务：从食品到歌剧到计算机。同意以异化劳动换取高额报酬，可扩展他们所欲的消费范围。如果我们禁止异化劳动，我们的确消除了异化，但对于那些真正看重消费价值的人而言，我们也增加了他们消费的难度。马克思主义的完善论者不愿意操心物质消费是否会减少。他们把人们对消费的关心当作产生在资本主义制度下的物质主义的病态症状，因此，走向社会主义"将在很大程度上把消费文化转为生产文化，并把生产当作人之实现的首要领域"（Arneson 1987：525，528）。但是，关心如

---

① 马克思本人曾经声称："事实上，自由王国只是在由必需和外在目的规定要做的劳动终止的地方才开始；因而按照事物的本性来说，它存在于真正物质生产领域的彼岸。"（Marx 1981：958—959）这并非马克思的通常观点，大多数当代马克思主义者也不支持这样一个观点（e. g. Cohen 1978：323—325）；但是，有一点却是肯定的：在生产活动之外，"作为目的本身的人之才能的发展"能够得以实现，并且，"闲暇在本质上可以为马克思如此看重的人之全面而自由的发展提供主要的舞台"（Arneson 1987：526）。

即使强调生产是自我实现的主要舞台，在非异化劳动之外还有其他一些至关重要的价值。马克思主义者认为，生产的价值在于"作为目的本身的人之才能的发展"。但是，一些人却认为，生产劳动的价值在于能够向这样一种系统结构——它能够有效地满足关键需求——作出贡献。对这些"致力于服务于他人"的工人而言，工作中的民主也许是"一种浪费资源的自我陶醉"——它把工人的福利置于被服务对象的福利之上（Arneson 1987：525）。完善论者论证说，仅当存在着工人民主时，工作才是有意义的（Nielsen 1978：239；Schwartz 1982：644）。但是，对做什么的关心超过对如何做什么的关心，有什么错呢？从劳动中可以获得一系列的利益——阿尼森罗列了十七种，自由发展人的才智只是其中的一种，而要使不同的利益变得尽可能丰富，就需要有不同的工作机制和不同的财产所有权（Arneson 1987：527）。因此，在使生产资料社会化和提高生产活动的价值之间并没有简单的相关性。

何扩大自己的消费真是病态的吗？“赶时髦”也许是一种病态症状，因为对象征身份的商品的追求常常是非理性的。但这种看法对于许多更高的消费愿望并不恰当。一个音乐爱好者愿意从事异化劳动来换取昂贵的立体声设备，这种消费愿望并非病态。因此，“有些人更看重消费的消极快乐的价值”，而不是更看重生产的积极快乐的价值；共产主义“视这些人为可耻之徒并对他们加以排挤的做法”是没有道理的（Elster 1985：522）。

对非异化劳动的追求还会与家庭关系和朋友关系相冲突。我也许只想有一种兼职工作，这样才有足够的时间与自己的孩子相处；我也许只想有一种季节性工作，这样才有足够的月份与朋友或亲戚相处。如埃斯特尔所言，马克思主义者对在工作中实现自我的强调可能冲突于自发的私人关系，因为“自我实现会倾向于投入所有可能的时间……（而这）对消费和友谊都是一种威胁”（Elster 1986：101）。

问题不在于非异化劳动是否是一种利益，而在于它是否是一种至高无上的利益，是否是一种对于任何体面生活都必需的、其价值高于其他所有利益的利益。我看不出有任何理由认为非异化劳动是这样一种利益。马克思为这个论断所作的论证是十分乏力的。他论证说，自由合作的生产体现了人的独特卓越性，因为这使我们与其他物种相区别——正是自由合 193
作的生产，才使我们成为人。但从这个“差异性”的立论推出的结论却是站不住脚的。问什么是人的最珍贵之处，并不是问什么是人的“生物学分类。这是一个道德哲学的问题。而如果我们事先就决定答案应该是不被其他物种所共有的某种单一特征——如差异性所欲表达的内容；那么，就对这个问题的回答而言，我们一无所获”（Midgley 1978：204）。陶醉于合作性的生产活动“本身就是一种特殊的道德立场，要为它提供辩护就必须与其他道德立场相比较；不能基于某种简陋的分类法而迫使人们对它加以接受”（Midgley 1978：204）。其他动物是否具有像人那样的生产劳动的能力，与这种能力在我们生活中究竟具有怎样的价值，没有什么关系。没有理由认为，我们最重要的能力就是那些最有别于其他动物的能力。

对生产劳动的这种关注还具有性别主义的特征。考虑一下马克思的下列陈述：因为工人遭到了异化并被疏离于自己的“类生活”（譬如，“劳动、生活、生产活动”），因此，“人（工人）只有在运用自己的动物机能——吃、喝、生殖，至多还有居住、修饰等等——才觉得自己在自由活动，而在运用人的机能时，觉得自己只不过是动物”（Marx 1977a：66）。但是，为什么生产比生育（如抚育小孩）更是“人的机能”呢？就其他动物也能生育而言，生育也许不是人的独特机能。但是，这只是表明了那个标准是多么不恰当，因为家庭生活显然与生产活动一样，对我们人的本性至关重要。马克思对男性占主导地位的生产活动的历史变迁表现出深刻的敏感，而他对女性占主导地位的抚育活动的历史变迁又表现出几乎十足的迟钝；他认为抚育活动完全是一种自然活动，而不具有人的独特性（Jaggar 1983：ch. 4；O' Brien 1981：168—184）。任何理论，如果想要把女性的体验整合到一起，都不得不质疑对生产劳动的拔高。

与非异化生产形成竞争关系的还有许多价值，如“身心健康、认知能力的发展、个性与情感的发展、游戏、性、友谊、爱、艺术、宗教”（Brown 1986：126；cf. Cohen 1988：137—146）。一些人会把生产劳动当作“生活的第一需要”，但另一些人则不会。因此，对异化劳动的禁止将不公平地恩惠一些人，从而对另一些人形成不公平。如阿尼森所言，把社会主义等同于对优良生活的一种特殊想象就会“提升一种特殊类型的利益——内在的劳动满足，就会武断地恩惠这种利益以及青睐这种利益的人，而对那些平等地为人所欲的利益以及青睐那些利益的同等聪明的人，则是一种不公平”（Arneson 1987：525；cf. Arneson 1993a：292—296）。
194 由于人们会赋予劳动不同的价值，“只要有基于初始地位的机会平等和财产的公平划分，程度不等的劳动异化可以极大地提高人们的福利和生活质量”。因此，“完善论对非异化的辩护似乎是不切题的”（Roemer 1985b：52）。

并非所有强调在共产主义制度下非异化生产将要兴旺的马克思主义者都是完善论者。一些宣布异化将要终结的马克思主义者只是在进行某种预见，他们所预见的是，当人们拥有自己的平等资源份额时，他们将会做什么；这些马克思主义者并没有就如何分配这些资源给予完善论的指示。他们预见说，人们将会珍视非异化劳动到这样一种程度，以至于他们决不同意用闲暇或家庭生活的增加来对异化进行弥补。可是，要是这个预见是错误的，通过禁止非异化劳动而干涉人们的选择就是没有道理的。不清楚的是，马克思对异化的评论究竟是属于预见还是属于完善论的指示（Arneson 1987：521）。然而恩格斯至少在涉及两性关系的时候却是完善论的反对者。当讨论共产主义制度下两性关系的性质时，他说那种古老的家长式的两性关系将被终结，但是，

> 取而代之的将是什么呢？这要在新的一代成长起来的时候才能确定：这一代男子一生中将永远不会用金钱或其他社会权力手段去买得妇女的献身；而妇女除了真正的爱情以外，也永远不会再出于其他某种考虑而委身于男子，或者由于担心经济后果而拒绝委身于她所爱的男子。这样的人们一经出现，对于今日人们认为他们应该做的一切，他们都将不去理会，他们自己将知道他们应该怎样行动，他们自己将造成他们的与此相适应的关于各人行为的社会舆论——如此而已。（Engels 1972：145）

对资源的平等分配确保不会产生剥削关系，但也不会有所谓正确的社会主义人际关系需要被促进或强化。那么，为什么经济关系不应该也类似地交由那些物质地位平等的人自由地加以确定呢？我们应该拭目以待拥有自己生活和天赋的这“一代新人”将作出怎样的选择；而就算他们不约而同地青睐非异化劳动，要通过完善论的干涉人为地促进那种结果，也是没有道理的。

再次强调，所有这些都无法为对有意义的工作进行分配的做法提供辩护。我曾论证说，人们应该有牺牲工作的质量以换取其他价值——如闲暇——的自由。可是，在资本主义制度下，那些占据最好工作岗位的人

一般而言也享有最好的消费和闲暇，而那些工作岗位不佳的人常常也无法从闲暇或消费中得到对自己工作的弥补。但解决问题的办法却不是牺牲已经获得了增进的闲暇，然后重新向每个人安排可能最有意义的工作；因为有些人愿意有更多的闲暇。如阿尼森所言：“社会主义者针对市场资本主义的核心反驳意见是：那些并非因为自己的错误而拥有较少资源的人得不到满足自己偏好的公平机会。对这个难题的解决方式不是不恰当
195 地把某些人的偏好（如愿意工作而不愿意闲暇的偏好）提升到特殊的地位；而是对个体带入市场交换的资源进行修正分配。”因此，德沃金的免于羡慕的市场分配目标“正是社会主义者的抱负的一个方面，而不是与之竞争的学说”（Arneson 1987：537，533）。

这使我们回到马克思主义的“康德式”分支：个体在拥有平等资源份额的前提下，自由地决定什么是自己愿意从事的有价值的事情。如我们所看到的那样，这会引向一系列关于公平分配的问题，而马克思主义者并没有致力于解决这些问题。除非马克思主义者提出对这些问题的解决方案，否则，就难以判断马克思主义是否对正义给予了有别于其他政治传统的独特解释。

第三节　社会民主与社会正义

到现在为止，我已经考察了这样一个问题：当代分析的马克思主义是否提供了一种可替代自由主义的平等主义的立论。但还有一些社会主义的观念却是非马克思主义的。在马克思自己的时代，这些社会主义观念常常与基督教的各种派别联系在一起，这些派别之所以提倡平等和集体所有权，是因为基督教有关于团结友爱、虔诚以及鄙视物质的特殊观念。马克思一贯把这些群体贬为“空想社会主义者”。

可是，在20世纪的西方国家，最坚定的社会主义理想的倡导者既不是马克思主义者也不是基督徒，而是世俗的社会民主党——它与劳工运动常常具有密切关联。而不时有人认为，由众多社会民主党所支持的“社

会民主”根本有别于由自由主义的平等主义者所支持的“自由主义的民主”。

并不是每个人都认为，在“社会民主”与“左翼自由主义的民主”之间存在着重大的区别。事实上，罗尔斯本人就曾说过，他自己的正义观既可被称为“左翼自由主义的”也可被称为“社会民主主义的”(Rawls 1993a：416)。反过来，西欧的许多社会民主党公开引证罗尔斯，以发展和捍卫自己的理论平台。在许多情况下，似乎“社会民主”与“自由主义的平等”只是同一组核心理念的不同表达方式，欧洲思想家偏爱前一种名称，而北美思想家偏爱后一种名称。

然而，一些评论家坚持认为，社会民主主义者所持有的正义观更具“社会的”特色，而罗尔斯或德沃金所采纳的正义观更具“个人主义的”特色。例如，米勒就区分了“分配的平等”与“社会的平等”：它把前者描述为扎根于自由主义传统的个人主义的平等，而把后者描述为扎根于社会主义传统的更具整体化的或更体现共同体特征的平等。前者关注个人对平等资源份额的要求，后者关注建构正确的平等主义的社会关系。前 196
者关注如何使个人资源份额更倾向于平等，后者关注如何保证人们在公共生活中具有平等的地位(Miller 1993；1997)。

沃尔泽用他对“先生社会”(society of ecisters)的印象来概括“社会”方面的平等。在社会民主中，人们相遇时用平等的称谓来称呼彼此。我们用“先生”或“女士”来称呼彼此，以代替用“老爷”或“太太”来称呼上层人士，以代替用直呼其名的方式来称呼下层人士。这个理想在历史上被称作“无阶级”社会的理想，但不是就马克思主义对劳资关系的废除而言的，而在于这样一个意思：社会关系不应该由阶级地位来决定。如米勒所言，由社会意义上的平等者所组成的社会是“这样一个共同体，阶级差异构不成阻止人们彼此和睦与友爱的障碍”(Miller 1993：302)。类似地，伟大的英国社会主义者克罗斯兰也曾论证说，社会正义的目标是“削弱根深蒂固的、伴随着嫉妒与自卑的现实等级，削弱由现实等级所造成的阶级融和的阻碍”(Crosland 1964：77)。或者，如托尼所言：

> 令人反感的不是有人挣得多些有人挣得少些，因为只要共同体的气氛和共同的教育与生活习惯培养了尊重与关怀的共同传统，收入的差异就可以被遗忘或忽略。令人反感的是，有些阶级无法享受另一些阶级所享有的文明遗产，并且，具有深刻的终极价值的人与人之间的团结友爱，居然要被肤浅和微不足道的经济差异所遮蔽。(Tawney 1964：113)

更具社会特征的平等观经常关涉这样一个观念：存在着不同的正义"域"。例如，按照沃尔泽的说法，其中一个正义域涉及可在市场中进行交换的金钱和商品。能够在市场中得到的商品与服务应该按照人们的支付能力进行分配，而沃尔泽认为，试图消除人们在支付能力方面的被动不平等，既不可能又不必要。要紧的是，这些不可避免的基于市场交换的不平等不要跨越这个正义域的边界而污染其他的正义域，如民主的公民资格、教育、保健、公共荣誉——分配这些领域的益品不应该依据人们的支付能力。人们在收入与消费能力方面的被动不平等是被允许的(如要购买游船或时髦音响设备)，但不能允许人们通过市场的不平等来购买政治影响力、基本的公共服务或公众认同，如果这样就会摧毁公共领域的平等(Walzer 1983)。

197 发展一种更具社会性的平等观并把社会关系的特质而不是把"财富的多少"当作被关注的焦点——这样一个观念，既重要又有吸引力。而这个观念并不局限于社会民主的传统。在功利主义、社群主义和女权主义中，也有一种类似的尝试，即发展一种更具社会特征或公民特征的平等模型。①而与之相对比，本章里所涉及的绝大多数分析的马克思主义者类似于自由主义的平等主义者，他们关注的焦点是"分配"问题。由勒默尔、

① 在"社会的或公民的"平等与"个人主义的或分配的"平等之间有一些显著区别，而功利主义者(Temkin 1993：chs. 9—10; Broome 1991：ch. 9)、社群主义者(Sandel 1996)和女权主义者(Young 1990; Tronto 1993)也分别作出了类似的区别。

埃斯特尔和科恩所发展出来的正义观，与由罗尔斯和德沃金发展出来的正义观一样，所关注的焦点都是如何确定个人的正义要求。①

但是，为什么这些应该被视为相互竞争的正义观，而不是相互补充的正义观呢？也许有人会认为，物质不平等所导致的有害的社会后果，很自然地会成为支持实现分配正义的、更进一步的强大理由。毕竟，要使社会关系是一种平等关系，路径之一就是使个人拥有大致平等的资源份额，并使个人在进入社会时有大致平等的基础。如果这样，自由主义的平等主义将有助于实现对于个人的正义分配，以及个人之间的平等的社会关系。

那么，为什么有些人会认为，“社会的平等”是对自由主义的平等的替代，而不是对它的补充？为什么有些人会认为，实现社会的平等的最好或惟一的途径是为了个体而牺牲分配正义？我认为，对此至少有三种不同的解释。

首先，一些社会民主主义者，如米勒和沃尔泽，明确拒绝自由主义的平等主义的这样一个论证：不应得的不平等是不公平的。根据米勒的观点，天赋较高者比天赋较低者实质上拥有更多的资源并非是一种不公正。对米勒而言，自然天赋具有道德意义上的任意性——这个事实不能作为一个理由来支持这样一个说法：人们不应该获得自己的市场收入（Miller 1999：ch.7；cf. Walzer 1983：ch.4）。因此，要捍卫对资源的再分配，我们不能基于这样的理由：有天赋的富裕者所拥有的资源多于他们的公平份额，或者，处境较差的人所拥有的资源少于他们的公平份额。按照米勒的看法，市场收入的不平等完全可以是公平的，如果这些不平等总的而言与人们的贡献成比例。可是，这些不平等本身虽然是公平的，却有可能瓦解人们所欲的“团结友爱”的气氛——而这种气氛却是一个平等社会的

① 然而，也有一些自由主义者和马克思主义者，他们捍卫的目标是更具“社会特征”的正义和平等观。例如，考斯就论证说，自由主义者应该放弃他所谓的“金钱自由主义”（或分配的平等），而采纳他所谓的“公民自由主义”（或社会的平等）（Kaus 1992）。类似地，雷曼也论证说，分析的马克思主义应该“把某种人与人之间的社会关系而不是把对事物的分配作为自己的理想”（Reiman 1991：158；cf. Reiman 1989）。

基础；因此，这些不平等应该受到限制或抑制。一个没有阶级差异的社会从更公平分配资源的意义上讲未必就更正义，但它之所以有吸引力并非出于分配正义的理由，而是出于别的考虑，如对共同体的考虑。

可是，却有一些社会民主主义者同意自由主义的平等主义者的这个论证——不应得的不平等是不公平的；但他们却不相信国家有能力识别是什么原因造成了市场收入方面日益增加的不平等，也不相信国家有能力对这些不平等进行弥补。试图直接向这些不平等宣战是徒劳无功的。国家所能做的，就是试图把这些不公正的不平等的社会影响，减小到最低的
198 程度。国家可以试图保证，这些不公正的不平等只对人们的私人生活发生影响——譬如，只影响人们的私人消费或闲暇，而不会摧毁社会的平等(Kaus 1992)。按照这种观点，社会民主的平等是一种退而求其次的立场。如果我们不能实现分配正义，我们就至少应该对社会的平等进行保护。

但是，还有一些人论证说，就算我们能够弥补人们在资源占有方面的被动劣势，也只有通过会破坏社会平等的那些手段才能实现这个目标。如我在第三章结尾处所讨论过的那样，一些理论家论证说，就算自由主义的平等主义在理论上是经得起辩护的，它也是在促进一种错误的关于平等的氛围(Wolff 1998；Anderson 1999)。试图甄别主动劣势与被动劣势，就会使政府以不信任的眼光来审视那些处于劣势的公民，并把他们当作潜在的欺骗者。而为了避免这种不信任，劣势者必须进行沃尔夫所说的“耻辱揭示”——也就是说，他们不得不证明，自己的不幸的确源于某些被动劣势：要么他们的自然天赋较低，要么童年时期没有受到好的培养。他论证说，损害公民之间的社会平等感将是不可避免的结果。为了避免这个难题，我们应该放弃对主动劣势与被动劣势的甄别，转而关注这样一个问题：哪些物质不平等会破坏社会的平等(或安德森所说的“民主的平等”)。如果物质不平等不会破坏社会的平等，我们就应该允许这样的不平等，无论这些不平等是多么不应得。但是，如果物质不平等的确会破坏社会的平等，我们就应该纠正这种不平等，即使这些不平等是主动选择

的结果(Anderson 1999)。

因此，有各种理由认为，在追求社会平等的社会民主主义与追求分配平等的自由主义的平等主义之间，存在着潜在的冲突。有必要注意，就所有这些论证而言，社会民主主义的平等观所要求的内容要少于自由主义的分配平等观所要求的内容。虽然自由主义的平等主义者试图纠正范围宽广的不应得劣势——表现为人们的生活水准以及人们对物品和服务的拥有，社会民主主义者只试图纠正会破坏人们在公共生活中的平等地位的不平等。自由主义的平等旨在使人们有一份平等的资源份额，用以追求自己的善观念；社会民主主义的平等却旨在使人们成为在社会中受到同等尊重的平等者——即使人们用以追求自己善观念的能力极其不平等。

所有这些为社会平等所作的论证，都正确地强调了人的社会地位或公共处境的重要性。贫穷对人的伤害不仅仅在于享受不到特定的商品或服务，贫穷对人的伤害还包括羞耻、可怜、谦卑，以及对穷人与其他社会成员的关系的无形损害。当代自由主义的平等主义者和分析的马克思主义者很大程度上忽略了不平等在这方面的深刻影响。并且有证据表明，如果再分配被认为是在恢复社会平等，而不仅仅是在增进某些人的购买力， 199
人们就更愿意接受再分配。

然而，人们也可以论证说，社会平等的捍卫者太漠视物质资源对人们生活的重要意义了。有这样一个倾向，认为“财富的多少”对人们的生活构不成什么重大影响，只要它们不会腐蚀人们在社会生活中的平等地位。但是，一些人享有宽敞的别墅而另一些人却挤在狭小的公寓；一些人能够享受长年累月的海外旅行，而另一些人却衣食无着；一些人能够从自己的“职业”中享受成就和奖励，而另一些人则只好从事使自己心智麻木的“工作”——如果他们能够有工作的话；这些不平等对人们的生活真的那么不重要吗？如果人们在生活机会和生活标准上存在着巨大的不平等，而这又并非选择和应得的结果，我们为什么应该接受这种不平等呢？为什么我们应该允许人们为了追求自己所理解的优良生活所依靠的能力，要取决于这种道德上任意的因素呢？

通过贬低个人平等的重要性去捍卫社会平等的重要性，这种做法似乎是古怪的。这种做法在策略上也是不明智的。因为如果我们声称人们有资格拥有自己不平等的市场收入，那么，富裕者对于不得不放弃“自己的”一部分钱财而保证他人的社会平等就会感到怨恨；特别地，如果不能过滤掉那些应该为自己的眼前劣势承担责任的接受者，更是这样。人们也许更愿意以社会平等而不“仅仅是”分配平等的名义作出牺牲，但是，有大量的证据显示，人们普遍反感用自己上缴的税金去支持他们认为是不负责任的生活方式(Bowles and Gintis 1999；Gilens 1999)。因此，即使我们的目标只是保护社会平等，我们也许仍然需要强调，富裕者的财富与贫穷者的劣势并非都是应得的。

为了澄清社会平等与分配平等之间的关系，还有大量的工作有待人们去做。我认为，把这两种平等当作两种具有内在冲突的思考正义的途径，是一个错误。在很多情况下，关心社会平等显然将强化和补充我们对于分配正义的信奉。但也会有其他一些情况，保护社会平等所要求的内容不同于或超越于对分配平等的追求。

第四节　马克思主义的政治

马克思主义的最显著的特征之一就是它对于劳动的全力关注。对于我们在本章中所探讨的马克思主义的两个分支而言，都是这样。康德式的
200 马克思主义分支认为，工作是对资本家的不正义(即剥削)的根本反映；完善论的马克思主义分支认为，工作是社会主义消除异化的根本场所。但劳动对马克思主义的根本意义还表现在第三个方面——也就是说，还在于工人是社会变革的生力军。按照马克思主义的社会学，反对不正义的资本主义的斗争表现为两极化越来越分明的工人阶级与资产阶级之间的斗争。资本家肯定要压制工人，因为他们的财富源于对工人的剥削，而工人肯定要反对资本家，因为他们除了失去锁链一无所有。阶级冲突是劳资关

系的特殊后果，劳资关系又是资本主义的特殊后果，因此，劳资关系是革命斗争的关键。别的群体或许也遭到了不公平对待，但马克思主义者根据这些群体的力量和动机而把他们当作边缘群体。只有工人既有能力又有愿望去推翻不正义的资本主义的整个大厦。把注意力集中于其他群体的命运，这是改良主义者而非革命者的做法，因为这些群体遭到的压迫不仅要弱于工人阶级所受的压迫，而且其所受到的压迫也不具有那样根本的意义。

在很大程度上，马克思主义者的各种正义理论都旨在为这种阶级斗争提供理论支撑。如勒默尔所言："剥削理论的目的就在于……对阶级斗争作出解释。作为马克思主义者，我们所看到的是一部贫穷工人与富裕资本家斗争的历史。为了解释和捍卫这种斗争，或者为了向这种斗争提供指引和思想武器，我们建构了剥削理论——在其中，相互对立的两方被归为剥削者和被剥削者"（Roemer 1982c：274—275）。而由于马克思主义者直接通过劳资关系来解释阶级斗争，马克思主义者自然就会直接借助劳资关系来捍卫社会主义。这样，我们就得到了这样的理论：劳资关系本质上就是剥削或异化。

劳动在政治进步中居于中心地位——要接受马克思主义者的这种传统观点，面临越来越大的困难。当代有许多极为重要的为争取正义而进行的斗争所涉及的群体并没有或不仅仅是受到劳资关系的压迫——例如，少数民族、单身母亲、移民、男女同性恋者、残障者及老人。如我们已经看到的那样，支持这些群体事实上可能与旨在捍卫社会主义的强调劳动的论证相冲突。马克思主义者一贯在实践上支持这些非工人群体的要求。马克思主义者一贯支持贫困者，而无论他们的需求是否与基于劳动的异化原则或剥削原则具有相关性。但是，如科恩所指出的那样，马克思主义者经常为这种做法提供这样的理由，即把"被剥削的生产者大致上当作就是那些对国家福利有所需求的人"（Cohen 1990a：374）。换句话讲，虽然马克思主义理论一直是基于劳动的理论，但它的实践却是基于需求的实践；而只有假设贫困者就是被剥削者，才能掩盖这种明显的不一致。

201 然而，越来越明显的是，贫困者与马克思主义意义上的被剥削者并不总是同一的。这使我们“被迫在两条原则之间进行选择：一方面是自我所有权的原则，它体现在剥削学说中；另一方面是利益和负担平等的原则，它不仅否定着自我所有权的原则，而且还要求支持那些有所需求的人们——而他们既然不是生产者当然也就不是被剥削者”（Cohen 1990a：13—14；cf. Arneson 1993a）。我曾论证说，从理论的高度看，支持剥削论和异化论中隐含着的“劳动拜物教”，是一种武断而任意的做法（Roemer 1985b：64）。但在实践的层面，这种做法也是无济于事的，因为它忽略了某些形式的不正义，而正是这些形式的不正义激发了具有进步意义的当代那些最重要的政治运动。如果要有对社会进行激进改革的有效运动，它就必须同时照顾贫困者与被剥削者。但马克思主义者关于剥削和异化的华丽言辞，不仅没有言及非劳动者的需求，还可能会反对他们的需求。

马克思主义者自豪于自己理论与实践的统一。但他们的理论却背离了他们的实践。当面临如何在自我所有权和分配平等之间作出选择的时候，马克思主义者在实践上往往亲近平等，而亲近的程度远远超过了自由主义者对平等的信奉。但在理论的层面，马克思主义者却保持了对劳动拜物教的信奉，而与自由主义的平等主义的正义理论相比，这在某种意义上既不那么激进又不那么有吸引力，并且还妨碍了对有效的激进运动的探索。要想做到理论与实践的真正统一，或许要求马克思主义与自由主义的平等有更大的统一。

进一步阅读指南

在最近二十五年里，绝大多数关于马克思主义的令人感兴趣的哲学研究都是由一群被称作“分析的马克思主义者”的学者所做出的，这些学者试图运用英美分析哲学的工具对马克思主义进行研究和重建。该思想流派的主要倡导者包括科恩、埃斯特尔、帕里斯以及勒默尔。在论自由主义的平等主义那一章里，我们已经知道了这些人的名字——因为他们对马克思主义的重建把他们引向了自由主义的平等主义方向。对于这个运动，要想获得有帮助的概览，参见：John Roemer (ed.), *Analytical Marxism* (Cambridge University Press, 1986); the special issue of the *Canadian Journal of Philosophy* on "Analyzing Marxism: New Essays on Analytical Marxism" (supplementary vol. 15, 1989); Lesley Jacobs, "The Second Wave of Analytical Marxism", *Philosophy of Social Sciences*, 26/2 (1996): 279—292。要了解相应的批判性分析，参见：Marcus Roberts, *Analytical Marxism: A Critique* (Verso, 1996)。这种立论有时也被称作"理性选择的马克思主义"，因为它在一定程度上依赖于理性选择理论的新古典模型，参见：Terrell Carver and Paul Thomas (eds.), *Rational Choice Marxism* (Pennsylvania State University Press, 1995)。

"分析的马克思主义"思想学派的主要文献包括：G. A. Cohen, 202
History, Labour, and Freedom: Themes from Marx (Oxford University Press, 1988), *Self-Ownership, Freedom and Equality* (Cambridge University Press, 1995), *If You're an Egalitarian, How Come You're So Rich?* (Harvard University Press, 2000); Jon Elster, *Making Sense of Marx* (Cambridge University Press, 1985); Philippe Van Parijs, *Marxism Recycled* (Cambridge University Press, 1993); John Roemer, *Free to Lose: An Introduction to Marxist Economic Philosophy* (Harvard University Press, 1988), *Theories of Distributive Justice* (Harvard University Press, 1996)。

虽然很多分析的马克思主义者都接受了某种形式的自由主义的平等主义，仍然有一些人有兴趣去发展具有独特形式的社会主义的或社会民主主义的平等主义。一些分析的马克思主义者试图确定实现平等的制度机制，如市场社会主义。人们越来越有一种共识，即任何有效率的和公平的社会都必须为市场留有空间；但与自由主义的平等主义相比，市场社会主义仍然允许对劳动力市场或资本市场施加更大的限制。要想考察市场社会主义的观念，参见：Pranab Bardhan and John Roemer(eds.)，*Market Socialism: The Current Debate*(Oxford University Press，1993)；John Roemer，*A Future for Socialism*（Verso，1994）；Bertell Ollman（ed.），*Market Socialism: The Debate among Socialists*(Routledge，1998)。

还有一些理论家试图为平等建立一种独特的社会主义的哲学根基。一些理论家论证说，社会民主主义的传统提供了一种对平等的解释，它旨在强调“社会的平等”(或“公民的或民主的”平等)，并认为这种平等不同于自由主义所强调的个人的“分配平等”。这种理想有一些重要的表现形式，包括：Michael Walzer，*Spheres of Justice: A Defence of Pluralism and Equality*（Blackwell，1983）；David Miller，*Principles of Social Justice*(Harvard University Press，1999)，ch. 11；Elizabeth Anderson，“What is the Point of Equality?”，*Ethics*，99/2，(1999)：287—337；Mickey Kaus，*The End of Equality*(Basic Books，1992)。

有一些著作试图想象一种后马克思主义的社会主义的平等观，可参见：Andrew Levine，*Rethinking Liberal Equality from a “Utopian” Point of View*（Cornell University Press，1998）；Jane Franklin（ed.），*Equality*(Institute for Public Policy Research，1997)——它试图引导英国的左派知识分子为英国的“新工党”去重新阐释社会主义的意义。

有两种期刊定期出版关于分析的马克思主义的论争，它们是：*Politics and Society*；*New Left Review*。

有理由认为，分析的马克思主义在很大程度上偏离了马克思本人的观点。一种争论的焦点是：马克思本人是否提供了一种隐含的或明确的道德理论；对此有一些综合评述：Norman Geras，“The Controversy about Marx and Justice”，in A. Callinicos（ed.），*Marxist Theory*（Oxford University Press，1989)；Geras，“Bringing Marx to Justice：An Addendum and Rejoinder”，*New Left Review*(1993)，195：37—69；Rodney Peffer，*Marx*，*Morality and Social Justice*(Princeton University Press，1990)。有一本导论相当杰出，它介绍马克思及其与当代分析的马克思主义的关系：

Terrell Carver (ed.), *The Cambridge Companion to Marx* (Cambridge University Press, 1991)。

以下是全方位涉及马克思主义的网址："Marx-Engels Archive" (**www.csf.colorado.edu/psn/marx/**)。

第六章

社群主义

第一节　导　　言

208　“自由、平等、博爱”作为法国革命的集会口号，为现代民主时代确立了三个基本理想。18 至 19 世纪的伟大的意识形态——社会主义、保守主义、自由主义、民族主义以及共和主义，它们中的每一种都为自由、平等和共同体理想提供了自己的理解。共同体理想曾表现为不同的形式，从阶级团结或共享公民资格到共同种族血统或文化认同。但对于所有这些理论以及那些试图捍卫这些理论的哲学家而言，共同体曾经是一种需要被塑造和界定的基础性概念。

然而，第二次世界大战以后，共同体似乎不再受到关注。例如，在《正义论》中，罗尔斯认为，自己的著作旨在为自由和平等的概念提供一种阐释。罗尔斯当然没有明确拒斥共同体的价值——他只是对共同体的关注太少。也许，罗尔斯认为，共同体不再是意识形态的争论主题；或者，历史的新近发展已经揭示了共同体理想太容易被法西斯分子、种族主义者或极权主义的政体所操控。

就此而论，罗尔斯的看法并非独一无二。直到最近，绝大多数自由主义哲学家对共同体理想都所言甚少。就算共同体出现在讨论中，它也常常被当作自由与平等的衍生物——也就是说，如果社会中的成员被视为自由和平等的个体，社会就吻合着共同体理想。自由主义的政治视野不包含任何独立的共同体原则，如共同的民族性、语言、文化、宗教、历史或生活方式。

在过去二十年里，共同体重新受到关注。在政治哲学中，出现了一种被称作“社群主义”①的思潮，它的中心论断恰好是：就算不把对共同体的考虑置于自由与平等之前，也有必要给予同等程度的重视。社群主义者相信，共同体的价值在各种自由主义的正义理论中，或者，在自由主义社会的公共文化中，都没有得到充分的承认。

马克思主义也对共同体予以同样的重视，强调共同体当然也是共产 209
主义理想的一个基本特征。然而，近来引人注目的社群主义——它表现在桑德尔、沃尔泽、麦金泰尔、贝尔、泰勒等人的著作中——却十分有别于传统的马克思主义。马克思主义者认为，只有通过社会革命，通过推翻资本主义和建立社会主义社会，才能实现共同体。而这些新出现的社群主义者却相信，共同体一直存在于共同的社会习俗、文化传统以及社会共识中。共同体不必重新建构，相反，共同体需要被尊重和保护。在一定程度上，被社群主义者视为构成共同体的社会常规，恰好被马克思主义者视为具有剥削性与异化特征。正如古特曼所言，虽然“旧的”社群主义者立足于马克思及其改造世界的愿望，“新的”社群主义者却立足于黑格尔的愿望——使人安心接纳自己的世界(Gutmann 1985)。②

事实上，在社群主义对现代自由主义的批判与黑格尔对古典自由主义理论的批判之间，确有许多相似之处。古典自由主义者如洛克和康德，都试图对人类需求或人类合理性作出某种普遍的理解，然后再诉求这种非历史的关于人的观念去评价现存的社会和政治安排。按照黑格尔的看

① 译者按学术界的习惯把“communitarianism”译作“社群主义”，但在大多数情况下把“community”译作“共同体”，在特殊情况下又译作“社群”。译者的考虑是，“community”这个词包含有“共同体”和“社群”两层含义。“共同体”可以指很大型的社会，譬如，“政治共同体”、“经济共同体”，甚至还可以指不在一个地域空间内的“文化共同体”和“学术共同体”；而“社群”则有更强的群居的空间含义和更强的共同群体价值的含义(“社群主义”就是要强调共同体或社群的共同生活价值)。因此，译者把后文中出现的自由主义民主国家中的小型的、不愿意采纳自由主义原则的“community”和奥斯曼“米勒特制度”下的“community”都译作“社群”。——译者

② 黑格尔的使人“安心接纳”自己世界的观念——参见 Hardimon 1992；1994。有趣的是，在罗尔斯的最近的著作中，他也在诉求这个观念(Rawls 1999b：11—12)。

法，这种方法——他把它称作“*Moralität*”（道德）——过于抽象和过于个人主义化，以至于不能提供多少指引，因为它忽略了人是如何必然置身于具体的历史常规与关系之中的。另一种方法［黑格尔称之为“*Sittlichkeit*”（伦理）］则强调个人利益——也就是道德自主所需的那种身份和能力——如何紧密地与他们所属的共同体及他们所占据的特定社会和政治角色联系在一起。①

黑格尔就 *Moralität* 与 *Sittlichkeit* 之间所作的对比，也能在许多当代社群主义者的著作里找到回应。就像黑格尔，社群主义者也指责现代自由主义者采取的是抽象的、个人主义的立论，与之相反，他们提议一种更具情境性和更敏于共同体的立论。然而，尽管自由主义与社群主义之争所涉及的较宏大的主题并不陌生，具体的论题与视野却是全新的：这些论题和视野特别反映了在当代西方民主制下对共同体性质的独特的现代关注。

新的社群主义者因持有下述信念而团结一致：政治哲学必须对每个社会内部的常规和共识予以更多的关注。他们也一致认为，这要求对传统的自由主义的正义和权利原则予以修正。然而，就应当如何修正这些原则而论，他们却呈现出彼此的差异性。

210 我们可以区分出三种明显不同的、有时甚至是相互冲突的社群主义的思想分支。一些社群主义者相信，共同体*取代*了对正义原则的需求。另一些社群主义者则认为正义与共同体是完全一致的，但却认为，对共同体价值的恰当尊重要求修正我们的正义观。后一类共同体主义者又分成两个阵营。一个阵营论证说，共同体应该被当作正义原则的*源泉*（也就是说，正义应该基于对社会的共识，而不应该基于非历史的普遍性原则）；另一个阵营论证说，共同体应该更大地影响正义原则的*内容*（也就是说，正义应该加重共同利益的分量，而减少个人权利的分量）。我将简略地考察前两个分支，然后再集中探讨第三个。

① 黑格尔对自由主义的批判，参见 Hegel 1949；paras. 141，144。黑格尔的批判与当代社群主义对自由主义的批判之间的关联，参见：Smith 1989。

第二节　共同体与正义的局限

一些社群主义者论证说，在真正的共同体中，正义原则是不必要的。这种观点与马克思主义者把正义仅仅当作一种“补救性”道德是相关联的——虽然马克思主义者倾向于认为正义所纠正的缺陷是物质匮乏，而社群主义者则认为，需要纠正的缺陷是如像仁爱或团结那样一些“更崇高”的道德的缺失。譬如，按照桑德尔的看法，如果人们能够出于爱或共同目标而对他人的需要予以自发的关注，就没有必要去强调自己的权利。因此，在某些情况下，对正义的关注越多，就越反映了道德状况的恶化，而不是标志着道德的提升。桑德尔暗示，家庭就是一种不需要正义的社会制度：在家庭内部，纠缠于正义会减弱对爱的感受，因此反而会导致更多的冲突(1982：28—35；cf. Hegel 1949：paras. 154—164)。

我在上一章已经提到，为什么这种观点——把正义当作补救道德——是错误的。正义并不取代爱或团结，正义理念中并没有什么内容会阻止人们作出这样的选择——为了帮助他人而放弃自己的正当权利。正义只是为了确保，这些决定的确以自愿为基础；正义还要确保，没有人能够强迫他人并把他人置于从属地位。正义支持爱的关系，但却要确保爱的关系不会蜕变成支配与屈从。

第三节　正义与共识

许多社群主义者与罗尔斯一样，承认正义的重要性。然而，他们断言，自由主义者错误地把正义理解成一种非历史的外在标准，然后用它来
批判每一个社会的生活方式。功利主义者、自由主义的平等主义者以及自 211
由至上主义者也许就正义的内容存在着分歧，但他们似乎都认为，由自己所偏爱的那种理论所提供的标准，是每一个社会都应该遵守的。他们不会把这样一个事实——他们的理论可能会冲突于一个社会特有的信念——

当作对自己理论的决定性反驳。

事实上，自由主义者认为，与社会特有的信念存在潜在冲突这个事实，正是探讨正义的意义所在。各种正义理论为我们提供标准，正是为了向我们的信念提出质疑，也正是为了保证我们的信念不仅仅是狭隘的偏见。如德沃金所言："最终，政治理论只有在下述意义上才能对我们如何管理自己作出贡献：政治理论顶住把我们拖回自己文化的种种压力，面向一般性并立足于某些反思，以决定我们传统中的哪些就人与人之间作出的区分和差别性对待是真实的，哪些是虚假的。"对德沃金而言，正义应该成为我们的批判者，而不应该是我们的反映者(1985：219)。

沃尔泽论证说，追寻这样一种普遍的正义理论是走错了方向。根本就不存在外在于共同体的视野，根本没有办法跳出我们的历史和文化。他断言，要明确正义的各种要求，惟一的办法就是弄清每个特定的共同体如何理解各种社会利益的价值。如果一个社会的运作方式吻合其成员就该社会独特的常规与制度所达成的共识，该社会就是正义的。因此，确定正义原则与其说是哲学论证，不如说是文化阐释(Walzer 1983；cf. Bell 1993：55—89)。

如我在第五章(第196页)所指出的那样，沃尔泽认为，我们的社会共识要求"复合平等"(complex equality)——也就是说这样一种分配制度，它不试图使所有的益品平等化，而只是设法确保在一个"范围"内的不平等(如财富)不会延伸到别的范围(如保健、政治权力)。然而，他却承认，别的社会不具有关于正义的这样一种共识，并且，对于某些社会(如封建社会)，正义也许意味着要求对权利和益品有无限制的不平等(Walzer 1983)。

沃尔泽的理论当然是一种文化相对主义。作为一种古老的哲学论题，文化相对主义不属于本书的探讨范围。然而，针对社群主义者把正义界定为共同体的共识的企图，却存在着两种通常的反驳。首先，文化相对主义因违背了我们某个最深层的共识而显得自相矛盾。按照文化相对主义，如果我们的社会不赞成奴隶制，奴隶制就是错误的。但是，这却绝非大多数人所理解的正义要求。大多数人会颠倒这个说法：因为奴隶制是错误的，我们才不赞成它。奴隶制的错误是我们达成共识的理由，而不是我们共识的结果。①第二，要确定对正义的共识也许面临着困难，特别是如果我们既要了解强势群体又要倾听弱势和边缘群体的声音。人们在一些问题上往往有分歧，譬如，在提供保健（沃尔泽赞成）或支持维权行动计划（沃尔泽反对）的问题上，政府应该起什么样的作用才是恰当的？为 212
了解决这些分歧，我们需要依据更具一般性的正义观去评价这些相互冲突的理解。因此，即使我们如沃尔泽建议的那样立足于共同体内部的共识，现存的分歧和我们自己的批判性反思也将驱使我们走向一个更具一般性和较少狭隘性的立场。

第四节　个人权利与共同利益

对许多社群主义者而言，自由主义的问题并不在于它对正义的强调和它的普遍主义，而在于它的"个人主义"。根据这种批评，自由主义者把自己的理论奠基于关于个人权利和个人自由的观念之上，而忽略了个人自由与福祉只有在共同体中才得以可能。一旦我们承认人对于社会的依赖，我们就有义务把社会的共同利益（the common good）②置于与个人的自由权利同等重要的地位。因此，社群主义者论证说，自由主义的"权利政治"应该被"共同利益的政治"所替代，或者，至少前者要得到后者的补充。

我相信，这是由新社群主义者所提出来的最为重要的论题。它向至

---

① 沃尔泽为了处理这个难题，承认有一小部分权利是真正具有普遍性的，即他所说的所有社会都应该尊重的、关于政治道德的某种"弱"普遍准则（Walzer 1994）。这种普遍准则不会允许奴隶制和种族灭绝——无论这二者在一种特定的文化传统中占有多大的分量；但却不能排除封建制或权威主义的神学统治，只要这二者反映了特殊的文化共识。有一种类似的努力，希望从文化相对的强准则中确定出一种普遍的弱准则，参见：Bell 2000。

② 译者在整本书中都把"the common good"译作"共同利益"，而不译为"共同善"。对此的说明，请参见"中译本附录：关于'good'的翻译的哲学解释"。——译者

今为止我们已经考察过的所有理论的一个重要的共同设定提出了挑战——只有马克思主义的完善论分支是一个例外。虽然功利主义者、自由主义者、自由至上主义者和(康德式的)马克思主义者就如何展现对人们利益的平等关照存在着彼此的分歧，但他们都同意，无论以哪种方式刻画那些利益，都包含着一个关键性的特征。他们都相信，我们要促进人们的利益，就要让人们自己选择他们所愿意的生活方式。至于什么样的权利或资源能够最好地让人们追求自己的善观念，他们之间存在着分歧。但他们都同意，要把人们当作平等者加以对待，就不能否认人们的这种自我决定。

我还没对自我决定的重要性加以讨论或为之辩护(由于推后了对罗尔斯自由原则的讨论，这是第三章中我置于一边而未加讨论的问题之一)。我只是简单地认定我们对自我决定的意义有一个直观的理解，并因此懂得它为什么会被当作一项重要的价值。但我们需要对这个问题予以更仔细的考察，因为社群主义者向我们提出了挑战——他们质疑我们就自我决定的性质和价值而形成的通常看法。特别地，社群主义者论证说，自由主义者既对自我决定的能力作出了错误的解释，又忽略了自我决定的能力能够有意义地被施展的社会前提。我将首先展现自由主义者如何理解自我决定的价值，然后再依次考察这两条反驳。

许多自由主义者认为，自我决定的价值是如此明显以至于不必为之
213 进行辩护。他们说，要把人们当作完全的道德存在者而加以尊重，允许人们进行自我决定是惟一的途径。否认自我决定就是把人当作小孩或者动物，而不是当作共同体中的完整成员。

但这操之过急了。我们知道，一些人缺乏充分的准备去就生活中的种种困难作出决策。他们因选择从事无意义的、有失尊严甚至有害的事情而在自己的生活中屡犯错误。如果我们旨在表达对人们的关心，为什么不应该阻止人们去犯这样的错误呢？一旦人们不能有效地应付生活，尊重他们的自我决定反而会把他们推向悲哀的命运。在这种情况下声称我们应该尊重人们的自我决定实在是一种冷漠而不是关心。德沃金说，“最大的

邪恶就在于，对资源的实实在在的不平等分配”使得某些人“被窃夺了像他人那样能够从事有价值生活的机会”（Dworkin 1981：219）。但对于那些就算是享有这样的机会也不能从事有价值生活的人，又该怎样呢？难道我们不具有某些相应的义务吗？

自由主义者在他们的理论中实际上为家长式管制行为留有空间——例如，我们可以对儿童、精神错乱者以及暂时的残障者采取家长式管制。①但自由主义者却坚持，每一个正常的成人都应该享有必须被他人尊重的、一定范围的自我决定。如密尔所言，每个人一旦成年，为他们自己阐释个人经历的意义和价值，就属于本人的权利和特权。对那些越过身心成熟的年龄底线的人而言，就生活的主要问题进行自我决定的权利是不可被侵犯的。

但我们为什么应该依据这样一个底线来看待自我决定呢？一些人已经越过了“理性的年龄”并且他们的心智也达到了公认的底线，但他们在自己的生活中仍然作出不恰当的选择。仅仅在没有心智残障的意义上作为一个“成熟的人”，并不能保证此人善于在自己的生活中进行有价值的选择。因此，为什么不应该由政府来决定什么样的生活对其公民而言是最好的呢？

马克思主义者的完善论就是这种方针的一个实例，因为它禁止人们从事它判定为坏的选择——选择从事异化劳动。我曾论证说这种方针不具有吸引力，因为它依赖于对利益的过于狭窄的理解。它把我们的利益等同于一种单一的行为——生产劳动，以为只是生产劳动就能够彰显我们的人性。但并非所有的家长式管制的或完善论的方针都立足于对优良生活的这种不太合理的解释。考察一下这样一个政策：它资助戏剧而向职
业摔跤征税。该政策的支持者不必声称戏剧是生活中惟一的或最为重要 214
的利益。他们只需表明，就这两种现存的选择而言，戏剧更具有价值。支

① 当面对清晰无误的意志薄弱的事例，针对正常成人的家长式管制行为也可以得到辩护。例如，绝大多数人知道，出于安全有必要在开车时系好安全带。然而许多人则宁愿因为临时的方便而置理性的考虑于不顾。强制性的安全立法通过要求人们做他们自己也知道有充分理由去做的事，来帮助克服这种意志的薄弱。

持者可为自己的立场提供一系列论证。相关研究也许能够揭示，戏剧对生命具有激发力，而摔跤却会导致挫折感和不思进取；或者，摔跤爱好者总会对自己过去的行为感到懊悔，而戏剧爱好者却很少有类似的懊悔；或者，绝大多数曾经尝试过两种娱乐方式的人都更喜欢戏剧。在这些情况下，声称戏剧是比摔跤更好的娱乐方式就有几分合理性。那么，为什么政府不应该鼓励人们观看戏剧，并把因沉溺于摔跤而浪费自己生命的那些人拯救出来呢？

无论这类政策所依据的善理论（theory of the good）①多么显得有道理，自由主义者都把它当作是在对自我决定进行不正当的限制。如果有自愿的摔跤者与观众，禁止摔跤的政策由于限制了人们选择娱乐方式的自由，因此是未经辩护的。自由主义者如何能够就自由选择娱乐方式的重要性进行辩护呢？由于完善论立足于这样一个前提——人们在评判自己行为的价值时会犯错误，因此，一条可能的辩护途径就是：否认人们在就生活的价值进行判断时会犯错误。自我决定的捍卫者或许可以这样论证，价值判断不同于事实判断，它无非是我们主观好恶的表达。价值选择从根本上讲纯粹是任意的，根本不能被纳入理性的辩护或批判的范围。所有的选择都是合乎理性的，因此国家就没有理由对这些选择作出干涉。许多完善论者认定，关于价值判断的这种怀疑主义必定是自由主义立场的根基——因为如果我们一旦承认了人们会犯错误的可能性，政府当然就应该鼓励正确的生活方式而劝阻或者禁止错误的生活方式（Unger 1984：52，66—67；Jaggar 1983：194，174；Sullivan 1982：38—40）。

但自由主义者并不支持怀疑主义（参见 Nagel 1986：ch. 8；Dworkin 2000：ch. 6；Rawls 1993a：62—64；Scanlon 1993）。一个理由是，怀疑主义事实上并不支持自我决定。如果对于自己的选择人们不会犯错误，那么政府也不会犯错误。如果所有的生活方式都同样有价值，那么，就政府为共

---

① 译者把“theory of the good”统一译作“善理论”，而不译作“利益理论”。对此的说明，参见“中译本附录：关于‘good’的翻译的哲学解释”。——译者

同体选择了某一种生活方式而言，人们就没有理由去抱怨。因此，怀疑主义并没有解决这个问题。

自由主义者如何捍卫自我决定的重要性呢？我们需要更仔细地考察这个观念。自我决定意味着我们为生活作出自己的决定。我们如何作出这类决定呢？从最宽泛的意义上来说，我们的目标是过一种优良生活，去拥有优良生活所包含的那些东西。这种如此宽泛的言说似乎并不能增长我们的见识。但它却含有重要的意义。如我们在第二章所看到的那样，过一种优良生活并不等于过我们当下相信为好的那种生活（第二章第15—16页）。我们承认，就目前行为的价值，我们可能会作出错误的判断。我们也许会意识到，我们其实一直在浪费自己的生命，一直在追求一些微不足 215
道的但我们却曾经错误地以为具有重大价值的目标。这就是一些伟大小说的内容——信仰的危机。但这类事情不仅仅发生在悲剧英雄的身上而且也可能发生在我们每个人身上——需要用这种可能性来揭示：我们该如何谨慎地思考生活中的重大决策。我们谨慎地思考，因为我们知道自己可能会犯错误。而所谓的错误不仅仅是预见的错误或对不确定性的计算错误。因为就算我们知道未来将会发生什么，我们也会谨慎地思考；而就算事情如计划中那样实现了，我们仍然可能会为自己的决定而后悔。我也许能够成为世界上最好的针戏玩耍者，但最终却可能意识到针戏不如诗歌有价值，于是，我真后悔为什么当初要作出这样一种选择。

因此，慎思①并非只是追问什么样的行动能够最好地实现某一种不被质疑的特定价值。我们的质疑与担心还涉及这样的问题：那样一种价值是否真的值得我们为之努力。如罗尔斯所言，

作为自由的个体，公民们彼此承认，他们具有持有善观念的道

① 原文的“deliberation”有两层含义：第一，当用于个人时指“谨慎的思考”；当用于群体时，指“谨慎的商议”。因此，译者根据语境的差异，在个人语境中译作“慎思”，而在群体语境中则译作“慎议”。譬如，下文的“deliberative democracy”就译作“慎议民主”。——译者

> 德能力。这意味着，他们不认为自己必定被系于对特殊的善观念的追求，也不认为自己必定被系于某一给定时间内自己所支持的、与那个善观念相应的最终目标。相反，作为公民，他们应该被普遍地当作具有这样一种能力，使得他们能够基于合理的与理性的(reasonable and rational)两种理由去修正和更改该观念。这样，公民要跳出那些特殊的善观念并考问和评价与之相关的各种最终目标，就应当被允许。(Rawls 1980：544)

我们能够“跳出”或“脱离”我们当下的目标，并进而考问这些目标对于我们的价值。在我们人生的特殊时刻，作出选择判断的惟一理由是：过一种优良生活而不是过一种我们当下以为的优良生活才是我们人生的根本利益。我们不仅仅是作出选择判断，我们担心，有时甚至为这些判断而烦恼——因为，就我们而言，重要的是我们的生活不能立足于关于我们行为价值的错误信念(Raz 1986：300—302)。

某些事情真有价值而别的事情并非如此——这样一种观念对我们的自我理解具有深远的意义。①就算我们并非总是能够在具体问题上予以明确的判断，我们也认真地就有价值的行为和无意义的行为作出区分。在很大程度上讲，自我决定就是要承担起这样一个任务：就这些困难的、可错的判断作出自己的决定；而我们的政治理论就应该把这种困难和可错性纳入相应的考虑。

我们是否就应该成为完善论者？我们是否应该支持这样的国家政策，并以之阻止人们去犯从事那些无意义行为的错误？并非必然如此。首先，也许根本没有人能够比我更好地了解我自己的利益(Goodin 1990)。就算我并非总是正确，我仍然比他人更有可能正确。密尔支持一种类似的

---

① 德沃金强调，这种观念并不适用于我们的一切偏好或利益：对于我们究竟是喜欢巧克力还是香草精，并不存在正确或错误的答案。这些都只是纯粹的偏好，或德沃金所说的“意欲的利益”。他把“意欲的利益”与重要得多的“批判性的利益”相区分。只是就后一个范畴而言，对于什么是真正有价值的，我们才会作出错误的判断(Dworkin 2000：242—254)。

论证：每个人独一无二的人格使得他自己的利益有别于任何人的利益。216
因此，他人的阅历不成为推翻我的判断的理由。这与马克思主义的完善论正好相反——因为完善论的马克思主义者认为，每个人的利益都在于能够发展可由所有人共享的某种才能。而密尔则声称，个人的利益就是无法与他人共享的利益。这两个极端显然都是错误的。我们的利益既非普遍有效也非独一无二，我们的利益以一些重要的方式与共同体中的他人所共享的文化常规联系在一起。我们与周围的人共享着足够多的东西，因此，一个具有良好意愿的完善论政府能够通过吸取人们的智慧和阅历，就自己公民的利益去建立一些合理的信念。当然，我们也许会怀疑，政府是否确有如此的意向与能力去实施这种纲领。但至少在原则上存在着这样的可能性：政府能够识别人们的善观念中的错误。

那么，为什么自由主义者仍然要反对家长式管制呢？他们论证说，原因在于，由外在的力量按照当事人并不支持的价值去支配当事人，并不会使其生活变得更好。仅当我遵从内心的价值信念，我的生活才会变得更好。向上帝祷告也许是有价值的行为，但前提是我必须相信祷告本身是有价值的或有意义的。我们能够强制某人进入教堂并做出正确无误的身体动作，但这样做并不会使她的生活变得更好。就算被强迫者的信念——向上帝祷告是浪费时间——是错误的信念，这样行事也于事无补，因为有价值的生活必须是源于内心的生活。①这

① 强迫性的宗教崇拜是从洛克到罗尔斯的自由主义者最喜欢列举的例子。不太清楚，能否这样来概括宗教崇拜——因为祷告的认知要求有其特殊性。然而，我相信“支持约束”适用于绝大多数有价值的和重要的人类活动（Dworkin 1989：484—487；Raz 1986：291—293；A. Cohen 1996；but cf. Daniels 1975a：266）。一些自由主义者论证说，“支持约束”使得完善论必然是自我驳斥的。就算国家能够鼓励或强迫人们去追求最有价值的生活方式，也不可能是出于正确的理由去促使人们这样做。为了避免国家惩罚或为了获得国家资助而改变自己生活方式的人，其行为并非基于对这种新行为的真实价值的理解（Waldron 1989：114—116；Lomasky 1987：253—254）。针对强迫性的和操控形式的完善论，这是行之有效的论点。但该论点却不足以排斥旨在引导人们从事有价值生活的短期的国家干预。让人们基于正确的理由去追求某事的一种方法就是通过错误的理由去引导这种追求，并进而希望人们将会认识到这种追求的真正价值。这种策略并非绝对不可接受，而它常常出现于文化市场。因此，只是“支持约束”论证，还不能排除所有形式的国家完善论。

种违背了“支持约束”(endorsement constraint)的完善论方针，由于试图绕开或不顾人们的价值信念，因而是自我驳斥的(Dworkin 1989：486—487)。这种做法也许可以成功地让人们去从事有价值的活动，但为之付出的代价却是，这些活动对于那些被强迫的人而言，却不再具有价值。如果我不认为一项活动具有意义，从这项活动中我将一无所获。可是，家长式管制却恰好创造出了这类本来旨在阻止无意义活动的无意义活动。

这样，要实现我们的根本利益——我们要过优良的生活——就必须满足两个前提条件。第一个条件是：我们要根据自己关于生活价值的内在信念而选择自己的生活方式；第二个条件是：在我们的文化能够提供相应信息、先例和论据的基础上，我们要有质疑和考问那些信念的自由。因此，人们必须拥有能够按照自己的价值信念而生活的资源和各种自由，而不会因为非正统的宗教活动和性爱活动而受到惩罚。这就是为什么传统的自由主义要关注公民自由和个人自由。而个人为了懂得关于优良生活的不同观点，为了获得考问这些观点的理智能力，必须拥有相应的文化条件。这就是为什么传统的自由主义要关注教育、言论自由、出版自由、艺术表现的自由，等等。这些自由使我们能够判断生活中哪些事情具有价
217 值——我们只能以一种方式对这些事情作出判断：探究我们共有的文化遗产的不同方面。

对自我决定的价值的这种解释，构成了罗尔斯最初论证自由原则的基础。按照罗尔斯的观点，之所以需要选择的自由，正是为了发现生活中有价值的事物——去形成、检察和修正我们关于价值的信念。①自由帮助

① 在他最近的著作中，罗尔斯已经在试图降低这件事——可对我们的目的进行修正——的重要性，并试图寻找别的捍卫自由原则的途径。他现在说，我们应该出于确定我们的公共权利和责任的目标，而接受理性的可修正性原则，而不必然地把它当作我们自我理解的准确写照。我将在第七节探讨这个新思想。然而，我将在这里集中考察罗尔斯的最初观点，因为正是这个观点激发了绝大多数社群主义者的回应。

我们认识到，什么对于我们才是好，①用诺齐克的术语来讲，就是帮助我们“追踪最好”（track bestness）（Nozick 1981：314，410—411，436—440，498—504；cf. Dworkin 1983：24—30）。由于我们的根本利益就在于确定这些信念的正确性并基于它们而行动，因此，通过向每个人提供用以检查这些信念和据这些信念而行动的自由和资源，政府就实现着对人的平等关照和尊重。

罗尔斯论证说，对自我决定的这种解释应该使我们支持“中立国家”（neutral state）——也就是说，不能基于对各种优良生活观的高低排序来为国家的行为提供辩护，而国家也不试图刻意地影响人们对不同生活观的价值判断。②他对照了国家中立的观念与各种完善论的理论——完善论把某一特殊的生活观或某一些生活观视为最有价值的生活方式。完善论者要求，对资源的分配应该旨在促进这类生活方式。一个人的资源份额取决于这个人为追求这种被国家偏爱的优良生活观需要多少资源，或者取决于这个人能够在多大程度上为这种被国家偏爱的优良生活观作出贡献。因此，就选择自己的优良生活观而言，人们并不享有自由，至少不可能免于社会的惩罚。人们就什么是优良生活会犯下错误，而国家就有责任教导它的公民什么才是有价值的生活。如果支持或容忍那些就人的完善作出了错误理解的生活计划，国家就放弃了它对于公民的责任。

罗尔斯则认为，企图将某一特定的优良生活观强加于人，就会损害我们的根本利益，因此国家应该在什么是优良生活的问题上保持中立。对于正在探讨的问题，“中立”也许不是最适当的用语。毕竟，自由主义的平等主义没有建立在任何一般的道德中立观之上。相反，正如我们贯穿本

---

① 原文是“Liberty helps us come to know our good”。这里的“our good”按整个文本的上下关系也可译为“我们的利益”，但考虑到下面的“track bestness”，才有正文的译法。由于“利益”一词无论是在“interest”或“good”的意义上都含有“好”的含义，这里把“good”译为“好”不会妨碍意思的连贯。关于“good”一词的多重含义及相关的翻译问题，参见“中译本附录：关于‘good’的翻译的哲学解释”。——译者

② 对自由主义的中立原则还有其他一些重要论述，参见：Ackerman 1980：11，61；Larmore 1987：44—47；Dworkin 1978：127；1985：222；Rawls 1993a：179ff。

书都能看到的那样，自由主义的平等主义是一种深刻的道德理论，它以下述一系列根本原则作为自己的理论前提：个人具有内在的道德价值、种族与性别的平等、作为公平的正义、机会的平等、个人权利与个人责任，等等。自由主义的平等主义不仅仅信奉这些原则，它还设法动用国家权力支持和强化这些原则，并且禁止会危害这些原则的行为或常规。

因此，罗尔斯和德沃金所支持的那种“中立”所涉及的范围要狭窄得多，只是在不同的(尊重正义的)优良生活观的内在价值上保持自己的中
218 立。国家的作用是：保护个人就不同的优良生活观的价值进行判断的能力，并且，在人们之间就权利与资源进行公平的分配以使他们能够按自己所愿追求自己的善观念。国家只是告诉人们，他们的权利是什么以及他人的权利是什么；国家只是要求，人们在调整自己的善观念时要尊重他人的正当权利。而如果某人的善观念的确包含着对正义原则的遵守，那么，自由主义者就会说，国家不应该就当事人(尊重正义)的生活方式的内在价值予以评价。自由主义的国家行为的合理性，不能建立在这样一个基础之上——对不同的(尊重正义的)生活方式的内在价值的高低予以公共的排序。因为根本就不存在这样一种公共序列。如罗尔斯所言，就不同的善观念而言的国家中立“并不是指：存在着一种关于内在价值或满意程度的获得公认的公共尺度，按照这种公共尺度，所有这些善观念都是平等的；而是指：根本不能从一种(公共的)立场去评估各种善观念”(Rawls 1982b：172)。

因此，自由主义者所支持的那种“中立”仅限于(尊重正义的)各种善观念。此外，就算只涉及善观念，“中立”这个词也会使人误解。在日常意义上，“中立”这个词常用来指行为的后果，而不是指行为的理由。在日常用法上，“中立”政策是指这样一种政策，它能够保证所有的(尊重正义的)善观念在社会中都能得到同等程度的实施，而无论它们是多么不具有吸引力或代价多么昂贵。一些批评者以为罗尔斯是在这种日常意义上为中立进行辩护(e.g. Raz 1986：117)。然而，这种中立观却与自由主义相去甚远，因为它既限制着选择的自由，又违背了这样一个要

求——人们要为自己的选择承担代价。允许不同的生活方式通过自由竞争去赢得人们的青睐，要求人们为自己的选择承担代价——这样的社会将使那些代价昂贵和没有吸引力的生活方式处于不利的地位。自由主义者接受甚至珍视在公民自由和个人责任之下出现的这种不平等的结果。因此，自由主义的中立是在为国家政策提供辩护时的中立，并不是就政策的结果而言的。国家中立只是这样一个简单的观念：对于各种(尊重正义的)生活方式的价值，不能进行公共排序(Rawls 1988：260，265；Kymlicka 1989b：883—886)。①

由于“中立”这个术语可能会产生各种混淆，用“反完善论的国家”(state anti-perfectionism)来取代“国家中立”，也许更为适当。“反完善论的国家”这个术语突出了真正的问题——完善论的理想在国家决策中的作用——并且还澄清了：与之相关的国家形式就是某种形式的完善论的国家。

当然，即便是自由主义的国家，也会对人的利益或福祉作出一些预设。毕竟，当一个自由主义的国家试图为人们的各种自由、机会和资源提供保证时，它就作出了如下预设：拥有这些事物人们的生活就会变得更好。一些批评家论证说，这表明，要发展任何一种政治理论都不得不诉求 219
完善论的理想。但对自由主义者而言，决定人们需要什么手段或资源与人们在拥有这些手段的前提下应该追求什么样的目的——在这二者之间存在着重要的区别。正如我们在第三章看到的那样，罗尔斯的理论要求对某些“通用手段”或“基本益品”进行分配，而他认为这些东西无论对于人们的哪种(尊重正义的)善观念，都是有用的。按照罗尔斯的观点，就算那些还不清楚自己的特殊善观念的人(也就是在无知之幕背后处于原初地

① 为了避免对“中立”一词的误解，罗尔斯曾使用“正当优先于善”(priority of the right over the good)的术语。但这个术语也具有多重的使人误解的意思——因为，罗尔斯既用它来意指中立优先于完善论，又用它来意指道义论优先于目的论。这些论题需要单独处理，并且即使是对它们进行单独的考察，称之为“权利的优先”也并没有多大的帮助。有一种针对罗尔斯“权利优先”这个术语提出的批评，参见：Kymlicka 1988b：173—190。考虑到并没有明显更好的选择，我将继续使用“中立”这个术语。

位下的人）也会同意，如物质资源和个人自由这样的东西对于各种生活方式都是必要的和有用的。这些通用手段将被个人用于形成、修正和追求自己的特殊善观念（参见第三章第64—65页）。

人们可以质疑，在罗尔斯“基本益品”的清单上的诸多权利和资源是否对于一切生活方式都有用，比如对于甘愿贫穷的僧侣。事实上，我相信甘愿成为僧侣的人也的确需要罗尔斯所列举的基本益品，而罗尔斯的清单也尽其所能地确定了对最大可能范围的（尊重正义的）生活方式都有用的手段。①但无论怎样，对于绝大多数对国家中立持批判态度的人而言，这并非根本的问题。对绝大多数国家完善论的捍卫者而言，罗尔斯理论的问题不在于它阻碍反常的但有价值的生活，而在于它容忍太多的普通而没有价值的生活方式。完善论者希望，国家对资源的分配并不是旨在使尽可能多的生活方式成为可能，而是使这些资源能够最好地服务于为国家所珍视的那些最有价值的目标。国家完善论者希望通过资源的分配来塑造人们的生活目标，而不仅仅是为人们提供通用手段。

然而，对于罗尔斯和德沃金而言，如果由国家分配的资源只是用于某一种生活计划，我们就无法按照我们自己的价值信念而生活——只要我们相信，那种被国家所偏爱的优良生活观是不恰当的。（或者，我们至少无法按自己的想法去生活而又不遭受以社会利益的名义被强加的惩罚。）由于真正的生活是源于内心的生活，某个人要过优良生活的根本利益并不会因为下述事实而得到促进：社会要惩罚或歧视她根据自己的反

① 信奉禁欲主义的僧侣一般而言也从属于拥有土地的宗教团体，而来源于土地的收入帮助他们管理土地、寺庙和维持他们的社团，这些收入也用于促进他们所信奉的各种善事。此外，甘愿贫穷也应该被理解为对由某种公平理论所规定的正当权利的放弃，所放弃的并不是与公平理论所规定的正当内容无关的东西。事实上，放弃的精神价值正在于这样一个事实：所放弃的东西正是当事人有权拥有的东西。更一般地讲，绝大多数被视为非物质主义的生活方式（如与自然和谐共处的生态化的生活方式；企图缔造“神圣领域”的精神生活方式），为了这些生活方式的成功，都要求获得某些资源——譬如，对土地、水资源和空气的控制。因此，物质资源对这类生活方式而言也是根本的。有人认为，罗尔斯关于基本益品的清单对这类生活方式是不公平的，要想了解这类看法，参见：Schwartz 1973；Nagel 1973。我在“Kymlicka 1989b”中详细地探讨了这种异议。

思而认可的最有价值的生活目标。按照“弱的善理论”①或依照德沃金称之为的“最广义的资源”来进行资源分配，能够最好地促进人们检查自己的价值信念并使人们依据自己的信念而生活。要促进人们享受优良生活的根本利益，这是最为恰当的方式。

第五节　社群主义与共同利益

社群主义者反对中立国家。他们相信，中立国家应该让位于“共同利 220
益的政治”(politics of the common good)(Sandel 1984b：16—17；Taylor 1985b)。“中立的政治”与社群主义的“共同利益的政治”之间的这种对比可能会引起误解。在自由主义的政治中，也存在着所谓的“共同利益”，因为自由主义国家的政治目标就是促进其共同体成员的利益。个人的不同偏好通过相应的政治和经济过程被整合成某种社会选择的函数，就是自由主义确定共同利益的模式。因此，肯定国家中立并非反对共同利益的观念，而毋宁说是为这个观念提供了某种阐释(Holmes 1989：239—240)。在自由主义的社会中，共同利益就是把每一种偏好当作平等的偏好(如果一致于正义原则的话)进行整合的结果。所有的偏好都有同等的地位，并不是因为国家裁决这些偏好具有同等的内在价值，而是因为“根本不能从一种(公共的)立场去评估它们”(Rawls 1982b：172)。如我们看到的那样，这种反完善论的坚定的国家中立观，反映了这样一个信念：当社会对人们认为最有价值的生活目标持歧视态度的时候，人们要过优良生活的利益就不能得到提升。因此，在自由主义的社会里，共同利益总是按照个人的偏好模式和个人的善观念来进行调整的。

① 所谓“弱的善理论”(“thin theory of the good”)就是指对“(the) good”的较弱的伦理意义(如“利益”或“好”)进行的一般性说明。由于“(the) good”还含有与中文的“善”相对应的强伦理意义，在“弱的善理论”的基础上还会有“完整的善理论”(full theory of the good)——把“(the) good”的不同含义加以整合说明的理论。参见“中译本附录：关于‘good’的翻译的哲学解释”。——译者

然而，在社群主义的社会里，共同利益被想象成一种关于优良生活的实质观念，并由它来界定共同体的“生活方式”。这种共同利益不再取决于人们的偏好模式，相反，它为评价那些偏好提供了一个标准。共同体的生活方式是对善观念进行公共排序的基础，而个人偏好的分量则取决于偏好者在多大程度上吻合了这种共同利益或在多大程度上为这种共同利益作出了贡献。因此，对那些界定着共同体生活方式的共同目标进行的公共追求，并没有受到中立要求的约束。它优先于个人对资源和自由的要求，而这些资源和自由却是人们追求自己的善观念时所必需的。社群主义的国家能够并且应该鼓励人们采纳与共同体生活方式相吻合的那些善观念，而阻碍与之相冲突的善观念。因此，社群主义的国家是一种完善论国家，因为它需要对不同生活方式的价值进行公共排序。但是，虽然马克思主义的完善论按照对人类利益的某种超历史的解释来对生活方式予以排序，社群主义却按照吻合现存常规的程度来对不同的生活方式予以排序。

221 与自由主义的中立相比，我们为什么应该偏爱“共同利益的政治”呢？自由主义者声称，之所以要求国家中立，是因为这才能够尊重人们的自我决定。然而，社群主义者却既反对自由主义的自我决定观，又反对自我决定与国家中立之间所谓的内在联系。我将依次考察这两种异议。

第六节　无拘的自我

按照自由主义者的自我观，个人被认为拥有这样的自由：既可以质疑所参与的社会常规又可放弃这样的参与——只要那些常规不再有追求的价值。因此，不能通过个人在特定的经济、宗教、性或娱乐等社会关系中的成员身份来界定个人，因为个人有质疑和拒绝任何特定关系的自由。罗尔斯对这种自由主义的自我观作了这样的总结：“自我优先于它所确定的目的”（Rawls 1971：560）——他的意思是，我们总是能够跳出任何一种具体目标并追问自己是否愿意继续这种追求。没有什么目的能够免于自我的可能修正。这常被称作“康德式”的自我观，因为康德坚定地捍卫下述观点：自我优先于它的社会角色和社会关系，并且，仅当自我能够与它的社会处境保持一定的距离并且能够按照理性的命令对其进行裁决时，自我才是自由的(Taylor 1979：75—78，132—133)。

社群主义者认为，这种自我观是错误的。这种观点忽略了这样一个事实：自我是被“嵌入”或“置于”现存的社会常规之中的——我们不可能总是能够选择退出这些常规。我们必须至少把某些社会角色和社会关系当作个人慎思的目的而给定的内容。如麦金泰尔所言，在确定生活方式的时候，我们“都把自己的处境当作是在承载某种特定的社会身份……因此，对我有益的事物就必然是角色承当者的利益”(MacIntyre 1981：204—205)。因此，只有在社会角色之中而不是之外才能够实施自我决定。因此，要尊重我们的自我决定，国家就不能使我们跳出自己的社会角色，而应该鼓励我们更专注于自己的社会角色并对它有更深的领悟——这就是共同利益的政治所欲以实现的目标。

社群主义者提出了一系列不同的论证，用以反对自由主义就自我及其目的所作的解释。我将考察三种论证，它们可概述如下：自由主义的自我观(1)是空洞的；(2)有违我们的自我洞察；(3)忽略了这样一个事实：我们是被嵌入共同常规中的。①

首先，来看一下第一种论证：自由主义的自我观是空洞的。查尔斯·泰勒说，对我们所有的社会角色进行质疑的自由是自我驳斥的，因为“完全的自由就是虚无：没有什么事情值得追求，没有什么事情值得重 222
视。通过置所有的外部约束与影响于一旁而达成自由的自我，实在是没有特性的，因此根本就缺乏确定的目的”(Taylor 1979：157)。泰勒论证

① 还有一种反驳意见值得提及：个体的判断需要社会的确证。按照一些社群主义者的观点，虽然个人发自内心地认可自己行为的价值是重要的，但至少同样重要的是，需要他人对个人的判断予以外在的确证。没有外在的确证，我们就会失去自尊感，并且，对于我们自己的判断的价值，也会失去信心。因此，社群主义的国家就应该限制德沃金的“个体支持”约束，因为它不恰当地威胁到了社群主义的“社会确证”约束。我对这个问题进行了探讨，参见：Kymlicka 1988a：195—197；cf. Williams 1985：169—170；Smith 1985：188—192；Dworkin 1987：16—17。

说，真正的自由必须是“处境中的”(situated)。想要使我们社会处境的方方面面都服从理性的自我决定，是一个空洞的愿望，因为这种自我决定的要求是茫然无措的(indeterminate)。这种要求“不可能为我们的行为确定任何内容，因为它脱离了为我们设置目标的处境——正是这样的处境才塑造了理性同时也激发着我们的创造力”(Taylor 1979：157)。我们必须接受由处境“为我们设置的”目标。如果我们不接受这样的目标，追求自我决定就会导向尼采式的虚无主义，我们就会把所有共同价值当作绝对任意的设定而加以拒斥——于是，“生活的权威视域，如基督教的和人道主义的，一个接着一个被当作意志的镣铐而加以抛弃。最后，只剩下强力意志”(Taylor 1979：159)。如果我们否认共同价值是“权威视域”，它们就会被我们当作对意志的任意限制，于是，我们的自由就要求把它们统统拒斥(MacIntyre 1981：ch.9)。

但这却是对自由在自由主义理论中的作用的错误解释。按照泰勒的看法，自由主义者声称，我们对目标进行选择的自由本身就具有价值，这种自由本身就值得追求。泰勒正是把这个观点斥之为空洞。相反，他说，必须存在某些值得追求的目标，必须存在某些值得完成的任务。然而，自由主义对自由的关注并没有取代这些任务和目标。相反，自由主义对自由的捍卫正好立足于那些目标的重要性。自由主义者并没有说，因为自由是世界上最值得珍视的事物，所以我们应该为了自由的目的而拥有选择目标的自由。相反，我们的事业与任务在我们的生活中最为重要，而正因为它们如此重要，我们才应该享有对它们进行修正的自由——如果我们不再相信它们具有价值的话。我们的事业对于我们的生活至关重要，但由于生活必须基于内在的价值信念，我们就应该自由地形成、修正我们的生活计划并据此而行动。追求选择的自由并不是因为自由本身的缘故，而是因为选择自由是我们追求具有内在价值的事业的不可或缺的前提。

一些自由主义者曾经持有泰勒正确地予以批判的那种空洞的立场。例如，以塞亚·伯林把这种立场归于密尔(Berlin 1969：192；but cf. Ladenson 1983：149—153)。断言选择的自由具有内在价值看起来是在有效地捍卫范围宽广的自由主义式的自由。但该断言所包含的意思却至少在如下两个重要方面冲突于我们对生活价值的理解：（1）声称选择的自由具有内在价值意味着我们越是运用自己的选择能力，我们就越是自由，于是我们的生活越有价值。但这不仅错误而且荒谬。这种看法可以很快把我们引向存在主义的观点：我们应该在每天早上醒来时重新决定自己应该成为什么样的人。这种看法之所以荒谬，是因为有价值的生活总是充 223
实着信念和关系。正是这些内容才构成生活的内涵和特征。信念之所以是信念，就在于它们不是我们每天都会予以质疑的内容。我们并不会认为，某人选择了二十次婚姻，其生活价值就要超过不对自己的初次选择进行质疑的那种生活。选择了更多婚姻的生活，在其他条件不变的情况下，甚至不如在婚姻上进行较少选择的生活。（2）声称选择的自由具有内在价值，意味着我们在行动中追求的价值是自由，而不是行为的内在价值。古尔德就支持这个说法。她说，虽然我们看起来是在为了事业的内在价值而行动，真正的自由行为却把自由本身当作终极目标："因此，自由不仅是创造价值的行为，而且，正是为了自由的缘故人们才追求所有其他价值，也正是因为自由，这些价值才成其为价值。"（Gould 1978：118）

但这是可疑的。首先，如泰勒所说，要人们自由行事并不等于告诉人们哪些行动是有价值的。但就算这是明确的指引，它对于我们的动机的看法也是错误的。例如，如果我正在写一本书，我的动机不是要自由，而是要说一些值得说的事情。事实上，假如我本来不想说什么，只是因为写书是自由的一种方式，那么我的写作就不会满足自己的愿望。我写什么以及如何写，就会成为任意的以及最终不能令人满意的选择的结果。如果写作具有内在价值，我就必须留意自己正在说什么，我就必须相信写作本身是有价值的。如果我们要理解人们如何看待自己事业的价值，我们就必须了解这些事业的内在目标。我并非为了自由而从事写作。相反，我从事写作是因为写作本身的价值，是因为有些事情本身值得言说。自由之所以有价值，是因为自由允许我们说出那些有价值的事情。

因此，对个人自由的最好捍卫并不必然是最直接的捍卫，最好的捍卫其实是能够最好地吻合人们对自己生活价值的反思理解的捍卫。而如果我们以这种方式来看待自由的价值，那么，虽然选择的自由对于有价值的生活至关重要，但却并非是有价值的生活必须以此为目的而加以追求的价值。

生活目标是我们的首要关心——人们不会对此有任何异议，自由主义者与社群主义者的分歧也不在这里。真正的争论不在于我们是否需要这类目标，而在于我们如何确定目标并判断它们的价值。泰勒似乎相信，惟有把共同价值当作“为我们设定目标的权威视域”，我们才可能确定自己的目标任务(Taylor 1979：157—159)。另一方面，自由主义者则坚持，我们具有把自己与任何特定的社会成规拉开距离的能力。没有哪种特定的目标是由社会为我们定死的，没有哪种特定的成规具有这样的权威，以至于可以超越个人的判断与个人的可能拒斥。我们能够并且应该以这样的方式去确定我们的目标任务：通过我们自由地作出的关于文化结构的
224 个人判断，去评判祖先遗留给我们的理解不同生活方式的母基(matrix)——正是有了这样的母基，才为我们提供了能够要么肯定要么拒绝的多种生活可能性。没有什么“对我们来说是固定不变的”，没有什么权威能够僭越我们自己的价值判断。

当然，要作出这种判断，我们必须把某些事情当作“既定的事实”——我们是在学校、工作或家庭等既定的事实条件下，才追问对于现在的我们什么是好。只是作为一个自由的理性存在者，将不可能懂得如何在不同的生活方式中进行选择(Sandel 1982：161—165；Taylor 1979：157；Crowley 1987：204—205)。但是，自由主义者相信，为了作出有意义的判断，我们认作“既定的事实”不仅在个人与个人之间可能存在着差异性，而且在某一特定个人的生活中也是可以变化的。如果在某一确定的时间段，既定的事实是我们对某一特定宗教的信奉；在这种条件下我们对于有价值生活所作的选择，并不阻止我们以后对这种信仰提出质疑。同样，我们现在对于自己家庭的信念，并不能阻止今后我们追问这种信

念的价值。因此，问题不在于我们是否必须把某些事情当作既定的事实，然后再来对我们行为的价值进行评判。相反，问题在于，个人是否能够追问并在可能的情况下取代“既定的事实”，或者，是否“既定的事实”就是共同体的价值对我们进行的设定。泰勒没有能够证明，我们必须把共同价值当作既定的事实，也没有能够证明这样一种说法是空洞的：这些共同价值不仅应该受到个人的评判，而且个人有可能对它们加以拒斥。

也许可以这样弱化社群主义的反驳：即使我们能够通过这种不受共同体限制的方式确立自己的目标，我们仍然应该把共同目的当作具有权威意义。我们之所以应该这样做，是因为自由主义的出发点是一种错误的自我观。我们已经看到，自由主义的自我观表现为“自我优先于自我的目的”，即是说，即使对于“优良生活的本性是什么”有最根深蒂固的确信，我们仍然留有质疑的权利。迈克尔·桑德尔却论证说，自我并不优先于自我的目的，相反，自我由自我的目的所构成——我们根本无法就“我”与“我的目的”作出区分。我们的自我至少部分地是由并非出于我们选择的自我的目的所构成，只有在我们共同被嵌入其中的某些社会背景下，我们才能发现我们的自我(Sandel 1982：55—59，152—154)。由于我们具有构成自我的那些目的，要想使我们的生活变得更好就意味着：不要提供那些可使我们选择和修正自己目标的条件，而要维系那些能够使我们意识到共享的构成性目的(constitutive ends)的条件。共同利益的政治，由于展现了这些共享的构成性目的，就可使我们“认识到单凭个人无法认识的共同利益”(Sandel 1982：183)。

桑德尔为这个论断提供了两种论证，我将分别称之为“自我洞察”与
“嵌入自我”(embedded-self)的论证。他的第一种论证如下：罗尔斯的
“无拘的自我”(unencumbered self)并不吻合我们“最深入的自我理
解”，也就是不吻合我们最深入的自我洞察。按照桑德尔的说法，如果自 225
我优先于自我的目的，在反省自己的时候，我们就应该能够透过我们的特
殊目的看到一个无拘的自我。但桑德尔却强调，我们的自我洞察表明，自

我并非是无拘的：罗尔斯的自我观把自我当作“优先于目的的既定事实，当作绝对稀薄的纯粹主体”，这种观点“完全冲突于我们更加熟悉的把我们当作‘厚重得拥有具体特征的’那种自我观”（Sandel 1982：94，100）。按照罗尔斯的观点，“要把任何特征确定成*我的*目标、抱负、愿望等等，就总是在进行这样的暗示：某个被称作‘我’的主体存在于这些具体特征之外”（Sandel 1984a：86）。仿佛不得不有一个被称作自我的东西：它虽然只具有绝对稀薄的形式，但却存在于我们的目的之外。为了接受罗尔斯的观点，我仿佛不得不把自己当作这种没有特质的东西，当作不具形体类似于幽灵那样的东西——或如罗蒂所说，当作躺在我们的目的“下面”的一个“基座”（Rorty 1985：217）。①与之对照，桑德尔则说，我们对自我进行最深入的自我洞察，就会发现自我总包含着一些动机——它们表明目的构成自我。

但关于自我洞察的问题在这里却是一个误导人的问题。自由主义的中心观点并非是我们可以先于目的而洞察到自我。当自由主义者把自我理解成优先于目的时，所要表达的意思是：没有任何目的或目标可以免于再检视的可能性。为了有意义地实施再检视，我必须能够意识到，我的自我被许多不同于我目前拥有的动机包围着，这样我才有理由根据价值的高低在不同的动机之间作出选择。在这个意义上，我们洞察到自我先于目的——也就是说，我总可以设想我的自我不受制于*当前的*目的。但这并不意味着我可以洞察到那种不受制于任何目的的自我——实践推理的过程总是这样的：就一种“受拘的”潜在自我与另一种“受拘的”潜在自我进行比较。当我们进行这种推理时，必然有某些既定的目的伴随着自我，但这并不意味着一些特定目的必然被当作既定的伴随着自我的目的。如我前面所说，看来，伴随自我的既定前提可以随着人生旅程的延

① 劳埃德提议说，这个异议也许源于这样一个隐喻——使自我“脱离”其目的——的误导作用。她赞成用“精神侧视”（mental squinting）的隐喻来描述人们是如何对自己的目的进行批判性反思的（Lloyd 1992）。

伸而改变。因此，桑德尔必须确立这样的论断——他必须证明：不仅我们无法洞察到完全无拘的自我，我们还无法洞察到自我其实可以被拘于不同的目的。这个论断要求不同的论证，我把它称之为“嵌入自我”的论证。

第三种论证涉及社群主义的实践推理作为自我发现的观点与自由主义的实践推理作为判断的观点的对比。对自由主义者而言，关于优良生活的问题要求我们作出这样的判断：我们究竟希望自己是什么样的人或成为什么样的人。然而，对于社群主义者，同一个问题要求我们去发现我们已经是什么样的人。对于社群主义者，相关的问题不是“我应该成为什么样的人，我应该过怎样的生活”，而是“我是谁”。自我不是通过“选择”而是通过“发现”，不是通过“选择既定的目的(这将是不可思议的)而是通过对自我本身的反思和对其构成本性的探究，通过弄清自我的法 226
则和命令，通过承认自我的目的就是自我本身——自我正是通过这些途径才得以确定它的目的”(Sandel 1982：58)。例如，桑德尔就这样批评罗尔斯对共同体的解释：“虽然罗尔斯允许自我在确定目标和自我的价值时在一定程度上把共同体的利益纳入考虑，共同体的利益却没能彻底高于动机主体的动机(Sandel 1982：149)。按照另一种更彻底的解释，桑德尔断言，共同价值不仅被共同体的成员确定，共同价值还界定着成员的身份。对共同目标的共同追求“关系并非他们选择的结果(如自愿联合体中的关系)，而是被他们发现的纽带，不仅仅是他们的一种属性而且是其身份的构成要素”(Sandel 1982：150)。共同体成员的利益是在自我发现的过程中——通过认识和承认他们所“发现的”各种纽带的要求——被揭示出来的。

但显然，正是桑德尔本人有违我们最深入的自我理解，因为我们不会认为自我发现会取代或禁止就如何生活作出判断。我们不会认为自己被困于目前的纽带，以至于无力判断我们所继承的或我们早先所选择的目标的价值。我们的确发现自己存在于各种关系之中，但我们并不总是喜欢我们所发现的那些关系。无论我们发现自己多么深地陷于一种社会成规之中，我们都感到我们能够去质疑这种成规的价值——当然，这种质疑按照桑德尔的解释是没有意义的。(既然我的利益恰好在于对我发现自己置身于其中的纽带的更深的自我意识，这种质疑如何可能不是有价值的呢？)这样一种观念——慎思只凭这种自我发现的过程就得以完成(而不是通过对我们所发现的各种纽带的价值进行判断)——似乎是没有意义的。

在一些地方，桑德尔承认，实践推理不仅仅是一个自我发现的问题。他说，自我的边界虽然由自我的目的所构成，但仍然可以通过吸纳新目的和排除旧目的而被改变和被重新界定。按他的话讲，“主体有能力参与对其身份的建构”；按他的解释，“自我的边界是开放的，主体的身份是主体能动性的产物而非前提”(Sandel 1982：152)。由其目的所构成的自我，仿佛可以获得“重构”，因此自我发现是不够的。但就此而论，自由主义与社群主义两种观点之间的区分也就变得模糊不清。

桑德尔的观点与罗尔斯的观点似乎确有明显的差异。桑德尔声称自我由其目的所构成，而自我的边界是变动的；而罗尔斯则说，自我优先于自我的目的，但它的边界事先是确定的。但这二者之间的差异
227 只是隐藏了一个基本的共同点：两方实际上都同意个人优先于她的目的。他们的分歧只是涉及这样一个问题：自我的边界究竟在哪里。但如果这的确是一个有意义的问题，它也是心灵哲学而非政治哲学的问题。只要桑德尔承认个人可以重新检视她的目的——就算承认目的构成了她的自我，他为社群主义的政治进行的辩护就是不成功的。他没能证明，为什么个人不应该获得适宜于对其目的进行再检视的相关条件——这些条件可是要争取最优可能生活的不可或缺的前提。这些条件就包括了自由主义式的保障：个人要能够有对价值进行自由判断的独立性。桑德尔在为社群主义的政治进行辩护时，所依赖的是一种关于人的模糊观点。强论断(自我发现取代判断)是不合理的，而弱论断(由目的所构成的自我可以获得重构)虽然有吸引力，却未能与

自由主义的观点区分开来。①

桑德尔声称，自由主义忽略了我们是如何被嵌入自己的社会角色的。他强调，我们作为“自我阐释的存在者”可以对这些构造性纽带的意义进行阐释(Sandel 1984a：91)。但问题在于，一旦我们认为它们是无意义的或贬低人格的，我们是否能够完全地拒斥。按照对社群主义的一种阐释，我们不能，或者，无论怎样我们都不应该。按照这种观点，我们既不能选择又不能拒斥这些纽带，我们只是发现自己在这些纽带之中。我们的人生目标并不源于选择，而是源于自我发现。作为基督徒的家庭妇女在一夫一妻的两性婚姻中，可以就基督徒或家庭妇女的意义作出自己的阐释——她能够阐释这些共有的宗教、经济及两性成规的意义。但她不能跳出这些成规并决定自己不再愿意成为基督徒或家庭妇女。我发现自己的角色，我可以阐释它的意义，但我不能拒斥这些角色或把内在于这些角色的目标斥为无意义。因为这些目标是我作为一个人的构成要素——当决定如何生活时我必须把它们当作既定的事实。至于什么是优良生活，这个问题的答案只能是如何最好地阐释这些目标的意义。声称它们对于我没有价值是毫无意义的，因为在这些目标之外没有一个独立的“我”——没有自我能够优先于这些构成性纽带。

---

① 我一直在集中讨论桑德尔的著作，但社群主义的自我理论的模糊性也存在于麦金泰尔(MacIntyre 1981：200—206)和泰勒(Taylor 1979：157—160)的著作中。我曾讨论过这些作者的观点(Kymlicka 1989a：56—57)。桑德尔断言，罗尔斯的自我观有违我们的自我理解——这个论断显得有力是因为它与另一个论断联系在一起：罗尔斯把人当作本质上是空洞无物的存在者。按照桑德尔的看法，罗尔斯之所以否认人有资格获得自己的自然天赋所带来的财富，是因为他否认自然天赋是我们人格身份的根本组成部分。自然天赋仅仅是自我的财物，而不是自我的构成要素(Sandel 1982：72—94；Larmore 1987：127)。但这却是一个错误的阐释。罗尔斯之所以认为人们没有资格获得运用自然天赋的成果，是因为人在自然不测之事中的地位是不应得的，是因为没有人应该得到比他人更加优越的自然天赋(第三章第二节)。这个立场完全相融于这样一个论断：自然天赋是自我的构成要素。自然天赋是自我的构成要素——这个事实并不表明，天赋高的孩子在其出生之时就应该得到高于普通孩子的高天赋。许多自由主义者不会接受这样一个论断：我们所有的自然属性都是自我的构成要素(例如，Dworkin 1983：39)，而我自己也不确定界线在哪里(第四章第五节)。但无论我们如何划界，我们在本质上*受制于物理属性*的方式并不能够支撑桑德尔关于我们在桑德尔的意义上*受制于社会*的方式的看法。

不清楚的是，有哪些社群主义者居然能够不自相矛盾地持有这样的观点。这不是一个言之成理的立场，因为我们不仅能够而且应该追问我们所处角色的意义与价值。也许社群主义者并不想否认这一点；也许他们的嵌入观念并不冲突于这样一个观念——我们可以对生活于其中的纽带加以拒斥。但是，这样一来，所宣扬的社群主义与自由主义之间的对比就是虚假的。因为我们被嵌入共同角色的社群主义观点，就能够结合我们是独
228 立个体的自由主义的观点；把实践推理当作“自我发现”的过程的社群主义观点，就能够结合把实践推理当作判断与选择过程的自由主义的观点。这两者之间最多具有语义上的区别。而一旦我们同意个体能够质疑和拒斥共同体的生活方式，企图通过一种“共同利益的政治”去阻止这种追问，不过是对人们的自我决定的无理限制。

第七节　政治自由主义：自由主义对社群主义的第一种包容

所以我认为，可以答复社群主义对理性的可修正性(rational revisability)的自由主义的信念所作的批评。[①]社群主义的嵌入自我观对于绝大多数生活在西方民主制下的公民而言，并不是一个关于自我理解的言之成理的观念。因此，令人吃惊的是，许多自由主义者至少试图部分地包容社群主义的立场，并试图表明，那些接受社群主义自我观的人仍然能够持某种(重新阐述过的)自由主义立场。我将在下面探讨“政治自由主义”——对自由主义的一种再阐述。

虽然自由主义者拒斥社群主义的最宽泛形式的批评，许多自由主义者却非常严肃地对待一种较窄的论证形式。按照这种较弱的论证形式，社群主义者承认自由主义关于理性的可修正性的观点，承认这个观点并非“内在矛盾”或“空洞无物”——它对于绝大多数公民可能确实具有说服

① 我是从“Buchanan 1975”中引用了“理性的可修正性”这个术语。

力和吸引力。然而，他们却强调，并非所有公民都接受这个观点。就算社群主义的嵌入自我观就人们如何看待自己的目的提供了一种总的而言是错误的观念，但它却准确地描述了一些人对自己的看法。

考察一下那些极其传统主义的群体，如原教旨主义的宗教群体或与世隔绝的种族文化意义上的少数民族。这些群体常常感到自由主义对自主的强调对他们构成了威胁。他们担心，如果自己群体的成员被告知了其他的生活方式，并且被赋予了理解和评价它们的认知和情感能力，许多成员就会选择放弃自己原有的生活方式，这样就会对整个群体构成威胁。为了防止这种后果，原教旨主义或持孤立主义立场的群体通常愿意以这样的方式抚养和教育自己的后代：尽量减少他们发展和运用理性的可修正性的能力的机会。这些群体也会设法制造困难，以阻止其成员脱离自己的群体。其目标就是保证自己的成员的确被“嵌入”群体之中——使他们无法想象能够离开自己的群体并在外成功地生活下去。

例如，一些宗教或种族的少数群体不允许女孩接受过多的教育，或
者，要把自己的孩子转出那些教授非传统生活方式的学校。一些群体禁止 229
拥有私有财产，以至于任何要离开群体的人都会陷入绝对贫困。这些措施限制着群体成员质疑和更改传统成规的个人自由。这样看来，这些群体的做法似乎冲突于自由主义对个人自由和个人自主的信奉。

这样，我们就可以阐述一种较窄的社群主义的批评立场，这种立场并不解释大多数人如何看待自己的目的，而只是解释一些传统群体如何看待自己。这在相当程度上弱化了社群主义的立场，因为这种立场现在只涉及一小部分公民。但许多自由主义者仍然不得不严肃对待它所引出的问题：自由主义的国家应该如何对待那些不看重自主价值的非自由主义的少数群体？就算这类非自由主义的少数群体只涉及一小部分人，自由主义者是否有把“我们”关于自主的信念简单地强加于他们的权利？

如果非自由主义的少数群体试图强行把自己的传统生活方式强加于其他群体，绝大多数人大概会赞成国家以自卫的名义对他们进行干涉。但如果这样的群体并没兴趣统治别的群体，而只不过是希望单独地按照非

自由主义的传统规范去管理自己的社群，又该怎么办呢？在这种情况下，把自由主义的价值强加于这些群体似乎是错误的。只要这些少数群体不想把自己的价值强加于他人，就算它们限制了自己成员的自由，难道它们不应该被允许按自己所愿的方式去组织自己的社会吗？事实上，强行要求一个对外不构成任何威胁和爱好和平的少数民族或宗教群体按照“我们”自由主义的个人自由原则去重新组织他们的社群，这种做法难道在本质上不是不宽容的吗？

这些困难的问题已经引起了重要的争论。这些争论不仅发生在自由主义与非自由主义之间，也发生在自由主义内部。要知道，宽容本身就是自由主义的一个根本价值。然而提倡个人自由或个人自主却似乎正好意味着对非自由主义群体的不宽容。

在自由主义理论内部，就自主与宽容是不是自由主义理论的根本价值，存在着日趋激烈的争论。有不同的术语来表达这种差异——譬如，“综合”自由主义①与“政治”自由主义（Rawls 1993a；Moon 1993）、“启蒙”自由主义与“改革”自由主义（Galston 1995）、“康德式”自由主义与“权宜”（modus vivendi）自由主义（Larmore 1987）。这些差异掩盖不了一个共同关注的事实：在许多自由主义国家的疆域内，存在着不少这样的群体，它们不看重个人自主的价值并且还要限制自己的成员去获得质疑
230 和脱离传统成规的能力。基于自主的自由主义理论会对这些群体构成离间的威胁，这样就会削弱它们对自由主义制度的忠诚；而基于宽容的自由主义却能够为政府的合法性提供更安全和更宽广的基础。

以“政治自由主义”之名出现的新理论就反映了要想包容“社群主义”少数群体的真诚企图。然而，我却认为，这些新理论遮蔽了而不是消

① 罗尔斯后期在“综合自由主义”（comprehensive liberalism）与“政治自由主义”之间所作的著名区分的依据是：任何“综合的”的道德理论都无法在“多元主义的事实”条件下为公共正义原则提供“交叠共识”的公共辩护。译者认为“综合的”这个通常的中文词能准确表达“comprehensive”的含义。参见第二章第三节关于“综合的道德功利主义”与“政治功利主义”的类似区分。——译者

解或清除了自由主义原则与非自由主义群体之间的潜在冲突。

要明白这一点，我们需要考察宽容的观念。无论从历史上讲还是从概念上讲，自由主义与宽容的确是紧密相关的。宗教宽容的发展是自由主义赖以产生的历史根源。西方世界的宗教宽容起源于无休止的宗教战争，以及天主教和新教的一个共识：不存在共享的宗教信仰可以支撑稳定的宪政秩序。按照罗尔斯的观点，自由主义者只是把宽容原则扩展到了其他容易引起争议的问题，如"意义、价值和人类生活的目的"（Rawls 1987：4；1985：249；1993a：xxviii）。

但如果自由主义的确可被视为对宗教宽容原则的扩展，就有必要认识到西方世界采取了一种特殊形式的宗教宽容，即采取了个人良心自由的观念。现在，自由崇拜、宗教传播、改变宗教信仰，甚至根本拒绝宗教，都是基本的个人权利。限制个人对这些自由的实施就会被当作是对基本人权的侵犯。

但还存在着非自由主义的宗教宽容的类型。这些类型的宗教宽容基于这样一个观念：每一个宗教群体都应该自由地按自己认为适当的方式——包括非自由主义的方式——去组织自己的社群。例如，在奥斯曼帝国的"米勒特制度"（millet system）中，穆斯林、基督教徒与犹太教徒都被承认为自治的单元（或"米勒特"），并被允许对自己的成员实施约束性的宗教法律。奥斯曼土耳其人是穆斯林，他们在14至15世纪间征服了中东、北非、希腊和东欧的很大一部分地区，因此就管辖很多犹太教和基督教臣民。出于神学和战略的各种考虑，奥斯曼人允许这些少数群体不仅享有从事自己宗教的自由，而且还享有在内部事务上按照自己的法典和法院来管理自己的更一般的自由。在大约五百年间，从1456年到第一次世界大战时帝国的瓦解，三种非穆斯林的少数群体——希腊正教、亚美尼亚正教、犹太教——都一直获得对社群进行自治的官方认可，而每一个群体又通常根据人种和语言进一步分为地方上的管理单元。每一个米勒特都由自己的宗教领袖来领导（犹太教的首席拉比和两种正教的主教），而无论这些宗教的成员居住在帝国的哪个地方，每一个宗教群体的

231 法定传统和成规——特别是涉及家庭地位的事情——都受到尊重和强化。

虽然基督教徒和犹太教徒的米勒特享有管理自己内部事务的自由，它们与作为统治者的穆斯林的关系却是被严格规定了的。特别是非穆斯林不能改变信仰。但在这些界限内，他们可以遵守自己的法律和习俗，享有高度的自治。他们集体崇拜的自由是得到了保障的，并且他们也拥有自己的教堂，他们可以管理自己的学校。

总的而言，由于米勒特制度对群体差异的宽容，它是人道的和高度稳定的。但这却并非自由主义的社会，因为它不承认个人良心自由的原则。由于每个宗教社群都是自治的，根据宗教原则而自治甚至强化自己宗教的正统，都不存在外在的阻碍。因此，在每一个宗教社群内，个人异议几乎没有生存的空间，也几乎没有改变自己信仰的个人自由。虽然穆斯林并不试图镇压犹太教徒(反之亦然)，他们却在自己的社群里镇压异端。异端(对穆斯林正统教义的质疑)和叛教(放弃自己的宗教信仰)在穆斯林的社群里都是要受到惩罚的罪行。在犹太教徒和基督教徒的社群内，也存在对个人良心自由的限制。

这种米勒特制度事实上是一种邦联结构的神权统治。那是一种极端保守和等级森严的社会，与从洛克到康德和密尔的自由主义者所支持的个人自由的理想简直是截然相反。这种制度对于个人质疑或拒斥宗教教义的自由具有重大的限制。奥斯曼人虽然接受宗教宽容原则，但却不是基于独立的个人良心自由的原则，而是因为占统治地位的宗教要想与其他宗教和平共处。

今天，一些传统的少数群体正在以“宽容”的名义要求实行这种米勒特的模式。但这却不是自由主义者在历史发展中所支持的那种宽容。因此，不能只是声称自由主义者信奉宽容。问题在于，所信奉的是哪类宽容？历史地看，自由主义者所信奉的一直是一种特殊的宽容观——这种宽容观要求有个人良心的自由而不仅仅是集体崇拜的自由。自由主义的宽容保护个人脱离群体的权利，正如它保护群体有不受国家迫害的权利。

它限制非自由主义群体对其成员的个人自由进行约束的权力，正如它限制非自由主义的国家对集体崇拜进行约束的权力。

我认为，这表明自由主义者在历史上一直把自主与宽容当作同一枚钱币的两面。凸显*自由主义式*宽容的正是自由主义所信奉的自主，也即是这样一个观念：个人应该享有理性评估和修正自己现有目的的自由（Mendus 1989：56）。 232

但是，在我们所处的多元社会里，一些群体并不看重个人自主，那么，自由主义具有历史意义的对个人自主的信奉可以被视为政府的基础吗？自由主义者是否应该努力为自由主义寻找一些与之不同的基础，以便使自由主义能够包容这类群体——也就是说，寻求其他的宽容形式以使非自由主义的群体能够得到更宽容的对待？

许多自由主义者已经开始寻求这类可替代方案。罗尔斯本人在他新近的著作中，就从对自主的信奉退却了——由于一些人不认为自己的目的是潜在地可修正的，因此基于个人的自主而捍卫自由主义制度的做法就是“褊狭的”（1987：24；1985：246）。①这种对基于个人自主的自由主义的反对，也得到另一些理论家的响应：他们希望按照这样的方式重新阐述自由主义，使得自由主义甚至能够吸引那样一些人——他们否认人能够跳出自己的目的并对其进行评价（Larmore 1987；Galston 1991；Moon 1993）。

经过这种重新阐述的自由主义通常被称为“政治自由主义”，以区别于诉求自主价值的“综合自由主义”。按照罗尔斯的观点，这种再阐述不会改变他最初理论的根本结论。他仍然支持自己的两个正义原则：自由原则——它保证每个人最充分地享有各种平等的基本自由；差别原则——它要求对资源进行平等分配，除非不平等有益于最不利者的利益

① 罗尔斯在出版于1993年的《政治自由主义》一书中，对他的新论予以了全面的说明。罗尔斯否认他确立新论的动因是为了回应社群主义对自由主义的批评，但他却清晰地表明，他认为自己的新论的确对社群主义的担忧进行了答复。

（参见第三章第一节）。

然而，罗尔斯改变的却是对这两个原则的论证，特别是为自由原则所作的论证。更准确地讲，他现在希望表明，要保护基本自由可以有几种不同的论证，其中有些诉求自主的价值而有些则否。这些不同的论证将分别吸引社会中不同的群体，而最终的结果则是一种“交叠共识”①，即是说，我们都同意有必要支持基本的自由，但却出于不同的理由。

为了阐明“交叠共识”的观念，罗尔斯以良心自由为例。他区分了为良心自由所作的两种重要论证。按照第一种论证，宗教信仰被“看作受制于慎思的理性并能被修正”，而我们之所以需要良心自由是因为“不能保证我们目前生活的方方面面都完全吻合理性并且在必要时不会进行任何微小的——姑且不说巨大的——修正（Rawls 1982b：25—29，楷体为本书所加，表示强调）。这就是人们通常熟悉的就基本自由而作出的自由主义的论证；这个论证基于理性的可修正性观念，这个观念认为对宗教自由的需要是为了保证在必要时我们能够理性地评价和修正我们的信仰。按照第二种论证，宗教信仰被“当作既定的和牢固的”，而我们之所以需要良
233 心自由是因为社会包含着“多元的宗教观，而其中的每一种都是毫不妥协的”。这第二种论证接受社群主义关于人的看法，但却认为，由于我们被嵌入相互竞争的各种各样的宗教群体中，我们就需要以良心自由的形式来接受宗教自由的原则。

罗尔斯认为这两种论证“支持着同一个结论”（1982b：29）——也就是说，由于人们认识到社会中存在的善观念的多元性，而每一种善观念都被认作是固定的和超越理性修正的；因此，这种认识与对个人善观念的可修正性的确证，对个人自由具有同样的后果。于是，社群主义者与自由主义者可以就良心自由形成交叠共识。他认为这种方式可以扩展至别的基

① 译者之所以把“overlapping consensus”译作“交叠共识”而不译作“重叠共识”，是因为“共识”的内容是“重叠的”，但共识的理由却不是“重叠的”，而是“交叉的”。——译者

本自由，如集会自由、言论自由、性自由，等等。

有必要强调，对于罗尔斯而言，这样一种交叠共识是一种原则协定，而不仅仅是策略上的妥协。交叠共识并非“权宜之计”：双方接受这个共识并不是因为双方势均力敌，以至于无法强行推广自己的价值与信念。相反，双方都认为通过交叠共识形成的原则（如良心自由）具有道德上的合法性，虽然支持这些原则的理由不同，而不同的理由又分别依赖于不同的自我观。因为双方都认为交叠共识的原则是合法的，因此双方的协定就具有稳定性，而这种稳定性不必依赖于在不同群体之间刻意地保持势力平衡。就算某个群体赢得了更大的社会势力，它也不会因此而破坏协定。

这就是罗尔斯思路的核心。我不认为这个思路行得通。不可否认，罗尔斯为宗教自由所确定的两种论证在一些问题上支持同样的结论。尤其是自由主义与社群主义的论证都支持这样一个结论：占优势地位的宗教群体不应该依赖于自己的势力把信仰强加给人数上居于劣势的宗教群体。因此，双方都支持群体之间的宽容原则。但这两个论证在个人良心自由的问题上却并不支持同一个结论。也就是说，并非双方都支持这样一种自由——*在每一个群体内*个体成员都有质疑和拒斥继承下来的信仰的自由。例如，异端、改宗、叛教，按照第一种自由主义的论证都属于根本自由的范围，因为它们保证个人能够拥有理性修正的自由；然而，按照第二种社群主义的论证，这些做法是无益的甚至是有害的——因为它们引诱人们质疑那些应该被视为既定和固定的继承下来的信仰。

如果罗尔斯的目标只是确保一种交叠共识，人们或许会期望他因此而把异端、改宗、脱教等排除出自由主义社会所捍卫的基本自由的清单，然后允许社群主义的群体建立奥斯曼帝国那样的“米勒特制度”——按照那种制度，这些行为在法律上是被禁止的。自由主义者与社群主义者都同意，有必要阻止国家把某一种生活方式强加于多元社会中的个人，因此也同意每个宗教群体都有权追求自己的宗教仪式和活动。但是，他们无法
达成共识的却是，是否每个群体内部的个人享有质疑和修正宗教仪式和 234
活动的自由——譬如，从事异端、改宗和叛教活动的自由。他们无法就这

些更进一步的自由的价值形成交叠共识。

然而，罗尔斯却不同意传统的社群主义的群体去建立那样一种“米勒特制度”。他对良心自由的界定完全是自由主义的。这种自由主义的良心自由既要保护群体之间的宽容，又要保护个体拒斥继承下来的宗教的权利。事实上，他说这种交叠共识的关键部分就是，共识各方都同意把公民当作具有“形成、修正和追求”某种善观念的“道德能力”。它和正义感是我们的两种基本道德能力。按照罗尔斯的观点，人们需要同意有这两种道德能力，因为它们提供了共识的框架——只有在其中，关于两个正义原则的阐释问题才可能被争论和被解决。因此，交叠共识的关键就是对这两种道德能力形成一致的看法。这表明，社群主义的群体也被期望接受这样一个观点：个体具有追求与修正自己的善观念的能力。

为什么传统的社群主义的群体会接受个人良心自由的原则以及与之相关的形成和修正善观念的道德能力的理想？罗尔斯提供了正反两方面的回答：这既具有正面的好处，又没有什么负面的代价。从正面的意义上讲，罗尔斯认为，只有个人享有关于良心自由的坚实权利，才能保护较小的宗教群体（包括社群主义的宗教群体）免于较大宗教群体的不宽容。在一些地方，他认为，没有对“良心的平等自由”的保证，少数群体就可能因为它们的信仰而受到占优势的宗教群体的迫害（e. g. Rawls 1982b：25—29；1989：251）。因此，即使社群主义群体的成员认为自己的宗教观是不可修正的，他们仍然会支持个人的良心自由，并把它当作使他们免于其他群体迫害的最好甚或惟一途径。一旦我们承认宗教的多样化是现代多元社会的无法避免的特征——这就是罗尔斯所指的“多元主义的事实”的部分内容，承认个人享有公民自由就是保护少数宗教群体的惟一办法。

不幸的是，这个断定是不正确的。如奥斯曼的“米勒特制度”所表明的那样，人们可以保证群体间的宽容而无需接受在每个群体内部也具有对个体异议的宽容。因此，虽然社群主义的少数群体也许会同意，良心自由是保护他们免于多数暴政的一条途径，他们却未必会同意这是最好的或惟一的途径。他们更愿意采取奥斯曼这种“米勒特”模式。采取哪种模式取决于每种模式包含着什么样的代价。

这就把我们引向了更加复杂的罗尔斯的第二个论证。按照罗尔斯的 235
观点，即使社群主义的群体不会正面地认为，自由主义式的个人良心自由具有价值，他们仍然会接受这种权利，因为这并不会真正对他们形成伤害或对他们的生活形成干涉。或者，更准确地讲，接受自由主义的理性的可修正性观念不会干涉到他们的生活方式——只要我们明白，这种自由主义的观念只适用于一些有限的政治问题。罗尔斯现在说，这个观念——我们能够形成和修正自己的善观念——只是关于人的“政治观念”，采纳这个观念只是为了确定我们的公共权利和责任。他坚持认为，这个观念不能被当作是对自我与其目的之关系的一般解释，不适合于生活的一切领域，也不能被当作对我们最深刻的自我理解的准确描述。相反，在私人生活中完全可能存在这样的情况：一些人的个人身份与他们的特殊目的具有如此紧密的相关性，以至于不可能有理性修正的余地。把自由主义当作公共生活中的政治观念，并不要求社群主义者在私人生活中放弃嵌入自我或构成性目的的信念。如罗尔斯所言，

> 需要强调的关键是：当涉及自己的私人事务或自己所属团体的内部生活时，公民们对待自己的根本目的与社会纽带的方式，会完全不同于当他们涉及政治观念时的方式。公民们也许具有并且通常总是具有一些情感、信念和忠诚对象，他们相信自己不愿意，甚至不能或不应该跳出这些内容，然后从自己的纯粹理性利益的角度去客观地评价它们。他们会认为这样的事情根本无法想象：把自己看作可以与特定的宗教、哲学、道德信念或特定的社会纽带和忠诚对象相分离。这些不可动摇的信念与社会纽带也就是我们可以称之为“非公共身份”的组成部分。(Rawls 1985：241)

因此，罗尔斯允许一些人在私人生活中把自己的宗教信仰当作是不

可修正的。他只是要求人们在政治领域忽略这类“构成性”目的的可能存在。作为公民，每个人都视他自己或她自己具有一种“最高阶的利益”（highest-order interest）：拥有形成和修正善观念的能力；但作为私人个体，一些人也许不认为自己拥有或看重这种能力。罗尔斯的个人自主观提供了公共辩护的语言，人们据此讨论自己作为公民的权利和责任——尽管这种讨论可能不涉及自己的“非公共身份”。

因此，罗尔斯把他的“政治自由主义”与密尔的“综合自由主义”区别开来。密尔强调，对于存在于生活视野中的、包括政治生活在内的各方面继承下来的社会成规，人们都应该能够对它们的价值进行评价。人们遵守社会习俗不应该只是因为它们是习俗，相反，仅当值得遵守这些习俗，人们才有必要加以遵守。每个人都必须能够向自己确定，这些习俗是否“恰当地适用于他自己的处境和个性”（Mill 1982：122）。密尔坚持，人
236 们质疑和修正社会成规的权利不能被局限于政治领域。事实上，密尔最关心的事情是，在个人的日常生活中，人们是如何盲目地追随大众趋势和社会习俗的。因此，密尔自由主义的基础是这样一个理想：理性反思能够普遍地适用于人类行为；并且，这个理想旨在“启发我们作为整体的思与行”（Rawls 1987：6）。

罗尔斯担心，社群主义群体中的成员不会愿意把密尔的自主观念当作管理人类思维和行为的普遍原则。然而，他却认为，如果把自主观念限制于政治领域，这些人仍然会接受它；这样，如何以不同的方式看待自己的非公共身份，就是他们自己的自由。人们既能接受他的政治观，又“不必在生活的其他方面信奉通常与自由主义联系在一起的综合的道德理想，譬如，自主和个性理想”（Rawls 1985：245）。

罗尔斯对我们非公共身份的解释接近于桑德尔所捍卫的那种社群主义的自我观。的确，理解罗尔斯“政治自由主义”的一种方式就是：人们可以在私人生活中成为社群主义者而在公共生活中成为自由主义者。

虽然这种使社群主义群体接受自由主义的做法是一种机智的策略，但我不认为这种策略能够成功。罗尔斯假设，采纳政治自由主义对社群主

义群体没有损失，但这个假设基于这样一个前提——公共领域与私人领域之间具有泾渭分明的区分。在公共领域，社群主义群体的成员必须假装自己看重自主的能力，但事实上不看重这种能力的任何一个人都可以在私人生活中放弃对这种能力的运用。虽然政治自由主义赋予人们理性地评价和修正自己目的的权利，这个权利并不会强迫人们这样做。那些认为自己的目的不可修正的人，可以在私人生活中继续这种想法和行为。人们具有质疑目的的法定权利——这个权利本身并不要求或鼓励对这个权利的实际实施。因此，即使这种自主观冲突于某个少数宗教群体的自我理解，出于政治考虑而接受这种自主观并没有什么代价。这种自主观并未触及社群主义群体的私人生活：它们可以继续从事传统成规和习俗并视它们不具有可修正性。

然而，问题在于，就算把理性的可修正性当作纯粹的政治观念，它也必然会“侵袭”到私人生活，而这就会让社群主义的群体付出沉重的代价(Tomasi 2001)。事实上，这里存在着两个潜在的问题，一个问题涉及公民自由，另一个问题涉及资源的分配。我将依次考察这两个问题。

首先，虽然自由主义的国家并不要求或鼓励人们在私人生活中从事理性修正，但所采纳的那些使理性修正得以可能的途径正是社群主义群
体所反对的。首先，如我先前所说，一些社群主义群体希望以法律的形式 237
来禁止异端、改宗或叛教——在他们看来，这些行为会瓦解人们的构成性目的。罗尔斯不允许这种禁止做法，但他却没有向这类群体给出理由以说明：为什么限制这些自由不应该是他们的一种选择。此外，这些自由并非只是写在纸上的不发挥效力的形式权利。事实上，自由主义的国家通过各种方式确保人们能够实际运用这些权利。

例如，如罗尔斯本人强调的那样，至关重要的是：自由主义国家能够让每个人都明白自己的基本自由——包括修正自己目的的权利。人们必须知道异端、改宗和叛教不是犯罪。人们也必须知道，如果有人试图对此进行阻挠，他们应该如何维护自己的权利——譬如，他们必须知道如何求助于警察和法庭。对于那些传统的少数群体而言，这本身就是一个严

重的打击，因为他们宁愿使异端或改宗这样的观念成为“不可思议的”。

更重要的是，自由主义国家还采取行动以确保人们的确拥有实施这些权利的个人能力。例如，自由主义国家愿意让孩子们达到必要的认知和想象水准，这样，他们才能够对不同的生活方式进行评价，也才能够在自己最初生长的社群之外生存下去。这就是教育在自由主义社会的一个基本目标。此外，自由主义国家还愿意保证，人们为实施理性修正的权利所付出的代价不能大到对其形成制约的程度。例如，自由主义国家愿意确保，社群主义的宗教群体不会向那些愿意改宗的个人设置太多的障碍，以至于人们实际上是被囚禁在了自己的群体之中。

让我们来看一看加拿大的霍弗诉霍弗(*Hofer* v. *Hofer*)一案，这个案子涉及哈特派教会(Hutterite Church)对其成员的控制力。哈特派信徒居住在被称作“同类聚居地”的不允许拥有私有财产的大型农业社群里。两位自出生起就生活在哈特派聚居地的成员因为脱教而受到驱逐。这两位成员要求拥有聚居地的一部分财产份额，因为他们多年来投入的劳动帮助创造了这些财产。当聚居地拒绝他们的要求后，这两位成员向法院提出了起诉。他们反对这样一个既定事实——他们“在任何时间都不享有这样的权利：要离开聚居地但不放弃任何东西，甚至包括自己身上的衣服”(Janzen 1990：67)。

哈特派为自己的行为进行辩护的理由是：宗教自由旨在保护宗教群体按照自己的宗教信念而生活——即使这会限制个人的自由。但正如加拿大最高法院皮金大法官强调的那样，自由主义的宗教自由观通常“包括每个人都有按自己的意愿选择宗教的权利”。因此，教会“不能制定其效果无异于剥夺成员这种根本自由的规则”。因此，他论证说，宗教权威应该“被限制在能够与被恰当地理解的宗教自由相一致的范围之内——就这种自由而言，个人不仅能按自己的意愿信仰某种宗教，而且能够按自己的意愿放弃同一种宗教”。皮金大法官认为，生活在哈特派聚居区的人们“几乎不可能”拒绝自己社群的宗教教义，因为要改变自己的宗教他们得付出高昂的代价，而如此高昂的代价意味着他们实际上是被剥夺了宗教自由。按照他的观点，哈特派必须为叛教者若干年的劳动提供一定的补偿，以使他们的退出成为有意义的选择。①

让我们再看一下美国的约德诉威斯康星州（*Yoder* v. *Wisconsin*）的案子，这个案子涉及阿米希教徒社群（the Amish community）对其成员的权力。阿米希派就像加拿大的哈特派一样，试图设置障碍以阻止自己的成员离开自己的群体——虽然所采纳的途径不一样。他们希望阻止小于十六岁的孩子接受学校教育，这样就可以在很大程度上阻止他们了解外部世界或阻止他们获得在群体外生存所需的技能。而他们也通过这样的论证来捍卫自己的做法：宗教自由所保护的是群体按照自己的教义而生活的自由——即使这会限制孩子们的个人自由。他们不认为这样的教育——使孩子们获得能够质疑社群成规的能力或获得能够在社群之外获得成功的能力——具有什么价值。

在两个案例中，我们看到了类似的冲突。由于社群主义群体认为自己在面对自由主义的修正权时不易受到保护，所以它们就力图设置尽可能多的障碍去阻止对个人宗教自由的实施。由于自由主义国家信奉那些基本的法定权利——包括修正自己目的的权利，它就力图保证个人具有实施这些权利的实际能力，因此就试图弱化或消除群体强加给个体的以使这些权利无效的障碍。这就是为什么法定权利必然会侵袭到私人生活。②

这些案例引出了难题，而人们很可能就什么是最好的解决方案产生分歧。事实上，加拿大最高法院的多数大法官支持哈特派驱逐叛教者而不必给予任何补偿的权利（大法官皮金属于少数），而美国最高法院的多数

---

① *Hofer* v. *Hofer et al.* (1970) 13 DLR (3d) 1；cf. Janzen 1990：65—67。

② 罗尔斯本人也承认存在着这种侵袭。他说："要求孩子通过这些方式理解那种政治观就是在教育他们懂得综合自由主义的观念——就算没有这种意向也会有这种效果。"（Rawls 1993a：199）。但如果的确是这样，非自由主义的群体接受这种政治观就意味着他们要付出重大代价——这些代价会被当作不必要的代价，因为这些群体宁愿既保证（群体间的）宽容而又不接受对个人自由的保护和促进。比较托马西（2001），他论证说罗尔斯极其低估了这种侵袭作用。

大法官也支持阿米希派享有不让孩子在十六岁以前接受学校教育的权利。①

我们也许会把有利于社群主义群体的这两个决定视为“政治自由主义”的行动范例。但事实上，两个最高法院的决定都没有诉求政治自由主义的观念，而政治自由主义是否能够支持这两个决定也是可疑的。罗尔斯说，出于政治论证和法定权利的目的，我们应该假设人们都具有这样一种基本利益：他们要有形成和修正自己善观念的能力。相应的结论似乎应该有如皮金大法官的论证：宗教社群对其成员行使的权力不能逾越这样一个界限——个人能够自由和有效地实施那种能力。要是哈特派或阿米希派接受罗尔斯关于人的观念，就算仅仅是出于政治论辩的目的他们也不得不接受这样一个观点：法院对宗教自由的阐释必须依照这样一个前
239 提——个人有形成和修正自己宗教信念的能力。②两个最高法院的裁决却正好相反，因为它们让个人的良心自由从属于群体坚持宗教教义的权利。这的确是许多社群主义群体所愿意看到的，但在罗尔斯的政治自由主义

① *Yoder* v. *Wisconsin* 406 US 205。罗尔斯论证说，他的政治自由主义与密尔的综合自由主义相比，对阿米希派的要求持更同情的态度。虽然综合自由主义“会最终要求去支持自主和个体性等价值，并且最终会让这些观念去引导就算不是全部也是绝大部分生活”；政治自由主义却“具有不同的目标和较弱的要求”，因为它所关注的只是促进自由主义的公民资格理想（“国家之所以关注教育是因为被教育者将是未来的公民”）。因此，罗尔斯说，政治自由主义“只要可能，就会尊重那些想按照自己的宗教教义而退出现代社会的群体——只要他们承认作为政治观念的正义原则并且尊重政治自由主义关于人和社会的政治理想”（Rawls 1988：267—268）。然而，这却是误导人的。首先，政治自由主义与综合自由主义之间的区分是不稳定的，因为哪怕是为了政治目标而接受自主的价值，也不可避免地要对私人生活产生影响（参见第255页注释①）。此外，许多宗教社群也会通过拒绝自由主义的公民资格理论而拒绝政治自由主义。虽然罗尔斯希望教育者为孩子们铺垫起成为公民应该享有的权利和承担的义务，宗教群体却视“教育具有不同的目的……旨在为孩子们的社群生活作好铺垫”。宗教群体并不关心如何让人们做好准备去实施政治权利，而关心“对服从的需要。他们论证说，教育应该重新引导个人的自我关注，应该培育服从社群意志的愿望”。因此，这些群体试图逃避的教育，恰好就是罗尔斯的“政治自由主义”所欲以施加的教育。参见：Janzen 1990：143，97；Callan 1996；Spinner-Halev 2000。

② 罗尔斯的确强调，保护公民权利的意义并不在于：最大化地促进个人去发展和实施那种形成和修正善观念的能力。他正确地指出，使“对某一善观念加以肯定的慎思次数”最大化——这种企图是“荒谬的”。事实上，“这些自由及其优先性旨在保证所有公民都平等地拥有能够全面发展和充分实施这些能力的社会条件”（1982b：47—49）。然而，似乎清楚的是，哈特派并没有为“充分”实施个人自主提供相应的社会条件。

框架内——它要求依据形成和修正善观念的道德能力来架构政治论辩——该愿望不仅得不到辩护，甚至还不能予以清晰的表达。

这意味着罗尔斯的“政治自由主义”的策略不可能成功地包容社群主义群体。对此不应该感到奇怪。毕竟，政治自由主义事实上几乎没有为社群主义群体带来什么。政治自由主义只是向它们展现了为自由主义原则和制度进行论证的不同方式，但却没有为这些原则和制度本身带来什么实质性的改变。尤其是政治自由主义没有提供什么途径可使社群主义群体能够限制其成员的公民自由权，包括个人从事异端活动或脱离宗教的权利，或者更一般地讲，质疑和修正自己继承的善观念的权利。

社群主义群体并不只是反对为基本自由所作的特殊论证。社群主义群体恐惧和讨厌的正是那些基本自由。而政治自由主义对于全部基本自由的信奉，与综合自由主义并没有什么两样。罗尔斯说，只是出于政治目的才接受自由主义的可修正观念；但社群主义者却看到，这个观念将不可避免地使人们在自己的私人生活中运用理性进行相关的修正。①政治自由主义不仅要保证人们具有修正自己目的的一定形式上的法定权利，同时，为了保证人们实施这些权利，还要保证人们拥有关于这些权利的知识以及配套的教育和法律条件。从社群主义群体的立场来看，没有哪一点是他

① 事实上，政治领域与私人生活之间的关联不只是因果性的，而且还是概念上的。罗尔斯承认，在政治领域运用自主必定会使这种运用渗透到私人生活。但他坚持认为，这种影响只是偶然的而非刻意为之的，而自己关于人的政治观念只涉及这样的问题：“在政治生活和基本制度中，公民如何试图维系并在公共事务中运用两种道德能力（自主与正义感）。”（1988：272n. 28）但是，我们在“政治生活中”运用自主能力，究竟是什么意思呢？虽然罗尔斯在这一段中把它们放在一起，但就政治生活而言，自主能力很不同于正义感的能力。对正义感的能力的运用就意味着“对法律与社会政策的正义性和有效性进行评价”，因此主要涉及政治生活，其运用也是在政治生活的范围内。另一方面，对形成和修正善观念的能力的运用则涉及罗尔斯所说的“非公共身份”，也就是说，涉及我们的综合身份而非政治身份。如罗尔斯本人所言：“良心自由和集会自由使我们发展和运用这样的道德能力——形成、修正、理性地追求和确证隶属于我们综合信条的善观念。”（1989：254）因此，正义能力涉及对公共政治和制度的评价；而形成和修正善观念的能力则涉及对那些确定我们私人身份的综合的宗教和道德信条的评价。那么，如何能够说对后一种能力的运用可以被限制在政治生活的范围而不影响到我们私人的身份呢？由于这种能力正是形成和修正我们综合目的的能力，对这种能力的运用似乎必然会涉及我们的私人身份。

们所愿的。

这反过来说明，政治自由主义与综合自由主义之间的整个区分都是言过其实了。两种自由主义都不仅信奉公共权利，而且都要确保在私人生活中具备实际运用这些权利所需的条件。换句话讲，两种自由主义都不仅在法律上承认自由，而且还要使人们具备实施这些自由的能力。当然，可以想象一种更进一步的综合自由主义：它要求甚或迫使个人去实际实施自己的理性的可修正性的权利，它教导人们要对传统生活方式的价值表示深度怀疑。有时，罗尔斯似乎主要在考虑如何避免这种“过度的自由主义”，因为社群主义群体显然完全不能接受这种形式的自由主义。但绝大多数综合自由主义者也不支持这种过度的自由主义。如我早先所强调的那样，自由主义的标准观点并不是人们应该或必须修正自己的目的；而仅仅是一旦新的条件、经验或信息向自己先前的信念提出了挑战，人们不仅要有法定的自由而且要有一定的能力去进行理性的修正。罗尔斯的政治自由主义与综合自由主义一样，都持这样一个信念：要使人们有运用这
240 种自主的能力。这就是为什么政治自由主义几乎没有为社群主义群体带来什么好处。

简而言之，罗尔斯并没有解释，为什么在私人生活中信奉社群主义的人们会在政治生活中成为自由主义者。罗尔斯的下述说法也许是对的——“在不同的背景下，我们可以假设人拥有不同的观点，而只要这些观点为境况所需时能够彼此融贯，这种假设就不存在矛盾。”（Rawls 1980：545）但他并没有证明，这些观点的确是彼此融贯的。相反，这些观点在涉及群体内部的异端、改宗、脱教和义务教育等问题时明显地相互冲突。由于支持政治自由主义会导致社群主义群体去承受私人生活被侵袭的代价，又由于他们可以通过非自由主义的奥斯曼的“米勒特制度”去使自己避免多数人的不宽容，他们就没有理由要支持对自由主义的交叠共识。

这意味着，在社群主义的自我观与公民权利具有优先性的自由主义信念之间，存在着极大的冲突。如果像社群主义者所论证的那样，人们的

私人身份系于确定的目的，以至于质疑和修正这些目的要么不是人们的利益所在要么超越了人们的能力；那么，允许在每个群体内部实行内部控制的奥斯曼的“米勒特制度”，就比宗教多元主义更有吸引力。如果个人没有能力修正自己继承的宗教信仰，或者，如果阻止个人运用这种能力是恰当的，那么，奥斯曼的“米勒特制度”就可能是能够保护和促进那些构成性目的的最好制度。

这的确是社群主义者所要求的。他们坚持，一旦我们放弃了——罗尔斯似乎就已经放弃了——把自主当作一般价值的预设，就应该允许宗教和文化群体通过限制一定的个人权利来保护其成员的构成性目的。①桑德尔本人就捍卫阿米希派，认为他们享有免于义务教育法的权利。他的论点是，良心自由应该被理解成追求构成性目的的自由，而不应该被理解成理性地修正自己宗教的自由(Sandel 1990)。他论证说，人们的宗教隶属关系如此深刻地构成了人们的身份，以至于人们的至上利益就在于保护和促进这种身份；以至于相比较而言，人们根本就不具有能够跳出自己的身份并对之进行评价的利益。因此，对阿米希派的孩子进行关于外部世界的教育，几乎没有什么价值(甚或还有明确的伤害)。

这意味着，如果想要对完全的个人良心自由进行捍卫，而不仅仅对群体间的宽容进行捍卫，我们就必须拒绝社群主义的这种观念：人们的目的是固定不变和超越理性修正的。或者，与之相反，如果想要包容社群主义的自我观，我们就应该乐意使社群主义群体免除严格的个人自由。罗 241
尔斯试图将自由主义传统中对基本自由的信奉与社群主义的自我观调和到一起的做法，无论怎样似乎都是不成功的。

除此之外，罗尔斯试图包容社群主义群体的做法还面临另外一个问题。我们能够评价和修正自己目的的预设，不仅对罗尔斯的自由理论，而且对他的责任观也是至关重要的。如我们在第三章所见，自由主义的平等

① 参见：Kukathas 1992；McDonald 1991b；Karmis 1993；Mason 1993。相关的讨论，参见：Exdell 1994。

主义的正义理论认为，人们不能够仅仅因为自己的生活方式要昂贵于他人的生活方式就要求获得更大分量的基本益品(第三章第74页)。在他的早期著作中，罗尔斯拒绝为昂贵的生活方式进行补贴的理由是，人们具有依据正义原则而对自己的目标进行理性调整的能力，因此，人们就需要修正或降低不能在自己的公平资源份额内实现的目标。①我相信这种责任观是以理性的可修正性的能力为先决条件的。让我们来看一段文字，在其中罗尔斯最详尽地辩护着这个观点，即我们不应该为奢侈的生活方式提供补贴：

> 不能包容那些具有奢侈嗜好的人，这件事情本身并非是(对他理论的)一种反驳。反对者必须更进一步论证，要这类人为自己的偏好承担责任并要求他们尽可能管理好自己的生活——这样的要求，就算没有违反正义也是不合理的。但要作出这样的论证似乎就要作出这样的预设：公民的偏好是不受自己控制的、任意产生的倾向或愿望……然而，使用基本益品却预设着为我们的目的承担责任的能力。这种能力就是形成、修正和理性地追求善观念的道德能力的一部分……因此，在每一种具体的情况下，不具有如此昂贵嗜好的人们大概就会按照他们能够合理预期的收入和财富去调整自己人生途中的喜好；**而如果为了不让他人因为缺乏预见或自律(self-discipline)而陷入窘境就减少他们的应得份额，这就会被当作不公平**。可是，让公民为自己的目的承担责任——这个观念的合理性则取决于一些特定的预设。**首先，我们必须假设，公民能够依据自己对基本益品的预期来约束和修正自己的目的和偏好**……这个观念包含着这样的内容，我们或可称之为责任的社会分工：社会，也就是作为整体的全

① 回忆一下，这正是罗尔斯反对功利主义的主要理由之一。功利主义平等关照每个人事先存在的欲望——无论这些欲望是多么昂贵或多么不合理，而不是让人们依据公平原则担负起调整自己欲望的责任(第二章第42页)。

> 体公民，要有责任去维护平等的基本自由和机会的公平平等，要有责任在这个框架内为每一个人提供关于其他基本益品的公平份额；而（作为个人的）公民和团体，就他们目前的和可预见的情况而言，要有责任依据他们能够预期的通用手段去修正和调整自己的目的和愿望。（Rawls 1982b：168—169；楷体为我所加，表示强调；cf. Rawls 1985：243）

罗尔斯以前声称，因为人们具有调整自己目标的理性能力，我们就没有义务去补贴那些习惯于昂贵生活方式的人。希望那些依据正义而负责地运用这种能力去节制自己目标的人去补贴那些不谨慎合理地节制自己昂贵目标的人，这实在是不公平。

然而按照罗尔斯的新观点，我们不能假定实际上存在着这种可对我 242
们的目的进行修正的能力——我们假设这种能力只是出于政治的考虑。如果是这样，为什么拒绝补贴那些习惯于奢侈目标的人，并非不公平呢？如果（如罗尔斯现在所说），传统社群的成员具有这样的目的——"他们相信自己不会并且实际上不能和不应该跳出这些目的并对它们进行客观的评价"，并且，他们"认为简直无法想象自己居然能够脱离特定的宗教、哲学和道德信念"；那么，他们为什么愿意付出与那些不可修正的信念相关联的额外代价呢？他们为什么愿意为自己无法调整或节制的代价承担责任呢？

罗尔斯意识到，他的新"政治"策略似乎抵消了他的早期论点：人们有对自己的目标进行理性调整的能力。因此，在他更近期的著作中，他提供了一个不同的论证以说明为什么我们不应该为奢侈的生活方式提供补贴。他提出的问题是：是否那些出于宗教信念而必须采取昂贵方式进行崇拜的人，就比那些因为宗教信念而必须朴实生活的人应该获得更多的资源呢？他回答说，虽然这也许的确能够为宗教自由确保更大的平等，这种做法却会引起分裂：

> 显然，这种确保宗教自由的方式是会引起社会分裂的，就算不会引起内战也会引起宗教纷争。我相信，只要正义的公共观念要随公民对社会资源的要求而调整，以至于人们获取资源的多少要取决于他们确定的最终目的和对自己善观念的忠诚，就会出现类似的结果……使用基本益品的指标在政治正义的框架内来评价公民要求的强度——这种做法的一个主要理由就是：要消除这类原则（由人们的目的决定他们的资源份额）将会引起的不可调和的社会分裂和冲突。（Rawls 1982a：44—45）

换句话讲，按照这种新解释，对昂贵的生活方式进行补贴就其本身而言并非不公平，问题在于这种做法会引起社会分裂。拥有昂贵目标的人们之所以不应该受到补贴的理由不再是：这种做法是在不公平地利用他人的谨慎或自律。（这种新观点假设，那些目标适度的人也只是继承了这些固定的和不可修正的目标，而不是按照正义规则的要求对自己的目标进行了理性的调整。）问题只是在于，人们对额外资源的要求会引起导致冲突的纷争和怨恨。

社会冲突是一个重要的问题，我将在下面回到这个问题。但这个问题在这里却并不恰当，因为它回避了真正的问题。回忆一下，按照罗尔斯的观点（与霍布斯的互利理论不同），我们假设人并非绝对的自私自利，而是要受正义感的驱动（第四章第137页）。因此，仅当人们认为，把额外资源给予那些具有昂贵生活方式的人是不正义的，他们才会感到愤怒。而
243 这正是问题之所在。如果人们不能控制生活中的额外代价，为什么公平不应该要求对这些代价进行弥补，就如同我们要对源于非选择的自然残障或疾病进行弥补？

事实上，罗尔斯在这里所犯的错误恰好是功利主义者经常犯的错误。如我在第二章指出的那样，功利主义者声称，食言之所以错误就在于它会引起愤恨。但这却是在倒因为果——食言引起愤恨是因为我们认为这是错误的。罗尔斯的断定——因为对昂贵生活进行补贴会引

起社会分裂，所以它是错误的——也犯了同样的错误。这也是颠倒了因果：因为我们认为这种做法是错误的它才会引起社会分裂。而如罗尔斯早先所承认的那样，我们认为这类做法是错误的，是因为我们认为人具有调整自己目标的能力。①如果我们不再相信人具有这种能力，我们未必会认为为非选择性的额外代价提供补偿是错误的或不公平的。

简而言之，"政治自由主义者"的这种做法——企图避免以理性的可修正性为立足点——是失败的。对于自由主义立场，理性的可修性是至关重要的，这至少表现在两个不同的方面。首先，需要用它来解释，为什么自由主义要保护个人修正自己生活方式的权利，以及为什么自由主义要说服他人改变自己的生活方式(个人不仅仅享有追求自己继承的生活方式的权利)。其次，需要用它来解释，为什么自由主义要让人们为自己生活的代价承担责任。自由主义既赋予人们理性地修正自己生活方式的权利，又规定人们有这样的义务——如果自己的生活方式违背了正义规范。

为什么罗尔斯不情愿明确地支持自主，并把它当作人的一般利益呢？密尔的"综合"自由主义究竟错在何处呢？罗尔斯说，问题在于，并非每个人都接受自主的理想，因此在政治生活中诉求这个理想就是"褊狭的"。基于自主来捍卫个人权利就是在诉求"没有被民主社会……普遍接受的理想和价值"，因此"就不能保障足够的共识"。使自由主义立足于如自主这样的尚有争议的价值，就意味着自由主义自己也"成为了另一种褊狭的教义"(Rawls 1987：6，24；1985：246)。

这个论点有几分道理，但罗尔斯不仅言过其实而且还从中得出了错误的结论。西方民主社会广泛地共享这个观念——我们拥有评价和修正

① 当然，否认任何补偿也可以与提供补偿一样，具有分裂作用——特别是，如果那些承担昂贵生活代价的人，因为的确不能对自己的目标进行理性的调整，他们就将视拒绝补偿为不公平。

我们继承的善观念的能力正是我们的利益所在。①也的确存在一些与世隔绝的少数群体，包括土著群体和宗教派系(阿米希派和哈特派)，他们拒绝这个理想。这些群体向自由主义的民主国家提出了挑战，因为他们常常要求对自己的成员实行与个人的公民权相冲突的内部约束。我们不能简单地漠视这种要求或这样一个事实——他们拒斥自主观念。

但是，对于由这些非自由主义的少数群体所引出的问题，罗尔斯的
244 策略却并非解决之道。他的策略是继续强化个人的公民权利并且继续要求人们为自己的生活代价承担责任——但是，其策略的基础却是“政治自由主义”而非“综合自由主义”。这显然不能满足非自由主义的少数群体的要求。他们想要使自己的内部约束优先于个人权利，并且，他们想要依照事先存在的目标来调整对资源的要求——而不是按照具有优先性的正义标准来调整自己的目标。罗尔斯的政治自由主义就像密尔的综合自由主义一样，都反对这样的要求。罗尔斯的新理论不那么具有综合色彩——这个事实本身并不使他的理论更倾向于非自由主义的少数群体的要求。

在我看来，自由主义试图包容社群主义嵌入自我观的首次尝试是不成功的。自由主义信奉理性的可修正性，而拒绝该原则的社群主义群体既不会接纳综合自由主义也不会接纳政治自由主义。如果我们把社群主义理解成这样的学说——它关涉的是目的的“构成性”或不可修正的本性，这个学说就冲突于自由主义的某些最基本信念。

当现代社会的绝大多数人都赞同自由主义的自我观，但传统的少数民族或宗教群体却赞同社群主义的自我观，在这种情况下，我们应该怎么办呢？我将把这个问题作为关于“多元文化主义”的新近论辩中引出的话

① 参见：Nickel 1990：214；Coser 1991。罗尔斯担心密尔的自主观不被广泛地接受，他的担心依据是：这个自主观会与在第六节中讨论过的其他更有争议的观念合在一起。有必要强调，虽然密尔的自主观是“一般的”，也即是适用于生活的方方面面，但却并不是“综合的”——因为它并没有界定个人应该追求哪些最终目的或内在利益。相反，它关注我们慎思和评价自己最终目的的能力。

题之一，然后在第八章回过头来进行探讨。事实上，我们可以说，对多元文化主义的关注是社群主义立场自然演进的结果。社群主义者最初声称，他们的自我观显然优越于自由主义的自我观，因此就应该在我们的政治理论中用前者来取代后者。可一旦社群主义的批判范围被缩小了，一旦关注范围只是集中于那些拒绝个人自主的社群主义群体，就不能再声称社群主义提供了一种真实的或者最好的自我观。我们只能说，我们需要承认在社会中存在着多元的自我观并试图对它们进行包容。具体地讲，我们需要使文化上或宗教上独特的社群主义群体与主流的自由主义社会和平共处。社群主义对自由主义自我观的批判一旦缩小到这个范围，就变成了如何包容文化多元性的问题——也就变成了多元文化主义中的一个问题。

第八节　社 会 论 题

然而，社群主义并不仅仅是关于自我及其目的的学说。事实上，许多社群主义者拒绝桑德尔关于构成性目的的观念，而支持自由主义者所信奉的理性的可修正性。他们之所以批评自由主义，不是因为自由主义对自我及其利益所作的解释，而是因为自由主义忽略了要有效实现那些利益
所必需的社会条件。他们所关注的不是去质疑理性修正和选择的能力，而 245
恰恰是如何发展与维系这种能力。

例如，泰勒就声称，许多自由主义理论都基于“原子主义”和一种“明显错误的道德心理学”，认为个人在社会之外是自足的。按照原子主义的理论，个人为了发展和实施自我决定的能力，不需要任何共同背景。泰勒却论证说，“社会论题”(social thesis)表明，要实施这种能力必须要在特定社会环境里才有可能。①

---

① Taylor 1985a：190—191；cf. Jaggar 1983：42—43；Wolgast 1987：ch. 1。参见泰勒在“Taylor 1985a：220—221”中对“强评价”的有帮助的解释，就可知道他接受目的的可修正性观念。

如果这就是争论之所在，我们就必须赞同社群主义者，因为“社会论题”显然是真实的。认为我们可以在社会之外实施自我决定的能力，真是一种荒谬的观点。但是如罗尔斯和德沃金这样的自由主义者并没有否认社会论题。他们承认，个人自主不可能超越社会环境，因为社会环境不仅提供着有意义的选择方案，而且还支持发展在这些选择方案之间进行取舍的能力。他们承认并探讨家庭、学校以及更大的文化环境在培育个人自主上所起的作用(e. g. Rawls 1971：563—564；Dworkin 1985：230—233)。

然而，泰勒则相信，社会论题要求我们放弃自由主义的一个核心前提——“中立国家”的观念：国家行为的合理性不能立足于就各种生活观的内在优劣所作的评价，而国家也不刻意影响人们对不同价值观的判断。按照泰勒的观点，中立国家不可能充分保障自我决定所必需的社会环境。①社会论题告诉我们，只有在某类特定的共同体中才可以实施选择善

① 泰勒声称，他是在批评“权利至上”的信条——他意指这样一种论断：相比个人义务、共同利益、美德等其他道德观念，个人权利具有至上性。按照泰勒的说法，这个信条存在于霍布斯、洛克和诺齐克的思想中。我发现他的这种论纲是没有帮助的，因为这些道德观念中的无论哪一个——包括个人权利——都不具有道德至上性。(注意，根据泰勒的论纲，霍布斯和诺齐克都是“权利至上”的理论家。但因为诺齐克所肯定的——个人具有内在的道德地位——正是霍布斯所否定的，在个人之间就个人权利达成的任何协定都一定是派生的，而不是道德至上的。参见第四章第三节。)对泰勒欲以考察的争论，最好的询问方式不是：是否一般而论权利相比义务具有至上性；而是：是否有一些具体的权利、义务和美德，它们没有得到自由主义或“超自由主义”(泰勒语)理论的充分承认。而如果我们以这种方式看待这个争论，泰勒的一个论点就是：国家中立会瓦解个人自主所必需的社会条件。如果这个论述成立，它对于自由主义或自由至上主义的理论就具有重要的意义，而无论它们是否支持“权利至上”的信条。一些社群主义者利用社会论题来瓦解自由主义的更加关键的内容：道德个人主义。道德个人主义意指这样一种观点：个人是道德价值的基本单位，因此任何对更大单位(如共同体)的道德义务都必须根植于我们对于个人的义务。但是，社群主义者却论证说，如果拒绝原子主义的观点——个人就是自足的自我，我们也就必须拒绝罗尔斯的论断：我们是“正当要求的自足源泉”(Rawls 1980：43)。但这却是一个错误的推论。罗尔斯的论断——我们是正当要求的自足源泉——并不是关于我们如何发展的社会学断言。这是关于道德价值的地位的道德主张。如高尔斯顿所说：“虽然对个人进行塑造的社会力量无疑是决定性的，被塑造的对象却仍然是个人。我也许会与他人共享一切。但作为共享者的仍然是*我*——一个独立的意识、一个快乐与痛苦的单独场所、一个独一无二的要么自己的利益得到促进要么受到压迫的存在者。”(Galston 1986：91)虽然我的利益受制于社会因素，但社会生活影响的仍然是我的利益，因此合情理的政治理论都必须平等地关注每个人的利益。

观念的能力；而泰勒论证说，只有(非中立的)“共同利益的政治”才能维系这类共同体。只有当国家保护和尊重共同体的传统或主流生活方式时，才有可能维系任何切实可行的共同体——包括那种信奉自由主义的自由价值的共同体。换句话讲，为了保护使自我决定得以可能的社会条件，需要对自我决定作出某些限制。

泰勒的论点引出了许多问题。事实上，在过去二十年中，政治哲学的一个主要部分就可以被视为是在对泰勒的挑战——澄清自由主义自由的社会前提——作出或显或隐的回应。十分简要地讲，我们可以把这个论辩划分为两个大方向。首先，有这样一些问题，它们关涉发展自主能力的社会条件。这主要涉及对孩子的抚养和教育，因此就涉及关于家庭和学校的性质和功能的问题。我将在第七章和第九章分别讨论教育和家庭等问 246
题。但泰勒本人更关注成人实施自主能力的社会条件。这主要涉及关于社会文化、社会生活和公共领域的问题。我将在本章的余下部分讨论这些问题。

至于为什么关于自由的社会条件的问题会演变成激烈论辩，既有理论的也有实践的原因。理论上讲，越来越多的人认识到，一种不考虑这些问题的政治理论简直就是不完整的。但更重要的是，越来越多的人担忧这些社会前提——无论是家庭、学校、公民社会或者国家——正在发生的衰退。大众媒体和政治评论充斥着“家庭衰微”的论调，充斥着学校、民间组织、公共领域和民主制度衰落的论调。换句话讲，这些问题之所以演变成政治理论的主要话题，是因为许多人相信在自由主义民主的现实政治实践中，真实地存在着越来越多的问题。

在这一节中，我将考察泰勒的论点——自由主义的中立无法维系实施个人自主所需的社会条件。我将考察这个立论的三种版本：第一，需要维系能为人们提供有意义的选择方案的文化结构；第二，需要有共享的场所来评价这些选择方案；第三，社会团结和政治合法性的前提。无论哪种情况，社群主义者都诉求社会论题来表明，关注自我决定如何会支持而不是排斥有关共同利益的社群主义政治。

（一）保护文化结构的义务

要对生活目标进行有意义的选择，就要求具备有意义的选择方案，而（社会论题告诉我们）这些选择方案源于我们的文化。可是，自由主义的中立却不能维系一种能够提供这些选择方案的丰富多样的文化。自我决定要求多元主义，也就是要求生活方式的多样性，但是

> 自由主义国家保护多元主义的任何集体尝试，其本身就是对自由主义正义原则的违背。除了确保每个人都具有实施自己道德能力所需手段的公正份额，国家没有资格干涉文化市场的运动。因此，就任何特定的善观念或任何特定的社会联合体而言，无论它们能否带来福祉或是否消亡，都不是国家的分内之事。（Cragg 1986：47）

自由主义者相信，国家如果通过鼓励或抑制特定的生活方式而对文化市场进行干涉，就会制约人们的自我决定。然而，如果让文化市场自行发展，它最终却将瓦解支持多元主义的文化结构。如拉兹所言：“支撑有价
247 值的生活方式不是个人的事情而是社会的事情……完善论的理想要求用公共行动来使之可行。反完善论的实践不仅会使政治与有价值的善观念发生分离，它还会瓦解我们文化中许多值得珍视的内容的生存机会。”（Raz 1986：162）因此，自由主义的中立是自我驳斥的。

这是一个重要的反驳。许多自由主义者对这样一种可能性——“为人们的想象创造出了巨大多样性的至关重要的文化活动（可能）正在开始衰落”——表现出令人吃惊的沉默。如泰勒所说：“具有创造性的和产生多样性的自由的条件仿佛是从天而降的。”（Taylor 1985a：206 n. 7）罗尔斯试图这样来答复这个担忧，他声称优良的生活方式在文化市场中无需国家的帮助也会维系自身——因为在自由的条件下，人们能够认识到优良生活方式的价值，因此就会支持它们（Rawls 1971：331—332；cf. Waldron 1989：1138）。但这是不够的。就算人们有过优良生活的利益，就

算人们会自发地用各种方式去支持优良生活，并不必然意味着未来的人们也可以享有同样的优良生活。例如，我的利益在于从事某一有价值的社会活动，而促进这种利益的最好方式也许就是在我的有生之年耗尽这种活动所需的资源。

考虑一下对历史文物和历史遗迹或者野生自然圈的保护。要是没有国家的保护措施，对它们的日常消耗就会造成未来的人们无法享有它们的结局。因此，即使现在的人们可以依赖文化市场去辨析有价值的生活方式，却不可能依赖文化市场去确保未来的人们也享有一系列有价值的选择方案。

因此，让我们同意拉兹的论点：需要用国家来保证那些还未形成自己生活目标的人享有足够丰富的选择方案。但为什么这就要求拒绝国家中立呢？考虑一下两种可能的文化政策。第一种可能是政府这样来保证存在着范围足够宽广的选择方案：向那些按照自己的完善论理想支持文化建设的个人提供税收优惠。国家的行动旨在确保存在着范围足够宽广的选择方案，但对这些选择方案进行评价却不属于国家的事情而是属于公民社会自己的事情（cf. Dworkin 1985：ch. 11）。第二种可能是让对各种善观念的评价成为一个政治问题，而政府干涉的目的不仅在于确保范围足够宽广的选择方案，还在于对某些特定的选择方案进行促进。拉兹的论点表明，必须执行这两种方针中的一种；但在这二者之间如何取舍，他却没有给出任何理由。

因此，保护文化结构的义务就并不冲突于国家中立。事实上，德沃金也强调，我们有义务保护文化结构并使之免于“贬值或衰落”（Dworkin 1985：230）。如同泰勒，德沃金也在谈论这些事情：构思不同优良生活 248
观的那种能力如何要求在知识分子之间——他们试图澄清和阐明我们所面对的各种生活途径——进行特殊的争论，如何要求那些试图以现在的艺术把过去的文化再次带入生活的人或那些保持文化革新动力的人，如何要求国家能够而且应该保护这些至为关键的文化活动（Taylor 1985a：204—206；Dworkin 1985：229—232）。虽然罗尔斯在他的正义理论中没有涉及国家对文化的支持，但由于他认为实行他的正义原则事实上会保护文化多样性的存在前提；因此，没有理由认为他会拒绝国家对文化的支持（Rawls 1971：331，441—442，522—529）。就像德沃金，他只是会坚持，就文化中各种各样的选择方案进行价值上的排序，不是国家分内的事。

社群主义国家也许希望，鼓励用更有价值的共同体生活方式来代替不那么有价值的生活方式会提升人们的选择方案的质量。但自由主义的中立原则也希望扩展人们选择方案的范围。言论自由和集会自由允许每个群体追求和宣传自己的生活方式，而那些没有价值的生活方式将难以吸引支持者。因为个人有在相互竞争的优良生活方式之间进行选择的自由，自由主义的中立创造出了一个观念的市场；而一种生活方式在这个市场中具有什么样的命运，就取决于它能够为其潜在的支持者提供什么。因此，在自由的条件下，令人满意的和有价值的生活方式就会倾向于驱逐那些不令人满意的生活方式（自由主义者乐观地持有这样的信念）。自由主义者之所以支持公民享有各种自由，部分原因就在于他们可能使"不同生活方式的价值在实践中得到证明"（Mill 1982：54）。

自由主义者和社群主义者都旨在保障个人在进行自主的选择时享有范围宽广的选择方案。他们的分歧在于完善论的理想应该体现在什么地方。当对优良生活方式的评价是在公民社会的文化市场中进行的时候，它们是否更有可能确立自己的较大价值？或者相反，当通过国家行动或政治倡导来对不同的生活方式进行评价时，它们更有可能确立自己的价值？因此，这个争论也许应该被视为一种选择，不是在完善论与中立之间的选择，而是在社会完善论与国家完善论之间的选择——因为国家中立与对公民社会的完善论理想的支持不过是一枚钱币的两面。

（二）中立与集体慎议

一些社群主义者论证说，自由主义者之所以愿意把文化市场而不是把国家当作评价不同生活方式的适当场所，是因为他们持有这样一种原子主义的信念：只有当关于善的判断是由孤立的、不受社会压力所迫的个人作出的，这些判断才源于自主。自由主义者认为，要促进自主，就只 249 有在政治领域之外去作出关于善的判断。但在现实中，个人判断却要求助于阅历共享和集体慎议(collective deliberation)。个人关于善的判断依赖于对共享常规的集体评价。如果个人判断被斩断了与集体慎议的联系，它们就将成为纯粹主观和任意的奇思怪想：

> 自我实现，甚至对个人身份的确定以及在世界中的方向感，都依据于某一共同的事业。这种共同的变化过程就是公民生活，而公民生活的根存在于与他人——不同辈分的人和类型不同的他人——的相互关系之中；他们的差异性之所以重要，是因为他们为整体作出了贡献，而我们特定的自我感就是依据于这种整体的。因此，相互依存就是公民资格的根本观念……在具有共同言语方式的共同体之外，可能还存在着作为逻辑抽象的生物学意义上的人类(*nomo sapiens*)，但却不可能有真正的人。政治共同体在本体论的意义上优先于个体——古希腊与中世纪的这个论断说的就是这个意思。直接地讲，城邦使人之为人成为可能。(Sullivan 1982：158，173)

或者，如克罗利所说，国家完善论就是

> 在确认这个观念：人生活于阅历共享和语言共享的共同体之中——只有在这个背景下，个人与社会才能通过本质上是属于政治行为的讨论、批判、示范和竞争来揭示和检验自己的价值。通过被组织起来的公共领域——人们在其中互相提供观念并对它们加以评价……人们才能够部分地明白自己是谁。(Crowley 1987：282；cf. Beiner 1983：152)

国家是形成我们关于善的观念的恰当场所，因为这些观念要求我们对之进行共同的探讨。仅凭单独的个人，根本不可能追求甚或认识这些观念。

但是，这却误解了罗尔斯的论断——对生活方式的评价不应该成为公共关注的对象。对于个人行为或群体的集体行为，其完善论理想并不因为自由主义的中立而受到限制。集体行为和对善的共享阅历处于“各种利益共同体的自由的内部生活”的中心。“个人与群体为平等自由的目的和优点所吸引，他们以符合平等自由的社会联合的方式，力求在各种利益共同体中实现这些目的和优点。”罗尔斯为自由优先所作的论证，就建立在“与他人的自由的社会联合”的重要性之上(Rawls 1971：543)。他只是否认“国家这个强制机器”是那些集体慎议和阅历共享的恰当场所：

> 虽然作为公平的正义承认，在一个井然有序的社会里，人的优点的价值得到了承认，但人的才艺却要在自由结社原则所许可的范围内去追求……(人们)不是以他们的活动具有更大的内在价值为借口，从而利用国家这个强制机器来为自己争得更大的自由或更大的分配份额。(Rawls 1971：328—329)

250 不幸的是，社群主义者很少就集体行为与政治行为作出区分。是的，参与共享的语言与文化常规正是使得个人对优良生活作出有意义决策的前提。但是，为什么这种参与应该通过国家而不是通过个人的自由联合来加以组织呢？是的，我们应该“为人们创造机会发表他们就自己和世界的发现，并让人们有机会就这些发现的价值去说服他人”(Crowley 1987：295)。但是，自由主义的社会的确创造出了这样的机会，使得人们能够表达体现在个人慎思中的这些社会观点。毕竟，集会自由、言论自由与联合自由正是自由主义所捍卫的根本权利。集体探究所需的机会只出现于低于国家的群体或团体之内或之间——首先是朋友之间与家庭之内，进而扩展到教会、文化社团、职业群体、工会、大学和大众媒体。自由主义者没有否认，要就善作出有智慧的判断或者要向他人表明“我是负责地在持有自己的善观念”，需要有“对于个性和判断的公共展现以及阅历和洞见的交换”(Crowley 1987：285)。事实上，这些论述能够很好地吻合自由主义者就言论自由与联合自由的价值而进行的讨论(e. g. Scanlon 1983：141—147)。自由主义者所否认的只是，我必须面向国家表明我对自己的理解，或者，我对公共资源的要求应该取决于国家是否赞同我的生活方式。

正如哈贝马斯在其早期著作中所做的那样，由于没能考虑到国家的这种独特作用，它对自由主义中立的激进批判就因此而被削弱。哈贝马斯愿意使对不同生活方式的评价成为一个政治问题；但不同于社群主义者，他不希望这种政治慎议强化人们被局限于现存常规的嵌入状态。事实上，他认为，需要政治慎议正是因为：缺少它，人们就会倾向于把现存的常规当作给定的东西而加以接受，因此就会固化伴随那些历史常规的错误需要与错误意识。只有当现存的生活方式成为“意愿形成的探讨对象”时，人们对善的理解才能逃脱欺骗。中立不要求对这些常规进行审视，因此就认识不到人具有希望获得解放的利益——人想要超越虚假的需要和思想意识的扭曲。①

但是，为什么对人们善观念的评价就应该影响到他们对正义的要求呢？为什么国家就是这种评价的恰当场所呢？小于整体政治社会的共同体——各种规模的群体和社团——对于评价善和阐释人们真实需要的“意愿形成的探讨”形式，也许是更为恰当的场所。虽然哈贝马斯拒斥社群主义式的倾向——未加批判地支持现存的社会常规并使之成为对善进
行政治慎议的基础；他却与他们共有同一个倾向：不需要经过政治慎议 251
的内容才留给不具备理性判断能力的个人意志。

事实上，自由主义的中立并没有忽视共同的文化对于有意义的个人

① 例如，哈贝马斯曾经论证说，要求“通过探讨来软化对我们的需要所作的(很大程度上受到外在因素控制的或受到传统固化的)解释”是他与罗尔斯分歧的关键所在(Habermas 1979：198—199)。然而，他现在拒绝了这个想法——通过政治来对人们的善观念进行评价(Habermas 1985：214—216；cf. Benhabib 1986：332—343；Funk 1988：29—31)。

选择方案的重要性，也没有忽视阅历共享对于个人有意义地评价那些选择方案的重要性。自由主义的中立没有否认个人自主需要相应的社会条件，但却为此提供了一个阐释——个人自主依赖于社会过程而不是政治过程。但这些尚不足以证明应该支持中立。中立要求信任非国家的领域的运转，要求信任个人判断和文化发展的进程，而不信任由国家来充当评价善的场所。到目前为止，我所说的一切都还没有表明，这种信任或不信任是有依据的。的确，正如中立的批判者没能成功地捍卫他们对于政治的信心，自由主义者也没能成功地捍卫他们对于非国家领域的信心。

事实上，就中立问题而辩论的双方似乎都没有从对方的见解中获得教益。尽管自由主义已经坚持了几个世纪要在国家与社会之间进行区分，社群主义者仍然假设：适宜于社会领域的任何内容都必须被纳入政治领域。他们不像自由主义者那样担心：由于无所不在的权威和强制性手段是国家的特征，因此国家特别不适合成为社群主义者所欲的那种慎议和信念共享的场所。尽管社群主义者几个世纪以来坚持认为我们的文化就其本性而言具有历史的脆弱性，并且坚持认为有必要考察自由文化能够维系自身的条件；自由主义者仍然倾向于把具有宽容精神和具有多样性的文化当作当然之事，当作自然产生并维系自身的东西——因此，这种继续存在的文化就被当作一个理所应当的前提被蕴涵在正义理论之中。社群主义者正确地坚持自由文化是一种历史成就，而自由主义者就需要解释为什么文化市场不会威胁到这个成就：它要么没能以一种足够强的方式把人们维持于他们的共同常规（如社群主义者所担心的那样），要么没能以一种足够强的方式使人们超越现存常规和意识形态的期望（如哈贝马斯所担心的那样）。支撑自我决定的文化要求既能展现和维系现存常规，也要求与这些常规保持一定的距离并对它们进行批判。自由主义的中立也许就能满足这种综合的要求，但这并非显而易见——也许只是在有些时候和有些地方才能做到这一点。因此，双方都需要就旨在评价善的国家与非国家场所和程序进行综合的比较——比较它们中包含的机会和危险。

我曾在别处论证说，在把国家当作评价善观念的场所之前，我们应该首先改善公民社会中非政治辩论的场所，以保证社会中的所有群体都 252
真正能够自由地进入自由主义者如此珍视的文化市场。①虽然这仍然是一个有待解决的问题，但需要明白的是，如果我们继续把它当作自由主义的“原子主义”与社群主义的“社会论题”之间的争论，我们就不太可能寻找到问题的答案。按照社群主义者的说法，自由主义者没能认识到人是天生的社会存在者。自由主义者据认为持有这样一个观点：社会是建立在人为的社会契约之上的；因此，就需要通过国家权力把天生的非社会的人凝结成社会。但在某种意义上相反的说法才是对的：自由主义者相信，人们会自然地形成和加入到社会关系与社会组织之中，正是在其中人们才懂得什么是善以及如何追求它。这种共同背景并不需要国家来提供，而国家反而有可能扭曲集体慎议和文化发展的正常进程。似乎正是社群主义者才认为，如果没有国家主动地把个人联结在一起评价和追求善，个人就会陷入迷惘的孤立。②

（三）团结与政治合法性

社会论题还引出了另一个问题。个人选择要求有一个安定的文化环境，但安定的文化环境反过来又要求安定的政治环境。无论就保护文化市场而言国家应该担当什么样的角色，只有当公共制度具有稳定性——进一步讲只有当公共制度在公民眼中具有合法性——国家才能实现这个功能。泰勒相信，受中立原则支配的政治制度不能够维系合法性，因此也就

---

① Kymlicka 1989b。“Hurka 1993”批判了我的论证，而“Weinstock 1998”则对这种批判进行了答复。对国家完善论和国家中立论之争作出重要贡献的还有：Caney 1991；1995；Neal 1994；Dyzenhaus 1992；Sher 1997；Hurka 1993；Goodin and Reeve 1989；Wall 1998；Chan 2000。

② 在一些社群主义者的著作中，都含有这样一个观念：非政治的行为在本质上都是孤立的。例如，桑德尔声称，在社群主义的政治里，“我们能够知道无法单独知道的共同利益”(Sandel 1982：183)。而沙利文也声称，需要国家完善论来保证没有人“被排除到集体慎议之外”(Sullivan 1982：158)。自由主义者则作出相反的预设：不需要由国家来引导个人组成集体社团和进行集体慎议(Macedo 1988：127—128；Feinberg 1988：105—113)。

不能够维系自我决定所要求的社会背景。

按照泰勒的说法，中立国家瓦解了对于共同利益的共识——而要公民接受福利国家所要求的牺牲，这种共识就必不可少。公民只有在下述情况下才会认同国家并承认国家的要求具有合法性——当存在着一种“共同的生活形式”，它“被视为至关重要的利益，因此它的维持和繁荣对于公民的至关重要性在于它本身，而不在于能够工具般地促进不同个体的利益或作为不同个体利益的总和”（Taylor 1985b：213）。对共同利益的这种共识已经遭到了损坏，部分是因为我们现在拥有一种国家中立的政治文化——人们在其中可以独立于这种“共同的生活形式”而自由地选择自己的目标，并且，只要这种共同利益侵犯了他们的权利，人们就可以把对共同利益的追求置之不理。但社群主义的国家却要认同于共同的生活形式，

> 权利模式与更进一步的原子主义的意识匹配得很好，在这种意识中，我把自己的尊严理解成作为权利载体的个人的尊严。而在这里，两极之间的紧张出现了——事实上，如果我没有事先与进行集
> 253 体决定的共同体拉开距离，我就不会太愿意以个人权利的名义置集体决定于不顾。（Taylor 1985b：211；cf. Sandel 1996：3—4）

与共同体的共同生活形式“拉开距离”意味着我们开始不愿意肩负自由主义的正义所要求的负担。结果就是自由主义的民主国家正在经历的“合法性危机”——公民被要求按正义作出越来越多的牺牲，但他们与为之牺牲的对象之间的共识却越来越少。不存在共同的生活形式来支撑中立国家的要求。

罗尔斯与德沃金则相信，就算是为了持有完全不同的善观念的人，公民们也愿意承受正义的负担。只要不违背正义原则，个人就应该享有选择任何一种优良生活观的自由，而无论这种生活观与共同体中的其他生活方式有多大的不同。之所以可以容纳这些相互冲突的善观念，是因为在

面对这些冲突时，对正义原则的公共认同足以保证稳定性。如罗尔斯所言："虽然良序社会包含着分歧与多元……对政治和社会正义问题的公共认同却维系着公民友谊和合作的纽带"（Rawls 1980：540；cf. Rawls 1985：245）。具有不同善观念的人会尊重彼此的权利，不是因为这种尊重促进着某种共同的生活方式，而是因为公民们认识到每个人都有资格受到平等关照。因此，作为国家合法性基础的是共同的正义感而不是共同的善观念。自由主义者试图通过对正义原则的公共采纳来维系正义的社会，而不要求——事实上是要排除——通过公共途径去采纳某些特定的优良生活原则。

泰勒相信，上述观点在社会学的意义上是幼稚的——除非有共享的善观念把人们维系在一起，除非人们能够认同某种共同利益的政治，否则人们就不会尊重他人的要求。对于"在20世纪后期如何切实可行地维系现代政体的问题"，他说，"从迷雾当中浮现出了两揽子解决方案"，它们大概对应着社群主义和自由主义的模式；他还说，就自由主义模式的长期可行性，存在着"严重的质疑"。通过强化个人权利和国家中立，自由主义国家排除了对善原则的公共采纳；但是，泰勒却追问，"越来越强调权利并使之超越集体决策，会不会最终将损坏民主秩序的合法性呢？"（Taylor 1985b：225）

我认为泰勒是对的，他说，由德沃金和罗尔斯所描述的那种自由主义模式在社会学的意义上是幼稚的。共同的政治原则的确是政治团结的*必要条件*——人们要是在正义的问题上分歧过大，也许就会造成内战。但共同的政治原则却不是团结的*充分条件*。仅仅是这个事实——人们共 254
享类似的正义信念——还不足以维系社会团结或政治合法性。

要注意，自由主义的观点并没有告诉我们，我们对于*谁*负有正义的义务，或者，我们应该与谁一同进行民主决策。毕竟，罗尔斯与德沃金并不支持建立单一的世界政府的想法。他们预设了这样一个前提：应该在有边界的政治共同体内采纳和实施他们所支持的正义原则。我们根本的正义义务是就自己的公民同胞而不是就人类总体而言的。他们都同意我们对人类总体也具有某些义务，但这些对于外国人的“人道主义”义务要弱于对自己公民同胞的“平等主义”义务（e. g. Rawls 1993b; 1999b）。

也可以设想这样一种自由主义，它不局限于有边界的政治共同体。的确，一些评论者论证说，自由主义的逻辑至少从其长远目标来看，要求创造一个单一的世界国家——这个世界国家要有关于自由和分配正义的单一体系；这样，世界各地的人们就都有自由行动、求职、共享集体自治和社会福利等方面的权利，而无论他们在世界的什么地方居住或在世界的什么范围内移动。

我将在本章稍后的部分（第十节）讨论自由主义的“世界主义”观。但包括罗尔斯和德沃金在内的绝大部分自由主义者却并不支持这种观念。他们认为这是理所当然的：我们生活在国家之中并且每个国家都有自己的民主决策和正义体系，而正义理论的首要目标就是弄清这些有边界的政治共同体中的公民们彼此负有什么义务。

换句话讲，自由主义预设着民族国家形成了米勒所说的“伦理共同体”（ethical communities）——也就是指这样的共同体：共同体内部的公民彼此拥有特殊的道德义务，但对于共同体之外的人却不具有这种道德义务（Miller 1995）。或者，用塔米尔的话讲，罗尔斯的自由主义的平等主义是一种“共同体道德”（Tamir 1993）。自由主义的正义要求一种共同体感（a sense of community）：公民们感到他们共属于一个单一国家，他们感到应该集体管理自己的事务并且应该感到彼此之间团结一致。

在自由主义理论内部，这个要点常常被遮蔽：自由主义用普遍主义的语言掩盖着它对共同体的信奉。布莱克注意到，在几乎所有自由主义理论中，都有一种术语上的偷梁换柱。从个人的道德平等出发的理论，当理论完成时就总会变成关于公民的道德平等的理论（Black 1991）。自由主义赋予个人的基本权利最终就会变成为某些人保留的权利——也即是说，会变成为国家公民保留的权利。只有公民才享有下述权利：自由地进入它所属的国家、求职、共享集体自治和社会福利，等等。即使是出生于国境之外五英里的人们，也没有资格获得公民资格[1]权利——因为他们不是“我们”共同体的成员。

简而言之，自由主义的正义在有边界的共同体内才得以运行，而它还要求公民们视自己的边境具有道德意义。边境的功能就在于为了正义和权利的要求把“我们”与“他们”区分开来。但是，靠什么来解释或维系“伦理社群”的这种边界感呢？为什么在缅因州的某人会感觉，他与相距四千英里的得克萨斯州的某人的一致性要远强于与新不伦瑞克省的某位居民——他们在加拿大边境两侧只相距五英里——的一致性呢？

罗尔斯与德沃金暗示，对自由主义的正义原则的共同信奉，可以解释这种伦理共同体感：因为持有同样的正义原则，我们才感觉自己共同属于某个单一的伦理共同体。但这种说法却不可能正确。西方民主国家里的绝大多数公民事实上都支持同样的自由主义民主的政治原则。但这正是问题之所在：对这些正义原则的共享不仅仅在国家之内，而且还跨越了（西方）国家的边境。居住在新不伦瑞克的那位人士很有可能与缅因州的那位人士享有同样的正义观。事实上，如果近年来的选举的确可以标示什么的话，新不伦瑞克人更有可能与缅因州的大众共同持有（中派自由主义的）正义观，而不是与（保守的）得克萨斯州人持有共同的正义观。

同一种现象在整个西方世界都存在。瑞典和挪威的边境并不标示这两国在正义观上的界线，同样，比利时与荷兰的边境、西班牙与葡萄牙的边境或澳大利亚与新西兰的边境都不标示正义观的不同。这里的每一个国家都会把自己当作一个独立的“伦理共同体”，这个共同体之内的公民对“自己的”公民同胞的义务要远强于对作为邻居的“外国人”的义务。但是，这种独特的伦理共同体感却不可能建立在对特定政治原则的信奉

① 公民资格（citizenship）含有“公民身份”、“公民地位”、“公民权利”、“公民状态”等诸多意思。——译者

上，因为作为邻居的外国人也持有类似的原则。①

事实上，由于几乎所有西方国家都一致接受自由主义的民主，对政治原则的共享无法解释为什么西方世界要被分成一个个独立的民族国家，或这些国家的边界要这样划定；因此，也就无法解释，为什么伦理共同体感只局限于边境之内的公民，而不扩展到边境之外(Sandel 1996：6—17)。

罗尔斯和德沃金承认，对自由主义原则的共同信奉不能解释为什么在自由主义民主国家之间会存在边境以及边境会这样划分。他们承认，他们的自由主义理论只是把自由主义的民主国家的存在及其边境划分当作理所应当的前提，并且假定关于国家及其边境的争议已经事先得到了解决。②他们也承认，在现实世界里，许多争端是通过任意的和诉求武力的
256 方式才得以解决。一块领土归属于某一国家往往是出于历史的偶然甚至是出于历史上的不正义。然而，罗尔斯和德沃金却希望，只要这些(任意形成的)边境之内的公民们共享同样的政治原则，就足以在这些公民间产生“伦理共同体”感，因此也就能够保证团结、合法性和稳定。

换句话讲，罗尔斯和德沃金假设，如果人们共享同样的自由主义民主原则，他们就不会质疑历史上形成的国家边界和司法管辖范围。但这显然是错误的。让我们以加拿大为例。自 20 世纪 60 年代魁北克社会解放运

① 当然，这并不是说，西方民主国家的每一个人都能就某种实质性的分配正义理论达成共识。如我们在本书前些章所看到的那样，虽然几乎每个人都赞成类似的“宪法基本要素”(公民自由、代议民主制)，左派与右派就分配正义中的下述问题却存在巨大的分歧：机会平等、选择的责任、纠正不平等的境况，等等。但左右派的这些争论却存在于每一个西方民主国家之中，因此，每一个国家都存在着类似的正义观。无论我们是重点关注宪法基本要素(西方民主国家都具有类似的要素)，还是重点关注关于分配正义的信念(对分配正义的论辩是在每一个国家内部进行的，虽然在所有西方国家都存在着类似的观点)——无论哪种情况，国家间的边界都不标示人们具有不同的正义信念。

② 例如，德沃金声称，在他自己的理论中，“我们视共同体先于正义和公平，即是说，关于正义与公平的问题特指在一个具体政治共同体中什么是正义和公平的问题”——要把“政治群体”的边界和全体成员当作既定的事实(Dworkin 1986：208；cf. Rawls 1993a：277)。参见“Galloway 1993”，可以看到针对自由主义者把国家边界和全体成员当作既定事实所作的批判。

动以来的数十年里，说英语的加拿大人和说法语的加拿大人在政治原则上形成了显著的共识(Dion 1991：301)。如果对政治原则的共识会导致对边界的共识，我们在这个期间就应该看到魁北克分离运动的衰落，然而民族主义的情结事实上却一直呈上升趋势。说英语的加拿大人和说法语的加拿大人在不断增强他们对同样的正义原则的共识——这个事实并没有因此而减弱分离主义者的情结，因为魁北克人正确地认为，如果由他们组成民族国家，他们一样会尊重同样的正义原则。决定分离并不要求放弃自己的政治原则，因为他们可以在属于自己的国家内实施同样的原则。魁北克分离主义者承认，政治共同体应该坚持自由主义的正义规范；他们只是想要建立属于自己的独立而自治的自由主义民主的政治共同体。简言之，他们想要建立自己的(自由主义民主的)“伦理共同体”。

从那些包含着亚民族主义运动的国家，如英国(含苏格兰)或西班牙(含加泰罗尼亚)，我们也可以看到同样的趋势。所有这些事例都表明，多数与少数虽然就自由主义民主的价值正在形成日益增长的共识，少数群体对自治甚至是分离要求也呈增长趋势。人们都同意政治共同体应该通过民主程序进行决策，都同意民主决策应该尊重个人权利，但他们的分歧却在于：应该由哪一个政治共同体来进行决策。关于移民的政策应该通过加拿大议会来确定呢，还是应该通过魁北克的国民议会来确定？关于环境的决议应该由英国议会作出呢，还是应该由苏格兰议会作出？关于教育的决议应该由马德里的西班牙议会作出呢，还是应该由巴塞罗那的加泰罗尼亚政府作出？少数群体接受自由主义民主的价值，但却想要在属于自己的自治政治制度内实现这些价值，也就是想要基于自由主义的正义而建立和维系属于自己的伦理共同体。对自由主义民主原则的日益增长的共识并没有降低这些争端的重要性，也没有削弱这些争端对许多西方国家的稳定形成的威胁。①

---

①　对这个论证的更详细的发展，参见：Norman 1995。对这个观念——原则共享构成了社会团结的基础——的相关批判，参见：Paris 1991。

257 因此，稳定不仅要求政治共同体对原则达成共识，而且还要求对政治共同体本身的认同达成共识——也就是说，要对政治共同体的规模和边界达成共识。如果民族国家要作为有边界的伦理共同体来运转，人们就必须不仅就管理自己共同体的原则达成共识，还必须形成这样一个共识：他们事实上形成了一个独立存在的、单一的伦理共同体，并且，这个共同体应该实行自治。如果缺乏这种共同体感，如果两个群体就是不愿意共同生活在一个单一国家内，无论对自由主义的正义有怎样的共识，都无法使国家保持团结。

这意味着，社会团结要求有一种比政治原则共享更进一步的共同体感。公民们必须感觉他们属于同一个共同体。他们必须要有在一起共同生活和共同治理的愿望，要有共同分担命运的愿望——他们中没有哪一部分人企图建立独立国家，也不试图归属于某一外国。简言之，社会团结要求公民们彼此认同，从而把自己的同胞公民当作“我们”的一分子。这种共同归属感和共同身份感能够帮助维系彼此间信任和团结的关系。要接受民主决策的结果（即使他们就某一具体决定而言是属于少数派）和承担自由主义正义所赋予的义务，公民之间就需要有这样的关系（Miller 1995）。

因此，需要有比共享正义原则更丰富的内容来解释政治合法性和社会团结——泰勒的这个思想显然是正确的。这种共同归属感的基础是什么？要维系社会团结，需要有什么样的、超越于或有别于对政治原则的共享的要素？这是当代政治哲学中尚未解决的重大问题之一。这个问题在过去数年的时间里引发了大量的思考。就社会团结和政治稳定这个难题而言，我们可以辨别出三种主要的思考路径：第一，对共同生活方式的强调；第二，对共同民族性的强调；第三，对政治参与的强调。我们可以称第一种为社群主义的立论，称第二种为自由主义的民族主义的立论，称第三种为公民共和主义的立论。我将在本章考察前两种立论，而在下一章考察第三种立论。

这些标签具有潜在的误导性。从某个意义上讲，这三种立论都可被视为“社群主义的”，因为它们都严肃地认为，自由主义的民主国家需要发展和维系伦理共同体感。而许多理论家同时采纳这三种立论的某些方面。泰勒本人就把这三种立论中的要素整合进了自己的著作。而政治哲学的文献也不乏这样一些综合理论，它们企图把自由主义、共和主义、社群主义和民族主义的要素整合到一起，以便解决社会团结的问题。但为了达到分析的目的，有必要分别审视每一种立论，然后再来考察它们是否能够被整合到一起。

让我们首先考察社群主义的观念——社会团结的基础必然是某种共享的“生活方式”，即一种共同的优良生活观。如果某个国家的公民共享 258
一种生活方式，他们自然就会愿意生活在同一个国家，他们也就会接受边境的合法性。他们自然会希望在一起进行管理，因此就会承认共同政治决策的合法性。此外，他们还会更有可能遵守对于正义的义务——把资源向较不利者进行再分配，因为帮助自己的同胞公民就是在同时加强他们共同的生活方式，就等于是在帮助他们自己。与之相对照，自由主义者要求我们为那些具有不同甚至是相冲突的生活方式的人们作出牺牲。相信以基督之名进行传教的福音派基督徒，被要求交税去贴补无神论者的生活，但后者却利用这种贴补公开挑战和谴责宗教信仰。可是，如果共享同一种生活方式，人们就会放心地认为，他们通过国家福利帮助的那些人将促进或者至少将不会批判他们自己的优良生活观。

但是，如果说自由主义者的想法——社会团结依赖于对正义的共同信念——是天真的，这种社群主义的答案就显得更加天真。它建立在对早期社会的一种浪漫看法上，在这样的社会里，合法性依赖于对共同目的的有效追求。社群主义者暗示，如果接受共同利益的政治并且鼓励每个人自由地参与其中，我们就可以恢复呈现在早期社会中的那种忠诚感。这种早期社会的范例就是古希腊或 18 世纪新英格兰城镇政府的民主共和制。

但这些历史事例忽略了一个重要的事实。由于立足于对共同目的的有效追求，早期新英格兰的城镇政府在其成员中享有相当高的合法性。但至少部分是因为妇女、无神论者、印第安人和无产者被排除到全体成员之外。要是同意他们享有成员资格，他们就不会被追求那种通常是种族主义和性别主义的“共同利益”所打动。使合法性在全体成员中得到保障的方式，就是剥夺某些人的成员资格。

当代社群主义者并没有提倡通过否认共同体中的某些群体的成员资格——这些群体在历史上没有参与对“共同生活方式”的塑造——来保障合法性。社群主义者相信，总有一些每个人都会支持的共同常规，它们可以支撑共同利益的政治。但这些常规是什么呢？对社群主义者而言，似乎历史上把某些群体排除到各种社会常规之外仅仅是一种偶然，因此我们现在就可以把他们包括进来并推进这些常规。但是，举例来讲，对妇女的排挤却不是一种偶然。对妇女的排挤是基于某种理由的——即是说，所追求的目的是性别主义的，这些目的是由男人为着自己的利益而加以界定的。要求妇女接受男人为她们界定的身份，并不见得会增进她们的忠
259 诚感。我们不能回避这个问题而像桑德尔那样声称妇女的身份是由她们现存的角色所构成的。这明显是错误的：妇女不仅能够而且已经对那些角色——它们以多种方式否定着妇女的个人身份——进行了拒绝。18 世纪的新英格兰就是靠着对妇女成员资格的剥夺才保存了合法性。我们必须寻求保障合法性的其他途径，这样的途径不会继续依据他人所界定的身份来把某些群体排除在外。

桑德尔和泰勒声称，总有一些共享目的，它们可以支撑对社会中所有群体而言都具有合法性的共同利益的政治。但他们却无法举例说明究竟这些目的是什么——显然，部分原因就在于根本就不存在这样的共享目的。他们说，可以从我们的历史常规中找到这些共享目的，但他们却不指出那些常规是由社会中的那一小部分有产白人为着自己的利益而予以确定的。就算妇女、黑人和工人在法律上被允许参与到这些常规中，它们也充满着性别歧视、种族歧视和阶级歧视。试图促进这些目的会削弱合法性，并将使边缘群体受到进一步排挤。事实上，当右翼势力试图贯彻以基督教的父权家庭为基础的政治纲领时，在 20 世纪 80 年代的美国社会的多数人——黑人、同性恋者、单身母亲以及非基督徒中

间，合法性似乎正在丧失。毋庸置疑，许多社群主义者的确不喜欢多数人关于共同利益的道德观；但是，这样一个问题——历史上对边缘群体的排挤——却似乎是社群主义事业所面临的独特困难。赫希注意到，“任何‘恢复’或强化共同体情感的做法，对这些群体而言都于事无补”。相反，我们的历史情感和传统正是“问题的一部分，而非答案的一部分”(Hirsch 1986：424)。

考察一下桑德尔提供的有关社群主义政治的仅有的几个具体实例中的一个：对色情作品的管制。桑德尔论证说，允许地方社群进行这种管制是“因为色情作品冒犯了它的生活方式”(Sandel 1984b：17)。对比一下女权主义者近来对色情作品的讨论，就可以看出这个论证是多么具有排斥性。许多妇女群体要求管制色情作品的理由是，在对传统性观念进行塑造的过程中，妇女一直被排除在外。一些女权主义者论证说，色情作品不仅至关重要地促进了对妇女的暴力，而且还使妇女被固化在由男人所界定的性观念和性别角色的屈从地位(e. g. MacKinnon 1987：chs. 13—14)。尽管该论点存有争议，但是，如果色情作品事实上的确发挥了使妇女处于屈从地位的作用，它之所以发挥这样的作用却并不是因为它“冒犯了我们的生活方式”，而恰好是因为它吻合了我们关于性和妇女角色的文化成规。事实上，麦金农(MacKinnon)注意到，从女权主义的角度来看，色情作品的问题不在于色情作品对社群标准的冒犯，而在于对它们的强化。

桑德尔的论点与这种女权主义的论点存在着根本的冲突。通过考察 260
对同性恋的管制，可以揭示桑德尔的观点所面临的问题。同性恋“冒犯着”多数美国人的“生活方式”。事实上，以一种恰当的标准来衡量，被同性恋冒犯的人肯定要多于被色情作品冒犯的人。桑德尔是否就因此允许地方社群视同性恋或公开同性恋关系为犯罪呢？如果不能，为什么不能？按照桑德尔的观点，是什么使色情作品的事例与同性恋的事例相区别？对自由主义者而言，区别就在于，同性恋不伤害他人，而他人受到了冒犯——这个事实本身并没有道德分量。地方(或全国)社群的大多数人并没有权利强制实施他们的涉他偏好——这些偏好牵涉着居于主流生活方式之外的人们（参见第二章第37—38页）。①但这恰好是桑德尔不肯承认的。按照他的论点，边缘群体的成员必须调整自己的个性特征和习俗以使自己不至于冒犯共同体的主流价值。在桑德尔的论证中，并没有把这样一种能力赋予边缘群体的成员，以使他们能够拒绝他人在历史上为他们确定的身份。②

类似地，就色情作品的事情而论，桑德尔也没有肯定这种做法的重要性：赋予妇女这样一种能力——拒绝男性性观点，然后由妇女来界定她们自己的性观点。相反，他实际上在说，只要一种由男性界定的性观点（色情作品作者的）与另一种由男性界定的性观点（社群“生活方式”的）发生了冲突，色情作品就可以受到管制。而没有什么能够保证，那些受到色情作品冒犯的男人不会拥有一种相异的但却同样是压迫性的针对妇女的性观点（譬如，认为必须严格地压制妇女的性愿望）。然而，无论社群的决定是什么，妇女就像所有被边缘化的群体一样，将不得不调整自己的目标以避免冒犯她们几乎没有办法去加以界定的生活方式。这种做法无法强化边缘群体成员对合法性的认同。

社群主义者喜欢说，政治理论应该更加关注每一种文化的历史。但是，社群主义者对我们自己文化的审视却是如此欠缺。他们希望基于我们文化传统的目的和常规来支撑共同利益的政治，但他们并没有充分正视这一事实，这些常规只是被人口的一小部分加以界定。如果回顾我们社会

---

① Dworkin 1985：353—372；比较第二章第五节（一）；更确定地讲，只有诉诸一种不能通过“公共理性”检验的有争议的善观念，才能说同性恋对他人构成了伤害——参见：第七章第二节。

② 桑德尔暗示，应该推翻反鸡奸的美国法律，理由是，一些同性恋关系就是旨在实现与异性婚姻特征类似的实质性目的，而最高法院却一直在保护异性婚姻（Sandel 1989：344—345）。但是，为什么同性恋者的自由应该依据于他们是否在追求如异性恋那样的目标和愿望呢？许多同性恋群体否认他们的亲密观念和性观念与那些刻画着传统异性婚姻的（限制性的）亲密观念和性观念具有一致性。如最高法院在最近一个案子里支持反鸡奸法论证的那样，如果同性恋者的权利会威胁到据称是异性家庭的神圣性会怎么样呢？无论怎样，桑德尔并没有解释，他的新论点——反鸡奸的法律是违宪的——如何吻合于自己的较早论断：地方社群有自由对冒犯自己生活方式的行为予以管制。

的历史，显然自由主义的中立原则因其潜在的包容性而具有巨大的优势，而该原则否认处于屈从地位的群体必须吻合由优势群体加以界定的“生活方式”。①

桑德尔著作的结束语是，当政治运转正常时，“我们就可以认识无法被我们单独认识的共同利益”（Sandel 1982：183）。但由于现代社会的多元特征，我们应该作出相反的论断：正因为不采纳只会将许多群体排斥在外的“共同利益”的意识形态，政治才会正常运转。的确，要想提升国 261
家的合法性，最好要求社会中的所有群体加大对公民事务的参与；但是，德沃金却指出，仅当人们被当作平等者加以对待，邀请人们参与政治才有意义（或者，对于被邀请者才有意义）（Dworkin 1983：33）。而平等却不相容于按人们未曾支持或塑造的角色去界定他们。如果要想赢得合法性，就不能强化被他人和为他人而被界定的共同常规。合法性要求，被压迫者有能力去界定他们自己的目的。自由主义者就此而论也许做得并不够，但正如赫尔佐克所说，如果自由主义是问题，社群主义如何可能是答案？（Herzog 1986：484）②

---

① 要想了解对社群主义的排斥倾向的论述，参见：Gutmann 1985：318—322；Herzog 1986：481—490；Hirsch 1986：435—438；Rosenblum 1987：178—181；Phillips 1993。我在别处论证过，这些论述中的许多考虑也可以用于反对就文化市场采取的非社群主义形式的完善论干涉方式。即使这些干涉方式并非旨在促进共同体的生活方式，国家完善论仍然倾向于扭曲对不同生活方式的自由评价，并且，无论主流生活方式具有什么样的内在优点，它也会使这些生活方式倾向于僵化；此外，国家完善论还会不公平地把我们社会中的边缘群体和弱势群体的价值和追求排挤在一旁（Kymlicka 1989b：900—902）。

② 罗尔斯视对公共合法性的需求为支持而非反对中立原则的理由。他论断说，完善论威胁着公共共识，因为人们不会认为基于他们所不赞成的某种善观念的国家政策具有合法性。罗尔斯似乎认为，在任何社会，只要公民们因相互冲突的善观念而存在不一致，这个论断就是正确的。一旦提升到如此普遍的程度，罗尔斯的这个论断就显然是错误的。如拉兹所表明的那样，虽然人们的目的相互冲突，但他们仍然可能赞成某种程序，并通过它去对不同生活方式的价值进行公共的排序；或者，人们虽然不赞成某种特定的公共排序，但他们也许会接受这种公共排序，因为他们会认为这种排序作为一种次优选择总要好于中立原则（Raz 1986：126—132）。在国家中立与国家合法性之间并不存在内在联系。然而，由于在现代民主国家内存在着如此这般的相互冲突的目的——而这些冲突又具有历史的根源，因此，社群主义的完善论显然是对国家合法性的威胁。

第九节　自由主义的民族主义：自由主义对社群主义的第二种包容

到目前为止，我们还没有对泰勒的挑战——它涉及自由主义国家社会团结和政治合法性的基础——给出令人满意的回答。我们考察并否定了传统自由主义的观点：对普遍正义原则的共同信奉足以维系社会团结；我们也考察并否定了社群主义的观点：社会团结要由对某一特殊善观念的共同信奉来予以维系。两种观点都不能对现代政治共同体中的团结作出合理的解释。对正义的信奉太宽了，因为这种信念存在于不同的国家；而对特定优良生活的信奉又太窄了，因为这种信念无法在一国之内得到共享。这两种观点都无法解释，为什么我们会感到对自己的同胞公民有特殊的义务。

这意味着我们需要对社会团结给予另外的解释。社会团结要求的东西居于这两者之间：它要求公民们共享的东西要多于自由主义原则，但却要少于就某种特定优良生活观形成的共识。这能够是什么呢？这是一个相当困难的理论问题，但又不仅仅是一个理论问题。对于许多自由主义的民主国家，它曾经是急迫的实践问题。如果我们考察西方世界的自由主义民主国家，我们就可能找到答案的线索。国家试图通过诉求民族性（nationhood）理想来强化社会团结。每个国家都试图让自己的公民相信，他们构成着一个“民族”，因此他们隶属于一个单一的政治共同体并且彼此间拥有特殊的义务。由于生活于一个国家之中的人既是公民同胞又是民族同胞，因此就有一种团结的自然纽带，也有一种实现自治的自然愿望。

公民同胞是民族同胞或应该是民族同胞——这在世界历史中算得上是一个相对新近的观念。在此之前，国家的疆域只具有纯粹的法律意义：疆域告诉我们人们受什么法律管辖，谁是疆域内的统治者以及是什么机构在行使权威。而对现代民主国家而言，民族国家的边界却具有更多的功

338

能。民族国家的边界还确定了一个公民群体——政治共同体，它被视为主权的承担者，而它的意志和利益就确定着政治合法性的标准。民主是为了“人民”和由“人民”做主的统治，而“人民”通常被当作永久居住在一个国家疆域之内的个人的总和。

记住这个观念有多新是至关重要的。在欧洲历史的早期阶段，精英阶层试图使自己与“平民”或“大众”分离开来，而他们的权利和特权也正是在这种刻意的分离中被赋予了正当性。政治边界是根据封建主的领地范围而不是按某一民族或某一共同体来划分的。对封建时代的人们而言，地主与农奴隶属于同一个社会的观念是不可思议的——因为精英们不仅与农民实际相隔绝，他们还使用完全不同的语言。因此，在农民眼中，封建主不仅与他们不属于同一个阶级，封建主还因为有着与农民的民间文化无关的语言和文明而被视为一个完全不同的高贵种族——而这正是他们有权进行统治的依据。

然而，民族主义的兴起却确定了“人民”的价值。民族是被“人民”，即一个疆域内的无论阶级或职业的所有人共同界定的——“人民”成为了“主权的承担者、效忠的对象以及集体团结的基础”（Greenfeld 1992：14）。民族身份（national identity）在现代以来一直保持着它的坚韧性，这部分是因为它对“人民”的重要性的强调为所有个体——无论他们属于什么阶级——提供了尊严的源泉。

方言在现代政治生活中的运用就是转向民族身份的标志之一。运用人民自己的语言表明了政治共同体的确属于人民而不属于精英。虽然民族共同体内部仍然存在着很大的经济不平等，不同的经济阶层却不再被视为独立的种族或拥有独立的文化了。较低阶层的孩子要受到较高的文化与艺术的影响（它们本身也开始用方言来表达），而上流阶层的孩子也要受到大众的民间文化与历史的影响，这些现象都被视为正当的和恰当的。疆域之内的所有个体都被认为处于共同的民族文化的影响之下，他们在公共场所使用同样的民族语言，共同参与教育和政治机构的运作。

简言之，民族主义创造了单一民族共同体的观念，这个观念把疆域之内的所有阶级都包括了进来。而在西方民主国家内，民族主义的神话渐渐趋近于对它的实现，这得归功于选举权的普及和大众文化的提高，因为它们使几乎所有公民都能以方言去参与对共同的民族文化和政治机构的塑造和运作——而无论公民之间的不平等还有多大。

263 因此，国家边界不仅确定了司法管辖范围，而且还界定了一国“人民”或一个“民族”，而正是他们构成了一个政治共同体，也正是他们在共享一种共同的民族语言、文化以及民族身份。当然，国家边界很少与人们的民族身份正好一致。许多国家包含着这样的人群，他们感到自己不是主流民族共同体中的一部分。这要么是因为他们被主流群体视为“外来者”，因此被阻止与主流群体的整合(例如，非法移民；德国的土耳其客居劳工)；或者是因为他们拥有和珍视自己独特的民族身份，因此不愿意与主流群体相整合(如加拿大的魁北克人)。我将在第八章回过来探讨这些事例，因为它们提出了与多元文化主义相关的问题。

然而，自由主义的民主国家的普遍且一贯的做法，却是针对其疆域内的永久居民去努力塑造共同的民族身份。并且，就这种“民族建构”的目标而论，自由主义的民主国家取得了惊人的成效。①谁事先能够想到，在法国大革命时期在法国大部分地区并没有得到广泛使用的法语，居然后来成了塑造整个法兰西民族身份的关键因素？谁事先能够想到，当世界各地的移民到达美洲海岸既不懂英语又不了解美国宪法，居然会如此迅速地认可了美利坚的民族身份，并且接受了这样一个原则——生活机会受制于通过英语对共同民族机构的参与程度？用“民族国家”来广泛地指称现代国家，反映了民族建构的非凡成功，就仿佛国家成功地在自己的公民中扩展共同的民族语言和塑造共同的民族身份是一种必然的或至少是自然而然的结局。

疆域与民族身份的这种程度令人吃惊的一致，是通过两种途径完成

① 在世界的其他地方，民族建构却并不那么成功，特别是撒哈拉沙漠以南的非洲。参见：Davidson 1993；Latin 1992；Kymlicka 2002。

的。在某些情况下，是通过对边界的重新划分以更好地吻合人们业已存在的民族身份。挪威于1906年从瑞典分离出去，或斯洛伐克于1993年从捷克共和国分离出去，都属于这种性质。但更常见的情况则是改变人们的民族身份以更好地与既存的疆域相吻合。这就是所有的西方民主国家的典型“民族建构”纲领所欲以达到的目标——按照这个纲领，在整个国家疆域内都用同一种语言建立起了公共机构。①西方国家在“民族建构”过程中使用了广泛的手段，如义务教育、国家的传播媒体、用官方语言颁布法律、外国人入籍政策、国家假日和象征国家的标志、义务兵役，等等；这些手段都旨在帮助扩散和巩固这种民族感。

一旦这些民族建构政策被一些群体——如美国或加拿大的土著人——所抗拒，西方国家通常也会诉诸更激烈的手段。这些手段包括征 264
服、种族清洗、殖民地统治，也包括让更支持民族建构政策的新移民去大规模地“充斥”抵抗群体所在的区域。

西方国家投入如此大的精力去促进民族性的一个理由是，如果能够成功地把民族意识灌输给绝大多数公民，就会克服罗尔斯和德沃金在解释社会团结时所面临的问题。我们先前已经看到，对政治原则的共享不能对国家内部的社会团结予以解释，因为一国之外的许多人也持有同一些原则。事实上，罗尔斯和德沃金无法解释为什么会存在国家的边界，或者为什么这些边界要这样划分。但如果我们让社会团结立足于共同的民族性，并且如果每个国家都成功地在自己的疆域内促成了某种独特的民族身份，那么，边界就将的确具有道德意义——边界事实上将与伦理共同体的边界相吻合。边界的划分不再仅仅是历史的偶然或历史上的非正义的结果，边界标志着人们的忠诚和身份的转变。事实上，边界另一侧的人不是“我们中的一员”。即使他们距我们仅仅五英里，即使他们与我们持有同样的正义原则，他们也因其成长的氛围不同而与我们不同——他们从小就享有不同的民族身份，生活于不同的民族文化之中，有他们自己的

① 这个过程在世界各地无处不在，参见：Gellner 1983；Anderson 1983。

民族英雄和民族象征并且通常也使用不同的民族语言。

我们可以称之为通向社会团结的“自由主义的民族主义”方法，因为现实世界中的绝大多数自由主义民主国家都采纳了这种方法。但这真是一种“自由主义的”方法吗？通过国家的努力来促进某一特定的语言或民族身份，这种做法似乎是更接近于社群主义的共同利益的政治，而不是更接近于自由主义的国家中立的政治。为什么我们不应该把它当作某种形式的社群主义呢？①

我认为，这个问题的答案取决于被促进的是什么样的民族身份，以及这究竟是基于何种理由。如我们已经看到的那样，社群主义者在解释共同利益的政治时，即使会限制个体成员修正自己目的的能力，通常也会预设某种共享的善观念——而这种善观念是要通过集体途径来予以促进的。不难想象，有一些民族建构模式就采纳了这种社群主义的形式。例如，希腊在促进共同的希腊民族身份时，就采取了促进东正教的形式。不信仰东正教的人不可能成为希腊民族的真正成员，而接受东正教就成了获得公民资格的事实上的标准，同时，其他宗教的成员就会处于不利的法定地位。

但民族建构却不需要采取促进某一特定优良生活观的形式。共同的民族身份的基础不需要是某一种共识的善观念，而只需要有这样一种较
265 弱和较宽泛的感觉——人们隶属于某个代代相传的社会，享有共同的疆域并拥有共同的过去和未来。事实上，这就是民族身份在现代西方民主国家的典型功能。例如，公民们把自己当作与他人一样的“美国人”，但却不必与他人共享某一种宗教或某一种善观念。他们也许自然就会把别的美国人当作“我们中的一分子”，而对他们的善观念却一无所知。美国人彼此之间对什么是优良生活总存在着分歧，但他们仍然彼此承认和认同

① 事实上，泰勒本人就把旨在促进某一特定语言的民族国家建构政策当作社群主义的政策(Taylor 1992)。相反，布里格豪斯拒绝民族建构的理由，是它违背了自由主义的中立(Brighouse 1998)。

对方为美国人，因为他们有同属于某一代代相传的社会的共同感觉——这种感觉的基础是一些共同的历史坐标和共同的未来。就如何阐释他们的过去以及对未来应该寄予什么样的希望，他们彼此之间也许存在着分歧；但他们却彼此承认共属于同一个社会，而正是在这个意义上，共同的归宿感构成了民族身份的基础。

是什么构成了这种共享的民族身份的基础？在非自由主义的国家，共享的身份通常基于共同的种族血统、共同的宗教信仰或共同的善观念。然而，这些因素却不能作为自由主义国家社会团结的基础，因为在现代国家的多元主义背景下并不存在这些共同点。那么，是什么使自由主义国家的公民感觉到他们有共同的归属感并且他们是同一个民族的成员呢？这个问题的答案通常包括：共同的历史感、共同的疆域、共同的语言、共同的公共制度。公民们觉得自己共同归属于一个特定的社会，因为他们使用同一种语言，拥有同一种历史。他们共同参与的社会和政治制度就依赖于这种共同的语言，而制度又彰显和固化着这种共同的历史；并且，在面向不确定的未来时，他们视自己的生活机会息息相关于社会和制度的持续存在。公民们可以在这个意义上共享民族身份，而不必共有同一种种族血统、同一种宗教或同一种善观念。①

自由主义国家积极地促进这种“弱”类型的民族身份。它们此举的目的并非为了促进某一特定的优良生活观，而是为了增加公民兑现自己的正义义务的可能性。如果他人被视为“我们中的一分子”，人们就更有可能为他人作出牺牲，因此增强民族身份感会加强用以维系自由主义正义的那种相互义务感。

当然，自由主义国家也会为一些不那么值得称赞的目标去强化民族身份，如为了加强未加反思的爱国主义和为国家作出牺牲的愿望。的确，

---

① 这只是对自由主义国家民族身份的性质及其在促进政治稳定和强化信任团结关系的作用的粗略概括。对自由主义的民族主义的更多说明，参见：Tamir 1993；Canovan 1996；Spinner 1994：ch. 7；Miller 1995、2000；以及 Kymlicka 1995a。

二次世界大战以前，我们可以说，国家民族建构政策的主要动机就是实现这些目标。此外，这些历史政策的目的还经常在于促进某种相当“强的”民族身份的观念——这种观念不仅基于共同的语言和共同的公共制度，而且还基于某一种特定的宗教或生活方式。在20世纪上半叶，对移居美
266 国的移民施加很强的“美国化”的观念就是真实的一例——移民们在压力之下被迫遵从主流WASP① 群体的习俗。但是，特别在二战以后，在西方民主国家有一种普遍的趋势，那就是对民族身份进行相当程度的“弱化”，以便强调民族团结又不至于要求文化融合。

如果国家促进这种弱的民族身份的理由是：拥有民族身份就会增加公民们兑现自己正义义务的可能性；那么，这就没有违背自由主义的中立。国家所促进的身份并不依赖于某种特定的善观念，而国家也不会就不同生活方式的内在优点作出高下之分。自由主义的民族主义的国家仍然是反完善论的国家，这样的国家把对相互竞争的优良生活观的评价作为公民社会中的个人事务而留给他们，让他们自行选择(和修正)。基于理性而对优良生活观进行修正，并不会受到限制。自由主义的民族国家只试图发展和维系公民们在一个伦理共同体中的共同归属感，这样我们就更有可能兑现对于自己同胞公民的正义义务。

对此持怀疑态度的人也许会作出这样的论证：自由主义的民族主义总会倾向于“强化”民族身份的内容，这最终将会有利于某些特定的生活方式、宗教或传统习俗。我们从今天东欧的很多事例或过去那种要使移民“美国化”的观念中都能看到这种倾向。就任何试图通过民族性的观念来确立团结的政体而言，这种“强化”民族身份观念的倾向是一种持久的危险。的确，要评价民族建构究竟是自由主义的还是非自由主义的，一种办法就是衡量被提倡的民族身份的强弱，以及这种民族身份在多大程度上

① “WASP”是“White”、“Anglo-Saxon”、“Protestant”的几个词的首字母缩略词，意指“白种的盎格鲁-撒克逊新教徒”。“WASP”又与“黄蜂”(wasp)的字母相同，所以该词含有讽刺意味。——译者

要把特定的善观念加给人们。①

但自由主义的民族主义者却坚持认为，民族建构能够而且已经弱化到了这样一个程度——促进共同的民族身份不必通过促进某种共同的善观念来完成。如果的确是这样，在自由主义的民族主义与绝大多数社群主义者的共同利益的政治观念之间，就存在着根本性的区别。事实上，社群主义者他们本人也强调，自由主义的民族主义没有资格作为“共同利益的政治”形式。如桑德尔所言，虽然在美国已经建立起了一种很强的民族感，“（美利坚）民族证明它自己是一个过于宽泛的尺度，以至于无法……在构成性的意义上……培育对于共同体而言必不可少的共同的自我理解”（Sandel 1984a：93）。麦金泰尔也作出过类似评论，他认为试图在民族的层面上追求社群主义的目标是不可能的或不恰当的（MacIntyre 1981：221；1994：302；cf. Miller 1989：60—67）。民族同胞也许共享同一种语言和特定历史社会的归属感，但彼此就生活的终极目的却存在着根本性的分歧。因此，共同的民族身份因为太弱而不足以构成社群主义的政治基础。②

基于这个理由，绝大多数社群主义者为了实现真正的社群主义的政治，都转向了区域性的地方层面——因为在这样一个层面，才有可能就 267
什么是优良生活达成共识。我们可以说，对桑德尔和麦金泰尔而言，政治在民族国家的层面上令人遗憾地但却不可避免地是自由主义的，但在区域性的地方层面，政治却既有可能又合意地是社群主义的。

然而，从自由主义的观点来看，使民族身份简直不适宜于社群主义政治的那个事实——民族身份并不基于对善的共同信念——正是自由主义政治的恰当基础（Tamir 1993：90）。共同的民族身份支撑着信任与团结——它们能够包容对不同优良生活观的深刻分歧。置身于共同的民族

① 为了区分自由主义的民族建构和非自由主义的民族建构，我尝试着发展一系列更具有综合特征的标准，参见：Kymlicka and Opalski 2001。

② 参见 Bell 1993，贝尔论证说，民族性可以作为社群主义政治的可行基础。

文化之下却为人们提供了相当宽广的选择机会，而又不将某一特定的优良生活观强加于他们，也不会限制人们质疑和修正特定价值或信念的能力。

看起来似乎的确是这样：自由主义的民族主义是通向社会团结的、独特的自由主义方法。这个论断也许令人吃惊，因为直到最近，仍然有许多人论证说，“自由主义的民族主义”这个观念本身就是一个自相矛盾的术语——因为所有的民族主义在其本性上都是非自由主义的。但是，随着人们越来越多地考察了旨在维系社会团结的自由主义民主国家的现实实践，随着人们越来越多地认识到民族身份与个人自由之间的关联，人们就越来越多地承认：民族性理想为实现自由主义的正义和自由理想提供了重要的基础。迄今为止，基于民族性去促进相互信任和社会团结是最好的方式，因为这不必限制个人形成和修正他们自己善观念的自由。

一个更加困难的问题是，自由主义的民族主义是否能够继续保持团结感和对合法性的认同感。一些社群主义者争论说，无论自由主义的民族主义是否在历史上取得过成功，它作为维系长远的社会团结的基础明显是太弱了。自由主义的民族主义声称，社会团结不仅基于共享的正义信念，而且基于共享的民族身份。这种解释显然要强于罗尔斯和德沃金所提供的解释。但是，这种解释是否足够强呢？毕竟，它仍然要求我为这样一些人作出牺牲，他们既不与我同属一个种族，又不与我持有同一种宗教和享有同一种生活方式。为什么这个事实本身——他们与我是民族同胞——就应该让我为他们提供帮助呢？一些社群主义者论证说，西方民主国家中日益增长的冷漠和不满以及对福利国家的反对表明，自由主义的民族主义正在瓦解，并且，它不再能够成为维系公民与国家之间的纽带（以及公民之间的纽带）（e.g. Sandel 1996）。

即使共同民族性的这条弱纽带在过去的确具有强大的维系力，在这个多元文化主义、超民族主义（transnationalism）和全球化的时代，它也许
268 正在失去其显著的效力。随着政治权力正在向跨国机构（如世界银行或欧洲联盟）上移或向地方或区域性政府下移，不少评论家已经在开始谈论

“民族国家的终结”了(Guéhenno 1995)。

我将在下一章回到这个充斥着不同意见的问题——我们是否正在经历民族国家的终结。但有必要再次强调，如果自由主义的民族主义不足以承担自己的任务，很难理解社群主义怎么可能会变成解决之道。如我先前所指出的那样，许多社群主义者承认共同利益的政治在国家层面是行不通的，因此就试图通过把权力向地方让渡而弥补国家层面所缺乏的团结和合法性——他们认为，在地方层面就可以基于对共同善观念的追求来支撑较强形式的团结和合法性。我个人甚至对在地方层面是否真的存在着共享的善观念也表示怀疑。①但即使是这样，也要注意这样一个立场——在国家层面采取自由主义的弱政治而在地方层面采取社群主义的强政治——为何不能解决我们最初的问题。毕竟，泰勒向我们提出的挑战是：如何动员公民遵从由现代福利国家规定的正义义务。社群主义的地方主义的立场(decentralist approach)并不能回应这个挑战。因为如果社会团结要求采纳社群主义的政治，而如果社群主义的政治又只能在地方层面加以运转，我们就无法解决现代国家所面临的最严重的不正义问题。我们也许能够在享有共同善观念的地方社群或区域之内支持再分配，但最紧迫的非正义却要求再分配能够跨越社群——即是说，要使再分配从居住在郊区的白人向居住在城市腹地的黑人家庭进行倾斜，或者从富裕的硅谷(Silicon Valley)向贫穷的阿巴拉契亚地区(Appalachia)进行倾斜。持地方主义立场的社群主义政治对此无能为力。这就要求社会团结不能局限在地方区域，也不能基于某种共享的善观念。简言之，这就要求某种共同的民族身份。②

---

① 泰勒意识到，即使在地方层面，也不可能就优良生活观达成全体一致；但他却论证说，应该允许大多数人提倡他们认同的共同利益的观念，只要该观念能够包容其他生活方式(Taylor 1992)。

② 有关桑德尔对地方化的信奉和其再分配愿望之间的冲突，参见 Orwin 1998：88。同样难以理解的是，退向地方主义如何可以回应全球化的挑战。

第十节　民族主义与世界主义

的确，人们可以论证说，自由主义的民族主义的真正缺陷不在于：它无力在一国边界之内维持分配正义；而在于：它似乎无视跨越国家边界的全球正义问题。虽然在西方民族国家内部也许存在着严重的不平等，但相比西方国家与第三世界发展中国家之间的那类不平等，真是小巫见大巫了。这一类不平等不仅涉及面宽，而且似乎正是罗尔斯和德沃金认为应该予以纠正的那种典型的“道德上任意的”不平等。毕竟，与出生于哪个国家相比，还有什么更称得上是纯粹的运气或自然不测之事的结果呢(Beitz 1979：136—142)？如卡伦斯指出的那样，富国人民与穷国人民在生活机会方面存在着的鸿沟就是封建主义在现代世界的对应物。出生于
269 格兰德河(the Rio Grande)这一侧的人从其出生起就成为了贵族在现代社会的对应者，而出生于河那边仅几英里之外的人则成为农奴在现代社会的对应者(Carens 1987)。

看起来，自由主义的平等主义对于纠正不应得的不平等的根本信奉应该把它推向一种真正的全球的或“世界主义的”分配正义观。罗尔斯的许多评论者的确在为这个看法进行论证。按照这些批评者的看法，罗尔斯的正义理论应该在全球范围之内——而不仅仅是一国范围之内——加以运用。在“原初地位”下的人们不会愿意他们的命运如此严重地依赖于他们出生在哪个国家的这个如此具有道德任意性的事实(Pogge 1989：chs. 5—6；1994；Beitz 1979：Part 3；Barry 1989c；Tan 2000)。①

可以通过两种不同的方式来削减这类全球不平等。第一种方式是把

① 罗尔斯企图这样回应这个论点，他说(尤其重要的是)，造成第三世界国家贫穷的主要原因不是缺乏资源，而是不良的政府管理。富裕国家的确具有这样一个义务：帮助它们建立国内的正义分配机制；但却不具有这样一个义务：跨越国家边界去促进生活机会上的平等(Rawls 1993b；1999a)。要想了解把正义限制于民族国家的其他辩护，参见：Miller 2000：ch. 10；Walzer 1995a。对此的批评，参见：Pogge 1994；Tan 2000；Beitz 1999。

富裕国家的公民所具有的资源向贫穷国家的公民进行再分配转移。当然，从事这种国际再分配的全球机构尚不存在。但是，由于罗尔斯论证说，在正义机构尚不存在的地方，我们具有“正义的自然义务”去创建它们；这意味着，我们的努力目标就应该是创建这类全球机构(Shue 1988)。另一种方案不要求创建新的全球机构：它只是要求富裕国家向穷国人民开放自己的边界。我们要么可以把资源向穷国人民转移，要么可以允许穷国人民来到资源所在的地方。①

全球正义的捍卫者论证说，西方国家必须采取其中的某种策略或者同时采取它们。例如，一些人论证说，仅当西方国家已经兑现了把资源向穷国转移的义务，它们才有理由限制来自穷国的移民(Goodin 1992b)。这似乎是自由主义的平等主义原则不可避免的结论。②

然而，自由主义的民族主义似乎只关注如何维系实行分配正义的国内机构，而视西方民族国家保持自己相对的富裕和向移民关闭自己的边界为理所应当之举。一些评论家论证说，对全球正义的这种漠视正是自由主义的民族主义的主要缺陷之一(Pogge 1998；Lichtenberg 1999；Barry 1999)。他们认为，要捍卫任何全球正义或世界主义的正义观，就要求放弃自由主义的民族主义。

然而，一些自由主义的民族主义者事实上却是某种更广义的全球正义观的捍卫者。③这似乎是有一种术语上的矛盾。但是，我们是否认为民

---

① 把资源向穷国转移的建议，参见“Pogge 1997a”(提议全球资源红利)以及“Van Parijs 1995：223—228)”(提议全球范围的普遍的基本收入)。有必要强调，这些建议可能支持把资源直接地或间接地向穷国的公民进行再分配转移，而不一定要把资源再分配给他们的政府——这些政府可能正好把资源用于购买武器或干脆通过腐败消耗掉这些资源。建议开放边界作为一条消除不平等的途径，参见：Carens 1987；Bader 1995；Pogge 1997b。后一种建议虽然较少依赖国际组织的协作，但却显然是不够的——因为常常只是穷国中相对富裕的人才有能力离开自己的国家并迁移至富国。

② 需要强调的是，对关闭边界的理由进行质疑的，不仅仅是自由主义的平等主义者——参见“Barry and Goodin 1992”，就可以看到一系列的文章，它们从各种伦理视野考察了这个问题，包括自由至上主义者、马克思主义者、自然法，等等。关于开放和关闭边界的伦理问题，还有其他一些讨论，参见：Cole 2000；Schwartz 1995；Kershnar 2000。

③ 参见：e. g. Tamir 1993：161；Tan 2000；Kymlicka 1995a：224 n. 18。

族主义冲突于全球正义，也许部分取决于我们如何假定或预见人类天生的道德同情心。针对自由主义的民族主义的世界主义批评家在撰写他们的著作时都持这样一种假定：人类有一种自然而然的同情心，它不仅要
270 同情世界上所有的人，而且还愿意为他们作出牺牲。按照这种观点，民族主义限制我们构思和追求全球正义，就是在有意限制我们的自然倾向。但另一方面，自由主义的民族主义者却论证说，人类的自发同情心总是很窄，甚至要远远窄于民族国家的范围。历史地看，人们所乐意接受的那类再分配总是局限于与自己有血缘关系的群体以及(或者)持同一种宗教信仰的成员。对于现代国家所要求的正义而言，这显然是一个不充分的基础，因为公民们通常源于不同种族也信仰不同宗教。因此，民族建构是一种“人为”方式，通过它才把人的狭小同情心扩展到所有的同胞公民，包括那些具有不同种族背景、不同宗教信仰以及持有不同生活方式的人们。如果就像持世界主义立场的批评家所建议的那样，拒绝承认民族性的显著道德特征，我们的担忧恰好是：这不仅不会将我们的道德情感扩展到足以包容外国人民的地步，反而会如历史所揭示的那样，重新把我们的道德情感限制到亲缘关系或同一宗教的范围之内。

因此，对于自由主义的民族主义而言，把道德关心扩展到民族同胞已经是一个重要但又脆弱的历史成就——我们不应该因为天真地期望人们的自然同情心可以扩展到全球范围就放弃这个历史成就。这并不是说我们应该拒绝对全球正义的关心，相反，要想企及全球正义，我们应该立足于而不应该摧毁自由主义的民族主义的成就。如何既保持民族性的中心位置同时又向全球正义靠拢并非容易之事，而要厘清自由主义的平等主义、自由主义的民族主义与世界主义这三者之间的关系，还有大量工作需要展开。①

① 对于可以把民族主义看作扩展团结圈的一系列步骤之一这种观点的有趣的批评，参见 Miscevic 1999。他论证道，尽管民族主义情绪并不排除对遥远的陌生者的关切，但民族主义情绪却的确阻止了与近邻的陌生者的团结——譬如，与通常有历史冲突、竞争或恶性比较的那些近邻的民族群体的团结。

第十一节　社群主义的政治

我们已经知道，社群主义包含着两条独立的论证途径，而每一条途径都具有不同的政治意味。第一条论证途径涉及自我及其目的的关系。只要社群主义的“构成性目的”和“嵌入自我”的观念被当作是对自由主义的理性的可修正性信念的替代，该观念就会表现为一种非常保守的学说，就会限制个人的这样一种能力：当发现传统习俗具有压制性、不尊重人的尊严以及不令人满意时个人质疑或拒绝它们的能力。传统主义或原教旨主义的种族或宗教群体的领袖们也许会认为这是颇具吸引力的立场。但可疑的是，许多社群主义者是否真的会支持这种非自由主义的观点，而许多就自我及其目的的论证看起来要么是基于错误的反对论点，要么根本就是虚假的论证。

因此，许多社群主义者转向了第二条论证途径，也就是关注个人自
由所需要的社会背景。这条论证途径有时也包含着虚假的论证，譬如，自 271
由主义者被认为因为相信“原子主义”而否认“社会论题”。但如我们已经看到的那样，第二条论证途径也引出了一些真正的政治问题，其中大部分以这样或那样的方式涉及团结与多样性的关系。

简单地讲，我们可以说自由主义者不仅接受而且还欢迎这样一个事实——现代社会的公民们就什么是优良生活逐渐形成了差异巨大甚至是相互竞争的观念，并且自由主义者视生活目的的这种多样性为文化繁荣和个人自主的源泉。只要人们共同信奉自由主义的正义(或者还包括一种弱的民族身份)，他们就不担心目的的多样性会瓦解社会团结。

与之相对照，社群主义者更担心现代社会越来越突出的目的多样性，更担心多样性对社会团结的影响以及对群体实现共享目标的能力的影响。他们不相信社会团结可以只靠对正义原则的共享这样一种弱纽带来维系(或者还包括弱的民族身份)，并且担心多样性与团结之间的平衡已经不复存在。

这种意义上的担忧也许是当代社群主义最显著的特征，而它通常也伴随着对各种社会制度的“衰落”或“失败”的哀叹，包括家庭、社区团体、媒体、学校、教会，等等。的确，在日常语境中，“社群主义者”这个术语用来指对我们社会制度的现状表示忧虑的人。虽然日常语境中的“自由主义者”通常指那些只关注如何保护个人的公民自由和如何使个人获得经济资源的人，“社群主义者”却关注我们社会制度的命运，关注它们是否具有营造伦理共同体感的能力。

如果社群主义者都担忧多样性与团结的关系已经失衡，至于如何重建这种平衡他们彼此间却存在着分歧。如果对菲利普斯的话作一阐释，我们可以认为社群主义者要么“向后看”要么“向前看”（Phillips 1993），而这两种视野会导致非常不同的政治结论。那些向后看的人通常会对共同体的“衰落”表现出乡愁般的哀叹，他们会认为我们的社会制度在“过去的好时光”中运转良好，但却被对个人和群体多样性的不断强化给腐蚀掉了。在他们看来，女权主义、同性恋者权利以及多元文化主义等运动，以及更具一般性的消费主义和物质主义，都对共同体感起到了瓦解作用。他们认为，在包容个人选择和文化多样性上我们“已经走得太远了”，并且，我们的社会已经变成了一种“纵容的社会”——这种社会更多关注个人如何实现自己的偏好而较少关注如何实现我们的共同责任。这种有乡
272 愁意味的社群主义者试图恢复多样性与团结之间的平衡，他们的做法是“恢复”某一种共同善观念，遏制或削弱会瓦解共同善观念的社会多样性（譬如，限制同性恋者的权利、限制离婚、倡导在学校进行祷告）。

这显然只是用社群主义的新词汇包装起来的传统保守主义的言说方式，并且与自由主义的价值形成了根本抵触。菲利普斯本人认为，绝大多数社群主义者可以划归这种“向后看”的范畴。但是，也还有另一种社群主义，它承认个人选择与多元文化不仅是现代社会不可逆转的事实，而且还是有价值的特征。它承认，我们生活于多种族、多宗教和多元文化的社会，并且，社会成员有权利决定他们是否愿意继续执守传统生活方式。向前看的社群主义者接受这些事实，但却担心，我们传统中维系社会团结的

资源不足以承受这么大的多样性。因此，它就致力于寻求新的更强的共同资源来抵消越来越强的多样性。它致力于寻求新方法去建构共同体的纽带，使这种纽带能够整合和包容（而不是限制）我们在生活方式上的选择多样性。在美国，一个众所周知的事例就是号召一种新的“服务国家”纲领，该纲领旨在把具有不同背景的年轻公民号召到一块来从事某些共同事业。

按这种方式来理解，社群主义对社会团结的关注并不需要基于非自由主义的价值或预设。如我先前指出的那样，自由主义的民族主义本身就可被视为一种向前看的社群主义，因为它旨在借助民族性这个独特的现代观念，来联结与亲和具有极不相同的种族起源、信念和生活方式的人们。我将在下一章探讨的参与型民主也可被视为一种向前看的社群主义，因为它致力于通过对我们差异性的慎议来建构社会团结的新纽带。这些旨在加强社会团结而同时又尊重多样性与选择的不同提议是否有效，在很大程度上还悬而未决。

因此，向前看的社群主义就与自由主义的民族主义和共和主义归并到了一起。只要它也致力于保护妇女和少数群体质疑传统习俗和确定自己独特身份的权利，它也就归并进了女权主义与多元文化主义。事实上，如果我们把这样的人都当作向前看的社群主义者——他们关心如何在个人选择和多元文化的时代维系伦理共同体；那么，当代几乎所有政治理论都有资格贴上这个标签。因此，与其说向前看的社群主义是一个独特立场，不如说仅仅是所有政治理论现在都必须正视的一个问题或挑战。

此外，向前看的社群主义与向后看的社群主义之间的区别也并非那 273
么一成不变。许多社群主义者试图把两种因素都整合进自己的理论，因此就在乡愁般的哀叹与建构团结新纽带的憧憬之间摇摆。因此，就很难把社群主义按左右派的政治谱系加以定位：在绝大多数社群主义的作者那里，可以同时发现保守后退和前进改革的两种因素。

无论怎样，由社群主义者提出来的关于个人自由的社会条件的问题是真正重要的问题，这些问题已经引起了持续升温的争论。但是，该争论却并非是那些接受和不接受社会论题的人们之间的争论。事实上，如我们已经看到的那样，该争论包含着一系列不同的争论——关于公民社会、文化结构、政治合法性、国家边界；而每一种争论都应该单独加以考察。①

进一步阅读指南

虽然从某种意义上讲，社群主义与政治哲学具有同样悠久的历史，但它在20世纪80年代早期的突然兴盛却与下述四部重要著作的出版密切相关：Michael Sandel，*Liberalism and the Limits of Justice*（Cambridge University Press，1982）；Alisdair MacIntyre，*After Virtue: A Study in Moral Theory*（Duckworth，1981）；Michael Walzer，*Spheres of Justice: A Defence of Pluralism and Equality*（Blackwell，1983）；Charles Taylor，*Philosophy and the Human Sciences: Philosophical Papers*，vol. ii，（Cambridge University Press，1985）。

回顾历史，现在可以澄清的是，这四位作者的论证线索完全不同；因此，把他们都称作“社群主义者”所揭示的与所遮蔽的东西几乎一样多。然而，这些著作的确有一个共性，即它们都批判罗尔斯和德沃金所捍卫的那种自由主义的平等主义，认为它对共同体的问题在这样或那样的意义上缺乏敏感。于是，由这些作者所引起的论辩很快就被冠以“自由主义者与社群主义者之争”。这个争论在20世纪80年代多少成了英美政治哲学的主流：自由主义者企图回应社群主义者的批判，而其他思想传统的理论家则试图弄清这个争论如何影响到他们自己对自由主义民主的关切。

社群主义的一条论证线索是批判自由主义的自我理论，特别是批判

① 一些人试图——这是有益的尝试——把这些争论降解为不同的经验问题，参见：Buchanan (1989) 以及 Walzer (1990)。有一种具有哲学依据的尝试——它旨在为社群主义的立场提供经验支持，参见：Bellah et al.（1985）；but cf. Macedo（1988）；Stout（1986）。

自由主义者对自主或理性的可修正性的强调。自由主义者对社群主义者这条批判路线的回应，可参见：我的 *Liberalism, Community and Culture* (Oxford University Press, 1989)；Ronald Dworkin, "Liberal Community", *California Law Review*, 77/3 (1989)：479—504；Allen Buchanan, "Assessing the Communitarian Critique of Liberalism", *Ethics*, 99/4 (1989)：852—882；Joseph Raz, *The Morality of Freedom* (Oxford University Press, 1986)。这些作者都试图捍卫自由主义的这个理想：自主就意味着理性的可修正性。但别的一些自由主义者为了回应社群主义者的批判，却弱化了对理性的可修正性的支持，并转而诉求"政治自由主义"的理念。这个理念是罗尔斯的发明，最早出现于 "Justice as Fairness：Political not Metaphysical", *Philosophy and Public Affairs*, 14/3 (1985)：223—251, 274
它充分发展的结果就是《政治自由主义》(*Political Liberalism*, Columbia University Press, 1993)。对政治自由主义的其他重要陈述还包括：Charles Larmore, *Patterns of Moral Complexity* (Cambridge University Press, 1987)；Donald Moon, *Constructing Community: Moral Pluralism and Tragic Conflicts* (Princeton University Press, 1993)。对政治自由主义的评论，参见：Victoria Davion and Clark Wolf (eds.), *The Idea of a Political Liberalism: Essays on Rawls* (Rowman and Littlefield, 2000)。

社群主义的另一条论证线索是批判自由主义的社会统一理论。许多自由主义者为了回应这个批判而发展了自由主义的民族主义的新理论。有两本书对这种新理论起到了开创作用，它们至今仍然在这个领域占据主导地位：Yael Tamir, *Liberal Nationalism* (Princeton University Press, 1993)；David Miller, *On Nationality* (Oxford University Press, 1995)。更近的研究包括：Paul Gilbert, *Philosophy of Nationalism* (Westview, 1998)；*Peoples, Cultures, and Nations in Political Philosophy* (Georgetown University Press, 2000)；Margaret Canovan, *Nationhood and Political Theory* (Edward Elgar, 1996)；Ross Poole, *Nation and Identity* (Routledge 1999)；Charles Blattberg, *From Pluralist to Patriotic Politics: Putting Practices First* (Oxford

University Press, 2000); David Miller, *Citizenship and National Identity* (Polity Press, 2000)。对自由主义的民族主义的评论包含在下述著作里：Nenad Miscevic (ed.), *Nationalism and Ethnic Conflict: Philosophical Perspectives* (Open Court, 2000); Robert McKim and Jeff McMahan (eds.), *the Morality of Nationalism* (Oxford Unversity Press, 1997); Simon Caney, David George, and Peter Jones (eds.), *National Rights, International Obligations* (Westview, 1996); JoceLyne Couture, Kai Nielsen, and Michel Seymour (eds.), *Rethinking Nationalism* (University of Calgary Press, 1998); Desmond Clarke and Charles Jones(eds.), *The Rights of Nations: Nations and Nationalism in a Changing World* (Palgrave 1999)。Ronald Beiner (ed.), *Theorizing Nationalism* (State University of New York Press, 1998)包含着许多关键论述的摘要。

社群主义者与自由主义的民族主义者都强调这样一个观念的重要性：政治共同体要具有凝聚力；并且他们都假定正义规范适用于有边界的政治共同体。因此，这两种立场都受到捍卫全球或“世界主义”正义观的人士的挑战。特别参见：Lea Brilmayer and Ian Shapiro (eds.), *Global Justice* (New York University Press, 1999); Kok-Chor Tan, *Toleration, Diversity, and Global Justice* (Pennsylvania State University Press, 2000); Charles Jones, *Global Justice: Defending Cosmopolitanism* (Oxford University Press, 1999); Charles Beitz, *Political Theory and International Relations* (Princeton University Press, 1979); Thomas Pogge, *Realizing Rawls* (Cornell University Press, 1989)。罗尔斯捍卫他的立论——分配正义适用于一国之内而不适用于全球范围；参见他的 *The Law of Peoples* (Harvard University Press, 1999)。对这个争论的评论，参见：Charles Beitz, “International Liberalism and Distributive Justice: A Survey of Recent Thought”, *World Politics*, 51 (1999): 269—296。

并非惟有自由主义者才感到有必要回应社群主义。例如，女权主义者与社会主义者在20世纪80年代都努力解答这样的问题：社群主义究竟与自己对自由主义的批判形成互补呢还是形成冲突。关于女权主义者与社会主义者就社群主义对自由主义的批判所作的评价，可参见： 275
Elizabeth Frazer and Nicola Lacey, *The Politics of Community: A Feminist Critique of the Liberal-Communitarian Debate* (Harvester Wheatsheaf, 1993); Penny Weiss and Marilyn Friedman (eds.), *Feminism and Community* (Temple University Press, 1995); David Miller, "In What Sense must Socialism be Communitarian?", *Social Philosophy and Policy*, 6/2 (1989): 51—73。

有一些文选，它们选编了许多关键论述，包括社群主义者对自由主义的批判，以及自由主义者的回应和其他方面的回应，参见：Shlomo Avineri and Avner de-Shalit (eds.), *Communitarianism and Individualism* (Oxford University Press, 1992); Edward W. Lehman (ed.), *Autonomy and Order: A Communitarian Anthology* (Rowman and Littlefield, 2000); Michael Sandel (ed.), *Liberalism and its Critics* (Blackwell, 1984)。

有对自由主义与社群主义之争的截然相反的评价，贝尔认为社群主义赢得了这场争论，参见：Daniel A. Bell, *Communitarianism and its Critics* (Oxford University Press, 1993)，而菲利普斯则站在自由主义者一边：Derek Phillips, *Looking Backward: A Critical Appraisal of Communitarian Thought* (Princeton University Press, 1993)。至于其他评价，参见：Stephen Mulhall and Adam Swift, *Liberals and Communitarians* (Blackwell, 1996)，这本书也许仍然是对该争论的最好考察；C. F. Delaney (ed.), *The Liberal-Communitarian Debate: Liberty and Community Values* (Rowman and Littlefield, 1994); Elizabeth Frazer, *The Problems of Communitarian Politics: Unity and Conflict* (Oxford University Press, 1999); Ellen Frankel Paul, Fred Miller, and Jeffrey Paul (eds.), *The Communitarian Challenge to Liberalism* (Cambridge University Press, 1996)。

社群主义者当然没有在20世纪80年代初就停止写作。事实上，四位具有领导地位的社群主义哲学家自那时以来仍然产出重要的著作，这些著作激发了新一轮批判性评论。然而，社群主义的“第二波”著作却倾向于不再批判自由主义的自我观，它要么向上围绕着合理性进入更抽象的元理论的争论，要么向下围绕如何维系自由主义民主的社会和政治背景，特别围绕着社会团结进入更具实践性的问题。就前一种向元伦理学层面进行的争论，参见麦金泰尔就合理性与传统之间的联系所撰写的新著作，特别是：Alisdair MacIntyre, *Whose Justice? Which Rationality?* (University of Notre Dame Press, 1988)，或者是沃尔泽就道德论证与文化中的嵌入“共识”所撰写的著作，特别是：Michael Walzer, *Thick and Thin: Moral Argument at Home and Abroad* (Harvard University Press, 1994)。在这些著作中，麦金泰尔与沃尔泽的主要兴趣表现在伦理学中普遍主义对文化相对主义这样一个古老的问题上。对麦金泰尔的批判，参见：John Horton and Susan Mendus (eds.), *After MacIntyre: Critical Perspectives on the Work of Alisdair MacIntyre* (Polity, 1994)。对沃尔泽著作的评价，参见：David Miller and Michael Walzer (eds.), *Pluralism, Justice and Equality* (Oxford University Press, 1995); William Galston, "Community, Democracy, Philosophy: The Political Thought of Michael Walzer", *Political Theory*, 17/1 (1989): 119—130; Brian Orend, *Michael Walzer on War and Justice* (McGill-Queen's University Press, 2001)。

至于下行到社会统一与团结层面的争论，参见：Michael Sandel, *Democracy's Discontent: America in Search of a Public Philosophy* (Harvard
276 University Press, 1996)。对桑德尔新著的评论，参见：Anita Allen and Milton Regan (eds.), *Debating Democracy's Discontent: Essays on American Politics, Law, and Public Philosophy* (Oxford University Press, 1998); Emilios Christodoulis (ed.), *Communitarianism and Citizenship* (Ashgate, 1998)。

泰勒的新著作同时涉及着两个方面的论题。特别参见：Charles Taylor, *Sources of the Self: The Making of the Modern Identity* (Cambridge University Press, 1989) 以及 *A Catholic Modernity* (Oxford University Press,

1999）。对泰勒的批判，参见：James Tully and Daniel Weinstock (eds.), *Philosophy in an Age of Pluralism: The Philosophy of Charles Taylor in Question* (Cambridge University Press, 1994); Ruth Abbey, *Charles Taylor* (Princeton University Press, 2001)。泰勒与沃尔泽都撰有关于文化多元主义的著作——我将在第八章对它们进行讨论。

社群主义不仅仅是一种学院派的思想流派。在美国社会学家埃茨沃尼(Amitai Etzioni)的不屈不挠的领导下，成立了一个正式的“社群主义网站”，它不仅有对原则的正式陈述，还网罗了一系列支持它的杰出公众人物。关于这个“社群主义运动”的通俗阐述，参见：Amitai Etzioni, *The Spirit of Community: Rights, Responsibilities and the Communitarian Agenda* (Crown Publishers, 1993), *Next: The Road to the Good Society*, (Basic Books, 2001); Henry Tam, *Communitarianism: A New Agenda for Politics and Citizenship* (New York University Press, 1998)。

社群主义网站有它自己的期刊—— *The Responsive Community*。该期刊发表的东西是对社群主义的学院式论证加以通俗化处理之后形成的文章，以及与政策具有更紧密关系的各种倡议。社群主义网站也有自己的互联网址(**www.gwu.edu/-ccps/**)，该网址附属于位于华盛顿特区的华盛顿大学的社群主义政策研究所。该网址内含有范围宽广的文献目录、有立场的文章、教学资料和课程大纲，并且通过它也可联接到其他国家的社群主义机构。

第七章

公民资格理论

社群主义对自由主义的批评对当代英美政治哲学产生了戏剧性的影
284 响。在20世纪70年代，政治哲学的中心概念是正义和权利，因为自由主义者试图确立一种有别于功利主义而又融贯一致的理论。到了20世纪80年代，关键词变成了共同体和成员资格，因为社群主义者试图证明，自由主义的个人主义为何不能解释或维系共同情感、共同身份以及任何可行的政治共同体都需要的边界。

下一阶段的论辩似乎必然要超越自由主义的个人主义和社群主义之间的对立，而要把自由主义正义的要求和共同体成员资格的要求整合到一起。公民资格的理念显然是开展这项工作的一个重要候选。公民资格一方面密切地相关于自由主义的个人权利和资格的理念，另一方面又内在地相关于社群主义的共同体成员资格和忠诚纽带的理念。因此，它就提供了一个可以调停自由主义与社群主义之争的概念。

因此，政治理论家对公民资格的概念表现出巨大的兴趣就不是令人惊奇之事。只是在1978年，还有人自信地声称“公民资格的概念在政治思想家那里已经过时”（Van Gunsteren 1978：9）。到了1990年，公民资格却成了思想家在所有政治领域的“行话”（Heater 1990：293；Vogel and Moran 1991：p. x）。

对公民资格的兴趣不仅仅源于理论的进展，也源于全球范围内一系列新近的政治事件和政治趋势——例如，在美国选民越来越冷漠和对福利的长期依赖，东欧民族主义运动的复兴，逐渐增加的多元文化和多元种族的人口对西欧的压力，撒切尔领导下的英格兰对福利国家的反击，依赖于公民自愿合作的环境政策的失败，对全球化的不满以及民族主权的削弱，等等。

这些事件表明，现代民主制的健康和稳定不仅依赖于基本制度的正义，而且依赖于民主制下公民的素质和态度——譬如：他们的身份感以 285
及他们如何看待潜在竞争的其他民族、地区、种族或宗教的身份；他们对不同于自己的他人予以宽容和共事的能力；他们为了促进公共利益以及为了使政治权威承担责任而参加政治活动的愿望；他们在自己的经济需求上以及影响他们健康和环境的其他个人选择上表现自我约束和实施个人责任的愿望。如果没有具有这些素质的公民的支撑，民主制将步履维艰甚至遭到动摇。①如哈贝马斯所言，“只有在人民尽力支持的前提下，自由的宪政制度才有价值”（Habermas 1992：7）。

许多古典自由主义者相信，即使缺少特别有道德品质的公民群体，自由主义的民主制也可以通过权力制衡来有效地运转。制度与程序的设计，如权力分立、两院制的立法机构以及联邦主义，就足以遏制潜在的压迫者。即使每个人只追求她自己的利益而不考虑共同利益，私人利益之间也会形成相互遏制。例如，康德就认为，“甚至一群魔鬼也可以解决”如何建立优良政府的问题（引自：Galston 1991：215）。②然而，现在已经清楚的是，旨在平衡个人利益的程序性的制度机制是不够的；还需要有一定水准的公民品德和公共精神（Galston 1991：217，244；Macedo 1990：138—139）。

公共政策在许多方面实际上都有赖于个人对自己的生活方式作出负责的决定：如果公民们不以有利于自己健康的方式而负责地生活，譬如，摄取健康饮食、经常锻炼、限制自己的烟酒量，国家就无法提供足够

① 这也可以解释各国政府为何近来有兴趣去提升公民资格［例如，英国公民资格委员会的《鼓励公民资格》（*Encouraging Citizenship*，1990）；澳大利亚参议院的《经过修正的积极公民资格》（*Active Citizenship Revisited*，1991）；加拿大参议院的《加拿大公民资格：共享责任》（*Canadian Citizenship: Sharing the Responsibility*，1993）］。

② 然而其他一些自由主义者，包括洛克、密尔和英国唯心主义者，却认识到公民品德的必要性（参见：Vincent and Plant 1984：ch.1）。

的保健措施；如果公民们不同意分担照顾亲属的责任，国家就无法满足儿童、老年人或残疾人的需要；如果公民们不愿意降低自己的消费量、重新使用循环再生的产品，国家就无法保护环境；如果公民们不节制自己的贷款或对工资增长提出过分要求，政府管理经济的能力就要受到削弱；如果公民们逐渐对差异性失去宽容并且普遍缺乏正义感，创建一个更公平社会的企图就会困难重重。没有这些领域的合作与自制，“自由主义社会成功运转的能力就会逐渐受到削弱”（Galston 1991：220）。

简言之，我们需要“对公民资格有更丰富并且更细腻的理解和实践”，因为“国家对全体公民的要求不能通过强制力来予以保障，而只有通过公民在运用个人权力时的合作和自制”（Cairns and Williams 1985：43）。

286 因此，不必感到惊奇的是，人们会越来越多地呼唤“公民资格的理论”。在20世纪70和80年代，政治理论家重点关注的是罗尔斯所说的社会的“基本结构”，如宪法权利、政治决策程序、社会制度。的确，我于第二章曾指出，罗尔斯认为这种“基本结构”是正义理论的主题（Rawls 1971：7—11）。可是，人们在今天普遍认为，政治理论家还必须关注在这些制度和程序中起作用的公民的素质和倾向。因此，政治理论家自20世纪90年代就开始重点关注公民的行为和身份，包括他们的责任、忠诚和角色。

罗伯特·普特南就意大利地方政府的表现进行的颇有影响的研究，极大地促进了对这样一种公民资格理论的需要。他的研究表明，二战后建立起来的这些地方政府，尽管它们拥有大体上一样的制度，但它们的表现却极不相同。至于为何在地方政府之间存在着表现上的不同，最好的解释似乎的确不在于各地方之间公民教育和收入上的差异，而在于公民品德上的差异。而公民品德就是普特南所说的“社会资本”：公民的信任能力、公民的参与愿望、公民的正义感（Putnam 1993）。

虽然普特南的具体研究一直存有争议（Sabetti 1996），但这样一个一般论点——公民品德与公民身份对于民主政治是重要而独立的要素——

现在却得到了广泛的承认。人们也认识到，这就要求政治理论家考虑对于桑德尔所说的“塑造的事业”或“塑造的政治”（formative politics）的需要，也就是说，需要政府制定政策来培植适当类型的公民素质和公民品德（Sandel 1996：6，305）。而这反过来又的确导致了涉及下述问题的大量著作：公民品德和公民行为、公民参与、公民身份、公民资格教育。①

因此，公民资格理论现在普遍被视为对较早的制度正义理论的必要补充。事实上，一些人还暗示，公民资格理论消除了或至少降低了对正义理论的需要。如前几章清楚呈现的那样，人们对分配正义的原则和再分配政策的恰当形式，存在着深入和持久的分歧。这意味着，没有哪一种单一的正义理论能够在现代民主社会里赢得一致的共识。因此，这些理论的不断精致并不能带来更多的共识。这样，我们就不应该执著于正义理论，而应该发展出更好的关于民主制下的公民资格的理论；这些理论告诉我们，积极的、有理性的和负责任的公民如何相互论辩和解决他们之间的分歧，包括就制度的正义理论所产生的分歧（e. g. Fishkin 1996；Tully 2000：469）。

我怀疑民主的公民资格理论能够代替正义理论。首先，正如我们将看到的，我们需要诉求正义原则来帮助解决就如何促进公民品德和政治参与而发生的分歧。这意味着，关于正义的分歧将渗透进关于公民资格的 287
分歧。事实上，就公民资格发生的“新”争论常常不过是就正义而进行的“旧”争论的新形式。无论如何，我将把公民资格理论当作对正义理论的补充而不是代替来予以讨论：公民资格理论旨在确定这样的品德和行为——需要用它们来增强和维系在正义理论中得到辩护的那类制度和政策。

在这一章中，我将考察有关公民资格理论的一些主要问题。我将首

① 1994年以前的资料，参见“Kymlicka and Norman 1994”中的文献目录以及收于“Beiner 1995”中的论文。更近的著作，参见：Janoski 1998；Dagger 1997；Callan 1997；van Gunsteren 1998；Shafir 1998；Hutchings and Dannreuther 1998；Lister 1998；以及“Kymlicka and Norman 2000”中的文献目录。

先试图澄清民主制度下的公民要有哪些品德和行为(第一节)。在文献中，“公民共和主义者”这个术语常常被用来描述那些严肃对待要求公民品德的人。但有两种极不相同的公民共和主义。一种是古典观点，它强调政治参与的内在价值；另一种是自由主义的观点，它强调政治参与的工具价值。我将在第二节和第三节比较这两种观点，然后再考察自由主义的国家可以如何促进恰当形式的公民品德和行为(第四节)。

第一节　民主公民的品德和行为

在对公民资格的新论述进行描述之前，有必要迅速勾勒一下这样一种公民资格观，它暗含在大量的战后政治理论中，对它的捍卫也几乎完全依据于对权利的拥有。马歇尔写于 1949 年的“公民资格与社会阶级”一文是战后对作为权利的公民资格的最有影响的说明。①按照马歇尔的观点，公民资格的本质就是保证人人都能作为完整的和平等的社会成员而受到对待。而要确保这种成员资格感，就要把日益增长的公民资格权利赋予人们。

马歇尔把公民资格权利分为三类，他认为这三类权利分别在三个连续的世纪里在英格兰扎下了根：公民权利兴起于 18 世纪；政治权利兴起于 19 世纪；社会权利——也就是享受公共教育、保健、失业保险以及养老金的权利——在 20 世纪得到确立(Marshall 1965：78ff.)。②他指出，随着公民资格权利的扩展，公民阶层也得到了扩展。曾经局限于信奉新教的有产白种男人的公民与政治权利逐渐地扩展到了妇女、工人阶级、犹太人与天主教徒、黑人以及其他曾经受排挤的群体。

---

① 重印在“Marshall 1965”之中；对公民资格的历史简介，参见：Heater 1990；Walzer 1992a。

② 常有人强调这种权利的历史具有独一无二的英格兰色彩。在许多欧洲国家，绝大多数这种进步出现在过去四十年中，而且顺序常常是颠倒的。甚至在英格兰，历史证据也支持公民资格权利的“有涨有落的模式”，而不是“单线”模式(Heater 1990：271；Parry 1991：167；Held 1989：193)。

在马歇尔看来，自由主义民主的福利国家是对公民资格的最充分表达。福利国家保证所有人都拥有公民权利、政治权利和社会权利，这样， 288
就能确保社会的每一位成员都感到自己是社会的完整成员，能够参与和享受共同的社会生活。这些权利中的任何一种一旦受到了削弱或侵犯，人们就将被边缘化并且无法参与社会生活。

这常常被称作“消极的”或“私人的”公民资格，因为它强调消极资格，并且这些资格并不要求有参与公共生活的义务。这种观点仍然有广泛的支持者。当被问及公民资格对他们意味着什么的时候，人们更有可能谈及权利而不是责任或参与。对绝大多数人而言，公民资格就如同美国最高法院曾经指出的那样，是“拥有权利的权利”。①

很可以理解的是，为什么人们会支持作为权利的公民资格模式。如马塞多所说，“私人的公民资格的好处可不容小视：它们把一些基本人类益品（安全、繁荣和自由）置于几乎所有人的把握之内，而这简直就是了不起的人类成就”（Macedo 1990：39）。

可是，在过去十年中，战后这种正统的公民资格观受到了越来越多的抨击。许多评论者论证说，我们需要通过对公民责任和公民品德的积极实施——包括经济自立、政治参与甚至公民礼仪（civility）——来补充（或代替）对公民资格权利的消极接受。（也有人这样批评马歇尔的观点，认为它没能恰当地承认和包容现代社会的社会多元主义和多元文化主义。我将在下一章论述多元文化主义的时候再来讨论这些呼吁——要求有更倾向于“多元文化”或“群体差异”的公民资格模式。）

公民资格理论家的第一个任务就是更具体地弄清要由哪些公民品德来维系民主制的持续繁荣。按照威廉·高尔斯顿的颇具影响力的解释，负责的公民资格要求四种类型的公民品德：第一，一般品德：勇气、守

① *Trop v. Dulles* 356 US 86，102（1958）。最近的研究表明，公民资格与权利在英国人与美国人的心目中确有某些联系。虽然英国人倾向于强调社会权利（如公共教育和保健），但美国人通常提及公民权利（如言论自由和宗教自由）（King and Waldron 1988；Conover，Crewe，and Searing 1991：804）。

法、诚信；第二，社会品德：独立、思想开通；第三，经济品德：工作伦理、能约束自我满足、能适应经济和技术变迁；第四，政治品德：能弄清和尊重他人的权利、有提出适度要求的意愿、有能力评价官员的表现、有从事公共讨论的意愿(Galston 1991：221—224)。①

这些品德中的许多，特别是一般的经济品德，实际上是任何政治秩序都需要的，而无论所涉及的政治社会是大或小、是农业的或是工业化的、是民主的或权威的、是多元的或单一的。以此为据，可见对公民品德的关注事实上在西方政治思想史上也是相当久远的，甚至源于政治共同
289 体还相当小并且相当单一的时候。但现代公民资格理论必须回应当代多元社会的现实。大型多元的现代社会所需要的那些公民品德以及促进它们的恰当方式，可能异于小型单一的前现代社会所要求的那些公民品德和相关的促进方式。

因此，当代的论争集中于那样一些品德：它们特指与现代多元的自由主义民主制度相关的品德，这些品德也关涉自由主义政体的基本原则和这种政体中的公民的政治角色。这些品德包括：质疑政治权威的能力和愿望、从事与公共政策所涉及事务相关的公共讨论的能力和愿望。这些也许就是自由主义的民主制下最具特色的公民资格的要素，因为正是这些要素把民主制下的“公民”与权威主义制度下的“臣民”区别开来。

质疑权威的需要部分源于这样一个事实：代议民主制下的公民们所选举的代表，将以公民的名义来管理国家。因此，公民的一个重要责任就在于监督官员并评判他们的表现。从事公共讨论的需要源于这样一个事实：民主制下政府的决议应该通过自由和公开的讨论而公之于众。但公共讨论的品德不仅仅指参与政治的愿望或使自己的观点被他人知晓的愿望。它还指参与对话的愿望：既有言说又有倾听的愿望，以及为了使对

① 高尔斯顿清单上的许多品德可以被进一步划分为更具体的气质和技能。例如，巴伯就建议政治品德可以被进一步细分为：求同存异的愿望、慎思、包容心、勇于修正的愿望、倾听、学习、横向交流、想象、增强他人的参与能力的愿望(Barber 1999：42—45)。现有很多类似的清单，它们的详尽程度不一。

话得以继续而试图理解他人言说内容的愿望和在尊重他人观点的前提下予以回应的愿望。①

如高尔斯顿所强调的那样，从事公共探讨的愿望是一种复杂的品德。它“包括认真倾听众多观点的愿望，而由于自由主义社会的多样性，将不可避免地包括听者注定会感到奇怪甚至有害的观点。政治讨论的品德也包括这样一种愿望——明智并坦诚地表达自己观点的愿望，这种愿望是政治说服而非操纵或强迫的基础”（Galston 1991：227）。

这常常被称作“公共合理性”的品德（virtue of “public reasonableness”）。自由主义制度下的公民必须为自己的政治要求提供理由，而不仅仅是陈述偏好或进行威胁。此外，这些理由必须是“公共”理由，即是说这些理由要能被不同信仰和文化的人理解和接受。因此，诉求《圣经》或传统是不够的。自由主义制度下的公民在为自己的政治要求进行辩护时必须做到明确清晰，以使自己的同胞公民能够理解这些要求，并且同胞公民接受这些要求是因为它们不冲突于他们自由而平等的公民地位。这就要求有意识地把涉及私人信仰的信念和能够纳入公共辩护的信念区别开来，同时也要求有意识地换位到具有不同宗教信仰和文化背景的人们的立场去看问题。

如何确定“公共理由”的标准，并非总是清晰明白，而这也一直是激
烈论争的主题。②按照大多数人的观点，公共理由并非总能解决执著于不 290
同宗教和不同文化传统的人们之间的争端。在某些情况下，公共理由已经耗尽，而人们之间的冲突基于无法公共共享的宗教和文化信念。就此而论，我们需要培养另一些相关的品德，譬如包容或妥协。例如，一些评论者就认为，诉求公共理由也许无法完全解决堕胎问题上的争论，因此惟一

① 博曼尤其强调这个观念的重要性，即为了使对话得以继续，不仅要倾听他人而且还要作出回应。他称这个观念为“吸收”。参见：Bohman 1996：58—59，116—118；cf. Bickford 1996。

② 关于公共合理性，目前存在大量的文献。例如，可以参见：Gutmann and Thompson 1996；d'Agostino 1996；Rawls 1993a；Cohen 1996；Benhabib 1996；Macedo 1990；以及“Macedo 1999”中的相关论文。

合理的做法就是某种形式的妥协。①

关于公共合理性的这个特殊观念是一个不折不扣的现代观念：它要求公民考察自己宗教或文化传统中的哪些信念能够获得公共辩护，并且要求在公共理由被耗尽的情况下寻求基于尊重的妥协。这个观念在近来涉及公民资格的文献中之所以显得重要，部分是因为人们认识到现代社会无论在种族上和宗教上都是多样化的。

但这个观念也反映了当代民主理论的另一个重要变化，即从“以投票为中心的”民主理论向“以对话为中心的”民主理论的过渡。在二战之后的相当长的时间内，民主几乎完全被理解成了投票。公民被认为拥有一系列偏好，这些偏好的确定先于和独立于政治过程；而投票的作用就只是在于提供一种公平的决策程序或合计机制，以把这些事先存在的偏好转换成公共决策——要么涉及谁被选举(在标准选举中)，要么涉及如何立法(在特殊问题上的全民公决中)。

但是，越来越多的人认识到，这种“合计的”或“以投票为中心的”民主观不能履行民主合法性的规范要求。首先，由于偏好被当作独立于政治过程而事先形成的东西，民主就无法为公民们提供这样的机会——试图说服他人接受自己观点的长处或说服他们承认自己要求的合法性。类似地，民主也就无法向公民们提供这样的机会，以使他们把基于自利、偏见、无知或情绪冲动的要求与那些基于正义原则或基本需要的要求区分开来。事实上，这种政治过程根本就没有包含公共维度。虽然公民们需要离开自己的住所走到投票站，那种以投票为中心的合计的民主并不期望或鼓励公民们在公共场所就自己所提要求的理由进行讨论和论辩。事实上，随着技术的发展，合计的民主完全有可能采取这样的形式，以至于公民们在足不出户的情况下通过互联网进行投票。

于是，通过合计的民主模式所产生的投票结果就只具有最弱意义上

---

① 关于包容或妥协在任何慎议民主中的重要性，参见：Gutmann and Thompson 1996；Weinstock 2000。

的合法性。它提供了确定输赢的机制，但却没有提供旨在发展共识、塑造公共舆论甚或形成值得尊重的妥协的机制。考虑一下这些公民：他们相信自己的要求遵照着基本的正义原则，但他们的要求在合计的民主下却因为票数劣势而被否定了。并没有任何理由使他们相信自己基于正义的 291
要求是错误的。他们根本就没有机会说服他人接受自己的要求，也没有机会受到他人的说服而承认自己的要求是错误的。他们只因人数不够而成为输家。许多研究已经表明，公民们只有在下述情况下才会承认对他们不利的集体决定具有合法性：他们认为自己的论点和理由已经获得了被公平倾听的机会，并且他人认真地考虑过了他们不得不表达的内容。但如果没有这样一个公平倾听的机会，人们将会质疑决定的合法性。对于那些被边缘化的少数民族群体，尤其如此，因为他们事先就知道自己几乎没有希望赢得多数投票。在这种民主体制中，他们也许永远不可能施加任何真正的影响力。

为了克服以投票为中心的民主制的缺陷，民主理论家越来越关注先于投票的慎议和舆论形成的过程。民主理论家已经把他们的注意力从投票站的情况转向了公民社会中公共慎议的情况。德雷泽克——他是这种新民主模式的一个奠基者——称之为民主理论的“慎议转向”；他认为这个转向发生在 1990 年左右，这在时间上与公民资格理论的转向正好重合，而这绝非偶然(Dryzek 2000：p. V)。①人们希望，更具慎议特色的民

① 对于从“合计的”民主观向“慎议的”民主观的转移的讨论，参见：Young 2000a：ch. 1；Dryzek 1990：ch. 1；Christiano 1996：133—150；J. Cohen 1997a：143—155；Miller 2000：ch. 1；Phillips 2000。并非每个人都用“合计的”和“慎议的”这两个术语来描述这两种民主模式。德雷泽克和扬反对“慎议的”这个术语，因为他们认为这个术语意味着可用极端理性主义的方式来把握政治交流的性质；德雷泽克更愿意用“探讨的民主”(discursive democracy)，而扬更愿意用“交流的民主”(communicative democracy)。可是，他们都同样信奉“以对话为中心”的民主观。较老的合计的民主模式有时——特别在美国的政治科学领域——也被称作“多元主义”模式，这个术语可回溯到 20 世纪 50 年代。这个术语在今天具有潜在的误导作用，因为它所指的那类“多元主义”涉及的是有组织的利益集团，而不是构成当代“多元主义”争论基础的身份群体。关于多元主义的不同含义，参见：Eisenberg 1995。

主既为个人和群体又为作为总体的社会带来好处。①更优的决策就是对于社会的集体好处，因为这种决策过程可以引出公民们本来无法说出的知识和洞见，并且还因为公民们会经过检验而抛弃那样一些假设或信念——那些在公共论辩中被发现是错误的或短视的因而得不到辩护的信念。②慎议民主还会导致更大的社会团结。首先，政治决策可望被视作更具合法性，因为每个人都有使自己的观点受到他人倾听和被他人考虑的公平机会。此外，人们对慎议经验的共同分享就成了把公民们联结在一起的实实在在的纽带，并且，这种经验共享也促进着更大的相互理解并且加强着公民之间的共同感受。在慎议民主中，我们将会通过对他人的要求进行非强迫性的讨论——而不是通过操纵、灌输、宣传歪曲、欺骗或威胁——来试图改变他人的行为。这就是相互尊重的标志(Dryzek 2000：2)，或者，确实是公民友谊的标志(Blattberg 2000)。

我们甚至会希望，这种共同慎议有时会就各种重要问题达成更大的共识，因为一些似乎无法消除的分歧最终被发现是基于误解和信息不完全；我们也希望“按一个共同序列把个人需要和愿望汇聚成可以共享的
292 同一个未来远景”(Barber 1984：224)。然而，对绝大多数慎议民主理论家而言，这种类型的共识虽然令人愉快但却最多只是慎议的偶然产物，而不是慎议的预设或目标——就我们的差异进行的慎议不等于要消除这些

① 参见“Elster 1998a：11”，他列举了十种好处；对照“Cooke 2000”，他列举了五种好处。

② 可以与在功利主义那一章探讨过的问题——如何界定效用或福祉——作一类比(第二章第二节)。如我们所见，功利主义者承认有必要不把福祉仅仅界定为对事先存在的偏好的满足，而无论这些偏好是什么；相反，有必要把福祉界定为对*有理据的*偏好的满足。事实上，对错误的、适应性的或无理据的偏好的满足可能是有害的。这就引出了这样一个问题——如何组织社会以保证人们的确会发展关于优良生活的有理据的偏好。民主理论也面临着类似的处境。合计的民主模式认为，无论偏好是什么，只要对在先的偏好予以人数上的公平计算和合计，民主结果就是可欲的。但是，如果人们的政治要求与偏好是有理据的，民主决策就会更具合法性和更有价值，并且这反过来又会要求关注那样一些政治前提——正是这些政治前提使人们以有理据的方式形成和修正自己的要求成为可能。这实际上就是慎议民主的目标。

差异。①

（当然，这就意味着，慎议民主不可能完全取消较早的民主模式所强调的那类“合计”程序。当论点都得到了恰当考虑后，最终还是需要某些投票或选举程序以解决残存的分歧。）

“慎议民主”旨在保证为社会带来更大的好处。而它确实为少数民族或被边缘化群体带来特别的好处。如果这些群体要想对遵循多数原则的选举系统实施真正影响的话，就必须通过影响公共舆论而不是通过赢得多数选票。如钱伯斯所言：“舆论而非票数才是授权的途径”（Chambers 2001）。从近年来的男女同性恋群体、聋哑人和土著群体——他们不到选民总数的百分之五——所取得的进展来看，似乎的确是这样。他们的授权主要通过参与公共论辩得到了实现，而公共论辩最终改变了社会大多数成员就如何公平地对待这些群体及其权利的业已存在的观点。如果民主旨在帮助这些群体获得更公正的对待，而不是让它们屈从于“多数的暴政”（或多数的冷漠或忽略），民主就必须更具慎议性。因此，包括自由主义者、社群主义者、批判理论家、女权主义者和多元文化主义者在内的涉及面很广的理论家都认为，有必要使更大程度的慎议成为现代民主国家的一个关键性的优先考虑。②

就这种新的慎议民主模式，尚有许多有待说出的问题。具体地讲，什

---

① 就“共识”是否应该成为慎议民主的目标，存在着激烈的争论。一些慎议民主理论认定，理性慎议能够并且应该引向意见一致，这样，特殊利益就可被重新阐释成真正的一般利益，以至于最好的论点终能赢得一致。那些受哈贝马斯影响的慎议民主理论通常会追求这种共识（e. g. Benhabib 1992）。一些人更为合理地论证说，慎议有时正好会揭示：我们之间的分歧比我们最初预计的还要大、还要深，并且，这些分歧更难以解决或更难以通过经验手段加以检测（Young 1996：126，2000a：40—44；Frazer and Lacey 1993）。费米亚断定，慎议民主理论家的这个信念——慎议应该导致一种“统一的公共意志”——是天真的（Femia 1996：378—381；cf. Ferejohn 2000）。但事实上，绝大多数慎议民主理论家都与费米亚一样，怀疑通过慎议达成一致的可能性（Dryzek 2000：72；Mouffe 2000：98—102）。

② 涉及自由主义者，参见：Rawls 1999a：574；Dworkin 2000：364—365；Gutmann and Thompson 1996；涉及社群主义者，参见：Sandel 1996；涉及批判理论家，参见：Habermas 1996；Chambers 1996；涉及女权主义者，参见：Fraser 1992；Phillips 1995：145—165；涉及多元文化主义者，参见：M. Williams 1998，2000；Young 2000a。

么是慎议的恰当场所？这种场所应该在地方或是在国家或超国家的层面上存在？我们如何保证所有的群体和观点在这些场所中都被充分代表或受到了充分的考虑？慎议民主的目标究竟是使现存的选举机制、全民投票、代议制和法律决策程序更具有慎议性呢，还是创造出诸如“慎议投票站”、“公民陪审团”、城市大会或选民集会这样的新场所呢？理论家已经开始思考如何实施慎议民主的问题。不难看出，对这些问题的回答将至少部分地依据于我们的正义理论。①例如，自由至上主义者和自由主义的平等主义者就会在下述问题上产生分歧：是否应该控制竞选资金以保证在民主慎议中能够有“平等的舆论”。

293 然而，对我们而言的关键点却是：向更具慎议性的民主模式的转向就使得关注公民品德问题更显得急迫。按照合计票数的民主模式，公民们的行为依据被认为是或多或少的私人自利，与他人的任何互动都被认为是在反映如何使自己最有利的策略(例如通过谈判或者互投赞成票)。然而，按照慎议的民主模式，公民们在公共场所的行为被认为旨在建立相互理解，而不仅仅在为着个人利益而运用策略。②这显然对民主制下的公民提出了更高的要求。民主制下的公民必须不仅要积极地、非独断地参与对权威的批判，而且要通过慎议追求相互理解而不是通过讨价还价或威胁

① 对于慎议民主的提议、实验和案例研究，参见：Fishkin 1991，1995（论慎议投票）；Elster 1998b(论选民集会)；Chambers 1998（论宪法会议）；Pettit 2000（论“竞争性的”咨询机制）。至于在这些慎议场所中如何确保群体代表的公平性，参见：Williams 2000；De Greiff 2000。

② 哈贝马斯极其系统地论述了旨在实现自我理解的“交往行为”(communicative action)和旨在实现工具性成功的“策略行为”(strategic action)之间的不同(Habermas 1979)。(事实上，哈贝马斯对慎议民主理论的影响是欧洲大陆的政治哲学传统对英美理论形成重要影响的极少数例子之一。)交往行为与策略行为之间的对照是重要的，虽然在现实中并不容易把它们分离开来。毕竟，人们可以出于策略性的理由而从事交往行为。为我的自利要求赋予某个原则性的理由也许只是用以排除反对的方式，这种方式只是暗示我不愿意按照自己的“原则”而妥协(参见：Elster 1995；Johnson 1998)。对于慎议民主理论家的一个挑战就是，不仅要考虑如何促进交往行为，而且要考虑如何减少或排除策略性的交往行为。埃斯特尔乐观地论证说，即使人们最初进入慎议只是出于策略性的理由，他们最终也会把以前只是口头上赞成的“合理化”要求内在化。埃斯特尔称之为“伪善使人文明的力量”(Elster 1998a：12；cf. Johnson 1998：172)。

去排他地追求个人利益。如果没有具备这些品德的公民，自由主义的民主制就不能实现它的正义承诺，就的确可能会受制于非民主的和非自由主义的力量。

当然，不必每个公民都在很高的程度上表现出所有这些品德。自由主义的民主制固然不可能存在于由恶魔组成的社会，但也不要求社会中尽是天使。更准确地说，自由主义的正义要求有一个关键下限：必须存在着足够数量的、在一种程度上拥有这些品德的公民。这个下限究竟如何确定显然是一个困难而不可能予以抽象回答的问题。

但无论我们如何确定这个下限，有很多人认为我们正面临着跌落到这个下限之下的危险。无论怎样，有一些倾向看起来不令人乐观。总的而言，人们似乎弱化了他们对公共参与、相互尊重的对话或对政府的批判性关注的义务(Walzer 1992a：90)。现在，许多人似乎与政治过程相脱离或对政治过程漠不关心。譬如，按照最近的一次调查，只有百分之十二的美国青少年认为，投票对于作为一个好公民是重要的。这不仅仅是年轻人才有的冷漠——过去五十年许多类似的调查表明，“在现在，比起过去五十年中任何一个年代的年轻人而言，同龄群体都所知更少、投票更少并且对领袖和制度的批判也较少”(Glendon 1991：129)。在英国也有类似的证据(Heater 1990：215)。

简而言之，我们看到了日益增强的对公民品德的重要性的意识，而与此同时，又有日益增强的、恐怕这些品德失落的担忧。我们看到日益增强的强调——人们需要成为参与公共慎议的积极公民；另一方面我们又看到这样一种撤退趋势——对政治领域的更加冷漠和消极以及对诸如家庭、职业和个人事业等私人领域的更加关注。

第二节　公民共和主义

我们怎样才可能克服这种“公民的私人化症状”(Habermas 1996： 294
78)，并且鼓励公民们遵从民主的公民资格的要求和表现出公民资格所需要的那些公民品德呢？这是困扰着被称作“公民共和主义”的思想流派的中心问题。（“共和主义”这个术语当然不是指美国的共和党，而是旨在唤起对古希腊城邦以及罗马或文艺复兴时期佛罗伦萨的城市共和国的印象——很多人相信，这些城市共和国成功地促进了公民对公共事物的参与并且增强了公民精神。）

然而，对于如何促进积极的公民资格的问题，公民共和主义者却有不同的答案。极简略地讲，当代公民共和主义可以划分为两个阵营。一个阵营试图这样来劝说人们接受民主的公民资格所带来的负担，即劝告人们说，这些实际上根本就不是“负担”。按照这种观点，政治参与和公共慎议活动不应该被视为沉重的责任或义务，而应该被视为具有内在的价值。人们应该高兴地接受民主的公民资格的召唤，因为积极的公民生活事实上是我们的最高生活方式。我们可以称之为对共和主义的“亚里士多德式的”阐释，因为亚里士多德认为政治参与具有内在的价值，他是这种观点的最早也是最有影响的倡导者之一。

第二个阵营避免这样的论断——政治参与具有内在价值；并且承认，对许多人而言，民主的公民资格的召唤的确是一个负担。然而，它却强调，存在着强有力的工具性理由以解释为什么应该为了维系我们民主制度的运转和保护我们的基本权利而接受这个负担。①

我将在下一节探讨对共和主义的这种“工具性”阐释。在这一节里，我将集中探讨亚里士多德式的共和主义。这种观点的独特性在于它强调，政治参与对于参与者本人具有内在价值。按照奥德菲尔德的描述，这种参与是“绝大多数个人可以追求的人类共同生活的最高形式”（Oldfield 1990b：6）。按照这种观点，政治生活优越于纯粹私人性的天伦之乐、邻居友谊和职业追求，因此应该占据生活的中心位置。不能从事政治就使得人成为“极不完整和发育不全的存在者”（Oldfield 1990a：187；cf.

① 就这两种形式的共和主义所作的类似区分，参见：Patten 1996：26；Burtt 1993：360；Rawls 1988：272—273。

Pocock 1992：45，53；Skinner 1992；Beiner 1992）。

这显然是我在上一章中讨论过的“完善论”的另一个实例——完善论要依据如何使生活完善或如何实现真正人性的某个特殊观点（第六章第四节）。因此，自由主义者会视这种观点与所有形式的国家完善论一样， 295
是在众多善观念中不公平地优待某一特殊的善观念。我将在下面回到这一点。无论怎样，这种视政治参与具有内在价值的观点都难以成立。甚至它的倡导者也承认，这种观点显然冲突于现代世界中绝大多数人对于优良生活的理解。绝大多数人感到在自己的家庭生活、工作、宗教或娱乐中享有最大的幸福，而不是在政治生活中。一些人固然感到政治参与是实现个人价值的令人满意的方式，但对绝大多数人而言，政治参与最多只是偶尔为之的、旨在保障政府尊重和支持个人追求私人职业和维系私人纽带而不得不承担的负担。认为政治主要是维护私人生活的手段——这个观点被政治谱系上持不同立场的绝大多数人所共享，包括左派（Ignatieff 1989：72—73）、右派（Mead 1986：254）、自由主义者（Rawls 1971：229—230）、公民社会理论家（Walzer 1989：215）或女权主义者（Elshtain 1981：327）。

这事实上反映了现代生活的一个根本特征——贡斯当就古代自由与现代自由所作的著名区分就是对此的表达。贡斯当论证说，古代人的自由在于他们对政治权力的积极参与，而不在于对个人独立性的平和享用。雅典人的自由就在于他们享有集体自治——虽然他们缺乏个人独立性和公民自由权，并且被期望为了城邦而牺牲他们的个人快乐。相反，现代人的自由却在于他们可以不受约束地追求私人职业和私人关系上的快乐，这就要求有免于政治权力干涉的自由（通常指通过宪法保护的公民权利和自由）。虽然古代人为了促进政治生活而牺牲个人自由，现代人却视政治为保护他们私人生活所需的手段（以及在某种意义上不得不作出的牺牲）。

亚里士多德式的共和主义者事实上试图翻转这种历史变迁，并且试图重新恢复“古代人的自由”对于我们优良生活观的至上性。要达到此目的可以有两种途径：要么宣扬政治参与的内在价值，要么贬低私人生活的价值。绝大多数亚里士多德式的共和主义者采纳的是混合策略。

一些人曾经论证说，对“私人”生活的现代强调是反社会的，是对我们社会本性的否定。例如，按照马克思的观点，自由主义者所强调的个人权利只是“作为孤立的、封闭在自身的……人的自由……自由这项人权并不是建立在人与人结合起来的基础上，而是建立在人与人分离的基础上。这项权利就是这种分离的权利”（Marx 1977b：53）。类似地，亚里士多德式的共和主义者抱怨说自由主义对于“私人”生活的评价是一种“原
296 子主义”；而他们捍卫政治参与的方法是：把政治参与当作实现人对社会纽带和社会关系的内在需要的途径。

然而，事实上，如我们在上一章所看到的那样，自由主义对政治不信任的另一面却是对社会生活和公民社会的正面支持。罗森布卢姆注意到，自由主义的私人自由观实际上正好以我们的自然社会属性为前提：

> 私人生活就是意味着公民社会中的生活，而不是意味着前社会状态的或反社会条件下的孤立和超然……私人自由允许人们脱离官方的监督和干涉，大大增加了私人联合和合作的可能性……远非鼓励冷漠，私人自由被认为会鼓励公共讨论和促进群体形成，这使得个体能够更广泛地进入社会和政府。（Rosenblum 1987：61）

当国家让人们有私人生活中的“完全独立”时，国家并没有使人们处于孤立状态，相反，这样做才使得人们有形成和维系“联合和合作”或罗尔斯所说的“自由社会联合体”的自由。因为我们是社会动物，个人就会运用他们的自由与他人联合在一起追求共享的目标。对于贡斯当而言，现代自由确实基于“人与人的联合”，但他相信源于公民社会的人与人的自由联合比强制性的政治团结更真实也更自由。自由主义关于私人生活的理想并不在于保护个人脱离社会，而在于保护自由社会免于政治的干涉。这种看法——不把自由主义视为反对社会而视为“对社会的荣耀”——更为准确；因为自由主义者“视社会生活为人类的最高成就和发展道德

与理性的关键条件”，而政治生活则被降低为“维系有序社会交易的必要而严酷的象征”（Wolin 1960：363，369，291；cf. Holmes 1989：248；Schwartz 1979：245）。

因此，要捍卫亚里士多德式的共和主义，只是表明个人要在社会中才能过上真正的人类生活则是不够的——因为这个观点与自由主义正相一致。亚里士多德式的共和主义者必须进一步证明，个人需要积极地参与政治。如我们在第六章看到的那样（第八节），社群主义在对自由主义的“原子主义”进行批判时常常遮蔽着从事社会生活与从事政治生活之间的区别。但当亚里士多德声称人是*政治动物*时，他的意思并不仅仅是人是*社会动物*。相反，“人类结合成社会的自然倾向只是被视为满足物种生存之需的、我们必须予以承认的限度，这种倾向对于人这种动物与其他动物并无区别”（Arendt 1959：24）。但另一方面，政治生活却不同于并高于一般意义上的社会生活。

亚里士多德式的共和主义者试图挑战自由主义者赋予社会的荣耀，并且重新把政治当作生活的更高形式。但自由主义的观点却在现代社会蔓延开来。虽然古希腊人感到，“在任何情况下政治都不能只是作为保护 297
社会的手段”，现代理论家却认为政治应该服务于社会——虽然他们就政治应该服务于怎样的社会存有争议。也许是“如中世纪那样的信仰社会，或者如洛克的财产拥有者的社会，或者如霍布斯的无限贪婪的社会，或者如马克思的生产者的社会，或者如我们现在的职业社会，或者如社会主义和共产主义国家的劳动者社会。纵观所有这些社会样态，正是社会……的自由在要求对政治权威进行约束并为这种约束提供依据。自由存在于社会领域，而强力或暴力则成为政府的垄断对象”（Arendt 1959：31）。正如对道德平等的信奉一样，这是自由主义赢得论辩的又一历史实例，而在某种意义上讲，此后的所有论辩都没有超出自由主义的基本信念所确定的范围。

为了解释现代人对政治参与的内在价值所持的冷漠态度，共和主义者经常论证说，今天的政治生活相比古希腊那样的积极公民资格，已经变得贫乏了。政治生活在规模上太大了，或者太被金钱所操纵了，或者太受媒体的阶段性影响了，或者太受“专家”的控制了，以至于绝大多数公民认为政治生活意义不大。按照这种观点，如果我们能够按更吻合人性的规模为政治活动创造场所（如古代雅典人的面对面的政治），并保护这些场所不受到金钱势力、媒体娱乐或官僚技能的渗透，那么，人们就会发现政治实际上要比他们现在从事的政治要有意义得多。而为更小规模的政治场所所作的这种共和主义式的论证，正好契合着慎议民主理论家的论证；后者也支持这类场所，认为它们才是让“公共讨论”取代“私人投票”并成为政治过程的核心的最好方式。

按照这种观点，亚里士多德式的共和主义所面临的主要问题就是过渡的问题。假如慎议的民主场所已经存在，人们就会发现参与到其中是有意义的。但我们如何实行这种过渡呢？现在受益于金钱势力、专业操控和媒体评定的那些人不会自愿放弃他们的权力地位。因此，只有当普通公民参与和促进了这样的改革，并使他们在政治过程中的角色得到加强，才会出现那些所需的政治场所。但由于现存的政治制度是令人乏味和令人沮丧的，只有很少的人愿意参与其中。①

可是，我自己的观点却是：即使那些更具慎议特点的场所被创造了出来，仍然有很多人会认为政治生活是一种牺牲。亚里士多德式的共和主义者认为，人们之所以远离政治参与是因为他们发现政治无法满足人的愿望。但我却相信，我们迷恋于私人生活并不是（或不仅仅是）公共生活
298 的贫乏的结果，而是私人生活的丰富的结果。我们之所以不再通过从事政治去寻求满足，是因为与古希腊人相比，我们的私人生活和社会生活远为丰富。

对这种历史的变迁有很多解释，包括：浪漫主义爱情与核心家庭的兴起（它们强调亲密关系和个人隐私），财富的增加（因此闲暇与消费就有

① 有人认为，共和主义面临的中心问题就是这种关于过渡的论点，参见：Herzog 1986：483—490；Burtt 1993：363。

了更丰富的形式），基督教对劳动尊严的信奉（希腊人则鄙视劳动），对战争的逐渐厌恶（希腊人仰慕战争）。希腊人把私人领域视为“贫乏”（“privation”就是“private”这个词的词源）领域，不认为其中有什么价值（如果他们真有与公共领域相比较而言的“私人”概念的话）。但我们“现代人”却能够在亲密关系、爱恋、闲暇、消费和工作中得到很大的欢乐。

亚里士多德式的共和主义者坚持认为，那些在家庭和职业而不是在政治生活中感受到更大快乐的人无论怎样都是受到误导和“发育不全的”。但这个论断的依据是什么呢？我不相信亚里士多德式的共和主义者已经为这种优良生活观提供了任何合理的辩护理由。例如，在声称政治生活是“绝大多数个人可以追求的人类共同生活的最高形式”之后，奥德菲尔德继续说：“我不准备为这一道德论点作辩护。在公民共和主义的文献中，这个论点已经被反复论证过了”（1990b：6）。但正如我已经强调过的那样，对政治生活的至上性的辩护起源于这样一个历史背景——那时人们视私人领域为贫乏领域。如高尔斯顿所说，那些把私人生活斥为贫乏和自我沉溺的亚里士多德式的共和主义者并不喜欢共同体中人的真实生活，因此事实上是在“鄙视”日常生活（Galston 1991：58—63）。①（如我们将于第九章看到的那样，这种亚里士多德式的共和主义对私人领域的鄙视在历史上也与对妇女的鄙视联系在一起——参见：Vogel 1991：68；Young 1989：253；Phillips 1991：49；2000。）

亚里士多德式的共和主义有时也被当作“社群主义”的一种形式，而事实上它的确可被视为某种次阶社群主义（second-order communitarianism）。按照社群主义关于“共同利益的政治”的传统观点，人们进入政治是为了促进那些*事先存在的*、基于共同信仰或传统生活方式的共享目的。与之相对照，亚里士多德式的共和主义不必认为人们具有任何先于政治的共同

① 也参见哈贝马斯就如下内容的讨论：“公民共和主义的气质特征以及它对品德的期望自古以来就为公民增加了过多的道德负担。”（Habermas 1996：487）

目的。它可以接受这样的事实：人们在自己的私人生活中不享有共同的目的，并且，公民就什么是公共政策的恰当目标也没有统一的共识。然而，它却认为，政治参与本身可被视为共享利益。要通过政治参与予以促进的“共同利益”，并非是某些先于政治的文化常规或传统，而是政治参与本身的内在价值。

但任何对某一特殊优良生活观加以优待的企图在现代社会都注定要
299 失败。由于公民们在优良生活观上所持的深刻和持久的差异，我们就不能指望人们会就政治活动的内在价值形成共识，也不能指望人们会认为政治活动比社会或私人领域的活动具有更重要的地位。人们不仅就前政治活动和传统的价值存有分歧，人们还对政治参与本身是否具有内在价值存有分歧。“多元主义的事实”不仅挫败了传统的社群主义，而且也挫败了亚里士多德式的共和主义的复兴。①

第三节　工具性的品德

因此，自由主义者不能接受亚里士多德式的共和主义原则。这个原则只有通过某种具有强制性特征的国家完善论才能得以实施——政府就要因此制约个人对优良生活的判断。这违背了自由主义所信奉的个人自主和国家中立。

然而，这并不意味着自由主义者可以不从质或量上来关心政治参与。相反，如我们所见，自由主义的民主制和自由主义的正义要求有一个

① 斯金纳为亚里士多德式的共和主义论点提供了一种有趣而不同的立论。他似乎承认政治参与对许多人而言不具备内在价值。但是，他论证说，我们必须让人们这样看待政治参与——仿佛政治参与确有内在价值，否则，人们就不会尽自己的义务去保护民主制度并使之免于各种内部和外部因素的威胁(Skinner 1992：219—221)。换句话讲，我们必须刻意培养我们明知是错误的那种优良生活观，其目的在于捍卫民主制度。这个观点与第二章讨论过的“政府大厦”功利主义有类似之处，虽然不同之处在于，斯金纳建议所有公民都应该相信这个“高贵的谎言”，而政府大厦功利主义者却认为精英阶层应该对向大众灌输的谎言保持清醒。

至关重要的、积极负责的参与底线。然而，对于自由主义者而言，要捍卫和促进这些品德只是因为它们具有维系正义制度的工具意义上的重要性，而不是因为它们对于参与者具有内在的价值。

罗尔斯在共和主义和“公民人本主义”(civic humansim)之间作了区分。按照共和主义的观点，为了不让自由主义的民主制退化成专制、宗教狂热或民族主义的狂热，必须对公民的某些政治品德予以促进。罗尔斯注意到，为促进公民品德而进行的这种辩护完全一致于他的自由主义观，因为公民品德是被作为自由主义的正义的先决条件而得到辩护的。相反，“公民人本主义”(也就是我所称的亚里士多德式的共和主义)却断定，应该促进政治品德是因为在政治生活中才能够实现我们的“本质”，而政治生活就是“优良生活的优越场所”。罗尔斯注意到，在自由主义的平等主义与公民人本主义之间存在着“根本的对立”，因为公民人本主义者是基于某一种特定的优良生活观而不是基于正义来为政治品德进行辩护的。①

因此，自由主义者愿意为公民品德提供一种不同的、但却更适度和更具工具特色的解释。这种解释承认，人们就政治参与是否具有内在价值持有不同的看法，并且人们也会在其他诸如家庭、艺术和宗教等生活领域寻求到最大的欢乐和安身立命的依据。自由主义的民主制必须尽可能地尊重如此多样的优良生活观，并且不应该强迫人们采纳这样一种优良生活观——它把政治参与当作生活意义或生活满足的源泉。

因此，自由主义者虽然也关注如何确保积极公民资格的关键下限， 300
但却承认许多人在不同程度上对政治天生就没有兴趣，所以就要对积极公民资格的要求予以限制以便容纳那些不同的优良生活观。确切地讲，自

① Rawls 1988：272—273。就共和主义与自由主义的关系，还有其他的解释，参见：Dworkin 1989：499—504；Taylor 1989a：177—181；Hill 1993：67—84；Sinopli 1992：163—171；Patten 1996；Berkowitz 1999；Wallach 2000。

由主义的公民应该承认自己有义务在正义制度尚不存在的地方去进行创造，在正义制度受到威胁的时候去进行捍卫。但对很多人而言，这种义务是间歇性的：只是在危机出现、宪法变更或有外在威胁的严重情况下这种义务才会变得最强。①如果在我们的社会中存在着严重的、只有通过政治行动来予以纠正的不正义，那么公民就应该有抗议这种不正义的义务。或者，如果我们的政治制度不再能够有效地运转——也许是由于过度的政治冷漠或者权力的滥用，公民就有义务去保护这些制度并使之不至于被毁坏。当不正义横行或者民主制度将倾的时候，只是消极地希望他人出来承担政治义务，就是一种搭便车的行为。每个人都应该公平地承担创造和维系正义制度的义务。

然而，不正义的程度以及政治制度的健康程度都随着时间与社会的不同而不同。在一些时间或地点——虽然也许只是在相当幸运的条件下，我们的正义的自然义务并不会要求我们去积极地参与。当社会基本上是秩序良好的时候，当社会制度健康运作的时候，个人就应该有追求自己善观念的自由——即使这意味着个人几乎不看重政治参与。

因此，在有些时间和地点，我们应该和能够要求的就只是最低的公民资格。一方面，这就减少了对公民品德的需求。例如，对于那些不参与政治的人们而言，“公共合理性”的严格要求就不那么重要。但另一方面，自由主义者对公民社会的信任——认为公民社会是追求优良生活的场所——却产生了它自己的公民品德问题。如果没有积极的公民所表现出来的居于底线之上的某些**政治**品德，国家就不可能正常地运转；同样，如果没有消极的公民所表现出来的居于底线之上的**社会**品德，公民社会也不可能正常地运转。

消极或最低的公民资格的义务常常以纯粹否定性的术语来加以描述，譬如，不违背法律的义务、不伤害他人的义务或不限制他人权利和自由的义务。简而言之，最低的公民资格常常只是被视为不要对他

① 有人认为，慎议民主是间歇性的，参见：Ackerman 1991。

人进行干预(e. g. McLaughlin 1992a)。但这却忽略了自由主义公民资格的一个最根本的要求：要有“公民礼仪”或“得体”的社会品德。这种品德甚至是最低限度的公民也必须学习的，因为这不仅仅适用于政治活动，也适用于——事实上主要适用于日常生活中的行为，也就是说，与大街上、近邻的商店里等各种公民社会的制度和场所相关的行为。

公民礼仪指我们面对面地对待亲友之外的人们的方式。为了理解公 301
民礼仪，把它与不得进行歧视的相关要求作一比较是有帮助的。法律对于歧视的禁止最初只适用于政府行为。在西方民主国家，那些基于种族或性别偏见的歧视性政府法规和政策已经被逐渐废除了，因为它们违背了自由主义对于机会平等的根本信念。但是，个人是否真的享有平等机会却不仅仅取决于政府行为，还取决于公民社会中的诸如公司、学校、商店、旅馆等其他机构如何运作。如果持有偏见立场的商店所有者或旅馆经理对一些人采取歧视态度，即使国家本身已经消除了歧视，被歧视者仍然不具备平等的公民资格。因此，法律所要求的不歧视也渐渐地适用于“私人的”企业和团体。

非歧视从政府领域向公民社会的扩展不仅仅是自由主义原则在程度上的深化，它还是自由主义公民义务的根本性扩展。把人视为平等公民的义务现在要扩展到个人最宽泛的日常生活。已经不允许企业拒绝雇佣黑人，或拒绝向黑人顾客提供服务，或对黑人白人雇员或顾客实行分离了，而且不只是这些。非歧视的原则还意味着企业不能忽略他们的黑人雇员或粗鲁地对待他们——虽然不可能总是依靠法律来予以强制执行。企业必须事实上让黑人感到他们是受欢迎的，仿佛他们就是白人。简而言之，黑人必须受到吻合公民礼仪的对待。同样的道理也适用于学校或者甚至包括私人俱乐部在内的娱乐场所。

这种公民礼仪是非歧视的逻辑延伸，因为需要用它来保证所有公民都有参与公民社会的同等机会。而它必须延伸进公民的心灵深处。自由主义的公民必须在日常生活中学会如何与那些他们可能会在心中存有偏见的人们进行平等的交往。

这种公民礼仪的要求只能够(或者只应该)在很有限的程度上由法律来予以强化。相比强迫企业在录用雇员时采取非歧视性立场，强迫企业以公民礼仪来对待黑人顾客似乎更加困难。但近期针对性骚扰和种族骚扰的法律法规的普及——无论是在一般的社会场所还是在学校和企业，可以被视为旨在保证一定水准的公民礼仪的尝试，因为仇恨言论和身体威胁都在约束范围之内。虽然不可能在一般的日常情况下强迫实施公民礼仪——譬如，白人对正在附近停车的亚裔人是表示微笑还是怒目而视——自由主义的公民资格无疑要求公民具备这种公民礼仪。

302 容易把公民礼仪的要求简单当作“好风度”。例如，里夫(Philip Rieff)就把对公民礼仪的坚持斥为一种肤浅的面孔，它不过是更深地隐藏了对他人需求的冷漠。他说：“我们早已知道‘平等’对美国文化意味着什么：它意味着……笑容凝固在脸上，然后要求你也回敬一个笑容”(引自“Cuddihy 1978：6”)。库迪把公民礼仪看作不过是把新教(以及资产阶级)的“好品味”强加给其他宗教群体。他论证说，天主教和犹太教(以及现在的穆斯林)为了迎合这种“宗教公民礼仪”不得不放弃自己对真信仰的理解，因为这些信仰要求公开表达对其他宗教的轻视。

在自由主义的社会，公民礼仪的道德义务有时的确被混同于审美意义上的“好风度”。例如，对公民礼仪的期望有时会成为反对激烈抗议的理由，但激烈抗议也许正好是使某个受压迫群体被他人关注的惟一方式。弱势群体的“造势”常常被视为“不雅”。对好风度的这种扩张性强调可以助长欺压。真正的公民礼仪并不意味着无论受到他人怎样的恶待都必须报以微笑，同样，被压制群体也不必这样善待压迫者。相反，公民礼仪意味着把他人当作平等者加以对待——只要他人也承认你是平等者。虽然在公民礼仪和更一般的礼貌之间存在着重叠部分，但它们仍然是不同的：公民礼仪要求在社会公共生活和公民社会中支持平等规范，因此就支持自由主义的根本价值。①

第四节　公民品德的苗床

因此，即使我们拒绝亚里士多德式的共和主义，任何合理的政治理论仍然必须对公民品德表示**工具性**的关注。尤其是任何关注民主合法性和社会正义的理论都必须关注政治生活中的公共合理性的品德，以及公民社会中的公民礼仪的品德。公民要兑现对于正义的自然义务——创造和维系正义制度，这两种品德都是必需的。如果不具有这些品德，自由主义的民主制度就既不能实现正义也不能确保稳定。

但是，我们如何保证人们会呈现出这些工具性的品德呢？如贝尔所说："对于丰富的品德的列举……并没有告诉我们如何创造那些品德"(Baier 1994：222)。如我们所知，许多人担心，由于政治参与和公民礼仪的水准正在下降，西方民主国家的公民品德就是在向关键底线跌落。要扭转这个趋势，应该如何办呢？国家可以从事什么样的"塑造事业"以促进这些品德呢(Sandel 1996：6)？

一种方法就是通过法律来强行要求人们有表现这些品德的义务。例 303
如，我们也许可以确立这样一项法律，它要求人人都参与投票，或者，要求人们每个月都参加邻里会议以讨论政治事务。少数国家有类似的法律，

① 我这里的讨论在很大程度上依据斯平纳对公民礼仪所作的解释(Spinner 1994：ch. 3)。我的讨论也依据怀特对公民礼仪或她称之为"得体"(decency)的解释，虽然我与她的强调有部分分歧。她似乎主要关注提升社会中"得体"的总体水平，而不是消除公然针对某些可辨识群体的违背公民礼仪的做法。例如，她把加拿大咖啡馆里善于微笑和合作的侍者与波兰咖啡馆里粗鲁而不善合作的侍者作一比较(White 1992：208)，然后论证说我们应该教育孩子学会友善地而不是粗鲁地对待陌生人。虽然我同意，表现出这种得体是件好事，并且某种最低限度的得体是民主运作的前提，但我不认为这是公民教育的根本问题。按照我的观点，对所有顾客都表现出达到了最低限度的友善的侍者，要好于对一般顾客非常友善但却对黑人顾客粗鲁的侍者。后者也许在总体上更为得体，但他们对某一可辨识群体的行为却对自由主义公民的最根本规范构成了威胁。然而，我却同意怀特，认为对公民礼仪在不同文化中的不同体现持敏感态度是件重要的事情(White 1992：215；cf. Young 1993)。就公民礼仪进行的更具批判性的讨论，参见：Calhoun 2000。

例如，澳大利亚有义务投票法，韩国有义务邻里会议法。但对于克服“公民私人化”而言，这些立法似乎是过重了，并且这些法律本身并不能确保人们会积极地或负责任地进行政治参与。事实上，强制公民们从事他们不喜欢的政治活动可能只会增加他们对政治过程的反感。无论怎样，由于公民礼仪与公共合理性这样的品德具有不确定性，要把它们汇编成法律似乎是困难重重。

人们也许会期望，政治参与本身将教会人们如何承担责任和如何保持宽容。即使人们最初是在迫不得已的情况下参与政治，政治参与也将使人们获得新观念和建立新的身份认同。民主理论中人们所熟悉的这个论点，至少可以回溯到卢梭和密尔；他们相信政治参与“会开启个人的心智，会让他们熟悉那些居于个人直接处境之外的利益，并且会鼓励他们承认自己的确应该关注公共关怀”（Oldfield 1990a：184）。

不幸的是，这种对政治参与的教育功能的信仰似乎是过于乐观了。对参与的强调并没有解释如何才能确保公民是在进行负责的参与——也就是说，是以充满着公共精神的方式而不是以自利和偏见的方式（Mulgan 1991：40—41）。有势力的公民也许会不负责地运用自己的势力，譬如，追求社会最终根本无法负担的好处和资格，通过投票机制减免自己的税负然后又削减对贫穷者的帮助；或者，“把问题归咎于穷人的懒惰、少数民族的乖戾，或者现代妇女的傲慢与不负责任”（Fierlbeck 1991：592）。

成功的政治参与的确要求有联合他人的能力，这种能力在一定程度上有助于发展正义和公共合理性的品德。如果人们不努力倾听他人的观点或包容他人的需要，就不可能在政治生活中取得成功。但在很多情况下，一种联合的胜利却伴随着对被边缘化群体所提要求的忽视。事实上，如果人口中的相当一部分成员受到歧视，忽略或攻击这些受歧视群体也许就是通向政治成功的最佳途径。

因此，仅仅是强迫性的政治参与不太可能成为对公民品德问题的满意解决。相反，绝大多数对该问题有研究的学者都认为，必须通过间接的途径来促进公民品德。与其要求用国家强力去确定政治参与的义务或表现公民品德的义务，不如去弄清与加强“公民品德的苗床”。我们的目标是，首先弄清哪些社会制度和常规在担当培养公民品德的任务，然后确定 304
如何才能强化这些制度和常规。

公民品德的苗床有哪些呢？自由主义社会中有一系列培养公民品德的制度，包括市场、公民社团和家庭。让我们简略地逐一考察。

“新右派”理论家通常对市场持赞扬态度，认为市场是公民品德的学校。20 世纪 80 年代撒切尔和里根的许多改革就通过扩展市场生活的范围——通过更自由的贸易、放松管制、削减税收、削弱工会、降低福利等手段，在一定程度上教导人民要有创新和独立的品德。如我们在第四章所见，右派在近年来对福利国家的攻击正是依据于公民资格而提出的。右派人士认为，福利国家在穷人中助长了消极，创造了依赖性的文化，把公民变成了在官僚保护下的消极依赖者。相反，市场却鼓励人们自食其力。新右派人士相信，自食其力不仅本身就是一项重要的公民品德，而且还是被社会接受为完整成员的前提。由于没能兑现自食其力的义务，长期失业既是失业者本人的耻辱又是社会的耻辱(Mead 1986：240)。①不能兑现这些共同义务就像缺乏平等权利一样，是要想拥有完整的社会成员资格的巨大障碍。对这些情况而言，“要求依赖者担负起与他人一样的义务，并非反对平等，而恰好是平等的本质。有效的福利(政策)必须使福利接受者承担公民共有的义务，而不是免除这些义务”(Mead 1986：12 f.)。

按照新右派的观点，要使所有人具有积极的公民资格，我们必须超越马歇尔对作为权利的公民资格的强调，然后转而强调人们要有自食其力的责任。由于福利国家不利于人们的自立，因此，就应该重新削弱安全网并且要使保留下来的福利与一定的义务相对应。以这种观念为依据，就形成了 20 世纪 80 年代对福利系统的一种重大改革，即“工作福利”方

① 美国人不仅对自己而且对彼此之间都有一些社会期望——如果人们要作为社会的完整成员而被接受，他们就必须满足这些期望。要想了解这样的证据，参见：Mead 1986：243；Shklar 1991：413；Moon 1988：34—35；Dworkin 1992：131。

案：它要求福利接受者要为自己获得的利益而工作，从而加强公民应该自立的观念。

因此，市场被视为能够促进一系列重要的品德——如自立和创新，并能促进完整的成员资格。此外，市场还被认为具有支持公民礼仪的作用，因为那些拒绝雇用黑人的企业或拒绝为黑人顾客提供服务的企业将处于竞争的劣势。

可是，市场作为公民品德的学校，它的局限性是显而易见的。可以论证的是，市场管制的许多放松造就了一个前所未有的贪婪和经济上不负责任的时代，美国的存贷和垃圾债券丑闻即可为证。市场教导创新，但却不教授正义感或社会责任(Mulgan 1991：39)。而只要相当大一部分人保
305 持对某些群体的偏见，企业就有这样一种经济动力：通过生产某些商品或提供某些服务来排斥这些群体以吻合市场的需要。①无论怎样，市场都无法教导与政治参与和对话特别相关的那些公民品德，如公共合理性的品德。

“公民社会理论家”强调公民礼仪和自制对于健康的民主制的必要性，但他们不认为市场或政治参与就足以教授这些品德。相反，我们是从下列公民社会的自发机构学到互有义务的品德的——譬如，教堂、家庭、工会、种族团体、公司、环保组织、邻居协会、支援团、慈善机构，等等。如沃尔泽所言：“只有在公民社会的社团网络中才可能学会使民主政治得以可能的公民礼仪。”(Walzer 1992a：104)

因为这些群体都是自愿性的，不能担负这些群体所要求的责任通常只是受到谴责，而不会受到法律的制裁。但是，正因为谴责是来自家庭、朋友、同事或同志，与没人情味的国家的法律惩罚相比，它在很多方面反

① 例如，房地产公司的经理就因为经济利益的驱使而愿意修建使不同种族分开居住的住房。确有证据表明，新右派改革违背了自由主义的正义要求，因为削减福利不仅远远没有使弱者自立，而且还扩大了社会底层。阶级之间的不平等被拉大了，而贫穷的工作者和失业者事实上被剥夺了参与社会和政治生活的机会(Fierlbeck 1991：579)。因此，即使市场能够教导公民品德，自由放任资本主义也违背了这样一个原则：社会的所有成员都应有成为积极公民的平等机会。

而更能够促进人们的责任心。正是在这些场所，“公民资格所需的人的特征和能力得以形成”——因为正是在这些场所，我们使个人责任和相互义务的观念得以内化，并且学会了对于真正负责的公民资格而言至关重要的、基于自愿的自制(Glendon 1991：109)。

公民社会是“公民品德的苗床”(Glendon 1991：109；1995)——这个论断从本质上讲是一个经验性论断，但还找不到太强的证据。这是一个既古老又颇有价值的观点，但它却并不必然正确。我们的确可能在邻里关系中学会如何做好邻居，但邻里协会也教会人们按“别在我家后园”原则联合行动——特别是当自己的社区所在地要成为其他群体居家或公共事业的场所时。①类似地，家庭也常常是教导男性对女性行使统治的“专制的学校”(Okin 1992：65)；教会也常常教导对权威的顺从和对其他宗教信仰的不宽容；而种族群体也常常培养对其他种族群体的偏见，如此种种。

沃尔泽承认，绝大多数人都“被系于这种或那种从属关系中，而他们在这种关系中学到的‘公民礼仪’只不过是顺从而不是独立和主动”。他说，在这些情况下，我们就必须“在新的自由和平等的条件下重建”社团网络。类似地，当一些社团的活动“是狭隘和偏颇的”，那么，“就需要通过政治来对它们予以修正”。沃尔泽称他的观点为“批判的社团主义”——用来表达这样一个意思：也许有必要依据公民资格的原则来对公民社会的社团进行改革(Walzer 1992a：106—107)。

但这也许在另一个方向走得过远了。这种方法不仅没有对自发的社 306
团形成支持，反而在无意中允许对社团的全面干涉。通过政府干预而保护群体内外的人的权利是一回事——如果这些权利受到威胁的话。但是，我们是否想要政府去重建各种教会以使它们更具有内在的民主性，或者，

① 如果居民们联合反对某种他们认为本质上错误的事情，他们并没有什么错误，而无论这类事情设置在哪里(譬如，人们反对核能发电厂)。但如果邻居们联合起来拒绝承担就必要的公共计划和服务——如为残疾人或低收入者修建住房——而本应尽到的公平义务，这种拒绝就是一个问题。

通过这种办法去确保教会的成员学会批评而不是顺从呢？难道重建教会、家庭或社会团体以使它们更具有内在民主性的做法不会削弱它们本质上非强迫和自愿的属性吗？难道这个属性不正是使那些社会机构成为公民品德的苗床的那种属性吗？

事实上，期望教会来教导公共合理性的品德，这本身就是不合理的期望。公共合理性本质上是就政治论辩而言的，但在私人领域却是不必要的甚至有时是没有价值的。要求礼拜者不要依据《圣经》去决定如何管理教会，这种要求本身是荒唐的。

自发的社团成为教导民主公民资格的主要学校或在小规模的意义上成为民主公民资格的摹本——公民社会理论家的这种期望本身就过高了。虽然这些社团也可以培养公民品德，但这却并非它们存在的理由。人们之所以要进入教会，要组成家庭或形成种族组织，其理由并不是为了学习公民品德。相反，人们是为了尊重某些特定的价值或享受某些特定的人类成果，而这些动机与促进公民资格几乎没有什么关系。期望夫妻组建家庭或牧师组织群体生活是为了最大限度地促进公民资格，不过是在漠视这些群体存在的理由。（像美国童子军这样的社团就是旨在促进公民资格，但这只是社团的例外情况而不是普遍情况。）①

"母性的公民资格"（maternal citizenship）理论家认为家庭中的母爱对于培养责任和品德起着特殊的作用，但他们也面临一个类似的问题。按照埃尔施坦和鲁迪克的观点，母爱教导妇女如何担负生活的责任以及如何保护弱小者，而这些内容也应该成为政治生活的指导原则。例如，母爱涉及着"守护"的"形而上学态度"：保护现存关系相对获取新利益更具有优先性（Ruddick 1987：242）。这对于战争决策或环境决策显然有某些意义。

---

① 关于公民社团在培养公民品德方面的复杂作用，有一种出色的分析，参见：Rosenblum 1998。她有力地批判了她所谓的关于公民社团的"传输带"理论——按照这种理论，每个社团都应该培养公民在政治生活中所需的那些品德。

我将在第九章里讨论“母性的公民资格”理论以及与之相关的“关怀伦理”。然而，母爱是否能够产生民主的公民资格所要求的那些属性和品德，却是可疑的；而一些批评家也论证说，没有证据表明，像“守护”这样的母性态度会促进这样的民主价值——如“积极的公民资格、自我管理、平等主义和对自由的运用”（Dietz 1985：30；Nauta 1992：31；Mouffe 1992a）。如迪茨所言：“开明专制、福利国家、一党制政府以及民主共和国也许都尊重母亲，都保护儿童的生活并且都对弱小者表明同情” 307
（Dietz 1992：76）。类似地，尚不清楚的是，如何使适应于母子亲密关系的品德转化成不看重特殊关系的公民社会或政治参与所需要的品德——如公民礼仪和公共合理性。

因此，我们似乎不能依据市场、家庭或公民社会的社团去培养完整的公民品德。每一种都可以培养某些重要的品德，但也会助长在政治领域中反而表现为缺点的倾向。的确，人们不可能从这些制度当中学到如公共合理性和对权威的质疑这样的特殊政治品德，因为这些制度本来就是靠私人交流和对权威的尊重而得以存在的。一些具有公共精神的父母或社团也许会刻意地去促进这些政治品德，但却不敢担保他们是否会这样做，并且，这种做法——要政府通过干涉家庭或教会来强迫他们这样做——显然是不恰当的和不被允许的。

那么，我们是从哪里学到这些品德的呢？按照当代许多理论家的看法，答案在于教育制度。学校必须教导孩子们如何进行批判性的推理，必须开阔孩子们的道德视野，而这正是公共合理性的基础。事实上，促进这类品德正是开展强制性的义务教育的根本理由之一。如古特曼所言，孩子们在学校里“必须学会的不仅仅是按照权威的要求而行动，而且是对权威的批判性思考——只要他们想要成为能够吻合共享政治主权的民主理想的公民”。“只是依靠习惯和权威”而被统治的人民，“不可能构成一个由主权公民所组成的社会”（Gutmann 1987：51）。

当然，学校教育并不能从根本上保证，学校在促进政治品德时会比家庭或教会做得更好。相反，历史上的学校经常被用来助长顺从、沙文主义、对陌生民族的憎恨或恐惧，以及其他一些非自由主义的和非民主的缺点。但当代许多学者相信，学校可以被（重新）组织成不可能从别处学来的公民品德的有效苗床。此外，对于影响年轻人的信念和倾向的那些制度，如学校、媒体、家庭、教会，由国家来对学校实施管理所面对的反对意见最小（Weinstock 2001）。言论和出版自由限制国家对媒体进行控制；良心自由限制国家对教会进行控制，而隐私权则限制国家对家庭进行管理。因此，在现代自由主义的社会里，就有这样一种几乎压倒性的倾向：把学校当成医治我们所有社会疾病的场所（如青少年怀孕、吸烟、过于肥胖、种族主义，等等）。

然而，这样一种观念——学校应该教导孩子们对政治权威持怀疑态度并且应该教导孩子们在从事公共讨论时与自己的文化传统拉开距
308 离——却是有争议的。传统主义者反对这个观念，因为它必然使孩子们
在私人生活中也对传统以及父母或宗教权威予以质疑。显然是这样。如古特曼所承认的那样，对民主的公民资格实施教育必将“使孩子们得到要评价异于父母的生活方式所必不可少的智能”，因为“对优良生活进行选择所需要的多数能力——就算不是所有能力——也是对优良社会进行选择所需的能力”（Gutmann 1987：30，40）。

因此，那些严重地依赖于对传统和权威的非批判性接受的文化或宗教群体，就“势必要遭到”由自由主义教育所鼓励的“自由、开放、多元和进步”态度的瓦解（Macedo 1990：53—54）。这就是为什么像阿米希这样的群体要想法把他们的孩子从教育系统中转移出来——要么通过建立独立的宗教学校或家庭教育，要么试图免除那些传授自由主义品德的课程内容（例如，免除性教育或免除性别混合的体育锻炼）。①

一些理论家担心，单独的宗教学校是否能够在公民礼仪或公共合理性方面提供足够的教育——即使这些品德在课程内容中有所包含。因为

① 宗教群体试图通过单独的学校教育来避免旨在促进自主的自由主义教育——对此的讨论，参见：McLaughlin 1992b；Halstead 1991；Spinner 2000。

对于这些品德的学习，不仅仅是、甚至不主要是通过明确的课程来进行，而是要通过“隐藏的课程”——譬如学校的一般环境和总体结构（Gutmann 1987：53）。例如，普通学校不仅仅是通过告诉学生们什么是公民礼仪的品德所承载的道德价值来教导他们要有公民礼仪，而且要求他们与具有不同种族和宗教背景的学生一起学习和锻炼。类似地，普通学校不仅仅通过告诉学生们在世界上存在着各种宗教观点，也不仅仅通过告诉学生们具有合理性的人们对不同宗教观持有分歧，来教会他们什么是公共合理性。它们还要创造这样的学校氛围，以使学生们懂得这些分歧具有怎样的合理性。只是告诉他们世界上绝大多数人并不共享他们的宗教信仰是不够的。只要某人的周围尽是持有同样信仰的人，她就会倾向于认为任何拒绝自己宗教信仰的人都要么是不可思议的，要么是堕落的。要懂得什么是公共合理性，学生们就必须认识和理解这样一些人——他们既具有合理性又彬彬有礼地具有同情心，但他们并不相信他们的宗教。只有通过这种方式，学生们才能够懂得个人信仰在什么意义上不同于公共合理性以及如何在这二者之间作出区分。这就要求学习者与具有不同种族文化和宗教背景的人在一间教室里共同相处。

这就意味着，自由主义的教育理想要求学生们在一定程度上与自己原来的共同体或文化拉开距离，并且要求他们与来自其他共同体和文化的人们有相互的交流。莱文森称之为“公正学校”的理想（Levinson
1999）。这个理想不必要求彻底否弃单独学校教育或单独家庭教育的观 309
念，但却要求在教育的某个阶段至少要有更具混合特征的学校氛围。例如，也许可以在较早的年龄段实施单独的教育，但到了中学阶段则实行混合教育。也许还需要实施学生与教师的交换项目。如卡伦所言：“根本的需要是：学校教育到了某一阶段要适当地安排孩子们以同情和批判的方式接触这样一些信念和生活方式——它们与他们生于其中的家庭文化、宗教或种族群体的信念和生活方式并不相容”（Callan

1997：133）。①

然而，很明显，很多保守的宗教群体会抵制这样一种企图——使他们的孩子以同情的方式与其他宗教或其他生活方式相接触。像阿米希派这样的群体，就试图避免与其他宗教群体有任何接触；另一些群体虽然接受普通学校的教育，但却反对在共同课程中包含这样的内容——对与自己的信念相冲突的生活方式加以探讨（如同性恋）。拒绝与其他生活方式的接触也许会损害现代国家正常运转所需的某些公民品德，但这个论点却不太可能说服保守的宗教群体，因为其中的许多人正是把现代世俗国家视为现世的邪恶工具。

由于许多自由主义者希望包容像阿米希派这样的和平和守法的群体，他们——特别是对于我在上一章中探讨过的政治自由主义者——就面临一个困境。要把"我们"自由主义者的价值强加于那些拒绝这些价值的群体身上，这种做法被视为"褊狭"（参见第六章第七节）。这些政治自由主义者想对公民教育进行调整，进而把对父母和宗教权威的冲击降到最低限度。例如，高尔斯顿就论证说，教导孩子们如何从事政治讨论和评价政治领导人——这种需要"并不支持这样一个结论：国家必须（或者可以）通过支持孩子们对从父母或地方共同体那里继承下来的生活方式予以怀疑主义似的反思来架构公共教育"（Galston 1991：253；cf. Rawls 1988：267—268）。然而，他却承认，学校要促进孩子对政治权威进行质疑的意愿，而又不至于削弱他们对自己父辈生活方式的"正确性的虔信"，这并非易事。

自由主义的国家是否应该以公民资格教育的名义去要求某种程度的混合教育？为了回答这个问题，有必要在希望免除共同学校教育的两类宗教群体之间作出区分。一些群体，如阿米希派，自愿使自己与广大社会相

① 对于"公正学校"理想的最强劲捍卫，参见：Levinson 1999。如她所说："只是局限于自己家庭和所属共同体的范围，孩子们就难于企及自主；局限在这样的学校——它们的规范由孩子们所属共同体的人们加以确定——也是一样。如果要认真地对待自主要求，我们就会明白，为什么需要有不同于孩子们的抚养环境的地方。"（Levinson 1999：58）

隔离，并且他们避免参与政治或公民社会的主流制度。他们不参加选举，不雇用劳动力，也不试图影响公共政策(除非某个政策提案会危害他们的与世隔绝)，也就是说，他们就是愿意与世隔绝。因为他们不参与政治也 310 不进入公民社会，学习公民礼仪和公共合理性的品德对于他们而言就没有那么急迫。斯平纳称阿米希派为“不完全公民”。他论证说，因为他们已经放弃了参与的权利，所以他们就可以免除与这种权利相伴的责任，包括学习和实践公民礼仪和公共合理性的责任(Spinner 1994：98)。因此，他支持他们的权利——他们在自己的孩子未满十四岁时有权要求免于学校教育，在此之后，才能要求他们的孩子了解社会并与其他孩子相接触。由于这种群体的规模不大并且是出于真诚而自愿地与世隔绝，他们总的而言并不会对自由主义的公民社会形成威胁。这类群体不应该受到鼓励，因为他们不承担这样的责任：与其他公民一起工作以解决国家中存在的种种不正义和困难。从某种意义上讲，他们是受益于自由主义的稳定秩序而又不帮助维系这种秩序的搭便车者。①但自由主义的国家可以承受这样一种为数不多的搭便车者。②

与之相对照，另外一些试图免于混合学校教育的宗教群体既是公民社会又是政治的积极参与者，并且还会设法全面影响公共政策。这包括美国的基督教原教旨主义者和英国的宗教激进主义者。就这些情况而言，一

① 还有一种不同的论证方针，这种论证的支持者也捍卫阿米希派免于公共学校教育的权利；他们论证说，阿米希派单独的学校教育也提供了足够的公民教育。这曾经是美国最高法院的观点。最高法院说，阿米希派的教育制度为使阿米希派的孩子成为好公民做好了准备，因为他们成为了阿米希派社群中能够从事生产的、爱好和平的成员[*Wisconsin v. Yoder* 406 US 205 (1972)]。然而，如我早先所强调的那样，自由主义的公民资格所要求的内容要多于守法和经济上的自立。它还要求具有公民礼仪和公共合理性。对约德就公民责任所作的解释进行的批判，参见：Arneson and Shapiro 1995。

② 斯平纳指出，这样的群体不太可能大量存在，因为“不完全公民资格”意味着使自己断绝进入主流社会的机会和不能享有主流社会的资源(Spinner 1994：ch. 5)。当然，可以反对阿米希派的赦免权，但不是因为他们对自由主义的公民资格构成了普遍的威胁，而是因为他们错误地缩小了自己孩子的机会，包括享有民主的公民资格的机会(Gutmann 1980)。斯平纳论证说，即使要免于强制性的学校义务教育，阿米希派的孩子也应该了解足够多的外部世界，以使逃离公共教育成为对他们而言有意义的一种选择方案。

种可能的论点是，既然已经选择了以完整公民的身份来行使自己的权利，他们就必须接受旨在促进公民责任的那类教育，就有义务在教育的某个阶段以合乎情理的方式与别的生活方式相接触。

就学校培养品德的作用而言，既存在着实践上的问题也存在着哲学上的问题。一方面，学校可以通过教导一些特定的政治品德来弥补家庭或私人社团在培养这些品德上的不足。但学校又是整个社会的一部分，因此，如果学校的目标不能够得到其他社会机构的支持，它们是不可能运行良好的。如果父母和教会认为学校教育与他们的信念发生了根本性的冲突，他们就不会支持这些学校，或者不会认同自己孩子在学校取得的教育成就，因此就会削弱源于学校的各种信息。旨在反对其他社会机构所建立的真正“公正”学校，是不可能卓有成效的。

无论如何，似乎没有任何一个机构可以单独地充当“公民品德的苗床”，而公民们必须通过一系列交叉的机构去学习一系列交叉的品德。而自由主义者的希望是，各种影响的相当偶然的混杂最终可以产生和维系公民品德的关键底线。

但是，关于公民是从哪里学到公民品德的全部讨论似乎都没有切中核心问题。毕竟，对于任何把公民品德当作手段的理论而言，真正的问题在于，为什么在这些品德与自己的其他偏好或目标相冲突时，人们会选择
311 去实践这些公民品德。如我先前所强调的那样，按照自由主义的观点，实践这些品德并不具有内在的价值，相反，还应该被视为一种牺牲或一种负担。那么，如果公民们能够在政治过程中通过威胁、讨价还价或仅仅是人数的优势而得到他们想要得到的东西，他们为什么还要遵守公共合理性呢？如果人们能够从当下对少数群体的偏见和歧视中受益，他们为什么要表现公民礼仪呢？

当然，如果太多的人放弃公共合理性和公民礼仪，就会动摇民主制度的合法性和稳定性的基础。只要我们都具有自利的理由去关怀民主制度的稳定性，我们也就都有自利的理由去关怀社会中公民品德的总体水准。但是，这种相当长远的利益却不能充分解释为什么我应该在此时此刻

用具体行动去表现公共合理性和公民礼仪。我的个人行动不太可能对整个民主制度的健康与否形成重要的影响。为什么我应该让自己长远的工具性的利益优先于自己近期的内在利益，也就是说，为什么我应该优先考虑促进公民品德而不是通过威胁或歧视——如果必要的话——去促进我特殊的善观念呢？

这再一次引出了上一章所见的泰勒对自由主义的挑战。泰勒论证说，如果同胞们不再享有共同的善观念，自由主义就不可能对下述问题提供合情合理的解释——为什么公民们愿意继续投票支持再分配的福利政策并且愿意接受为自己的同胞作出牺牲的法定义务？如果一些同胞公民的生活方式不仅异于甚至还会冲突于我的生活方式，我为什么要为他们作出牺牲呢？这里也出现了同样的问题——虽然所涉及的内容是个人行为而不是公共政策。公民们为什么要为了包容那些具有相异甚至相冲突的善观念的同胞公民，而在自己的私人行为中接受公共合理性和公民礼仪的负担呢？

不必感到惊奇的是，自由主义者在这里也像在上一章一样对此作了双重回答。在一个层面，自由主义者强调，公民们被认为具有正义感，而这种对正义原则的共同信奉把具有不同善观念的人们联为一体而使他们具有了团结感。在另一个层面，自由主义的民族主义者却论证说，基于正义原则的社会团结太不牢固了，因此必须进一步通过基于共同语言、历史和公共制度的共享民族感的发展去加强和稳定社会团结。

如我在上一章中指出的那样，许多自由主义者不愿意采纳这第二层意义上的民族建构，而宁愿只依靠人们的正义感去促使他们接受积极和负责的公民资格所要求的那些内容。但事实上，所有的慎议民主和公民品 312
德的理论家都默认着这种形式的民族建构。例如，绝大多数对于公共合理性的解释都只是视这一点为理所当然：公民们共享同一种语言，并且民主国家构成了“交流的共同体”。①事实上，如果没有一种共享的语言，

① 至于这个假设对于民主理论具有怎样的中心意义，参见：Wright 2000。她也强调这个假设对于语言上的少数群体可能造成的代价——我将在下一章讨论这个问题。

就难以设想慎议民主是如何可能的。但是，在每个国家内对某一种共同语言的扩张却是民族建构的主要目标之一，而由于认定存在着这样一种共同语言，理论家们也就暗中承认了民族建构的恰当性。自由主义的民族主义者论证说，从合计民主模式向慎议民主模式的转移以及需要对更高的公民品德的承认，这些都正好加强着建构共同民族性的论点。如米勒所说，共同的民族身份感“是实现如社会正义和慎议民主这样的政治目标的前提”（Miller 1995：162；cf. Kymlicka 2001：ch. 10）。

第五节　世界主义的公民资格

把积极的公民资格和慎议民主与自由主义的民族主义联系起来——这种做法所受到的诘难，与自由主义的民族主义对分配正义所作的解释遭受的诘难一样，即是说，它忽略了世界主义的或超越国家的民主观。虽然自由主义的民族建构过去曾有助于在国家层面上促进和巩固民主，我们今天所需要的则是更具全球色彩的民主的公民资格观，它主要涉及超国家机构或跨国机构，如欧盟、联合国或世界银行。

我们想要加强这类国际机构的一个理由是，我们相信某种全球正义观，因此就需要把富国公民的资源向穷国的公民进行转移。也就是说，因为我们相信某种世界主义正义观，我们就需要有世界主义的政治机构。但建立国际政治机构还有独立的理由。越来越多的人认识到，我们需要这类机构去处理经济全球化的问题、共同的环境问题以及维护国际安全。因此，我们就看到在二战之后这类国际组织的急剧增长。

然而，这些机构却不吻合现存的、以国家为基础的民主理论。目前，这些跨国机构表现出极大的“民主欠缺”，因此在公民心目中就不太具有公共合法性。它们的基本组织形式是以政府间关系为基础的，因此几乎不受公民个人的影响。此外，这些机构的形成方式具有特设性——每一个机构的建立都是为了达成某种特殊目的：并没有什么理论或模型来支撑
313 这些跨国机构，去说明它们应该如何管理，它们之间的关系应该如何，或

者应该有什么样的原则来规范它们的结构或行为。

简言之，虽然跨国机构的数量一直在增长，而它们对我们生活的影响也越来越大，但我们却没有关于跨国机构的政治理论。至于民族国家的机构应该实施什么样的正义原则，至于公民应该相对于这些机构拥有什么样的政治权利，至于公民应该相对于这些机构拥有什么样的品德、应该忠于什么以及应该具有怎样的义务，我们都有发展良好的理论。与之对比，至于应该把怎样的正义原则、民主标准或品德或忠诚规范用于跨国机构，却几乎无人对此有什么清晰的观念。①

因此，越来越明显的是，我们不能再把民族国家当作政治理论的惟一的或首要的背景。我们需要更具世界性的、明确面对这些问题的民主观和治理观。对自由主义的民族主义的共同诘难不仅在于它漠视了对跨国民主理论的需求；而且在于它对共同民族性对于民主制度的黏合功能的强调，使得不可能在超越国家和语言界限的层面上对民主进行理论的思考(e.g. D. Held 1995， 1999； Young 2000b)。

然而，许多自由主义的民族主义者却认为跨国政治机构有其必要性。就像对正义的自由主义的民族主义的解释一样，问题在于，我们是把民族国家视为更具世界性的民主观的基础，还是视为它的障碍。我们应该视世界主义的民主为对以国家为中心的过时民主模式的替换，还是应该视之为在依赖它的前提下对它的补充呢?

举例来讲，欧洲联盟就是正在发展中和认真尝试中的少数几个跨国民主政治机构的一个实例。欧盟有两个主要的决策中心：欧洲议会(European Parliament)——它的成员是由欧洲范围内的公民直接选举的；欧盟委员会(European Commission)和部长理事会(Council of Ministers)——它的成员是由各国政府指派的(各国政府本身又是在每个国家的内部选举中

① 关于发展这种世界主义的公民资格观的初步尝试，参见：D. Held 1995， 1999；Archibugi and Held 1995； Heater 1996； Robbins 1998； Hutchings and Dannreuther 1999；Carter 2001。

诞生的)。与这两个决策中心相对应，要试图治愈欧盟的民主欠缺，大致有这样两种策略。一种策略是增加(直选的)欧洲议会的权力，而降低(国家指派的)欧盟委员会和部长理事会的权力，这样就可以使欧盟在泛欧洲范围内、在更大程度上向公民个人直接负责。另一种策略是把绝大部分权力保留在欧盟委员会和部长理事会，但却在更大的程度上使各国政府就
314 其代表在欧盟委员会和部长理事会的行动向国内的选民承担更大的责任。

许多支持世界主义的公民资格的人士赞成第一种途径——他们认为，使国际机构更加直接地向公民个人负责是至关重要的。但似乎绝大多数欧洲人却更愿意采取第二种途径。社会中几乎不存在要强化欧洲议会的要求。相反，欧洲所有国家中的绝大多数人民对欧洲议会的事务都不怎么感兴趣，更没有什么愿望去增加它的权力。相反，他们却希望自己国家的政府在跨国的部长理事会上的行为要对自己负有更大的责任。也就是说，对于自己国家的政府应该在欧洲问题上采取什么立场，每个国家的公民都希望用自己的方言去进行政治论辩。例如，对于丹麦应该在欧洲问题上持什么立场，丹麦人希望用丹麦语进行论辩。他们没有兴趣去展开一种欧洲范围内的论辩(用英语吗？)以讨论欧盟应该做什么。他们相当愿意就欧盟展开民主论辩，但他们所愿意从事的论辩不是与其他欧洲人就“我们欧洲人应该做什么”而进行的论辩；相反，他们愿意用丹麦语与其他丹麦人就我们丹麦人应该做什么而进行论辩。

此外，试图创造真正跨国的民主公民资格，有可能反而会为国家之内的民主的公民资格带来负面后果。例如，把更多的权力赋予直选的欧洲议会并使之更加“民主”就必然会导致这样的结果：各个国家政府会丧失现在对欧盟决策所具有的否决权。欧洲议会不同于部长理事会，因为一国政府无权对前者的决定实施否决权。这就意味着欧盟将不再通过各国公民的立法机构来对他们负责。目前，如果一位丹麦人不喜欢欧盟的决定，她可以试图动员其他丹麦人一起来改变自己政府在这个问题上的立场。可一旦欧盟被“民主化”了——也就是说，一旦直选的欧洲议会代

替了由各国政府指派的部长理事会而成为了主要的决策机构，丹麦公民就只好试图改变其他欧洲国家公民的态度（可他们却不说丹麦语）。由于显而易见的和易于理解的理由，很少有欧洲人愿意寻求这种类型的“民主化”。丹麦公民用丹麦语在彼此之间就丹麦在欧盟的立场所进行的论辩，是人们熟悉的和可行的做法。但要丹麦公民与意大利人进行论辩以便建立起某个共同的欧洲立场，却是一个令人感到畏难的方案。这样的论辩应该用什么语言、应该在什么场合进行呢？他们不仅不说同一种语言或共享同一块地域，他们也不读同样的报纸和观看同样的电视节
目，也不属于同样的政党。因此，这样一种跨欧洲辩论的场所会是什 315
么呢？

由于在欧洲范围内实现跨国的公共论辩存在着这些障碍，因此不必感到吃惊的就是：无论是丹麦人还是意大利人都不愿意使欧盟“民主化”。他们更愿意的民主形式是：要欧盟对自己国家的立法机构负责。因此，颇为矛盾的是，增加直选的欧洲议会的民主责任反而会削弱民主的公民资格。其后果就是，国家层面的权力向跨国层面发生转移。而只有在前一个层面，公众才有可能用同一种语言进行政治参与和从事激烈的民主论辩，而在后一个层面，民主参与与民主慎议都非常地困难。格里姆论证说，由于在目前还没有共同的欧洲大众媒体，并且由于在可预见的将来去创造这样一种欧洲化的媒体的可能性“完全不存在”，使部长理事会的权力激进地过渡到欧洲议会的做法，只会“加重而不是解决”民主欠缺的难题（Grimm 1995：296）。

这意味着，至少在可预见的将来，民族国家仍然是实践民主的公民资格的主要场所。这并不是要否定下述观点的重要性乃至必要性：要使国际机构在民主的形式下担负责任。但由于在跨国层面上建立慎议民主和促进大众参与尚有很大的困难，我们也许应该把世界民主的发展建立在民族国家之内的民主成就上。换言之，跨国民主的成功也许应该基于国内民主的健康发展：如果跨国政治机构的规则和决策首先在一国之内的民主场所得到论辩和通过，它们就会以最好的方式进行运转。如果是这

样，强调维系国内民主所需的品德、行为和诚信，就不像初看之下显得那么目光短浅(Thompson 1999)。

第六节　公民共和主义的政治

在绝大多数战后的政治理论中，民主(用来评价程序)和正义(用来评价结果)是两个基本的规范概念。公民资格常常被视为是附属于民主和正义的——譬如，公民就是具有民主权利和正义要求的人。然而，政治谱系中所有的理论都开始支持这样一个观点：在任何合理的政治理论中，公
316 民资格都必须有一种独立的规范性作用，并且，促进负责的公民资格是公共政策的急迫目标。自由主义者、激进主义者、自由至上主义者、社群主义者和女权主义者都对公民资格倾注了这种关注。

可是，当下论辩的一个显著特点却是，一旦要把他们的公民资格理论应用于公共政策，这些作者却显得谨小慎微。政治哲学的文献中还没有就如何促进公民资格产生出很多新的提议或建议。如果公民品德是重要的，为什么不像许多欧洲国家已经做过的那样，去颁布“善良的撒玛利亚人法”①呢？如果政治参与是重要的，为什么不像澳大利亚或比利时那样，规定公民有进行选举的法定义务呢？如果公共精神是重要的，为什么不像绝大多数欧洲国家那样，要求公民有定期服务于国家的法定义务呢？如果国立学校能够帮助培育负责的公民资格——因为它们要求具有不同种族和宗教背景的孩子在一起学会相互尊重，为什么不禁止私立学校呢？

这些政策特别涉及如何促进公民资格，而不涉及正义或民主本身。可是，这些作者中甚至考虑过这些提议的人都很少。相反，绝大多数公民资格理论家要么不回答如何促进公民资格(Glendon 1991：138)，要么只

① “善良的撒玛利亚人法”(Good Samaritan Laws)，保护的是施救人员，如果施救人员在帮助他人时造成意外伤害，可以免除法律诉讼，鼓励民众见义勇为。“善良的撒玛利亚人”源自《圣经》故事，现指乐善好施者，助人为乐者。——译者

关注那些“温和的”或“不那么强加于人的”促进公民品德的方式(Macedo 1990：234，253)。①虽然公民资格理论家叹息对权利的过于关注，他们却似乎并不愿提议任何被视为对那些权利形成约束的政策。

这种谨小慎微也许确有恰当理由，但却不容易与这样一个论断——我们面临着公民资格的危机并且我们急迫地需要某种公民资格的理论——协调一致。其结果就是，近期许多关于公民品德的工作就显得相当空洞。由于就什么是正当或不正当的促进或强化良好公民资格的方式缺乏应有的解释，许多关于公民资格的工作最终不过是老生常谈——即是说，如果人们更友善、更善于思考的话，社会就会变得更好。②

事实上，并不清楚的是，促进良好的公民资格的需求究竟有多么急迫。关于公民资格的文献充斥着品德衰落的悲观预见，但是，如高尔斯顿所承认的那样：“文化悲观主义是人类历史的一个永恒主题，它会蔓延到几乎每一代人”(Galston 1991：237)。我们可以在20世纪50年代的政治社会学家那里，甚至在19世纪30年代的托克维尔那里，发现他们对政治冷漠的类似担忧。就算确有令人担忧的迹象——如投票率的降低，也有许多值得肯定的趋势。今天的公民比过去的若干代人更加宽容、更尊重他人的权利、更信奉民主和宪政主义(Macedo 1990：6—7)。就算公民们现在不那么热衷于国家层面的传统党派政治，但与此同时却产生了大量不同种类的“反公共形式”——在这些新形式的公共参与途径中，公民们就新观点和不同想法进行激烈的论辩(Fraser 1997；Phillips 2000：291— 317

① 对公民资格“不强加于人的”促进，还有其他解释——参见：Habermas 1992：6—7；Hill 1993；Rawls 1993a：216—220。

② 例如，穆非就批评说，自由主义把公民资格简化为“简单的法律地位，把权利当作个人用以反对国家的东西”(Mouffe 1992c：227)；并且，她致力于“重建伦理学与政治学的失落的联系”，其依据就是把公民资格理解成一种“通过对共和国的认同而产生的政治认同”(230)。然而，就如何促进或推动这种基于公共精神的参与，她却没有提供任何建议，并且，她坚持认为(与公民共和主义相反)，公民必须有不把优先权赋予他们政治活动的选择自由。因此，她对自由主义的批判似乎就可以归为这样一个论断：自由主义关于我们公民权利的观念没有告诉我们一个好公民会如何实施他的权利——这个论断显然是自由主义者乐于接受的。许多对自由主义的公民资格的批判，也诉求同样一种不具有启发性的论断。

292)。因此，仍然不清楚的是这个问题究竟有多严重，或者我们应该如何与之抗争。

这意味着，对公民资格的当前关注也许并不像其表面看来的那样。表面的目标是发展一种公民资格理论，以便对较早的关于正义制度的理论进行补充。但我却相信，在很多情况下，公民资格的新语言不过是被用来(或误用来)掩盖在社会制度的正义问题上的老争论。到20世纪80年代末，我们在正义理论上已经进入了一个僵局。就什么是分配正义的恰当原则和个人权利的恰当范围，自由至上主义者、自由主义的平等主义者、功利主义者和社群主义者彼此无法达成一致。就个人责任、选择和共同体成员资格在确定我们的正义义务上具有什么样的作用，他们也彼此分歧。看来任何一种立论都不太可能在智识上赢得决定性的胜利——无可置疑的却是，每一种传统的正义观都将继续对公共论辩和公共舆论产生影响。

由于这些因素，仅仅依据正义来捍卫我们所偏好的那些政策，就不再是充分的或有效的。由于我们的正义观本身就是有分歧的，声称某一具体政策会促进如像自由主义的平等主义的正义，就只会对那些支持这种正义观的人才有说服力。一种更有效的途径可能是这样的：依据于一些超越了不同学术传统的、对持有不同正义观的人都有吸引力的理想来为政策提供辩护。

民主的公民资格的理想就是服务于这个目标的最突出的候选者。我认为，最先对公民资格进行有效诉求的是新右派。当新右派人士试图基于正义理由来反对福利国家——譬如，坚持认为通过税收来帮助贫穷者就是对人们正当权利的不正义剥夺——他们几乎没有获得什么成功。大多数人实在难以接受自由至上主义者的论断——国家没有权利或责任来帮助那些贫弱者——所体现的正义理论。但是，当新右派开始基于公民资格而批评福利国家时——譬如，坚持认为福利国家孕育了依赖性、消极性和助长了永久边缘化——它却要成功得多。无论人们的正义观是什么，没有人愿意支持那些阻止人们成为积极的和负责任的公民的公共政策。

自由主义的平等主义者也曾面临一个类似的处境。当他们基于正义的理由去反对由市场导致的日益增长的不平等——譬如，坚持认为不平等一般而言是由人们境况中道德任意的差异造成的——他们几乎没有获得什么成功。在许多人看来，左派自由主义的论断——国家应该致力于补救所有境况的不平等——所体现的正义观要求得太过头了。但是，当自由主义的平等主义者对不平等的批判是基于它对公民资格的阻碍时——譬如，坚持认为富人可以购买选举而穷人从效果上看是被剥夺了选举权——他们却要成功得多。无论人们的正义观是什么，没有人会接 318
受那些把民主制度转变成财阀制度的公共政策。此外，这种日益增长的不平等还被视为是对“把我们联为一个民族的纽带”的削弱，因此就腐蚀了团结感。如果我们要想继续成为一个坚强和团结的民族，就必须要有一些共同的公共空间，而富人和穷人可以作为平等者在其中探讨一些共同关注的问题；并且，富人和穷人还必须要有对教育和媒体等事物的平等权利。对反对贫困和边缘化的纲领的捍卫，曾经是依据于使生活机会平等化的原则，而现在却是依据于促进民主的公民资格。

类似地，文化保守主义者过去反对妇女权利、同性恋权利和多元文化主义的理由是：这些内容助长或容忍了“不自然的”、“非神所指引的”生活方式或堕落的或错误的优良生活观。但保守主义的这种完善论辩护却不怎么成功，因为它所依赖的优良生活观本身就是充满争议的。我们正好就什么是“自然的”或“神所指引的”存在着分歧。因此，保守主义者就必须转向与公民资格相关的论点。现在，对传统家庭的捍卫不再依据于自然或者宗教，而是把它作为“品德的苗床”。

就所有这些例子来看，关于公民资格的论证实际上不过是一种策略性退却，即是说，是从较早的关于正义的论证退却到了关于公民资格的论证。曾经被当作内在错误（如非正义）而加以拒绝的内容，现在被当作了工具性错误（如腐蚀了维系自由主义民主秩序所需的公民品德）。之所以有这样一种论证转移，是因为人们希望关于品德的工具性论证比起诉求有争议的正义理论而言能赢得更多的一致。

诉求品德不仅争议较少，而且还显得更高尚。如果左派对政策的捍卫基于这样的理由——要增加穷人的购买力以使他们能够在消费和闲暇方面有较大平等，这就会显得相当粗俗。如果我们称这些政策所促进的不是穷人的私人消费力，而是他们的公共自由和成为积极公民的能力，则显得要更加鼓舞人心。关注人们的私人消费力似乎是浅薄的和物质主义的，而关注人们参与政治的能力则显得高尚。①因此，左派和右派都从关于私人资源的公平分配的论证，转向了关于积极的公民资格的苗床的论证。

当然，这些公民资格论证源于策略性考虑并不意味着它们是无效的。但却的确意味着，关于公民资格的这些新理论很难被当作是在不偏不倚地寻求公民品德的苗床。左派人士试图证明，经济不平等腐蚀了积极的公民资格；右派人士试图证明，旨在降低经济不平等的福利政策腐蚀了公
319 民品德。女权主义者、同性恋者和多元文化主义者试图证明，传统的性别等级、性观念和种族地位腐蚀了公民资格；而保守主义者却试图证明，支持妇女、同性恋者和少数民族的国家政策腐蚀了公民品德。②很难想象，当人们依据公民资格来为政策辩护时，这些政策没有依据对正义的某种信奉。在这个意义上，采纳公民资格的视野是否真能引向不同于采纳更加熟悉的正义视野的政策结论，仍然是不清晰的。这也许只是一种新瓶装旧酒的策略。

进一步阅读指南

要想对“公民资格的论辩”有一个一般性的了解，参见：Gershon

① 我们的文化在这个问题上显然存在着很大的矛盾。一方面，如我先前指出的那样，绝大多数公民支持这样一个观点——我们的最高利益存在于如家庭、工作和宗教这样的私人领域中而不是在政治参与中。但是，当谈论分配问题时，似乎人们在私人生活中拥有多少资源就成了不重要的事情，似乎真正重要的就只是从事政治参与的能力。

② 例如，女权主义者论证说，传统的性别主义削弱了公民礼仪和公共合理性的基础；而保守主义者则论证说，女权主义的“政治正确”的诸多形式才削弱了公民礼仪和公共合理性的基础。

Shafir (ed.), *The Citizenship Debates: A Reader* (University of Minnesota Press, 1998); Ronald Beiner (ed.), *Theorizing Citizenship* (State University of New York Press, 1995); Martin Bulmer and Anthony Rees (eds.), *Citizenship Today: The Contemporary Relevance of T. H. Marshall* (University College London Press, 1996); Derek Heater, *What is Citizenship* (Blackwell, 2000); Engin Isin and Patricia Wood, *Citizenship and Identity* (Sage, 1999); Herman van Gunsteren, *A Theory of Citizenship: Organizing Plurality in Contemporary Democracies* (Westview Press, 1998)。

如我们在本章中看到的那样，“公民资格的论辩”实际上是几个不同的论辩，分别关注几个完全不同的论题，如品德、民主的合法性、公民教育、公民身份。关于公民品德的一般理论，参见：Richard Dagger, *Civic Virtues: Rights, Citizenship and Republican Liberalism* (Oxford University Press, 1997); Stephen Macedo, *Liberal Virtues: Citizenship, Virtue and Community* (Oxford University Press, 1990); William Galston, *Liberal Purposes: Goods, Virtues, and Duties in the Liberal State* (Cambridge University Press, 1991)。关于这个论题的文集，参见：David Batstone and Eduardo Mendieta (eds), *The Good Citizen* (Routledge, 1999); Robert Hefner (ed.), *Democratic Civility: The History and Cross-cultural Possibility of a Modern Political Ideal* (Transaction Publishers, 1998)。

对公民品德的强调关联于向更“慎议的”民主观的转移——这种民主观要求，公民能够并且愿意以积极的和负责任的方式参与政治生活。对这种民主观的一种有影响的论述就是：Amy Gutmann and Dennis Thompson, *Democracy and Disagreement* (Harvard University Press, 1996)。要想了解对他们理论的评论，参见：Stephen Macedo (ed.), *Deliberative Politics: Essays on Democracy and Disagreement* (Oxford University Press, 1999)。对慎议民主的其他重要论述，包括：Joshua Cohen, “Deliberation and Democratic Legitimacy”, in R. Goodin and P. Pettit (eds.), *Contemporary Political Philosophy: An Anthology* (Balckwell, 1997); Jürgen

Habermas, *Between Facts and Norms: Contributions to a Discourse Theory of Law and Democracy* (MIT Press, 1996); and James Bohman, *Public Deliberation: Pluralism*, *Complexity and Democracy* (MIT Press, 1996)。关于
320 这个论题有两个重要的选集：James Bohman and William Rehg (eds.), *Deliberative Democracy: Essays on Reason and Politics* (MIT Press, 1997); and Jon Elster (ed.), *Deliberative Democracy* (Cambridge University Press, 1998)。

一些理论家用稍微不同的术语来表达这种新的民主模式。例如，钱伯斯谈论“合理的民主”(Simone Chambers, *Reasonable Democracy: Jürgen Habermas and the Politics of Discourse*, Cornell University Press, 1996)；扬谈论“交流的民主”(Iris Marion Young, “Justice and Communicative Democracy”, in Roger Gottlieb (ed.), *Radical Philosophy: Tradition*, *Counter-Tradition*, *Politics*, Temple University Press, 1993)；德雷泽克谈论“探讨的民主”(John Dryzek, *Discursive Democracy*, Cambridge University Press, 1990)；佩蒂特谈论“论辩的民主”(Philip Pettit, “Democracy, Electoral and Contestatory”, in Ian Shapiro and Stephen Macedo (eds.), *Designing Democratic Institutions: NOMOS 42*, New York University Press, 2000)。他们所有人都持这样一个观念，即我们的民主观必须更加成为“以对话为中心的”，更少成为“以投票为中心的”——虽然，就如何使各种“对话”成为可能和如何评价它们，他们彼此间存在着分歧。

关于慎议民主有一些有帮助的综述，参见：John Dryzek, *Deliberative Democracy and Beyond: Liberals*, *Critics*, *Contestations* (Oxford University Press, 2000); David Kahane, “Pluralism, Deliberation and Citizen Competence: Recent Developments in Democratic Theory”, *Social Theory and Practice*, 26/3 (2000): 509—535; Ricardo Blaug, “New Theories of Discursive Democracy: A User's Guide”, *Philosophy and Social Criticism*, 22/1 (1996): 49—80; James Bohman, “The Coming of Age of Deliberative Democracy”, *Journal of Political Philosophy*, 6/4 (1988): 399—423。

对民主理论作出重要贡献的新近著作包括：Ian Shapiro, *Democratic Justice*（Yale University Press, 1999）, and Jeremy Waldron, *Law and Disagreement*（Oxford University Press, 1999）。

关于慎议民主的大量文献都具有乌托邦色彩，这体现在它们期望公民们将具有的那类慎议能力和倾向上。但是，也有一些人在努力尝试测验这种民主模式的可行性。至于如何促进民主决策的慎议性质，有一些实验，可参见：James Fishkin, *The Voice of the People*（Yale University Press, 1995），或查阅下面的网址：Fishkin's Center for Deliberative Polling（www. la. utexas. edu/research/delpol/index. html）。公民是否具有那种必要的“能力”——对此的研究，参见：Stephen Elkin and Karol Soltan（eds.）, Citizen Competence and Democratic Institutions（Pennsylvania State University Press, 1999）。

一些理论家以为，要维系这些公民品德和慎议民主的惟一的或最好的模式是回到某种形式的共和主义，它偏爱政治参与并视之为生活的最高形式。这种共和主义的复兴范例，可参见：Adrian Oldfield, *Citizenship and Community: Civic Republicanism and the Modern World*（Routledge, 1990）；and Quentin Skinner, *Liberty before Liberalism*（Cambridge University Press, 1998）。对共和主义的一种非常不同的解释是佩蒂特的《共和主义》(*Republicanism*, Oxford University Press, 1997)，它与自由主义一样，相信公民自由具有中心地位。对“共和主义复兴”的概述和批判，参见：Bill Brugger, *Republican Theory in Political Thought: Virtuous or Virtual?*（St Martin's Press, 1999）；Alan Patten, “The Republican Critique of 321
Liberalism”, *British Journal of Political Science* 26（1996）：25—44；and the symposium in *Yale Law Review*, 97(1988)。

在公民之间需要有公民品德的存在——这里引起的问题是：公民是从哪里学到这些公民品德的？有两种宽泛的回答。第一种回答强调公民社会中各种组织和机构的重要性，并把公民社会看作“公民品德的苗床”——公民们正是在其中学到了自我约束、合作与责任等观念。对这个观点的探讨，参见：Thomas Janoski, *Citizenship and Civil Society: Obligations in Liberal, Traditional and Social Democratic Regimes* (Cambridge University Press, 1998)；Robert Fullinwider (ed.), *Civil Society, Democracy and Civic Renewal* (Rowman and Littlefield, 1999)；Nancy Rosenblum, *Membership and Morals: The Personal Uses of Pluralism in America* (Princeton University Press, 1998)；Mary-Ann Glendon and D. Blankenhorn (eds.), *Seedbeds of Virtues: Sources of Competence, Character and Citizenship in American Society* (Madison Books, 1995)；Michael Walzer (ed.), *Toward a Global Civil Society* (Berhahan Books, 1995)。

另一种宽泛的回答关注对某种正规**公民教育**的需要，以便补充和时而更正我们在公民社会中学到的东西。关于公民教育对自由主义社会的重要性的讨论，参见：Eamonn Callan, *Creating Citizens: Political Education and Liberal Democracy* (Oxford University Press, 1997)；Meira Levinson, *The Demands of Liberal Education* (Oxford University Press, 1999)；David Bridges (ed.), *Education, Autonomy and Democratic Citizenship: Philosophy in a Changing World* (Routledge, 1997)；Walter Feinberg, *Common Schools / Uncommon Identities: National Unity and Cultural Difference* (Yale University Press, 1998)；Stephen Macedo, *Diversity and Distrust: Civic Education in a Multicultural Democracy* (Harvard University Press, 2000)；Robert Fullinwider (ed.), *Public Education in a Multicultural Society* (Cambridge University Press, 1995)；Harry Brighouse, *School Choice and Social Justice* (Oxford University Press, 2000)；以及两个专题研讨会，其中一个是论"Citizenship, Democracy and Education"，载 *Ethics*, 105/3 (1995)，另一个是论"Democratic Education in a Multicultural State"，载 *Journal of Philosophy of Education*, 29/2 (1995)。早期对这个话题的最有影响的探讨是古特曼的 *Democratic Education*，第一次出版是1987年，现在已经有了第二版(Princeton University Press, 1999)。

女权主义关于公民资格的新文献的观点，参见：Ruth Lister (ed.),

Citizenship: Feminist Perpectives（New York University Press，1998）；Maria Christine Bernadetta Voet and Rian Voet，*Feminism and Citizenship*（Sage，1998）；Anne Phillips，“Feminism and Republicanism：Is This a Plausible Alliance？”，*Journal of Political Philosophy*，8/2（2000）：279—293，以及专题研讨，载 *Feminist Review*，57（Autumn 1997）and Hypatia 12/4（1997）。

需要跨国形式的民主公民资格——对此的捍卫，参见：David Held，*Democracy and the Global Order: From the Modern State to Cosmopolitan Governance*（Polity Press，1995）；Danielle Archibugi and David Held，*Cosmopolitan Democracy: An Agenda for a New World Order*（Polity Press，1995）；Derek Heater，*World Citizenship and Government: Cosmopolitan Ideas in the History of Western Political Thought*（St Martin's Press，1996）；Bruce Robbins（ed.），*Cosmopolitics: Thinking and Feeling beyond the Nation*（University of Minnesota Press，1998）；Kimberly Hutchings and Ronald Dannreuther（eds.），*Cosmopolitan Citizenship*（St Martin's Press，1999）；以及关于“去国家化的公民资格”的专题讨论，载 *Indiana Journal of Global* 322 *Legal Studies*，7/2（2000）。欧盟的发展促进了关于跨国民主的大量探讨和弥补“民主欠缺”的尝试，参见：Percy Lehning and Albert Weale（eds.），*Citizenship*，*Democracy and Justice in the New Europe*（Routledge，1997）；Michael Nentwich and Albert Weale（eds.），*Political Theory and the European Union: Legitimacy*，*Constitutional Choice and Citizenship*（Routledge，1998）；Andrew Linklater，*The Transformation of Political Community: Ethical Foundations of the Post-Westphalian Era*（University of South Carolina Press，1998）。

有很多网站都致力于如何促进公民资格、公民资格教育和公民价值的问题。以美国为例，就有“the Center for Civic Education”（www.civiced.org），它主要涉及民主教育；“the Civic Practices Network”（www.cpn.org），主要涉及如何发展新的方法，以提升公民在公共领域解决问题和进行负责的民主慎议的作用；以及“the Institute for the Study of Civic Values”（www. libertynet. org/-edcivic/iscvhome. html）。《波士顿评论》（*The Boston Review*）的网站设有一个有趣的“新民主论坛（New Democracy Forum）”，它主要关注如何促进慎议民主（www. bostonreview. mit. edu/ndf. html）。更国际化的网站包括“the European Citizenship Education Network”（www. publiek-politiek. nl/english），以及 CIVITAS，一个致力于促进公民教育和世界范围内的公民社会的国际非政府组织（www. civnet. org）。

Citizenship Studies 作为一本新期刊，已经迅速成为了探讨公民资格理论的主要论坛。由于公民共和主义在很多方面都可被看作社群主义对社会团结的关注的自然演进，因此，不会令人感到惊奇的就是，第六章所提到过的社群主义期刊 *Responsive Community* 也包含许多对公民资格理论的讨论。

第八章

多元文化主义

“作为权利的公民资格”的传统模式已经从两个方面受到了挑战。上 327
一章所考察过的第一个挑战强调，需要更多地重视公民品德和积极的政治参与，以弥补对权利的集中关注。这一章要考察的第二个挑战强调，需要更多地重视文化多元性和群体差异的权利，以弥补对共同权利的集中关注。

第二个挑战反映了一种范围宽广的运动——它不仅涉及政治哲学而且涉及现实世界的政治。该运动已经在下述各种称谓下得到了讨论：“差异的政治”、“身份的政治”、“多元文化主义”、“承认的政治”。虽然每一个术语在内涵上有一些细微的差别，但根本观念却是类似的。现代社会被认为具有这样的根本特征——深刻的多样性和文化多元性。在过去，这种多样性常常受到“正常”公民模式的忽略或压制，而所谓的“正常”公民，无非是指身体健康、遵循传统两性关系的白人男子。任何人，只要偏离了这种所谓的正常模式，就会遭到被排斥、边缘化、被迫沉默或者被同化的命运。因此，非白人群体通常不被允许进入西方民主国家，而就算是被允许了，主流社会也想把他们同化成公民；土著人要么被排挤到了孤立的保留区并且（或者）被迫放弃他们的传统生活方式；同性恋通常被当作犯罪，但就算法律不加以追究，同性恋者在公共生活中也必须对自己的性倾向保持沉默；而残疾人更是被隐藏在各种机构之中；如此种种。

可是，那些先前受到排挤的群体现在却不再愿意被迫沉默或被边缘化，或者，不愿意仅仅因为他们与所谓的“正常”公民在种族、文化、性别、能力或性倾向上的差异就被当作是“非正常的”。他们要求有一种更具容纳力的、能够承认(而不是污辱)他们身份的公民资格观，而它又要能包容(而不是排斥)他们之间的差异。

人们有时声称，这些改革运动的特点就在于它们是关于“身份”的，因此，就表现成各种形式的“身份的政治”，它不同于较早的基于阶级划
328 分和关涉经济利益的工人或农民运动。①然而，在现实中，政治几乎总是既与身份相关又与利益相关。问题总是哪些身份和利益要受到促进?

依据“作为权利的公民资格”的传统模式，我们的目标是在公民中促进共同的民族身份。如马歇尔自己所强调的那样，公民资格不仅仅是由一系列权利和责任所界定的法定地位。公民资格也是一种身份，用于表达人们在政治共同体中的成员资格。而他论证说，要把公民资格权扩展到能够把基本的社会权利——如保健和教育——包含进来的程度；而他的论证依据正是在于，这样就可以帮助促进共同的民族成员感和民族身份感。在马歇尔看来，保证人们享有保健和教育的权利之所以重要，不仅仅是基于人道主义的理由——譬如，对基本需求的满足。社会权利还可以帮助把以前受到排挤的群体整合进共同的民族文化之中，因此就可为民族团结和忠诚奠定基础。其目标就是要把人们整合进应该成为“共同财富和遗产”的“共同文化”中(Marshall 1965：101—102)。提供社会权利可以帮助确保“对作为共同财富的文明的忠诚”。他特别关注的整合对象是英国的工人阶级，因为缺少教育和经济资源使他们无法享受这种民族文化——譬如，他们无法认识和享受莎士比亚、多恩、狄更斯、英王詹姆士一世钦定《圣经》英译本、克伦威尔、光荣革命、板球，等等。②

马歇尔感到，一系列共同的社会权利可以把人们整合进共同的民族文化，这无论从以前被排挤的群体的观点还是从国家的观点来看都是好的。马歇尔认定文化整合对工人阶级是一件好事，因为他们毕竟是土生土

① 对这种变迁的经典论述，参见：J. Cohen 1985；cf. Larana，Johnston，and Gusfield 1994。

② 关于公民资格的“整合功能”的探讨，参见：Barbalet 1988：93。

长的英国人——无论从种族、宗教和语言哪个方面看都是如此。他们应该是民族文化的共同拥有者，因为这是他们自己的民族文化。他们不是拥有不同民族文化的其他民族的成员。他们是英国人，他们一出生就有权利分享自己的民族历史和民族文化。

事实上，随着福利国家的发展，就把工人阶级整合进民族文化而言，所有的西方民主国家都取得了相当大的成功。当然，在大众文化与精英文化之间仍然存在着许多阶级差异。富裕者更有可能爱好网球而不是摔跤，更喜欢阅读大报而不是小报。但绝大多数英国人都熟悉那个共同的民族文化的重要内容，包括 BBC、莎士比亚、各种历史事件（如滑铁卢）和各种历史人物（如丘吉尔）、足球以及当代政治家。

把工人阶级整合进民族文化的企图并非完全出于利他主义的考虑。那时存在着这样一种恐惧：如果工人阶级不认同或不忠于英国文明，其 329
成员就有可能被引诱去支持“外国”观念，特别是社会主义和苏联布尔什维克。①此外，从国家的立场来看，如果社会中的公民享有共同的民族语言、文化和身份，要治理社会就较为容易。如果在公民之间有一种确定的文化共同性，那么，国家所有的重要功能——沟通、协商、计划、投资、管制、执行——都会发挥得更好。如我们在第六章注意到的那样，把公民们整合进共同的民族文化也会促进相互理解、信任和社会团结。

简言之，把共同的社会权利纳入公民资格是民族建构的手段，部分目的就是为了建构和巩固共同的民族身份和民族文化感。这可以帮助解释这些社会权利是如何在实践中得到实施的。例如，受教育的权利不是指可以按父母和孩子所愿去选择任何语言来接受教育，而是指用民族语言接受教育的权利——因为赋予这种权利的目标不仅仅是满足对理性、文字或知识的抽象需要，还意味着以这种方式教育人们可以帮助把他们整合进民族文化之中。类似地，西方国家并不为每一个种族群体提供单独

① 这也使精英阶层有理由用公共资源去支持自己的文化，因为这个文化现在是无论哪个阶级的公民都可享受的“民族”文化。

的医院以供保健之需——即使这是实施保健的有效途径。因为目标不仅仅是满足某些抽象的基本需要，还在于要通过共同资格和实施这些资格的共同经验去创造一种共同的公民资格感。一般而言，社会权利是通过在共同的民族语言中运作的共同的公共机构而获得某些共同利益的权利，其目的是为了满足基本需要，但与此同时又产生出共同的民族身份。

因此，“作为共同权利的公民资格”的传统模式的确与民族整合的观念具有深刻的联系。然而，共同的公民资格权利与民族整合之间的联系现在正受到攻击。①下面这点已经变得很清楚了，即许多群体——如黑人、妇女、土著人、种族少数群体、宗教少数群体、男女同性恋者——即使他们享有共同的公民资格权利，仍然有被边缘化的屈辱感。这些群体中的许多成员之所以有被边缘化的感觉，并不是(或不仅仅是)因为他们的社会经济地位使然，还因为他们的社会文化身份的“差异性”。他们论证说，共同的公民资格权利最初是为也是被那些身体健康的持传统两性观的白人男子所界定的，因此就不能包容其他群体的需要，所以，他们就要求有某种形式的、扬称之为的“区别对待的公民资格”(differentiated citizenship)(Young 1989)。按照这种观点，某些群体的成员不能仅仅被当作个体而整合进政治共同体；这种观点还要求这种整合是通过群体进行的，因此，成员的权利将部分地依赖于他们的群体成员资格。他们要求这类群体形式的公民资格，要么是因为他们拒绝这样一个观念——应该有一个单一的共同民族文化；要么是因为他们认为，要把人们包容进这样一
330 种共同文化的最好方式就是立足于区别对待的公民资格权利。

一些群体拒绝要把人们整合进“共同”民族文化之中的观念。这些群体包括这样一些“少数民族”，如魁北克人、加泰罗尼亚人或佛兰芒人，

① 如我们在第四章所见，社会权利与民族整合之间的联系也从另一个方向遭到了来自右派的挑战。自由至上主义者论证说，社会权利事实上阻碍着民族整合，因为它们所导致的贫穷困境和依赖文化使穷人的边缘化状态更加恶化。但我在这一章中却将集中探讨这样一种论断：传统模式所表达的共同的公民资格权利不能包容文化差异性。

他们认为自己在更大的国家内构成了独特的民族，并且，他们的奋斗目标是：要用在自己的民族语言和民族文化中运转的、属于自己的公共机构去对自己的社会实行自治。①为实现此目标，他们需要一系列区别对待的权利，包括某种形式的领土自治、在自治领土内以自己的语言作为官方语言，以及按自己的语言建立完整的公共机构（法律、教育和政治机构）的权利。

许多土著人也处于类似的情况：他们也拒绝这样的整合，其理由也是要保持自己的独特性；因此，他们也要求各类区别对待的权利——包括土地权、商议权和自治权——以实现这个目标。

其他群体接受民族整合的观念，但却感到要实现这个目标就要有一定形式的区别对待。例如，许多同性恋者感到，他们被错误地排除出了自己的民族文化。这种排挤的根源不是经济的不平等（事实上，同性恋者可能与异性恋者一样富有）。他们实际上是在自己的民族文化中遭到了蔑视，因为文化的正统基础是异性恋。在西方社会里，我们关于什么是“好”人或“正常”人的文化模式是以异性恋为基础的。如果要把同性恋者完全整合进来，民族文化中那些蔑视他们的因素就必须受到质疑。同性恋者不能完全参与进民族文化中，不是因为他们缺乏教育和经济资源，而是因为那种民族文化中存在着一种蔑视和贬低他们的、认为他们不那么值得尊重和关心的地位等级。这种地位上的不平等通常在歧视性法律中得到反映（一些不平等还保留在美国和英国的法律文本中），但即使那些歧视性法律被否弃了，这种地位的不平等仍然以各种细微的方式反映出来。例如，在国家媒体中、学校课程的设计上或公共展览馆中，都看不到同性恋者的身影；他们面临越来越大的肉体攻击的危险；他们面临很高程

---

①　我用“少数民族”来意指这样的群体：它们在被整合进更大的国家之前，已经在自己的历史领域内形成了完整的和运转正常的社会。这类少数民族通常是在非自愿的情况下被整合进更大的国家的，譬如，通过殖民、征服或一个帝国向另一个帝国割让土地；但整合也可能是在联邦制下自愿形成的结果。参见第 349—352 页。

度的私人歧视。①因此，同性恋者提倡那些能够挑战这种地位等级的各种权利和政策，包括：对同性恋婚姻的公共承认，要在教育委员会和治安委员会拥有自己的代表。

许多宗教少数群体也面临类似处境：他们感到在民族文化中受到了蔑视和排挤，并且，他们致力于对他们差异性的各种形式的承认(譬如，要有对他们宗教节日的公共承认，免除与自己的宗教崇拜相冲突的法定
331 义务——如禁止屠杀动物的立法就冲突于犹太人和穆斯林的宗教仪式所要求的祭祀形式；再如，锡克教信徒因为服装条例就不得在军队或警察机构里戴自己的头巾)。

为什么这些群体的成员要力争某些形式的区别对待的公民资格，而不要(或不仅仅要)工人阶级所要求的那些共同的社会权利呢？为什么马歇尔通过共同的社会权利去整合所有公民的策略在这些情况下会面临失败呢？

对这些要求作出批判的人士论证说，它们主要是那些群体领袖(如“种族老板”)的自私所造成的；他们之所以要在群体成员中促使愤恨和不平等的感受，是为了让自己有理由去维系对其成员的控制，同时也才有理由接受政府为他们的机构提供的资金。按照这种观点，群体内的精英因为自己的利益动机而愿意把群体成员保持在(真实的或想象中的)不利地位——因为如果群体成员在更大的社会里能够获得成功的话，他们的主顾和资金就要枯竭(e. g. Hardin 1995)。

不可否认，这种关于某些群体领袖的动机的说法也有某种真实性。少数群体的领袖像主流社会中的政治精英那样，也可能是玩世不恭和自私自利的。但这却不能解释，为什么群体中的非精英成员也经常要求区别对待的公民资格。批评者暗示，群体内的精英通过操纵群体成员，使他们不能详细了解自己面临的真实机会。但这种说法却与下述事实相矛盾：

① 同性恋者由于在北美国家内地位的不平等而面临着压迫，对此的证据，参见：B. Walker 1998；C. Cohen 1997：582—588。

随着群体成员的收入和教育程度的提高，要求区别对待的公民资格的动机却倾向于增加而不是减弱。事实上，对区别对待的公民资格的要求在整个西方世界都呈增强之势，甚至包括那些最民主的国家——群体领袖在其中要受制于严格的公共竞争并要对选民负责，甚至那些有很高学识水准的群体成员也有这类要求。

这当然不是说，这些群体的所有成员就区别对待的公民资格都有同样的要求。绝大多数群体是以异性恋为基础的，因此，它们通常与更大的社会一样，在政治观点和个人生活方式上有类似的分野。在他们中间有同性恋者和纯粹的黑人，有右翼妇女也有左翼妇女，有笃信宗教的也有世俗的魁北克人，有进步的也有保守的移民，如此种种。这些差异通常也反映在群体内部的争论——他们就应该做出哪类要求进行争论。我将在本章稍后的部分探讨这些内部分裂的意义。

但这却没有改变这样一个事实：许多群体的成员都明确地增加了对某些形式的区别对待的公民资格的要求。用什么来对这样的要求作出解释呢？为简化起见，我们可以说在每一个西方民主国家内都有两种严重的等级划分。首先，有一种经济等级。就马歇尔理论所涉及的英国而论，该等级由上到下的是拥有土地的贵族、商业和工业资本家、职业工作者、白领工人、有技术的工匠、无技术的劳工。一个人居于这个经济 332
等级中的什么位置，取决于他与市场或生产资料的关系。针对这种经济等级中的不平等而进行的斗争就产生了再分配的政治。这就是传统的工人阶级的动员形式——弗雷泽按下述方式对此进行了描述（Fraser 1998，2000）：

再分配的政治

——特别关注基于社会经济结构的不正义，包括剥削（自己的劳动成果被他人剥夺）、经济上的边缘化（被局限于无人愿意做的工作或完全被排除在劳动力市场之外）、经济贫困（达不到足够的物质生活水准）。

——补救方式是经济结构的重建，譬如收入的再分配、重新组织劳动分工或者对投资决定加以管制。

——公共政策的对象是阶级或类似于阶级的集体，而它们在经济上是依据与市场或生产资料的特殊关系来界定的。

——目标就是减少群体之间的差异（譬如减少在机会和文化方面的阶级差异）。

马歇尔关于公民资格权利的观念主要在于说明针对经济不平等的政治斗争。但在英国社会还存在马歇尔较少注意到的一种等级。这就是身份等级：英格兰人要优越于爱尔兰人、新教徒要优越于天主教徒（无论哪种基督徒都要优越于犹太教徒和穆斯林）、白人要优越于黑人或棕色人或黄种人、男人要优越于女人、异性恋者要优越于同性恋者、健康人要优越于残疾人。这种身份等级反映在历史上针对低等级群体的歧视性法律中，也体现在现代媒体、学校、博物馆和国家象征中所表现出来的对他们的漠视或成见。

我们可以在其他所有西方民主国家里发现类似的身份等级：持基督教信仰的异性恋的健康白人男子有较高的地位。针对这种地位等级的斗争就产生了“承认的政治”。同性恋者、宗教少数群体、移民和少数民族的现时运动就是以这种政治为基础——弗雷泽对它的描述如下：

承认的政治

——特别关注文化的不正义，这种不正义的根源在于表现、阐释与交往的社会模式，包括文化支配（屈从于其他文化的解释模
333 式）、不承认（不能出现在文化的正统交往行为中）、不受尊重（在文化的常规公共表现中或在日常往来中受到贬低）。

——补救方式是：通过文化或象征的改变，对被诽谤的群体的不受尊重的身份和文化成果予以积极的重新评价，或者，对文化多样性予以正面的评价。

——对象是等级地位中的群体，而它们是依据相对于其他群体而言的承认关系而被界定的，如较少的尊重、荣誉和声望。

——目标是确证群体的差异。

虽然为了分析的目的，我们可以区分再分配的政治和承认的政治，但在现实世界中它们却常常是结合在一起的。一些群体发现自己接近于两种等级的低层，因此就既争取再分配又争取承认。当然，很多人——特别是马克思主义者——认为，第二种等级只具有第二位的附属性质。按照这种观点，人们在经济等级中的地位决定着身份等级中的地位：一个群体之所以遭到文化上的轻视只是因为它在经济上处于不利地位。如果我们消除经济的不平等，文化的不平等就会自动消失。因此，就有传统的马克思主义者的观点：我们应该全身心地投入到再分配的政治之中。试图解决文化上的受轻视而又不挑战作为基础的经济不平等，被认为是徒劳而无意义的。令人吃惊的是，自由主义者中相当多的人也支持这种观点，认为文化不平等只具有第二位的派生性质。

可是，却有证据表明，身份等级不能还原成经济等级。当然，一些群体，如妇女、黑人和土著人，既不成比例地集中在较弱的经济地位，又受制于贬低他们并让他们沉默的文化表现模式。但还有一些群体，虽然经济地位较高，却仍然在文化上遭到蔑视。例如，在绝大多数西方民主国家，同性恋者与异性恋者享有类似的人均收入和受教育程度，但他们也在极端的同性恋恐慌中遭受痛苦。同样，一些发展良好的移民或宗教群体，如阿拉伯裔美国人和日本裔美国人，他们的收入和受教育程度甚至高于平均水平，但仍然在文化上处于被边缘化状态。类似地，许多少数民族，如加泰罗尼亚人或魁北克人，他们的生活水准不低于、有时甚至还要高于国内大多数人的平均水准，但他们的语言和文化却被视为要低于大多数人的主流文化。对所有这些群体而言，经济平等的实现并没有消除身份的不平等（虽然前者肯定有助于减轻后者），因此也就没有消除争取承认的政治的需要。

反过来讲，有一些群体在身份等级上享有优越地位，但在经济上却处于劣势。在绝大多数西方民主国家内的传统男性工人阶级大概就是这
334 样。虽然工人阶级在不正义的经济等级中遭受不幸，他们却常常从身份等级中受益。绝大多数男性工人满足于这样一种思想：由于他们的男性性别、白色皮肤、基督教信仰以及异性性取向被视为正常的标准，他们的身份就优越于妇女、黑人、犹太人或同性恋者。

当然，在福利国家诞生之前，男性工人由于无法享有教育和各种经济机会，并且收入水平也很低，他们通常不能享受这种身份等级带来的好处。因此，要解决传统的工人阶级受到排挤的问题，主要手段就在于通过各种社会权利去丰富共同的公民资格。尚没有必要去挑战身份等级。而事实上，工人阶级中的许多人（持基督教信仰的、异性恋的白人男子）一直抗拒妇女、同性恋者、宗教少数群体或移民对这种身份等级的挑战。作为一个经济上处于劣势但却享有高身份等级的群体，传统的工人阶级认为对经济等级的挑战吻合自己的利益，但同是出于自利却又要保护身份等级。

因此，在经济等级和身份等级之间并没有简单的因果关系。而这解释了为什么马歇尔通过共同社会权利进行整合的策略对工人阶级有意义，但却不能令其他群体感到满意。对传统工人阶级被排挤的问题的补救，几乎可算作经济再分配的政治的一个标准实例，而不要求涉及承认的政治。但对被排挤的绝大多数其他群体而言，平等所要求的东西要异于或要多于再分配的政治，也就是说，要对身份等级提出挑战。在一些情况下，如当涉及同性恋者和犹太人时，其目标就是单纯的承认的政治所指向的目标，因为他们已经实现了经济的平等。在另一些情况下，当涉及妇女或黑人时，平等既要求再分配的政治又要求承认的政治。①

---

① 弗雷泽注意到，在这些“混合”情况下，承认和再分配的关系可能相当复杂。例如，为妇女或黑人设立的维权行动计划也许就促进经济的再分配而言是有效的，但实际上却可能恶化对这些群体的蔑视：他们被当作需要“特殊”帮助的人群——因为他们“不能自力更生”。

由于人们越来越多地认识到，身份的不平等不能完全还原成经济的不平等，并且前者也不完全是后者的派生，对承认的政治就有了越来越大的兴趣。然而，立足于区别对待的公民资格而对承认所提的要求却充满了争议。事实上，许多人把这个观念——对群体进行区别对待的公民资格——当作一个自相矛盾的术语。按照正统观点，公民资格就意味着：个人要在法律赋予的平等权利的保护下受到平等对待。这正是使得民主的公民资格能够与封建的和其他前现代的观点——人的政治身份是由其宗教、种族或阶级成分来决定的——区别开来的关键。因此，“基于群体身份的权利或要求而形成的社会结构就尖锐地对立于基于公民资格的社会概念”（Porter 1987：128）。因此，区别对待的公民资格的观念是公民资格理论中的激进发展。

在这最后两章里，我的目标就是考察由这种承认的政治引发的某些 335
新问题。区别对待的公民资格旨在肯定以前被贬低的那些群体的差异，而这些群体正是基于此来挑战传统的身份等级。有什么样的道德论证可以支持或反对这类呈现群体的差异的权利呢？尤其是这些权利如何与自由主义民主社会的基本原则——个人自由、社会平等和民主——相联系呢？承认与再分配如何相联系呢？

如我们所见，寻求承认的运动涉及面很宽，因此，要回答这些问题就有必要区分不同种类的群体。在下一章中，我将集中探讨妇女群体的要求，但也会简略地涉及同性恋者和残疾人士的要求。在这一章里，我将集中探讨种族文化群体的要求，包括移民、少数民族、土著人、种族群体以及种族宗教群体（ethnoreligious groups）。这组群体本身就是一种混杂，而他们中的每一个群体都有不同种类的要求。然而，他们的要求却有两条重要的共性：（1）这些要求超越了我们所熟知的、公民个人所拥有的一系列共同的公民权利和政治权利——而这些权利是在所有的自由主义民主国家都受到保护的；（2）这些要求指向同一个目标：要使种族文化群体的独特身份和需要得到承认和包容。我将用“多元文化主义”这个术语去概括这些种族文化群体的要求。①（由于寻求承认的这些种族文化群体通常也是少数群体——我将在下面作出解释，我也将使用“少数的权利”这个术语。）

就多元文化主义与少数的权利而导致的哲学争论，近年来无论在范围上还是在基本术语上都已经有了很大的变化。直到20世纪80年代中期，还很少有在这个领域内进行研究的政治哲学家或政治理论家。事实上，就20世纪的绝大部分时间而言，种族性问题并不是政治哲学家关注的中心问题。（在其他学科中，从社会学到地理学再到历史学，也存在类似的现象。）

可是，到了今天，在数十年的相对忽略之后，多元文化主义的问题却已经走到了政治理论的前沿。对此有一些解释。最明显的是，东欧社会主义的解体释放了种族民族主义的浪潮，而这极大地影响了民主化的进程。种族性和民族主义的问题推翻了这样一种乐观的假定：自由主义的民主将从东欧社会主义的废墟上平稳地诞生。而在历史悠久的民主国家中，也有许多因素导致种族性问题的凸显：许多西方国家的本土人士开始对抗性地反对移民和避难者；土著人政治运动的复兴，导致了联合国的土著人权利宣言草案；以及在几个西方民主国家正在进行的甚至正在增长的分
336 离威胁，包括加拿大（魁北克）、英国（苏格兰）、比利时（佛兰德）和西班牙（加泰罗尼亚）。

所有这些在20世纪90年代凸显出来的因素表明，西方民主国家没有解决或克服种族文化的多样性所导致的社会冲突。因此，政治理论家逐渐把他们的注意力转向这个话题，就是顺理成章的事。过去几年里，出现了首批以英文写就的哲学著作——它们探讨与分离、民族主义、移民和群

① 要想了解一种有助益的分类方式，参见：Levy 1997。“多元文化主义”这个术语有可能会引起误导，因为在一些国家（如加拿大或澳大利亚），它通常只是被用来指对移民群体的容纳，而不指对其他种族文化群体——如土著人——的容纳。与之相反，在一些国家（如美国），“多元文化主义”通常指所有形式的“身份的政治”，不仅包括种族文化群体，还包括妇女、男女同性恋者、残障人士，等等。但我在这一章里却只用多元文化主义（以及“少数的权利”）来指称各种种族文化群体的要求。

体代表(group representation)、多元文化主义和土著人权利相关的规范问题。①

但不仅仅是论辩的规模变大了。论辩所使用的术语也发生了很大的变化，而这就是我要集中探讨的问题。我将试着把这场论辩区分为三个不同的阶段。

第一节　第一阶段：作为社群主义的多元文化主义

1989年之前的论辩属于第一阶段。为数不多的在20世纪70年代和80年代探讨多元文化主义的理论家假定，关于多元文化主义的论辩本质上无异于“自由主义者”和“社群主义者”(或“个人主义者”和“集体主义者”)之间的论辩。政治理论家试图依照他们更加熟悉的话题来探讨他们从未探讨的内容，这再自然不过了；而自由主义与社群主义之辩似乎最为相关。毕竟，多元文化主义似乎关涉着这样的人——他们把自己当作文化共同体的成员，并且寻求某些形式的“群体权利”以承认和保护自己的共同体。这一切都有一种“社群主义”的意味。

如我们在第六章所见，自由主义与社群主义之辩的一种形式是围绕个人自由的优先性而展开的。自由主义者坚持，个人应该有自由去决定什么是自己的优良生活观，并且赞成个人从任何被规定的或继承下来的社会地位上解放出来。自由主义的个人主义者论证说，个人在道德上优先于共同体：共同体之所以重要是因为它能对构成它的个人的福祉作出贡

① Bauböck 1994；Buchanan 1991；Canovan 1996；Kymlicka 1995a；Miller 1995；Phillips 1995；Spinner 1994；Tamir 1993；Taylor 1992；Tully 1995；Walzer 1997；Young 1990. 除了“Plamenatz 1960”，我不知道20世纪90年代以前还有哪位英语世界的哲学家以专著的形式对这些话题进行过长篇讨论。还有许多关于这些问题的哲学论文集(Baker 1994；Kymlicka 1995b；Lehning 1998；Couture，Nielsen，and Seymour 1998；Shapiro and Kymlicka 1997；Schwartz 1995；Raikka 1996)。要想了解全面的文献情况，参见：Kymlicka and Norman 2000。

献。如果那些个人不再认为维系文化常规是有价值的事情，那么，保护那些常规就不会成为共同体的独立利益，并且，共同体也没有权利不让个人去调整或拒绝那些常规。

社群主义者拒斥这种“自主的个人”观。他们认为人是“嵌入”特殊的社会角色和社会关系之中的。这种嵌入自我并不去形成或修正他们的优良生活观；相反，他们所继承的生活方式就界定了什么是他们的利益。社群主义者不把群体常规视为个人选择的产物，相反，他们视个人为社会
337 常规的产物。此外，他们通常还否认共同体的利益可以还原为个体成员的利益。因此，看重个人自主就被视为对共同体具有摧毁作用。健康的共同体要在个人选择和保护集体生活方式之间保持一种平衡，并且还要限制前者对后者的侵蚀程度。

论辩第一阶段的假设就是，人们在多元文化主义上的立场依据于或源起于他们在自由主义与社群主义之辩中的立场。如果某人是珍视个人自主的自由主义者，那么，他就会反对多元文化主义，认为它不必要地和危险地偏离了对个人的恰当重视。相反，社群主义者视多元文化主义为保护共同体并使之不受个人自主的侵蚀影响的恰当方式，也是确证共同体价值的恰当方式。种族文化的少数群体特别值得受到这样的保护，部分因为它们的处境最危险，也部分因为它们仍然有需要保护的群体生活方式。与大多数人不同，种族文化的少数群体还没有屈从于自由主义的个人主义，因此也还保持着具有凝聚力的集体生活方式。

围绕个人与群体谁具有优先性以及群体能否还原为个人而进行的争论，在多元文化主义的早期文献中占据主导地位。①少数的权利的捍卫者承认，他们的信念与自由主义者所信奉的道德个人主义和个人自主是不一致的，但却论证说，这正好指出了自由主义的内在缺陷。

---

① 要了解“个人主义者”阵营里的代表性思想，参见：Narveson 1991；Hartney 1991。要了解“社群主义者”阵营中的思想，参见：Garet 1983；Van Dyke 1977，1982；Addis 1992；Johnston 1989；McDonald 1991a，1991b；Svensson 1979；Karmis 1993。

因此，多元文化主义的捍卫者最初被引向社群主义是因为后者有可能为少数的权利提供哲学基础。反过来讲，如我们在第六章所看到的那样，社群主义自然会朝着某种形式的多元文化主义的方向进行演进。虽然社群主义的第一波论证说自由主义的自我观总的而言是不恰当的——无论对于多数还是少数群体，社群主义的第二波却作出了谨慎得多的论断：基于自主的自由主义对那些生活于自由主义社会中的特殊"集体"却是不恰当的。而事实上，如我们所见，桑德尔和泰勒特别把一些少数的权利视为社群主义的实践范例，并且认为这些权利表明了"共同利益的政治"形式不可能在多数人或国家层面上存在。

简言之，在论辩的第一阶段，捍卫多元文化主义就涉及支持社群主义对自由主义的批判，并且，少数的权利就被视为是对自由主义的个人主义侵蚀的抗拒，是对充满着集体意识和凝聚力的少数群体的捍卫。

第二节　第二阶段：自由主义框架内的多元文化主义

人们逐渐认识到，要把西方民主国家内大多数多元文化主义的论断 338
按上述方式进行概括是无济于事的。社群主义对自由主义的攻击与少数的权利观之间存在着"惊人的对应"——这样的假设，已经受到了越来越多的质疑。①

当然，有一些群体显然是"社群主义的"群体。如像哈特派、阿米希派和哈西德派犹太教徒等奉行孤立主义的种族宗教群体，它们就是自愿

① Galenkamp 1993：20—25。人们之所以相信有这样一种"惊人的对应"，部分是因为语言花招使然。因为少数的权利是由群体要求的，而且通常指涉特殊的群体，这样的权利就常常被描述成"集体的权利"。多数人只寻求"个人"权利，而少数人则寻求"集体"的权利——这个事实就被当成了证据，来为下述论断作证：少数群体中的人与多数人相比似乎更是"集体主义者"。这个推理过程包含一些没有前提的推理。并非所有指涉特殊群体的少数的权利都是"集体的"权利，并且，即使一些权利可被当作"集体的"权利，它们也并不必然就是"集体主义"的证据。参见：Kymlicka 1995a：ch. 3。

地要使自己与更大的世界保持距离。而一些更加孤立或奉行传统主义的土著人社群，或许也吻合“社群主义的”群体这样的描述语。自由主义的国家应该如何回应这种非自由主义的群体？这个问题在第六章第七节（涉及宗教自由）以及第七章第四节（在公民教育的问题背景下）已经被提了出来。

但是，西方民主国家中的绝大多数种族文化群体并不愿意受到这样的保护，以至于在自由主义的社会里可以不受现代化力量的影响。相反，它们想要在现代自由主义社会里成为完整和平等的参与者。例如，美国黑人对自由主义原则的信奉就与美国白人对自由主义原则的信奉并没有什么不同。同样，绝大多数移民群体，想要能够完全地参与和整合进自由主义民主社会的主流之中，想要享有社会主流的教育、技术、文字和大众传媒。而如魁北克人、佛兰芒人和加泰罗尼亚人等非移民的少数民族，也是这样。他们中的一些人也许想要从某个自由主义民主国家中分离出来，但他们这样做的目的并不是为了创造一个非自由主义的社群主义社会，而是要创造属于他们自己的现代自由主义的民主社会（Newman 1996； Davis 1994； Keating and McGarry 2001）。魁北克人想要创造一个“独立社会”，但却是一个拥有下述特征的现代自由主义社会：城市化、世俗化、多元化、工业化、官僚化以及消费主义的大众文化。

事实上，对大众舆论的调查表明，不仅少数民族不反对自由主义的原则，而且，少数民族和多数人在坚持自由主义原则上并没有什么实质性的不同。而就算是那些来自非自由主义民主国家的移民，也会迅速地接受自由主义民主的基本共识。在现代社会，对个人自主的信奉是广泛和深入的，跨越了种族、语言和宗教的界线。①

简而言之，关于多元文化主义的绝大多数论辩并非是自由主义的多数与社群主义的少数之间的论辩，而是自由主义者之间就自由主义的意

① 关于本土公民与移民在政治观点上的相似，参见：Frideres 1997； Harles 1993。关于加拿大说英语者和说法语者在政治价值上的趋同，参见：Dion 1991。

义而进行的论辩。这些是个人之间或群体之间的论辩，他们都持有基本的自由主义民主共识，但是他们就如何在多元种族的社会里阐释这些原则 339 却存有分歧——尤其是，他们就自由主义民主社会和制度里的语言、民族性和种族身份具有怎样的作用才算恰当存有分歧。要求少数的权利的群体坚持，至少对他们的语言、习俗和身份的公共认同和支持的某些形式不仅与自由主义民主的基本原则——包括个人自主的重要性——相一致，而且事实上也被这些原则所要求。

这就引向了论辩的第二阶段，在其中就有了这样的问题：多元文化主义在自由主义理论之内可能有多大的余地？以这种方式概括这种论辩并没有解决问题。相反，在自由主义理论中多元文化主义具有怎样的地位的问题仍然充满着争议。但它却改变了论辩的术语。问题不再是：如何保护社群主义的少数群体并使之不受自由主义的侵蚀？相反，问题变成了：分享自由主义基本原则的少数群体是否仍然需要少数的权利？如果少数群体是支持自由主义的，为什么它们的成员想拥有少数的权利呢？为什么他们对传统的共同公民资格权利表示不满呢？

这就是拉兹在他近期的工作中试图回答的问题。拉兹坚持认为，个人的自主——个人在不同优良生活中进行择优选择的能力——与下述因素紧密相关，包括：享有自己的文化、自己文化的繁荣、他人对自己文化的尊重。多元文化主义有助于确保这种文化繁荣与相互尊重（Raz 1994，1998；Margalit and Raz 1990）。其他一些自由主义者，如米勒、塔米尔以及斯平纳就“文化的成员资格”或“民族身份”对于现代社会中追求自由的公民的重要性，也作出了类似的论证（Tamir 1993；Miller 1995；Spinner 1994）。我也曾为此作过论证（Kymlicka 1989a；1995a）。论证的细节各不相同，但我们中的每一个都以自己的论证方式支持下述论断：有一些与文化和身份相关的决定性利益，它们不仅完全一致于自由主义的自由平等原则，而且能够为把特殊权利赋予少数群体提供辩护。我们可以称之为“自由主义的文化主义者”立场。

对自由主义的文化主义持批判立场的人，已经对这整条论证路线提出了许多反驳。一些人否认我们可以清晰地区分或确定“文化”或“文化群体”；一些人否认我们可以弄清这个论断——个人是文化的“成员”——的意义；而还有一些人却说，即使我们可以弄清这个论断——个人是独特文化的成员——的意义，我们也没有理由假设：个人的福祉或自由必然在任何方面都与文化的繁荣联系在一起。人们也许会选择与某一特殊语言或文化建立起强大的纽带，但这是他们的选择而不是他们的需要，而按照自由主义的观点，他们应该为自己选择的代价承担责任，而不应该期望他人为这种“昂贵的嗜好”提供补贴。①

340 这些是重要的反驳意见，但我认为它们可以得到答复。一般来说，人们生于其中的语言和文化应该被视为非由他们选择的环境的一部分，而不是自愿选择的嗜好。事实上，享有自己的语言和文化，有时可被视为进行有意义的选择所需能力得以可能的先决前提。不得不为了别的语言和文化而放弃自己的语言和文化，虽然显然不是不可能，但通常总是极为困难和代价高昂的过程；并且，当绝大多数社会成员不会面对这种相比较而言的牺牲，在这种情况下又期望少数人承担这种代价，这就是不合理的期望。②

无论怎样，这些反对意见并没有成功地打消人们对自由主义的文化主义的热情，而对于那些在这个领域进行思考的自由主义者，自由主义的文化主义已经通过迅速的发展而成为了一种共识。③然而，就算那些对自由主义的文化主义持同情立场的人也面临一个明显的困难。显然，一些类型的少数的权利会削弱而不是支持个人自主。例如，那些允许群体否认儿童的教育权和保健权的少数的权利，或者，那些允许群体强行把妇女约束在家庭事务中的少数的权利，就属于这种类型。虽然西方社会里的绝大多

① 要想了解对这三种反驳意见的简洁陈述，参见：Waldron 1995；cf. Johnson 2000。

② 我在“Kymlicka 1995a”的第六章中作出了同样论证。

③ 为什么自由主义的文化主义观点——它显然偏离了流行了几十年的主流自由主义——会变得如此普遍，这本身是一个有趣的问题。我在“Kymlicka 2001”第二章中论及了这个问题。

数种族文化群体与多数人一样分享着自由主义的基本价值，但我们也看到一些例外，特别是一些保守的种族宗教群体——这些非自由主义的群体也许会要求这样的权利，以限制群体内(某些)成员的自由。而即使某一个少数群体总的而言持有自由主义的民主价值，在这个群体内部仍然可能存在着历史悠久的、与自由主义的平等相冲突的传统和习俗，而它们又是该群体不愿意放弃的。例如，某一移民群体也许想要维系婚配的传统习俗，或者想要维系关于离婚的传统规则，而这两种规则都把妇女置于严重不利的地位。实际上，许多这类潜在的非自由主义惯例或习俗都与性别问题密切相关。因此，许多女权主义者都表达了这样的担忧：多元文化主义在实践上通常意味着赋予群体内部的男性成员对妇女加以控制和维持传统的性别不平等的权力。①这种形式的少数的权利削弱而不是增强了群体成员的个人自主。

因此，多元文化主义的自由主义捍卫者所面临的决定性任务就是：把那些会限制个人权利的“坏的”少数的权利与那些可被视为对个人权利进行补充的“好的”少数的权利区别开来。我曾提出，要就少数群体可能会要求的两类权利作出区分。第一类群体权利会针对群体自己的成员，旨在保护群体不受那些会导致不稳定的内部分离因素的影响(例如，个体成员决定不再遵照传统惯例或习俗)。第二类群体权利会针对更大的社会，旨在保护群体不受外部压力的影响(例如，更大社会中的经济或政治决定)。我称第一类群体权利为“对内限制”(internal restrictions)，称第 341
二类为“涉外保护”(external protections)。

这两类权利通常都被称作“集体权利”或“群体权利”，但它们引出的问题却极不相同。对内限制涉及群体之内的关系——种族文化群体也许会以群体团结的名义寻求运用国家权力以限制其成员的权利。这就会导致对个人进行压迫的危险。这个意义上的“集体权利”的批判者常常引

① 关于多元文化主义与妇女平等的潜在冲突的讨论，参见：Deveaux 2001；Okin 1999；Shachar 2001。

证神权和父权文化的例子来说明妇女如何受到压迫；并且，他们还旨在表明，当所谓的集体权利被赋予了相对于个人权利的优先性时，由法律支持的宗教正统可能导致怎样的后果。

显然，在自愿性的私人社团中，群体有要求其成员持有确定信仰或遵从特定行为方式的自由。天主教组织可以坚持要求自己的成员定期到教堂做礼拜。自由主义社会中的每个人都有这样的法定权利——决定是否参加教会活动或是否批判宗教教义；但如果某人选择不参加教会活动或选择批判宗教教义，教会就可以否认她的成员资格。这正是自由主义的自由联合的权利，它是我们最基本的公民自由之一。可是，当某个群体论证说它的成员不应该享有这样的法定权利——决定是否参加教会活动或对传统信念进行质疑——就会出现对内限制的问题。这种情况就曾出现在第六章讨论过的奥斯曼帝国的米勒特制度中，在其中人们不具有脱宗或从事异端事情的法定权利。类似地，某个群体也许会论证说，它的成员不应该享有受教育的法定权利，不应该享有婚姻自由或离婚平等的权利。所有这些都会成为对内限制。①

与之相反，涉外保护涉及*群体之间*的关系——譬如，种族或民族群体也许会通过限制较大社会的决定对它们的影响，来设法保护自己的独立存在和身份。这也会引起一些危险——倒不是在群体之内对个人的压迫，而是群体之间的不公平。以保护某个群体的独特性的名义，有可能使另一个群体处于被边缘化或被隔离的境地。这个意义上的“集体权利”的批判者，常常以南非历史悠久的种族隔离制度为例来表明，当某个少数群体要求与更大社会相隔离的特殊保护时，究竟会发生什么。

然而，涉外保护却不一定会产生这种不正义。赋予少数群体特殊的代表权、土地权或语言权通常不会使它居于对别的群体实行统治的地位。

① 如我们在第六章所看到的那样，这些对内限制可以表现为这样的形式：从法律上否认这类公民自由，或者，把相当大的代价附加给对这些自由的实施，使得个人事实上不再可能实施他们的(形式上的)法定权利。

相反，这样的权利是不同的群体更加平等的基础，因为这会减小较大社会对较小群体的侵犯程度。

这两类要求未必合为一体。一些种族或民族群体寻求针对更大社会的涉外保护，但却不寻求通过法律对其成员实施对内限制。一些群体不要求针对更大社群的涉外保护，但却要寻求控制其成员行为的众多权力。而另一些群体会同时提出这两类要求。这些不同种类的要求导致了根本不同的少数的权利观，因此，确定某个群体究竟是在提出哪类要求就是至关重要的。 342

由于信奉个人自主，我相信自由主义者应该就任何对内限制表示怀疑。自由主义的文化主义拒斥下述观念：以保护群体文化和群体传统的纯洁性或正统性的名义，群体就可以正当地限制其成员的基本公民权利和政治权利。然而，自由主义的多元文化主义的观念却支持群体享有针对更大社会的各种权利——旨在降低社会中绝大多数人通过经济或政治权力对群体进行伤害的可能性。这类“涉外保护”与自由主义原则相一致——但是，如果它们不是旨在降低更大社会中绝大多数人通过权力对少数群体进行伤害的可能性，而是使少数群体对其他群体行使经济或政治上的统治，它们也会变得不正当。

相当简略地讲，我们可以说，少数的权利与自由主义的文化主义相一致，如果：(1) 它们保护群体内个人的自由，以及(2) 它们促进群体之间的平等关系(非支配关系)(Kymlicka 1995a： ch. 3)。①如我将在下面讨论的那样，要事先确定某一少数群体所要求的特殊权利将会被用于强化对内限制还是建立涉外保护并不总是那么容易，并且一些少数群体的要求可能必然包含两者。这通常要求对特殊事例予以仔细的关注。但我相

① 可是，其他一些自由主义的文化主义者却论证说，一些有限的对内限制可以被接受，只要群体成员具有退出群体的实际权利。这很可能是那些“政治”自由主义的支持者的观点——它依据的是宽容价值，但却不是基于自主价值的“综合”自由主义(e. g. Galston 1995； Kukathas 1997 ——参见我在第六章第七节中对政治自由主义的讨论)。究竟是什么构成了“实际的”退出权利——对于这个复杂问题的讨论，参见：Okin 1998； Green 1995。

信，如果从事这种考察，我们就会发现，就大多数情况而论，西方民主国家的种族文化群体事实上并不寻求限制自己成员的基本自由，也不试图阻止自己的成员去质疑和修正传统惯例和习俗。①

例如，当黑人或土著人在更大社会里的政治制度中寻求特殊的群体代表权利时，他们的目标是确保自己的利益会在更大社会的决策中被纳入考虑，而不是在自己的群体中限制不同意见。②类似地，当移民试图为母语方案提供资金或者试图使自己免于与自己的宗教信仰相冲突的礼拜日不营业法规或服装法规时，他们是旨在减小大多数人的经济或政治权力对他们实施侵犯的可能性，而不是试图限制自己成员的自由。③

关于少数民族自治权的问题则更加复杂。一方面，这些自治权把权
343 力赋予更小的政治单元，以至于大多数人无法因为人数优势而推翻少数民族所作出的对自己的文化具有至关重要性的决定，譬如，涉及教育、移民、资源开发、语言、家庭原则等问题的决定，这样看，它们是外在保护。但是，这些自治权也导致了这样的可能性——少数民族会用自己的自治权去限制其成员的公民或政治权利；因此，就可能被用于实施对内限制。

自治权是否会被用于实施对内限制，很大程度上取决于对这些自治权的实施是否要受到宪政原则的约束——而更大范围内的国家立法权的实施都要受到这种约束。少数民族的自治是否受制于宪政原则对个人的公民权利和政治权利的保护？如果实际考察西方世界里的少数民族的自治权，我们就会发现少数民族总的而言的确服从于实施于更大政府的同

① 对该经验论断的更详尽辩护，参见：Kymlicka 1998；ch.4。

② 当然，除非他们使用基于性别偏见的或其他非平等主义的规则去选择群体的代表。西方民主国家中绝大多数（任何？）群体在选择代表时都没有采取这样的做法，“Phillips 1995”探讨了一些群体如何选择代表。

③ 巴里注意到，在很多情况下，最适当的解决方式也许不是让少数群体免于相应的法规，而是完全废除这些法规（Barry 2001：ch.2；Kymlicka 1995a：114—115；but cf. Modood 1994）。我认为，对于安息日法规而言，这是最好的办法。但是，要注意这并不是对少数群体要求的反驳；而是在反驳为了自己的便利而立此法规的大多数人；并且，如果大多数人不能或不愿意作出更改，少数群体就应该能够提出豁免的要求。

样的宪政约束。只要这些宪政约束继续有效，少数民族自治的主要功能就是提供涉外保护，而不是强化对内限制。

简言之，西方世界中大多数的少数的权利都旨在减少更大社会的经济压力和政治决定对少数群体实施威胁的可能性。这类权利旨在确保更大的社会不会剥夺少数群体的生存条件，而不是旨在阻止少数群体自己的成员从事非传统或非正统的言行。

因此，在论辩的第二阶段，多元文化主义的问题就变成了自由主义理论内部的问题，而论辩的目标就是要表明：一些(而不是全部)少数的权利要求增进自由主义的价值。按照我的看法，这第二阶段标志着真正的进步。我们现在对由种族文化群体提出的要求有了更加准确的描述，并且，对于从中产生的规范性问题也有了更准确的理解。我们已经超越了引人误导而又毫无希望的个人主义与集体主义之辩。

然而，我认为仍然需要挑战论辩的第二个阶段。虽然第二阶段对绝大多数种族文化群体的性质和它们对自由主义国家的要求有了更好的理解，它却对自由主义国家的性质及自由主义国家对少数群体的要求作出了错误的阐释。

第三节　第三阶段：对民族建构进行回应的多元文化主义

让我来解释一下。多元文化主义的捍卫者和批判者一般持有同一个假设：自由主义的国家在正常情况下对种族文化的多样性都遵守着“宽厚忽略”(benign neglect)原则。也就是说，国家不关心其公民的种族文化身份，也不关心种族文化群体在时间长河中重塑自己的能力。按照这种观 344
点，自由主义国家对待文化的方式就与对待宗教的方式一样——譬如，应该把文化当作人们有自由在自己的私人生活中加以追求的东西，而不应该作为国家关心的内容(只要人们尊重他人的权利)。正如自由主义不允许建立官方宗教一样，也决不允许建立相比其他可能的文化具有特殊优越地位的官方文化。

有必要强调，这种宽厚忽略的观念异于而且强于我在第六章第四节中讨论过的自由主义中立观。自由主义中立观是这样的：国家不应该在不同的优良生活观之间就其内在价值进行排序。这意味着，国家不应该声称，说英语比说法语具有更大的内在价值，或者，成为基督徒比成为无神论者具有更大的内在价值。然而，如果国家促进某一特殊语言或宗教的理由不是它们的内在价值，这就不与自由主义的中立相冲突。例如，要求每个人都应该说英语，其理由可能不在于它是更好的语言，而仅仅在于它是最通用的语言，因此也就是最有效的交流手段。类似地，人们也可以说，国家应该促进一种民族宗教，不是因为这种宗教是真的，而是因为如果每个人都持有这种宗教，社会就会变得更和谐(这实际上是卢梭的观点)。或者正如我们在上一章所看到的那样，如果是为了确保正义和稳定的体制，而不是为了所谓的内在价值，那么，推动政治参与和中立就是相一致的。

因此，国家中立只是排除了为公共政策所作的某些类型的论证或辩护——即是说，排除了诉求不同优良生活观的内在价值高低的那些论证或辩护方式。它并没有排除旨在促进某一特定语言、文化或宗教的政策——只要这些政策能够找到“中立的”理由。

显然，国家中立虽然是自由主义正义的必要条件，却不是充分条件。存在着中立理由去促进某一共同的宗教——这个事实并不意味着，国家去宣称和促进某一种国家宗教是合法的。相反，自由主义者坚决支持这样一个原则：国家不仅应该避免依据与有争议的善观念相关的非中立理由去促进宗教，国家即使是出于效率或社会和谐的中立理由也根本不应该促进任何宗教。必须有严格意义上的“政教分离”。

换句话讲，在宗教事务的范围内，自由主义者不仅信奉国家中立的观念，而且信奉更强的宽厚忽略的观念。应该有严格意义上的政教分离，应该严格禁止支持某些宗教而不支持另一些宗教的政策，而无论这些政策所依据的理由是否中立。

许多人假定，这种模式也应该适用于种族文化的多样性。毕竟，对宗 345
教的宽厚忽略似乎能够很好地包容宗教的多样性。在经历了欧洲几个世纪以来的天主教和新教之间的战争之后，宽厚忽略原则一直有助于维系相对的和平安宁。因此，为什么我们不应该把这种严格的分离模式同样应用于种族文化的多样性呢？

例如，沃尔泽就论证说，自由主义意味着“国家与种族的严格分离”。自由主义国家超越各种种族和民族群体，“拒绝支持他们的生活方式或对他们社会的持续发展采取积极关注的态度”。事实上，国家就“语言、历史、文学和这些群体的日历”而言，都是中立的。他说，这种中立的自由主义国家的最明显范例就是美国，而它对种族文化群体的多样性的宽厚忽略表现于这样一个事实：美国甚至没有宪法认可的官方语言（Walzer 1992d：100—101；cf. Walzer 1992b：9）。因此，移民要想成为美国公民，只需要宣誓忠于美国宪法中规定的个人自由和民主原则。

事实上，一些理论家论证说，这正是把自由主义的“公民国家”与非自由主义的“种族国家”区分开来的关键（Pfaff 1993：162；Ignatieff 1993）。种族国家把维系某一特殊的种族民族文化和身份作为自己的最重要目标之一。与之相反，公民国家却不关心其公民的种族文化身份，并且仅仅依据于对明确的民主和正义原则的忠诚与否来界定国家公民的成员资格。按照这种观点，那些想要寻求特殊权利的少数群体，就极大地偏离了自由主义的国家传统。因此，举证责任应该由那些想要支持这种少数的权利的人来承担。

当拉兹这样的自由主义的文化主义者在试图说明文化的成员资格具有保证自由和自尊的功能时，这样的举证责任正是他们所要承担的。他们试图表明，少数的权利是在补充而不是在削弱个人的自由和平等，并且，少数的权利还有助于满足那样一些需要——国家一旦僵化地持守种族文化的中立就将无法满足的那些需要。

因此，论辩的第二阶段的预设就是：多元文化主义的倡导者在偏离宽厚忽略的常规时，必须为之提供充分的理由。然而，我却相信，这样一个观念——自由主义的民主国家（或“公民国家”）要对种族文化身份漠不关心——显然是错误的。在解释自由主义民主国家与种族文化群体之间的关系时，使用那种宗教模式显然是误导人的。

346 考察一下美国的现实政治。从历史上看，当决定州政府的管辖边界以及各州被纳入联邦的时间时，这些决定都作了刻意的考虑，以保证说英语的人成为美国联邦各州的大多数。这使英语在整个美国疆域内成为主导语言。而还在继续的一些政策也有助于维系英语的主导地位。例如，法律要求儿童在学校里学习英语；法律要求（五十岁以下的）移民必须学习英语才能取得美国公民资格；并且，政府事实上要求政府工作机关的人使用英语，或者，要想获得与政府签约工作的人也得使用英语。

这些决定并非是宽厚忽略常规下的某些孤立的例外。相反，它们之间紧密相关，并且，它们合为一体既塑造了美国国家的结构又改变了国家架构社会的方式。（由于许多西方国家的政府要为国民生产总值贡献百分之四十到五十，政府使用什么语言就不是可被忽视的因素。）

这些政策旨在促进我称之为的“社会文化”（societal culture）的整合。我用“社会文化”意指聚集于边境之内的文化——它围绕某种共享的语言，而这种语言无论在公共生活还是在私人生活的社会机构中都受到广泛的运用（学校、媒体、法律、经济、政府，等等）。我称之为社会文化，是要强调它涉及共同的语言和社会机构，而不涉及共同的宗教信仰、家庭习俗或个人生活方式。现代自由主义民主国家内的社会文化注定是多元的，既包括基督徒，也包括穆斯林、犹太教徒以及无神论者；既包括异性恋者也包括同性恋者；既包括城市职业者也包括农民；既包括保守主义者也包括社会主义者。这种多样性是自由主义国家的公民的权利和自由受到保护后的必然结果，特别是这种保护又与种族的多样性结合在一起。可是，这种多样性又在语言和制度的凝聚力的作用下受到约束和保持平衡；而这种凝聚力并非自发产生，而是国家政策刻意产生的结果。

美国政府刻意地创造了这样一种社会文化，并且促使公民整合进这种社会文化。政府鼓励公民持这样的看法——自己的生活机会与参与靠英语运转的共同社会机构紧密相关；政府也扶持了一种民族身份——它部分是通过社会文化中的共同成员资格而加以界定的。美国在这方面并非独一无二的例子。如我在第六章所讨论过的那样，所有的自由主义民主国家(也许惟有瑞士除外)都已致力于发展共同的民族语言和民族文化。这也是“自由主义的民族主义”策略的一部分，而这种策略有助于在民主国家内保证团结和政治合法性。

说英语的美国人享有一种共同的“文化”——显然，这是在一种很 347
弱的意义上才这样说的，因为这种说法并没有排除在宗教、个人价值、家庭关系或生活方式的选择等方面的差异性。①这种“文化”虽然弱但却并不空洞。相反，如我将在下面讨论的那样，把人们整合进这样一种共同的社会文化的企图，通常总会遭到强烈的抵抗。虽然这个意义上的整合为个人和集体的差异性的公共和私人表达留有大量的空间，一些群体仍然激烈地拒绝这个观念——他们应该视自己的生活机会与以大多数人的语言来运作的社会机构紧密相关。

因此，我们需要用一种更准确的模式——这种模式承认在自由主义民主国家内民族建构的中心作用——来代替“宽厚忽略”的观念。说国家在进行民族建构，并不是说政府只能促进一种社会文化。在一国之内，政府有可能用政策来鼓励维系两种或两种以上的社会文化——事实上，如我会在下面讨论的那样，这正是加拿大、瑞士、比利时和西班牙这些多民族国家的特点。

然而，从历史的眼光来看，实际上所有自由主义的民主国家多少都

① 事实上，我所使用的“社会文化”这个术语并不与“文化”这个术语的通常学术含义相一致。按照最通常的含义，“文化”有一种很强的人种志意味，指对某些特殊的民间习俗和各种仪式的共享。现代自由主义国家中的公民并不在这样强的人种志的意义上享有共同的文化——事实上，缺乏共同的、人种志意义上的强文化正是自由主义社会的特征之一。但是，公民在与之不同的弱意义上享有某一共同文化——享用共同的语言和社会机构——对于现代自由主义国家的治理形式却同等重要。

试图在自己的疆域范围内扩展单一的社会文化。①这不应该被单纯地视为文化帝国主义或种族中心论的偏见。如我们在第六章和第七章所讨论的那样，这种民族建构服务于一系列重要的目标：机会的平等、团结、信任、慎议民主(Tamir 1993； Miller 1995； Canovan 1996)。②

因此，国家已经在“民族建构”的过程中：促进共同语言和共同成员资格感，促进享用社会制度——它们的运作依靠这种共同语言——的平等机会。官方语言、教育的核心课程、获取公民资格的条件——对这些事情的决定都立足于这样一个企图：在全社会扩展某一特殊的文化，并且，基于对这种社会文化的参与去促进特定的民族身份。

如果这种民族建构模式对现代自由主义的民主国家予以了更准确的解释，它如何影响多元文化主义的问题？我相信，它给予了我们极不相同的论辩视野。问题不再是：如何为偏离宽厚忽略的常规而进行辩护？相反，问题变成了：大多数人所致力于的民族建构是否会对少数群体产生不正义？并且，少数的权利是否有助于针对这些不正义而对这些群体行使保护？

这会是使论辩概念化的第三种方法。我不可能讨论这一论辩的全部意义。但让我举几个事例，以说明这种新模式如何会影响到就多元文化主义而进行的论辩。

---

① 就我所知，瑞士是惟一的例外：它从来没有认真地对使用法语和意大利语的少数民族施加压力，以让他们与使用德语的大多数人相整合。其他所有西方多民族国家在不同的时间段里都曾作出过同化少数民族的努力，并且只是在很不情愿的情况下才放弃这个理想。

② 当然，这种民族建构也能被用来促进非自由主义的目标。如卡诺万所言，民族性就像使国家进行运转的“电池”——共同的民族身份会促使公民为共同的政治目标而行动，并且，这些政治目标既可以是自由主义的也可以是非自由主义的(Canovan 1996：80)。自由主义的改革家用这种民族性的“电池”去动员公民从事民主化、经济发展和社会正义等事业；非自由主义的权威主义者则用民族性去动员那样一些人——他们攻击所谓的民族敌人，这些敌人或者是外国或者是内部的分裂者。这就是为何权威主义政权会像民主政权那样去运用民族建构(如佛朗哥统治下的西班牙或军事独裁者统治下的拉丁美洲)。在复杂的现代社会里，权威主义政权也需要“电池”去帮助实现公共目标。使自由主义国家与非自由主义国家区别开来的，并非运用或是不运用民族建构，而是民族建构的目的和达成此目的的手段。

第四节　多元文化主义的五种类型

民族建构如何影响少数群体？如泰勒所言，民族建构的过程不可避免地会有利于主流文化群体中的成员： 348

> 如果某一现代社会具有某种“官方”语言——就该术语的完整意义而言，所谓“官方的”即是指由国家加以支持、培植和界定的、使经济与国家功能得以运转的语言与文化；那么，对于那些拥有这种语言和文化的人而言，这显然是一种巨大的优势。使用其他语言的人则处于相当的劣势。（Taylor 1997：34；cf. Wright 2000：231）

这意味着，少数文化群体的成员面临着选择。如果所有的公共机构都以相异的语言进行运转，当少数群体面临社会的主要经济、学术和政治机构时，他们就有被边缘化的危险。面临这种困境，（相当简略地讲）少数群体有四种基本选择：①

（1）他们可以全体向外移民，特别是如果邻近有一个愿意接纳他们的富裕和友好的国家。在西方的近代历史中，鲜有这种事例，但近来却在东欧时有发生（譬如，大量的德意志人从哈萨克斯坦向德国移民，犹太人从俄国向以色列移民）；

（2）他们可以接受与主流文化的整合——虽然想要争取到更好或更公平的整合条件；

（3）他们可以寻求旨在维系自己的社会文化的自治权利或权力——譬如，用他们自己的语言去建构属于自己的经济、政治和教育机构；

（4）他们可以接受永久性的边缘化，只想被保持在社会的边缘状态。

---

① 第五种选择可能是用暴力推翻国家，并建立少数群体的独裁统治。这种选择在西方世界并不现实，但我们可以看到非洲（譬如，卢旺达）或亚洲（譬如，斐济）有这种事例。

每一种选择都是少数群体在面对国家的民族建构时可以采纳的策略。每一种选择(向外移民除外)要想获得成功，都离不开国家在一定程度上的包容。这些包容方式可以表现为：多元文化主义的政策、自治与语言权利、条约权利与土地要求、法定的豁免权。就如何应对和限制国家的民族建构的压力，不同形式的少数的权利反映着不同的策略。

我们可以就每一种类型找到不同的种族文化群体与之相应(而还有一些群体介于不同的类型之间)。例如，一些种族宗教的移民群体就选择永久性的边缘化。加拿大的哈特派和美国的阿米希派就属此例。但是，选择边缘化只对这样一些种族宗教派别具有吸引力——他们的宗教信仰要求
349 他们避免与现代世界有任何接触。哈特派和阿米希派并不在乎自己相对于大学和立法机构的边缘化状态，因为他们视这类“世俗”机构为腐败的典范。

然而，几乎所有其他种族文化的少数群体都愿意参与到现代世界中来，为此，他们要么必须接受整合，要么必须寻求能够创造和维持属于他们自己的现代机构的自治。面对这种选择，种族文化群体已经以不同的方式作出了回应。我将简要地探讨在西方民主国家内可以找到的五种类型的种族文化群体：少数民族、移民、持孤立主义立场的种族宗教群体、非公民定居者(metics)、种族等级群体(racial caste groups)。就每一种情况，我都将探讨这样一些问题：大多数人的民族建构如何影响了他们？相应于这种民族建构，他们提出的少数的权利要求是什么？这些要求与作为基础的自由主义民主原则具有怎样的关系？

(一) 少数民族

我用“少数民族”来指这样的群体：在被合并进更大的国家之前，他们在自己的历史家园内已经形成了完整的和运作正常的社会。少数民族可以进一步被分为两种范畴：“亚国家民族”和“土著人”。亚国家民族是指这样的民族：他们目前没法形成以自己为多数人的国家，但他们在过去曾经建立过这样的国家或者他们一直在试图建立这样的国家。他

们发现自己出于种种原因而与其他民族共同生活在一个国家之中。他们也许在过去被更大的国家或帝国征服或吞并了；也许是从一个帝国割让给了另一个帝国；也许是通过王室联姻与另一个王国合并在了一起。还有少数情况是这样的：多民族国家源于两个或两个以上的民族的或多或少的自愿协议，以形成互惠互利的联邦。

土著人是指这样的人：他们传统上拥有的土地被外来定居者剥夺了，并且他们被强制性地或通过协议与他们眼中的外来人所建立的国家合并在了一起。虽然别的少数民族梦寐以求获得与民族国家一样的地位，也就是说，要有与后者类似的经济和社会的制度与成就；土著人通常追求的目标却大不一样：他们想要有一定的能力以保持特定的传统生活方式和信仰，同时要按他们自己的条件参与到现代世界中来。除了达成这类目标所要求的自治，土著人通常也要求得到更大社会的尊重和承认，以弥补他们在数十年或数个世纪中作为二等公民(甚或非公民或奴隶)所受到的伤害。

土著人与亚国家民族之间的对比并不准确，并且也还没有被一致同意的关于“土著人”的定义。在西方背景下把亚国家民族和土著人区分开来的一个标准是这样的：前者是欧洲国家形成过程中的竞争者但却是失败者，而后者在最近之前一直被孤立于这个过程，因此直到20世纪他们 350
还保持着前现代的生活方式。亚国家民族愿意形成自己的国家，但却在争夺政治权力的过程中遭受了失败，而土著人却完全生活于欧洲国家的体系之外。加泰罗尼亚人、巴斯克人、佛兰芒人、苏格兰人、威尔士人、科西嘉人、波多黎各人，以及魁北克人，都是亚国家民族，而萨米人、伊努伊特人、毛利人以及美洲印第安人都是土著人。在北美和欧洲，与其他少数民族相比，土著人面临的合并后果要远为悲惨。①

无论他们是怎样被合并的，亚国家民族与土著人通常都抵制国家的

① 就土著人与其他少数民族的区分，以及这种区分与权利要求的关联，参见 Anaya 1996；Kymlicka 2001：ch. 6。

民族建构，并且也在为保持和恢复属于自己的、用自己的语言来运作的自治机构而奋争，以便能够在自己的文化中生活和工作。他们要求维持或恢复属于自己的学校、法庭、媒体、政治机构，等等。为达此目的，他们通常要求某种形式的自治。在极端情况下，这也许会导致直接的分裂要求，但更通常的情况是形成某种形式的地方自治。而他们通常也是用民族主义的方式去进行动员，用“民族性”的语言去描述和捍卫这些自治要求。虽然民族主义的意识形态总是把完全的独立作为“正常的”或“自然的”目标，但由于经济的或人口方面的原因却可能使得这样的目标对于某些少数民族并不可行。而且，由于在更大国家的疆域内越来越有可能获得实质性的自治，探讨诸如联邦主义这样的自治形式就引起了越来越大的兴趣。

简言之，少数民族通常会对多数人的民族建构作出这样的回应：他们会寻求更大的自治去进行自己的竞争性民族建构，以便在他们的传统疆域内保护和扩展自己的社会文化。事实上，他们通常会致力于使用那些与多数人用来促进自己的民族建构一样的工具——譬如，他们致力于在自己的生活疆域内控制如下内容：语言和学校课程、政府的工作语言、移民和归化(naturalization)要求，以及对内部疆域的划分。我们可以清楚地看到，佛兰芒或魁北克的民族主义所关注的正是获得和实施这些民族建构的权力。少数民族对多数人的民族建构通常会有这样的回应：他们通过奋争去维系或重建自己的社会文化，去从事属于自己的竞争性民族建构。这种描述对于土著人而言也越来越真实了，因为他们也采纳了“民族性”的说法并且从事于“民族建构”的宏伟事业，而“民族建构”所要求的自治权不仅大得多而且还要求建立许多新的社会机构。①

351 自由主义的民主国家应该如何回应这种少数群体的民族主义呢？历史上，自由主义的民主国家试图压制少数群体的民族主义，而这种压制常

① 关于土著人“民族建构”的需要(及理由)，参见：RCAP 1996；Alfred 1995。

常是粗暴的。例如，在18和19世纪的不同时期，法国就禁止在学校里或在出版物上使用巴斯克语和布列塔尼人说的凯尔特语，并且禁止任何旨在促进少数群体的民族主义的政治社团。而加拿大的英国人则剥夺了魁北克人使用法语的权利及相应的机构，并且对魁北克的疆域重新进行了划分，以确保魁北克人在任何一个省都不会成为多数群体。土著人要想通过组成政治社团去促进自己的民族要求，在加拿大也被视为非法。而当美国于1848年在对墨西哥的战争中征服西南部以后，它剥夺了长期在那里生活的西班牙后裔运用西班牙语的权利以及相应的机构，强加给他们文字测试以增加他们参加竞选的难度，并且，还鼓励向该区域进行大规模移民以使西班牙后裔在数量上居于劣势。

所有这些措施都旨在削弱少数民族的势力，也旨在消除拥有某一独特民族身份的感觉。实施这些措施的依据是：把自己视为独特“民族”的少数群体是不会保持忠诚的；因此，他们是潜在的分裂主义者。而时常也有人声称，少数群体——特别是土著人——是落后的和不文明的，因此，把他们合并进(哪怕违背他们的意愿)更文明和更进步的民族也正好吻合他们的利益。所以，当多数群体从事民族建构的运动时，少数民族常常是首当其冲的被攻击目标。①

但是，在20世纪，自由主义民主国家对少数群体的民族主义所持的态度已经大为改观。人们越来越认识到，对少数群体的民族主义所实施的压迫，无论从经验的后果还是从规范性的理由来考虑，都是错误的。从经验的后果看，有证据表明，通过压制少数民族然后把他们整合进主流民族群体的做法，实际上并不成功。西方国家对少数民族的身份的持续性，作出了极其错误的判断。民族身份的具体特征可以迅速变化——譬如，英雄、神话和传统习俗。但民族身份本身——在自己的民族文化下成为一

① 就这引出了这样一个问题，这个问题很好地表达在了康纳的著名文章的标题中：民族国家究竟意在实行“民族建构还是民族毁灭”(Connor 1972)。实际情况是，民族国家同时在起两种作用。民族国家通常致力于建构一种共同的民族性，但却要摧毁少数民族业已存在的独特民族感。

个独特民族的感觉——却要稳固得多。自由主义民主国家的政府曾经动用所有的手段去摧毁少数民族对自己的独特认同感，从禁止部落习俗到禁止使用少数民族语言的学校。但尽管有持续了几个世纪的法律歧视、社会偏见与冷漠，少数民族仍然保持了要想形成独特民族和实现民族自治的愿望。

其结果就是，当国家攻击少数群体的独特民族感时，这种做法通常
352 是增加了而不是减少了不忠诚的分裂主义运动的威胁。事实上，近期对世界范围内的种族民族主义冲突的调查表明，自治的安排减少了暴力冲突的可能性，而拒绝或废除自治权就更有可能加重冲突（Gurr 1993, 2000； Hannum 1990； Lapidoth 1996）。从西方民主国家的经验中可以知道，要保证少数民族的忠诚，最好的方式就是接受而不是攻击他们的独特民族感。

此外，对少数民族的压迫还很难获得规范性的辩护。毕竟，如果多数群体可以从事合法的民族建构，为什么少数民族——特别是那些被迫合并进更大国家之内的少数民族——就不能？确实，自由主义的原则就民族群体如何从事民族建构予以了限制。自由主义原则不允许这样的做法：种族清洗、剥夺人们的公民资格、侵犯人权。这些原则也坚持，任何从事民族建构的群体也必须在自己的管辖范围内尊重其他民族保护和建构自己民族机构的权利。例如，魁北克人在加拿大就有资格明确自己的民族权利，但他们也必须尊重魁北克中的土著人的民族权利。

这些限制至关重要，但我相信，它们仍然为少数群体通过合法方式追求民族主义留下了重要的空间。此外，这些限制对于多数民族和少数民族是类似的。在其他条件一样的前提下，少数群体应该拥有与多数民族一样的民族建构手段，只要这些手段服从自由主义的限制。换言之，针对这样的问题——自由主义民主国家之内进行民族建构的哪些形式是被允许的——我们需要具有一致性的理论。我不认为政治理论家已经发展出了这样一种理论。而居于主导地位的“宽厚忽略”模式的众多不幸后果之一

就是，自由主义理论家从来没有明确地直面这个问题。①

我在这里没有空间去为任何特定的可被允许的民族建构理论作辩护，②而只是坚持，这是我们需要面对的相关问题。问题不再是："少数民族是否已经有了强大的理由以迫使我们放弃宽厚忽略的准则"；而是："为什么少数民族不应该拥有多数人那样的民族建构的权力"。对少数群体的民族主义的评价必须在这一问题域下展开——也就是说，必须把少数群体的民族主义当作是对多数群体的民族建构的回应，而前者只不过是要使用与后者一样的民族建构手段。因此，举证责任显然落在了这样一些人的身上——这些人否认少数群体具有被多数民族视为理所应当的民族建构的权力。

（二）移民群体

我用"移民群体"来意指这样的群体：个人和家庭决定离开自己的 353
祖国——也常常包括亲朋好友——然后抵达另一社会后组成的群体。这种决定通常是出于经济上的考虑，虽然有时也出于政治考虑——要想移至更自由或更民主的国家。随着时间的推移，随着到达新国家后第二三代人的诞生，他们就会形成或多或少具有内部凝聚力和组织的种族共同体。

但是，有必要立刻在两类移民间作出区分：那些有权成为公民的移民与那些无此权利的移民。在学术文献和更宽泛的公共论辩中，很多混淆都源于不加区分地看待这两类人。我将用"移民群体"这个术语来称谓前一类人，也将在下面探讨我称之为"非公民定居者"的后一类人。

因此，移民就是指这样的人：他们是在移民政策的允许下移居他国

---

① 如诺曼所言，甚至研究民族主义的哲学家也忽略了民族建构的道德性的问题。他们倾向于询问民族国家的道德性，而不是进行民族建构的国家的道德性。换言之，研究民族主义的哲学家通常把民族国家的存在视为理所当然之事，然后再去询问建立一个民族国家的世界是不是好事。他们没有首先探讨这类民族国家的被创造过程（譬如，什么样的民族建构方式是被允许的）。参见：Norman 1999：60。

② 在"Kymlicka and Opalski 2001"中，我初步尝试着建立了区分自由主义与非自由主义的民族建构的标准。新近还有另一种对民族建构的伦理学的探讨，参见：Norman 2001。

的，而相应的移民政策使他们有权在相对较短的时间内——譬如三至五年——并按相对较弱的条件（譬如学习官方语言、对该国的历史和政治制度有所了解）成为这一国的公民。在美国、加拿大和澳大利亚这三个主要的“移民国家”里，传统的移民政策就是这样。

从历史上看，移民群体对多数群体的民族建构的反应，非常不同于少数民族的反应。不同于少数民族，移民群体要想在西方民主国家实行竞争性的民族建构既不可欲也不可行。他们通常人数太少并且地理上过于分散，以至于在新国家里不可能把自己原初的社会文化重新复制出来。相反，他们通常期望自己能够整合进更大的社会文化。事实上，很少有移民群体会反对这样的要求：他们必须学会官方语言才能获取公民资格，或者，他们的孩子必须在学校学习官方语言。他们也接受了这样一个预设：他们的生活机会，甚至他们孩子的生活机会，将依赖于他们在多大程度上参与用官方语言运作的主流制度。

就如何对这类群体进行整合，西方民主国家现在已有超过两百年的经验了；而几乎没有证据可以表明，有权成为公民的合法移民会对自由主义的民主国家的团结稳定形成任何威胁。很少有（如果确有的话）这样的事例：移民群体促进了分裂主义运动，鼓动了民族主义政党的形成，或者，支持革命运动去推翻通过选举产生的政府。相反，他们整合进了现存的政治体系，正像他们在经济和社会意义上得到了整合。①

354 因此，移民没有抵制多数群体的民族建构运动，没有拒绝与主流社会的整合。然而，移民却试图重新谈判整合的条件。事实上，在移民国家新近展开的“多元文化主义”论辩中，有许多论辩正关涉对整合条件的再谈判。移民正在要求一条更具宽容性或更具“多元文化”的整合途径，这种途径会允许甚至会鼓励移民保持自己种族遗产的若干方面——即使他

① 有必要强调，在主要的移民国家中，获得许可的避难者也被包含进了有权成为公民的移民的范畴。事实上，针对避难者的安置和归化的政策与针对移民的政策没有两样，而从历史上看，避难者与其他更自由的移民一样，遵循着一样的整合模式。

们将整合进靠主流语言运转的共同制度。移民坚持，他们应该有自由去维系某些涉及食物、穿着、娱乐、宗教等方面的古老习俗，并且应该有联合彼此以维系这些常规的自由。这不应该被视为不爱国或“非美国化”。此外，较大社会里的制度应该得到调整以便更好地承认和包容这些种族身份——譬如，学校和其他公共制度应该包容他们的宗教节日、穿着、饮食禁忌，等等。

自由主义的民主国家应该如何回应移民的这类多元文化主义要求呢？历史上，自由主义民主国家也对这些要求进行了抵制。直到 20 世纪 60 年代，三个主要移民国家还都采纳着“遵守英语国家标准”的移民模式。也就是说，移民被期望同化进现存的文化常规，然后随着时间的推移，在语言、穿着、休闲方式、烹饪、家庭规模、身份等方面都与土生土长的公民没有什么两样。在公共行为中过于明显地表现出“种族”性，一直被视为不爱国的表征。这种强烈的同化主义政策被视作必要的手段，用于保证移民成为忠诚于国家并有所作为的社会成员。

然而，人们越来越认识到，这种同化主义途径既不必要也不恰当。它之所以不必要，是因为没有证据表明那些对自己的文化遗产表示自豪的移民就更有可能不忠诚于自己的新国家、更有可能不成为有所作为的公民。这种途径还是不正当的，因为它不公平地增加了移民的代价。国家对移民设立了一系列法定的和事实上的旨在保证成功整合的要求，而这些要求对移民而言有相当的难度，并且要满足这些要求意味着要付出很多代价。由于移民不可能采纳属于他们自己的民族建构纲领来作为回应，而必须尽最大努力去迎接整合，因此，只有国家降低它所要求的整合代价，才说得上公平。

换言之，移民可以要求更公平的整合条件。这种要求包含两个基本要素。第一，我们需要认识到，整合不是一夜之间完成的，而是要历经几代人的艰苦过程。这意味着，基于过渡的考虑，要能够对移民予以特殊的包容（譬如，母语服务）。第二，我们需要保证，那些共同制度——移民不得不把自己整合进去——要能够同等程度地尊重、承认和包容移民的身 355

份和习俗，正如移民历来对多数群体的身份和习俗予以尊重。这就要求对我们的社会制度予以系统考察，去确定这些制度的规则和象征是否把移民置于不利地位。例如，我们需要检查关于服装、公共节日，甚至对身高体重进行约束的社会准则，看一看它们是否对特定的移民群体持有偏见。我们也需要检查学校课程或媒体对少数群体的描绘，看一看它们是否僵化不当，是否没能承认移民对本国历史或世界文化的贡献。这些措施都旨在保证自由主义的国家是在为移民提供公平的整合条件。

得再一次承认，我在这里没有足够的空间去详细探讨这类政策中的每一个是否公平。对公平的要求并不总是明显的，特别是在这样一个背景下——人们毕竟是凭自己的选择进入了一个国家；并且，政治理论家直到目前还几乎没有为澄清这个问题作出多大努力。但越来越多的人承认，我们需要直面这个相关的问题。问题不再是：移民是否已经提出了强有力的理由以使我们偏离宽厚忽略的准则？问题是：我们如何保证旨在对移民施加整合压力的国家政策是公平的？

（三）持孤立主义立场的种族宗教群体

虽然大多数移民愿意参与到更大社会中去，但也有一些小的移民群体，它们自愿把自己与更大社会分离开来，并且避免参与政治和公民社会的事务。如我早先所言，自愿边缘化作为一种选择，只可能对那样一些种族宗教群体具有吸引力——他们的宗教信仰要求他们避免与现代世界的接触，如哈特派、阿米希派和哈西德派犹太教徒，他们都是为了逃避因自己的宗教信仰而遭受的迫害才移居异国他乡。他们不在乎自己在更大的社会和政体中所处的边缘化地位，因为他们认为这样的“世俗”机构是腐败的，并且，他们力图保持自己在移居前原有的传统生活方式。

为了避免与现代世界的接触，并且也为了保持自己的传统生活方式，他们要求获得针对一系列法律的豁免权。例如，他们要求免于服兵役和尽陪审员的义务，因为这些活动会使他们与世俗政府产生瓜葛。他们也要求免于接受义务教育，这样做是为了保证自己的后代不会受到腐蚀（譬如，他们要求获得可以不让小于十六岁的孩子入学的权利，也要求在学校教育中免于修读那些教导现代生活方式的核心课程）。

这些群体对多数人的民族建构的态度非常不同于少数民族和移民群体。毕竟，民族建构旨在把公民整合进拥有共同的学术、经济和政治制度 356
的现代社会文化，而这些正是种族宗教派别想要避免的内容。此外，这些群体想要被豁免的那些法律，正是现代民族建构（如大众教育）所依赖的核心法律。

自由主义的民主国家应该如何回应这些免于多数人的民族建构的要求？也许令人吃惊的是，历史上许多西方民主国家居然接受了这些要求。这之所以令人吃惊是因为，由于这种同意，这些群体常常缺乏对国家的忠诚。此外，这些群体也通常以非自由主义的方式在实施内部组织。他们禁止自己群体的成员去质疑传统习俗或宗教权威（并且事实上通常试图阻止儿童获得这种批判反思所需的能力），他们也许会把妇女限制在家务事之中。而他们在国家整体的范围内也不是负责任的公民，因为他们对如何解决更大社会的问题毫不关心（譬如，他们不关心如何解决城市贫困、污染或滥用毒品等问题）。①

如我在第七章所指出的那样，斯平纳称这些群体为“不完全公民”，因为他们自愿放弃了民主公民所应有的权利和责任（Spinner 1994）。他们不行使自己的选举权和担任公职的权利（也不行使社会福利的权利），但他们同样要回避帮助解决国家问题的公民责任。因此，与绝大多数少数民族和移民群体不同，这些种族宗教派别拒绝这样一些原则：要对国家忠诚、要有自由主义的诸种自由、要承担公民责任。

那么，为什么这些群体的要求还会被接受呢？至少在北美洲的背景下，部分原因是这样的：当这些群体作为移民到来的时候，美国和加拿

① 对于自己社群内部的问题，他们当然承担很强的责任。但正义却要求我们关注那些不属于自己生活范围之内的事务，即使我们并不是那些更大问题的肇事者；参见第七章，本书第277页注①，以及相关文本。

大都亟需他们去开拓西部边疆，因此这两个国家就愿意作些让步以获得大量的拥有农业技术的移民群体。不清楚的是，自由主义的民主国家在今天是否还愿意对新到来的种族宗教派别作出这类让步。

而同样不清楚的是，从自由主义民主原则的观点看，作出这类让步是否恰当。毕竟，这些群体否认自己的成员拥有自由，并且回避他们对社会承担的公民义务。由于这个原因，若干年来已经在尝试取消这些豁免权，已经在强迫这些群体去尽他们的公民义务（如服兵役和尽陪审员的义务），并且，强迫他们的孩子去接受含有标准核心课程的普通义务教育，以使他们成为有能力参与到外部世界中的成熟的民主公民。

然而，一般来说，绝大多数民主国家继续在宽容这些群体，只要他们
357 不对群体内的成员形成严重的伤害（如对儿童的性虐待），只要他们不试图把自己的观点强加给群体外的人，并且，只要其成员有法律保护的、离开自己群体的自由。这种宽容的通常依据要么是社群主义的宗教自由观，要么是这样一个事实：当进入这个移民国家时，他们被给予了特殊的宽容保证——这种历史上的保证并没有给予其他移民。①

前三种群体——少数民族、移民和种族宗教派别——都是大多数人实施民族建构纲领的目标。当自由主义的国家开始在全国范围内扩展共同的社会文化并且遭遇到这些类型的群体时，它们总是在对这些群体施加整合的压力。

我将要探讨的最后两类群体——非公民定居者和种族等级群体（如非洲裔美国人）——却大不相同。他们没有受到与大多数人的文化相整合的压力——他们事实上是被禁止了这种整合。虽然前三种群体受到了整合的压力——即使他们想要保持分离；这最后两类群体却被迫保持分离——即使他们想要整合。这种历史上的排斥继续为西方民主国家带来大量的困难。

---

① 自由主义与社群主义宗教自由观的对比，参见第六章第230—232页。

（四）非公民定居者

虽然像阿米希派那样的奉行孤立主义的群体自愿放弃了自己的公民资格，却也有一些迁徙者，他们从来没有被赋予成为公民的机会。这实际上是一个混合群体，包括*非常规的迁徙者*（譬如，非法入境者或延期出境者——因此他们的居住是不合法的：如加利福尼亚州的墨西哥人和意大利的北非人），以及*临时迁徙者*（譬如，那些进入某国寻求临时保护的避难者或“外来打工者”，如德国的土耳其人）。当他们进入该国之时，这些人不会被当作未来的公民甚或长期居民，而事实上，假如他们一开始就被当作永久居民和未来公民的话，他们根本就不会被允许进入。然而，尽管存在着官方规定，他们仍然或长或短地永久定居了下来。原则上以及在一定的现实意义上，他们中的许多人面临着被驱逐出境的危险——如果他们被权威机关发现或者因为犯罪而受到了起诉。但他们仍然在一些国家形成了相当具有规模的社群，以合法或非法的形式从事工作，并且也许还会结婚和组成家庭。例如，加利福尼亚州的墨西哥人、德国的土耳其人以及意大利和西班牙的北非人，就属于这样的群体。从古希腊借用了一个术语，沃尔泽称这些群体为“非公民定居者”——也就是指那些被城邦生活排斥的长期居住者（Walzer 1983）。由于非公民定居者面临着通向整合的重大障碍——包括法律的、政治的、经济的、社会的和心理的障碍，他们总是在更大的社会中处于边缘地位。

一般而论，非公民定居者的最根本要求是希望承认他们的永久居民
地位，并且还要争取获得公民资格。他们实际上想要沿着移民的途径与主 358
流社会相整合，即使他们最初没有被当作移民。

对于这种获取公民资格的要求，自由主义的民主国家应该如何回应呢？从历史上看，西方民主国家曾以不同的方式回应了这些要求。一些国家——特别是传统的移民国家——已经勉强地接受了这些要求。那些超时滞留的外来打工者通常能够争取到永久居留权，而非法移民也会定期享受到大赦；因此，随着时间的推移，他们就会享有类似于合法移民的法

律地位和社会机会。

但是，一些国家——特别是那些不把自己当作移民国家的国家——却拒绝这些要求。这些国家不仅否认这些人为移民，它们也不承认任何移民，因此就没有可以对移民进行整合的程序或基础。同时，许多非公民定居者滞留该国，要么是因为非法进入（非法移民），要么是不遵守按时回归原籍的承诺（外来打工者），因此就被认为不配享有公民资格。此外，没有接受外来者传统的国家通常更有惧外心理，也就易于把所有外国人视为潜在的安全威胁，或者视为潜在的不忠诚者或不可改变的“异乡人”。在这些国家——德国、奥地利和瑞士是最显著的例子——官方的政策不是试图把非公民定居者整合进民族的共同体，而是试图通过驱逐或自愿的方式让他们离开该国。

我们可以看到，该政策体现在这样一种“多元文化主义”的观念之中，这一观念是针对那些被否认了公民资格的迁徙者而产生的——这样一种观念与加拿大或澳大利亚这样的移民国家的多元文化观真是大异其趣。例如，在德国的一些省份，直到20世纪80年代，政府都不允许土耳其人的孩子进入德国人的课堂，而只是为土耳其人设立单独的课堂。这种课堂通常是由从土耳其请来的教师用土耳其语授课，设立课程的目的则是为孩子们返回土耳其生活而做好准备。这被称作“多元文化主义”，但与美国、加拿大和澳大利亚的多元文化主义不同的是，它不被视为丰富或补充德国公民资格的途径。相反，采纳这种“多元文化主义”正是因为这些孩子不被视为德国公民。采纳这种方式是要表明，这些孩子实际上不属于这里，他们的真正“家园”是在土耳其。采纳这种方式无非是重新确证，他们是外来者而不是公民。不提供公民资格的多元文化主义几乎总是在为驱逐寻找合理化根据。①

简言之，这种想法所寄予的希望是：如果不承认非公民定居者能享

① 这种较早的模式现在已被否弃，而德国也更接近我所说的多元文化主义的移民模式。

有公民资格，他们在定居国家就没有可靠的法定地位；而如果不断告诉他们，他们的真正家园是自己祖籍所在的国家，并且，这个社会的人们不愿 359
意他们成为其中的一员；这样，他们就愿意最终回到自己的故乡。

但越来越多的人承认，对非公民定居者的这种做法是不可行的——它无论从道德上讲还是从经验上讲都是有缺陷的。从经验的层面看，现在已经变得清楚的是，那些已经在一国生活了若干年的非公民定居者已经极不可能返回故乡，即使他们只具有不稳定的法律地位。如果非公民定居者还在该国结婚生子，就更是这样。从这个意义上讲，作为他们“家乡”的不是自己的祖籍国家，而是这个新国家。事实上，该国是非公民定居者的子孙后代所知道的惟一家园。一旦他们定居下来并结婚生子，除非实行驱逐，否则不太可能让他们返回自己的祖籍国家。

因此，立足于自愿返回的政策是不现实的。此外，这样的政策还会对更大的社会造成危害。因为这种政策的可能后果是创造出一个永远没有选举权的、被隔离的下层种族。非公民定居者也许就会发展出一种抵抗性的亚文化——在这种亚文化下，任何在主流制度中寻求成功的观念都会遭到怀疑。可以预见，其结果不过是在移民群体中混合地产生政治隔离、犯罪和宗教原教旨主义，特别是在非公民定居者的下一代中，这会反过来在整个社会内导致更大的种族紧张甚至暴力。

为了避免这种后果，在西方民主国家中——甚至包括非移民国家，有一种日益增长的趋势：给非法移民以赦免权，并把公民资格赋予外来打工者和他们的后代。实际上，长期的非公民定居者越来越被当作好像是合法移民，并且被允许和受到鼓励按照移民的方式去接受整合。

这不仅是审慎的做法，也是道德的要求。不允许长期定居群体享有成为公民的权利——这种做法恰好违背了自由主义的民主理念。自由主义民主制是这样一种体制：那些服从政治权威的人就有权利去决定权威。拥有一些服从国家但却不能参加选举的永久性定居者，就是在创造一种会削弱民主国家信用的等级制（Bauböck 1994； Carens 1989； Walzer 1983； Rubio-Marin 2000）。

当然，这些人当初到来之时并没有期望也没有资格成为公民，而他们也许的确是非法入境的。但从某种意义上讲，最初的接受条件已经无关紧要。实事求是地讲，现在这里已经是非公民定居者的家园了，并且他们已经事实上成为了需要公民资格的社会成员。

（五）非洲裔美国人

360 黑人(非洲裔美国人)作为最后一个加以探讨的群体，近年来在美国学者对多元文化主义的理论思考中占据着极为重要的地位。黑人是指17—19世纪从非洲运往美国的奴隶的后代。在被奴役状态下，黑人根本不被当作公民，甚至不被当作“人”，而只是被当作奴隶主的财产，就像房屋和牲畜。虽然在19世纪60年代废除了奴隶制，而黑人也获得了公民资格，但他们仍然受制于种族隔离法——这些法律要求黑人只得在单独的黑人学校就读，只得在单独的建制中服兵役，只得乘坐单独的火车车厢。这些法律直到20世纪50年代和60年代才得以废除。尽管这些带歧视性的法律现在已被废除，但有证据表明黑人在雇佣和住房方面仍然受到广泛的非官方的歧视，他们仍然不成比例地集中在低层阶级和贫穷的街区。

非洲裔美国人与美国的民族建构具有一种独特的关系。就像非公民定居者，他们在历史上被剥夺了成为民族成员的资格。但不同于非公民定居者，这种做法的依据不是：他们是应当回去的其他国家的公民。美国的黑人很难被视为“外国人”或“外籍人士”，因为他们出现在美国的时间与白人一样长，并且他们也不是外国公民。事实上，他们被完全剥夺了民族身份——他们不仅不被承认是美国民族的一分子，他们也不被认为隶属于其他民族。

非洲裔美国人也不同于西方国家的其他种族文化群体。他们无法被当作自愿的移民，不仅因为他们是被强迫带到美国来的奴隶，而且因为他们被阻止(而不是被鼓励)与主流文化的制度相整合(譬如，通过种族隔离制度以及通过禁止通婚和学习文化的法律)。他们也无法被当作少数民族，因为他们的故乡并不在美国，在历史上也没有共同的语言。他们隶属于不同的非洲文化，有不同的语言，也没有人企图把他们结合在一个共同的种族背景下。相反，即使是源于同一文化的人（甚至是源于同一家庭的人）一旦到达美国后都通常被分散开来。此外，在获得解放之前，法律还禁止他们恢复自己的文化结构（譬如，除教会之外的所有黑人社团都是非法的）。因此，非洲裔美国人的状况几乎是独一无二的。

由于背景复杂，历史悲惨，非洲裔美国人所提的系列要求就充满着特殊性和复杂性。很多支持者这样看待20世纪50年代和60年代发生在美国的黑人民权运动：黑人要求更严格地执行反歧视法，是为了争取拥有与移民一样的整合途径。而那些对追随移民的整合途径持怀疑态度的 361
非洲裔美国人，则追求一个相反的目标：要把黑人重新界定为一个“民族”并进而促进某种形式的黑人民族主义。近年来非洲裔美国人的政治运动史在很大程度上可被视为这两种竞争目标之间的冲突。

但这两种目标都不现实。几个世纪的奴役和隔离所造成的整合障碍是移民根本不会面对的。因此，尽管黑人民权运动取得了法律上的胜利，黑人仍然不成比例地居于经济阶梯的底层——甚至当更多的（非白人）移民已经整合进来之后（如亚洲裔美国人）情况还是这样。但是，黑人的分散居住也使得民族分离主义是一种同样不现实的选择。就算他们具有一种共同的黑人民族身份——他们实际上并不具有，黑人在美国的任何一个地域都形不成多数。

因此，越来越多的人认识到，必须为非洲裔美国人寻求到包含各种措施的独特途径。这些措施也许包括：对过去的不正义进行历史性补偿，在整合方面予以特殊帮助（譬如，维权行动计划），切实可行的政治代议制（譬如，重新划分地区边界以产生出黑人居多的区域），以及支持各种自发组织起来的黑人机构（譬如，为历史上形成的黑人大学和以黑人为中心的教育进行补贴）。这些不同的要求也许分别朝向不同的目标，因为一些要求是在促成整合，而另一些要求却是在加强隔离；但每一个要求都对应着非洲裔美国人的矛盾而复杂的现实处境的不同部分。长期的目标是要把非洲裔美国人整合进美国民族。但得承认，只有加强现存的黑人共同体和制度，这种长期过程才是切实可行的。要达到一个整合的且无种族歧视的社会的长期的目标，却需要在一定程度上暂时保持分离和种族意识。①

要明确应该用哪些原则来评价这些充满争议的要求，是一件困难的事。就像对于大多数其他群体那样，需要同时考虑到道德的因素和审慎的因素。非洲裔美国人也许是所有种族文化群体中最遭受不正义伤害的群体，无论是从他们的历史遭遇还是他们的现实困境而言，都是这样。因此，从道德立场看，弥补这些不正义是美国政府急迫的义务。此外，就像对于非公民定居者那样，这种持续的排斥只会导致这样的后果：生活于分离主义和反抗性的亚文化中的多数黑人，都不会相信能够在“白人”的制度中取得成功。无论对于黑人自己还是对于广大社会，允许产生这种亚文化都面临极其沉重的代价——黑人面临的代价是生活贫穷、边缘化和
362 暴力，而社会面临的代价则是人力资源的浪费和种族冲突的加剧。由于这些代价，采纳所需的一切改革措施以阻止出现这种情况既是明智的也是道德的。

就上述每个群体的要求或世界上其他类型群体的要求，还可以谈出更多的内容。但我希望，所说的内容已经足以表明对下述问题的理解有多么重要：究竟少数群体的特殊权利要求是如何在回应和关涉国家的民族建构政策？在论辩的第三阶段，我们期望能够理解，各个群体的要求在什么意义上是对多数人的民族建构已经或可能施于它们的不正义的明示，又在什么意义上是对多数人的民族建构所应遵循的正义条件的明确。有必要强调，在我所考察的五种类型中，少数群体并没有说，民族建构纲领

① 关于非洲裔美国人的地位和要求，以及这些要求与自由主义民主规范的关系，有一些有帮助的探讨，参见：Spinner 1994；Gutmann and Appiah 1996；Brooks 1996；Cochran 1999；以及 Kymlicka 2001：ch.9。

在本质上是不被允许的。但他们却的确坚持，民族建构纲领要遵从一定的条件限制。如果我们试图把这些不同的要求整合进一种更丰富的种族文化的正义观，我们就可以说，在自由主义的民主国家内，多数人的民族建构在下述条件限制下才是正当的：

第一，没有任何长期居民——如非公民定居者或种族等级群体——的国家成员资格遭到永久性的剥夺。国家疆域之内的每个人都必须能够获得公民资格，并且只要愿意，他们就能够成为国家的平等成员。

第二，只要移民和其他种族文化的少数群体不得不与国家相整合，为获得国家成员资格的社会文化而进行的整合就应该在一种“弱”意义上加以理解，也就是说，这种整合主要是制度与语言的整合，而不是对任何特殊习俗、宗教信仰和生活方式的采纳。即便整合进了用共同的语言来运作的共同制度，也仍然应该为个人和集体表达其差异性留下足够的空间——无论在公共领域还是在私人领域，而所采纳的公共制度应该能够包容种族文化的少数群体的身份和民俗。换言之，应该有一种多元而宽容的国民身份和国民整合观。

第三，应该允许少数民族从事自己的民族建构，以使他们能够保持自己独特的社会文化。

在西方民主国家的历史上，这三个条件很少得到满足。但是，我们仍然可以清楚地看到，大多数民主国家越来越倾向于接受这些条件。这种趋
势在一定程度上反映了审慎的考虑：以前那些排除非公民定居者、同化 363
移民和压制少数群体的民族主义的政策根本不能达到相应的目的，因此就必须尝试一些新的种族关系模式。但这种趋势也反映了这样一个认识：以前的政策在道德上是不正当的。

这一节里我一直在探讨的类型当然只是一种概括，而不是固定不变的规律。一些非公民定居者、移民群体和少数民族并没有要求少数的权利，而即使他们提出了这样的要求，一些西方民主国家也继续在抗拒这些

要求。①甚至在美国，对移民加以整合的正常趋势也会转向，特别是，如果新来者被期望迅速回到他们的原籍国家(譬如，在迈阿密的古巴流亡者)。

少数民族能在多大程度上保持其单独的社会文化——这也因国家的不同而呈现出很大的不同。在一些国家，少数民族几乎已经完全被整合了(譬如法国的布列塔尼人)。甚至在美国，民族主义的动员程度(及成功程度)也是各不相同的。例如，可以把西南部的奇卡诺人与波多黎各人加以比较。奇卡诺人在1848年被迫合并进美国之后，就不再能够保留他们用西班牙语来运作的司法、教育和政治机构，而他们也没有走向民族主义的道路以试图恢复那些机构。与之相反，波多黎各人在1898年被迫合并进美国之后，却非常成功地捍卫了自己用西班牙语运行的机构和相关的自治权利，并且还继续表现出他们强烈的民族主义意识。美洲印第安部落的民族主义者的动员程度也各不相同。②

而即使这些要求被接受了，它们也仍然是充满着争议的，也会受制于大众舆论和执政党的变化。③但是，一种普遍的趋势仍然清晰可见：西方国家在今天所呈现出的复杂的民族建构样态，受到了少数的权利的约束。一方面，西方国家仍然是在进行“民族建构”的国家。所有的西方国家都继续采纳着我曾经探讨过的各种民族建构政策，而没有哪个西

① 特别是法国和希腊，官方还没有承认移民的多元文化主义或多民族的联邦主义；而瑞士和奥地利也继续抗拒任何对非公民定居者进行整合的严肃动议。但现在清晰可见的却是，这些国家由于没有采纳西方国家普遍承认的规范，它们只是一些例外。而法国事实上正在沿着更自由化的途径致力于科西嘉的自治和移民的多元文化主义的问题。

② 对于美国少数民族要求的调查，参见 O'Brien 1987。由于存在着这些不易处理的异类事例，一些理论家就建议说，我们应该废除“移民”和“少数民族”的分类，而只是应该把各类种族群体视为这样一系列群体，它们可以定位于一个连续的谱系上——这条谱系包含着不同的凝聚力、动员力、集中趋势、规模、历史渊源等因素。譬如，参见：Young 1997a；Carens 2000：ch. 3；Barry 2001：308—317；Favell，1999。我在“Kymlicka 2001：ch. 3”中为正文中的分类进行了辩护。

③ 可是，有必要注意的是，事实上还没有哪个西方国家在这些主要政策上发生过逆转——尚没有哪个采纳了多元文化主义的国家后来又放弃了这个立场，尚没有哪一个采纳了联邦主义的国家后来又回到了中央集权，等等。

方国家放弃了采纳这些政策的权利。另一方面，这些政策的正当性取决于这样一个限制性条件——要看它们能否包容那些感到受到了威胁的少数群体的要求。少数群体提出了各种权利要求——这些要求已经不断地予以了满足；这些要求有助于确保，民族建构不至于排斥非公民定居者和种族等级群体，不至于对移民进行强制性同化或瓦解少数民族的自治。

因此，我们在“自由主义民主国家的现实世界”中所看到的，就是国家的民族建构（国家对少数群体的要求）与少数的权利（少数群体对国家的要求）之间的辩证关系。我们可以把这种关系用图4来表达。 364

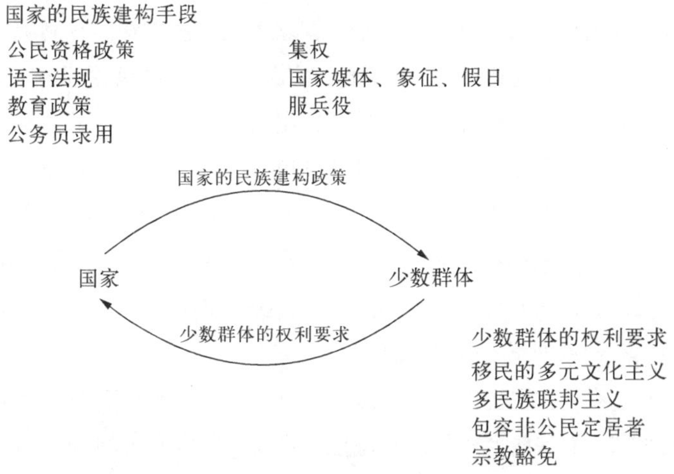

图4　民族建构与少数的权利的辩证关系

根据我的观点，同时关注这个环形回路的上下两半是至关重要的。在关于少数的权利的论辩中，人们经常只是看到了该图的下半部分，于是就会问：为什么那些争强好胜的少数群体总是不断地要求“特殊地位”或“特权”呢？什么赋予了少数群体这样的权利，使它们能够对国家提出这样的要求？但是，如果我们关注该图的上半部分，就容易看到，少数的权利要求必须理解成是在国家的民族建构背景下对它的回应。虽然少数群体的确有针对国家的要求，但这些要求是在回应国家针对少数群体的要求。何况，我相信，少数群体的很多权利要求都是正当的。也就是说，由非公民定居者、种族群体、移民和少数民族所提出的权利，的确是在保护他们免于现实的或潜在的不正义的侵犯——如果没有这层保护，这些不正义就会伴随着国家的民族建构而出现。

如果国家的民族建构政策能够有助于保护少数的权利，就可以反过来说，少数的权利有助于支持国家的民族建构。毕竟，我们不能想当然地认为，这种做法——自由主义的民主国家通过对少数群体施加压力以使它们整合进用大多数人的语言运作的制度——是正当的。要求用共同的民族语言、实行共同的教育制度、要求进行公民资格测试并且要把这些内容强加给少数群体——是什么赋予了国家采取这些做法的权利呢？如我在第六章和第七章讨论过的那样，自由主义的民族主义者论证说，这些民
365 族建构政策旨在促进分配正义和慎议民主这样的富有价值的目标，而我对此表示同意。但是，通过同化、排斥和削弱少数群体，或者通过把代价和负担强加给已经处于劣势的群体来追求这些目标，就是不正当的。除非受到了少数的权利的补充和限制，国家的民族建构就有可能是压迫性的和不正义的。另一方面，只要少数群体的这些权利是适当的，国家的民族建构就具有一系列正当而重要的功能。

因此，在西方民主国家中，我们看到了一系列复杂而坚实有力的民族建构形式，而这些形式的民族建构又受到了坚实有力的少数的权利的约束，并且二者往往结合在一起。我相信，我们可以把这种方法加以扩展，以看待那些还不能契合上述任何范畴的种族文化群体，譬如斯洛伐克的罗姆人或波罗的海区域的俄罗斯定居者。无论哪种情况，我认为都有可能把他们对多元文化主义的诉求视为对源于民族建构政策的明显不正义的回应。①每个群体的要求都可被视作表明多数人的民族建构曾经强加给他们的不正义，明确要使多数人的民族建构保持公正所需的条件。任何自

① 我在“Kymlicka and Opalski 2001”中探讨了那些不同类型的群体的要求。

由主义的多元文化主义理论的主要任务就是更好地理解和阐明种族文化正义的条件。①

第五节　多元文化主义战争的新前沿

到目前为止，我已经集中探讨了在多元文化主义论辩中新近出现的重要的内容转换。然而，论辩的三个阶段都有一个共同的重要假设：论辩的目的在于评价少数群体的要求是否*正义*。对正义的关注反映了这样一个事实：对多元文化主义的反对通常也是冠以正义之名。多元文化主义的批判者一直论证说，正义要求国家制度是“无种族歧视的”。要依据所属群体的成员资格来赋予权利被认为是道德上任意的和充满歧视的，必然要在公民中产生等级区别。

因此，多元文化主义的捍卫者面临的首要任务就是要力图克服这个推断，并且还要证明，为了包容种族文化的差异而采纳的那些偏离了无差异的规则的做法在本质上并非不正义。如我们所见，要达到此目的有两种主要的方式。第一，表明在很多方面主流制度并非无视人们的种族文化身份，而是或明确或隐秘地在照顾多数群体的利益和身份。第二，强调通常被自由主义的正义理论所忽略了的某些特殊利益的重要性——譬如，表现在承认、身份、语言和文化的成员资格等方面的利益。如果我们能接受这两点或其中一点，我们就不会认为多元文化主义是在照顾不公平的特权或者是在支持会激起怨恨的歧视，而应该认为是对不公平劣势的弥补。因此，应该视多元文化主义是一致于正义并且被正 366
义要求的立场。

① 我认为，在多元文化主义问题上的政治实践与政治理论之间的关系，与我们已经考察过的其他话题相比，呈现出了有趣的差别。在大多数章节中，政治理论家都是在致力于发展能够引导我们改变现状的规范性理论，在致力于发展那些尚不存在的正义或民主模型。在本章中，许多理论家只是试图面对已经存在于西方民主国家中的多元文化主义的实践——这些内容是被以前的政治理论家所忽视了的——去进行规范性的说明。多元文化主义的理论有时会给人一种“密涅瓦的猫头鹰”(owl of Minerva)的感觉。

在我看来，就正义的这种争论已经降温了。如我先前所强调的，为了评价多元文化主义或少数的权利的各种具体形式，还有大量工作需要做。但以前的那种观点——多元文化主义*本质上*是不正义的——现在已经遭到了广泛的怀疑。我的意思并不是，多元文化主义的捍卫者已经成功地实现了全部或绝大多数要求——虽然在整个西方民主世界都有一个清晰的趋势，即少数的权利得到了越来越多的承认。①我的意思是，已经在如下两个意义上对公共论辩的术语进行了彻底的再界定。首先，很少有人继续认为可以仅凭无差异的规则或制度而对正义进行*界定*。相反，人们现在承认，无差异的规则可能会不利于特殊群体。究竟正义是要求有针对全体成员的公共规则还是要求对不同的群体要有不同的规则——这种问题已经不能提前予以抽象的回答了，而必须在具体的语境下对具体事例予以具体的评价。其次，其结果就是，举证责任已经发生了转移。举证责任不再只是多元文化主义的捍卫者的负担了——不只是他们才需要证明，所提议的改革不会产生不正义；举证责任同样落在了那些人肩上——由于他们支持无差异的制度，他们就需要证明，保持现状对于少数群体不会产生不正义。

因此，最初那种基于正义的、对多元文化主义的总体反对，现在已经消退了。这并不意味着对多元文化主义的反对已经消失了。但现在这种反对有了新的形式：批判者现在已经从正义问题转向了社会团结的问题。他们不再着重探讨特定政策的正义或不正义，而是着重探讨这样的问题：走向多元文化主义的普遍趋势在什么意义上威胁着或腐蚀着用于维系健全民主社会的公民品德、身份和常规。

对公民品德和政治稳定性的关注表明，“多元文化主义的战争”已经开辟了第二战场。许多批判者断定，多元文化主义是被误导了，不是因为它本身是不正义的，而是因为它对长期的政治团结和社会稳定是一种侵

---

① 在国际社会，也出现了编撰少数的权利的趋势。参见：Anaya 1996；De Varennes 1996；Kymlicka and Opalski 2001：Part 3。

蚀。为什么多元文化主义被认为会导致不稳定？根本的担忧在于多元文化主义使“种族性政治化”，并且，任何在公共生活凸显种族性的措施都会引起分裂。随着时间的流逝，它会在不同的种族群体之间产生持续升温的竞争、不信任和敌对。据说，那些凸显种族身份的政策“就像金属上的腐蚀剂，会腐蚀掉把我们联为一个民族的那些纽带”（Ward 1991：598；cf. Schlesinger 1992；Schmidt 1997）。

这是一种严肃的关切。如我在第七章所探讨的那样，人们越来越担心，自由主义民主公民的公共精神正在呈衰退之势，而如果群体要求会进 367
一步腐蚀公民们共有的目标和团结感，不采纳多元文化主义政策就有了强有力的理由。

此种关注的另一种表现形式是这样一个论点：对“承认的政治”的过分强调会瓦解我们实现“分配的政治”的社会能力。我们越是强调文化的差异性，我们就越不可能团结一致地向经济不平等作战。按照这种观点，我们需要在针对社会等级的斗争和针对经济等级的斗争之间作出选择。而这种观点暗含着这样的预设：当面临这种选择时，针对经济不正义的斗争具有优先性。①

是否我们对经济不平等的关心应该胜于对身份不平等的关心——这本身是一个有趣的问题。假如你是黑人家长，你会更愿意让自己的小孩达到平均收入水准呢，还是更愿意使自己的小孩不受到种族偏见的伤害呢？假如你是一位同性恋少年的家长，你更愿意选择一所能最大限度地提升孩子的经济前景的学校呢，还是更愿意减轻他所受到的屈辱和迫害呢？物质上的不平等对人们成功生活的制约要远大于地位不平等——这个论点远没有被澄清。

但是，我们是否真的面临着这样一种选择？难道多元文化主义真的

---

①　有些作者声称承认的政治削弱了分配的政治的基础（他们也认为后者应该具有优先性），包括：Gitlin 1995；Barry 2001；Harvey 1996：ch. 12；Wolfe and Lausen 1997。一些作者持相反的观点，认为承认的政治是对分配的政治的补充，参见：Fraser 1998，2000；Young 2000a；Phillips 2000；Banting 2000；Tully 2000：470。

削弱了我们对福利国家和分配的政治的支持吗？就这个问题产生了很多空洞的猜测，但支持这些猜测的证据却极少。①我们需要可靠的证据，因为也可以同样合理地为相反的论点作辩护：正是因为缺乏多元文化主义，公民的团结纽带才遭到了腐蚀。毕竟，如果我们接受多元文化主义的捍卫者的两个中心论断——主流制度不公平地有利于大多数人并且这种不公平会伤害到与个人自主和身份认同相关的重要利益；那么，少数群体也许就会感到受到了“无差异的”主流制度的排挤，并且会不信任主流社会的政治过程并感到与之相隔离。我们也许可以预见，承认多元文化主义实际上会加强社会团结和促进政治稳定，因为这会排除那些阻止少数群体全心全意地参与政治制度的障碍。这个猜测与那个相反的猜测——多元文化主义会腐蚀社会团结——相比，至少同样合情合理。

我们还没有系统的证据去决定性地确证或拒斥这些相互竞争的猜测。但却有一些零散的证据表明，多元文化主义常常是在巩固而不是在削弱社会团结。例如，加拿大和澳大利亚这两个最先由官方采纳多元文化主义政策的国家就有证据来强有力地驳斥这样一个论断：移民的多元文化加深了政治冷漠或政治不稳定，或者加深了种族群体之间的相互敌对。相
368 反，就把移民整合进共同的公民和政治制度而言，这两个国家要比世界上其他任何国家都做得更好。此外，在这两个国家，都极大地降低了偏见也极大地增进了种族之间的友谊和种族通婚。没有证据表明，为移民争取更公平的整合条件已经削弱了民主的稳定性(Kymlicka 1998：ch.1)。

涉及少数民族的自治要求的情况要复杂得多，因为这些要求包括建立单独的机构和重新增强独特的民族身份，这样，不同的民族主义就会在一个国家之内相互竞争。对于任何国家，学习如何处理这种状况都是极为艰难的任务。然而，甚至在这里，也有一些重要的证据表明，承认少数民族的自治恰好是在帮助而不是在威胁政治稳定。对全球范围内的种族冲

① 巴里声称，多元文化主义对再分配的负面影响是拒绝多元文化主义的“主要理由”(Barry 2001：p.321)。但不幸的是，他没有给出证据以表明确实存在着负面影响。

突的调查不断地确证着这样一个事实："早一点、慷慨一点放权更有可能阻止而不是助长种族分离主义"（Horowitz 1991：224）。正是拒绝授予少数民族的自治权，或者，正是更糟糕地收回已经存在的自治权（如科索沃），而不是承认少数的权利，才是导致不稳定的原因（Gurr 1993；Lapidoth 1996；Weinstock 1999）。

就多元文化主义对社会团结和政治稳定的影响，还有大量工作有待完成。多元文化主义与社会团结和政治稳定的关系是变动不定的，因此就要求有细致入微的经验调查。并不清楚哲学推测能够对此提供多少帮助：我们需要等待更多有价值的证据。①但是，就像诉求正义一样，总的而论，诉求社会团结并不能为拒绝多元文化主义提供任何依据：并没有什么理由可以预先假定，多元文化主义与民主稳定之间具有内在的矛盾。

第六节　多元文化主义的政治

就像社群主义和公民共和主义，多元文化主义也有两面性：它既可以表现为向前看或进步的一面，又可以表现为向后看或保守的一面。保守主义者时常诉求多元文化主义的观念，因为他们担心自由主义和个人自主会不断侵蚀文化共同体的强大传统习俗和常规，会瓦解共同体的能力

① 哲学家就少数的权利与社会团结之间的关系所作的论断常常是双重推测。首先，我们就社会团结（"联系的纽带"）的根源进行推测，然后我们就少数的权利如何影响这种纽带进行推测。其中任何一种推测都没有以可靠的证据为依据。例如，一些政治哲学家假设：（1）在现代自由主义国家，正是共享的价值构成了社会团结的纽带；以及（2）移民的多元文化以及（或者）多民族的联邦主义削弱了价值共享的程度。尚没有好的证据支持这两个推测结论中的任何一个。我深表怀疑的是，少数的权利已经削弱了共享价值；但我同样怀疑的是，把社会联为一体的正是共享价值（参见第253—257页）。另一些哲学家则建议说，把国家凝为一体的是共享的经验、共享的身份、共享的历史、共享的目标或者共享的对话。我们几乎没有什么证据来支持这些关于社会团结的根源的论断（更少证据来表明少数的权利是如何影响这些因素的）。我们确实不知道，在多种族和多民族国家，社会团结的根源究竟是什么。因此，基于这样一个说法——少数的权利削弱了社会团结的纽带——来反对少数的权利无非是一种双重的推测：我们不知道社会团结的真正纽带是什么，我们也不知道少数的权利是如何影响这些纽带的。

并使它们无法追求社群主义的共同利益的政治。传统主义的精英喜欢运用这种多元文化主义的华丽辞藻去阻止群体内部的变化，去限制群体与更大世界的接触，去捍卫他们所谓的“正统”文化或传统观。在很大的程度上，这只是用多元文化主义的新语言重新包装起来的、已经失去吸引力
369 的文化保守主义，并且，这正好展示了保守主义者令人熟悉的对于现代化和全球化所必然蕴涵的开放、灵活、多样和自主等精神的惧怕。这个意义上的“多元文化主义”承认在较大社会中存在着各种群体，但却在观念上拒绝群体之内的多样性或差异性。

但是，这却不是西方语境下惟一的或最普遍的多元文化主义的政治形式。更通常的情况是，多元文化主义是进步力量所诉求的内容，这些进步力量支持自由主义的价值，并且，它们愿意挑战那样一些社会常规：这些常规常常排斥和污辱少数群体，从而不让其成员充分享有自由主义的权利和公平的资源份额。被边缘化的群体诉求这种形式的多元文化主义，用以挑战传统的地位等级，并且，用以抨击由特定性别、宗教、肤色、生活方式或性倾向等因素在社会中产生的特权地位。在这个意义上，多元文化主义就是文化保守主义的敌人，但两种主义都是在反映和应对现代化和全球化所蕴涵的开放、多元和自主。

多元文化主义之所以表现出这些极不相同的政治形式，是因为现代化不仅是对主流社会的挑战也是对少数群体的挑战。少数群体可以诉求多元文化主义去抨击较大社会的因循守旧的保守主义，并迫使较大社会去接受开放和多元的新现实。但少数群体的一些成员自身却害怕这种新的开放，因此他们诉求多元文化主义的目的恰好是为了替自己寻找到依据，以便压迫多元文化主义所带来的自由和变化。因此，多元文化主义有时被自由主义者用来反对守旧和狭隘的民族文化观，而有时又被保守主义者用来捍卫守旧和狭隘的少数群体的文化观。

就像社群主义和公民共和主义，多元文化主义的政治含义部分取决于那些诉求多元文化主义的人们是否接受自由主义的前提——我们的目的具有多样性和可修正性。如果他们接受这个前提，我们就有可能看到多

元文化主义的自由主义形式——它旨在挑战地位的不平等同时又保护个人的自由。如果他们不接受这个前提，我们就有可能看到多元文化主义的保守主义形式——至少是在地方层面或少数群体范围内，它旨在用社群主义的共同利益的政治去取代自由主义的原则。

在这个意义上，多元文化主义与它所欲以回应的民族主义一样，具有同样的政治含混性。正如民族主义既可以被用来建构具有排斥性的、带有强保守主义色彩的民族身份，也可以用来建构具有包容性和自由主义色彩的民族身份；作为对民族建构的回应，多元文化主义也既可以采纳自由主义的形式，也可以采纳保守主义的形式。事实上，这两种动力很可能是联系在一起的。对自由主义形式的民族建构的回应，会产生自由主义形式的多元文化主义；而对保守主义形式的民族建构的回应，会产生保守主义形式的多元文化主义。这里再一次确证了，只有在与民族建构的政治关系中，我们才可能理解多元文化主义的政治。 370

进一步阅读指南

有一些很好的关于多元文化主义的文集，包括：Cynthia Willet, *Theorizing Multiculturalism: A Guide to the Current Debate* (Blackwell, 1998)；Will Kymlicka (ed.), *The Rights of Minority Cultures* (Oxford University Press, 1995)；David Theo Goldberg (ed.), *Multiculturalism: A Critical Reader* (Blackwell, 1995)。

如本章所讨论的那样，“多元文化主义”事实上包含了很多不同的论题，应该把这些论题区别开来。争论的一个主要领域涉及移民，这个领域的问题包括：国家应该有哪些约束移民的权利以及移民应该在什么条件下成为公民。迄今最完整的讨论有：Rainer Bauböck, *Transnational Citizenship: Membership and Rights in International Migration* (Edward Elgar, 1994)；Phillip Cole, *Philosophies of Exclusion: Liberal Political Theory and Immigration* (Edinburgh University Press, 2000)。还有一些相关的讨论，包

括：David Jacobson, *Rights across Borders: Immigration and the Decline of Citizenship* (Johns Hopkins University Press, 1996)；Veit-Michael Bader (ed.), *Citizenship and Exclusion* (St. Martin's Press, 1997)；Warren Schwartz (ed.), *Justice in Immigration* (Cambridge University Press, 1995)；William Barbieri, *Ethics of Citizenship: Immigrants and Group Rights in Germany* (Duke University Press, 1998)；Ruth Rubion-Marin, *Immigration as a Democratic Challenge: Citizenship and Inclusion in Germany and the US* (Cambridge University Press, 2000)；Brian Barry and Robert Goodin (eds.), *Free Movement: Ethical Issues in the Transnational Migration of People and of Money* (Pennsylvania State University Press, 1992)。

第二类论题涉及少数群体的民族主义的正当性。我在第六章罗列了一些对民族主义的道德研究，虽然这些研究中的大多数着重考察国家民族主义的正当性，而没有考察少数群体的民族主义。有一些著作对少数民族的要求予以了特殊关注，参见：Yael Tamir, *Liberal Nationalism* (Princeton University Press, 1993)；Nenad Miscevic (ed.), *Nationalism and Ethnic Conflict: Philosophical Perspectives* (Open Court, 2000)；Jocelyne Couture, Kai Nielsen, and Michel Seymour (eds), *Rethinking Nationalism* (University of Calgary Press, 1998)；Desmond Clarke and Charles Jones (eds.), *The Rights of Nations: Nations and Nationalism in a Changing World* (Palgrave, 1999). 一个相关的问题是少数民族的分离的正当性。这个论辩由布坎南发起，参见：Allen Buchanan, *Secession: The Legitimacy of Political Divorce* (Westview Press, 1991)。最近的研究包括：Percy Lehning (ed.), *Theories of Secession* (Routledge, 1998)；Margaret Moore (ed.), *National Self-Determination and Secession* (Oxford University Press, 1998)。

论辩的第三个领域涉及种族主义。参见：Charles Mills, *The Racial Contract* (Cornell University Press, 1997)；Bob Brecher et al. (eds.), *Nationalism and Racism in the Liberal Order* (Ashgate, 1998)；David Carroll Cochran, *The Color of Freedom: Race and Contemporary American Liberalism*

(State University of New York Press, 1999); Clive J. Christie, *Race and Nation: A Reader* (St. Martin's Press, 1998); Susan Babbitt and Sue Campbell (eds.), *Racism and Philosophy* (Cornell University Press, 1999); Les Back and John Solomos (eds.), *Theories of Race and Racism* (Routledge, 371
2000); Amy Gutmann and K. A. Appiah, *Color Conscious: The Political Morality of Race* (Princeton University Press, 1996)。一个相关的论题是历史上的不正义，包括奴隶制和种族隔离制。有一些有趣的讨论，参见：Elazar Barkan, *The Guilt of Nations: Restitution and Negotiating Historical Injustices* (Norton, 2000); Roy L. Brooks (ed.), *When Sorry Isn't Enough: The Controversy over Apologies and Reparations for Human Injustice* (New York University Press, 1999)。

第四个领域关涉土著人。参见：the speical issue on "Indigenous Rights" in *Australasian Journal of Philosophy*, 78/3 (2000); Duncan Ivison, Will Sanders, and Paul Patton (eds.), *Political Theory and the Rights of Indigenous Peoples* (Cambridge University Press, 2000); Curtis Cook and Juan Lindau (eds.), *Aboriginal Rights and Self-Government* (McGill-Queen's University Press, 2000)。

第五个领域涉及群体代表，参见：Anne Phillips, *The Politics of Presence* (Oxford University Press, 1995); Melissa Williams, *Voice, Trust and Memory: Marginalized Groups and the Failings of Liberal Representation* (Princeton University Press 1998); Iris Marion Young, *Inclusion and Democracy* (Oxford University Press, 2000)。

第六个领域涉及宗教群体。参见：Robert Audi, *Religious Commitment and Secular Reason* (Cambridge University Press, 2000); Nacy L. Rosenblum (ed.), *Obligations of Citizenship and Demands of Faith: Religious Accommodation in Pluralist Democracies* (Princeton University Press, 2000); Meira Levinson, *The Demands of Liberal Education* (Oxford University Press, 1999); Stephen Macedo, *Diversity and Distrust: Civic Education in a*

Multicultural Democracy (Harvard University Press, 2000); Jeff Spinner-Halev, Surviving Diversity: Religion and Democratic Citizenship (Johns Hopkins University Press, 2000)。

第七个领域涉及多元文化主义与性别平等的关系。参见：Uma Narayan and Sandra Harding (eds.), *Decentering the Center: Philosophy for a Multicultural, Postcolonial, and Feminist World* (Indiana University Press, 2000); Susan Okin, *Is Multiculturalism Bad for Women?* (Princeton University Press, 1999); Ayelet Shachar, *Multicultural Jurisdictions: Preserving Cultural Differences and Women's Rights in a Liberal State* (Cambridge University Press, 2001); Nira Yuval-Davis, *Gender and Nation* (Sage, 1997); Lois West (ed.), *Feminist Nationalism* (Routledge, 1997); Nira Yuval-Davis and P. Werbner (eds.), *Women, Citizenship, and Difference* (Zed Books, 1999); Monique Deveaux, *Cultural Pluralism and Dilemmas of Justice* (Cornell University Press, 2001)。

虽然很多关于多元文化主义的著作是在着重探讨这些论题中的某一个，一些人却在尝试发展某种更一般的理论，以便涵盖这些争论的一部分或者全部。特别参见：Joseph Carens, *Culture, Citizenship and Community* (Oxford University Press, 2000); Jacob Levy, *The Multiculturalism of Fear* (Oxford University Press, 2000); Bhikhu Parekh, *Rethinking Multiculturalism: Cultural Diversity and Political Theory* (Harvard University Press, 2000); James Tully, *Strange Multiplicity: Constitutionalism in an Age of Diversity* (Cambridge University Press, 1995); Jeff Spinner, *The Boundaries of Citizenship: Race, Ethnicity and Nationality in the Liberal State* (Johns Hopkins University Press, 1994); Charles Taylor, "The Politics of Recognition", in Amy Gutmann (ed.), *Multiculturalism and the "Politics of Recognition"* (Princeton University Press, 1992); Michael Walzer, *On Toleration* (Yale University Press, 1997); Andrew Kernohan, *Liberalism, Equality and Cultural Oppression* (Cambridge University Press, 1998); David

Ingram, *Group Rights: Reconciling Equality and Difference* (University Press of Kansas, 2000); Andrea Baumeister, *Liberalism and the Politics of Difference* (Edinburgh University Press, 2000); Paul Gilbert, *Peoples*, *Cultures*, *and Nations in Political Philosophy* (Georgetown University Press, 2000)。我本人也探讨过这些问题，参见：*Multicultural Citizenship* (Oxford University Press, 1995)，以及 *Politics in the Vernacular: Nationalism*, *Multiculturalism and Citizenship* (Oxford University Press, 2001)。这些著作中的绝大多数都至少为多元文化主义和少数的权利提供了具有一定水准的辩护。对此的批判，参见：Brian Barry, *Culture and Equality: An Egalitarian Critique of Multiculturalism* (Polity, 2001)。

有一些文集，涵盖了这些论题中的一部分或者全部，参见：Judith Baker (ed.), *Group Rights* (University of Toronto Press, 1994); Will Kymlicka and Wayne Norman (eds), *Citizenship in Diverse Societies* (Oxford University Press, 2000); Ian Shapiro and Will Kymlicka (eds.), *Ethnicity and Group Rights: NOMOS 39* (New York University Press, 1997); Juha Raikka (ed.), *Do We Need Minority Rights: Conceptual Issues* (Kluwer, 1996); Christian Joppke and Steven Lukes (eds.), *Multicultural Questions* (Oxford University Press, 1999); John Horton and Susan Mendus (eds.), *Toleration*, *Identity and Difference* (St. Martin's Press, 1999)。

还没有专门关于多元文化主义的政治理论期刊，但有一些涉及种族关系的跨学科期刊，它们经常包含一些论辩，会涉及关于多元文化主义的规范性政治理论。包括：*Ethnicities*; *International Journal of Minority and Group Rights*; *Nations and Nationalism*; *Ethnic and Racial Studies*; *Journal of Ethnic and Migration Studies*。

网址方面，在导言后面的进一步阅读指南中所提到过的主页"Lawrence Hinman's Ethics Homepage"，含有与多元文化主义相关的一些资源，包括关于种族和种族性以及关于多样性和道德理论的部分。每一部分都与相关的互联网资源相链接，包括新近的文章摘要和围绕这个论题的哲学著作的简短评介(www. ethics. acusd. edu/index. html)。

由 Ted Robert Gurr 博士负责的称作“Minorities at Risk Project”的网址也能提供帮助。这是一个独立的、以大学为基地的研究计划——它追踪和分析世界上较大的国家中 268 个政治上活跃的共同体群体所具有的地位和相应的冲突。它旨在以标准化的方式提供信息——它们将有助于理解与这些共同体群体相关的冲突，并有助于和平地解决这些冲突。这个研究计划所涉及的 268 个群体的材料都可以从该网址上查到。可获得的信息包括：这些群体的名称，大概的人数，对群体性格及政治环境的背景解释，对 1990 年至 1995 年间由这些群体所引起的或影响这些群体的事件的编年排列，以及对这些群体在不远的将来的地位变化前景的评估(www. bsos. umd. edu/cidcm/mar)。

最后，我自己的网站包含了一些供研究多元文化主义的理论家使用的资源，包括我编辑的关于“公民资格、民主与种族文化多样性”的电子简报过刊。参见 http：//qsiwer. queensn. ca/ ~ philform。

第九章

女权主义

当代女权主义的政治理论的前提和结论都呈现出极端的多样性。我所探讨过的其他理论在某种程度上也具有这种多样性。但这种多样性在女权主义之内却成倍增加，因为这些理论中的每一种在女权主义之内都有其表现。于是，我们就有自由主义的女权主义、马克思主义者的女权主义，甚至自由至上主义的女权主义。此外，在女权主义内部，还有一种朝向诸如精神分析或后结构主义的理论运动，而这些都不属于主流的英美政治哲学。贾加尔说，致力于消除妇女的屈从地位把女权主义理论中的各不相同的分支团结在了一起(Jaggar 1983： 5)。但是，(贾加尔注意到)由于对妇女屈从地位的理解大相径庭，并且，就采取什么措施去消除这种屈从地位的意见也极不相同，那种一致性很快就消失得无影无踪。 377

需要有一本单独的著作去讨论女权主义理论的各个分支。①而我将只是集中探讨女权主义者对主流政治理论的三种批判——据认为，这些理论要么没能关照，要么不恰当地关照妇女的利益和妇女所关心的事情。我曾论证说，当代政治理论普遍持有“平等主义共识”——也就是信奉这样一个理念：共同体内的所有成员都应该被当作平等者。然而，直到不久以前，绝大多数主流的政治哲学都还在捍卫或至少是在接受性别歧视。虽然关于性别歧视的传统观点已经因为社会进步而遭到了遗弃，许多女权主义者仍然相信，依据男人的体验和利益发展出来的那些原则，不可能充分承认妇女的需要或容纳妇女的体验。我将探讨三个论点。第一个论点针对的是依据“性别中立”来解释性别歧视；第二个论点针对的是公共领域与私人领域的区分。这两个论点都声称，自由主义民主正义观的重要内容带有男性偏见。而第三个论点却声称，对正义的强调本身就反映了男性偏见，而任何要想照应妇女的利益和体验的理论，都要用对关怀的强调去代替对正义的强调。这三个论点只是在有限的范围内涉及了女权主义理
378 论，但它们引出的重要问题却是对性别平等的任何解释都必须予以面对的；并且，它们还代表了女权主义与主流政治哲学相接触所产生的最有力的三个论点。

第一节　性别平等与性别歧视

直到20世纪，居于政治谱系上各点的绝大多数男性理论家都持有这样一个信念：把妇女限制于家庭范围之内以及“通过法律和习俗确定妇女在家庭之内对于丈夫的从属地位”，是有“自然依据”的（Okin 1979：200）。②对妇女的公民和政治权利进行限制，据说是有事实依据的——即是说，妇女天生就不适合家庭之外的政治和经济活动。当代理论家已逐渐抛弃了女人天生就不如男人的假定。他们也承认，妇女与男人一样应该被视为“自由而平等的存在者”，并且，妇女也有自我决定的能力和正义感，可以自由地进入公共领域。而自由主义的民主国家也已经逐渐采纳了反歧视的法规，旨在保证妇女有受教育、工作和从政的平等机会。

---

① 要想了解女权主义思想的各种分支，参见：Tong 1998；Jaggar 1983；Nye 1988；Charvet 1982。

② 由于接受这样一种流行的观点——由“能力更强的”丈夫行使统治是有“自然依据”的（Locke, in Okin 1979：200），古典自由主义者面临着严重的自相矛盾。因为他们也论证说，所有人生而平等，权利不平等没有自然依据。如我们所见，这就是他们的自然状态学说的要旨（第三章第三节）。既然洛克自己都说，“身体或能力的优劣差异”不能成为权利不平等的依据，为什么这样一个所谓的事实——男人比女人“能力更强”——居然可以成为为妇女的权利不平等进行辩护的依据呢？不可能一方面要在男人这个整体中维系平等——理由是：能力的差异不能成为权利差异的依据；另一方面又要把妇女作为一个阶层加以排斥——理由是：她们的能力较弱。如果排斥妇女的依据是：妇女平均而论在能力上要弱于男人，那么，弱于男人平均能力的所有男人也应该被排斥。如奥金所言：“如果他的个人主义有坚固的基础，他就应该论证说，女性个人与男性个人是平等的，正如同较弱的男人与较强的男人是平等的。”（Okin 1979：199）

但是，这些法规并没有带来性别平等。在美国和加拿大，低收入职业的性别特征正在增强，有人在忧虑贫穷的“女性化”（Weitzman 1985：350）。而在家庭内部，甚至是那些拥有全日制工作的妇女也承担着绝大部分家务事——有工作的妇女仍然被期望从事这种人人皆知的“第二岗”或“双份工”（Hochschild 1989）。事实上，有研究表明，甚至那些失业的丈夫所承担的家务活也远少于他们每周工作四十小时的妻子（Okin 1989b：153—154）。此外，家庭暴力和性侵犯也呈增长之势。麦金农这样总结她对美国平等权利的效果所作的调查：“就使妇女获得她们想要的东西而论，性别平等的法律完全是无效的；妇女因为生就的性别条件和与之相伴的社会障碍尚无法实现下述目标：在生育期享有合理的健康保险、自我表达、发扬个性以及最低程度的尊严。”（MacKinnon 1987：32）①

为什么会是这样？一般理解的性别歧视是指：在给予利益或赋予职
位时，把性别作为一种任意而不合理的考虑依据。按照这种观点，最露骨
的性别歧视有这样的表现形式——譬如，即使性别特征与工作目标之间
没有什么关联，雇主仍然拒绝录用妇女。麦金农称之为性别歧视的“差异
论”——根据“差异论”，无法从性别差异中找到依据的差异对待都是不 379
平等的性别歧视。

这种类型的反对性别歧视的法律以反对种族歧视的法律为参照模式。而正如种族平等的立法目标是“无种族歧视”的社会，性别平等的立法目标就是无性别歧视的社会。如果种族或性别不再成为影响利益获取

① 我在本章将会重点涉及西方民主国家内的女权主义，但应该注意的是，妇女在世界上其他地方所面临的条件还要差得多。在最近名为“妇女十年”的宣言中，联合国强调：

妇女占世界人口的一半；

妇女的工作几乎占据了三分之二的工作时间；

妇女只获得了世界收入的十分之一；

妇女所获得的财产不足世界财产的百分之一。（引自：Bubeck 1995：2）

对于非西方国家妇女所面临的问题，有一些富有哲学价值的探讨，参见：Nussbaum 2000；Okin 1994。

的因素，这样的社会就没有歧视。当然，虽然可以想象政治和经济决定可以完全忽略种族的差异，却很难想象社会可以完全无性别歧视。社会如果照顾怀孕妇女的利益或实施性别分开的体育比赛，就是把性别因素纳入了考虑，但似乎并没有什么不公正。虽然设立种族隔离的厕所显然是歧视性的，但绝大多数人对性别隔离的厕所却不会有类似的感受。因此，“差异论”接受这样一个事实：存在着对性别加以区别对待的正当事例。只要切实存在的性别差异可以为区别对待予以解释和提供依据，这些区别对待就不是歧视。对妇女平等权利持反对态度的人常常诉求人们对性别合一的体育运动(或厕所)的担忧，来表明性别平等是被误导了方向。但是，差异论的捍卫者却回应说，毕竟只有极少数区别对待的事例才是正当的，而任意的区别对待却是如此普遍；因此，应该由那样一些人——他们断定性别差异是利益或职位分配的相关依据——来承担举证责任。

这种差异论实际上为绝大多数西方国家的性别平等的法律提供了标准解释，而它也取得了一定的成功。它的“道德力量”在于：“让妇女能够有机会获得男人有机会获得的东西”，并且，它确实“使妇女在一定程度上享有了工作、受教育以及追求公共职位的机会，譬如，从事学术、职业、蓝领和军事工作，也可在一定程度上从事体育工作”(MacKinnon 1987：33，35)。对于业已存在的社会利益和社会职位，差异论确实已经帮助创造了性别中立的竞争机会。

但是，差异论的成功却相当有限，因为它忽视了这样一个事实：这些职位是在性别不平等的背景下被界定的。差异论是这样看待性别平等的：只要妇女在性别中立的规则下能够依据自己的能力去竞争男人所界定的角色，这就是性别平等。但是，允许男人按照自己的利益去建构社会制度，然后又在决定谁将获得这些制度的角色时漠视竞争者的性别，这并非真正的平等。问题在于，那些角色的界定方式可以让男人——即使是在性别中立的竞争条件下——更适合那些角色。

考察两个例子。第一个例子是：像消防员、警察和军人这样的工作，往往规定申请者的身高和体重不得低于某一标准。这些官方规定是性别中立的，但由于普通男人的身高和体重都要大于普通妇女，这些规定实际上把很多妇女排斥到了这些职位之外。这些规定通常的依据是：这些 380
工作所使用的设备要求有一定的高度或力气，因此它们只是针对工作本身的必要要求。但是，我们却需要追问：为什么这些设备是为身高五英尺九的人而不是为五英尺五的人而设计的？答案当然是：那些设计这些设备的人已经假设了这些设备是供男人使用的，因此，他们在设计时就是以普通男人的身高和体重为标准的。但这并非不可改变。完全有可能为较矮小的人制造同样的设备。例如，人们普遍认为日本人要比西方人矮小得多，而日本的军用和消防设备就是针对这种身材而设计的。但熟悉第二次世界大战的人都不会认为，这会削弱日本军队的效力。

因此，这里的问题不再是那种传统的偏见或大男子主义——采纳这些身高体重限制的雇主并不在意申请者的性别。他也许只是想要录用那些吻合工作要求的人。实际上，真正的问题在于：最初设定了工作要求的正是持有这样一种预设——只有男人才能胜任那些工作——的男人。因此，性别平等就要求按照这样一种预设——妇女也应该从事这种工作——来对工作予以重新设定。而这恰是目前正在发生的事情。很多有身高体重限制的工作正在经受再评价，其目的在于判断是否可以重新对它们加以设定，从而为妇女提供更多的机会。①

另一个更严重的例子涉及这样一个事实：许多工作“性别中立地要求，有资格从事此工作的人不是学前儿童的第一照顾人”（MacKinnon

---

① 就如何容纳残疾人，也产生了类似的问题。例如，许多办公室工作都要求，工作者有能力在楼层之间自由走动，有能力出席会议或领取供应品。除非有电梯或斜坡——很多小型办公楼都缺乏这些设施，否则，就意味着乘坐轮椅的人无法竞争上岗。这种不平等也不必是对残疾人的歧视：它只是工作要求使然。但是，我们也需要在这里追问：为什么该项工作要求工作者能够在楼层之间自由移动，为什么办公楼里只有桌椅，却没有电梯或斜坡？答案是：无论工作还是办公楼的建设，都是由身体健全人士所设计的，而这些设计者想当然地持有这样一个预设——工作者应该是身体健全之人。因此，真正的平等就要求在可能的情况下基于这样一个预设——残疾人也应该能够从事工作——来重新设计办公楼和工作。事实上，在美国和加拿大，雇主和公共机构都有法定义务去重新设定工作和重新设计办公楼。

1987：37）。由于我们的社会仍然期望由妇女来抚养孩子，在参与这类工作竞争时，男人肯定就占有优势。女性申请者并没有遭到刻意歧视。雇主也许根本就不关心申请者的性别，甚至有可能希望录用更多的妇女。问题在于，许多妇女不具备申请这种工作的资格——譬如，她们没法卸下抚养孩子的责任。由于雇主不关心申请者的性别，在这个意义上该工作是性别中立的；但是，这里却不存在性别平等，因为该工作的设定依据于这样一个预设：那些有妻子在家里照看小孩的男人才可能承担这种工作。差异论坚持认为，在决定谁应该拥有该工作时，性别因素并没有被纳入考虑，但它却漠视了这样一个事实："当期望该工作的承担者没有抚养孩子的责任时，对该工作的设定就已经把性别因素纳入了考虑。"（MacKinnon 1987：37）

性别中立是否会产生性别平等——这个问题的答案取决于性别因素是否以及如何在更早的阶段就被纳入了考虑。如拉德克利夫-理查兹所说：

381 如果某个群体被长期排斥在某事之外，那类活动就极有可能沿着不适合那个被排斥群体的方式去发展。我们显然知道，妇女被排斥在了很多种类的工作之外，这就意味着这些工作很有可能不适合她们。最明显的例子就是，绝大多数工作不能与生育和抚养孩子相协调。我坚信，假如妇女在一开始就充分参与对社会的管理，她们就已经找到了使工作与照看孩子协调一致的方法。男人不存在这种动机，我们所看到的结果就不足为怪。（Radcliffe-Richards 1980：113—114）

男人所导致的抚养孩子与领薪工作之间的不协调，对于妇女就有极不平等的结果。其结果不仅是社会中最有价值的职位都被男人占据了，女人却不成比例地被局限在低收入的兼职工作中；而且，许多女人还在经济上依附于男人。由于绝大多数"家庭收入"源于男人的领薪工作，从事无薪家务的女人就必须依赖于男人才能获得资源。随着离婚率的提高，这种依附性后果就变得更为明显。虽然婚姻中的夫妇也许享有一样的生活水准——而无论谁在挣钱；但在美国，离婚的后果却极其不平等：离婚后男人的平均生活水准提升了百分之十，而女人的平均生活水准却下降了百分之二十七——二者悬殊几近百分之四十。①然而，按照差异论，抚养孩子与领薪工作之间的不协调所导致的不平等后果却不具有歧视意味，因为这些并非专断歧视的后果。事实上，免于抚养孩子的责任与现实存在的绝大多数工作都具有相关性，而雇主并没有专断地要求工作者不承担抚养孩子的责任。因为免于抚养孩子的责任是一种相关的工作条件，差异论认为坚持这种条件并不是一种歧视——尽管这种条件给女人带来了不利。事实上，在差异论看来，对抚养孩子的责任的关注——而不是像性别这样无关紧要的标准——正好证明了性别歧视已经得到了消除。通过差异论不可能看到：抚养孩子的责任与大多数工作具有相关性——这件事情本身就是性别不平等的深刻根源；而这种相关性的原因却是：男人是在历史中按照他们的利益在设定那些工作。

因此，在决定是否应该把性别纳入考虑之前，我们需要首先知道性别如何已经被纳入了考虑。事实上，几乎所有重要角色和职位都是在性别偏见之下被设定的：

> 在这个社会里，男人有别于女人的几乎每一种特点都得到了正
> 面的补偿。男人的生理规定着大多数运动，男人的需要规定着汽车
> 和健康保险的范围，男人为社会写就的传记规定着人们对工作的期
> 望和成功职业的模式，男人的视野和关心之事规定着学识的性质， 382

① 关于离婚的经济后果的准确数量值，尚存有争议。在她1985年出版的书中，魏茨曼认为，男女双方在离婚后生活质量的悬殊甚至更糟——根据她的计算：加利福尼亚州的男人在离婚后生活水准要提升42%，而女人的生活水准则要下降73%（Weitzman 1985）。彼得森表明，这种计算有误，而我引用的是他对体现在离婚中的性别不平等的更加保守的估计——但仍然是令人沮丧的（Peterson，1996）。

> 男人的体验和妄想规定着功劳，男人的生活投射规定着艺术，男人服兵役规定着公民资格，男人的存在规定着家庭，男人在人际关系上的无能——他们的战争和统治方式——规定着历史，男人的形象规定着上帝，以及男人的生殖器规定着性。就男人与女人的每一点差异而论，维权行动计划的结果事实上就是美国社会的结构和价值。(MacKinnon 1987：36)

这一切都是“性别中立的”，因为妇女并没有被随意地禁止追求社会所规定的这些有价值之事。但这却是性别主义，因为以性别中立的方式追求的那些目标所依据的却是男人的利益和价值。妇女处于不利的地位，并不是因为大男子主义者任意在工作中奖励男人，而是因为整个社会结构都有利于由男人规定的工作和功劳，等等。

事实上，社会越是以性别方式规定职位，差异论就越不可能探测到不平等。想一想这样的社会：它限制避孕和堕胎，它使领薪工作无法与抚育小孩相协调，它不为家务劳动提供经济补偿。这种社会中的女人没有法律途径保证她们不怀孕，但却不能既抚育小孩又工作挣钱。其结果就是，她们不得不在经济上依靠具有稳定收入的人(也就是男人)。为了保证她们能够获得这种支撑，女人就必须变得对男人充满性感。认识到这大概就是她们的命运，青年女子就不像青年男子那样努力去获得各种工作技术——只有不怀孕的人才能运用这些技术。青年男子通过提高自己的工作技术来追求个人保障，而青年女子却必须通过增加对男人的吸引力来达此目的。这反过来就会形成一种辨别身份的文化系统——在其中，男性特征会与经济收入挂上钩，而女性特征则意味着为男人提供性、家务和抚育后代的服务。因此，男人与女人结婚时就具有不同的经济收入潜能，而这种差异在婚姻过程中将扩大，因为男人能够获得有价值的工作经验。由于女人要想单独养活自己会面临着更大的困难，她就更依赖于对婚姻的维系，而这就能使男人在婚姻之内对女人施加更大的控制。

在这样的社会里，男人作为群体控制着女人的一般生活机会(通过关于堕胎的政治决定，通过有关工作要求的经济决定），男人作为个体则在婚姻之内控制着经济上脆弱的女人。然而，这里也不必有随意歧视。这一切都是性别中立的，至于那些控制避孕、工作或家庭收入的人如何对待某一具体个人，与此人的性别并无必然的关系。虽然差异论认为，不存在随意歧视就证明了不存在性别不平等；但不存在随意歧视也许正好证明了 383
性别不平等无所不在。正因为女人在整个社会都处于被支配地位，她们就没有必要成为被歧视的对象。不仅没有必要在工作中通过随意歧视以维系男性特权，而且这种歧视还不太可能发生——因为绝大多数女人永远不可能占据随意歧视所针对的工作职位。也许，偶然也有些女人能够顶住维系传统性别角色的社会压力。但是，所受的支配越强，女人就越不可能竞争上岗，因此随意歧视就越没有存在的空间。社会中越是充满着性别不平等，社会制度越是反映了男性的利益，就越不可能发生随意歧视。

当代没有哪个西方民主国家百分之百地属于这种父权社会，但它们都有一些父权社会的根本特征。而如果我们要直面这些形式的不正义，我们就需要重新概括性别不平等：不把它当作随意歧视的问题，而把它当作支配的问题。如麦金农所言，

> 要求某人与设立标准的人一样——社会规则已经使前者不同于后者了——只是意味着：按照这种方式概括的性别平等永远不可能实现。最需要平等对待的是这样的人：她在社会意义上讲最不相似于设定标准的人——而她有多少资格要求平等对待恰恰是依据于这种标准而定的。从原则上讲，最深刻的性别不平等的问题在于，女人没有与男人“相似的处境”。性别不平等很少要求去实施刻意的歧视。（MacKinnon 1987：44；cf. Taub and Schneider 1982：134）

女人的屈从地位从根本上讲并非基于非理性的性别歧视，而是基于男人的支配地位——正是因为男人的支配地位，性别差异才会与利益分配和女人的总体劣势相关联。为了解决这个问题，麦金农提倡理解性别平

等的“支配论”——它旨在确保性别差异并非女性劣势的根源（MacKinnon 1987：42；Frye 1983：38）。虽然差异论认为，仅当在男人与女人之间存在着真实差异的事情上，性别不平等才是有道理的；但支配论则认为，（真实的或想象中的）性别差异绝不能被视作不平等和男性支配的原因或依据。①

由于支配才是问题，因此解决之道不能只是消除歧视，还要拥有权力。平等的要求不只是：有平等机会去追求男性规定的角色；平等的要求还包括：女人要有平等的权力去创造可由女人规定的角色，或者，去创造男人和女人都愿意平等追求的非基于性别的角色。这种授权的结果也许极不同于“进入男人规定的制度的平等机会”模式——而当代性别
384 歧视理论却青睐这种模式。如果两性有平等的权力，就不会有这样的社会角色系统——它规定“男性”工作要优于“女性”工作。例如，男人就是在违背女人的意愿下才对男女医务工作者的角色实施了重新规定。随着医疗行业的职业化，女人就被挤出了传统的医疗角色——如接生者和医治者，进而被贬低到护士的角色；而护士的职位不仅从属于医生，而且经济报酬也不如医生。假如女人真正享有平等的话，这种重新规定就不会发生；而如果女人要想实现平等，就必须从现在开始重新对这种规定进行思考。

接受支配论就要求对两性关系实施许多改变。但是，支配论要求我们对正义理论作出怎样的改变呢？前些章探讨过的绝大多数理论都或隐或显地接受差异论。那么，这究竟意味着那些理论的原则有问题呢，还是意味着把那些理论的原则应用于性别问题时出了问题？许多女权主义者论证说，问题在于那些原则本身：无论右派或左派的“男流”（malestream）理论家（奥布赖恩这样称呼他们）在阐释平等时，都没能认识

① 如利特尔顿所言，平等的目标应该是：使性别差异“在社会的意义上无须付出代价（costless）”。女人不应该为她们与男人的差异付出代价：“不应该允许性别差异成为决定生活质量差异的原因。”（Littleton 1987：206；cf. Minow 1991）

到女人的从属地位。实际上，一些女权主义者论证说，针对性别从属的斗争要求我们抛弃这个关键理念——按照平等来阐释正义。格罗斯论证说，因为女人必须要获得重新规定社会角色的自由，她们的目标最好被描述成“自主”的政治而非“平等”的政治：

> 自主意味着这样一种权利——按自己选择的条件来评价自己；这种权利也许意味着与其他群体相联合或相整合——也可能相反。另一方面，平等则意味着按照某一给定标准进行衡量。平等对应着两个（或更多的）条件，其中之一就是不加置疑地接受了已有的规范或模式。而自主则相反，它意味着有权利根据这类规范或标准是适合或不适合自我意向而接受或拒绝它们。争取平等……意味着接受给定的标准和遵从这些标准的期望和要求。争取自主却不同，它意味着有拒绝旧标准和创造新标准的权利。（Gross 1986：193）

格罗斯以为，性别平等必然要被解释成对随意歧视的消除。但是，支配论也是对平等的阐释，而如果我们接受它，自主就变成了最好的性别平等理论的一个要素，而不是某种与该理论相冲突的价值。要为女性自主作论证，就要诉求而不是排斥更深刻的道德平等理念——因为该理念认定，在对社会生活进行塑造时，女性的利益和体验应该具有同等重要的作用。如艾森斯坦所言：“这个意义上的平等意味着，作为人的个体都具有平等价值。按此意义，平等并不意味着与今天的男人一样，也不意味着与自己的压迫者共享平等。”（Eisenstein 1984：253）

因此，就像主流理论家信奉平等，支配论也依据平等。但是，支配论 385
是否与主流理论家对平等的阐释方式相一致？我们在前些章所探讨过的理论家能否接受理解性别平等的支配论？社群主义和自由至上主义都有可能拒绝支配论。社群主义者有可能反对这种思维方法，因为该方法认为人可以质疑自己的社会角色——而这种质疑的方式正是某些社群主义者所反对和拒绝的(第六章第六节)。①由于自由至上主义者甚至拒绝支撑差异论的形式上的非歧视原则，他们就很难进一步接受支配论。在自由至上主义者看来，雇主应该有自由按自己的意愿去设定工作，而如果愿意，他们的确可以从事过去那种歧视——如果某位雇主说他不愿意雇佣妇女，这不过是在合法地实施他的私有财产权。②

自由主义理论能否采纳支配论？麦金农论证说，支配论要我们超越自由主义的基本原则。自由主义理论家，就像其他男流理论家那样，在历史上因为接受了理解性别平等的差异论，就没有严肃地对女性的屈从地位进行抨击——这显然是一个不可否认的事实。但是，我们却可以论证说，自由主义者由于采纳了差异论，他们就背离了自己的原则。③事实上，差异论与自由主义原则的分野似乎是显然的。自由主义对自主和机会平等的信奉，以及它所支持的敏于志向而钝于禀赋的资源分配形式，似乎会否定传统的性别界线。似乎没有理由否认，在罗尔斯的原初地位下的契约者能够认识到，现有社会角色的性别偏见是不正义的一个根源。虽然罗尔斯本人并没说那些契约者会如何阐释性别平等，但另一些人却已经论证了，按照罗尔斯理论的逻辑——譬如对不应得的不平等的消除以及人具有选择自身目的的自由——是要求进行激进改革的。例如，格林论证

---

① 关于女权主义与社群主义的冲突，有一些更详尽的探讨，参见：Frazer and Lacey 1993；Frazer 1999；Greschner 1989；Okin 1989b：41—62；Friedman 1989、1991；Weiss and Friedman 1995；V. Held 1993：188—191。

② 要想了解自由至上主义者对反歧视的法律的批判，参见：Epstein 1995a。关于自由至上主义与女权主义的冲突，参见：Okin 1989b：ch.4。

③ 事实上，利特尔顿的观念——性别差异应该“无须付出代价(参见 484 页注释①)”——正是在以另一种方式表达自由主义平等所信奉的钝于禀赋(参见第三章第二节和第三节)。麦金农论证说，支配论超出了自由主义的理解范围，因为自由主义者的目标是“实质上空洞无物”的、“形式上的”或“抽象的”法律。我不理解她对“形式”与“实质”所作的这种对比，或者，这种对比如何相关于自由主义传统中的平等和自由原则。麦金农似乎经常把自由主义等同于它的一种特殊支流——美国的宪法阐释。就麦金农的观点和自由主义的关系，有一些讨论，参见：Langton 1990；Schaefer 2001；Nussbaum 1999：ch. 2；Bassham 1992。

说，契约者对于平等自由的利益要求对家务劳动进行再分配(Green 1986：31—35)。而奥金则论证说，罗尔斯的契约者要求更彻底地抨击划分性别的制度，要求消除家务劳动上的不平等分工和性别的具体化(Okin 1987：67—68；1989b：173—186；cf. Kittay 1995)。①如果询问这些性别角色能否通过德沃金的公平测试，我们也会得出类似的结论：传统的性别角色是不公正的(参见第三章第五节)。

然而，这并不是说，要把对性别平等的这种较强解释容纳进自由主义的理论是一件易事。支配论也许要求自由主义者必须修正或放弃他们 386
就公共领域和私人领域的关系以及就正义与关怀的关系的传统假设。我将在后两节考察这些挑战。

第二节　公共领域与私人领域

如果我们采纳性别平等的支配论，家庭劳动的不平等分配以及家庭责任与工作责任的关系就将成为一个应予以关注的中心问题。但是，主流理论家却不愿意依据正义标准去涉及和评价家庭关系。例如，古典自由主义者就有这样一个预设：(男人领导的)家庭是有生物学依据的单位，并

---

① 为了实现性别平等，奥金提供了两种宽泛的行动计划。短期目标是“保护易受伤害者”。必须改变婚姻契约，使之能够保护为了无薪的家务事而放弃自己事业的那一方。一种办法就是要确保：“双方对于家庭收入有平等的权利”，并且，一旦离婚，“离婚后的双方应该享有同样的生活水准”(Okin 1989b：180—183)。长期目标是创造一个免于性别干扰的社会：“正义的未来是免于性别干扰的未来。在这种正义的社会结构和常规中，性别特征对人的影响不会大于眼球色彩或脚趾长度对人的影响。再不事先假定有‘男性’角色与‘女性’角色之分；生育小孩与抚养小孩——以及其他家庭责任——分离得如此清楚，以至于如果男人和女人没有为家庭生活承担平等的责任，或者，如果小孩与一位家长玩耍的时间要远远超过与另一位家长玩耍的时间，这就将是令人吃惊的和令人关切的事情。”这就要求：父亲为抚养小孩承担更多的责任，母亲可以有更持续的工作机会，社会要能提供高质量的照看服务，要重新设定工作场所和学校日程安排以使父母能够有时间照顾自己的小孩。最终的目标是建立免于性别干扰的社会，因此我们“必须鼓励和促进男人与女人去平等承担领薪工作和无薪工作或平等承担生产劳动和抚育劳动。我们必须为这样的将来而努力，那时，所有人都可能赞成这种生活样态”(Okin 1989b：171)。对奥金的建议的讨论，参见：Kleingeld 1998；Sehon 1996；Russell 1995；Kymlicka 1991；Greene 1996。

且，正义只关涉有契约依据的家庭之间的关系(Pateman 1980：22—24)。因此，他们所讨论的自然的平等就是作为家庭代言人的父亲之间的平等——而由他们探讨通过的社会契约也只对家庭之间的关系进行约束。正义关涉的是“公共”领域——在其中，成年男人之间的行为准则就是双方同意的契约。而家庭关系则是只由自然本能或同情来进行管理的“私人”领域。

当代理论家否认只有男人才能从事公共事务。但是，虽然性别平等已经得到了确认，人们仍然持有古典自由主义者那样的假设：性别平等只适用于家庭之外的关系。正义理论家继续忽略家庭之内的关系，认为家庭从本质上讲属于自然领域。而人们也或隐或显地认为，这种自然家庭单位是传统的男人领导的家庭，而女人则从事无薪的家务劳动和生育劳动。譬如，虽然密尔强调说女人在一切领域都可以与男人一样优秀，但他仍然假定妇女将会继续从事家务活。他说，两性在家庭之内的劳动分工是“已经被人们同意的，倒不是由法律所规定的，而是由一般习俗认可的”；而他认为这种家庭分工是“两个人之间最适当的劳动分工”：

> 就像男人选择自己的职业，通常认为，女人的结婚就意味着她选择了料理家务和抚养后代作为她的首要事业——她会为此目标付出终身；当然，她不会拒绝所有其他职业和目标，但却会拒绝与自己的首要事业相冲突的一切事情。(Mill and Mill 1970：179；cf. Donner 1993)

虽然当代理论家很少有人明确持密尔的立场，但他们仍然隐含地同意他关于妇女家庭角色的预设(而就算不持这样的预设，他们也没有说应
387 该怎样奖励或分配家务劳动)。例如，虽然罗尔斯说家庭是要由正义理论来加以评价的一种社会制度，但他只是假设传统家庭是正义的，然后就致力于按照归于“一家之主”的“家庭收入”来对分配的正义性进行评估，

这样，家庭内部的正义问题就不在考虑之列。①家庭甚至在很大程度上被自由主义的女权主义所忽略——它“接受了公共领域与私人领域之间的区分，并主要在公共领域寻求性别平等”（Evans 1979：19）。

任何理解性别平等的立论如果忽略家庭，其局限都越来越清楚。如我们所见，妇女“双重工作”的结果就是，她们不成比例地集中在低收入的兼职工作中，而这反过来又加深了她们的经济依附性。但是，即使这种经济上的脆弱被消除了——例如每个人都有一份年薪，仍然存在着一种不公正，因为妇女要面临男人不必面临的家庭和事业之间的取舍。②妇女的婚姻就是她的专职，正如男人的事业是他的专职——密尔的这个论断显然是不公正的。毕竟，男人也是婚姻的一方，那么，为什么婚姻对于男人和女人的后果是如此不同和如此不平等呢？组成家庭的愿望不应该成为职业的障碍，而就算对事业会有不可避免的后果，男人和女人也应该平等地承担这种后果。

此外，还有一个问题：为什么家务劳动不能得到更大的公共承认？即使男人与女人分担了无薪的家庭劳动，也很难被当作真正的性别平等——如果我们的文化仍然在贬低任何“妇女工作”或任何“女性化”的事情。性别主义不仅可以出现在对家务劳动的分配上，也可以表现在对它的评价上。由于对家务劳动的贬低无非是对妇女工作的全面贬低的一种表现，要增加对妇女的尊敬，就要更尊重她们对家庭的贡献。因此，家庭就成了把妇女约束于传统角色的文化贬低和经济依附的中心。而可断言的结果是，男人在绝大多数婚姻中享有与女人不平等的权力，他们在决定工作、休闲、性、消费等问题上实施自己的权力，他们也在——当然是极少数婚姻——家庭暴力中实施自己的权力（Okin 1989b：

① 参见：Rawls 1971：128，146。罗尔斯对家庭的解释在下述文献中得到了讨论：Okin 1987；Green 1986；English 1977；Kearns 1983；Kittay 1995。把个人当作“一家之主”的“亚里士多德残余”一般还保留在政治科学和政治理论中（Stiehm 1983）。

② 范·帕里斯论证说，我在第三章探讨过的基本收入方案的一个核心优点是，妇女的经济依附将会减弱（Van Parijs 2000，2001）。

128—130)。①

因此，家庭是争取性别平等的重要场所。女权主义者越来越达成了这样一个共识：要争取性别平等，就要超出公共歧视的范围，就要消除在私人领域中——如家务劳动中——贬低妇女的模式。事实上，佩特曼就说，“公共领域与私人领域的二分……最终是女权主义关注的全部内容”(Pateman 1987：103)。

要正视私人领域内的不正义，就要求对家庭生活进行实质性的调
388 整。但是，这会要求对正义理论作出怎样的调整呢？如我们所见，未能正视家庭之内的性别不平等，可被视为是对自由主义的自主和机会平等原则的背离。然而，按照一些女权主义批评者的说法，自由主义者之所以拒绝对家庭行使干预——甚至是为了促进自由主义的自主和机会平等目标——是因为：他们信奉公域与私域的二分，并且，把家庭视作私域的核心。于是，贾加尔论证说，因为自由主义的隐私权“包括了并且保护着家庭、婚姻、母爱、生育和抚养小孩等事情上的个人私密性”，以正义之名对家庭行使干涉的任何自由主义建议“都意味着对传统自由主义家庭观——家庭是私人生活的中心——的公然偏离……由于自由主义的女权主义者对正义的强调越来越超过了对所谓的私人生活的尊重，就有理由质疑，自由主义的基本价值从根本上是否协调一致”(Jaggar 1983：199)。换言之，自由主义者要么必须放弃他们对性别平等的信奉，要么必须放弃他们对公域私域二分的信奉。

然而，不清楚的是，“传统自由主义观念”是否把家庭视为“私人生

① 传统家庭的捍卫者通常论证说，家务劳动的两性分工是合乎理性的，因为它既有利于整个家庭，又是双方一致同意的。但是，如奥金强调的那样，有研究表明，妇女并不喜欢现存的家务劳动的分配关系。妇女知道：她们比男人的工作时间更长(把领薪工作与无薪工作相加)，她们的工作较少内在兴趣(男人和女人都作如是判断)，她们不喜欢在经济上依附于男人；她们还知道这样一个事实——男人承担的家务劳动是如此之少(Okin 1989b：151—154)。因此，家务劳动的分工并非是一致同意的。相反，“丈夫和其他与女人同居的男人不从事更多家务劳动——其主要理由是：他们不想从事，并且，他们能够在很大程度上强化自己的意愿”(Okin 1989b：153)。

活的中心”。事实上，自由主义就公域与私域的二分就有两种不同的观念：第一种观念源于洛克，是指政治领域与社会领域的区分；第二种观念源于受浪漫主义影响的自由主义者，是指社会领域与个人领域的区分。这两种观念都不认为家庭应该免于法律改革。的确，如果应用于家庭，每一种区分都为批判传统家长制家庭提供着依据。

（一）国家与公民社会

自由主义的公域与私域的二分首先涉及公民社会与国家的关系，或者涉及社会领域与政治领域的关系。如我们在第七章讨论过的那样，亚里士多德与其他古典政治思想家认为，自由和优良生活就在于积极地参与政治权力，而不仅仅是参与“一般的社会”活动(Arendt 1959：24)。自由主义者则持相反的看法：自由和优良生活主要体现在我们在公民社会中对自己个人事业和情感的追求，而政治的主要功能就是保护我们在公民社会中的个人自由。

这是自由主义对公域与私域进行区分的第一种形式——我们可称之为“国家与社会”的区分，因为它把公域等同于国家，而把私域等同于公民社会。有必要记住，自由主义者看重的是公民社会的私人领域：自由主义意味着“对社会的赞美”，因为它认为，在公民社会中
由个人自由地形成和维持的(非国家)私人联合体比政治团体的强制 389
性团结更有意义和更令人满意(Wolin 1960：363)。与之相反，当代亚里士多德式的公民共和主义则愿意回归那种更古老的模式，想把政治参与视为优良生活的依据，而把社会生活仅仅当作维系政治生活的手段。

在国家与社会的二分中，家庭居于何处呢？有人也许会认为，家庭自然应该归于公民社会的私人领域，因为家庭正是个人自由地形成的联合体。但许多女权主义者注意到，绝大多数自由主义者对社会领域都作了这样的描述——社会好像只包含成年的(健康)男性；他们忽略了抚育和供养这些参与者的劳动，也就是主要由妇女在家庭中进行的那些劳动。佩特

曼注意到，“自由主义对公民社会的抽象概括无视家庭生活”，因此“后者在理论探讨中就‘被遗忘了’。私域与公域的分离就被(表现成)是男人世界……之内的一种划分。除了私域与公域，还有不同的方式来称呼这种分离，譬如，‘社会’与‘国家’、‘经济’与‘政治’、‘自由’与‘强制’、‘社会的’与‘政治的’”(Pateman 1987：107)，所有这些都是“在男人世界之内”的划分。

换言之，家庭生活已经倾向于落在国家和公民社会之外的领域。为什么要把家庭从公民社会中排除出去呢？答案不可能是这样的——排除它是因为它落入了私人领域，因为这里的问题恰好是：家庭没有被当作私人(社会)领域的一部分，而该领域也就是自由主义的自由领域。从某种意义上讲，排除家庭是令人吃惊的，因为家庭似乎是一种标准的社会制度——它的潜在基础恰好是自由主义者所崇尚的、作为其他社会领域的基础的自愿合作；但家庭却总是陷入自由主义者所痛恨的封建主义的等级限制。是的，那些关注如何保护男人——自由地从事社会生活——的能力的自由主义者，却并不曾确保：家庭生活是按照平等和同意原则来组织的，或者，家庭结构并不妨碍妇女从事其他形式的社会生活的机会。

为什么自由主义者反对出现在科学、宗教、文化和经济等领域的人为等级，却没有兴趣在家庭领域作出同样的努力呢？①毫无疑问，部分答案在于：男性哲学家不愿意去质疑他们从中受益的两性劳动分工。这种分工因为这样一个假设——家庭角色的确定具有“自然的”或生物学意义上的依据——而在理论上被合理化了。这个假设要么立足于女人不如男人的论断，要么立足于近来关于情感家庭的思想意识：从母子关系中

① 一个解释是，自由主义者就像古代人一样对家庭领域持轻视态度。古代人认为，只有超越了家庭生活，男人才能自由地参与政治生活；类似地，自由主义者认为，只有控制好家庭生活，才能自由地参与社会生活。这似乎可以部分地解释为什么密尔和马克思认为生育不属于自由和正义的范围。他们都认为传统的妇女角色只是一种“自然”角色，不可能随着文化的发展而改变(cf. Jaggar 1983：ch.4；Okin 1979：ch.9；Donner 1993)。

自然诞生的情感纽带与社会或政治生活所需的性格特征不相容（Okin 1981）。

历史上绝大多数自由主义理论家都曾诉求过这其中某一种假说，来为自己的做法——把家庭从自由主义的公民社会观中排除出去——进行辩护。基于此，自由主义者认为，女性的家庭领域与男性的公共领域 390 （既包括公民社会也包括政治）是明显分离开的。我们可以称之为传统父权制下“家庭与公共领域的区分”，而自由主义者在对国家和公民社会的区分作解释时，认为前一种区分是理所当然的。佩特曼正确地指出，自由主义者在解释国家与社会的区分时，把这种区分当作“男人世界之内的区分”，认为妇女就应该待在她们“自然”所属的家庭领域。

然而，有必要指出，这些关于妇女角色与能力的假设并不是自由主义者的发明，相反，这些假设在自由主义兴起之前几个世纪甚至几千年就已经存在了。它们本质上是前自由主义的观点，并且，这些假设无论在逻辑上或是历史上，都与自由主义所作的国家与社会的区分没有什么关系。不幸的是，西方传统中的几乎所有政治理论家，无论他们是否赞成国家与社会的区分，都接受了把家庭生活与社会其他领域分离开来，并把妇女归入前者的这种或那种理由。如肯尼迪和门德斯注意到的那样：“亚当·斯密、黑格尔、康德、密尔、卢梭、尼采的理论在各方面都差异巨大，但这些哲学家在对妇女的看法上，却又惊人地一致。”政治谱系上所有的男性理论家都曾经赞同，“把妇女局限于（家庭）领域的依据就在于妇女的特殊化、情绪化的非普遍属性。由于她只知晓维系爱情与友谊的纽带，在政治生活中，她也许就具有这样的危险——要为了某些个人关系或私人偏好而牺牲更广大的公共利益”（Kennedy and Mendus 1987：3—4，10）。

换言之，自由主义者继承了（女性的）家庭世界与（男性的）公共世界的截然分离，并且所持的理由与非自由主义者的支持理由并没有什么不同——譬如，都对妇女的自然角色进行了假设。自由主义者强调公民社会的非政治领域的重要性，并且拒绝政治优越于社会的亚里士多德立场——但是，并不是自由主义者的这个观点导致了或解释着他们的家庭观。①事实上，那些拒绝自由主义者对国家和社会进行区分的公民共和主义者——如果他们与自由主义者有什么区别的话，却一直趋向于加深对女性的家庭世界和男性的公共世界所作的传统区分。例如，虽然古希腊人没有自由主义者所青睐的那种自由社会领域观，他们的确在家庭领域和公共领域之间作出了明确的划分，并依据这种划分把妇女排除出了公共领域(Elshtain 1981：22；Arendt 1959：24；Kennedy and Mendus 1987：6)。不仅没有否认这种家庭领域与公共领域的分裂，“在希腊政治意识的
391 最深处，我们发现他们对这种区别有着无与伦比的明晰”(Arendt 1959：37)。类似地，虽然卢梭反对自由主义者颂扬社会甚于颂扬国家，当他提出整体性的政治社会时，“仿佛这个政治社会全是由男性组成——而女性的作用只在于通过料理私人家庭而支持男性”(Eisenstein 1981：77；cf. Elshtain 1981：165；Pateman 1975：464)。事实上，他支持希腊人的观点：一旦女人结了婚，“她们就从公共生活中消失；她们把自己奉献

① 许多女权主义者说，家庭领域与公共领域的区分伴随着或反映在了自由主义就公共领域与私人领域所作的区分(e. g. Nicholson 1986：201；Kennedy and Mendus 1987：6—7；Coltheart 1986：112)。但这种说法却不具有历史的准确性，因为“把公共空间赋予男人而把(家庭)空间赋予女人是西方历史的持续现象”(Eisenstein 1981：22)。自由主义继承了而不是创造了公共领域与家庭领域的区分。也许，由于强调公民社会中公域与私域的区分，自由主义者遮蔽了公共领域与家庭领域这个更根本的区分(Pateman 1987：109)。但如果是这样，被遮蔽的也只是男性领域与女性领域的前自由主义区分(Eisenstein 1981：223；cf. Green 1986：34；Nicholson 1986：161)。

为什么自由主义者对私域的最初理解被遗忘了，以至于“在当代美国社会的背景下一谈论私人世界的理想，就成了在谈论家庭”(Elshtain 1981：322；cf. Benn and Gaus 1983：54)？也许是因为人们以为“公”与“私”必定有一种空间上的划分依据。如果是这样，私人空间的最适当场所当然就是家庭住所。但是，自由主义的公私区分却不是两个物理领域的区分，因为社会和政治本质上是接壤的。公私区分是两种不同目标和责任之间的区分。公共行为就是承担了促进共同利益的责任，是指对每个人利益的不偏不倚的关注。当从事私人行为时，就不要求当事人做到不偏不倚。相反，当事人可以自由地追求自己的目标和与他人联合起来追求共同的目标，只要这种追求不与他人的权利相冲突。这两种行为在社会的任何地方都有可能发生。在公共场所出现并不意味着就有责任去不偏不倚地行动或有义务为自己的行为作出解释。而就算是在家里，也不得免于尊重他人权利的义务。

于家庭范围内的相夫教子。妇女的这种生活模式既是自然的也是理性的规定”（Rousseau，引自“Eisenstein 1981：66”）。虽然黑格尔拒斥自由主义者对国家和社会所作的“激进分离”，他的理论却“最生动地例证了情感家庭是如何被用来界定妇女的能力，如何使妇女因为缺乏教育并被排挤出市场、公民资格和知识生活这些公共领域而居于从属地位”（Elshtain 1981：176；Okin 1981：85）。

因此，自由主义者对国家和社会的区分不同于家庭领域和公共领域的传统区分。那些拒绝前者的理论家通常支持后者。反过来讲，接受前者与拒斥后者是相容的。的确，如我们所见，自由主义者用以评价公民社会的理由，似乎也可以用来重新界定家庭——这种理由就是个人自主而不是人为等级；这种理由也足以保证而不是排斥妇女对更广泛的社会生活的参与。

一旦我们把自由主义者对国家与社会所作的区分与家庭领域和公共领域的传统区分区别开来，女权主义者还有什么理由拒绝前一种区分呢？我相信，当代绝大多数女权主义者会接受自由主义者关于国家和社会的关系的基本看法，而拒绝亚里士多德式的共和主义者想使政治优越于社会的企图。①毕竟，亚里士多德式的共和主义者对政治领域的赞美是基于这样一种自然与文化的二元论——许多女权主义者论证说，这种二元论正是我们的社会对妇女的文化贬低的根源。贬低妇女的工作，特别是贬低妇女的抚育工作的一种主要观点是：这是一种纯粹自然的工作，是一种生物本能而不是有意识的意图或文化知识（Held 1993：112—137）。于

① 即使把自由主义者对国家和社会的区分与父权制对家庭范围和公共范围的区分区别开来，也有女权主义者批评前一种区分。例如，佩特曼认为，不同于只试图“在公共生活中恢复政治的地位”的共和主义批判者，女权主义批判者“坚持，要替换自由主义的观念就要包含公共生活与家庭生活的关系”（Pateman 1987：108）。但是，她并没有解释，为什么拒斥了公共领域与家庭领域的区分的女权主义者也应该关注自由主义者对国家和社会的区分。她自己的评论意味着，并不清楚的是，为什么去掉国家与公民社会的区分会有利于妇女（Pateman 1987：120）。奥尔森也从女权主义的立场批判了国家与社会的区分，其依据是马克思的异化理论（Olsen 1983：1561—1564）。

是，妇女就与纯粹表现动物功能的家庭劳动联系起来，男人则因为使自己尽可能地与属于家庭领域的“自然”功能或本能分离开来，从而实现了真正的人类生活和真正的自由。

亚里士多德主义的论断——政治是生活的较高形式——也基于类似的观点：社会生活就像家庭生活一样，只局限于自然的行为。按照希腊思想，社会生活从属于“自然规定的循环，劳作与休息、工作与消费；社会生活中的快乐和没有目的的循环，就像白天与黑夜或者生命与死亡那样循环往复”（Arendt 1959：106）。日常生活的这种“没有目的的循环”
392 从根本上讲是微不足道的，它本是尘土，注定要回归尘土。只有在政治中，公民“才能免于生活的贫瘠”（Arendt 1959：56）。因为亚里士多德的政治试图超越自然的循环，“在家庭事务中操持生活当然就成了城邦自由的条件……家庭生活的目的是为了城邦中的‘优良生活’”（Arendt 1959：30—31，37）。的确，“只是服务于生存和提供生活必需品的目的的活动，是不允许进入政治领域的”（Arendt 1959：37；cf. Young 1989：253）。

很难想象，关于公共生活的目的和价值的观念能在更大的程度上对立于里奇就妇女生活所作的说明：妇女是在“不为人所知的、缝缝补补的家庭生活中……保护、保存和弥补世界”（Rich 1979：205—206）。①的确，如菲利普斯所言：“除了共和主义，似乎很难再有更坏的传统能如此不利于女权主义了。这种传统把自由当作超越私人领域的公共领域的事，把家庭领域的劳动当作是在消磨男人在公共生活中的英雄气概。”（Phillips 2000：279）

此外，由于政治比社会优越的观点经常以政治具有普遍性或共同性

---

① 类似地，亚里士多德的共和主义政治观也冲突于我将在下一节里探讨的女权主义基于关怀伦理的政治观。古典共和主义的政治无法容纳特龙托的关怀的政治观。她把关怀的政治当作“这样一类行为，它指我们为了尽可能好地生活而必须对我们的‘世界’进行维系、延续和修补的那类行为。那样一个世界包括我们的身体、我们的自我以及我们的环境，我们致力于把所有这些因素都编织进一个复杂的、能维持生命的网络”（Tronto 1995：142）。

为所谓的依据，对这种普遍性的保护要求把政治领域与特殊性的领域分离开来，而这不可避免地意味着要使政治与家庭关怀分离开来。如扬所指出的那样，

> 在颂扬公民资格拥有的、用于参与具有普遍性的公共领域的品德时，（公民共和主义者）对两性差异作了极大的夸张……对男性品德和公民资格所支持的公共领域的颂扬，颂扬它的独立、普遍性和不动感情的理性，就意味着在创造一个属于私人范围的家庭——情感和身体需要都必须被约束在这个范围。因此，公共领域的普遍性是以排除妇女为前提的。（Young 1989：253—254；cf. Phillips 2000：285—286）

不同于亚里士多德式的共和主义者——他们认为政治的价值就在于它对自然属性和特殊性的超越，女权主义者和自由主义者共享这样一个基本信念：认为公共权力只是一种旨在保护特殊利益、需要和社会关系的手段。

这并不意味着，在国家与社会的关系问题上，女权主义者与自由主义者能达成完全的一致。即使我们都同意，公共权力的依据在于促进公民社会的私人利益，双方在很多领域仍然充满着潜在的分歧。例如，如我在第六章（第246—252页）所强调的那样，自由主义者倾向于认为公民社会具有稳定和自我调节的能力：只要能够平等地保证个人拥有形成和维系社会团体的权利，公民社会就可以保持健康活力。但是，我们也许会认为这种看法过于乐观，认为光靠个人不可能维系传递下来的社会关系网。也 393
许人们的选择会迅速地瓦解维系社会存在的各种纽带——除非国家对社会群体进行积极的干预。这种担忧是由一些社群主义的理论家提出来的（参见第六章第八节），而只要女权主义者也持这种担忧，他们也许会希望政府进行积极的干预以维系像家庭这样的社会纽带，而且要增加退出这种纽带的难度。

相应地，女权主义者也许不会持这样一种典型的自由主义信念：言论和出版自由将消除偏见和歧视——包括传统的性别成见；因此，女权主义者也许会要求政府采取更强的措施去消除那些贬低妇女的文化形象。自由主义者倾向于认为，如果每个人都有自由去公平地拥有表达和联合的手段，真理就会战胜谬误，谅解就会战胜偏见，而无需政府去监督文化发展(参见第六章第八节)。换言之，自由主义者倾向于相信，在公民自由和物质平等的条件下，文化压迫将没有生存的余地。因此，一旦妇女真正享有了公民和政治自由并获得了平等的物质资源，那些贬低妇女的成见和形象就必然会遭到批驳并消失。

但是，女权主义者也许会认为这种看法过于乐观了。即使真理有自由和公平的机会出场，一些错误和有害的文化表现仍然会存活下来。色情作品和性别主义的宣传就是例证。自由主义者通常会说，虽然色情作品和性别主义的宣传也许是对女性的错误刻画，但这不足以成为用法律来禁止这种刻画的理由；并非因为观念是虚弱无力的，而是因为与国家的强制机器相比，公民社会中的言论和联合自由是检验观念的更好方式。对某些人而言，相信公民社会的言论自由的权力可以铲除文化压迫不过是一种没有依据的天真想法。如麦金农所言，如果言论自由可以帮助发现真理，“为什么我们现在——在色情作品越来越多的情况下——要被这些谎言所掩埋？”(MacKinnon 1987：155)她论证说，对言论自由的这种信念表明，“自由主义的道德无法处理那些构成现实的假象”(MacKinnon 1987：162)。

因此，“适应性偏好”的问题可能会比自由主义者所想象的更为严重。如第二章探讨过的那样，有很强的证据表明，人们会通过调整自己的偏好以适应社会和文化常规规定的正常或可接受的内容(第二章第15—16页)。如果主流文化把妇女的形象刻画成男性的服务者，妇女就可能调整自己的偏好去适应这种形象。这就是为什么我们不能因为存在着“满意的家庭主妇”(或“满意的奴隶”)，就证明不存在不正义。自由主义者和女权主义者都同意，重要的是，人们要在非压迫的条件下——不受恐惧、无知或偏见的左右——形成自己的偏好和目标。但是，虽然自由主义者倾向于认为，只要更好地保护了个人权利和分配正义，就可以保证形成非压迫的条件；而女权主义者却相信，需要通过积极的国家政策去抗击和克 394
服历史上长期形成的——表现在学校、媒体、宣传等方面——关于妇女的负面形象。①

虽然自由主义者与女权主义者就这些问题的潜在争论具有重要的意义(也涉及了我曾在第六章结尾处所引出的一些关于国家和文化的经验问题)，但他们却持有一个共同的信念：社会生活相比政治生活具有优先性。

(二) 个人与社会：隐私权

自由主义者对公域和私域的最初划分，在过去一百年间受到了第二种区分的补充。这第二种区分就是个人隐私与公共领域的分离，这里的“公共”既包括国家又包括公民社会。这第二种区分首先源于浪漫主义者而不是自由主义者，其部分起因甚至是为了反对自由主义者对社会的赞美。虽然古典自由主义者强调社会是个人自由的基本场所，浪漫主义者却强调社会一致会影响个性。不仅政治强制会威胁个性，而且似乎无所不在的社会期望的压力也会对个性构成威胁。对于浪漫主义者，“私域”意味着，

> 超越世俗存在，专注于自我发展、自我表达和艺术创造……相反，在古典自由主义那里，“私域”指社会，而不是指个人从社会的隐退，而社会指自由的理性行为的场所，而非情感体验的无拘无束。自由主义通过限制政府权力和列举与之相对的自由权利来保护社会

---

① 一些人认为，自由主义者没能成功地解决公民社会里的压迫性文化常规和文化表现所导致的妇女的适应性的偏好问题——对此的讨论，参见：Kernohan 1998；Hampton 1997：191—209；Sunstein 1996，1999；Okin 1994，1999；Nussbaum 2000：ch. 5。至于罗尔斯对适应性的偏好问题的认识，参见：Rawls 1971：259—260。

> 领域。纯粹的浪漫主义和传统自由主义不仅在对私生活的看法上分离开来，这种分离还表现在他们对私域有各不相同的侧重点。(Rosenblum 1987： 59)

浪漫主义者把社会生活当作公共领域，因为公民社会的各种纽带虽然是非政治的，但它们却要将个人置于他人的判断和可能的审查之下。他人的在场可能是令人分心、令人窘迫或令人厌倦的。个人需要有自己的时间，有远离公共生活的空间，去沉思和实验各种异类观念，去养精蓄锐，去培养各种亲密关系。①社会生活就像政治生活一样，在这些事情上对个人有颇多的要求。事实上，“现代隐私权的最重要功能就是保护个人私密性，这种隐私权不是作为政治领域而是作为社会领域的对立面而被呈现出来的”(Arendt 1959：38；cf. Benn and Gaus 1983：53)。因此，浪漫主义者把“像友谊与爱恋这类亲密关系之外的、与他人联合的所有形式”都视作是公共的(Rosenblum 1987： 67)。

虽然这第二种类型的公域与私域的区分是作为自由主义的对立面而兴起的，现代自由主义者却继承了浪漫主义的很多观点，并一直试图把浪
395 漫主义对社会压力的强调与古典自由主义对社会自由的看重结合起来。浪漫主义对隐私的看重事实上正好吻合了自由主义的一些担忧：在职业行会、工会和教育机构中群体会对自己的成员施用强制性权力，并且，社会规范的普遍压力会使得个人联合的多样性和观念的自由表达都不足以保护个性。因此，现代自由主义所关注的就不仅仅是保护作为私域的社会生活，还要*在私域中*开辟出一块可以安放*个人隐私*的领域。对自由主义者而言，私人生活现在就有了双重含义：既可以像古典自由主义者所强调的那样，积极地加入公民社会的各种机构；又可像浪漫主义者所强调的那

① 能够偶尔从社会中隐退——使他人无法干扰自己——对自身的发展具有重要意义，参见：Hefferman 1995；Allen 1999。

样，从有秩序的社会生活中退隐。①

人们常常在“隐私权”的法律掩盖下，讨论这第二种形式的公域与私域的自由主义区分。就像公域与私域的第一种区分，它也成为女权主义批判的对象。通过“格里斯沃尔德诉康涅狄格州”一案（*Griswold* v. *Connecticut*［381 US 479（1965）］），隐私权在美国被赋予了宪法地位。这最初被视为妇女的胜利，因为该案的判决规定，不允许已婚妇女避孕的法律违背了隐私权。但自那以后日益明显的是，这种被美国最高法院阐释的权利，也可以成为阻碍因素，会妨碍进一步改变妇女在家庭中的受压迫状态。对隐私权的这种阐释意味着对家庭的任何外在干涉都是对隐私的侵犯。因此，这种隐私权的观念曾经使得家庭不受制于旨在保护妇女利益的改革——例如：旨在保护妇女不受家庭暴力和婚内强奸的国家干涉，赋予妇女起诉对方不提供生活支持的权力，通过官方途径承认家务劳动的价值（Taub and Schneider 1982：122；Seigal 1996：2157—2174；Gavison 1992：35—37）。按照麦金农的说法，隐私权“强化了公域与私域的划分……使私域不受制于公共的矫正措施，并使妇女在私域之内的从属地位失去了政治意义”（MacKinnon 1987：102）。她的确认为，“关于隐私的学说促成了国家对妇女的放弃”（MacKinnon 1991：1311）。

因此，公域与私域这第二种区分使家庭关系更有可能免于公共正义的检验。但是，美国最高法院对隐私权的阐释却有些不同寻常，因为它依据于家庭的集体隐私来界定个人隐私。隐私权被认为是属于整个家庭的，而不是属于其个人成员的。这样，家庭之内的个人就没有隐私权。如果两个人组成家庭，隐私权就会保证国家不会干涉夫妻双方的家庭决定。但是，如果妇女在婚姻开始之时就没有隐私，并且在进行家庭决定时又没有

① 由于这种浪漫主义的隐私观已经完全被整合进了现代自由主义，以至于有些人认为这是自由主义的原创观念（e. g. Benn and Gaus 1983：57—58）。然而，虽然从古典自由主义者那里也可以找到从社会隐退的观念（如洛克的《论宽容的信札》），但这主要还是自由主义所采纳的东西。按照从公民社会的所有角色中隐退来理解隐私（这与自由主义的最初立场相距甚远）意味着“私人不再从属于任何制度设置。其结果就是，自由主义把公域与私域等同于政府与社会的传统区分，就戏剧般地消失了”（Rosenblum 1987：66）。

396 权力；那么，这种家庭隐私权就不会为她提供任何个人隐私——它的确是在阻止国家采取措施保护她的隐私。

事实上，这种基于家庭的隐私观在如下两个方面不利于妇女。一方面，当妇女受到丈夫或父亲的粗暴威胁时，它不能保护妇女的隐私愿望。另一方面，它又容忍妇女所承受的被动隐私(involuntary privacy)——譬如，非自愿的深居简出，或者，母亲或女儿被迫退隐家中，而她们却想逃离家庭角色的约束去从事公共生活。如艾伦所言，妇女的“隐私问题”既是“如何摆脱被动隐私”的问题，又是“获得她们所愿的隐私”的问题(Allen 1988：180—181；cf. Allen 1999：743—744；McClain 1999a：770—771)。妇女想要获得所欲的隐私权，就要求把隐私权适用于个人，而不仅仅是适用于像家庭那样的集体单元。

在一些案例中，最高法院也明确诉求妇女的个人隐私，甚至家庭之内的个人隐私。但是，这些似乎只是一些例外(Eichbaum 1979)。为什么家庭关系不从属于个人隐私的标准？答案不可能是：家庭被视为私生活的中心；因为这里的问题正是：在别处应用的隐私观却没有应用于家庭关系。如希鲍姆所言，以家庭为基础的隐私观与隐私权的全部意义相冲突：“由于保护集体单元的利益的隐私权——如家庭——是以牺牲个人自主为代价的，它就完全漠视了人的隐私需要，并且必然要模糊隐私的更深意义”(Eichbaum 1979：368)。保护家庭并使之不受国家的干涉，并不必然保证妇女(或孩子)享有——免于他人干扰或不受制于他人的期望压力的——退隐领域。

为什么美国最高法院要把隐私解释成家庭的隐私？答案似乎是：那种前自由主义观念——传统家庭是自然的——还在潜移默化地起作用。这明显表现在对家庭的神圣性进行司法辩护的悠久传统中——“隐私权”只不过是最新的辩护手段罢了。对家庭隐私的最初辩护所依据的是“一家之主”的学说，按此学说，“家庭被认为是一家之主的人格延伸”，因此，“干涉男人的家庭事务就是对属于他个人的私有领地的侵略……这在本质上无异于向他提出经常洗澡的要求”(Benn and Gaus

1983：38）。按照这种学说，妇女就成了丈夫的婚内财产，因此在法律的意义上就不再是人；她们的利益被家庭所规定并消融进了家庭的利益，而家庭则被当作她们的自然归属。随着家庭其他成员的权利逐渐被承认，父亲的权威就受到了挑战。但是，“一家之主”之说所赋予传统家庭的合法性，却因为20世纪20年代的保守法院支持“家庭自主”的学说，而再一 397
次予以了肯定。虽然家庭不再是父亲的财产，传统家庭的基本结构却仍然不受司法改革的影响——因为家庭被视作文明的堡垒和社会稳定的前提。[e. g. *Meyer* v. *Nebraska*，262 US 390（1923）]

随着20世纪60年代家庭观念的变化，家庭自主的学说也受到了挑战，而最高法院则需要新的依据来为家庭的不受干涉的地位提供辩护。对隐私的逐渐强调成了具有吸引力的替代理由，因为自由主义者对个人私密的关注与保守人士对家庭自主的关注居然形成了一部分重叠，于是古老观念就具有了现代合法性。但是，这却并非实质性的而只是装点门面的变化，因为最高法院所说的隐私极其类似于它以前所持的“一家之主”或家庭自主的学说。①的确，美国最高法院并没有否认家庭隐私权实际就是关于家庭自主的更古老学说的延续。最高法院为婚姻的私密性进行辩护，它强调“古老而神圣的婚姻特征就是他们进行裁决的基础”（Grey 1980：84—85；cf. Eichbaum 1979：372）。反过来讲，最高法院却拒斥自由主义的个人隐私观的最根本体现，如果这有悖于传统家庭结构的话——譬如，最高法院不断支持这样的立法，即把两位成人自愿在自己家中的同性恋行为视为刑事犯罪，并且还否认这些法律是对任何人的隐私权的侵犯[*Bowers* v. *Hardwick*，478 US 186（1986）]。

因此，浪漫主义的个人隐私理想即使形成了法律，也与那样一种保

---

① 值得注意的是，曾经基于“家庭是男人的私有财产”而获得辩护的政策，现在是如何基于“男人和女人有平等的隐私权”而获得辩护的(e. g. Benn and Gaus 1983：38)。陶布和施奈德尔注意到：“国家没有办法去管理家庭领域——这个说法现在的依据是：法律不应该干涉家庭领域的情感关系，因为它太棘手了……然而，这种关注的重要性却因为法律拟制——如关于妇女婚内死亡的民事案件——也曾为同样的结果作辩护而被降低了。”（Taub and Schneider 1982：122；cf. Seigal 1996：2142—2170）

守理想——由官方承认的异性结合的家庭才是社会的堡垒——混同在了一起。虽然最高法院运用了自由主义的公域与私域相区分的语言，它实际上是在诉求前自由主义的家庭领域和公共领域的传统划分——这种划分使个人隐私从属于家庭自主。麦金农注意到，

> 很有可能这并非偶然：身体、两性关系、性交与生育行为、亲密情感——这些正是女权主义认为使妇女居于从属地位的关键因素；正是它们构成了隐私学说欲以保护的核心内容。从这个角度看，隐私的法律概念能够而且一直在庇护对妇女实施的殴打、婚内强奸以及劳动上的被剥削；一直在保护那样一些核心制度，正是这些制度使得妇女被剥夺了身份、自主、支配和自我界定……隐私权实际上是男人的这样一项权利：他们可以“单独地”对妇女实施压迫……它只是使男人不侵犯另一些男人的卧室。（MacKinnon 1987：101—102）

隐私权恰好使家庭领域免于干涉——这绝非偶然；但却并非因为自由主义的隐私在保护家庭领域，相反，正是因为家庭领域的保守捍卫者采纳了自由主义的隐私话语。

398 我相信，一旦抛弃了父权制的家庭自主观，绝大多数女权主义者都会赞同自由主义对隐私的基本尊重——譬如，会认为，免于他人的打扰具有价值，尝试与众不同的新观念具有价值，培植亲密关系具有价值。（想一想伍尔夫的著名要求——每个妇女都应该有“自己的房间”。）如艾伦所言：“女权主义者对隐私的批判使得自由主义关于私人选择的隐私观变得充满活力。在削弱了对妇女的身体和生活的父权制控制之后，对个人时间和个人决定的渴求却能够长久不衰。”（Allen 1999：750）①

---

① 一旦抛弃了“一家之主”或家庭自主的父权制观念，某些女权主义者就会捍卫隐私的重要性，参见：Allen 1988，1997，1999；McClain 1995，1999a；Stein 1993。

无论如何，自由主义的隐私观，就像自由主义对国家和社会的区分一样，并不是为家庭领域和公共领域的传统分离所作的辩护。因为既需要为不属于传统家庭的亲密关系作辩护，又需要为家庭之内的隐私作辩护。因此，隐私与非隐私的界限就超出了对家庭领域和公共领域的传统区分。虽然我们希望家庭成为“隐私和个人隐退”的场所，但对很多人而言，他们所需要的正是家庭领域内的隐私；因此，也许需要国家采取介入家庭范围的行动，以保护隐私和阻止家庭之内的滥用权力。而无论自由主义对国家和社会的区分，还是自由主义关于隐私权的学说，都不会阻止这类行动。如罗尔斯所言，“如果以为私人领域是与正义无涉的领域，就不存在这样的领域”，因为“妇女的平等权利以及作为未来公民的儿童的基本权利是不容让渡的，他们无论在哪里都要受到这些基本权利的保护”(Rawls 1997：791)。①

由于家庭是性别不平等的核心场所，正义理论对家庭的关注——关注家庭对妇女生活的影响——就至为重要。主流理论之所以拒绝这种关注，其通常的理由就是：家庭属于私人领域。但在某种意义上，这确实是低估了问题。家庭与其说是被贬低到私人领域，不如说是被完全忽略了。②妇女的利益受到伤害，还因为政治理论没有尽到自己的责任——它没有对构成家庭的公共要素或私人要素进行检查。而与传统家庭联系在

---

① 一些自由主义的女权主义者已经在开始挑战传统家庭了。那种只关注如何进入公共领域的自由主义的女权主义刻画“已经越来越成问题了。自由主义的女权主义者就像不少人那样，已经在不断地把自己的注意力集中在妇女的私人生活上”(Nicholson 1986：22—23；cf. Wendell 1987)。但颇为矛盾的是，尽管自由主义者支持对家庭实施改革，人们却常常指责他们是在“贬低私人领域的价值”(Elshtain 1981：243；cf. Nicholson 1986：24)。埃尔施坦说，“自由主义的要求”就是“要使私人领域彻底政治化和公共化”(Elshtain 1981：248)。一旦使抚养小孩也成为一种公共责任，自由主义就“剥夺了私人领域的存在依据，并使之不再成为人类情感和价值的主要源泉。类似地，使所有家庭活动外在化并使之成为公共活动，就会进一步损害私人领域。这样，‘所有人都会在最大程度上被转变成公共人，而始于工业化的对社会生活形式的破坏，就会因为把私人生活尽可能地变成公共生活而最终完成’。这就是自由主义的要求会导致的结果”(Elshtain 1981：248，引自“R. P. Wolff”)。女权主义就“使家庭自由主义化”有一些新近的探讨(譬如，把契约思想扩展到婚姻与家庭)，参见：Kymlicka 1991。

② 我们在前些章不断看到了这一点：诺齐克解释自我所有权(第四章)，马克思解释劳动的首要性(第五章)，公民共和主义解释优良生活时(第七章)，都完全忽略了生育和抚育小孩的问题。

一起的性别角色，不仅冲突于权利与资源平等的公共理想，而且也冲突于自由主义对私人生活的条件和价值的理解。

第三节 关怀伦理

对公共领域和家庭领域进行区分并且把妇女贬低到家庭领域的一个
399 后果就是：男人与女人分别养成了不同的思维和情感模式。在整个西方哲学史上，我们发现政治理论家都在进行这样的区分：把据说是妇女的家庭生活所要求的直觉、情绪和特殊气质与据说是男人的公共生活所要求的理性、公平和不带感情的思维区分开来。道德

> 在性别的分界线上被分离成了“不同的道德劳动”……政治统治、规范社会秩序、管理其他“公共”制度的任务就作为男人的专属领域被他们独占，而维系私人关系的任务就被加给了或留给了妇女。不同性别就与不同的道德任务发生了关系。正义与权利构成了男性的规范、价值和品德，而关怀和责任则界定了女性的道德规范、价值和品德。(Friedman 1987a：94)

有人曾经认为这两种“道德任务”是根本不同甚至是相互冲突的，以至于妇女的特殊气质虽然是家庭生活所需的，却被当作是对公共生活所需的公平正义的破坏。因此，据认为公共领域的健全就必须以对妇女的排除为前提(Okin 1990； Pateman 1980，1989)。

由于这种对比在历史上曾经被用来为父权制作辩护，像沃斯通克拉夫特这样的女权主义者就论证说，妇女的特殊性情不过是不允许妇女拥有充分发展她们的理性能力的机会所造成的结果。如果妇女只考虑周围人的需求，而忽略普遍公众的需求，那只是强行禁止她们承担公共责任的后果(Pateman 1980：31)。一些当代女权主义者则论证说，区分“男性”道德与“女性”道德的整个传统都只是没有经验依据的文化神话。但是，

当代女权主义也有一个重要的分支，它论证说我们应该严肃对待女性的不同道德。我们应该视之为一种道德思维的模式——而不仅仅是直觉情感；应该视之为道德洞见的源泉——而不仅仅是性别不平等的人为产物。当男性理论家声称，妇女具有天生的直觉气质并且这种气质只适用于私人领域；一些女权主义者则论证说，妇女的气质具有理性特征并且这些气质具有潜在的公共意义。妇女所具有的特殊思维模式与男人在公共领域所采纳的公平思维模式相比，是一种更好的道德，或者，前者至少是对后者的必要补充——特别是，一旦我们承认，性别平等要求我们突破对公共领域和家庭领域的传统二分。

女权主义者对妇女的道德思维模式重新发生兴趣，这在很大程度上要归功于吉利根对妇女的道德发展的研究。按照吉利根的观点，男人和女人的道德情感的发展确实是不同的。女人倾向于用“另一种方式”来思维，她对此的总结是：

> 按此看法，道德问题源于相互冲突的责任，而不是源于相互竞争的权利；要解决道德问题，就需要情景性的叙事思维模式而不是形式化的抽象思维模式。这种道德观由于关注关怀行为，认为只有对责任和关系有了理解，才会有道德发展；就像把公平作为道德依据的道德观——它认为，只有对权利和规则有了理解，才会有道德发展。(Gilligan 1982： 19) 400

这两种道德“方式”被分别刻画成“关怀伦理”和“正义伦理”，而按吉利根的说法，它们是“根本无法协调的”(Gilligan 1986：238)。

对于是否真的存在着这两种道德方式，存在着争议；而就算的确存在这两种道德方式，对于它们是否与性别差异一一对应，仍然存有争议。一些人论证说，虽然存在着关怀与正义的两种不同的道德方式，但男人与女人几乎都在平衡地采纳它们。另一些人则论证说，虽然男人与女人经常是在用不同的方式说话，言谈方式的不同却遮蔽了根本的共性：“与我们的实际思维方式相比，性别的道德化与我们如何思考自己的思维有更大的关系。”我们“期望女人和男人展现这种道德二分”，因此，“男人所关注的任何道德问题都被归于‘正义与权利’的范畴；而女人的道德关注就被贬为‘关爱和人际关系’的范畴”（Friedman 1987a：96；cf. Baier 1987a：48；Rooney 1991：341）。也许，男人与女人的言谈方式的确不同，但不是因为他们的实际思维有什么不同，而是因为男人感到他们应该关注正义和权利，而女人感到她们应该关注如何维护社会关系。①

无论在经验层面上对两性差异有什么样的发现，都不影响这样的哲学问题：我们是否能够确定一种通向政治问题的、与正义立论相互竞争的关怀立论；如果确有这样的立论，它是不是一种更好的立论。一些人对吉利根的发现作了这样的回应：虽然关怀伦理是一种有效的道德视野，但却只能适用于友谊和家庭这样的“私人”领域。关怀伦理涉及我们在特殊私人关系中要承担的责任，而不涉及在公共领域中人们彼此拥有的义务（Kohlberg 1984：358；Nunner-Winkler 1984）。但是，很多女权主义者却论证说，虽然关怀伦理最初是在私人关系中发展起来的，却仍然具有公共意义，而且应该被扩展到公共事务。

那么，什么是关怀伦理呢？在吉利根的总结中，这两种道德方式呈现出多种差异。这些差异可以用三个标题来加以归纳：②

---

① 在道德思维方面呈现出来的任何性别差异，都面临着解释上的分歧。人们提出了不同的解释方式，包括性别角色的社会化（Meyers 1987：142—146）以及幼小婴孩对母爱的体验（Gilligan 1987：20）。也有一些解释与性别的关系较少。弱势群体通常懂得照顾他人的感情，因为他们要依赖于他人的保护；而“在男人占支配地位的社会里，（妇女）就要发展这样一类心理特征——她们要用这些特征来取悦占支配地位的群体并满足他们的需要”（Okin 1990：154）。例如，“依赖于男人的女人也许就要发展出照顾和关怀他的重要技巧，通过‘阅读’他的行为和洞悉他的情绪，懂得如何在他提出要求之前满足他的愿望”（Grimshaw 1986：252）。这也许可以解释，为什么被压迫阶级或种族的男性成员也会表现出关怀伦理的特征（Tronto 1987：649—651；Harding 1987：307）。

② 我采纳的是“Tronto 1987：648”中的对比分类。至于其他分类，参见：Sher 1987（五种对比）；Dancy 1992（十一种对比）。布贝克注意到——我相信是正确的——这些分类都太强调这两种伦理的表面性质的差异了，而不是在强调它们的实质价值上的差异（Bubeek 1995：ch.5）。

（一）道德能力：学习道德原则（正义）与发展道德气质（关怀）；

（二）道德思维：通过寻求具有普遍意义的原则来解决道德问题（正 401
义）与在特殊情境中寻求适当的回应（关怀）；

（三）道德概念：关注权利和公平（正义）与关注责任和关系（关怀）。
我将简短地考察（一）和（二），然后再集中考察（三）——我相信这才是关怀与正义之争的核心。

（一）道德能力

特龙托说，关怀伦理“使基本的道德问题发生了转移：从‘什么是最好的原则’转向了‘个人如何才能最好地具备道德行为能力’”（Tronto 1987：657）。要成为有道德的人，与其说要知道正确的原则，不如说要具备恰当的气质——例如，要有这样的气质：要能准确地洞悉他人的要求，要有满足这些要求的想象力。

确实，绝大多数当代正义理论家更关注的是如何确定正确的原则，而不是对个人如何“具备道德行为能力”进行解释。但前者会自然地导向后者，因为正义伦理也会要求有这些道德气质。虽然正义意味着要有正确的原则，但“如何在具体情况下运用正确的原则却要求具备这样一些特质和情感——它们本身就属于道德范畴；并且，它们不只是去生硬地诉求原则然后使人的意志和行为与之一致”（Blum 1988：485）。例如，为了决定某人究竟是玩忽职守还是进行过“合理预防”，或者，为了决定对传统的男性工作和女性工作予以不同的报酬是不是“歧视性的”，都要求陪审团成员具有上述气质。要在这些情况下行事正义，对历史因素和现实可能性的敏感就与“发明或发现原则的智力工作”同样重要（Blum 1988：486；cf. Stocker 1987：60）。如我们将看到的那样，在一些情况下，很重要的是：要能对正义原则作简单的解释并且要能清楚地预见到相应的后果。但在很多情况下，要有相应的道德情感才能判断，哪些正义原则与目前的情景相关，并且还要确定那些正义原则究竟对这种情景有什么要求。因此，正义理论家应该赞成吉利根对这样一个预设的挑战：只要人们具备抽象推理的能力，我们就不必担心人们的道德情感或道德气质(cf. Baier 1987b：55)。即使正义意味着要运用抽象原则，也只有在下述条件下人们才能有效地促进“正义感”——他们要学到众多的道德能力，包括对特殊情境下的要求有富于同情和想象的洞悉能力(Nussbaum 1986：304—306)。

402 为什么正义理论家会忽略现实道德能力——它们是我们正义感的基础——的发展？也许是因为正义感是从关怀感中生长出来的，而后者最初是在家庭中习得的。如果儿童没有在家庭中学到如何“对他人的目标和利益保持友好和敏感”，就不可能教会他们什么是公平(Flanagan and Jackson 1987：635；cf. Baier 1987a：42)。许多正义理论家的确认识到了家庭在促进正义感上所起的作用。例如，罗尔斯曾长篇讨论过正义感是如何生长于家庭的道德环境的(Rawls 1971：465—475)。但是，这在正义理论的传统中却产生了一个矛盾。如奥金所言，罗尔斯与“政治哲学家的悠久传统保持了一致”，“把家庭视作道德的学校，认为家庭是创造正义公民的首要社会。但与此同时，与该传统中的其他哲学家一样，他忽略了两性家庭本身的正义或不正义的问题。这就使理论本身面临着一种核心冲突——只有提出家庭内部的正义问题，才能消除这种冲突”(Okin 1989a：231)。罗尔斯在解释道德发展时，是这样开始的——他说，“假定家庭制度是正义的……”(Rawls 1971：490)。但是，如我们所见，他并没有致力于证明家庭的正义。“如果两性家庭制度确实不是正义的，而是等级社会和封建社会的残余——如果责任、角色和资源没有遵从两个正义原则，而是按照附带着重大社会意义的先天差异在进行分配，那么，罗尔斯关于道德发展的整个学说似乎都是建立在不确定的基础之上。”(Okin 1989a：237；cf. Kearns 1983：34—40)譬如，有什么能够保证儿童正在学习的是平等而不是专制，是互惠而不是剥削？因此，对家庭的正义性进行考察就是重要的，因为家庭不仅是成年男女的不平等的潜在场所，而且是培养儿童正义感的现实学校。

绝大多数正义理论家并没有直面这些问题，而只是乐于作出这样的假设：人们反正已经发展出了必要的道德能力。但是，虽然他们对此所言甚少，他们却的确认识到，“要是主体在发展对于他人的体谅能力上失败了，这就是一种道德失败，因为许多义务根本不可能由毫无感情的、冰冷的道德主体去完成”（Sommers 1987：78）。

（二）道德思维

因此，道德主体需要有特龙托讨论的那些“宽泛的道德能力”。但是，这些能力能够取代原则吗？按照特龙托的观点，关怀伦理所要求的不是“确定道德原则”，而是要求人们“必须用道德想象力、性格和行为来回应具体情境的复杂性”（Tronto 1987：657—658；cf. Baier 1987a：40）。换言之，这些宽泛的道德气质并非在帮助个人运用普遍原则，而是在使这些原则成为多余甚或是起反作用的东西。我们应该依据对特殊情境的关照，而不应该依据对普遍原则的运用来解释道德。“对具体现实的 403
公正和充满爱心的关注……就是道德主体的特征和恰当表现”，而这种“关怀伦理”并不依赖于“规则或原则”（Iris Murdoch，引自“Grimshaw 1986：234”）。①

但是，只关注具体情境究竟是什么意思呢？毕竟，并非所有的情境特征都与道德决定有实质性的关联。在作出道德决定时，我们不只是关注情境的不同特征，我们也要判断这些特征在多大程度上与道德相关。虽然我们希望人能够很好地关注情境的复杂性，我们也希望人能够很好地确定情境中的哪些特征具有道德意义。而这似乎就会引出关于道德原则的问题，而不是道德情感的问题：“除非我们被告知，敏于情境的人把情境中的哪些特征当作了具有显著道德意义的内容，把这些不同的特征赋予了怎样的分量，等等；否则，我们就无法知晓，（关怀伦理）究竟有何意

① 还有一些关怀理论家，他们也否认对原则的需要，包括：Ruddick 1984a：223—224；Noddings 1984：81—94；Hekman 1995；Deveaux 1995a：115；1995b：87。

义……我们确实需要对此有更详细的了解：妇女感到要对什么事或对什么人承担责任，她们关怀的究竟是什么？”（Flanagan and Adler 1983：592； Sher 1987：180）

鲁迪克声称，虽然我们确实要把道德情境中的重要特征和不相关特征区分开来，但所作的区分却恰好源于对情境的关注，而不是源于外在的原则。那些对特殊情境密切关注的人会感到，情境本身在向我们*提出要求*。虽然任何人只要具有对特殊情境予以同情关注的能力，都不难发现与情境相关的道德内容；但是，仍然有一些不那么明显的相关因素。例如，什么样的工作条件是有歧视意味的？如我们所见，现实的工作情境也许“要求”工作者不得承担抚养小孩的责任，或者要求工作者要有一定的身高或力气。由于这些的确是与工作相关的标准，因此，只有置身于更宽广的社会视野中，我们才能弄清，这些标准如何会具有一系列导致性别不平等的综合后果。在这些情况下，要想知道相关的标准是否具有歧视性，或要想知道在什么条件下逆向歧视（reverse discrimination）才可被视为正当，我们都需要把特殊情境置于关于社会和经济平等的更宽广的理论背景中（Tronto 1993：167—170； Bowden 1996：163）。

此外，即使所有的重要要求都被我们洞悉到了，这些要求也可能是相互冲突的，因此，在缺乏更高层面的原则时，这种细腻的关注也许最终会使我们无所适从。如果面对的是现实中男性的要求与未来女性的要求之间的冲突，对此种情况的耐心关注也许只会让我们感到维权行动所面
404 临的冲突是多么令人痛苦。黑尔德注意到：“我们只有用有限的资源去实行关怀。我们不可能关怀每一个人或按照关怀方式的吩咐去做每一件事。我们需要有确定优先性的道德准则。”（Held 1987：119； Bubeck 1995：199—214； Grimshaw 1986：219）

鲁迪克和吉利根似乎认为，诉求原则就会导致不顾情境的特殊性。但如格里姆肖所强调的那样，原则并非是不准考察特殊性的命令，而是对我们的考察的引导。不同于十戒那样的“规则”——它们在行使引导

时并不需要反思，原则的“作用却完全不同。原则旨在激发而非阻止反思”，因为“当决定何事为正当时，人们需要把原则当作重要的一般理由而纳入考虑”（Grimshaw 1986：207—208；cf. O'Neil 1993）。每一种道德理论都必须对这类一般理由予以某种解释，而正义理论所诉求的那类理由，往往会要求而不是冲突于对特殊细节的关注（Friedman 1987b：203）。①

一些关怀理论家声称，诉求原则去裁决冲突的倾向，会事先阻止这样一种更有价值的倾向：通过消除冲突去寻求解决之道。例如，吉利根就断言，当她依据正义或关怀构造出道德问题时，她的研究对象要么“从情境中后退然后诉求规则或原则去裁决相互冲突的要求，要么他们进入情境并努力发现或创造出回应所有要求的办法”（Gilligan 1987：27）。而她确实引用了很多这样的事例：女孩能够在特殊情境中找到能够回应所有需求的解决方案，而男孩则因为要匆忙地诉求原则去裁决这些冲突而与这些方案失之交臂。但是，我们并不总是能够包容相互冲突的要求，而且我们也并非总是应该试图包容所有的要求。想一想种族主义者或性别主义者要求遵奉的行为准则。这些“要求”当然清晰无误，但很多这样的要求却是不正当的。白人男子期望受到不同的待遇——这件事情本身并非是包容这些期望的理由。就算我们可以包容它们，我们为了表明自己的反对立场可能还会引发冲突。如果我们要质疑这些要求，“就不能只把注意力集中于具体情境的细节”，相反，我们必须把那些细节放置于更大的规范原则的框架之内（Grimshaw 1986：238；Wilson 1988：18—19）。

（三）道德概念

因此，问题不在于我们是否需要原则，而在于我们需要什么样的原

---

① 布贝克论证说，吉利根所研究的那些妇女也在诉求原则，而且是正义原则，特别是减少伤害和促进平等的正义原则（Bubeck 1995：199—214）。

则。如我先前指出的那样，一些作者以为我们面临着一个根本性的选择：
405 要么是“权利与公平”的原则(按照正义方式)，要么是“责任与关系”的原则(按照关怀方式)。我认为，在有关文献中，对于这种根本区分至少有三种不同的解释。

第一，普遍性与对特殊关系的关注；

第二，尊重共同人性与尊重特殊个性；

第三，要求权利与承担责任。

我将依次对它们进行考察。

第一，普遍性与维护特殊关系

有人认为，区分关怀与正义的一种通常方式就是：正义的目标是普遍性或公平，而关怀的目标则是保护“现存的关系网”(Blum 1988：473；Tronto 1987：660)。如吉利根所言：“立足于正义的视野，作为道德主体的自我就会站在社会关系之外，用平等和平等尊重的标准(绝对命令、黄金律)去判断自己与他人的冲突要求。立足于关怀的视野，关系则成为了规定自我与他人的决定因素。在关系情境中，作为道德主体的自我洞悉并回应他人的需要”(Gilligan 1987：23)。因此，对于吉利根而言，“道德在某种意义上是奠基于人与人之间的具体关系的；道德是对关系的直接洞悉，而关系先于这样的道德信念——什么是正确和错误或者要接受什么样的原则。道德行为就意味着表明和维系与特殊他人的那些关系”(Blum 1988：476—477)。

“现存的关系网”或多或少是一个模糊的概念。按照一个观点，它意指与特殊他人的那种扎根于历史中的关系。可是，如果这样解释，关怀伦理就面临这样一个危险——要排除那些最有需要的人，因为他们极有可能就是处于关系网之外的人。许多关怀理论家承认有这个危险。①特龙托

① 有人认为，需要把对疏远的他人的关心整合进关怀理论，参见：Hoagland 1991；Card 1990：102。他们俩都批评诺丁斯的这个论断：关怀伦理主张“由近及远”的关怀关系(Noddings 1984：7，86，152)。

说，“由于主要考虑如何维护现存关系，关怀视野就具有保守性质”，此外，如何确保“关系网的扩展可以宽到这样的程度，以使另一些人不被排斥到关怀范围之外——这仍然是一个核心问题。无论康德式的普遍主义有什么样的缺点，它所持的这样一个前提——所有人都具有同等的道德价值和尊严——仍然充满着吸引力，因为它避免了这个问题”（Tronto 1987：660—661）。但是，问题在于，不仅要解释：*如何*“安排社会制度以使传统上所理解的关怀边界能够得到扩展”；而且还要解释：*为什么*它们应该被重新安排。我们只有接受那种道德价值平等的普遍主义原则，要进行后一种解释才有可能。德沃注意到，关怀理论家“在解释如何或者为什么应当帮助陌生人时面临着重大困难”（Deveaux 1995b：94）。特龙托的试探性回答是令人吃惊的：“也许有可能既避免特殊请求，与此同时又不再缺乏普遍的道德原则，如果这样，关怀伦理或许就能站得住脚。” 406
（Tronto 1987：661，660）①

然而，别的关怀理论家却对“现存的关系网”作了更宽泛的解释。就像特龙托，吉利根说，“每个人都嵌入现存的关系网之中，而道德的重要性——当然道德的意义并非仅限于此——就在于对那些与我们有此关系的人予以关注、理解和情感上的回应”（Blum 1988：473）。但布卢姆却注意到，“吉利根所说的这种关系网实际上包括了所有的人，而不仅仅是某人的熟人圈”（Blum 1988：473）。正如吉利根的研究中的一位妇女所言，我们对“由每个人相互组成的巨大集体”负有责任，因此“陌生人也是属于该群体的一员——你与这样的人有关系，*因为是另一个人*”（Gilligan 1982：57；楷体为我所加，表示强调；cf. Gilligan 1982：74，90，160）。对吉利根而言，使人们在这个巨大关系网中联为一体的，并不必然是人与人之间的直接交往，而是他们的共同人性。由于吉利根的关系网已经包括了每一个人，她要保护关系网的信念就包含着而不是冲突于她的这样一

① 在她后来的著作中，特龙托间接承认，为了避免“狭隘主义”，也许还是需要正义原则作为对关怀伦理的补充（Tronto 1993：170—171）。

个论断：关怀伦理的动机在于“回应和容纳每个人，不遗弃和不伤害每一个人”（Gilligan 1982：63）。

当然，一旦关怀理论家声称，“因为是另一个人”，所以每个人都与我们相关；那么，他们似乎也在信奉某种普遍原则。一旦关怀和关心“脱离了对扎根于历史中的独特关系的要求，一旦认为可以仅仅通过被关怀者的共同人性或者这样一个事实——他们都有利益或者都有痛苦——而引出关怀和关心”；那么，“我们所强调的关系的特殊性与原则的普遍性之间的对立就不复存在。一旦不存在这样的对立，我们似乎就只剩下通过对所有人的同情认同来解决道德困境的路径”。而这种普遍性“至少与那种我们在康德和功利主义的理论中所发现的熟悉的、公平和仁慈的观察者的普遍性紧密相关”（Sher 1987：184）。虽然吉利根避免普遍主义的言说方式，她的研究却“表明，妇女的关怀和对他人的责任感经常会被普遍化”（Okin 1990：27；cf. Bubeck 1995：193—194；Broughton 1983：606；Kohlberg 1984：356）。

因此，对“维护关系网”的信奉也许会，也许不会冲突于对普遍性的信奉——这取决于我们如何阐释普遍性。关怀伦理的大量文献都围绕着我们和他人的普遍关系与我们和他人的特殊关系之间的、“引起冲突的和创造性的张力”（Ruddick 1984b：239）。一方面，我们有走向普遍化的冲动：关怀理论家论证说，我们“通过扩展那种命令——要去关怀和维
407 系关系——的范围……来取得道德进步”（Meyers 1987：142）；即使这要求我们“改变”那种对自己周围的特殊之人表达关怀的现存做法并“使之普遍化”（Ruddick 1984a：222，226）。另一方面，我们又有这样一种冲动——脱离普遍化的要求去捍卫现存的关系：关怀理论家强调，“作为关怀视野核心的责任感”试图避免“以牺牲现存的纽带来强化公平”（Meyers 1987：142）。

看起来，绝大多数关怀理论家都接受吉利根的普遍关系网，但却愿意强调普遍关系网是特龙托的特殊关系网的自然扩展。然而，布卢姆却认为，“不清楚的是，这种对所有人的扩展是如何实现的”（Blum

1988：473）。①奥金注意到，吉利根的研究没有直面这样一个问题："当妇女面临家庭和亲密朋友的利益需要与更疏远的他人的利益需要发生冲突的道德困境时，妇女对这样的冲突是怎么想的"（Okin 1990：158）；因此，很难判断，在关怀视野中如何处理这样的困境。②

第二，尊重人性与尊重个性

按照一些关怀理论家的观点：普遍关照所有拥有共同人性的人并非正义面临的问题；正义的问题在于：只关照人的共同人性而不关照人的特殊个性。关怀理论家声称，对于基于正义的理论而言，"作为道德关怀对象的人的道德意义只是在于，人成了绝对一般的和具有可重复特征的道德意义的承担者"（Blum 1988：475）。正义只关注"一般化的他人"，而忽略了"具体的他人"：

> 一般化的他人立场要求我们把每个人当作这样的理性存在者——他们有资格拥有与我们自己想要拥有的同样的权利和义务。

---

① 鲁迪克对这个问题的回答是："母亲会意识到，自己孩子的利益是与所有孩子的利益交织在一起的。"（Ruddick 1984b：239；cf. Held 1993：53）然而，有疑问的是，是否一个孩子的利益会与所有孩子的利益发生关联，而无论他们之间有多么的不相关。而就算他们之间的利益是"交织在一起的"，这种关联也可能是引起利益的竞争而不是利益的相互补充。他们的利益可能是这样交织在一起的：一些资源如果给了某一个孩子，另一个孩子就无法得到。如果扩展关系网就是因为认识到自己的利益是与他人的利益交织在一起的，那么这种扩展就会极其有限。这种说法似乎既无希望又过于乐观：照顾疏远的他人对现存纽带不会带来什么损失，或者，"不平等对不平等关系中的双方都没有好处"（Gilligan 1982：174）。鲁迪克和吉利根的这些论断事实上是想说明，正义理论想要解决的那些问题根本就不存在。这是一种女权主义版本的马克思主义者和社群主义者的论断：我们能够超越正义的条件。一旦我们放弃了这种天真的设想，就只有对公平关怀的明确信奉——而非只是维护现存的关系——才可能支持吉利根和鲁迪克所想望的那种普遍化（Deveaux 1995b：93）。

② 有一种解决这个问题——移民政策的特殊背景下的问题——的尝试，参见：Baier 1996。她就关怀视野与自由主义视野进行了对比。关怀视野会持这样的主张：接纳移民要取决于他们是否隶属于"已经存在的关系网"；自由主义会持这样的主张：接纳移民要取决于是否有这样的需要。她的结论是，后一种主张更为人道，而前一种主张有这样一种危险：可能会支持排他性的移民政策，譬如澳大利亚在以前实施过的"白人澳大利亚"政策；按照这个政策，澳大利亚只接纳与之有共同文化和亲缘感的（白种）人。也有一些讨论，涉及关怀理论与国际关系问题的相关性，参见：Hutchings 1999；Robinson 1999。

> 一旦假设了这个立场，我们就从他人的个性和具体身份抽象出来。我们假设他人与我们一样，是拥有具体需求、愿望和情感的存在者；但是，构成他或她的道德尊严的却不是我们彼此的差异性，而是我们作为言行着的理性主体的共同性……作为对比，具体的他人立场则要求我们把每个理性存在者当作拥有具体生命历程、身份和情感的个人。一旦假设了这个立场，我们就从人的共性抽象出来……按照友谊、爱和关怀的要求去对待你，我所要确证的就不仅是你的**一般人性**，而是你作为人的**个性**。(Benhabib 1987：87；cf. Bowden 1996：164—174；Meyers 1987：146—147；Friedman 1987a：105—110)

本哈比布强调，一般个人的立场与具体个人的立场都是完全普遍化的(事实上，她分别称之为“替换式的普遍主义”和“互动式的普遍主义”)。但关怀却不同于正义，它是对人的具体差异，而不是对人的抽象人性的回应。

408 这种对比似乎在两个方面都有扩大之嫌。首先，关怀伦理一旦被普遍化之后，也是在诉求共同人性。舍尔注意到，一旦“认为可以仅仅通过被关怀者的共同人性或者这样一个事实——他们都有利益或者都有痛苦——而引出关怀和关心”，那么，关怀和关心就“被当作是对共享的和可重复的特征的恰当回应”(Sher 1987：184)。

其次，正义理论并不限于对一般化的他人的尊重。功利主义的正义理论清楚地表达了这一点，它认为，要知道某一政策是否会促进人们的不同偏好，必须关注人的特殊性。就罗尔斯的正义理论而言，这一点似乎不是那么明显。因此，不必惊讶的是，许多女权主义者把罗尔斯的原初地位当作了正义思维的典型。因为原初地位要求个人从自己的特殊自我中抽象出来，因此，它就被认为是这样一种传统的典型代表：“道德自我被当作了无根的(disembedded)和无形的(disembodied)存在者”(Benhabib 1987：81)。但是，这却是对原初地位的错误理解。奥金认识到，

> 原初地位要求作为道德主体的我们把每一个他人的身份、目标与喜好当作像是我们自己的来加以平等关照，而无论这些内容与我们自己有多大的差异。如果我们——我们**当然知道**自己是谁——要把自己**想象成**是在原初地位中思考，我们就必须在很大程度上发展出换位体谅(empathy)和与他人就不同的生活样态进行交流的能力。但只是这些还不足以让我们保持正义感。因为我们知道自己是谁，也知道自己的特殊利益和善观念，我们也需要有一颗仁爱之心，要像关怀自己那样同等程度地关怀他人。(Okin 1989a：246)

因此，“罗尔斯的正义理论本身就紧密地依赖于人的这样一种道德能力：要能对他人表示关怀和关心，特别是关怀那些与我们完全不同的他人”(Okin 1989a：247)。关怀理论家常常说，冲突“应该通过情境思维方式——要站在特殊他人的立场——来加以解决”(Harding 1987：297)。但这正是原初地位对我们的要求。

本哈比布的质疑是：是否“站在他人的立场”真的可以相容于居于无知之幕后的推理？因为正义“被因此等同于了无根的和无形的一般化的他人的视野……问题可以这样来表达：按照科尔贝格和罗尔斯的观点，道德互惠要求有站在他人立场的能力，要能把他人的处境想象成自己的处境；但是，在‘无知之幕’的条件下，与自我不同的他人却不复存在”(Benhabib 1987：88—89；cf. Blum 1988：475；Gilligan 1986：240；1987：31)。但是，这却是对原初地位的意义的误解。要求人们在考虑他人时从自己的社会地位、自然天赋和个人偏好中抽离出来——这 409
并不意味着人们必须忽略他人的特殊偏好、天赋和社会地位。而如我们所见，罗尔斯坚持，原初地位下的各方必须把这些因素纳入考虑(第三章第三节)。本哈比布以为原初地位的意义就在于：要求契约者考虑别的契约者的利益(这些契约者都成了无知之幕后面的“一般化的他人”)。但事实上，无知之幕的意义在于，这样的事情——“谁处于什么地位以及这种地位的占有者的利益是什么——对于原初地位下的(契约者)并不重要。

重要的是他所在社会的每一个实际成员的愿望，因为无知之幕要求契约者把自己想象成他们中的任何一人”（Hampton 1980：335）。如我们所知，黑尔的理想同情者也作出了同样的要求（第二章第五节）。无论是公平的契约者还是理想的同情者——这两种设计的意义都在于要求人们去考虑具体的他人（cf. Broughton 1983：610；Sher 1987：184）。①

第三，承担责任与要求权利

由于两种伦理都是普遍性的，并且它们都既尊重共性又尊重个性，因此它们的差异（如果有的话）一定在别处。吉利根提出的最后一个区分是：正义思维认为对他人的关心就是尊重他人的权利要求；而关怀思维认为对他人的关心就是要承担责任。尊重权利与承担责任究竟有什么差异？按照吉利根的观点，二者之间的核心差异就在于：为他人承担责任要求对他人的福利予以积极的关注，而权利在本质上却是一种自我保护的机制——只要不干涉他人也就是在尊重他人的权利。于是，她把权利话语等同于个人主义和自私，并声称基于权利的对他人的义务不过是互不干涉罢了（Gilligan 1982：22，136，147；cf. Meyers 1987：146）。

这种说法也许适用于自由至上主义者的权利理论，但我所考察过的

① 扬从更一般的理由来支持这样一个论断：“公平视野”拒斥差异性。“公平推理必定要站在处于互动中的人们的特殊立场之外的视野去进行判断，想把这些立场合成一个整体或一般意志……公平的主体不需要承认这样一些主体——他们的立场应该被纳入考虑，或者还应该与他们有所讨论……立足于这样一个公平视野的人就不需要与任何他人商讨，因为公平视野已经把所有可能的立场纳入了考虑”（Young 1987：62）。但是，如我们所见，罗尔斯式的公平恰好在于这样一个要求：我们应该关照所有可能的立场。扬似乎把公平的道德要求与公平或客观性的认识论要求混为一体：“作为一种理性特征，公平不同于务实的面面俱到的态度——要同时考虑他人和自己的需求和愿望。公平就是超越任何利益和欲望的理性立场。公平意味着能够俯瞰全局并且明白：所有的特殊立场和利益在给定的道德情境中是如何相互关联的——特殊立场因为自己的片面而不可能看到自己的局限。因此，公平的道德推理者超越于自己在进行推理时所处的利害关系，或者，他或她对某一情境的态度就像他或她不在其中或超越其上似的”（Young 1987：60）。然而，我们却可以一方面接受原初地位旨在提出的道德要求——要考虑他人的特殊利益，另一方面又不接受这样一种认识论理想——可以超越具体情境。（反过来讲，拒绝那种无关个人的理想，并不能保证人们会关照他人的利益。）

所有其他理论都承认对于他人福利的积极义务。①因此，虽然正义结构强调人的权利，但我们却可以说，这些权利要求他人承担相应的责任。事实上，吉利根的一些回应者就是这样来描述他们的关怀伦理的。例如，一位妇女说：“人们遭受痛苦，而这就赋予了他们一定的权利，而这就要求你承担一定的责任”（引自“Broughton 1983：605”）。诚然，一些妇女“考虑自己的责任要多于考虑自己的权利”。但是，她们之所以认为自己有对他人的关怀责任，正是因为他人有资格享有关怀。“作任何别的假设都会把这样一个有相当证据的论断——妇女不像男人那样关切保护她们的权利，与另一个极不相同的论断——妇女不像男人那样愿意认为人拥有权 410
利（或者持有本质上与之等同的观点）——合为一体（Sher 1987：187）。

一旦我们抛弃了自由至上主义的解释——权利就是不干涉，责任与权利之间的全部差异都有可能不复存在（Okin 1990：157）。如布劳顿所言：“吉利根与她的实验对象似乎作了这样的预设，如‘所有人都有权利享有人的尊严’，‘人有权利作为平等者被他人予以同情和关照’，‘人有义务尊重和不伤害他人’。”因此，“很难说她不是或多或少地在建议权利与义务的结合——她甚至是在建议权利与个人福利和仁爱‘原则’的结合”（Broughton 1983：612）。的确，许多关怀理论家都认为，权利在关怀理论中必须有一种核心作用（Tronto 1993：147—148；Held，1993：75）。

虽然吉利根坚持认为，这两种伦理是根本不同的，但她自己对二者之间的关系却似乎不能确定。她“在下述几个观念之间飘移不定：两种伦理不相容但却可以相互替换，并且从规范的观点看，两者都是充分的；两种伦理形成相互之间的深度补充；每一种伦理自身都有缺陷，因此应该被整合在一起”（Flanagan and Jackson 1987：628）。如果如我所论证的那样，吉利根用以区分这两种伦理的关键概念并没有形成真正的对比，她在

① 甚至自由至上主义者的理论都不需要否认积极关怀的道德义务，虽然这些理论否认这些义务可由法律来加以约束。

这些观念之间飘移不定就不足为奇。①

虽然权利和责任并非对立的道德概念，但每一种伦理要求我们承担的责任也许是有差异的。按照哈丁的看法，吉利根的研究表明，“‘主观伤害’无论是否公平，在妇女看来都是不道德的”，而男人则“倾向于只把行为的客观不公平当作不道德，而无论该行为是否会导致主观伤害”(Harding 1982：237—238；cf. Harding 1987：297)。例如，男人不太愿意承认有这样一种道德义务——去减轻疏忽大意所导致的主观伤害，因为这是疏忽者自己所造成的后果。这里的确存在着主观伤害，但却没有客观不公平，因此男人倾向于认为这里不存在道德义务。但女人却倾向于认为，对主观伤害的道德义务并不依据存在客观的不公平。

究竟是把主观伤害还是把客观不公平当作道德要求的依据——这二者之间确有显著差异。这是关怀与正义之间的根本区别吗？的确，绝大多数正义理论家认为，与道德要求相关的是客观不公平而不是主观伤害。如我们所知，自由主义的观念——人要为自己的选择承担责任——就是以此为依据的(第三章第三节)。②不太清楚的是，关怀伦理是否认为主观伤害构成了道德要求的依据——是否所有的主观伤害都构成道德要求的依据，或者，是否只有主观伤害才构成道德要求的依据。关怀人并不必然意味着有道德义务去照顾被关怀者的所有愿望，也不意味着有道德义务去
411 消除他们所有的主观伤害或主观失望。到现在为止，关怀理论家就主观伤害、客观不公平和道德要求三者之间的关系，还没有说得很多；并且，有可能不同的伦理关怀观会导致不同的结论。因此，要认为关怀和正义就此具有根本性的对立观，还为时过早。

---

① 按照一些评论者的看法，调和这两种伦理所面临的困难不是道德概念上的困难，而是道德发展的困难。按照吉利根的看法，道德发展中的不同要素源于不同的童年经历——譬如，儿童对不平等(弱势)的体验会导致对独立和平等的追求；而对情感纽带的深度体验会产生同情心和爱心(Gilligan 1987：20；1995：124)。如果是这样，婴孩对父母抚育的体验差异也许会影响到他们学习不同道德要素的能力(Flanagan and Jackson 1987：629)。

② 然而，绝大多数正义理论家却承认与客观公平无关的“善良的撒玛利亚人义务”(第二章，本书第47页注①)。

然而，虽然两种伦理的具体分歧尚不明确，但关怀理论家的确更有可能强调主观伤害而不是客观不公平——他们会把前者而不是后者当作道德要求的基础。①在考察关怀理论家为强调主观伤害而提供的理由之前，我将首先考察一下正义理论家为什么会以客观不公平来作为道德要求的基础。我将论证，虽然对客观不公平的强调初看之下是合乎情理的，但这种强调只有在健康成年人的互动背景下才是正当的。事实上，只有当我们和健康成年人的互动截然地与我们和依赖者的互动分离开时，这种强调才是正当的。如果是这样，关怀思维与正义思维之间的论辩就与关于家庭领域和公共领域的区分的论辩纠缠到了一起。

要把我们对于他人的责任限制在公平要求上——为什么正义理论家要这样强调？如果主观伤害总能提出道德要求，那我就能基于关怀伦理而正当地期望他人去关照我所有的利益。但是，在正义理论家看来，这就漠视了这样一个事实——我应该为自己的一些利益承担完全的责任。在正义视野中，我可以基于公平而正当地期望他人去关照我的一些利益——即使这会限制他人对自己利益的追求。但我不能正当地期望他人去关照我的全部利益，因为我必须自己为一些利益承担责任：要求他人放弃自己的利益来关照我应该承担责任的事情，是不对的。

来看一看这样的人：他在朋友有需要时毫不吝惜自己的时间和金钱，但自己也完全花费无度。于是，他也常常(不必要地)需要帮助，而他要依赖他人去消除因自己的粗心大意而造成的后果。他能够正当地期望他人的帮助吗？我们应该感到有道德义务去消除他自己的粗心所导致的后果吗？立足于主观伤害的思维方式，如果不能关照他所承受的伤害，我们就是不负责的。如果他感到了主观伤害，我们就有义务关照他——即

① 考察一下吉利根的下述引文：“正义视野关注的是不平等和压迫的问题，所持有的理想是互惠和平等尊重。关怀视野关注的是情感纽带的断裂问题，所持有的理想是对需要的关照和回应。不要不公平地对待他人和不要漠视他人的需要——这两种道德命令分别体现着不同的关心”(Gilligan and Attanuci 1988：73)。

使这种伤害是他自己粗心或放纵的结果。然而，正义伦理却认为，他的这种期望本身——期望我们去消除他的痛苦——就是不负责的。他应该为自己的行为承担责任，要求他人承担他自己粗心的代价，这种要求就是不道德的。

412 这样看来，主观伤害与客观不公平的争论就确有依据——因为关于应该为自己的福祉承担多大责任的问题，有完全不同的立场可供我们采纳。在一些关怀理论家看来，对客观不公平的强调就是在为逃避道德责任寻找口实，因为它把我们的责任约束在了基于公平的道德要求上，因此就允许人们去漠视那些本可以避免的痛苦。而在正义理论家看来，对主观伤害的强调是在为逃避道德责任寻找口实，因为它否认草率者应该为自己的选择付出代价，因此就是在奖励那些不负责的人而同时又在惩罚那些负责的人。

因此，关怀与正义之间的争论并不是责任与权利之间的争论。相反，责任在正义伦理中居于核心位置。我对他人的要求之所以要以公平为限，不是因为他人享有权利，而是因为我负有责任——我对他人的责任的一部分就是我要为自己的愿望和选择代价承担责任。如罗尔斯所言，他的理论“依据于这样一个预设——我们有能力为自己的目的承担责任”（Rawls 1982b：169）。相反，那些认为道德义务应该指向主观伤害而不是客观不公平的人必然要否认我们是有责任的主体，他们“必然要这样论证：要求人们为自己的偏好承担责任并且要求人们依据自己的能力而行事，即使不是不公正的，也是不合理的”（Rawls 1982b：168）。由于罗尔斯认为我们有这样的责任能力，他的理论要求人们要在自己的资源所及的范围之内而生活，并且要求人们按照自己可以正当预期的收入而调整自己的生活计划。结果，草率无度之人就不能期望那些对自己更负责的人去承担他自己草率的代价：“为了消除（他因为自己的）目光短浅或缺乏自律所导致的后果而要求他人的付出，这就被视为不公平”（Rawls 1982b：169）。如果我们有义务使他人免除所有的主观伤害，那些对自己的福祉承担责任的人就会被要求去作出持续的牺牲，以援助那些草率无度的不负责任之人——而这就是不公平。①

主观伤害总能提出道德要求——这个观点不仅不公平，而且还会掩盖压迫。主观伤害是与期望相关的，而不公正的社会会产生不公正的期望。看一下传统的婚姻关系——“男人不像女人服侍他们那样去服侍女人”(Frye 1983：9，10；cf. Friedman 1987a：100—101；Grimshaw 1986：216—219)。男人期望女人去照顾他们的需要，因此，只要被要求分担家务事，他们就会感受到主观伤害。事实上，“只要试图调整剥削或压迫关系，就总有人有损失。他们不再享有他们习以为常的关照、服侍和便利。他们也许会面临一些困难或痛苦，并且还会体验到关怀的缺失”(Grimshaw 1986：218)。压迫者对任何特权的丧失都将感到悲切。反过来讲，被压迫者却常常因为自己的社会化状态而不会感到有什么主观伤害：他们为了不去欲求自己不可能得到的东西而调整自己的偏好。 413

只要适应性的偏好能够被产生，这种做法——把主观伤害当作道德要求的依据——反而会遮蔽压迫。而在正义视野中，压迫者的主观伤害却没有道德分量，因为这种主观伤害源于不公平和自私的期望(参见第二章第五节)。人们的正当期望而不是人们的实际期望才有资格确定什么是正义的要求。这就能够解释，为什么正义理论家不仅认为，在不存在客观不公平的情况下，主观伤害没有道德意义；而且认为，就算是不伴随着主观伤害——如人们的社会化情况会使他们接受自己的被压迫状态——客观不公平仍然是不道德的(Cf. Harding 1987：297)。在这个意义上，“道德上有效的关怀形式和共同体形式要以在先的正义条件和正义判断为前

① 与此相关的担心是，关怀伦理为了把人们从关怀者认为是愚蠢或草率的选择或主观伤害中拯救出来，有可能会允许家长式的干预。对于小孩这完全是恰当的，但对于健康成人却是令人烦恼的。为了避免这种可能性，一些关怀理论家就强调，对他人的关怀就意味着要承认和尊重他们自我导向的责任能力。但如果是这样，这就使我们回到了这样一个立场：我们是在客观不公平而不是在主观伤害的意义上对他人负有道德义务——至少对于健康成人是如此。纳拉扬认为，潜在于关怀话语中的家长式管制，不仅可以针对社会中的个人成员，而且可以针对作为整体的人群。她认为，欧洲对非洲和亚洲的殖民统治可以从关怀话语中找到通常的依据：白人有责任关怀落后种族的福利(Narayan 1995：133—135)。

提”(Kohlberg 1984：305)。①

用主观伤害作为道德要求的基础还面临另一个问题。虽然这种做法要求我们为自己承担的责任太少，但是它要求我们为他人承担的责任却太多。如果主观伤害总是要求有关怀回应，我们就似乎有无限的义务去对他人进行关照。但是，就算我们对他人表示无微不至的关照，我们能够提供的帮助也总是有限的，也总有一些需要我们帮助去满足却没有实现的欲望。而这又是一个自我强化的过程：一旦他人知道我们正在关心，他们就会期望这种关心，而一旦我们不再关心，他们就会更感到受了伤害。②因此，道德主体所面临的道德要求就会占尽她的时间和精力，她将不再有任何自由去追求自己的生活(Dancy 1992)。

因此，这样一个观念——主观伤害产生道德要求——就既威胁到了公平又威胁到了自主。关怀理论家充分意识到了这种过分要求的问题。毕竟，这个观念——妇女总是应该为了丈夫和孩子牺牲自己的利益和事业——正是男性支配的意识形态的一部分，它在若干个世纪以来成了剥削妇女的依据。关怀理论家显然不想支持这种意识形态，不想使妇女的被剥削地位永恒化。因此，他们强调自己的伦理关怀观非常不同于那样一种传统的性别主义的成规看法——妇女要懂得自我牺牲以便把每个人的利益置于自己的利益之上。按照吉利根的观点，我们需要把“较少自我”的关怀观与“包括自我”的关怀观区分开来：按照前者，妇女总是让自己的利益从属于他人的利益；按照后者，妇女懂得关怀她们自己而不仅仅是关怀他人(e. g. Gilligan 1982：149；Bubeck 1995：194)。

---

① 一些评论者论证说，吉利根由于忽略了压迫关系，就有滑向“道德本质主义”的危险。她“把关怀和关系特征与不平等和压迫的背景分离开来，并且要求按照这些特征的内在优点而只考虑它们本身”(Houston 1988：176)。特龙托注意到，“如果保护某个关系网就是关怀伦理的起始前提，那么就几乎无法就这样的问题——那些关系是不是好的、健康的或值得保护的——进行反思批判”(Tronto 1987：660；cf. Wilson 1988：17—18)。

② 参见布贝克对“自我主义之王”的问题的探讨。她注意到，在关怀者的共同体中，自我主义者不仅能够白白地享受他人的关怀——他知道自己永远将受到他人的关心，他实际上还将拥有控制关怀者的权力(Bubeck 1995：176)。

事实上，向“包括自我”的关怀观的转移，常常被认为是把“女权主义”关怀伦理与“女性的”自我牺牲的伦理区分开来的关键(West 1997；Gilligan 1995：122；Tong 1993)。关怀伦理要有资格成为女权主义的伦理，就不能只是去承认妇女关怀行为的价值；关怀伦理还必须保证，这些行为不会让妇女付出失去自由和平等的代价。关怀伦理必须保证：妇女 414
在从事这些关怀行为时，她们不会被剥削、被孤立或被迫处于劣势地位。关怀伦理还必须保证：成为关怀者不会阻止妇女充分和平等地参与公共生活和政治生活，并且，对于提供关怀的条件，妇女要有平等的发言权。①在传统女性的自我牺牲的伦理中，妇女有无限的责任去提供关怀，但对于在什么条件下提供关怀或对于关怀予以奖励的条件，却几乎没有发言权(Sevenhuijsen 1998：84)。而在女权主义的关怀伦理中，却要求男人和女人更公平地分担关怀责任，正如同要求他们更公平地持有这样一种权力——依据它去规定提供关怀的社会条件。

因此，关怀理论家承认，有必要限制被关怀者对关怀者的期望，从而使之成为正当的期望。一些理论家认为，关怀者应该照顾自己对于自主的需要，或者，真正的关怀涉及互惠互利；这样，不能回报关怀者的被关怀者的期望就要受到限制(Ruddick 1984b：238；Gilligan 1982：149；Noddings 1984：12，98—100，105，181—182)。用诸如此类的方式，关怀理论家努力使自己的观点不同于简单地把主观伤害等同于道德要求的立场。②

---

① 妇女面临着这样的危险：她们有可能被关于关怀的社会规范所剥削。参见：West 1997；Bubeck 1995：174—185，245—249；Card 1990，1996；Hoagland 1991；Houston 1987，1990；Bowden 1996：180。

② 一些作者担心，使妇女承担自我牺牲的传统观点是如此深地扎根于我们的“关怀”观，因此，较好的做法是，把女权主义伦理学建立在不同的概念之上——譬如，“看顾”(trust)(Baier 1986，1994；Govier 1997，1999)、“共鸣”(empathy)(Meyers 1987)或“脆弱”(vulnerability)(Mendus 1993)。所有这些都持有与关怀伦理一样的前提——譬如，主流伦理学和政治理论反映着处理道德问题的传统“男性”方式，或者，我们通过关注妇女处理这些问题的方式就能学到重要的洞见。而它们也都强调：要更从“关系”的视野去形成关于人的观念，伦理学要有更照顾“情境的”路径，对于人的依赖性要有更现实的关注。克恩注意到，由于这个原因，对女权主义伦理学的这些不同解释也倾向于有同样的基本力度和弱点。特别地，它们都面临这样的困难：如何保护那些关怀者(看顾者、共鸣者)才能使之不受到剥削或操纵(Koehn 1998)。

但是，如果能够避免不负责任地忽略他人的主观伤害，我们可以为自己要求多大程度的自主，又能要求他人给予多大程度的互惠呢？按照他们的一般方法论，关怀理论家认为，关怀者的自主与对被关怀者的责任之间的冲突必须在具体情境下才能得到解决。吉利根的一位男性回应者认为，我们应该把这种冲突当作一个“数学问题”，其解决方式是“四分之一为他，四分之三为我”（Gilligan 1982：35，37）。与之不同的是，关怀理论家认为，我们在判断自主或互惠要求的恰当性时，应该依据“具体的关怀关系的性质，应该懂得什么是这种条件下的被关怀者的合理期望”（Wilson 1988：20）。不同于正义理论家，关怀理论家不试图这样来解决问题：去发展某种关于抽象规则的综合体系，然后用这些规则去粗暴地对待人及人际关系的特殊性。如德沃所言，期望关怀理论按照某种公式或原则去解决这种冲突，就是以为它在试图提供与其他道德理论并驾齐驱的“宏大理论”——而对这种理论的意义和效果的质疑正是问题的关键（Deveaux 1995a：117）。①

拒绝像“四分之一为他，四分之三为我”这样简单化的公式，显然是相当明智之举。毕竟，如关怀理论家强调的那样，关怀有很多种形式，每一种形式都有它自己的道德逻辑。母亲对于孩子的关怀不同于朋友对于朋友的关怀，后一种形式的关怀又不同于护士或社会工作者的伦理关
415 怀。②鲍登注意到，“从相对的非主动关系到更自由选择的关系，从非正规的情境到更正规有序的情境，从亲密关系到公共关系——这种不断的

① “自由主义者继续把关怀视野当作一种宏大的道德理论，并据此提出批评。关怀伦理的倡导者的回应是，他们的思维路径与宏大的道德理论正好相反：关怀伦理是按照具体情境、纽带以及现实的或猜想的体验在关注这个世界。他们拒绝这样一种建议：他们需要用概念对概念的方式去迎接自由主义的挑战。他们认为，这种期望会模糊女权主义的关怀论者对道德哲学和伦理实践的更宽泛的批判”（Deveaux 1995a：117）。

② 对关怀的这三种不同的逻辑形式，有人作了有帮助的考察，参见：Bowden 1996。虽然许多关怀理论家一直把母爱作为伦理关怀的范例（e. g. Noddings 1984；Ruddick 1984a；Held 1993），弗里德曼却建议说，女人之间的亲密友谊也许是更有希望的（却更少危险的）女权主义伦理学的典范（Friedman 1993）。

转移给人们带来极不相同的自由、责任和对关怀的可能约束”(Bowden 1996：144)。由于不存在“本质主义的”或“一元论的”关怀观(Bubeck 1995：222—236)，就不可能有任何抽象的规则去平衡关怀伦理视野内的自主和责任。

然而，这正是抽象规则体现其重要性的时候。如果我们的目的是要保证伦理关怀不会完全淹没人们追求自身目标的自由，那么我们就不仅需要对自己的道德责任有所限定，我们还需要*可预见的*限定。如果要想制定长期计划，我们就需要*提前*知道：我们可以依靠什么以及我们必须为什么承担责任。在最后一分钟才被告知，今天没有人需要你的道德帮助——仿佛你可以享受道德假日了，这种处境并不太好。仅当我们能够有所计划时，才谈得上休假的好处，而这就要求我们*现在*能够确定：我们*在以后*将为什么样的利益而承担责任。而这反过来又对我们提出了这样的要求：当以后要决定谁有责任关照他人时，我们的决定不会完全随着情境的改变而改变。

例如，当我的休假日来临时，我们不去问此时办公室最不需要谁。我们要问的是，按照规则，这次应该轮到谁了。结果有可能是：一些人因为有得不到满足的休假愿望会感到痛苦；而如果依照随情境的改变而改变的决策方式，本来是可以满足他们的休假愿望的(办公室里的其他人的休假愿望确实不那么强烈)。但是，如果我们想要能够实现自己的目标，我们的要求就必须在某种程度上与我们周围的人的偶发欲望分离开来。在面对他人飘移不定的愿望时，抽象规则是一定程度上的安全保障。

当然，在某些关系中要平衡自主和责任必然要诉求不同的标准——就此而论，关怀理论家是对的。例如，我们不能够期望儿童像成人那样懂得尊重自主和互惠(我将在下面回到这一点)。但是，就健康成人的互动关系而论，协调责任和自主的重要方式就是先于特殊情境去为我们的责任定好规则，而不是通过对特殊情境的不断评价和再评价来确定责任。

对抽象规则的这种诉求是否意味着正义会忽略我们的“独特个性”？在这种情况下，正义的确不要求我们为了满足周围人士的特殊需要而调整我们就“什么是可以合理期望的”而形成的观念。在这些情况下，我们的权利和义务是由抽象规则事先确定好的，而不取决于对周围人士的需要的敏于情境的评价。但这不应该被视为对那些特殊需要不敏感的证据。
416 从特性中进行抽象的净收益是更完整地保护特性。我们的要求越是依据于对每个人的特殊愿望的敏于情境的计算，我们的个人事业就越受制于他人变动不定的愿望，这样，我们就越不可能对自己的生活进行长期规划。有意义的自主要求能够进行预见，而可预见性则要求削弱情境的影响。

当然，仍然有这样一种可能性：抽象规则的实施会使某些人的强烈愿望无法得到满足。但是，如我们所见，正义伦理持这样一个预设：健康成人有能力按照公共标准去调整自己的目标。假设规则是公开的，并且把我们的注意力暂时集中到健康成人；那些感到抽象规则的实施给自己带来了痛苦的人就是这样一种人：由于自己的草率无度，他们所形成的愿望无法在自己正当的资源份额中得到满足。在任何特殊情况下都可能会有这样的人，而在这样一个社会里——它诉求抽象规则而不是对特殊需要作敏于情境的评价——他们的痛苦的确较少引人注意。但这是他们自己的责任，要求他人作出牺牲以消除其不负责任引起的后果，就是不公平。

在关怀伦理中确立个人自主所面临的困难，使人回想起功利主义所面临的类似问题(第二章第25—26页)。在两种情况下，道德主体都似乎面临着这样一种“无限的责任”：“要在因果结构——它在很大程度上是依据于(他人的)目标所构成的——中择优行事。”道德主体的决定就与“满意的总量形成一种函数关系——他的行为影响着满意的总量。而这就意味着，他人的事业无限制地制约着他自己的决定”，使道德主体几乎没有自由去追求自己的愿望和信念(Williams

1973：115）。①我们不必为这种类似感到惊奇。虽然关怀理论家拒绝功利主义的最大化原则，但两种理论都以主观伤害和幸福而不是以客观不公平作为道德要求的依据。其结果就是，两种理论都把对他人的关心主要解释成了对他人已经存在的需要的回应。但是，要想保护公平和自主，我们就不能只把对他人的关心视为对既存偏好的回应，还应该在形成自己的偏好时就把对他人的关心纳入考虑。不能在决定正义分配时把人们的特殊目标纳入考虑，相反，人们应该在决定自己的目标和抱负时把正义原则纳入考虑。如罗尔斯所言，在正义伦理中，个人有责任“依据他们能够合理期望的内容去形成自己的目标和抱负”。那些没能遵守该原则的人就会因为自己的强烈愿望得不到满足而感到痛苦，但是，人们知道“他们的要求的分量不是由自己的愿望和欲望的力度或强度所决定的”（Rawls 1980：545）。这样，道德要求的基础就从主观伤害或幸福转向了客观不 417
公平。

我们现在可以看出关怀与正义的上述两种对比赖以成立的真实依据了。按照特龙托的观点，正义强调学习规则比学习道德情感更为重要，并且对抽象原则的实施比对特殊需要作敏于情境的评价更为重要。就我们的道德能力和道德思维而论，是抽象原则还是敏于情境更为重要？这种论辩的表现方式常常不同于权利和责任之间的论辩——后者被认为是关于

① 因此，下述说法有着相当大的误导作用：吉利根分享着威廉斯的信念——公平“太强人所难了”；或者，分享着他的希望——通过强调“个人立场”的重要性，我们可以从道德约束中把个人的目标解放出来（与之相反的是：Adler 1987：226，205；Kittay and Meyers 1987：8）。布卢姆注意到，在威廉斯看来，个人关注之事“的正当性与其是从*道德*角度确立的，不如说是从更宽泛的实践理性的视野确定的。而与之对照，吉利根论证说……在个人关系中的关怀和责任构成了道德本身的一个重要因素——与公平的确不同。在吉利根看来，每个人都扎根于现存的关系网中，而道德的重要意义——如果不是惟一意义的话——就在于对与自己有关系的个人的关注、理解和情感回应……内格尔与威廉斯关于个人领域的观念并没有包纳（虽然内格尔和威廉斯有时暗示他们有这样的意思）个人关系中的关怀和责任现象，也没有解释为什么在个人关系中的关怀和责任是独特的道德现象”（Blum 1988：473）。布卢姆得出这样的结论，吉利根对公平的批判“相当不同于”威廉斯对公平的批判，但前者并不与后者“相矛盾”（Blum 1988：473）。但这仍然淡化了问题，因为威廉斯想要清楚地强调个人目标的*非道德*价值，并且想要约束道德以便保护这些非道德价值。吉利根想要使那些在威廉斯看来不具有道德重要性的喜好道德化。

道德概念的论辩。前一种论辩常常被视为认识论上的论辩，好像正义理论家认为，抽象原则更“具客观性”或更“合乎理性”；而关怀理论家则认为客观性的观念不具有认识论上的可靠性，从而拒绝这类观念(e.g. Jaggar 1983：357；Young 1987：60)。①我前面曾论证过，这整个对比是过于夸张了，因为呈现在正义思维中的那类抽象并不必然与敏于情境相冲突(譬如，优秀的陪审员就必须具备一定的道德敏感)。但是，我们现在能够明白，即使认为正义不那么敏于情境，其理由也是道德的而不是认识论的。正义之所以要强调对规则的学习和运用，那是因为这是公平和自主的要求。如果我们要想真正拥有自主，就必须事先知道我们的责任是什么，并且对责任的分配必须在某种程度上与对特殊愿望的敏于情境的评价分隔开来。于是，一些主观伤害就必然受到轻视。而如果某些主观伤害不产生道德要求，人们就需要事先知道这是什么样的主观伤害，这样他们才能够对自己的目标作相应的调整。既出于公平又出于自主的理由，我们才需要更抽象的和不那么敏于情境的规则。②因此，正义理论家和关怀理论家就此种问题——敏于情境究竟对于道德能力和道德思维具有怎样的重要性——的任何分歧都源于二者之间更根本的分歧：作为道德概念的公平和个人责任具有怎样的重要性？前两种对比只是第三种对比的副产品。

因此，如果这个世界只是由健康成人组成的话，也许就有很强的理由去支持正义思维方式——要用公共规则去平衡自主和责任。而我们在整本书中都看到，许多正义理论家仿佛认为这个世界只有健康成人，他们

---

① 这相关于这样一种广为流传的趋势——按照形式属性而不是实质价值来区分关怀和正义。对此的考察和批判，参见：Bubeck 1995：ch.5。

② 为公共标准进行辩护的理由也与民主相关。不应该通过诉求公共规则或原则，而应该通过道德上成熟的主体运用其道德情感去解决道德问题——关怀伦理的这种论断极其相似于保守的立论：政治领袖不要太受民主程序的牵制(e.g. Oakeshott 1984)。必须信任而不是监督智慧的政治领袖，因为他们的政治思维含而不露，因此不可能系统地呈现出来。我们希望政治领袖采纳清晰的公共辩护标准——我们的理由相似于对正义规则的支持：不是因为这些标准更客观，而是因为这种做法更民主。有人批判说，女性思维忽略了像民主这样的政治价值，参见：Dietz 1985。

忽略了健康成人是如何被抚养的问题，也忽略了如何满足依赖者的需要的问题。①正义理论家经常暗中采纳霍布斯的建议：在发展理论时，我们应该“这样看待人，仿佛人是像蘑菇那样从土壤里突然生长出来，不用相互接触就变得成熟”。②对孩子的抚养和对依赖者的关怀要么被忽略了，要么被认为是家庭内部的“自然”之事，因此不属于正义理论的关注范围。

假如成人的确是像蘑菇那样突然从土里冒出来的，这样一个假设也许就不会面临什么困难——我们应该为自己的目的负责，并且，我们只应该关注客观不公平。但是，一旦我们把对依赖者的关怀包含进了正义范围，事情就会变得更加复杂。罗尔斯不承认主观伤害是道德要求据以依靠的标准，他的理由是这样的：“为此作论证似乎有这样的预设——公民的偏好是不受自己控制而发生的倾向或愿望”（Rawls 1982b：168—169）。但是，这个预设对于很多人而言却的确是正确的。我们如果只是考虑到参与公共生活的（身心健康的）成人，而不考虑病人、不能自立者和孩子， 418

① 前面提到，对此的一个解释是：男性哲学家出于自利的需要而不去质疑他们能够从中受益的性别分工。但是贝尔还提供了另一个理由：她注意到，西方传统中那些伟大的道德理论家“不仅都是男人，而且他们中的绝大多数与女性的交往都极少（因此也就极少受她们的影响）”。他们绝大多数人都是“教士、厌恶女人的人、清教徒式的单身汉”，他们的哲学反映了这样一个事实：他们自己的成人生活只“与或多或少自由和平等的成年陌生人发生冷淡而有距离的关系”（Baier 1986：247—248）。她暗示，要是这些理论家中更多的人是丈夫和父亲——即使这是传统父权制婚姻里的角色，他们也会对家庭、依赖以及维系代际之间的人类共同体所需的那类品德和关系予以更多的关注。

② 霍布斯“关于政府与社会的哲学入门”，引自“Pateman 1991：54”。在她1989年的书中，奥金详细地表明了，社群主义者、自由至上主义者、自由主义的平等主义者都预设了“两性家庭”的存在，但却都把家庭置于正义范围之外。每一种理论家都“把成熟独立的人作为自己理论的对象，却不提及他们是如何成长起来的。而我们当然知道，只有为之付出大量关注和艰苦工作，人的发展和成熟才有可能，而这样的工作绝大部分却由妇女承担。可是，当正义理论家在谈论‘工作’时，他们却是在指由市场承认的领薪工作。他们必须承认，在由两性构成的家庭里，妇女继续在做抚养孩子、使他们社会化的工作，并且为他们提供基于亲密关系的安全港——否则，就没有可供他们进行理论思维的道德主体。但是，这些行为显然都没有纳入他们的理论范围。通常，正义理论家并没有依据他们所建立的正义标准去对家庭本身进行考察”。因此，奥金得出结论，“作为他们理论的基本对象的‘个人’，是传统家庭的男性首领……在很大的程度上讲，当代正义理论就像过去的正义理论家一样，都是关于男人的——而他们在家里却有妻子”（Okin 1989b：9，10，13）。

罗尔斯的立场——拒绝把主观伤害当作道德要求的依据——就是合乎情理的。①罗尔斯说，健康成人之间的互动关系是正义的“基本事例”。但是，一旦我们的视野超出了公共领域，则“基本事例”就发生了转移。正如盖林所言：“我们所有人都必然要这样度过自己的一生：从生命开始的依赖阶段到生命结束的依赖阶段。如果足够幸运的话，我们就可以在这个过程中拥有相对的独立能力，但这只不过是转瞬即逝的荣幸”（引自：Zaretsky 1982：193）。

另一方面，只有我们把抚养孩子的关怀关系进行普遍化，主观伤害产生道德要求的想法才多少具有合理性。婴孩绝对不对自己的需要负责，也不能期望婴孩去关照父母的福利：“孩子不可能对关怀进行平等的回报，他们有资格要求一定程度的特殊关照和自私”（Grimshaw 1986：251）。但是，正因此，对婴孩的关怀就不能作为成人互动关系的正确模式。格里姆肖注意到，家长的角色“也许经常要求家长去宽容、接受，努力不被一些行为所伤害，而这些行为如果放在成人关系中则简直是不能令人容忍的或令人愤怒的……认为女性的‘品德’或优先考虑之事的主要原因在于其与孩子的关系，就有可能掩饰这样的过程：适应力变成了顺从和接受，关心变成了慢性焦虑，而关怀和责任则变成了对自我的逐渐否定”（Grimshaw 1986：251，253）。

简言之，正义模式和关怀模式分别在不同的情况下有所发展，而两种模式似乎都无力覆盖我们全部的道德义务。我们是否应该说关怀伦理适用于我们与依赖者之间的关系，而正义伦理则适用于有自主能力的成人之间的关系？②问题在于，对关怀的分配本身就属于正义问题。正义理论家总是倾向于假设，一些人（妇女）将会有关怀他人的“自然”愿

① 虽然绝大多数自由主义理论家都承认，我们拥有对依赖者的义务（第三章第四节（二）），但他们似乎只是这样来看待这种义务的：要保证配给儿童和病人公平的资源份额。他们没有探讨我们对依赖者予以关怀的义务（V. Held 1995b：130）。

② 特龙托称之为“遏制”策略：主流理论家用这种策略去遏制或削弱关怀理论对传统政治理论的挑战（Tronto 1993）。

望——这种愿望正是她们生活计划的一部分；因此，对依赖者的关怀工作就不是需要加给所有人的道德义务。但是，贝尔却论证说，我们不能只是把关怀行为视作一种可能的生活计划，而不把它视作是对日常生活计划的道德约束——因为“鼓励一些人而不鼓励另一些人去培养（关怀素 419
质），就有可能易于导致后者对前者的剥削。在大多数社会中某些人显然受益于由另一些人来承担关怀的责任（照看孩子、病人和不能自立的人），他们才有自由去追求属于自己的不那么利他的利益”。当然，“长期被忽略的道德无产者就是家务工作者，而其中的绝大多数是女性”（Baier 1987b：49—50）。如果我们要想保证对一些人的“免费感情”不会造成对关怀者的“通常是不自由的感情的依赖和剥削”，那么我们的政治理论“就不能够把对未来新人的照顾当作是有此爱好之人的自愿的慈善行为。如果受理论支持的道德要想维系自己，它就必须一以贯之，而不能仅仅凭借被刻意鼓励的女性本能”（Baier 1987b：53—54；1988：328）。

这意味着，一些特定的关怀行为或做法应该被视为公民的义务——其重要性就如同纳税和服兵役的义务，而这种义务既适用于女人也适用于男人。①此外，如我们所见，要消除性别不平等，就不仅要对家务劳动予以重新分配，还要求打破公共领域与家庭领域的绝对区分。我们需要寻找这样的方法——要使人们能够更加容易地把公共生活与抚养工作结合起来。但是，虽然这是性别正义所要求的，它却会威胁到正义思维的预

---

① 对依赖者或稚弱者的关怀应该被当作一项公民义务——关于这个观念，参见：Held 1993；Tronto 1993；Bowden 1996：154；Bubeck 1995。这显然是对传统公民观的激进修正——按照传统公民观，好公民就是“独立的人”，既不主要给予关怀又不需要关怀的人（Young 1995b）。一种更强的论断是：公民资格总的来讲应该被界定成一种关怀实践或关系，并且应该由在更传统的关怀关系中——如母爱或友谊——体现出来的价值和品德来确定其性质（e. g. Sevenhuijsen 1998：66；Bowden 1996：ch. 4）。这个论断常常与在第七章提到过的对公民资格的“母性”解释联系在一起——这类解释认为，母爱为公民资格提供了一种普遍模式（e. g. Nedelsky 2000；Held 1993；Ruddick 1987）。另一些女权主义者论证说，虽然公民资格也许可以把关怀义务作为一个要素，它也包含着这样一些品德和做法——它们不同于、甚至冲突于在母爱或其他关怀关系中体现出来的品德和做法（e. g. Dietz 1985，1992；Nauta 1992；Mendus 1993；Mouffe 1992a）。

设。因为正义思维不仅假设我们是自主的成人，它似乎还假设我们是不必对依赖者施以关怀的成人。一旦人有责任去照顾依赖者的(不可预见的)需求，他们就不再能够保证自己的可预见性了。也许，依据于抽象标准而形成的关于自主的全幅视野——自主意味着对目标的自由追求——有这样一个预设：对依赖者的关怀也许可以委托给他人或者国家。有趣的是，关怀理论家对男性正义理论家深入探讨的那类自主——确定个人目标和忠诚于个人事业——谈论得极少。按照贝尔的看法，关怀视野“甚至使自主不再成为一个理想……仍然可以把一些自由当作理想，如思想和言论的自由；但是，‘按照自己的方式过自己的生活’却不再可能是一种个人目标了”(Baier 1987a：46)。类似地，鲁迪克也说，女性思维包含着她称之为“维持”的“这样一种根本的形而上学态度”：“维持相比获得具有优先性”；也就是说，保存现有纽带要优先于对新抱负的追求(Ruddick 1984a：217；1987：242)。另一些女权主义者则论证说，我们需要把“能动”或“完整”作为相关目标来代替自由主义的“自主”(Card 1996；Abrams 1999；Higgins 1997)。①按照这些观点，执守妇女的自由并不是执守对个人目标的追求——这种追求要求不受制于他人飘移
420 不定的需要；执守妇女的自由就是要以勇敢和富于想象的方式——而不是以顺从或卑微的方式——去满足那些需要。任何更宽泛的自主概念都要付出放弃我们责任的代价。②

① 从对我们维持关系的义务的关怀思维中，或者，从后现代主义对融贯自我或选择主体的批判中，能够为对更温和的“能动”概念(甚或“部分能动”)的偏爱，找到部分根源。一些人试图把关怀理论与后现代主义联系起来，参见：Hekman 1995；Sevenhuijsen 1998；White 1991；Flax 1993。有这样一种观点——女权主义者应该保持一种(修正过的)自主观，参见：Nedelsky 1989；Friedman 1997；以及“Mackenzie and Stoljar 1999”中的论文。

② 例如，威尔逊就说，之所以“人的伦理自我要求有某种自主”，是因为自主会使我们“成为能真正关怀人的人”。因此，拥有自主的人实施她的自主，是为了“确定什么是成为更好的关怀个体的方式”(Wilson 1988：21—22)。类似地，鲁迪克也说，之所以关爱要求有“现实主义的自我保护”而不是“逐渐的自我否定”，是因为这样我们才能成为更好的关怀个体(Ruddick 1984b：238)。这已经在一定程度上不同于传统的自主观了。按照传统的自主观，自主就是对目标的自由追求，这些目标本身就是重要的，而且这些目标还不时与我们的道德义务发生冲突——而这种冲突会消耗我们的时间和精力。

我们能否为依赖者承担起自己的责任，而同时又不放弃更健全的自主观，不放弃使之成为可能的责任和正义概念？要回答这个问题还为时过早。①正义理论家已经通过对传统公平和责任概念的提炼而建构出了辉煌的大厦。然而，由于若干个世纪以来对抚养孩子和关怀依赖者这样的基本问题的忽略，这些智慧成就仍然是建立在未加检验和摇晃不定的基础之上的。任何恰当的性别平等理论都必须直面这些问题，都必须直面遮蔽了这些问题的传统歧视观和隐私观。

进一步阅读指南

下列著作可帮助读者综合了解当代女权主义的道德和政治理论：Alison Jaggar and Iris Marion Young (eds.), *A Companion to Feminist Philosophy* (Blackwell, 1998)；Claudia Card (ed.), *On Feminist Ethics and Politics* (University Press of Kansas, 1999)；Card (ed.), *Feminist Ethics* (University Press of Kansas, 1991)；Alison Jaggar, *Feminist Politics and Human Nature* (Rowman and Allanheld, 1983)；Rosemary Tong, *Feminist Thought: A More Comprehensive Introduction*, 2nd end. (Westview, 1998)；Judith Butler and J. W. Scott (eds.), *Feminists Theorize the Political* (Routledge, 1992)；and Anne Phillips (ed.), *Feminism and Politics* (Oxford University Press, 1998)。

要想了解女权主义者对政治思想史的批判和再阐释，参见：Mary Lyndon Shanley and Uma Narayan (eds.), *Roconstructing Political Theory:*

① 这种结合可能会怎样——对此有一些尝试性的看法，参见：V. Held 1995b：130—131；Narayan 1995：138—140；Bubeck 1995；Clement 1996。纳拉扬强调，在许多现实情况下，正义和关怀是相互加强的，而不是相互竞争的。关怀的增进可被视为对更适当的正义形式的“促进性条件”；而更大的正义可被视为对更适当的关怀形式的促进性条件。因此，关怀与正义与其说是“理论优先性或道德和政治恰当性的竞争者”，不如说是“协作者和盟友——通过它们在政治实践中的共同努力，使我们的世界更利于人类的繁荣”（Narayan 1995：139—140）。

Feminist Perspectives (Pennsylvania State University Press, 1997); Ellen Kennedy and Susan Mendus, *Women in Western Political Philosophy* (Wheatsheaf, 1987); Mary Lyndon Shanley and Carole Pateman (eds.), *Feminist Interpretations and Political Theory* (Pennsylvania State University Press, 1991); Susan Okin, *Women in Western Political Thought* (Princeton University Press, 1979); Arlene Saxonhouse, *Women in the History of Political Thought* (Praeger, 1981); Carole Pateman, *The Sexual Contract* (Polity, 1988); Nancy Hirschman and C. DiStefano (eds.), *Revisioning the Political: Feminist Revisions of Traditional Concepts in Western Political Theory* (Westview, 1996); Jean Bethke Elshtain, *Public Man, Private Woman: Women in Social and Political Thought* (Princeton University Press, 1981)。

因本章目的所需，我把女权主义者对主流政治哲学的关注划分成了三个标题。第一个是所谓的*平等与差异*之辩，所涉及的问题是：那些据称是忽略了性别的法律和政策是如何把妇女置于不利地位的。对该争论有重要贡献的是：Catherine MacKinnon, *Feminism Unmodified: Discourses on Life and Law* (Harvard University Press, 1987); Deborah Rhode, *Speaking of Sex: The Denial of Gender Inequality* (Harvard University Press, 1997);
421 Susan Okin, *Justice, Gender, and the Family* (Basic Books, 1989); Eva Feder Kittay, *Equality, Rawls and the Inclusion of Women* (Routledge, 1995); Martha Nussbaum, *Sex and Social Justice* (Oxford University Press, 1999); Anne Phillips (ed.), *Feminism and Equality* (Blackwell, 1987); Deborah Rhode (ed.), *Theoretical Perspectives on Sexual Difference* (Yale University Press, 1990)。

论辩的第二个领域涉及*公共领域或私人领域*的区分，以及这种区分在历史上是如何被用来把妇女置于不利和边缘地位的。以下是对该论辩的一些有帮助的综述：Ruth Gavison, “Feminism and the Public/Private Distinction”, *Stanford Law Review*, 45/1 (1992): 1—45; Susan Okin, “Gender, the Public and the Private”, in David Held (ed.), *Political*

Theory Today（Polity, 1991）；Joan Landes（ed.），*Feminism, the Public and the Private*（Oxford University Press, 1998）；Susan Boycl（ed.），*Challenging the Public /Private Divide: Feminism, Law and Public Policy*（University of Toronto Press, 1997）；Anita Allen, *Uneasy Access: Privacy for Women in a Free Society*（Rowman and Allanheld, 1988）；以及载于"*William and Mary Law Review*, 40/3（1999）：723—804"中的专题研讨会。下面是对公共和私人领域的更一般的讨论：Maurizio Passerin and Ursula Vogel（eds.），*Public and Private: Legal, Political and Philosophical Perspectives*（Routledge, 2000）；S. I. Benn and G. F. Gaus（eds.），*Public and Private in Social Life*（Croom Helm, 1983）。

就关怀伦理而言，论辩开始于：Carol Gillgan, *In a Different Voice: Psychological Theory and Women's Development*（Harvard University Press, 1982）；但很快就有了追随者：Nel Noddings's *Caring: A Feminine Approach to Ethics and Moral Education*（University of California Press, 1984）。这两本书在道德哲学家中间就关怀伦理及其与正义的关系问题引发了大量的争论。对该争论有重要贡献的是：Peta Bowden, *Caring: Gender-Sensitive Ethics*（Routledge, 1996）；Daryl Koehn, *Rethinking Feminist Ethics: Care, Trust and Empathy*（Routledge, 1998）；Susan Hekman, *Moral Voices, Moral Selves: Carol Gilligan and Feminist Moral Theory*（Polity Press, 1995）；Eva Feder Kittay, *Love's Labor: Essays on Women, Equality and Dependency*（Routledge, 1998）；Marilyn Friedman, *What are Friends for? Feminist Perspectives on Personal Relationships and Moral Theory*（Cornell University Press, 1993）；Diemut Bubeck, *Care, Gender, and Justice*（Oxford University Press, 1995），Grace Clement, *Care, Autonomy and Justice: Feminism and the Ethic of Care*（Westview, 1996）；and the Symposium on Nodding's Book in *Hypatia*（1990），5/1。下面是关于该论辩的一些论文集：Virginia Held（ed.），*Justice and Care: Essential Readings in Feminist Ethics*（Westview, 1995）；Eva Kittay and Diana Meyers（eds.），*Women and Moral Theory*

(Rowman and Littlefield, 1987); M. J. Larabee (ed.), *An Ethic of Care: Feminist and Interdisciplinary Perspectives* (Routledge, 1993)。很多文献更关注个人伦理而不是政治理论，但一些人却在尝试阐发关怀伦理的政治意义，参见：Selma Sevenhuijsen, *Citizenship and the Ethics of Care: Feminist Considerations on Justice, Morality and Politics* (Routledge, 1998); Joan Tronto, *Moral Boundaries: A Political Argument for an Ethic of Care* (Routledge, 1993); Virginia Held, *Feminist Morality: Transforming Culture, Society, and Politics* (University of Chicago Press, 1993)。

女权主义理论的最重要两本期刊是：*Hypatia* 和 *Signs*。

下面的网址颇有帮助。(1) the "Feminist Theory Website"，该网址包括下述内容：女权主义理论的各种分支领域，不同民族或种族群体的女权主义，一些女权主义者的传记资料（**www.cddc.vt.edu/feminism/**
422 **enin.html**)；(2) "Society for Women in Philosophy" (SWIP)，该网址包括下述内容：课程大纲、文献目录以及讨论提纲（**www.uh.edu/~cfreelan/SWIP/index.html**)。SWIP 的加拿大分支也有一个好网址（**www.sbrennan.Philosophy.arts.uwo.ca/cswip/**)。

附录

关于“good”的翻译的哲学解释

本书遵循译者提出的哲学术语翻译四原则。

第一，**不可替换原则**：一旦把某个中文词或词组替换成另一个中文词或词组出现了不吻合甚至违背原意的意义变化，这种变化就是清晰的选择标准。第二，**一致性原则**：如果“不可替换原则”尚不足以在两个或两个以上的候选方案中进行清晰的取舍，则要参照那些能够在相关语境下通过“不可替换原则”而清晰建立的翻译范例，然后求取与之一致的译法。第三，**母语惯例原则**：在运用“不可替换原则”和“一致性原则”确定中文译名时，应遵循母语惯例，尽量选择不会在特定语境或整个译文中产生歧义的对应词。第四，**非刚性统一原则**：对于原文中的同一个术语或由同一个词素构成的系列术语，尽可能在整个译文中使用同一个中文术语或使用包含同一个中文词素的系列术语；并且，对于原文中的不同术语，尽可能用不同的中文译名与之对应——但在与前三条原则相冲突的情况下，这两条约束不再有效。

“good”在英文中是最基本的价值概念，既可作形容词又可作名词。作为名词的“good”可派生出“a good”、“goods”、“the good”、“goodness”。“good”无论作为形容词还是名词，也无论名词有多少派生形式，它们的含义因为“good”这个核心词素而具有某种统一的内在关系。

由于对“good”的思考是道德哲学的核心任务，这种思考自然会把与“good”紧密相关的内容(也就是“good”的派生词欲以表现的内容)纳入其中，从而形成综合的理论。道德哲学并非语言学，不同的道德哲学会借助自己对“good”及各种派生概念以及它们之间的相关性的理解，建构出能对人的生活及意义作出阐释或规范的种种理论。但道德哲学在建构理论的过程中，既要对已有的道德概念进行言之成理的创造性阐释，又要受制于既有的语言规范。无论对“good”的阐释最终形成了多少种不同的理论，这些理论都依据于它们由之产生的语言背景。

由于“good”在道德哲学中的特殊词素地位，中文世界的翻译者很多都用同一个中文词素来对应“good”的各种表达方式。通常，这个中文词素就是“善”。这种翻译思路虽然有源于对象语言的理据，但却可能付出很大的代价——由于违背了中文的语言特点而使原初含义在译本中变得含混不清甚至不可理解(违背了“非刚性统一原则”)。

下面将根据“good”的各种名词形式，选择不同语境下的例句，逐一进行分析和说明(英文例句后的页码为中译本的边码)。

一、 作为单数形式的“good”：

(1) 原文：“The first view, and perhaps the most influential in the utilitarian tradition, is the view that the experience or sensation of pleasure is the chief human good. It is the one good which is an end-in-itself, to which all other goods are means.”(13) 译文：“第一种观点也许是功利主义传统中最有影响的：快乐体验或快乐感是人的首要利益。这种利益本身就是目的，而其他所有利益都只是手段。”说明：如果把“利益”全部替换成“善”，则中文译文的意思将变得含混不清。(违背“不可替换原则”和“母语惯例原则”)

(2) 原文：“In order to decide from behind a veil of ignorance which principles will promote my good, I must put myself in the shoes of every person in society and see what promotes their good.”(65) 译文：“为了在无知之幕的背后确定哪些原则能够增进我的利益，我就必须把自己置于社会中每个人的地位，进而确定什么能够促进他们的利益。”说明：如果把“利益”全部替换成“善”，中文译文的意思将变得不可理解。(违背“不可

替换原则”和“母语惯例原则”）

（3）原文：“[But justice] also expresses the respect individuals are owed as ends in themselves, not as means to someone's good, or even to the common good.”（175）译文：“但正义也表达了对个人的尊重，把个人当作自在目的而加以尊重，而不是把个人当作实现他人利益甚至实现共同利益的手段。”说明：如果把“利益”全部替换成“善”，就会产生下述看似深刻实则混乱的疑问：既然“善”是最重要的，为什么“正义”不能成为“善”或“共同善”的手段呢？（违背“不可替换原则”、“一致性原则”和“母语惯例原则”）

小结：本书在“good”作为单数名词出现的几乎所有语境里，都译为“利益”，而不译为“善”或“好处”。下一句话可作为例证旨在说明，虽然“good”与“interest”是两个英文词，但在一定的语境下却表达了类似的意思（“利益”），因此在译文中需要用同一个中文词来表达。“[It] is in each person's interest to accord self-ownership rights to others, and not try to coerce them into promoting our good.”（133）译文：“把自我所有权赋予他人并且不试图强迫他人来促进我们的利益，这种做法吻合每个人的利益。”（吻合“非刚性统一原则”）

二、作为复数形式的“goods”：

（1）原文：“We constantly need to make decisions about how to balance different kinds of goods, over different time-frames, and to make judgements about how our life can go better or worse.”（18）译文：“我们总是要在不同的时间段里不断地就如何平衡不同类型的利益进行决策，并进而判断我们的生活将变好或是变糟。”说明：如果把“利益”替换成“善”，中文的意义将面目全非。（违背“不可替换原则”）如果把“利益”替换成“好处”，虽然有后一个分句中的“变好”作为词素上的对应，但在中文语境中，“利益”与“好处”相比是更有整体意味、更持久、也更根本的评价词。

（2）原文："[All] social primary goods — liberty and opportunity, income and wealth, and the bases of self-respect — are to be distributed equally unless an unequal distribution of any or all of these goods is to the advantage of the least favored."（55）译文："所有的社会基本益品——自由与机会、收入与财富、自尊的基础——都必须平等地分配，除非对某一种或所有社会基本益品的不平等分配将有利于最少受惠者。"说明："基本益品"在罗尔斯理论中是一个核心概念，是指可由正义原则来分配的、对各种生活目标都重要的那些或抽象或具体的好东西。如果按一些译本那样把"primary goods"译成"基本善"，就意味着要由正义原则来分配"（基本）善"。可是，在中文语境中，"善"是一个抽象的道德概念，它如何能被这样"分配"呢？（"基本善"的译法违背"不可替换原则"、"母语惯例原则"、"非刚性统一原则"）

（3）其他译法。"我既可以把它们用于交换他人的财物（goods）和劳务，如果我愿意，我也可以白白地送给他人。"（104）"如果我们只是通过利用那些自由地转移给我们的东西（goods），然后就拥有靠天赋产生的一切成果，那么母亲似乎也应该拥有自己的孩子（也许是与孩子的父亲共同拥有——假如他提供精子构成了共同拥有的条件）。"（126）"依靠市场来分配商品（goods）和劳务。"（166）说明：在这些不同的语境中，作为可数名词的"goods"既不能被译成"利益"，也不能被译成"善"，其译法必须根据语境的需要和中文的表达惯例来进行选择。（吻合"母语惯例原则"、"非刚性统一原则"）

小结：本书在对作为复数名词的"goods"进行翻译时，根据意义和语境的不同，分别译为"利益"、"益品"或其他，不追求（也不可能追求）与英文原文相对应的基于统一词素的译法。（吻合"非刚性统一原则"）

三、作为专有名词的"the (a) common good"：

（1）原文："Even if each person pursued her own self-interest, without regard for the common good, one set of private interests would check another set of private interests."(285) 译文："即使每个人只追求她自己的利益而不考虑共同利益，私人利益之间也会形成相互遏制。"说明：如果要把"the common good"译成"共同善"以与该句中的"interest(s)"在用词上形成区别，就会使译句变得模糊不清。(违背"不可替换原则"和"非刚性统一原则")

(2) 原文："There is a 'common good' present in liberal politics as well, since the policies of a liberal state aim at promoting the interests of the members of the community."(220) 译文："在自由主义的政治中，也存在着所谓的'共同利益'，因为自由主义国家的政治目标就是促进其共同体成员的利益。"说明：从这一句可以看出，"common good"有与"public interest"(公共利益)接近的含义。对照"一(3)"中的"the common good"的含义。

小结：本书把"the(a) common good"都译作"共同利益"而不译作"共同善"。如果有"共同(的)善"，就应有"单独(的)善"，但由于中文的"善"是一个抽象名词，这两个与中文惯例相冲突的组合词就会造成思想上的混乱。当然，"the common good"在社群主义语境下有时用来表达比一般的"共同利益"还要强的伦理含义，特指体现在共同生活方式中的或体现在对善(the good)的共同理解和实践中的"共同利益"。

四、作为专有名词的"the good"或包含它的词组：

(1) 原文："If people have become the means for the maximization of the good, morality has dropped out of the picture, and a no-moral ideal is at work."(36) 译文："如果人成为了利益最大化的工具，道德也就不复存在，取而代之的则是非道德理想。"说明：如果把"the good"译成"善"，就会引发这种本来可以避免的疑惑(违背"不可替换原则")：为什么使"善"最大化成为目的，道德就会不复存在？道德难道不就是要提升善吗？

(2) 原文："The basic structure can be arranged so that these contingencies work for the good of the least fortunate."(59)译文："可以把基本结构安排得使这些偶然因素有利于那些最不幸者的利益。"说明：无法替换成"善"。("不可替换原则")

(3) 原文："I argued that this policy is unattractive, for it relies on too narrow an account of the good. It identifies our good with a single activity — productive labour — on the grounds that it alone makes us distinctively human."(213) 译文："我曾论证说这种方针不具有吸引力，因为它依赖于对利益的过于狭窄的理解。它把我们的利益等同于一种单一的行为——生产劳动，以为只是生产劳动就能够彰显我们的人性。"说明：如果把例句中"the good"译为"善"，而把"our good"译为"利益"，会使整句话的意思变得含混，因此，对于"the good"而言，就违背了"不可替换原则"。如果把前后两处"good"都译为"善"，整句话的意思仍然含混，因为就"our good"而言，既违背了"不可替换原则"，也违背了"一致性原则"(对照"一(2)")。

(4) "theory of the good"译作"善理论"。说明：由于"the good"同时含有"利益"、"好"、"善"等伦理强度不同的含义，关于"the good"的道德哲学理论就旨在对这三方面的含义及其相互关系进行建构性的解释。如果译为"利益理论"，似乎就不再是一种道德哲学理论(违背了"不可替换原则")。如果译为"好理论"或"关于好的理论"，就会违背中文惯例，因为"好理论"仿佛指与"不好的理论"相对比的"好的理论"，而"关于好的理论"也不足以传递这种理论的道德哲学含义(同时违背"不可替换原则"和"母语惯例原则")。只有译作"善理论"才能突出它的道德哲学意味。当然，这同时也意味着，对"善"的综合理解必须能够包容，而不是排斥对"利益"和"好"的综合理解。

(5) "the priority of justice over the good"译作"正义对于善的优先性"。说明：该短语既在弱伦理的意义上声称"正义优先于利益"，又在强伦理的意义上声称"正义优先于善"。在弱伦理的意义上，该短语强调利益的形成和满足要受制于在先的正义准则；在强伦理的意义上，该短语强调对社会基本结构进行规范的不能是任何实质性的道德人生理想或宗教信仰，而只能是具有在先约束力的正义原则。

（6）“conception(s) of the good”译作“善观念”。说明：该短语指对“the good”形成的相当丰富的具体观念和理解，同时含有“利益观”、“人生观”、“价值观”、“道德观”甚至“宗教观”等多重意思。由于“the good”同时具有“利益、好、善”等伦理强度不同的含义，类似于对“theory of the good”（“善理论”）的翻译，本书用伦理含义最强的“善观念”，而不用伦理强度最弱的“利益观”来统一翻译各种语境下的“conception(s) of the good”。如果“善观念”在中译本的某一语境下与前后文的关系不那么连贯，那是因为那一特殊语境更突出“conception of the good”的“利益观”这个层面的含义。在这种情况下，中译本一般会在“善观念”后附上“conception of the good”的英文原文，并在必要时用注释予以说明。

小结：由于“the good”同时包含了“利益”、“好”、“善”三种伦理强度不等的含义，如果以违背“非刚性统一原则”的办法把任何语境下的“the good”都统一译成“利益”、“好”或“善”，就势必因为偏离原文的意思而造成中文读者在理解上的困难。因此，译者根据语境的不同，分别把“the good”译成“利益”、“善”或其他。但译者却坚持在各种语境下把“theory of the good”和“conception of the good”统一地译成“善理论”和“善观念”。译者希望，在这两个短语上坚持用“善”来统一“the good”，有助于中文读者意识到对“善”的理解本应包含对“好”和“利益”的理解。

任何哲学翻译者都理应深刻体会一些语言哲学问题：翻译如何可能？当我们欲以母语完整地翻译对象语言的文本时，整个文本的意义作为一个整体是如何被保持和转换的？由于译者坚持整体主义的意义观，在对以“good”作为核心词素的各种术语的翻译中，就不会采纳这样一个途径：用同一个中文核心词素（如“善”）来严格统一地翻译与“good”相关的各种术语。译者的语言哲学理由是：由于母语的结构特征与对象语言的结构特征相去甚远，企图迎合对象语言的结构而采取严格的词素统一的翻译方式，反而会因母语结构的扭曲而使本欲精确表达的含义变得含混不清。

如果顺应母语结构，在翻译“good”时就自然会依据语境将其分别与“利益”、“好”、“善”等伦理含义不同的语词相对应。可是，这样一来，中文文本中就不复存在英文文本中由统一的“good”词素所标示的“利益”、“好”与“善”之间的那种内在关联了。如果在中译本中，“利益”、“好”、“善”之间的内在关联无法表达，如果内在关联本身就是意义的构成因素，对“good”的非刚性统一的翻译如何能够忠实地传达原文的哲学含义呢？译者希望，由于自然地顺应了母语结构，“利益”、“好”、“善”三者之间的内在关联会在整个译本的大结构中向读者呈现出来。换句话讲，无法由词素来表示的三者之间的内在关联，将依据更大的文本结构和母语结构，把三者之间的非词素的哲学关联展现出来。

尽管一个翻译文本有可能在其内容所及的范围内以非词素的方式重现对象语言中的“利益”、“好”与“善”的内在关联，但这种重现却可能是不牢固的。毕竟，翻译文本要以在先的整个母语体系为背景支撑。如果“利益”、“好”、“善”三者之间在既有的母语体系中尚未建立对象语言中的那种内在关联，我们就面临一个选择。我们是否应该在自己的母语体系中创造性地建构某种道德理论，要以它来对“利益”、“好”和“善”进行相互关联的综合的阐释？或者，我们是否应该固守既有的母语特征，不承认“利益”与“善”具有哲学意义上的内在关联？与其说这是一个语言学的问题，不如说这是一个道德哲学的问题。译者认为这是一个有待解决的开放的问题。如果这是在既有的母语特征下不可能呈现或不那么明显的问题，哲学翻译的哲学意义就清晰地呈现出来。由于相异的语言承载着相异的思维，某种语言或某种思维的欠缺或优点就只有在与相异的语言和思维的镜像关系中才能被凸显出来。

译者目前的倾向性意见是，需要在现代汉语的大背景下，同时凭借自己的思想传统和借助外来的思想风格，建构可对“利益”、“好”、“善”进行综合阐释的道德哲学理论。①如果这种道德哲学的建构确有贡献，就会反过来在语言学的意义上对汉语体系中这几个概念的哲学内涵进行相互关联的丰富。这样，如果越来越多的人接受这种道德哲学的意义建构，并且如果越来越多的人以被丰富了的内涵平台去相互关照地思考“利益”、“好”和“善”，也许本译本所需要的来自母语体系的关于“利益”、“好”、“善”的具有内在关联的意义支撑就更加明确。这样看来，似乎译者在关于“good”的哲学翻译上居然要受译者自己对道德哲学和语言哲学的思考的影响。译者承认这种相关性，因为译者认为哲学翻译绝非纯技术性的、只是按字典进行查询互换的呆板工作。哲学翻译既奠基于在先的哲学思考，又佐证和促成进一步的哲学思考。哲学翻译和哲学思考是互动的整体。

为什么哲学翻译和哲学思考是互动的整体？因为哲学概念的旧有的形式特征和新增的实质内容在“语言游戏”的整体中互动。

---

① 中文的“利益”在英文哲学文本中可以有不同的词与之对应，除了“good”的某些用法外，最常见的是“interest”。此外，还有“advantage”、“benefit”和“profit”。这五个英文词都可用于表达“利益”，但它们具有各自的内涵。而英文文本在表达“利益”时，有时是在可替换的意义上，有时又在不可替换的意义上使用这四个词。异域语言对我们的提示是，当思考用中文表达的“利益”的道德哲学意义时，除了要考虑到与“好”和“善”的内在关联，还要考虑“利益”本身所包含的各种含义之间的内在关联。——译者

参考书目

Abbey, Ruth (2001). *Charles Taylor* (Princeton University Press, Princeton).

Abrams, Kathyrn (1999). 'From Autonomy to Agency: Feminist Perspectives on Self-Direction', *William and Mary Law Review*, 40/3: 805–46.

Ackerman, Bruce (1980). *Social Justice in the Liberal State* (Yale University Press, New Haven).

—— (1991). *We the People: Foundations* (Harvard University Press, Cambridge, Mass.).

—— and Alstott, Anne (1999). *The Stakeholder Society* (Yale University Press, New Haven).

Adams, Robert (1970). 'Motive Utilitarianism', *Journal of Philosophy*, 71: 476–82.

Addis, Adeno (1992). 'Individualism, Communitarianism and the Rights of Ethnic Minorities', *Notre Dame Law Review*, 67/3: 615–76.

Adler, J. (1987). 'Moral Development and the Personal Point of View', in Kittay and Meyers 1987, 205–34.

Alexander, Larry, and Schwarzschild, Maimon (1987). 'Liberalism, Neutrality, and Equality of Welfare vs. Equality of Resources', *Philosophy and Public Affairs*, 16/1: 85–110.

Alfred, Gerald (1995). *Heeding the Voices of our Ancestors: Kahnawake Mohawk Politics and the Rise of Native Nationalism* (Oxford University Press, Oxford).

Allen, Anita (1988). *Uneasy Access: Privacy for Women in a Free Society* (Rowman and Allanheld, Totowa, NJ).

—— (1997). 'The Jurispolitics of Privacy', in Shanley and Narayan 1997, 68–83.

—— (1999). 'Coercing Privacy', *William and Mary Law Review*, 40/3: 723–58.

—— and Regan, Milton (eds.) (1998). *Debating Democracy's Discontent: Essays on American Politics, Law, and Public Philosophy* (Oxford University Press, Oxford).

Allen, D. (1973). 'The Utilitarianism of Marx and Engels', *American Philosophical Quarterly*, 10/3: 189–99.

Allison, Lincoln (ed.) (1990). *The Utilitarian Response: The Contemporary Viability of Utilitarian Political Philosophy* (Sage, London).

Anaya, S. James (1996). *Indigenous Peoples in International Law* (Oxford University Press, New York).

Anderson, Benedict (1983). *Imagined Communities: Reflections on the Origin and Spread of Nationalism* (New Left Books, London).

Anderson, Elizabeth (1999). 'What is the Point of Equality?', *Ethics*, 99/2: 287–337.

Andrews, Geoff (1991). *Citizenship* (Lawrence and Wishart, London).

Archibugi, Danielle (1995). 'From the United Nations to Cosmopolitan Democracy', in Archibugi and Held 1995, 121–62.

—— and Held, David (1995). *Cosmopolitan Democracy: An Agenda for a New World Order* (Polity Press, London).

Arendt, Hannah (1959). *The Human Condition* (Anchor, New York).

Arneson, Richard (1981). 'What's Wrong with Exploitation?', *Ethics*, 91/2: 202–27.

Arneson, Richard (1985). 'Freedom and Desire', *Canadian Journal of Philosophy*, 15/3: 425–48.

ARNESON, RICHARD (1987). 'Meaningful Work and Market Socialism', *Ethics*, 97/3: 517–45.
—— (1989). 'Equality and Equal Opportunity for Welfare', *Philosophical Studies*, 56: 77–93.
—— (1990). 'Liberalism, Distributive Subjectivism, and Equal Opportunity for Welfare', *Philosophy and Public Affairs*, 19: 159–94.
—— (1991). 'Lockean Self-Ownership: Towards a Demolition', *Political Studies*, 39/1: 36–54.
—— (1993*a*). 'Market Socialism and Egalitarian Ethics', in Bardhan and Roemer 1993, 218–47.
—— (1993*b*). 'Equality', in Goodin and Pettit 1993, 489–507.
—— (1997*a*). 'Egalitarianism and the Undeserving Poor', *Journal of Political Philosophy*, 5/4: 327–50.
—— (1997*b*). 'Feminism and Family Justice', *Public Affairs Quarterly*, 11/4: 313–30.
—— (2000*a*). 'Egalitarian Justice versus the Right to Privacy', *Social Philosophy and Policy*, 17/2: 91–119.
—— (2000*b*). 'Luck Egalitarianism and Prioritarianism', *Ethics*, 110/2: 339–49.
—— and SHAPIRO, IAN (1996). 'Democracy and Religious Freedom: A Critique of Wisconsin vs. Yoder', in Ian Shapiro and Russell Hardin (eds.), *Political Order: NOMOS 38* (New York University Press, New York), 356–411.
ARNSPERGER, CHRISTIAN (1994). 'Envy-Freeness and Distributive Justice', *Journal of Economic Surveys*, 8: 155–86
ARTHUR, JOHN (1987). 'Resource Acquisition and Harm', *Canadian Journal of Philosophy*, 17/2: 337–47.
ATKINSON, TONY (1996). 'The Case for Participation Income', *Political Quarterly*, 67: 67–70.
AUDI, ROBERT (2000). *Religious Commitment and Secular Reason* (Cambridge University Press, Cambridge).
AVINERI, SHLOMO, and DE-SHALIT, AVNER (eds.) (1992). *Communitarianism and Individualism* (Oxford University Press, Oxford).
BABBITT, SUSAN, and CAMPBELL, SUE (eds.) (1999). *Racism and Philosophy* (Cornell University Press, Ithaca, NY).
BACK, LES, and SOLOMOS, JOHN (eds.) (2000). *Theories of Race and Racism* (Routledge, London).
BADER, VEIT (1995). 'Citizenship and Exclusion', *Political Theory*, 23/2: 211–46.
—— (ed.) (1997). *Citizenship and Exclusion* (St Martin's Press, New York).
BAIER, ANNETTE (1986). 'Trust and Anti-Trust', *Ethics*, 96: 231–60.
—— (1987*a*). 'Hume, the Women's Moral Theorist?', in Kittay and Meyers 1987, 37–55.
—— (1987*b*). 'The Need for More than Justice', *Canadian Journal of Philosophy*, supplementary vol. 13: 41–56.
—— (1988). 'Pilgrim's Progress', *Canadian Journal of Philosophy*, 18/2: 315–30.
—— (1994). *Moral Prejudices* (Harvard University Press, Cambridge, Mass.).
—— (1996). 'A Note on Justice, Care and Immigration', *Hypatia*, 10/2: 150–2.
BAILEY, JAMES (1997). *Utilitarianism, Institutions, and Justice* (Oxford University Press, Oxford).

BAKER, C. EDWIN (1985). 'Sandel on Rawls', *University of Pennsylvania Law Review*, 133/4: 895–928.

BAKER, JUDITH (ed.) (1994). *Group Rights* (University of Toronto Press, Toronto).

BALL, STEPHEN (1990). 'Uncertainty in Moral Theory: An Epistemic Defense of Rule-Utilitarian Liberties', *Theory and Decision*, 29: 133–60.

BANTING, KEITH (2000). 'Social Citizenship and the Multicultural Welfare State', in Alan Cairns et al. (eds.), *Citizenship, Diversity and Pluralism* (McGill-Queen's University Press, Montreal), 108–36.

BARBALET, J. M. (1988). *Citizenship: Rights, Struggle and Class Inequality* (University of Minnesota Press, Minneapolis).

BARBER, BENJAMIN (1984). *Strong Democracy: Participatory Politics for a New Age* (University of California Press, Berkeley and Los Angeles).

—— (1999). 'The Discourse of Civility', in Stephen Elkin and Karol Soltan (eds.) *Citizen Competence and Democratic Institutions* (Pennsylvania State University Press, University Park), 39–47.

BARBIERI, WILLIAM (1998). *Ethics of Citizenship: Immigrants and Group Rights in Germany* (Duke University Press, Durham, NC).

BARDHAN, PRANAB, and ROEMER, JOHN (eds.) (1993). *Market Socialism: The Current Debate* (Oxford University Press, New York).

BARKAN, ELAZAR (2000). *The Guilt of Nations: Restitution and Negotiating Historical Injustices* (Norton, New York).

BARKER, E. (1960). *Social Contract: Essays by Locke, Hume and Rousseau* (Oxford University Press, London).

BARRY, BRIAN (1973). *The Liberal Theory of Justice* (Oxford University Press, Oxford).

—— (1989*a*). *Theories of Justice* (University of California Press, Berkeley and Los Angeles).

—— (1989*b*). 'Utilitarianism and Preference Change', *Utilitas*, 1: 278–82.

—— (1989*c*). 'Humanity and Justice in Global Perspective', in B. Barry, *Democracy, Power, and Justice: Essays in Political Theory* (Oxford University Press, Oxford).

—— (1994). 'In Defense of Political Liberalism', *Ratio Juris*, 7/3: 325–30.

—— (1995). *Justice as Impartiality* (Oxford University Press, Oxford).

—— (1997). 'Political Theory: Old and New', in Robert Goodin and Hans-Dieter Klingeman (eds.) *A New Handbook of Political Science* (Oxford University Press, Oxford), 531–48

—— (1999). 'Statism and Nationalism: A Cosmopolitan Critique', in Brilmayer and Shapiro 1999, 12–66.

—— (2001). *Culture and Equality: An Egalitarian Critique of Multiculturalism* (Polity, Cambridge).

—— and GOODIN, ROBERT (eds.) (1992). *Free Movement: Ethical Issues in the Transnational Migration of People and of Money* (Pennsylvania State University Press, University Park).

BARRY, NORMAN (1986). *On Classical Liberalism and Libertarianism* (Macmillan, London).

—— (1990). 'Markets, Citizenship, and the Welfare State', in Raymond Plant and Norman Barry, *Citizenship and Rights in Thatcher's Britain: Two Views* (IEA Health and Welfare Unit, London).

BARRY, NORMAN (1991). *Libertarianism in Philosophy and Politics* (Cambridge University Press, New York).
BASSHAM, GREGORY (1992). 'Feminist Legal Theory: A Liberal Response', *Notre Dame Journal of Law, Ethics and Public Policy*, 6/2: 293–308.
BATSTONE, DAVID, and MENDIETA, EDUARDO (eds.) (1999). *The Good Citizen* (Routledge, London).
BAUBÖCK, RAINER (1994). *Transnational Citizenship: Membership and Rights in International Migration* (Edward Elgar, Aldershot).
BAUMEISTER, ANDREA (2000). *Liberalism and the Politics of Difference* (Edinburgh University Press, Edinburgh).
BEARS (Brown Electronic Article Review Service) (1999). 'Symposium on Elizabeth Anderson's "What is the Point of Equality?"' (**www.brown.edu/Departments/Philosophy/bears/9904sobe.html**).
BEINER, RONALD (1983). *Political Judgment* (Methuen, London).
—— (1989). 'What's the Matter with Liberalism', in Allan Hutchinson and Leslie Green (eds.) *Law and Community* (Carswell, Toronto), 37–56.
—— (1992). 'Citizenship', in R. Beiner, *What's the Matter with Liberalism* (University of California Press, Berkeley and Los Angeles), 98–141.
—— (ed.) (1995). *Theorizing Citizenship* (State University of New York Press, Albany).
—— (ed.) (1999). *Theorizing Nationalism* (State University of New York Press, Albany).
BEITZ, CHARLES (1979). *Political Theory and International Relations* (Princeton University Press, Princeton).
—— (1989). *Political Equality: An Essay in Democratic Theory* (Princeton University Press, Princeton).
—— (1999). 'International Liberalism and Distributive Justice: A Survey of Recent Thought', *World Politics*, 51: 269–96.
BELL, DANIEL A. (1993). *Communitarianism and Its Critics* (Oxford University Press, Oxford).
—— (2000). *East Meets West* (Princeton University Press, Princeton).
BELLAH, ROBERT, et al. (1985). *Habits of the Heart: Individualism and Commitment in American Life* (University of California Press, Berkeley and Los Angeles).
BENHABIB, SEYLA (1986). *Critique, Norm, and Utopia* (Columbia University Press, New York).
—— (1987). 'The Generalized and the Concrete Other: The Kohlberg–Gilligan Controversy and Feminist Theory', in S. Benhabib and D. Cornell (eds.), *Feminism as Critique* (University of Minnesota Press, Minneapolis), 77–95.
—— (1992). *Situating the Self: Gender, Community and Postmodernism in Contemporary Ethics* (Routledge, London).
—— (1996). 'Toward a Deliberative Model of Democratic Legitimacy', in S. Benhabib (ed.), *Democracy and Difference: Contesting the Boundaries of the Political* (Princeton University Press, Princeton), 67–94.
BENN, STANLEY, and GAUS, GERALD (1983). *Public and Private in Social Life* (Croom Helm, London).
BENTHAM, JEREMY (1970). *An Introduction to the Principles of Morals and Legislation*, ed. J. H. Burns and H. L. A. Hart (Athlone Press, London; 1st pub. 1823).

BERKOWITZ, PETER (1999). *Virtue and the Making of Modern Liberalism* (Princeton University Press, Princeton).
BERLIN, ISAIAH (1969). *Four Essays on Liberty* (Oxford University Press, London).
—— (1981). 'Does Political Philosophy Still Exist?', in H. Hardy (ed.), *Concepts and Categories: Philosophical Essays* (Penguin, Harmondsworth), 143–72.
BERTRAM, CHRISTOPHER (1988). 'A Critique of John Roemer's Theory of Exploitation', *Political Studies*, 36/1: 123–30.
BICKFORD, SUSAN (1996). *The Dissonance of Democracy: Listening, Conflict and Citizenship* (Cornell University Press, Ithaca, NY).
BLACK, SAMUEL (1991). 'Individualism at an Impasse', *Canadian Journal of Philosophy*, 21/3: 347–77.
BLATTBERG, CHARLES (2000). *From Pluralist to Patriotic Politics: Putting Practices First* (Oxford University Press, Oxford).
BLAUG, RICARDO (1996). 'New Theories of Discursive Democracy: A User's Guide', *Philosophy and Social Criticism*, 22/1: 49–80.
BLUM, LAWRENCE (1988). 'Gilligan and Kohlberg: Implications for Moral Theory', *Ethics*, 98/3: 472–91.
BOAZ, DAVID (ed.) (1997). *The Libertarian Reader: Classic and Contemporary Writings from Lao-tzu to Milton Friedman* (Free Press, New York).
BOBBIO, NORBERTO (1995). 'Democracy and the International System', in Archibugi and Held 1995, 17–41.
BOGART, J. H. (1985). 'Lockean Provisos and State of Nature Theories', *Ethics*, 95/4: 828–36.
BOHMAN, JAMES (1996). *Public Deliberation: Pluralism, Complexity and Democracy* (MIT Press, Cambridge, Mass.).
—— (1998*a*). 'The Coming of Age of Deliberative Democracy', *Journal of Political Philosophy*, 6/4: 399–423.
—— (1998*b*). 'The Globalization of the Public Sphere: Cosmopolitan Publicity and the Problem of Cultural Pluralism', *Philosophy and Social Criticism*, 24: 199–216.
—— and REHG, WILLIAM (eds.) (1997). *Deliberative Democracy: Essays on Reason and Politics* (MIT Press, Cambridge, Mass.).
BOSNIAK, LINDA (2000). 'Citizenship Denationalized', *Indiana Journal of Global Legal Studies*, 7/2: 447–509.
BOWDEN, PETA (1996). *Caring: Gender-Sensitive Ethics* (Routledge, London).
BOWLES, SAMUEL and GINTIS, HERBERT (1998). 'Is Equality Passé? Homo Reciprocans and the Future of Egalitarian Politics', *Boston Review*, 23/6: 4–10.
—— (1999). *Recasting Egalitarianism: New Rules for Markets, States, and Communities* (Verso, London).
BOYD, SUSAN (ed.) (1977). *Challenging the Public/Private Divide: Feminism, Law and Public Policy* (University of Toronto Press, Toronto.)
BRANDT, R. B. (1959). *Ethical Theory* (Prentice-Hall, Englewood Cliffs, NJ).
—— (1979). *A Theory of the Right and the Good* (Oxford University Press, Oxford).
BRAVERMAN, HARRY (1974). *Labor and Monopoly Capital* (Monthly Review Press, New York).
BRECHER, BOB, et al. (eds.) (1998). *Nationalism and Racism in the Liberal Order* (Ashgate, Aldershot).

BRENKERT, GEORGE (1981). 'Marx's Critique of Utilitarianism', *Canadian Journal of Philosophy* 7: 193–220.

—— (1983). *Marx's Ethics of Freedom* (Routledge and Kegan Paul, London).

BRENKERT, GEORGE (1998). 'Self-Ownership, Freedom, and Autonomy', *Journal of Ethics*, 2/1: 27–55.

BRIDGES, DAVID (ed.) (1997). *Education, Autonomy and Democratic Citizenship: Philosophy in a Changing World* (Routledge, London).

BRIGHOUSE, HARRY (1998). 'Against Nationalism', in Couture, Nielsen, and Seymour 1998, 365–406.

—— (2000). *School Choice and Social Justice* (Oxford University Press, Oxford).

BRILMAYER, LEA, and SHAPIRO, IAN (eds.) (1999). *Global Justice* (New York University Press, New York).

BRINK, DAVID (1986). 'Utilitarian Morality and the Personal Point of View', *Journal of Philosophy*, 83/8: 417–38.

BRITTAN, SAMUEL (1988). *A Restatement of Economic Liberalism* (Macmillan, London).

BROMWICH, DAVID (1995). 'Culturalism: The Euthanasia of Liberalism', *Dissent*, Winter: 89–102.

BROOKS, ROY (1996). *Separation or Integration: A Strategy for Racial Equality* (Harvard University Press, Cambridge, Mass.).

—— (ed.) (1999). *When Sorry Isn't Enough: The Controversy over Apologies and Reparations for Human Injustice* (New York University Press, New York).

BROOME, JOHN (1989). 'Fairness and the Random Distribution of Goods', in Jon Elster (ed.), *Justice and the Lottery* (Cambridge University Press, Cambridge).

—— (1991). *Weighing Goods* (Blackwell, Oxford).

BROUGHTON, J. (1983). 'Women's Rationality and Men's Virtues', *Social Research*, 50/3: 597–642.

BROWN, ALAN (1986). *Modern Political Philosophy: Theories of the Just Society* (Penguin, Harmondsworth).

BROWN, JONATHAN (2001). 'Genetic Manipulation in Humans as a Matter of Rawlsian Justice', *Social Theory and Practice*, 27/1: 83–110.

BRUGGER, BILL (1999). *Republican Theory in Political Thought: Virtuous or Virtual?* (St Martin's Press, New York).

BUBECK, DIEMUT (1995). *Care, Gender, and Justice* (Oxford University Press, Oxford).

—— (1999). 'A Feminist Approach to Citizenship', in O. Huftan and Y. Jravaritou (eds.) *Gender and the Uses of Time* (Kluwer, Dordrecht).

BUCHANAN, ALLEN (1975). 'Revisability and Rational Choice', *Canadian Journal of Philosophy*, 5: 395–408.

—— (1982). *Marx and Justice: The Radical Critique of Liberalism* (Methuen, London).

—— (1989). 'Assessing the Communitarian Critique of Liberalism', *Ethics*, 99/4: 852–82.

—— (1990). 'Justice as Reciprocity versus Subject-Centred Justice', *Philosophy and Public Affairs*, 19/3: 227–52.

—— (1991). *Secession: The Legitimacy of Political Divorce* (Westview Press, Boulder, Colo.).

BUCHANAN, JAMES (1975). *The Limits of Liberty: Between Anarchy and Leviathan* (University of Chicago Press, Chicago).

Buchanan, James and Congleton, Richard (1998). *Politics by Principle, Not Interest* (Cambridge University Press, Cambridge).
—— and Tullock, Gordon (1962). *The Calculus of Consent* (University of Michigan Press, Ann Arbor).
Bulmer, Martin, and Rees, Anthony (eds.) (1996). *Citizenship Today: The Contemporary Relevance of T. H. Marshall* (University College London Press, London).
Burtt, Shelley (1993). 'The Politics of Virtue Today: A Critique and a Proposal', *American Political Science Review*, 87: 360–8.
Butler, Judith, and Scott, Joan W. (eds.) (1992). *Feminists Theorize the Political* (Routledge, London).
Cairns, Alan (1995). 'Aboriginal Canadians, Citizenship, and the Constitution', in A. Cairns, *Reconfigurations: Canadian Citizenship and Constitutional Change* (McClelland and Stewart, Toronto), 238–60.
—— and Williams, Cynthia (1985). *Constitutionalism, Citizenship and Society in Canada* (University of Toronto Press, Toronto).
Calhoun, Cheshire (2000). 'The Virtue of Civility', *Philosophy and Public Affairs*, 29/3: 251–75.
Callan, Eamonn (1994). 'Beyond Sentimental Civic Education', *American Journal of Education*, 102: 190–221.
—— (1995). 'Common Schools for Common Education', *Canadian Journal of Education*, 20: 251–71.
—— (1996). 'Political Liberalism and Political Education', *Review of Politics*, 58: 5–33.
—— (1997). *Creating Citizens: Political Education and Liberal Democracy* (Oxford University Press, Oxford).
Campbell, Richmond, and Sowden, Lanning (eds.) (1985). *Paradoxes of Rationality and Cooperation* (UBC Press, Vancouver).
Campbell, Tom (1983). *The Left and Rights: A Conceptual Analysis of the Idea of Socialist Rights* (Routledge and Kegan Paul, London).
—— (1988). *Justice* (Macmillan, Basingstoke).
—— (2000). *Justice*, 2nd edn. (Palgrave, New York).
Caney, Simon (1991). 'Consequentialist Defenses of Liberal Neutrality', *Philosophical Quarterly*, 41/165: 457–77.
—— (1995). 'Anti-perfectionism and Rawlsian Liberalism', *Political Studies*, 43/2: 248–64.
—— George, David, and Jones, Peter (eds.) (1996). *National Rights, International Obligations* (Westview, Boulder, Colo.).
Canovan, Margaret (1996). *Nationhood and Political Theory* (Edward Elgar, Cheltenham).
Card, Claudia (1990). 'Caring and Evil', *Hypatia*, 5/1: 101–8.
—— (1991). *Feminist Ethics* (University Press of Kansas, Lawrence).
—— (1996). *The Unnatural Lottery: Character and Moral Luck* (Temple University Press, Philadelphia).
—— (ed.) (1999). *On Feminist Ethics and Politics* (University of Kansas Press, Lawrence).
Carens, Joseph (1985). 'Compensatory Justice and Social Institutions', *Economics and Philosophy* 1/1: 39–67.
—— (1986). 'Rights and Duties in an Egalitarian Society', *Political Theory*, 14/1: 31–49.

CARENS, JOSEPH (1987). 'Aliens and Citizens: The Case for Open Borders', *Review of Politics*, 49/3: 251–73.
—— (1989). 'Membership and Morality: Admission to Citizenship in Liberal Democratic States', in W. R. Brubaker (ed.), *Immigration and the Politics of Citizenship in Europe and North America* (University Press of America, Lanham, Md.), 31–50.
—— (2000). *Culture, Citizenship, and Community: A Contextual Exploration of Justice as Evenhandedness* (Oxford University Press, Oxford).
CARENS, JOSEPH (ed.) (1995). *Is Quebec Nationalism Just? Perspectives from Anglophone Canada* (McGill-Queen's University Press, Montreal).
CAREY, GEORGE (1984). *Freedom and Virtue: The Conservative/Libertarian Debate* (University Press of America, Lanham, Md.).
CARTER, APRIL (2001). *The Political Theory of Global Citizenship* (Routledge, London).
CARTER, IAN (1992). 'The Measurement of Pure Negative Freedom', *Political Studies*, 40/1: 38–50.
—— (1995*a*). 'Interpersonal Comparisons of Freedom', *Economics and Philosophy*, 11: 1–23.
—— (1995*b*). 'The Independent Value of Freedom', *Ethics*, 105/4: 819–45.
—— (1999). *A Measure of Freedom* (Oxford University Press, Oxford).
CARVER, TERRELL (ed.) (1991). *The Cambridge Companion to Marx* (Cambridge University Press, Cambridge).
—— and THOMAS, PAUL (eds.) (1995). *Rational Choice Marxism* (Pennsylvania State University Press, University Park).
CASTLES, STEPHEN, and MILLER, MARK (1993). *The Age of Migration: International Population Movements in the Modern Age* (Macmillan, Basingstoke).
CAVALIERI, PAOLA, and SINGER, PETER (eds.) (1993). *The Great Ape Project: Equality beyond Humanity* (Fourth Estate, London).
CHAMBERS, SIMONE (1996). *Reasonable Democracy: Jürgen Habermas and the Politics of Discourse* (Cornell University Press, Ithaca, NY).
—— (1998). 'Contract or Conversation? Theoretical Lessons from the Canadian Constitutional Crises', *Politics and Society*, 26/1: 143–79.
—— (2001). 'Critical Theory and Civil Society', in Simone Chambers and Will Kymlicka (eds.), *Alternative Conceptions of Civil Society* (Princeton University Press, Princeton).
CHAN, JOSEPH (2000). 'Legitimacy, Unanimity, and Perfectionism', *Philosophy and Public Affairs*, 29/1: 5–42.
CHARVET, JOHN (1982). *Feminism* (J. M. Dent and Sons, London).
CHILD, JAMES (1994). 'Can Libertarianism Sustain a Fraud Standard?', *Ethics*, 104/4: 722–38.
CHRISTIANO, THOMAS (1996). *The Rule of the Many* (Westview Press, Boulder, Colo.).
CHRISTIE, CLIVE, J. (1998). *Race and Nation: A Reader* (St Martin's Press, New York).
CHRISTMAN, JOHN (1986). 'Can Ownership be Justified by Natural Rights?', *Philosophy and Public Affairs*, 15/2: 156–77.
—— (1991). 'Self-Ownership, Equality and the Structure of Property Rights', *Political Theory*, 19/1: 28–46.
CHRISTODOULIS, EMILIOS (ed.) (1998). *Communitarianism and Citizenship* (Ashgate, Aldershot).

Clark, B., and Gintis, Herbert (1978). 'Rawlsian Justice and Economic Systems', *Philosophy and Public Affairs*, 7/4: 302–25.

Clarke, Desmond, and Jones, Charles (eds.) (1999). *The Rights of Nations: Nations and Nationalism in a Changing World* (Palgrave, New York).

Clarke, Paul Barry (ed.) (1994). *Citizenship* (Pluto Press, London).

Clement, Grace (1996). *Care, Autonomy and Justice: Feminism and the Ethic of Care* (Westview, Boulder, Colo.).

Cochran, David Carroll (1999). *The Color of Freedom: Race and Contemporary American Liberalism* (State University of New York Press, Albany).

Cohen, Andrew (1998). 'A Defense of Strong Voluntarism', *American Philosophical Quarterly*, 35/3: 251–65.

Cohen, Cathy (1997). 'Straight Gay Politics: The Limits of an Ethnic Model of Inclusion', in Shapiro and Kymlicka 1997, 572–616.

Cohen, G. A. (1978). *Karl Marx's Theory of History: A Defense* (Princeton University Press, Princeton).

—— (1979). 'Capitalism, Freedom and the Proletariat', in A. Ryan (ed.), *The Idea of Freedom* (Oxford University Press, Oxford).

—— (1981). 'Illusions about Private Property and Freedom', in J. Mepham and D. H. Ruben (eds.) *Issues in Marxist Philosophy*, vol. iv (Harvester, Hassocks), 223–39.

—— (1986*a*). 'Self-Ownership, World-Ownership, and Equality', in F. Lucash (ed.), *Justice and Equality: Here and Now* (Cornell University Press, Ithaca, NY), 108–35.

—— (1986*b*). 'Self-Ownership, World-Ownership and Equality: Part 2', *Social Philosophy and Policy*, 3/2: 77–96.

—— (1988). *History, Labour, and Freedom: Themes from Marx* (Oxford University Press, Oxford).

—— (1989). 'On the Currency of Egalitarian Justice', *Ethics*, 99/4: 906–44.

—— (1990*a*). 'Marxism and Contemporary Political Philosophy, or Why Nozick Exercises Some Marxists More Than He Does Any Egalitarian Liberal', *Canadian Journal of Philosophy*, supplementary vol. 16: 363–87.

—— (1990*b*). 'Self-Ownership, Communism, and Equality', *Proceedings of the Aristotelian Society*, supplementary vol. 64: 25–44.

—— (1992). 'Incentives, Inequality and Community', in G. B. Peterson (ed.), *The Tanner Lectures on Human Values*, vol. xiii (University of Utah Press, Salt Lake City), 261–329.

—— (1993). 'Equality of What? On Welfare, Goods, and Capabilities', in Nussbaum and Sen 1993, 9–29.

—— (1995*a*). *Self-Ownership, Freedom and Equality* (Cambridge University Press, Cambridge).

—— (1995*b*). 'The Pareto Argument for Inequality', *Social Philosophy and Policy*, 12/1: 160–85.

—— (1997). 'Where the Action Is: On the Site of Distributive Justice', *Philosophy and Public Affairs*, 26/1: 3–30.

—— (1998). 'Once More into the Breach of Self-Ownership', *Journal of Ethics*, 2/1: 57–96.

—— (2000). *If You're an Egalitarian, How Come You're So Rich?* (Harvard University Press, Cambridge, Mass.).

COHEN, JEAN (1985). 'Strategy or Identity: New Theoretical Paradigms and Contemporary Social Movements', *Social Research*, 54/4: 663–716.

COHEN, JOSHUA (1996). 'Procedure and Substance in Deliberative Democracy', in Seyla Benhabib (ed.), *Democracy and Difference: Contesting the Boundaries of the Political* (Princeton University Press, Princeton), 95–119.

—— (1997*a*). 'Deliberation and Democratic Legitimacy', in Goodin and Pettit 1997, 143–55.

COHEN, JOSHUA (1997*b*). 'The Arc of the Moral Universe', *Philosophy and Public Affairs*, 26/2: 91–134.

COHEN, MARSHAL (1985). 'Moral Skepticism and International Relations', in Charles Beitz (ed.), *International Ethics* (Princeton University Press, Princeton), 3–50.

COLE, EVE BROWNING, and COULTRAP-MCQUIN, SUSAN, (eds.) (1992). *Explorations in Feminist Ethics: Theory and Practice* (Indiana University Press, Bloomington).

COLE, PHILLIP (2000). *Philosophies of Exclusion: Liberal Political Theory and Immigration* (Edinburgh University Press, Edinburgh).

COLTHEART, D. (1986). 'Desire, Consent and Liberal Theory', in Carole Pateman and E. Gross (eds.), *Feminist Challenges: Social and Political Theory* (Northeastern University Press, Boston), 112–22.

CONNOLLY, WILLIAM (1984). 'The Dilemma of Legitimacy', in William Connolly (ed.), *Legitimacy and the State* (Blackwell, Oxford), 222–49.

—— (1991). *Identity/Difference: Democratic Negotiations of Political Paradox* (Cornell University Press, Ithaca, NY).

—— (1993). *The Terms of Political Discourse* (Princeton University Press, Princeton).

—— (1995). *The Ethos of Pluralization* (University of Minnesota Press, Minneapolis).

CONNOR, WALKER (1972). 'Nation-Building or Nation-Destroying', *World Politics*, 24: 319–55.

—— (1984). *The National Question in Marxist-Leninist Theory and Strategy* (Princeton University Press, Princeton).

—— (1999). 'National Self-Determination and Tomorrow's Political Map', in Alan Cairns et al. (eds.), *Citizenship, Diversity and Pluralism: Canadian and Comparative Perspectives* (McGill-Queen's University Press, Montreal), 163–76.

CONOVER, PAMELA, CREWE, IVOR, and SEARING, DONALD (1991). 'The Nature of Citizenship in the United States and Great Britain: Empirical Comments on Theoretical Themes', *Journal of Politics*, 53/3: 800–32.

COOK, CURTIS, and LINDAU, JUAN (eds.) (2000). *Aboriginal Rights and Self-Government* (McGill-Queen's University Press, Montreal).

COOKE, MAEVE (2000). 'Five Arguments for Deliberative Democracy', *Political Studies*, 48: 947–69.

COPP, DAVID (1991). 'Contractarianism and Moral Skepticism', in Vallentyne 1991, 196–228.

COSER, ROSE LAMB (1991). *In Defense of Modernity: Role Complexity and Individual Autonomy* (Stanford University Press, Stanford, Calif.).

COUTURE, JOCELYNE, NIELSEN, KAI, and SEYMOUR, MICHEL (eds.) (1998). *Rethinking Nationalism* (University of Calgary Press, Calgary).

CRAGG, WESLEY (1986). 'Two Concepts of Community or Moral Theory and Canadian Culture', *Dialogue*, 25/1: 31–52.

CRISP, ROGER (ed.) (1997). *Routledge Philosophy Guidebook to Mill on Utilitarianism* (Routledge, London).

CROCKER, LAWRENCE (1977). 'Equality, Solidarity, and Rawls' Maximin', *Philosophy and Public Affairs*, 6/3: 262–6.

CROSLAND, C. A. R. (1964). *The Future of Socialism* (Cape, London).

CROSSLEY, DAVID (1990). 'Utilitarianism, Rights and Equality', *Utilitas*, 2/1: 40–54.

CROWLEY, BRIAN (1987). *The Self, the Individual and the Community: Liberalism in the Political Thought of F. A. Hayek and Sidney and Beatrice Webb* (Oxford University Press, Oxford).

CUDDIHY, JOHN MURRAY (1978). *No Offense: Civil Religion and Protestant Taste* (Seabury Press, New York).

CUMMINSKY, DAVID (1990). 'Kantian Consequentalism', *Ethics*, 100: 586–630.

DAGGER, RICHARD (1997). *Civic Virtues: Rights, Citizenship and Republican Liberalism* (Oxford University Press, Oxford).

D'AGOSTINO, FRED (1996). *Free Public Reason: Making It Up as We Go Along* (Oxford University Press, Oxford).

DANCY, JONATHAN (1992). 'Caring about Justice', *Philosophy*, 67/262: 447–66.

DANIELS, NORMAN (1975*a*). 'Equal Liberty and Unequal Worth of Liberty', in Daniels 1975*b*, 258–81.

—— (ed.) (1975*b*). *Reading Rawls* (Basic Books, New York).

—— (1979). 'Wide Reflective Equilibrium and Theory Acceptance in Ethics', *Journal of Philosophy* 76: 256–82.

—— (1985). *Just Health Care* (Cambridge University Press, Cambridge).

—— (1990). 'Equality of What? Welfare, Resources, or Capabilities?', *Philosophy and Phenomenological Research*, supplementary vol. 50: 273–96.

DARWALL, STEPHEN (ed.) (1995). *Equal Freedom: Selected Tanner Lectures on Human Values* (University of Michigan Press, Ann Arbor).

—— (1998). *Philosophical Ethics* (Westview, Boulder, Colo.).

DAVIDSON, BASIL (1993). *Black Man's Burden: Africa and the Curse of the Nation-State* (Times Books, New York).

DAVION, VICTORIA, and WOLF, CLARK (eds.) (2000). *The Idea of a Political Liberalism: Essays on Rawls* (Rowman and Littlefield, Totowa, NJ).

DAVIS, BOB (1994). 'Global Paradox: Growth of Trade Binds Nations, But It Also Can Spur Separatism', *Wall Street Journal*, 30 June 1994: A1.

DEGRAZIA, DAVID (1995). *Taking Animals Seriously: Mental Life and Moral Status* (Cambridge University Press, Cambridge).

DE GREIFF, PABLO (2000). 'Deliberative Democracy and Group Representation', *Social Theory and Practice*, 26/3: 397–416.

DELANEY, C. F. (ed.) (1994). *The Liberal-Communitarian Debate: Liberty and Community Values* (Rowman and Littlefield, Savage, Md.).

DEN UYL, DOUGLAS (1993). 'The Right to Welfare and the Virtue of Charity', in E. F. Paul, F. D. Miller, and J. Paul (eds.), *Altruism* (Cambridge University Press, Cambridge), 192–224.

De-Shalit, Avner (2000). *The Environment: Between Theory and Practice* (Oxford University Press, Oxford).
de Varennes, Fernand (1996). *Language, Minorities and Human Rights* (Kluwer, The Hague).
Deveaux, Monique (1995*a*). 'Shifting Paradigms: Theorizing Care and Justice in Political Theory', *Hypatia*, 10/2: 115–19.
—— (1995*b*). 'New Directions in Feminist Ethics', *European Journal of Moral Philosophy*, 3/1: 86–96.
—— (2001). *Cultural Pluralism and Dilemmas of Justice* (Cornell University Press, Ithaca, NY).
Dick, James (1975). 'How to Justify a Distribution of Earnings', *Philosophy and Public Affairs*, 4/3: 248–72.
Dietz, Mary (1985). 'Citizenship with a Feminist Face: The Problem with Maternal Thinking', *Political Theory* 13/1: 19–37.
—— (1992). 'Context is All: Feminism and Theories of Citizenship', in Mouffe 1992*b*, 63–85.
Diggs, B. J. (1981). 'A Contractarian View of Respect for Persons', *American Philosophical Quarterly*, 18/4: 273–83.
—— (1982). 'Utilitarianism and Contractarianism' in H. B. Miller and W. H. Williams (eds.), *The Limits of Utilitarianism* (University of Minnesota Press, Minneapolis), 101–14.
Dion, Stéphane (1991). 'Le Nationalisme dans la convergence culturelle', in R. Hudon and R. Pelletier (eds.), *L'Engagement intellectuel: mélanges en l'honneur de Léon Dion* (Les Presses de l'Université Laval, Sainte-Foy), 291–311.
DiQuattro, Arthur (1983). 'Rawls and Left Criticism', *Political Theory*, 11/1: 53–78.
Dobson, Andrew (1990). *Green Political Thought* (Unwin Hyman, London).
—— (1991). *The Green Reader* (Mercury House, San Francisco).
Donner, Wendy (1993). 'John Stuart Mill's Liberal Feminism', *Philosophical Studies*, 69: 155–66.
Doppelt, Gerald (1981). 'Rawls' System of Justice: A Critique from the Left', *Nous*, 15/3: 259–307.
Dryzek, John (1990). *Discursive Democracy* (Cambridge University Press, Cambridge).
—— (2000). *Deliberative Democracy and Beyond: Liberals, Critics, Contestations* (Oxford University Press, Oxford).
Dworkin, Ronald (1977). *Taking Rights Seriously* (Duckworth, London).
—— (1978). 'Liberalism', in S. Hampshire (ed.) *Public and Private Morality* (Cambridge University Press, Cambridge), 113–43.
—— (1981). 'What is Equality? Part I: Equality of Welfare; Part II: Equality of Resources', *Philosophy and Public Affairs*, 10 3/4: 185–246, 283–345.
—— (1983). 'In Defense of Equality', *Social Philosophy and Policy*, 1/1: 24–40.
—— (1985). *A Matter of Principle* (Harvard University Press, London).
—— (1986). *Law's Empire* (Harvard University Press, Cambridge, Mass.).
—— (1987). 'What is Equality? Part 3: The Place of Liberty', *Iowa Law Review*, 73/1: 1–54.
—— (1988). 'What is Equality? Part 4: Political Equality', *University of San Francisco Law Review*, 22/1: 1–30.
—— (1989). 'Liberal Community', *California Law Review*, 77/3: 479–504.

Dworkin, Ronald (1992). 'Deux conceptions de la démocratie', in Jacques Lenoble and Nicole Dewandre (eds.), *L'Europe au soir de la siècle: identité et démocratie* (Éditions Esprit, Paris), 111–35.

—— (1993). 'Justice in the Distribution of Health Care', *McGill Law Journal*, 38/4: 883–98.

—— (2000). *Sovereign Virtue: The Theory and Practice of Equality* (Harvard University Press, Cambridge, Mass.).

Dyzenhaus, David (1992). 'Liberalism, Autonomy and Neutrality', *University of Toronto Law Journal*, 42: 354–75.

Eckersley, Robyn (1992). *Environmentalism and Political Theory* (State University of New York Press, Albany).

Ehrenreich, Barbara, and English, Deirdre (1973) *Witches, Midwives, and Nurses: A History of Women Healers* (Feminist Press, Old Westbury, NY).

Eichbaum, June (1979). 'Towards an Autonomy-Based Theory of Constitutional Privacy: Beyond the Ideology of Familial Privacy', *Harvard Civil Rights–Civil Liberties Law Review*, 14/2: 361–84.

Eisenberg, Avigail (1995). *Reconstructing Political Pluralism* (State University of New York Press, Albany).

Eisenstein, Zillah (1981). *The Radical Future of Liberal Feminism* (Longman, New York).

—— (1984). *Feminism and Sexual Equality: Crisis in Liberal America* (Monthly Review Press, New York).

Elkin, Stephen, and Soltan, Karol (eds.) (1999). *Citizen Competence and Democratic Institutions* (Pennsylvania State University Press, University Park).

Elshtain, Jean Bethke (1981). *Public Man, Private Woman: Women in Social and Political Thought* (Princeton University Press, Princeton).

Elster, Jon (1982*a*). 'Roemer vs. Roemer', *Politics and Society*, 11/3: 363–73.

—— (1982*b*). 'Utilitarianism and the Genesis of Wants', in Sen and Williams 1982, 219–38.

—— (1983*a*). 'Exploitation, Freedom, and Justice', in J. R. Pennock and J. W. Chapman (eds.), *Marxism: NOMOS 26* (New York University Press, New York), 277–304.

—— (1983*b*). *Sour Grapes* (Cambridge University Press, Cambridge).

—— (1985). *Making Sense of Marx* (Cambridge University Press, Cambridge).

—— (1986). 'Self-Realization in Work and Politics: The Marxist Conception of the Good Life', *Social Philosophy and Policy*, 3/2: 97–126.

—— (1987). 'The Possibility of Rational Politics', *Archives européennes de sociologie*, 28: 67–103.

—— (1992). *Local Justice* (Russell Sage, New York).

—— (1995). 'Strategic Uses of Argument', in Kenneth Arrow (ed.), *Barriers to Conflict Resolution* (Norton, New York), 236–57.

—— (1998*a*). 'Introduction', in J. Elster (ed.), *Deliberative Democracy* (Cambridge University Press, New York), 1–18.

—— (1998*b*). 'Deliberation and Constitution Making', in J. Elster (ed.), *Deliberative Democracy* (Cambridge University Press, New York), 97–122.

—— and Roemer, John (eds.) (1991). *Interpersonal Comparisons of Well-Being* (Cambridge University Press, Cambridge).

ENGELS, FRIEDRICH (1972). *The Origin of the Family, Private Property, and the State* (International Publishers, New York).

ENGLISH, JANE (1977). 'Justice between Generations', *Philosophical Studies*, 31/2: 91–104.

EPSTEIN, RICHARD (1985). *Takings* (Harvard University Press, Cambridge, Mass.).

—— (1995*a*). *Forbidden Grounds: The Case against Employment Discrimination Laws* (Harvard University Press, Cambridge, Mass.).

—— (1995*b*). *Bargaining with the State* (Princeton University Press, Princeton).

—— (1995*c*). *Simple Rules for a Complex World* (Harvard University Press, Cambridge, Mass.).

—— (1998). 'The Right Set of Simple Rules', *Critical Review*, 12/3: 305–18.

ESTLUND, DAVID (1998). 'Liberalism, Equality and Fraternity in Cohen's Critique of Rawls', *Journal of Political Philosophy*, 6/1: 99–112.

ETZIONI, AMITAI (1993). *The Spirit of Community: Rights, Responsibilities and the Communitarian Agenda* (Crown Publishers, New York).

—— (1999). 'The Good Society', *Journal of Political Philosophy*, 7/1: 88–103.

—— (2001). *Next: The Road to the Good Society* (Basic Books, New York).

EVANS, SARA (1979). *Personal Politics: The Roots of Women's Liberation in the Civil Rights Movement and the New Left* (Knopf, New York).

EXDELL, JOHN (1977). 'Distributive Justice: Nozick on Property Rights', *Ethics*, 87/2: 142–9.

—— (1994). 'Feminism, Fundamentalism, and Liberal Legitimacy', *Canadian Journal of Philosophy*, 24/3: 441–64.

FAVELL, ADRIAN (1999). 'Applied Political Philosophy at the Rubicon', *Ethical Theory and Moral Practice*, 1/2: 255–78.

FEALLSANACH, AM (1998). 'Locke and Libertarian Property Rights', *Critical Review*, 12/3: 319–23.

FEINBERG, JOEL (1980). *Rights, Justice, and the Bounds of Liberty* (Princeton University Press, Princeton).

—— (1988). *Harmless Wrongdoing: The Moral Limits of the Criminal Law*, vol. iv (Oxford University Press, Oxford).

FEINBERG, WALTER (1998). *Common Schools/Uncommon Identities: National Unity and Cultural Difference* (Yale University Press, New Haven).

FEMIA, JOSEPH (1996). 'Complexity and Deliberative Democracy', *Inquiry*, 39: 359–97.

FEREJOHN, JOHN (2000). 'Instituting Deliberative Democracy', in Ian Shapiro and Stephen Macedo (eds.), *Designing Democratic Institutions: NOMOS 42* (New York University Press, New York), 75–104.

FIERLBECK, KATHERINE (1991). 'Redefining Responsibilities: The Politics of Citizenship in the United Kingdom', *Canadian Journal of Political Science*, 24/3: 575–83.

FINNIS, JOHN (1981). *Natural Law and Natural Rights* (Oxford University Press, Oxford).

—— (1983). *Fundamentals of Ethics* (Oxford University Press, Oxford).

FISHKIN, JAMES (1983). *Justice, Equal Opportunity and the Family* (Yale University Press, New Haven).

—— (1991). *Democracy and Deliberation: New Directions for Democratic Reform* (Yale University Press, New Haven).

—— (1995). *The Voice of the People* (Yale University Press, New Haven).

FISHKIN, JAMES (1996). *The Dialogue of Justice: Toward a Self-Reflective Society* (Yale University Press, New Haven).

FLANAGAN, OWEN, and ADLER, JONATHAN (1983). 'Impartiality and Particularity', *Social Research*, 50/3: 576–96.

—— and JACKSON, KATHRYN (1987). 'Justice, Care, and Gender: The Kohlberg–Gilligan Debate Revisited', *Ethics*, 97/3: 622–37.

FLAX, JANE (1993). *Disputed Subjects: Essays on Psychoanalysis, Politics and Philosophy* (Routledge, New York).

FLEURBAEY, MARC (1994). 'L'Absence d'envie dans une problématique post-welfariste', *Recherches économiques de Louvain*, 60: 9–42.

FLEW, ANTHONY (1979). *A Dictionary of Philosophy* (Fontana, London).

—— (1989). *Equality in Liberty and Justice* (Routledge, London).

FOX-DECENT, EVAN (1998). 'Why Self-Ownership is Prescriptively Impotent', *Journal of Value Inquiry*, 32/4: 489–506.

FRANCK, THOMAS (1997). 'Tribe, Nation, World: Self-Identification in the Evolving International System', *Ethics and International Affairs*, 11: 151–69.

FRANKLIN, JANE (ed.) (1997). *Equality* (Institute for Public Policy Research, London).

FRASER, NANCY (1989). 'Talking about Needs: Interpretive Contests as Political Conflicts in Welfare State Societies', *Ethics*, 99: 291–313.

—— (1992). 'Rethinking the Public Sphere: A Contribution to the Critique of Actually Existing Democracy', in Craig Calhoun (ed.), *Habermas and the Public Sphere* (MIT Press, Cambridge, Mass.), 109–42.

—— (1995). 'From Redistribution to Recognition? Dilemmas of Justice in a 'Post-Socialist' Age', *New Left Review*, 212: 68–93.

—— (1996). 'Multiculturalism and Gender Equity: The U.S. "Difference" Debates Revisited', *Constellations*, 3/1: 61–72.

—— (1997). *Justice Interruptus: Critical Reflections on the 'Post-Socialist' Condition* (Routledge, New York).

—— (1998). 'Social Justice in the Age of Identity Politics: Redistribution, Recognition and Participation', in Grethe Peterson (ed.) *The Tanner Lectures on Human Values*, vol. xix (University of Utah Press, Salt Lake City), 1–67.

—— (2000). 'Rethinking Recognition', *New Left Review* 3: 107–20.

FRAZER, ELIZABETH (1999). *The Problems of Communitarian Politics: Unity and Conflict* (Oxford University Press, Oxford).

—— and LACEY, NICOLA (1993). *The Politics of Community: A Feminist Critique of the Liberal-Communitarian Debate* (Harvester Wheatsheaf, London).

FREEMAN, SAMUEL (1994). 'Utilitarianism, Deontology and the Priority of Right', *Philosophy and Public Affairs*, 23/4: 313–49.

FREY, RAYMOND (ed.) (1984). *Utility and Rights* (University of Minnesota Press, Minneapolis).

FRIDERES, JAMES (1997). 'Edging into the Mainstream: Immigrant Adults and their Children', in Wsevolod Isajiw (ed.), *Comparative Perspectives on Interethnic Relations and Social Incorporation in Europe and North America* (Canadian Scholar's Press, Toronto), 537–62.

FRIED, CHARLES (1978). *Right and Wrong* (Harvard University Press, Cambridge, Mass.).

FRIED, CHARLES (1983). 'DISTRIBUTIVE JUSTICE', *Social Philosophy and Policy*, 1/1: 45–59.
FRIEDMAN, MARILYN (1987*a*). 'Beyond Caring: The De-moralization of Gender', *Canadian Journal of Philosophy*, supplementary vol. 13: 87–110.
—— (1987*b*). 'Care and Context in Moral Reasoning', in Kittay and Meyers 1987, 190–204.
—— (1989). 'Feminism and Modern Friendship: Dislocating the Community', *Ethics*, 99/2: 275–90.
—— (1991). 'The Social Self and the Partiality Debates', in Card 1991, 161–79.
—— (1993). *What Are Friends for? Feminist Perspectives on Personal Relationships and Moral Theory* (Cornell University Press, Ithaca, NY).
—— (1997). 'Autonomy and Social Relationships: Rethinking the Feminist Critique', in Meyers 1997, 40–61.
FROLICH, NORMAN, and OPPENHEIMER, JOE (1992). *Choosing Justice: An Experimental Approach to Ethical Theory* (University of California Press, Berkeley and Los Angeles).
FRYE, MARILYN (1983). *The Politics of Reality: Essays in Feminist Theory* (Crossing Press, Trumansburg, NY).
FULLINWIDER, ROBERT (ed.) (1995). *Public Education in a Multicultural Society* (Cambridge University Press, Cambridge).
—— (ed.) (1999). *Civil Society, Democracy and Civic Renewal* (Rowman and Littlefield, Savage, Md.).
FUNK, NANETTE (1988). 'Habermas and the Social Goods', *Social Text*, 18: 19–37.
GALENKAMP, MARLIES (1993). *Individualism and Collectivism: The Concept of Collective Rights* (Rotterdamse Filosofische Studies, Rotterdam).
GALLOWAY, DONALD (1993). 'Liberalism, Globalism and Immigration', *Queen's Law Journal*, 18: 266–305.
GALSTON, WILLIAM (1980). *Justice and the Human Good* (University of Chicago Press, Chicago).
—— (1986). 'Equality of Opportunity and Liberal Theory', in F. Lucash (ed.), *Justice and Equality Here and Now* (Cornell University Press, Ithaca, NY), 89–107.
—— (1989). 'Community, Democracy, Philosophy: The Political Thought of Michael Walzer', *Political Theory*, 17/1: 119–30.
—— (1991). *Liberal Purposes: Goods, Virtues, and Duties in the Liberal State* (Cambridge University Press, Cambridge).
—— (1993*a*). 'Cosmopolitan Altruism', *Social Philosophy and Policy*, 10: 118–34.
—— (1993*b*). 'Political Theory in the 1980s', in Ada Finifter (ed.), *Political Science: The State of the Discipline 2* (American Political Science Association, Washington), 27–53.
—— (1995). 'Two Concepts of Liberalism', *Ethics*, 105/3: 516–34.
GANS, CHAIM (1998). 'Nationalism and Immigration', *Ethical Theory and Moral Practice*, 1/2: 159–80.
GARET, RONALD (1983). 'Communality and Existence: The Rights of Groups', *Southern California Law Review*, 56/5: 1001–75.
GAUTHIER, DAVID (1986). *Morals by Agreement* (Oxford University Press, Oxford).
—— (1991). 'Why Contractarianism?', in Vallentyne 1991, 15–30.
GAVISON, RUTH (1992). 'Feminism and the Public/Private Distinction', *Stanford Law Review*, 45/1: 1–45.
GELLNER, ERNEST (1983). *Nations and Nationalism* (Blackwell, Oxford).

George, Robert (1993). *Making Men Moral: Civil Liberties and Public Morality* (Oxford University Press, Oxford).

Geras, Norman (1989). 'The Controversy about Marx and Justice', in A. Callinicos (ed.), *Marxist Theory* (Oxford University Press, Oxford), 211–67.

—— (1993). 'Bringing Marx to Justice: An Addendum and Rejoinder', *New Left Review*, 195: 37–69.

Gibbard, Allan (1985). 'What's Morally Special about Free Exchange?', *Social Philosophy and Policy*, 2/2: 20–8.

Giddens, Anthony (1998). *The Third Way* (Polity, Oxford).

Gilbert, Alan (1980). *Marx's Politics: Communists and Citizens* (Rutgers University Press, New Brunswick, NJ).

—— (1991). 'Political Philosophy: Marx and Radical Democracy', in Carver 1991, 168–95.

Gilbert, Paul (1998). *Philosophy of Nationalism* (Westview, Boulder, Colo.).

—— (2000). *Peoples, Cultures, and Nations in Political Philosophy* (Georgetown University Press, Washington).

Gilens, Martin (1996). '"Race Coding" and White Opposition to Welfare', *American Political Science Review*, 90: 593–604.

—— (1999). *Why Americans Hate Welfare* (University of Chicago Press, Chicago).

Gilligan, Carol (1982). *In a Different Voice: Psychological Theory and Women's Development* (Harvard University Press, Cambridge, Mass.).

—— (1986). 'Remapping the Moral Domain', in Thomas Heller and Morton Sosna (eds.), *Reconstructing Individualism: Autonomy, Individuality, and the Self in Western Thought* (Stanford University Press, Stanford, Calif.), 237–50.

—— (1987). 'Moral Orientation and Moral Development', in Kittay and Meyers 1987, 19–36.

—— (1995). 'Hearing the Difference: Theorizing Connection', *Hypatia*, 10/2: 120–7.

—— and Attanuci, J. (1988). 'Two Moral Orientations', in C. Gilligan, J. Ward, and J. Taylor (eds.), *Mapping The Moral Domain: A Contribution of Women's Thinking to Psychology and Education* (Harvard University Graduate School of Education, Cambridge, Mass.), 73–86.

Gitlin, Todd (1995). *The Twilight of Common Dreams: Why America is Wracked by Culture Wars* (Henry Holt, New York).

Glazer, Nathan (1983). *Ethnic Dilemmas: 1964–1982* (Harvard University Press, Cambridge, Mass.).

—— (1988). *The Limits of Social Policy* (Harvard University Press, Cambridge, Mass.).

—— (1997). *We Are All Multiculturalists Now* (Harvard University Press, Cambridge, Mass.).

Glendon, Mary-Ann (1991). *Rights Talk: The Impoverishment of Political Discourse* (Free Press, New York).

—— and Blankenhorn, David (eds.) (1995). *Seedbeds of Virtue: Sources of Competence, Character and Citizenship in American Society* (Madison Books, Lanham, Md.).

Glover, Jonathan (ed.) (1990). *Utilitarianism and Its Critics* (Macmillan, New York).

Goldberg, David Theo (ed.) (1995). *Multiculturalism: A Critical Reader* (Blackwell, Oxford).

GOODIN, ROBERT (1982). *Political Theory and Public Policy* (University of Chicago Press, Chicago).
—— (1988). *Reasons for Welfare* (Princeton University Press, Princeton).
—— (1990). 'International Ethics and the Environmental Crisis', *Ethics and International Affairs*, 4: 91–105.
—— (1990). 'Liberalism and the Best-Judge Principle', *Political Studies*, 38: 181–5.
—— (1992*a*). *Green Political Theory* (Polity, Oxford).
—— (1992*b*). 'If People Were Money' in Barry and Goodin 1992, 6–22.
—— (1995). *Utilitarianism as a Public Philosophy* (Cambridge University Press, Cambridge).
—— (1998). 'Public Service Utilitarianism as a Role Responsibility', *Utilitas*, 10/3: 320–36.
—— and PETTIT, PHILIP (eds.) (1993). *A Companion to Contemporary Political Philosophy* (Blackwell, Oxford).
—— —— (eds.) (1997). *Contemporary Political Philosophy: An Anthology* (Blackwell, Oxford).
—— and REEVE, ANDREW (eds.) (1989). *Liberal Neutrality* (Routledge, London).
GORDON, SCOTT (1980). *Welfare, Justice, and Freedom* (Columbia University Press, New York).
GORR, MICHAEL (1995). 'Justice, Self-Ownership, and Natural Assets', *Social Philosophy and Policy*, 12/2: 267–91.
GOUGH, J. W. (1957). *The Social Contract*, 2nd edn. (Oxford University Press, London).
GOULD, CAROL (1978). *Marx's Social Ontology* (MIT Press, Cambridge, Mass.).
GOVIER, TRUDY (1997). *Social Trust and Human Communities* (McGill-Queen's University Press, Montreal).
—— (1999). *Dilemmas of Trust* (McGill-Queen's University Press, Montreal).
GRAHAM, KEITH (1990). 'Self-Ownership, Communism and Equality II', *Proceedings of the Aristotelian Society*, supplementary vol. 64: 45–61.
GRANT, GEORGE (1974). *English-Speaking Justice* (Mount Allison University Press, Sackville).
GRAY, JOHN (1986*a*). *Liberalism* (University of Minnesota Press, Minneapolis).
—— (1986*b*). 'Marxian Freedom, Individual Liberty, and the End of Alienation', *Social Philosophy and Policy*, 3/2: 160–87.
—— (1989). *Liberalism: Essays in Political Philosophy* (Routledge, London).
GREEN, KAREN (1986). 'Rawls, Women and the Priority of Liberty', *Australasian Journal of Philosophy*, supplementary vol. 64: 26–36.
GREEN, LESLIE (1995). 'Internal Minorities and Their Rights', in Kymlicka 1995*b*: 256–72
GREENE, STEPHEN (1996). 'Rethinking Kymlicka's Critique of Humanist Liberalism', *International Journal of Applied Philosophy*, 10/2: 51–7.
GREENFELD, LIAH (1992). *Nationalism: Five Roads to Modernity* (Harvard University Press, Cambridge, Mass.).
GRESCHNER, DONNA (1989). 'Feminist Concerns with the New Communitarians', in A. Hutchinson and L. Green (eds.), *Law and the Community* (Carswell, Toronto), 119–50.
GREY, THOMAS (1980). 'Eros, Civilization, and the Burger Court', *Law and Contemporary Problems*, 43/3: 83–100.
GRICE, GEOFFREY (1967). *The Grounds of Moral Judgement* (Cambridge University Press, Cambridge).

Griffin, James (1986). *Well-Being: Its Meaning, Measurement, and Moral Importance* (Oxford University Press, Oxford).
Grimm, Dieter (1995). 'Does Europe Need a Constitution?', *European Law Journal*, 1/3: 282–302.
Grimshaw, Jean (1986). *Philosophy and Feminist Thinking* (University of Minnesota Press, Minneapolis).
Groot, Loek, and van der Veen, Robert Jan (eds.) (2000). *Basic Income on the Agenda: Policy Objectives and Political Chances* (University of Amsterdam Press, Amsterdam).
Gross, Elizabeth (1986). 'What is Feminist Theory?', in Carole Pateman and E. Gross (eds.), *Feminist Challenges: Social and Political Theory* (Northeastern University Press, Boston), 125–43.
Guéhenno, Jean-Marie (1995). *The End of the Nation-State* (University of Minnesota Press, Minneapolis).
Gurr, Ted (1993). *Minorities at Risk: A Global View of Ethnopolitical Conflict* (Institute of Peace Press, Washington).
—— (2000). 'Ethnic Warfare on the Wane', *Foreign Affairs*, 79/3: 52–64.
Gutmann, Amy (1980). *Liberal Equality* (Cambridge University Press, Cambridge).
—— (1985). 'Communitarian Critics of Liberalism', *Philosophy and Public Affairs*, 14/3: 308–22.
—— (1987). *Democratic Education* (Princeton University Press, Princeton).
—— (1993). 'The Challenge of Multiculturalism to Political Ethics', *Philosophy and Public Affairs* 22/3: 171–206.
—— and Appiah, Kwame Anthony (1996). *Color Conscious: The Political Morality of Race* (Princeton University Press, Princeton).
—— and Thompson, Dennis (1996). *Democracy and Disagreement* (Harvard University Press, Cambridge, Mass.).
Habermas, Jürgen (1979). *Communication and the Evolution of Society*, trans. T. McCarthy (Beacon, Boston).
—— (1985). 'Questions and Counter Questions', in R. Bernstein (ed.), *Habermas and Modernity* (MIT Press, Cambridge, Mass.), 192–216.
—— (1992). 'Citizenship and National Identity: Some Reflections on the Future of Europe', *Praxis International*, 12/1: 1–19.
—— (1996). *Between Facts and Norms: Contributions to a Discourse Theory of Law and Democracy* (MIT Press, Cambridge, Mass.).
Halstead, Mark (1990). 'Muslim Schools and the Ideal of Autonomy', *Ethics in Education*, 9/4: 4–6.
—— (1991). 'Radical Feminism, Islam and the Single-Sex School Debate', *Gender and Education*, 3/1: 263–78.
Hamilton, Alexander, Madison, James, and Jay, John (1982). *The Federalist Papers* (Bantam, New York).
Hampton, Jean (1980). 'Contracts and Choices: Does Rawls Have a Social Contract Theory?', *Journal of Philosophy*, 77/6: 315–38.
—— (1986). *Hobbes and the Social Contract Tradition* (Cambridge University Press, Cambridge).
—— (1997). *Political Philosophy* (Westview Press, Boulder, Colo.).

HANNUM, HURST (1990). *Autonomy, Sovereignty, and Self-Determination: The Adjudication of Conflicting Rights* (University of Pennsylvania Press, Philadelphia).

HANSER, MATTHEW (1990). 'Harming Future People', *Philosophy and Public Affairs*, 19/1: 47–70.

HARDIMON, MICHAEL (1992). 'The Project of Reconciliation: Hegel's Social Philosophy', *Philosophy and Public Affairs*, 23/2: 165–95.

—— (1994). *Hegel's Social Philosophy: The Project of Reconciliation* (Cambridge University Press, Cambridge).

HARDIN, GARRETT (1968). 'The Tragedy of the Commons', *Science*, 162: 1243–8.

HARDIN, RUSSELL (1988). *Morality within the Limits of Reason* (University of Chicago Press, Chicago).

—— (1995). *One for All: The Logic of Group Conflict* (Princeton University Press, Princeton).

HARDING, SANDRA (1982). 'Is Gender a Variable in Conceptions of Rationality? A Survey of Issues', *Dialectica*, 36/2: 225–42.

—— (1987). 'The Curious Coincidence of Feminine and African Moralities', in Kittay and Meyers 1987, 296–316.

HARDWIG, JOHN (1990). 'Should Women Think in Terms of Rights?', in Cass Sunstein (ed.), *Feminism and Political Theory* (University of Chicago Press, Chicago), 53–67.

HARE, R. M. (1963). *Freedom and Reason* (Oxford University Press, London).

—— (1971). *Essays on Philosophical Method* (Macmillan, London).

—— (1975). 'Rawls' Theory of Justice', in Daniels 1975*b*, 81–107.

—— (1978). 'Justice and Equality', in J. Arthur and W. Shaw (eds.), *Justice and Economic Distribution* (Prentice-Hall, Englewood Cliffs, NJ), 118–32.

—— (1981). *Moral Thinking* (Oxford University Press, Oxford).

—— (1982). 'Ethical Theory and Utilitarianism', in Sen and Williams 1982, 23–38.

—— (1984). 'Rights, Utility, and Universalization: Reply to J. L. Mackie', in Frey 1984, 106–21.

HARLES, JOHN (1993). *Politics in the Lifeboat: Immigrants and the American Democratic Order* (Westview Press, Boulder, Colo.).

HARMAN, GILBERT (1983). 'Human Flourishing, Ethics, and Liberty', *Philosophy and Public Affairs*, 12/4: 307–22.

HARRIS, JOHN (1975). 'The Survival Lottery', *Philosophy*, 50: 81–7.

HARRISON, ROSS (ed.) (1999). *Bentham* (Routledge, London).

HARSANYI, JOHN (1976). *Essays on Ethics, Social Behavior and Scientific Explanation* (Reidel, Dordrecht).

—— (1977*a*). *Rational Behavior and Bargaining Equilibrium in Games and Social Situations* (Cambridge University Press, Cambridge).

—— (1977*b*). 'Rule Utilitarianism and Decision Theory', *Erkenntnis*, 11: 25–53.

—— (1985). 'Rule Utilitarianism, Equality, and Justice', *Social Philosophy and Policy*, 2/2: 115–27.

HART, H. L. A. (1975). 'Rawls on Liberty and Its Priority', in Daniels 1975*b*, 230–52.

—— (1979). 'Between Utility and Rights', in Alan Ryan (ed.), *The Idea of Freedom* (Oxford University Press, Oxford), 77–98.

Hartney, Michael (1991). 'Some Confusions Concerning Collective Rights', *Canadian Journal of Law and Jurisprudence*, 4/2: 293–314.
Harvey, David (1996). *Justice, Nature and the Geography of Difference* (Blackwell, Oxford).
Haslett, D. W. (1987). *Equal Consideration: A Theory of Moral Justification* (University of Delaware, Newark).
Haveman, Robert (1988). *Starting Even* (Simon and Schuster, New York).
Haworth, Alan (1994). *Anti-libertarianism: Markets, Philosophy and Myth* (Routledge, London).
Hayek, Friedrich (1944). *The Road to Serfdom* (University of Chicago Press, Chicago).
—— (1960). *The Constitution of Liberty* (Routledge and Kegan Paul, London).
Heater, Derek (1990). *Citizenship: The Civic Ideal in World History, Politics and Education* (Longman, London).
—— (1996). *World Citizenship and Government: Cosmopolitan Ideas in the History of Western Political Thought* (St Martin's Press, New York).
—— (2000). *What is Citizenship* (Blackwell, Oxford).
Hefferman, William (1995). 'Privacy Rights', *Suffolk University Law Review*, 29: 737–808.
Hefner, Robert (ed.) (1998). *Democratic Civility: The History and Cross-cultural Possibility of a Modern Political Ideal* (Transaction Publishers, New Brunswick, NJ).
Hegel, G. W. F. (1949). *Philosophy of Right*, trans. T. M. Knox (Oxford University Press, London).
Hekman, Susan (1995). *Moral Voices, Moral Selves: Carol Gilligan and Feminist Moral Theory* (Polity Press, Cambridge).
Held, David (1989). 'Citizenship and Autonomy', in *Political Theory and the Modern State* (Stanford University Press, Stanford, Calif.), 189–213.
—— (1995). *Democracy and the Global Order: From the Modern State to Cosmopolitan Governance* (Polity Press, London).
—— (1999). 'The Transformation in Political Community: Rethinking Democracy in the Context of Globalization', in Ian Shapiro and Casiano Hacker-Cordon (eds.), *Democracy's Edges* (Cambridge University Press, Cambridge), 84–111.
Held, Virginia (1987). 'Feminism and Moral Theory', in Kittay and Meyers 1987, 111–28.
—— (1988). 'The Non-contractual Society', in M. Hanen and K. Nielsen (eds.), *Science, Morality and Feminist Theory* (University of Calgary Press, Calgary), 111–37.
—— (1993). *Feminist Morality: Transforming Culture, Society, and Politics* (University of Chicago Press, Chicago).
—— (ed.) (1995*a*). *Justice and Care: Essential Readings in Feminist Ethics* (Westview, Boulder, Colo.).
—— (1995*b*). 'The Meshing of Care and Justice', *Hypatia*, 10/2: 128–32.
Herzog, Don (1986). 'Some Questions for Republicans', *Political Theory*, 14/3: 473–93.
Hill, Greg (1993). 'Citizenship and Ontology in the Liberal State', *Review of Politics*, 55: 67–84.
Higgins, Tracy (1997). 'Democracy and Feminism', *Harvard Law Review*, 110: 1657–703.

HIRSCH, H. N. (1986). 'The Threnody of Liberalism: Constitutional Liberty and the Renewal of Community', *Political Theory* 14/3: 423–49.
HIRSCHMANN, NANCY (1999). 'Difference as an Occasion for Rights: A Feminist Rethinking of Rights, Liberalism and Difference', *Critical Review of International Social and Political Philosophy*, 2/1: 27–55.
—— and DISTEFANO, CHRISTINE (eds.) (1996). *Revisioning the Political: Feminist Revisions of Traditional Concepts in Western Political Theory* (Westview, Boulder, Colo.).
HIRST, PAUL (1994). *Associative Democracy: New Forms of Economic and Social Governance* (Polity, Cambridge).
HOAGLAND, SARAH (1991). 'Some Thoughts about "Caring"', in Card 1991, 246–86.
HOBSBAWM, ERIC J. (1990). *Nations and Nationalism since 1780: Programme, Myth and Reality* (Cambridge University Press, Cambridge).
HOCHSCHILD, ARLIE (1989). *The Second Shift: Working Parents and the Revolution at Home* (Viking, New York).
HOLLINGER, DAVID (1995). *Postethnic America: Beyond Multiculturalism* (Basic Books, New York).
HOLMES, STEPHEN (1989). 'The Permanent Structure of Antiliberal Thought', in N. Rosenblum (ed.) *Liberalism and the Moral Life* (Harvard University Press, Cambridge, Mass.), 227–53.
HOLMSTROM, NANCY (1977). 'Exploitation', *Canadian Journal of Philosophy*, 7/2: 353–69.
HOOKER, BRAD (1993). 'Political Philosophy', in Leemon McHenry and Frederick Adams (eds.), *Reflection on Philosophy* (St Martin's Press, London), 87–102.
HOROWITZ, DONALD (1985). *Ethnic Groups in Conflict* (University of California Press, Berkeley and Los Angeles).
—— (1991). *A Democratic South Africa: Constitutional Engineering in a Divided Society* (University of California Press, Berkeley and Los Angeles).
—— (1997). 'Self-Determination: Politics, Philosophy and Law', in Shapiro and Kymlicka 1997, 421–63.
HORTON, JOHN, and MENDUS, SUSAN (eds.) (1994). *After MacIntyre: Critical Perspectives on the Work of Alisdair MacIntyre* (Polity, Cambridge).
—— —— (eds.) (1999). *Toleration, Identity and Difference* (St Martin's Press, New York).
HOSPERS, JOHN (1961). *Human Conduct: An Introduction to the Problems of Ethics* (Harcourt, Brace and World, New York).
HOUSTON, BARBARA (1987). 'Rescuing Womanly Virtues: Some Dangers of Moral Reclamation', *Canadian Journal of Philosophy*, supplementary vol. 13: 237–62.
—— (1988). 'Gilligan and the Politics of a Distinctive Women's Morality', in L. Code, S. Mullett, and C. Overall (eds.), *Feminist Perspectives: Philosophical Essays on Method and Morals* (University of Toronto Press, Toronto), 168–89.
—— (1990). 'Caring and Exploitation', *Hypatia*, 5/1: 115–19.
HURKA, THOMAS (1993). *Perfectionism* (Oxford University Press, Oxford).
—— (1995). 'Indirect Perfectionism: Kymlicka on Liberal Neutrality', *Journal of Political Philosophy*, 3/1: 36–57.
HURLEY, SUSAN (2001). 'Luck and Equality', Proceedings of the Aristotelian Society.
HUTCHINGS, KIMBERLY (1999). 'Feminism, Universalism and the Ethics of International

Politics', in Vivienne Jabri and Eleanor O'Gorman (eds.) *Women, Culture and International Relations* (Lynne Rienner, Boulder, Colo.), 17–38.

—— and DANNREUTHER, RONALD (eds.) (1999). *Cosmopolitan Citizenship* (St Martin's Press, New York).

IGNATIEFF, MICHAEL (1989). 'Citizenship and Moral Narcissism', *Political Quarterly*, 60: 63–74.

—— (1993). *Blood and Belonging: Journeys into the New Nationalism* (Farrar, Straus and Giroux, New York).

—— (2000). *The Rights Revolution* (Anansi Press, Toronto).

INGRAM, ATTRACTA (1993). 'Self-Ownership and Worldly Resources', *International Journal of Moral and Social Studies*, 8/1: 3–20.

INGRAM, DAVID (2000). *Group Rights: Reconciling Equality and Difference* (University Press of Kansas, Lawrence).

ISIN, ENGIN, and WOOD, PATRICIA (1999). *Citizenship and Identity* (Sage, Beverly Hills, Calif.).

IVISON, DUNCAN, SANDERS, WILL, and PATTON, PAUL (eds.) (2000). *Political Theory and the Rights of Indigenous Peoples* (Cambridge University Press, Cambridge).

JACKSON, FRANK (1991). 'Decision-Theoretic Consequentialism and the Nearest and Dearest Objection', *Ethics*, 101: 462–83.

JACOBS, LESLEY (1996). 'The Second Wave of Analytical Marxism', *Philosophy of Social Sciences*, 26/2: 279–92.

—— (1997). *An Introduction to Modern Political Philosophy: The Democratic Vision of Politics* (Prentice-Hall, Upper Saddle River, NJ).

JACOBSON, DAVID (1996). *Rights across Borders: Immigration and the Decline of Citizenship* (Johns Hopkins University Press, Baltimore).

JAGGAR, ALISON (1983). *Feminist Politics and Human Nature* (Rowman and Allanheld, Totowa, NJ).

—— and YOUNG, IRIS MARION (eds.) (1998). *A Companion to Feminist Philosophy* (Blackwell, Cambridge).

JANOSKI, THOMAS (1998). *Citizenship and Civil Society: Obligations in Liberal, Traditional and Social Democratic Regimes* (Cambridge University Press, Cambridge).

JANZEN, WILLIAM (1990). *Limits of Liberty: The Experiences of Mennonite, Hutterite and Doukhobour Communities in Canada* (University of Toronto Press, Toronto).

JESKE, DIANE (1996). 'Libertarianism, Self-Ownership, and Motherhood', *Social Theory and Practice*, 22/2: 137–60.

JOHNSON, JAMES (1998). 'Arguing for Deliberation: Some Skeptical Considerations', in Jon Elster (ed.), *Deliberative Democracy* (Cambridge University Press, Cambridge), 161–84.

—— (2000). 'Why Respect Culture?', *American Journal of Political Science*, 44/3: 405–18.

JOHNSTON, DARLENE (1989). 'Native Rights as Collective Rights: A Question of Group Self-Preservation', *Canadian Journal of Law and Jurisprudence*, 2/1: 19–34.

JONES, CHARLES (1999). *Global Justice: Defending Cosmopolitanism* (Oxford University Press, Oxford).

JONES, PETER (1982). 'Freedom and the Redistribution of Resources', *Journal of Social Policy*, 11/2: 217–38.

JOPPKE, CHRISTIAN, and LUKES, STEVEN (eds.) (1999). *Multicultural Questions* (Oxford University Press, Oxford).
KAGAN, SHELLEY (1989). *The Limits of Morality* (Oxford University Press, Oxford).
—— (1994). 'The Argument from Liberty', in J. Coleman and A. Buchanan (eds.), *In Harm's Way* (Cambridge University Press, Cambridge), 16–41.
KAHANE, DAVID (2000). 'Pluralism, Deliberation and Citizen Competence: Recent Developments in Democratic Theory', *Social Theory and Practice*, 26/3: 509–35.
KAHNEMAN, DANIEL, et al. (1986). 'Fairness as a Constraint on Profit-Seeking', *American Economic Review*, 76/4: 728–41.
KAMENKA, EUGENE (ed.) (1982). *Community as a Social Ideal* (Edward Arnold, London).
KARMIS, DIMITRIOS (1993). 'Cultures Autochtones et libéralisme au Canada: les vertus médiatrices du communautarisme libéral de Charles Taylor', *Canadian Journal of Political Science*, 26/1: 69–96.
KATZ, LEO (1999). 'Responsibility and Consent: The Libertarian's Problems with Freedom of Contract', *Social Philosophy and Policy*, 16/2: 94–117.
KAUS, MICKEY (1992). *The End of Equality* (Basic Books, New York).
KAVKA, GREGORY (1986). *Hobbesian Moral and Political Theory* (Princeton University Press, Princeton).
KEARNS, D. (1983). 'A Theory of Justice and Love: Rawls on the Family', *Politics*, 18/2: 36–42.
KEAT, RUSSELL (1982). 'Liberal Rights and Socialism', in Keith Graham (ed.), *Contemporary Political Philosophy: Radical Perspectives* (Cambridge University Press, Cambridge), 59–82.
KEATING, MICHAEL, and MCGARRY, JOHN (eds.) (2001) Minority Nationalism and the Changing International Order (Oxford University Press, Oxford.)
KENNEDY, ELLEN, and MENDUS, SUSAN (1987). *Women in Western Political Philosophy* (Wheatsheaf Books, Brighton).
KERNOHAN, ANDREW (1988). 'Capitalism and Self-Ownership', *Social Philosophy and Policy*, 6/1: 60–76.
—— (1990). 'Rawls and the Collective Ownership of Natural Abilities', *Canadian Journal of Philosophy*, 20/1: 19–28.
—— (1993). 'Desert and Self-Ownership', *Journal of Value Inquiry*, 27/2: 197–202.
—— (1998). *Liberalism, Equality and Cultural Oppression* (Cambridge University Press, Cambridge).
KERSHNAR, STEPHEN (2000). 'There is No Moral Right to Immigrate to the United States', *Public Affairs Quarterly*, 14/2: 141–58.
KING, DESMOND (1999). *In the Name of Liberalism: Illiberal Social Policy in the U.S. and Britain* (Oxford University Press, Oxford).
—— and WALDRON, JEREMY (1988). 'Citizenship, Social Citizenship and the Defence of the Welfare State', *British Journal of Political Science*, 18: 415–43.
KITTAY, EVA FEDER (1995). *Equality, Rawls and the Inclusion of Women* (Routledge, New York).
—— (1998). *Love's Labor: Essays on Women, Equality and Dependency* (Routledge, New York).

KITTAY, EVA FEDER and MEYERS, DIANA (eds.) (1987). *Women and Moral Theory* (Rowman and Littlefield, Savage, Md.).

KLEINGELD, PAULINE (1998). 'Just Love: Marriage and the Question of Justice', *Social Theory and Practice*, 24/2: 261–81.

KLEY, ROLAND (1994). *Hayek's Social and Political Thought* (Oxford University Press, Oxford).

KLOSS, HEINZ (1977). *The American Bilingual Tradition* (Newbury House, Rowley, Mass.).

KNIGHT, KELVIN (ed.) (1998). *The MacIntyre Reader* (University of Notre Dame Press, Notre Dame, Ind.).

KNOWLES, DUDLEY (2001). *Political Philosophy* (McGill-Queen's University Press, Montreal).

KOEHN, DARYL (1998). *Rethinking Feminist Ethics: Care, Trust and Empathy* (Routledge, London).

KOHLBERG, LAWRENCE (1984). *Essays on Moral Development*, vol. ii (Harper and Row, San Francisco).

KORSGAARD, CHRISTINE (1993). 'Commentary on Cohen and Sen', in Nussbaum and Sen 1993, 54–61.

KRISTJANSSON, KRISTJAN (1992*a*). 'For a Concept of Negative Liberty—But Which Conception?', *Journal of Applied Philosophy*, 9/2: 221–32.

—— (1992*b*). 'What is Wrong with Positive Liberty', *Social Theory and Practice*, 18/3: 289–310.

—— (1992*c*). 'Social Freedom and the Test of Moral Responsibility', *Ethics*, 103: 104–16.

KROUSE, RICHARD, and MCPHERSON, MICHAEL (1988). 'Capitalism, "Property-Owning Democracy", and the Welfare State', in Amy Gutmann (ed.), *Democracy and the Welfare State* (Princeton University Press, Princeton), 79–106.

KUKATHAS, CHANDRAN (1989). *Hayek and Modern Liberalism* (Oxford University Press, Oxford).

—— (1992). 'Are There any Cultural Rights', *Political Theory*, 20/1: 105–39.

—— (1997). 'Cultural Toleration', in Shapiro and Kymlicka 1997, 69–104.

—— and PETTIT, PHILIP (1990). *Rawls: A Theory of Justice and Its Critics* (Polity, Oxford).

KYMLICKA, WILL (1988*a*). 'Liberalism and Communitarianism', *Canadian Journal of Philosophy*, 18/2: 181–203.

—— (1988*b*). 'Rawls on Teleology and Deontology', *Philosophy and Public Affairs*, 17/3: 173–90.

—— (1989*a*). *Liberalism, Community, and Culture* (Oxford University Press, Oxford).

—— (1989*b*). 'Liberal Individualism and Liberal Neutrality', *Ethics*, 99/4: 883–905.

—— (1990). 'Two Theories of Justice', *Inquiry*, 33/1: 99–119.

—— (1991). 'Rethinking the Family', *Philosophy and Public Affairs*, 20/1: 77–97.

—— (ed.) (1992). *Justice in Political Philosophy* (Edward Elgar, Aldershot).

—— (1995*a*). *Multicultural Citizenship: A Liberal Theory of Minority Rights* (Oxford University Press, Oxford).

—— (ed.) (1995*b*). *The Rights of Minority Cultures* (Oxford University Press, Oxford).

—— (1998). *Finding our Way: Rethinking Ethnocultural Relations in Canada* (Oxford University Press, Toronto).

KYMLICKA, WILL (2001). *Politics in the Vernacular: Nationalism, Multiculturalism and Citizenship* (Oxford University Press, Oxford).
—— (2002). 'Nation-Building and Minority Rights: Comparing Africa and the West', in Bruce Berman, Dickson Eyoh, and Will Kymlicka (eds.), *Ethnicity and Democracy in Africa* (James Currey, Oxford).
—— and NORMAN, WAYNE (1994). 'Return of the Citizen', *Ethics*, 104/2: 352–81.
—— —— (eds.) (2000). *Citizenship in Diverse Societies* (Oxford University Press, Oxford).
—— and OPALSKI, MAGDA (eds.) (2001). *Can Liberal Pluralism be Exported? Western Political Theory and Ethnic Relations in Eastern Europe* (Oxford University Press, Oxford).
LADENSON, ROBERT (1983). *A Philosophy of Free Expression and Its Constitutional Applications* (Rowman and Littlefield, Totowa, NJ).
LAITIN, DAVID (1992). *Language Repertoires and State Construction in Africa* (Cambridge University Press, Cambridge).
LAMONT, JULIAN (1997). 'Incentive Income, Deserved Income and Economic Rents', *Journal of Political Philosophy*, 5/1: 26–46.
LANDES, JOAN (1988). *Women and the Public Sphere in the Age of the French Revolution* (Cornell University Press, Ithaca, NY).
—— (ed.) (1998). *Feminism, the Public and the Private* (Oxford University Press, Oxford).
LANGTON, RAE (1990). 'Whose Right? Ronald Dworkin, Women and Pornography', *Philosophy and Public Policy*, 19/4: 311–59.
LAPIDOTH, RUTH (1996). *Autonomy: Flexible Solutions to Ethnic Conflict* (Institute for Peace Press, Washington).
LARABEE, MARY JEAN (ed.) (1993). *An Ethic of Care: Feminist and Interdisciplinary Perspectives* (Routledge, London).
LARANA, ENRIQUE, JOHNSTON, HANK, and GUSFIELD, JOSEPH (eds.) (1994). *New Social Movements: From Ideology to Identity* (Temple University Press, Philadelphia).
LARMORE, CHARLES (1987). *Patterns of Moral Complexity* (Cambridge University Press, Cambridge).
LEGRAND, JULIAN, and ESTRIN, SAUL (eds.) (1989). *Market Socialism* (Oxford University Press, Oxford).
LEHMAN, EDWARD W. (ed.) (2000). *Autonomy and Order: A Communitarian Anthology* (Rowman and Littlefield, Savage, Md.).
LEHNING, PERCY (ed.) (1998). *Theories of Secession* (Routledge, London).
—— and WEALE, ALBERT (eds.) (1997). *Citizenship, Democracy and Justice in the New Europe* (Routledge, London).
LESSNOFF, MICHAEL (1986). *Social Contract* (Macmillan, London).
LEVINE, ANDREW (1988). 'Capitalist Persons', *Social Philosophy and Policy*, 6/1: 39–59.
—— (1989). 'What is a Marxist Today?', *Canadian Journal of Philosophy*, supplementary vol. 15: 29–58.
—— (1998). *Rethinking Liberal Equality from a 'Utopian' Point of View* (Cornell University Press, Ithaca, NY).
—— (1999). 'Rewarding Effort', *Journal of Political Philosophy*, 7/4: 404–18.

Levinson, Meira (1999). *The Demands of Liberal Education* (Oxford University Press, Oxford),

Levy, Jacob (1997). 'Classifying Cultural Rights', in Shapiro and Kymlicka 1997, 22–66.

—— (2000). *The Multiculturalism of Fear* (Oxford University Press, Oxford).

Lichtenberg, Judith (1999). 'How Liberal Can Nationalism Be?', in Beiner 1999, 167–88.

Lindblom, Charles (1977). *Politics and Markets* (Basic Books, New York).

Linklater, Andrew (1998). *The Transformation of Political Community: Ethical Foundations of the Post-Westphalian Era* (University of South Carolina Press, Columbia).

Lippert-Rasmussen, Kasper (1999). 'Arneson on Equality of Opportunity', *Journal of Political Philosophy*, 7/4: 478–87.

Lister, Ruth (ed.) (1998). *Citizenship: Feminist Perspectives* (New York University Press, New York).

Littleton, Christine (1987). 'Reconstructing Sexual Equality', *California Law Review*, 75: 201–59.

Lloyd, Sharon (1992). 'Stepping Back', *Analyse & Kritik*, 14/1: 72–85.

—— (1994). 'Family Justice and Social Justice', *Pacific Philosophical Quarterly*, 755: 353–71.

Lloyd Thomas, David (1988). *In Defense of Liberalism* (Blackwell, Oxford).

Loevinsohn, Ernest (1977). 'Liberty and the Redistribution of Property', *Philosophy and Public Affairs*, 6/3: 226–39.

Lomasky, Loren (1987). *Persons, Rights, and the Moral Community* (Oxford University Press, Oxford).

—— (1998). 'Libertarianism as if (the Other 99 Percent of) People Mattered', *Social Philosophy and Policy*, 15/2: 350–71.

Lukes, Steven (1985). *Marxism and Morality* (Oxford University Press, Oxford).

—— (1995). 'Marxism, Liberalism and the Left' (paper presented at Universidad Internacional Menéndez y Pelayo, Santander, 1995).

Lyons, David (1965). *Forms and Limits of Utilitarianism* (Oxford University Press, London).

—— (1981). 'The New Indian Claims and Original Rights to Land', in Paul 1981, 355–79.

—— (ed.) (1997). *Mill's Utilitarianism: Critical Essays* (Rowman and Littlefield, Savage, Md.).

MacCallum, Gerald (1967). 'Negative and Positive Freedom', *Philosophical Review*, 76/3: 312–34.

McCabe, David (1996). 'New Journals in Political Philosophy and Related Fields', *Ethics*, 106/4: 800–16.

McClain, Linda (1994). 'Rights and Irresponsibility', *Duke Law Journal*, 43: 989–1088.

—— (1995). 'Inviolability and Privacy: The Castle, the Sanctuary, and the Body', *Yale Journal of Law and the Humanities*, 7/1: 195–242.

—— (1999*a*). 'Reconstructive Tasks for a Liberal Feminist Conception of Privacy', *William and Mary Law Review*, 40/2: 759–94.

—— (1999*b*). 'The Liberal Future of Relational Feminism: Robin West's Caring for Justice', *Law and Social Inquiry*, 24/2: 477–516.

McDonald, Michael (1991*a*). 'Questions about Collective Rights', in D. Schneiderman (ed.), *Language and the State: The Law and Politics of Identity* (Les Éditions Yvon Blais, Cowansville), 3–25.

McDonald, Michael (1991*b*). 'Should Communities Have Rights? Reflections on Liberal Individualism', *Canadian Journal of Law and Jurisprudence*, 4/2: 217–37.
Macedo, Stephen (1988). 'Capitalism, Citizenship and Community', *Social Philosophy and Policy*, 6/1: 113–39.
—— (1990). *Liberal Virtues: Citizenship, Virtue and Community* (Oxford University Press, Oxford).
—— (1995). 'Liberal Civic Education and Religious Fundamentalism', *Ethics*, 105/3: 468–96.
—— (ed) (1999). *Deliberative Politics: Essays on Democracy and Disagreement* (Oxford University Press, Oxford).
—— (2000). *Diversity and Distrust: Civic Education in a Multicultural Democracy* (Harvard University Press, Cambridge, Mass.).
Machan, Tibor, and Rasmussen, Douglas (eds.) (1995). *Liberty for the Twenty-First Century: Contemporary Libertarian Thought* (Rowman and Littlefield, Lanham, Md.).
MacIntyre, Alisdair (1981). *After Virtue: A Study in Moral Theory* (Duckworth, London).
—— (1988). *Whose Justice? Which Rationality?* (University of Notre Dame Press, Notre Dame, Ind.).
—— (1994). 'A Partial Response to my Critics', in Horton and Mendus 1994, 283–304.
MacIntyre, Alisdair (1999). *Dependent Rational Beings: Why Human Beings Need the Virtues* (Open Court Publishing, La Salle, Ill.).
Mack, Eric (1990). 'Self-Ownership and the Right of Property', *Monist*, 73/4: 519–43.
—— (1995). 'The Self-Ownership Proviso: A New and Improved Lockean Proviso', in Ellen Frankel Paul (ed.), *Contemporary Political and Social Philosophy* (Needham Heights, Cambridge), 186–216.
Mackenzie, Catriona, and Stoljar, Natalie (eds.) (1999). *Relational Autonomy in Context: Feminist Perspectives on Autonomy, Agency and the Social Self* (Oxford University Press, New York).
McKerlie, Dennis (1994). 'Equality and Priority', *Utilitas*, 6/1: 25–42.
—— (1996). 'Equality', *Ethics*, 106/2: 274–96.
Mackie, J. L. (1984). 'Rights, Utility, and Universalization', in Frey 1984, 86–105.
McKim, Robert, and McMahan, Jeff (eds.) (1997). *The Morality of Nationalism* (Oxford University Press, Oxford).
MacKinnon, Catherine (1987). *Feminism Unmodified: Discourses on Life and Law* (Harvard University Press, Cambridge, Mass.).
—— (1991). 'Reflections on Sex Equality under the Law', *Yale Law Journal*, 100: 1281–328.
McLaughlin, T. H. (1992*a*). 'Citizenship, Diversity and Education', *Journal of Moral Education*, 21/3: 235–50.
—— (1992*b*). 'The Ethics of Separate Schools', in Mal Leicester and Monica Taylor (eds.), *Ethics, Ethnicity and Education* (Kogan Page, London), 114–36.
Macleod, Colin (1998). *Liberalism, Justice and Markets: A Critique of Liberal Equality* (Oxford University Press, Oxford).
Macpherson, C. B. (1973). *Democratic Theory: Essays in Retrieval* (Oxford University Press, Oxford).

MALLON, RON (1999). 'Political Liberalism, Cultural Membership and the Family', *Social Theory and Practice*, 25/2: 271–97.
MANENT, PIERRE (2000). 'The Return of Political Philosophy', *First Things*, 103: 15–22.
MAPEL, DAVID (1989). *Social Justice Reconsidered* (University of Illinois Press, Urbana).
MARGALIT, AVISHAI (1996). *The Decent Society* (Harvard University Press, Cambridge, Mass.).
—— and RAZ, JOSEPH (1990). 'National Self-Determination', *Journal of Philosophy*, 87/9: 439–61.
MARSHALL, T. H. (1965). *Class, Citizenship and Social Development* (Anchor, New York).
MARTIN, REX (1985). *Rawls and Rights* (University Press of Kansas, Lawrence).
MARX, KARL (1973). *Grundrisse*, ed. M. Nicolaus (Penguin, Harmondsworth).
—— (1977*a*). *Economic and Philosophic Manuscripts of 1844* (Lawrence and Wishart, London).
—— (1977*b*). *Karl Marx: Selected Writings*, ed. D. McLellan (Oxford University Press, Oxford).
—— (1977*c*). *Capital: A Critique of Political Economy*, vol. i (Penguin, Harmondsworth).
—— (1981). *Capital: A Critique of Political Economy*, vol. iii (Penguin, Harmondsworth).
—— and ENGELS, FRIEDRICH (1968). *Marx/Engels: Selected Works in One Volume* (Lawrence and Wishart, London).
—— (1970). *The German Ideology* (Lawrence and Wishart, London).
MASON, ANDREW (1993). 'Liberalism and the Value of Community', *Canadian Journal of Philosophy*, 23/2: 215–40.
MEAD, LAWRENCE (1986). *Beyond Entitlement: The Social Obligations of Citizenship* (Free Press, New York).
MENDUS, SUSAN (1989). *Toleration and the Limits of Liberalism* (Humanities Press, Atlantic Highlands, NJ).
—— (1993). 'Eve and the Poisoned Chalice: Feminist Morality and the Claims of Politics', in M. Brügmann (ed.), *Who's Afraid of Femininity? Questions of Identity* (Rodopi, Amsterdam), 95–104.
MEYER, MICHAEL (1997). 'When Not to Claim Your Rights: The Abuse and the Virtuous Use of Rights', *Journal of Political Philosophy*, 5/2: 149–62.
MEYERS, DIANA (1987). 'The Socialized Individual and Individual Autonomy', in Kittay and Meyers 1987, 139–53.
—— (1994). *Subjection and Subjectivity: Psychoanalytic Feminism and Moral Theory* (Routledge, London).
—— (ed.) (1997). *Feminists Rethink the Self* (Westview, Boulder, Colo.).
MICHAEL, MARK (1997). 'Redistributive Taxation, Self-Ownership and the Fruit of Labour', *Journal of Applied Philosophy*, 14/2: 137–46.
MICHELMAN, FRANK (1975). 'Constitutional Welfare Rights and *A Theory of Justice*', in Daniels 1975*b*, 319–46.
—— (1996). 'Socio-Political Functions of Constitutional Protections of Private Property Holdings in Liberal Political Thought', in G. E. van Maanen (ed.) *Property Law on the Threshold of the 21st Century* (Maklv, Apeldorn).

MIDGLEY, MARY (1978). *Beast and Man: The Roots of Human Nature* (New American Library, New York).
MILDE, MICHAEL (1999). 'Unreasonable Foundations: David Gauthier on Property Rights, Rationality and the Social Contract', *Social Theory and Practice*, 25/1: 93–125.
MILL, J. S. (1962). *Mill on Bentham and Coleridge*, ed. F. Leavis (Chatto and Windus, London).
—— (1965). 'Principles of Political Economy', in *Collected Works*, vol. iii (University of Toronto Press, Toronto)
—— (1967). 'Chapters on Socialism', in *Collected Works*, vol. v (University of Toronto Press, Toronto).
—— (1968). *Utilitarianism, Liberty, Representative Government*, ed. A. D. Lindsay (J. M. Dent and Sons, London).
—— (1982). *On Liberty*, ed. G. Himmelfarb (Penguin, Harmondsworth).
—— and MILL, H. T. (1970). *Essays on Sex Equality*, ed. A. Rossi (University of Chicago Press, Chicago).
MILLER, DAVID (1976). *Social Justice* (Oxford University Press, Oxford).
—— (1989). 'In What Sense must Socialism be Communitarian?', *Social Philosophy and Policy*, 6/2: 51–73.
—— (1992). 'Distributive Justice: What the People Think', *Ethics*, 102/3: 555–93.
—— (1993). 'Equality and Market Socialism', in Bardhan and Roemer 1993, 298–314.
MILLER, DAVID (1995). *On Nationality* (Oxford University Press, Oxford).
—— (1997). 'What Kind of Equality Should the Left Pursue', in Franklin 1997, 83–100.
—— (1998). 'Secession and the Principle of Nationality', in Couture, Nielsen, and Seymour 1998, 261–82.
—— (1999). *Principles of Social Justice* (Harvard University Press, Cambridge, Mass.).
—— (2000). *Citizenship and National Identity* (Polity Press, Cambridge).
—— and WALZER, MICHAEL (eds.) (1995). *Pluralism, Justice and Equality* (Oxford University Press, Oxford).
—— et al. (1996). 'Symposium on David Miller's On Nationality', *Nations and Nationalism*, 2/3: 407–51.
MILLER, RICARD (1984). *Analyzing Marx* (Princeton University Press, Princeton).
MILLS, CHARLES (1997). *The Racial Contract* (Cornell University Press, Ithaca, NY).
MINOW, MARTHA (1990). *Making all the Difference: Inclusion, Exclusion and American Law* (Cornell University Press, Ithaca, NY).
—— (1991). 'Equalities', *Journal of Philosophy*, 88/11: 633–44.
MISCEVIC, NENAD (1999). 'Close Strangers: Nationalism, Proximity and Cosmopolitanism', *Studies in East European Thought*, 51: 109–25.
—— (ed.) (2000). *Nationalism and Ethnic Conflict: Philosophical Perspectives* (Open Court, La Salle, Ill.).
MODOOD, TARIQ (1994). 'Establishment, Multiculturalism, and British Citizenship', *Political Quarterly*, 65/1: 53–73.
MOON, DONALD (1988). 'The Moral Basis of the Democratic Welfare State', in Amy Gutmann (ed.), *Democracy and the Welfare State* (Princeton University Press, Princeton), 27–52.

Moon, Donald (1993). *Constructing Community: Moral Pluralism and Tragic Conflicts* (Princeton University Press, Princeton).
Moore, G. E. (1912). *Ethics* (Oxford University Press, London).
Moore, Margaret (ed.) (1998). *National Self-Determination and Secession* (Oxford University Press, Oxford).
Morris, Christopher (1988). 'The Relation between Self-Interest and Justice in Contractarian Ethics', *Social Philosophy and Policy*, 5/2: 119–53.
—— (ed.) (1999). *The Social Contract Theorists* (Rowman and Littlefield, Lanham, Md.).
Mouffe, Chantal (1992*a*). 'Feminism, Citizenship and Radical Democratic Politics', in Butler and Scott 1992, 369–84.
—— (ed.) (1992*b*). *Dimensions of Radical Democracy: Pluralism, Citizenship and Community* (Routledge, London).
—— (1992*c*). 'Democratic Citizenship and the Political Community', in Mouffe 1992*b*, 225–39.
—— (2000). *The Democratic Paradox* (Verso, London).
Mulgan, Geoff (1991). 'Citizens and Responsibilities', in Andrews 1991, 37–49.
Mulhall, Stephen, and Swift, Adam (1996). *Liberals and Communitarians*, 2nd edn. (Blackwell, Oxford).
Murphy, Jeffrie (1973). 'Marxism and Retribution', *Philosophy and Public Affairs*, 2/3: 214–41.
Murphy, Liam (1999). 'Institutions and the Demands of Justice', *Philosophy and Public Affairs*, 27/4: 251–91.
Nagel, Thomas (1973). 'Rawls on Justice', *Philosophical Review*, 82: 220–34.
—— (1979). *Mortal Questions* (Cambridge University Press, Cambridge).
—— (1980). 'The Limits of Objectivity', in S. McMurrin (ed.), *The Tanner Lectures on Human Values*, vol. i (University of Utah Press, Salt Lake City), 75–140.
—— (1981). 'Libertarianism without Foundations', in Paul 1981, 191–205.
—— (1986). *The View from Nowhere* (Oxford University Press, New York).
—— (1991). *Equality and Partiality* (Oxford University Press, New York).
Narayan, Uma (1995). 'Colonialism and Its Others: Considerations on Rights and Care Discourses', *Hypatia*, 10/2: 133–40.
—— and Harding, Sandra (eds.) (2000). *Decentering the Center: Philosophy for a Multicultural, Postcolonial, and Feminist World* (Indiana University Press, Bloomington).
Narveson, Jan (1983). 'On Dworkinian Equality', *Social Philosophy and Policy*, 1/1: 1–23.
—— (1988). *The Libertarian Idea* (Temple University Press, Philadelphia).
—— (1991). 'Collective Rights?', *Canadian Journal of Law and Jurisprudence*, 4/2: 329–45.
—— (1995). 'Contracting for Liberty', in Machan and Rasmussen 1995, 19–40.
—— (1998). 'Libertarianism versus Marxism: Reflections on G. A. Cohen's *Self-Ownership, Freedom and Equality*', *Journal of Ethics*, 2/1: 1–26.
Nauta, Lolle (1992). 'Changing Conceptions of Citizenship', *Praxis International*, 12/1: 20–34.
Neal, Patrick (1994). 'Perfectionism with a Liberal Face? Nervous Liberals and Raz's Political Theory', *Social Theory and Practice*, 20/1: 25–58.
Nedelsky, Jennifer (1989). 'Reconceiving Autonomy: Sources, Thoughts, and

Possibilities', in Allan Hutchinson and Leslie Green (eds.), *Law and the Community: The End of Individualism?* (Carswell, Toronto), 219–52.

Nedelsky, Jennifer (1993). 'Reconceiving Rights as Relationship', *Review of Constitutional Studies*, 1/1: 1–26.

—— (2000). 'Citizenship and Relational Feminism', in Ronald Beiner and Wayne Norman (eds.), *Canadian Political Philosophy: Contemporary Reflections* (Oxford University Press, Toronto), 131–46.

Nentwich, Michael, and Weale, Albert (eds.) (1998). *Political Theory and the European Union: Legitimacy, Constitutional Choice and Citizenship* (Routledge, London).

Newman, Saul (1996). *Ethnoregional Conflicts in Democracies: Mostly Ballots, Rarely Bullets* (Greenwood, London).

Nicholson, Linda (1986). *Gender and History: The Limits of Social Theory in the Age of the Family* (Columbia University Press, New York).

Nickel, James (1990). 'Rawls on Political Community and Principles of Justice', *Law and Philosophy*, 9: 205–16.

—— (1995). 'The Value of Cultural Belonging', *Dialogue*, 33/4: 635–42.

Nielsen, Kai (1978). 'Class and Justice', in J. Arthur and W. Shaw (eds.), *Justice and Economic Distributions* (Prentice-Hall, Englewood Cliffs, NJ).

—— (1985). *Equality and Liberty: A Defense of Radical Egalitarianism* (Rowman and Allanheld, Totowa, NJ).

—— (1987). 'Rejecting Egalitarianism: On Miller's Nonegalitarian Marx', *Political Theory*, 15/3: 411–23.

—— (1989). *Marxism and the Moral Point of View* (Westview Press, Boulder, Colo.).

—— (1993). 'Relativism and Wide Reflective Equilibrium', *Monist*, 76/3: 316–32.

Noddings, Nel (1984). *Caring: A Feminine Approach to Ethics and Moral Education* (University of California Press, Berkeley and Los Angeles).

Norman, Richard (1981). 'Liberty, Equality, Property', *Proceedings of the Aristotelian Society*, supplementary vol. 55: 192–209.

—— (1987). *Free and Equal* (Oxford University Press, Oxford).

—— (1989). 'What is Living and What is Dead in Marxism?', *Canadian Journal of Philosophy*, supplementary vol. 15: 59–80.

Norman, Wayne (1991*a*). *Taking Freedom Too Seriously? An Essay on Analytic and Post-analytic Political Philosophy* (Garland, New York).

—— (1991*b*). 'Taking "Free Action" Too Seriously', *Ethics*, 101/3: 505–20.

—— (1994). 'Towards a Normative Theory of Federalism', in Baker 1994, 79–100.

—— (1995). 'The Ideology of Shared Values', in Carens 1995, 137–59.

—— (1996). 'Prelude to a Liberal Morality of Nationalism', in S. Brennan, T. Isaacs, and M. Milde (eds.), *A Question of Values* (Rodopi Press, Amsterdam), 189–208.

—— (1998). 'Inevitable and Unacceptable? Methodological Rawlsianism in Contemporary Anglo-American Political Philosophy', *Political Studies*, 46/2: 276–94.

—— (1999). 'Theorizing Nationalism (Normatively): The First Steps', in Beiner 1999, 51–66.

—— (2001). 'Ética y la construcción de la nación', in R. M. Suárez and J. M. Rivera Otero (eds.), *Europa Mundi: democracia, globalización y europeización* (Prensa de la Universidad de Santiago de Compostela, Santiago).

NOVE, ALEC (1983). *The Economics of Feasible Socialism* (George Allen and Unwin, London).
NOZICK, ROBERT (1974). *Anarchy, State, and Utopia* (Basic Books, New York).
—— (1981). *Philosophical Explanations* (Harvard University Press, Cambridge, Mass.).
NUNNER-WINKLER, GERTRUD (1984). 'Two Moralities?', in W. Kurtines and J. Gewirtz (eds.), *Morality, Moral Behavior and Moral Development* (John Wiley, New York), 348–61.
NUSSBAUM, MARTHA (1986). *The Fragility of Goodness* (Cambridge University Press, Cambridge).
—— (1999). *Sex and Social Justice* (Oxford University Press, New York).
—— (2000). *Women and Human Development: The Capabilities Approach* (Cambridge University Press, Cambridge).
—— and SEN, AMARTYA (eds.) (1993). *The Quality of Life* (Oxford University Press, Oxford).
NYE, ANDREA (1988). *Feminist Theory and the Philosophies of Man* (Croom Helm, London).
OAKESHOTT, MICHAEL (1984). 'Political Education', in Michael Sandel (ed.), *Liberalism and its Critics* (Blackwell, Oxford), 219–38.
O'BRIEN, MARY (1981). *The Politics of Reproduction* (Routledge and Kegan Paul, London).
O'BRIEN, SHARON (1987). 'Cultural Rights in the United States: A Conflict of Values', *Law and Inequality Journal*, 5: 267–358.
OKIN, SUSAN (1979). *Women in Western Political Thought* (Princeton University Press, Princeton).
—— (1981). 'Women and the Making of the Sentimental Family', *Philosophy and Public Affairs* 11/1: 65–88.
—— (1987). 'Justice and Gender', *Philosophy and Public Affairs*, 16/1: 42–72.
—— (1989*a*). 'Reason and Feeling in Thinking about Justice', *Ethics*, 99/2: 229–49.
—— (1989*b*). *Justice, Gender, and the Family* (Basic Books, New York).
—— (1990). 'Thinking Like a Woman', in Rhode 1990, 145–59.
—— (1991). 'Gender, the Public and the Private', in David Held (ed.), *Political Theory Today* (Polity, Cambridge), 67–90.
—— (1992). 'Women, Equality and Citizenship', *Queen's Quarterly*, 99/1: 56–71.
—— (1994). 'Gender Inequality and Cultural Differences', *Political Theory*, 22/1: 5–24.
—— (1998). 'Mistresses of Their Own Destiny? Group Rights, Gender, and Realistic Rights of Exit' (presented at the American Political Science Association annual meeting, Sept.).
—— (1999). *Is Multiculturalism Bad for Women?* (Princeton University Press, Princeton).
OLDFIELD, ADRIAN (1990*a*). 'Citizenship: An Unnatural Practice?', *Political Quarterly*, 61: 177–87.
—— (1990*b*). *Citizenship and Community: Civic Republicanism and the Modern World* (Routledge, London).
OLLMAN, BERTELL (ed.) (1998). *Market Socialism: The Debate among Socialists* (Routledge, London).
OLSEN, FRANCES (1983). 'The Family and the Market: A Study of Ideology and Legal Reform', *Harvard Law Review*, 96/7: 1497–578.
O'NEILL, ONORA (1980). 'The Most Extensive Liberty', *Proceedings of the Aristotelian Society*, 85: 45–59.

O'NEILL, ONORA (1993). 'Justice, Gender and International Relations', in Nussbaum and Sen 1993.
—— (1996). *Toward Justice and Virtue* (Cambridge University Press, Cambridge), 303–23.
OREND, BRIAN (2001). *Michael Walzer on War and Justice* (McGill-Queen's University Press, Montreal).
ORWIN, CLIFFORD (1998). 'The Encumbered American Self', in Allen and Kegan 1988: 86–91.
OTSUKA, MICHAEL (1998*a*). 'Making the Unjust Provide for the Least Well Off', *Journal of Ethics*, 2/3: 247–59.
—— (1998*b*). 'Self-Ownership and Equality: A Lockean Reconciliation', *Philosophy and Public Affairs*, 27/1: 65–92.
PALMER, TOM G. (1998). 'G. A. Cohen on Self-Ownership, Property, and Equality', *Critical Review*, 12/3: 225–51.
PAREKH, BHIKHU (1982). *Contemporary Political Thinkers* (Martin Robertson, Oxford).
—— (1994). 'Decolonizing Liberalism', in Alexsandras Shiromas (ed.), *The End of 'Isms'? Reflections on the Fate of Ideological Politics after Communism's Collapse* (Blackwell, Oxford), 85–103.
—— (1997). 'Political Theory: Traditions in Political Philosophy', in Robert Goodin and Hans-Dieter Klingeman (eds.), *A New Handbook of Political Science* (Oxford University Press, Oxford), 503–18.
—— (2000). *Rethinking Multiculturalism: Cultural Diversity and Political Theory* (Harvard University Press, Cambridge, Mass.).
PARFIT, DEREK (1984). *Reasons and Persons* (Oxford University Press, Oxford).
—— (1998). 'Equality and Priority', in Andrew Mason (ed.), *Ideals of Equality* (Blackwell, Oxford), 1–20.
PARIS, DAVID (1991). 'Moral Education and the "Tie that Binds" in Liberal Political Theory', *American Political Science Review*, 85/3: 875–901.
PARRY, GERAINT (1991). 'Paths to Citizenship', in Vogel and Moran 1991, 167–96.
PASSERIN, MAURIZIO, and VOGEL, URSULA (eds.) (2000). *Public and Private: Legal, Political and Philosophical Perspectives* (Routledge, London).
PATEMAN, CAROLE (1975). 'Sublimation and Reification: Locke, Wolin and the Liberal Democratic Conception of the Political', *Politics and Society*, 5/4: 441–67.
—— (1980). '"The Disorder of Women": Women, Love and the Sense of Justice', *Ethics*, 91/1: 20–34.
—— (1987). 'Feminist Critiques of the Public/Private Dichotomy', in A. Phillips (ed.), *Feminism and Equality* (Blackwell, Oxford), 103–26.
—— (1988). *The Sexual Contract* (Polity Press, Oxford).
—— (1989). *The Disorder of Women: Democracy, Feminism and Political Theory* (Stanford University Press, Stanford, Calif.).
—— (1991). '"God Hath Ordained to Man a Helper": Hobbes, Patriarchy and Conjugal Right', in Shanley and Pateman 1991, 53–73.
PATTEN, ALAN (1996). 'The Republican Critique of Liberalism', *British Journal of Political Science*, 26: 25–44.
PAUL, ELLEN FRANKEL, MILLER, FRED, and PAUL, JEFFREY (eds.) (1996). *The Communitarian Challenge to Liberalism* (Cambridge University Press, Cambridge).
PAUL, JEFFREY (ed.) (1981). *Reading Nozick* (Rowman and Littlefield, Totowa, NJ).

Peffer, Rodney (1990). *Marx, Morality and Social Justice* (Princeton University Press, Princeton).
Peterson, Richard (1996). 'A Re-evaluation of the Economic Consequences of Divorce', *American Sociological Review*, 61: 528–36.
Pettit, Philip (1980). *Judging Justice: An Introduction to Contemporary Political Philosophy* (Routledge and Kegan Paul, London).
—— (1989). 'The Freedom of the City: A Republican Ideal', in A. Hamlin and P. Pettit (eds.), *The Good Polity* (Blackwell, Oxford).
—— (1997). *Republicanism* (Oxford University Press, Oxford).
—— (2000). 'Democracy, Electoral and Contestatory', in Ian Shapiro and Stephen Macedo (eds.), *Designing Democratic Institutions: NOMOS 42* (New York University Press, New York), 105–44.
Pfaff, William (1993). *The Wrath of Nations: Civilization and the Furies of Nationalism* (Simon and Schuster, New York).
Phillips, Anne (1991). *Engendering Democracy* (Pennsylvania State University Press, University Park).
—— (1995). *The Politics of Presence* (Oxford University Press, Oxford).
—— (ed.) (1998). *Feminism and Politics* (Oxford University Press, Oxford).
—— (1999). *Which Equalities Matter?* (Polity Press, Cambridge).
—— (2000). 'Feminism and Republicanism: Is This a Plausible Alliance', *Journal of Political Philosophy*, 8/2: 279–93.
Phillips, David (1999). 'Contractualism and Moral Status', *Social Theory and Practice*, 24/2: 183–204.
Phillips, Derek (1993). *Looking Backward: A Critical Appraisal of Communitarian Thought* (Princeton University Press, Princeton).
Plamenatz, John (1960). *On Alien Rule and Self-Government* (Longman, London).
Plant, Raymond (1974). *Community and Ideology* (Routledge and Kegan Paul, London).
—— (1991). *Modern Political Thought* (Blackwell, Cambridge).
Pluhar, Evelyn (1995). *Beyond Prejudice: The Moral Significance of Human and Nonhuman Animals* (Duke University Press, Durham, NC).
Pocock, J. G. A (1992). 'The Ideal of Citizenship since Classical Times', *Queen's Quarterly*, 99/1: 33–55.
Pogge, Thomas (1989). *Realizing Rawls* (Cornell University Press, Ithaca, NY).
—— (1994). 'An Egalitarian Law of Peoples', *Philosophy and Public Affairs*, 23/3: 195–224.
—— (1995). 'How Should Human Rights Be Conceived', *Jahrbuch für Recht und Ethik*, 3: 103–20.
—— (1997*a*). 'A Global Resources Dividend', in David Crocker and Toby Linden (eds.), *Ethics of Consumption: The Good Life, Justice, and Global Stewardship* (Rowman and Littlefield, Lanham, Md.), 501–36.
—— (1997*b*). 'Migration and Poverty', in Bader 1997, 12–27.
—— (1998). 'The Bounds of Nationalism', in Couture, Nielsen, and Seymour 1998, 463–504.
—— (2000). 'On the Site of Distributive Justice: Reflections on Cohen and Murphy', *Philosophy and Public Affairs*, 29/2: 138–69.
Poole, Ross (1999). *Nation and Identity* (Routledge, London).

PORTER, JOHN (1987). *The Measure of Canadian Society* (Carleton University Press, Ottawa).
POSNER, RICHARD (1983). *The Economics of Justice* (Harvard University Press, Cambridge, Mass.).
—— (1996). *Overcoming Law* (Harvard University Press, Cambridge, Mass.).
PUTNAM, ROBERT (1993). *Making Democracy Work: Civic Traditions in Modern Italy* (Princeton University Press, Princeton).
QUINN, MICHAEL (1993). 'Liberal Egalitarianism, Utility and Social Justice', *Utilitas*, 5/2: 311–16.
RADCLIFFE-RICHARDS, JANET (1980). *The Sceptical Feminist: A Philosophical Enquiry* (Routledge and Kegan Paul, London).
RAIKKA, JUHA (ed.) (1996). *Do We Need Minority Rights?* (Kluwer, Dordrecht).
—— (1998). 'The Feasibility Condition in Political Theory', *Journal of Political Philosophy*, 6/1: 27–40.
RAILTON, PETER (1984). 'Alienation, Consequentialism, and the Demands of Morality', *Philosophy and Public Affairs*, 13/2: 134–71,
RAKOWSKI, ERIC (1993). *Equal Justice* (Oxford University Press, Oxford).
—— (2000). 'Can Wealth Taxes Be Justified?', *Tax Law Review*, 53/3: 263–375.
RAPHAEL, D. D. (1970). *Problems of Political Philosophy* (Pall Mall, London).
—— (1981). *Moral Philosophy* (Oxford University Press, Oxford).
RAWLS, JOHN (1971) *A Theory of Justice* (Oxford University Press, London).
—— (1974). 'Reply to Alexander & Musgrave', *Quarterly Journal of Economics*, 88: 633–55.
—— (1975). 'Fairness to Goodness', *Philosophical Review*, 84: 536–54.
RAWLS, JOHN (1978). 'The Basic Structure as Subject', in A. Goldman and J. Kim (eds.), *Values and Morals* (Reidel, Dordrecht), 47–61.
—— (1979). 'A Well-Ordered Society', in P. Laslett and J. Fishkin (eds.), *Philosophy, Politics, and Society* (Yale University Press, New Haven), 6–20.
—— (1980). 'Kantian Constructivism in Moral Theory', *Journal of Philosophy*, 77/9: 515–72.
—— (1982*a*). 'The Basic Liberties and their Priority', in S. McMurrin (ed.), *The Tanner Lectures on Human Values*, vol. iii (University of Utah Press, Salt Lake City), 1–89.
—— (1982*b*). 'Social Unity and Primary Goods', in Sen and Williams 1982, 159–86.
—— (1985). 'Justice as Fairness: Political not Metaphysical', *Philosophy and Public Affairs*, 14/3: 223–51.
—— (1987). 'The Idea of an Overlapping Consensus', *Oxford Journal of Legal Studies*, 7/1: 1–25.
—— (1988). 'The Priority of Right and Ideas of the Good', *Philosophy and Public Affairs*, 17/4: 251–76.
—— (1989). 'The Domain of the Political and Overlapping Consensus', *New York University Law Review*, 64/2: 233–55.
—— (1993*a*). *Political Liberalism* (Columbia University Press, New York).
—— (1993*b*). 'The Law of Peoples', in S. Shute and S. Hurley (eds.), *On Human Rights: The Oxford Amnesty Lectures 1993* (Oxford University Press, Oxford), 41–82.
—— (1997). 'The Idea of Public Reason Revisited', *University of Chicago Law Review*, 64: 765–807.

Rawls, John (1999*a*). *Collected Papers*, ed. Samuel Freeman (Harvard University Press, Cambridge, Mass.).
—— (1999*b*). *The Law of Peoples* (Harvard University Press, Cambridge, Mass.).
Raz, Joseph (1986). *The Morality of Freedom* (Oxford University Press, Oxford).
—— (1994). 'Multiculturalism: A Liberal Perspective', *Dissent*, Winter: 67–79.
—— (1998). 'Multiculturalism', *Ratio Juris*, 11/3: 193–205.
RCAP (1996). *Report of the Royal Commission on Aboriginal Peoples*, ii: *Restructuring the Relationship* (Ottawa).
Réaume, Denise (1991). 'The Constitutional Protection of Language: Security or Survival?', in D. Schneiderman (ed.), *Language and the State: The Law and Politics of Identity* (Les Éditions Yvon Blais, Cowansville), 37–57.
—— (1995). 'Justice between Cultures: Autonomy and the Protection of Cultural Affiliation', *UBC Law Review* 29/1: 117–41.
Regan, Tom (2001). *Defending Animal Rights* (University of Illinois Press, Champaign).
Reiman, Jeffrey (1981). 'The Possibility of a Marxian Theory of Justice', *Canadian Journal of Philosophy*, supplementary vol. 7: 307–22.
—— (1983). 'The Labor Theory of the Difference Principle', *Philosophy and Public Affairs*, 12/2: 133–59.
—— (1987). 'Exploitation, Force, and the Moral Assessment of Capitalism: Thoughts on Roemer and Cohen', *Philosophy and Public Affairs*, 16/1: 3–41.
—— (1989). 'An Alternative to "Distributive" Marxism: Further Thoughts on Roemer, Cohen, and Exploitation', *Canadian Journal of Philosophy*, supplementary vol. 15: 299–331.
—— (1991). 'Moral Philosophy: The Critique of Capitalism and the Problem of Ideology', in Carver 1991, 143–67.
Reinders, Hans (2000). *The Future of the Disabled in Liberal Society* (University of Notre Dame Press, Notre Dame, Ind.).
Rescher, N. (1966). *Distributive Justice: A Constructive Critique of the Utilitarian Theory of Distribution* (Bobbs-Merrill, Indianapolis).
Rhode, Deborah (ed.) (1990). *Theoretical Perspectives on Sexual Difference* (Yale University Press, New Haven).
—— (1997). *Speaking of Sex: The Denial of Gender Inequality* (Harvard University Press, Cambridge, Mass.).
Rich, Adrienne (1979). *On Lies, Secrets and Silence: Selected Prose, 1966–1978* (Norton, New York).
Richardson, Henry, and Weithman, Paul (eds.) (1999). *The Philosophy of Rawls* (Garland, New York).
Rieber, Steven (1996). 'Freedom and Redistributive Taxation', *Public Affairs Quarterly*, 10/1: 63–74.
Riley, Patrick (1982). *Will and Political Legitimacy: A Critical Exposition of Social Contract Theory in Hobbes, Locke, Rousseau, Kant, and Hegel* (Harvard University Press, Cambridge, Mass.).
Ripstein, Arthur (1987). 'Foundationalism in Political Theory', *Philosophy and Public Affairs*, 16: 114–37.
—— (1989). 'Gauthier's Liberal Individual', *Dialogue*, 28: 63–76.

RIPSTEIN, ARTHUR (1994). 'Equality, Luck and Responsibility', *Philosophy and Public Affairs*, 23/1: 3–23.

ROBBINS, BRUCE (ed.) (1998). *Cosmopolitics: Thinking and Feeling beyond the Nation* (University of Minnesota Press, Minneapolis).

ROBERTS, MARCUS (1996). *Analytical Marxism: A Critique* (Verso, London).

—— (1997). 'Analytical Marxism: An Ex-Paradigm? The Odyssey of G. A. Cohen', *Radical Philosophy*, 82: 17–28.

ROBINSON, FIONA (1999). *Globalizing Care: Ethics, Feminist Theory and International Relations* (Westview, Boulder, Colo.).

ROEMER, JOHN (1982*a*). *A General Theory of Exploitation and Class* (Harvard University Press, Cambridge, Mass.).

—— (1982*b*). 'Property Relations vs. Surplus Value in Marxian Exploitation', *Philosophy and Public Affairs*, 11/4: 281–313.

—— (1982*c*). 'New Directions in the Marxian Theory of Exploitation and Class', *Politics and Society*, 11/3: 253–87.

—— (1985*a*). 'Equality of Talent', *Economics and Philosophy*, 1/2: 151–87.

—— (1985*b*). 'Should Marxists Be Interested in Exploitation?', *Philosophy and Public Affairs*, 14/1: 30–65.

—— (1986*a*). 'The Mismarriage of Bargaining Theory and Distributive Justice', *Ethics*, 97/1: 88–110.

—— (ed.) (1986*b*). *Analytical Marxism* (Cambridge University Press, Cambridge).

—— (1988). *Free to Lose: An Introduction to Marxist Economic Philosophy* (Harvard University Press, Cambridge, Mass.).

ROEMER, JOHN (1989). 'Second Thoughts on Property Relations and Exploitation', *Canadian Journal of Philosophy*, supplementary vol. 15: 257–66.

—— (1993*a*). 'A Pragmatic Theory of Responsibility for the Egalitarian Planner', *Philosophy and Public Affairs*, 22: 146–66.

—— (1993*b*). 'Can There be Socialism after Communism?', in Bardhan and Roemer 1993, 89–107.

—— (1994). *A Future for Socialism* (Verso, London).

—— (1995). 'Equality and Responsibility', *Boston Review*, 20/2: 3–7.

—— (1996). *Theories of Distributive Justice* (Harvard University Press, Cambridge, Mass.).

—— (1999). 'Egalitarian Strategies', *Dissent*, 64–74.

ROONEY, PHYLLIS (1991). 'A Different Different Voice: On the Feminist Challenge in Moral Theory', *Philosophical Forum*, 22/4: 335–61.

RORTY, RICHARD (1985). 'Postmodernist Bourgeois Liberalism', in R. Hollinger (ed.), *Hermeneutics and Praxis* (University of Notre Dame Press, Notre Dame, Ind.), 214–21.

ROSENBLUM, NANCY (1987). *Another Liberalism: Romanticism and the Reconstruction of Liberal Thought* (Harvard University Press, Cambridge, Mass.).

—— (1998). *Membership and Morals: The Personal Uses of Pluralism in America* (Princeton University Press, Princeton).

—— (2000). *Obligations of Citizenship and Demands of Faith: Religious Accommodation in Pluralist Democracies* (Princeton University Press, Princeton).

ROSS, W. D. (1930). *The Right and the Good* (Oxford University Press, London).

ROTHBARD, MURRAY (1982). *The Ethics of Liberty* (Humanities Press, Atlantic Highlands, NJ).

ROTHSTEIN, BO (1992). 'Social Justice and State Capacity', *Politics and Society*, 20/1: 101–26.

—— (1998). *Just Institutions Matter: The Moral and Political Logic of the Universal Welfare State* (Cambridge University Press, Cambridge).

RUBIO-MARIN, RUTH (2000). *Immigration as a Democratic Challenge: Citizenship and Inclusion in Germany and the US* (Cambridge University Press, Cambridge).

RUDDICK, SARAH (1984*a*). 'Maternal Thinking', in J. Trebilcot (ed.), *Mothering: Essays in Feminist Theory* (Rowman and Allanheld, Totowa, NJ), 213–30.

—— (1984*b*). 'Preservative Love and Military Destruction', in J. Trebilcot (ed.), *Mothering: Essays in Feminist Theory* (Rowman and Allanheld, Totowa, NJ), 231–62.

—— (1987). 'Remarks on the Sexual Politics of Reason', in Kittay and Meyers 1987, 237–60.

RUSSELL, J. S. (1995). 'Okin's Rawlsian Feminism', *Social Theory and Practice*, 21/3: 397–426.

RYAN, ALAN (1994). 'Self-Ownership, Autonomy, and Property Rights', *Social Philosophy and Policy*, 11/2: 241–58.

SABETTI, F. (1996). 'Path Dependency and Civic Culture: Some Lessons from Italy about Interpreting Social Experiments', *Politics and Society*, 24/1: 19–44.

SANDEL, MICHAEL (1982). *Liberalism and the Limits of Justice* (Cambridge University Press, Cambridge).

—— (1984*a*). 'The Procedural Republic and the Unencumbered Self', *Political Theory*, 12/1: 81–96.

—— (1984*b*). 'Morality and the Liberal Ideal', *New Republic*, 190: 15–17.

—— (ed.) (1984*c*). *Liberalism and Its Critics* (Blackwell, Oxford).

—— (1989). 'Moral Argument and Liberal Toleration: Abortion and Homosexuality', *California Law Review*, 77/3: 521–38.

—— (1990). 'Freedom of Conscience or Freedom of Choice?', in James Hunter and O. Guinness (eds.), *Articles of Faith, Articles of Peace* (Brookings Institute, Washington), 74–92.

—— (1996). *Democracy's Discontent: America in Search of a Public Philosophy* (Harvard University Press, Cambridge, Mass.).

—— (1998). 'Reply to Critics', in Allen and Regan 1988: 319–35.

SANDERS, JOHN (1987). 'Justice and the Initial Acquisition of Property', *Harvard Journal of Law and Public Policy*, 10: 369–87.

SARTORIUS, ROLF (1969). 'Utilitarianism and Obligation', *Journal of Philosophy*, 66/3: 67–81.

SAXONHOUSE, ARLENE (1981). *Women in the History of Political Thought* (Praeger, Westport, Conn.).

SAYRE-MCCORD, GEOFFREY (1994). 'On Why Hume's "General Point of View" Isn't Ideal—and Shouldn't Be', *Social Philosophy and Policy*, 11: 202–28.

SCALES, ANN (1993). 'The Emergence of Feminist Jurisprudence', in Patricia Smith (ed.) *Feminist Jurisprudence* (Oxford University Press, Oxford), 94–109.

SCANLON, THOMAS (1982). 'Contractualism and Utilitarianism', in Sen and Williams 1982, 103–28.

—— (1983). 'Freedom of Expression and Categories of Expression', in D. Copp and S. Wendell (eds.), *Pornography and Censorship* (Prometheus, Buffalo), 139–66.

SCANLON, THOMAS (1988). 'The Significance of Choice', in S. McMurrin (ed.), *The Tanner Lectures on Human Value*, vol. viii (University of Utah Press, Salt Lake City), 151–216.
—— (1991). 'The Moral Basis of Interpersonal Comparisons', in Elster and Roemer 1991, 17–44.
—— (1993). 'Value, Desire and Quality of Life', in Nussbaum and Sen 1993: 187–207.
—— (1998). *What We Owe to Each Other* (Harvard University Press, Cambridge, Mass.).
SCARRE, GEOFFREY (1996). *Utilitarianism* (Routledge, London).
SCHAEFER, DENISE (2001). 'Feminism and Liberalism Reconsidered: The Case of Catherine MacKinnon', *American Political Science Review*, 95/3.
SCHALLER, WALTER (1997). 'Expensive Preferences and the Priority of Right: A Critique of Welfare Egalitarianism', *Journal of Political Philosophy*, 5/3: 254–73.
SCHLERETH, THOMAS (1977). *The Cosmopolitan Ideal in Enlightenment Thought* (University of Notre Dame Press, Notre Dame, Ind,).
SCHLESINGER, ARTHUR (1992). *The Disuniting of America* (Norton, New York).
SCHMIDT, ALVIN (1997). *The Menace of Multiculturalism: Trojan Horse in America* (Praeger, Westport, Conn.).
SCHMIDTZ, DAVID (1990*a*). 'When is Original Appropriation *Required*?', *Monist*, 73/4: 504–18.
—— (1990*b*). 'Justifying the State', *Ethics*, 101/1: 89–102.
—— (1994). 'The Institution of Property', *Social Philosophy and Policy*, 11/1: 42–62.
SCHULTZ, BART (ed.) (1992). *Essays on Sidgwick* (Cambridge University Press, Cambridge).
SCHWARTZ, ADINA (1973). 'Moral Neutrality and Primary Goods', *Ethics*, 83: 294–307.
—— (1982). 'Meaningful Work', *Ethics*, 92/4: 634–46.
SCHWARTZ, JUSTIN (1992). 'From Libertarianism to Egalitarianism', *Social Theory and Practice*, 18/3: 259–88.
SCHWARTZ, NANCY (1979). 'Distinction between Public and Private Life: Marx on the Zoon Politikon', *Political Theory*, 7/2: 245–66.
SCHWARTZ, WARREN (ed.) (1995). *Justice in Immigration* (Cambridge University Press, Cambridge).
SCHWEICKART, DAVID (1978). 'Should Rawls Be a Socialist?', *Social Theory and Practice*, 5/1: 1–27.
SEHON, SCOTT (1996). 'Okin on Feminism and Rawls', *Philosophical Forum*, 27/4: 321–32.
SEIGAL, REVA (1996) '"The Rule of Love": Wife Beating as Prerogative and Privacy', *Yale Law Journal*, 105/8: 2117–208.
SEN, AMARTYA (1980). 'Equality of What?', in S. McMurrin (ed.), *The Tanner Lectures on Human Values*, vol. i (University of Utah Press, Salt Lake City), 353–69.
—— (1985). 'Rights and Capabilities', in T. Honderich (ed.), *Morality and Objectivity* (Routledge and Kegan Paul, London), 130–48.
—— (1990*a*). 'Justice: Means versus Freedom', *Philosophy and Public Affairs*, 19/2: 111–21.
—— (1990*b*). 'Welfare, Freedom and Social Choice', *Recherches économiques de Louvain*, 56/3: 451–86.
—— (1991). 'Welfare, Preference and Freedom', *Journal of Econometrics*, 50: 15–29.
—— and WILLIAMS, BERNARD (eds.) (1982). *Utilitarianism and Beyond* (Cambridge University Press, Cambridge).

SEVENHUIJSEN, SELMA (1998). *Citizenship and the Ethics of Care: Feminist Considerations on Justice, Morality and Politics* (Routledge, London).
SHACHAR, AYELET (1998). 'Group Identity and Women's Rights: The Perils of Multicultural Accommodation', *Journal of Political Philosophy*, 6: 285–305.
—— (1999). 'The Paradox of Multicultural Vulnerability', in Joppke and Lukes 1999, 87–111.
—— (2001). *Multicultural Jurisdictions: Preserving Cultural Differences and Women's Rights in a Liberal State* (Cambridge University Press, Cambridge).
SHAFIR, GERSHON (ed.) (1998). *The Citizenship Debates: A Reader* (University of Minnesota Press, Minneapolis).
SHANLEY, MARY LYNDON, and NARAYAN, UMA (eds.) (1997). *Reconstructing Political Theory: Feminist Perspectives* (Pennsylvania University Press, Philadelphia).
—— and PATEMAN, CAROLE (eds.) (1991). *Feminist Interpretations and Political Theory* (Pennsylvania State University Press, University Park).
SHAPIRO, DANIEL (1993). 'Liberal Egalitarianism, Basic Rights, and Free Market Capitalism', *Reason Papers* 18: 169–88.
—— (1997). 'Can Old-Age Social Insurance be Justified?', *Social Philosophy and Policy*, 14/2: 116–44.
—— (1998). 'Why Even Egalitarians Should Favour Market Health Insurance', *Social Philosophy and Policy*, 15/2: 84–132.
SHAPIRO, IAN (1991). 'Resources, Capacities, and Ownership: The Workmanship Ideal and Distributive Justice', *Political Theory*, 19/1: 47–72.
—— (1999). *Democratic Justice* (Yale University Press, New Haven).
—— and KYMLICKA, WILL (eds.) (1997). *Ethnicity and Group Rights* (New York University Press, New York).
SHAW, WILLIAM (1998). *Contemporary Ethics: Taking Account of Utilitarianism* (Blackwell, Oxford).
SHER, GEORGE (1975). 'Justifying Reverse Discrimination in Employment', *Philosophy and Public Affairs*, 4/2: 159–70.
—— (1987). 'Other Voices, Other Rooms? Women's Psychology and Moral Theory', in Kittay and Meyers 1987, 178–89.
—— (1997). *Beyond Neutrality: Perfectionism and Politics* (Cambridge University Press, Cambridge).
—— and BRODY, BARUCH (eds.) (1999). *Social and Political Philosophy: Contemporary Readings* (Harcourt Brace, New York).
SHKLAR, JUDITH (1991). 'American Citizenship: The Quest for Inclusion', in *The Tanner Lectures on Human Values*, vol. x (University of Utah Press, Salt Lake City), 386–439.
SHRAGE, LAURIE (1998). 'Equal Opportunity', in Jaggar and Young 1998, 559–68.
SHUE, HENRY (1988). 'Mediating Duties', *Ethics*, 98/4: 687–704.
SIDGWICK, HENRY (1981). *The Methods of Ethics* (Hackett, Indianapolis; 1st pub. 1874).
SILVERS, ANITA, WASSERMAN, DAVID, and MAHOWALD, MARY (1998). *Disability, Difference, Discrimination: Perspectives on Justice in Bioethics and Public Policy* (Rowman and Littlefield, Lanham, Md.).
SINGER, PETER (1977). 'Utility and the Survival Lottery', *Philosophy*, 52: 218–22.
—— (ed.) (1991). *A Companion to Ethics* (Blackwell, Oxford).

Singer, Peter (1993). *Practical Ethics* (Cambridge University Press, Cambridge).
Sinopli, Richard (1992). *The Foundations of American Citizenship: Liberalism, the Constitution and Civic Virtue* (Oxford University Press, New York).
Skinner, Quentin (1990). 'The Republican Ideal of Political Liberty', in Gisela Bock et al. (eds.) *Machiavelli and Republicanism* (Cambridge University Press, Cambridge), 293–309.
—— (1992). 'On Justice, the Common Good and the Priority of Liberty', in Mouffe 1992*b*, 211–24.
—— (1998). *Liberty before Liberalism* (Cambridge University Press, Cambridge).
Skitka, L. J., and Tetlock, P. E. (1993). 'Of Ants and Grasshoppers: The Political Psychology of Allocating Public Assistance', in B. A. Mellers and J. Baron (eds.), *Psychological Perspectives on Justice: Theory and Applications* (Cambridge University Press, New York), 205–33.
Smart, J. J. C. (1973). 'An Outline of a System of Utilitarian Ethics', in J. J. C. Smart and B. Williams (eds.), *Utilitarianism: For and Against* (Cambridge University Press, Cambridge), 1–75.
Smith, Michael (1988). 'Consequentialism and Moral Character' (unpublished manuscript, Philosophy Department at Monash University).
Smith, Paul (1998). 'Incentives and Justice: G. A. Cohen's Egalitarian Critique of Rawls', *Social Theory and Practice*, 24/2: 205–35.
Smith, Rogers (1985). *Liberalism and American Constitutional Law* (Harvard University Press, Cambridge, Mass.).
—— (1997). *Civic Ideals: Conflicting Visions of Citizenship in American History* (Yale University Press, New Haven).
Smith, Steven (1989). *Hegel's Critique of Liberalism: Rights in Context* (University of Chicago Press, Chicago).
Sommers, Christina (1987). 'Filial Morality', in Kittay and Meyers 1987, 69–84.
Spinner, Jeff (1994). *The Boundaries of Citizenship: Race, Ethnicity and Nationality in the Liberal State* (Johns Hopkins University Press, Baltimore).
—— (2000). *Surviving Diversity: Religion and Democratic Citizenship* (Johns Hopkins University Press, Baltimore).
Spragens, Thomas (1999). *Civic Liberalism: Reflections on Our Democratic Ideals* (Rowman and Littlefield, Lanham, Md.).
Stein, Laura (1993). 'Living with the Risk of Backfire: A Response to the Feminist Critiques of Privacy and Equality', *Minnesota Law Review*, 77/5: 1153–92.
Steiner, Hillel (1977). 'The Natural Right to the Means of Production', *Philosophical Quarterly*, 27/106: 41–9.
—— (1981). 'Liberty and Equality', *Political Studies*, 29/4: 555–69.
—— (1983). 'How Free? Computing Personal Liberty', in A. P. Griffiths (ed.), *On Liberty* (Cambridge University Press, Cambridge), 73–89.
—— (1994). *An Essay on Rights* (Blackwell, Oxford).
—— (1998). 'Choice and Circumstance', in Andrew Mason (ed.), *Ideals of Equality* (Blackwell, Oxford), 95–112.
Sterba, James (1988). *How to Make People Just: A Practical Reconciliation of Alternative Conceptions of Justice* (Rowman and Littlefield, Totowa, NJ).

Sterba, James (2000). 'From Liberty to Welfare: An Update', *Social Theory and Practice*, 26/3: 465–78.

Stiehm, Judith (1983). 'The Unit of Political Analysis: Our Aristotelian Hangover', in S. Harding and M. Hintikka (eds.), *Discovering Reality* (Reidel, Dordrecht), 31–44.

Stocker, Michael (1987). 'Duty and Friendship: Toward a Synthesis of Gilligan's Contrastive Moral Concepts', in Kittay and Meyers 1987, 56–68.

Stout, Jeffrey (1986). 'Liberal Society and the Languages of Morals', *Soundings*, 69/1: 32–59.

Strike, Kenneth (1994). 'On the Construction of Public Speech: Pluralism and Public Reason', *Educational Theory*, 44/1: 1–26.

Sullivan, William (1982). *Reconstructing Public Philosophy* (University of California Press, Berkeley and Los Angeles).

Sumner, L. W. (1987). *The Moral Foundation of Rights* (Oxford University Press, Oxford).

Sunstein, Cass (1986). 'Legal Interference with Private Preferences', *University of Chicago Law Review*, 53/4: 1129–74.

—— (1991). 'Preferences and Politics', *Philosophy and Public Affairs*, 20/1: 3–34.

—— (1996). 'Social Roles and Social Norms', *Columbia Law Review*, 96: 903–68.

—— (1997). *Free Markets and Social Justice* (Oxford University Press, Oxford).

—— (1999). 'Should Sex Equality Law Apply to Religious Institutions', in Okin 1999, 85–94.

Svensson, Frances (1979). 'Liberal Democracy and Group Rights: The Legacy of Individualism and Its Impact on American Indian Tribes', *Political Studies*, 27/3: 421–39.

Swift, Adam, Marshall, Gordon, Burgoyne, Carole, and Routh, David (1995). 'Distributive Justice: Does It Matter What the People Think', in J. R. Kluegel, D. S. Mason and B. Wegener (eds.), *Social Justice and Political Change: Public Opinion in Capitalist and Post-communist States* (Aldine de Gruyter, New York), 15–47.

Talisse, Robert (2000). *On Rawls* (Wadsworth, Belmont, Calif.).

Tam, Henry (1998). *Communitarianism: A New Agenda for Politics and Citizenship* (New York University Press, New York).

Tamir, Yael (1993). *Liberal Nationalism* (Princeton University Press, Princeton).

Tan, Kok-Chor (2000). *Toleration, Diversity, and Global Justice* (Pennsylvania State University Press, University Park).

Taub, Nadine, and Schneider, Elizabeth (1982). 'Perspectives on Women's Subordination and the Role of Law', in D. Kairys (ed.) *The Politics of Law* (Pantheon, New York), 152–76.

Tawney, R. H. (1964). *Equality*, 4th edn. (Allen and Unwin, London).

Taylor, Charles (1979). *Hegel and Modern Society* (Cambridge University Press, Cambridge).

—— (1985*a*). *Philosophy and the Human Sciences: Philosophical Papers*, vol. ii (Cambridge University Press, Cambridge).

—— (1985*b*). 'Alternative Futures: Legitimacy, Identity and Alienation in Late Twentieth Century Canada', in Cairns and Williams 1985, 183–229.

—— (1989*a*). 'Cross-Purposes: The Liberal-Communitarian Debate', in Nancy Rosenblum (ed.) *Liberalism and the Moral Life* (Harvard University Press, Cambridge, Mass.), 159–82.

—— (1989*b*). *Sources of the Self: The Making of the Modern Identity* (Cambridge University Press, Cambridge).

TAYLOR CHARLES (1991). 'Shared and Divergent Values', in Ronald Watts and D. Brown (eds.), *Options for a New Canada* (University of Toronto Press, Toronto), 53–76.
—— (1992). 'The Politics of Recognition', in Amy Gutmann (ed.), *Multiculturalism and the 'Politics of Recognition'* (Princeton University Press, Princeton), 25–73.
—— (1997). 'Nationalism and Modernity', in McKim and McMahan 1997, 31–55.
—— (1999). *A Catholic Modernity* (Oxford University Press, Oxford).
TEMKIN, LARRY (1993). *Inequality* (Oxford University Press, New York).
THOMPSON, DENNIS (1999). 'Democratic Theory and Global Society', *Journal of Political Philosophy*, 7/2: 111–25.
TILMAN, RICK (2001). *Ideology and Utopia in the Social Philosophy of the Libertarian Economists* (Greenwood, New York).
TOMASI, JOHN (1991). 'Individual Rights, and Community Virtues', *Ethics*, 101/3: 521–36.
—— (2001). *Liberalism beyond Justice: Citizens, Society, and the Boundaries of Political Theory* (Princeton University Press, Princeton).
TONG, ROSEMARY (1993). *Feminine and Feminist Ethics* (Wadsworth, Belmont, Calif.).
—— (1998). *Feminist Thought: A More Comprehensive Introduction*, 2nd edn. (Westview, Boulder, Colo.).
TREMAIN, SHELLEY (1996). 'Dworkin on Disablement and Resources', *Canadian Journal of Law and Jurisprudence*, 9/2: 343–59.
TRONTO, JOAN (1987). 'Beyond Gender Difference to a Theory of Care', *Signs*, 12/4: 644–63.
—— (1993). *Moral Boundaries: A Political Argument for an Ethic of Care* (Routledge, New York).
—— (1995). 'Care as a Basis for Radical Political Judgements', *Hypatia*, 10/2: 141–9.
TULLY, JAMES (1995). *Strange Multiplicity: Constitutionalism in an Age of Diversity* (Cambridge University Press, Cambridge).
—— (2000). 'Struggles over Recognition and Distribution', *Constellations*, 7/4: 469–82.
—— and WEINSTOCK, DANIEL (eds.) (1994). *Philosophy in an Age of Pluralism: The Philosophy of Charles Taylor in Question* (Cambridge University Press, Cambridge)
TYLER, TOM, et al. (1997). *Social Justice in a Diverse Society* (Westview, Boulder, Colo.).
UNGER, ROBERTO (1984). *Knowledge and Politics* (Macmillan, New York).
VALLENTYNE, PETER (ed.) (1991). *Contractarianism and Rational Choice: Essays on Gauthier* (Cambridge University Press, New York).
—— (1997). 'Self-Ownership and Equality: Brute Luck, Gifts, Universal Dominance, and Leximin', *Ethics*, 107/2: 321–43.
—— (1998). 'Critical Notice of G. A Cohen *Self-Ownership, Freedom, and Equality*', *Canadian Journal of Philosophy*, 28/4: 609–26.
—— and STEINER, HILLEL (eds.) (2000*a*). *The Origins of Left-Libertarianism: An Anthology of Historical Writings* (Palgrave, London).
—— —— (eds.) (2000*b*). *Left-Libertarianism and Its Critics: The Contemporary Debate* (Palgrave, London).
VALLS, ANDREW (1999). 'The Libertarian Case for Affirmative Action', *Social Theory and Practice*, 25/2: 299–323.
VAN DER VEEN, ROBERT, and VAN PARIJS, PHILIPPE (1985). 'Entitlement Theories of Justice', *Economics and Philosophy*, 1/1: 69–81.
VAN DYKE, VERNON (1975). 'Justice as Fairness: For Groups?', *American Political Science Review* 69: 607–14.

Van Dyke, Vernon (1977). 'The Individual, the State, and Ethnic Communities in Political Theory', *World Politics*, 29/3: 343–69.
—— (1982). 'Collective Rights and Moral Rights: Problems in Liberal-Democratic Thought', *Journal of Politics*, 44: 21–40.
—— (1985). *Human Rights, Ethnicity and Discrimination* (Greenwood, Westport, Conn.).
van Gunsteren, Herman (1978). 'Notes towards a Theory of Citizenship', in P. Birnbaum et al. (eds.), *Democracy, Consensus and Social Contract* (Sage, London), 9–35.
—— (1998). *A Theory of Citizenship: Organizing Plurality in Contemporary Democracies* (Westview, Boulder, Colo.).
Van Parijs, Philippe (1991). 'Why Surfers Should Be Fed: The Liberal Case for an Unconditional Basic Income', *Philosophy and Public Affairs*, 20/2: 101–31.
—— (ed) (1992). *Arguing for Basic Income* (Verso, London).
—— (1993). *Marxism Recycled* (Cambridge University Press, Cambridge).
—— (1995). *Real Freedom for All* (Oxford University Press, Oxford).
—— (2000). 'A Basic Income for All', *Boston Review*, 25/5, 4–8.
—— (2001). *What's Wrong with a Free Lunch: A New Democracy Forum on Universal Basic Income* (Beacon Press, Boston).
Varian, Hal (1985). 'Dworkin on Equality of Resources', *Economics and Philosophy*, 1/1: 110–25.
Vincent, Andrew, and Plant, Raymond (1984). *Philosophy, Politics and Citizenship: The Life and Thought of the British Idealists* (Blackwell, Oxford).
Voet, Maria Christine Bernadetta, and Voet, Rian (1998). *Feminism and Citizenship* (Sage, London).
Vogel, Ursula (1988). 'When the Earth Belonged to All: The Land Question in Eighteenth-Century Justifications of Private Property', *Political Studies*, 36/1: 102–22.
—— (1991). 'Is Citizenship Gender-Specific?', in Vogel and Moran 1991, 58–85.
—— and Moran, Michael (1991). *The Frontiers of Citizenship* (St Martin's Press, New York).
Voice, Paul (1993). 'What Do Children Deserve?', *South African Journal of Philosophy*, 12/4: 122–5.
Waldron, Jeremy (1986). 'Welfare and the Images of Charity', *Philosophical Quarterly*, 36/145: 463–82.
—— (1987). 'Theoretical Foundations of Liberalism', *Philosophical Quarterly*, 37/147: 127–50.
—— (1989). 'Autonomy and Perfectionism in Raz's Morality of Freedom', *Southern California Law Review*, 62/3: 1097–152.
—— (1991). *The Right to Private Property* (Oxford University Press, Oxford)
—— (1992). 'Superseding Historic Injustice', *Ethics*, 103/1: 4–28.
—— (1993). *Liberal Rights: Collected Papers 1981–1991* (Cambridge University Press, Cambridge).
—— (1995). 'Minority Cultures and the Cosmopolitan Alternative', in Kymlicka 1995*b*, 93–121.
—— (1999). *Law and Disagreement* (Oxford University Press, Oxford).
Walker, Brian (1998). 'Social Movements as Nationalisms', in Couture, Nielsen, and Seymour 1998, 505–47.

WALKER, SAMUEL (1998). *The Rights Revolution: Rights and Community in Modern America* (Oxford University Press, New York).
WALL, STEVEN (1998). *Liberalism, Perfectionism and Restraint* (Cambridge University Press, Cambridge).
WALLACH, JOHN (2000). 'Can Liberalism be Virtuous?', *Polity*, 33/1: 163–74.
WALZER, MICHAEL (1981). 'Liberalism and the Art of Separation', *Political Theory*, 12: 315–30.
—— (1983). *Spheres of Justice: A Defence of Pluralism and Equality* (Blackwell, Oxford).
—— (1989). 'Citizenship', in T. Ball and J. Farr (eds.), *Political Innovation and Conceptual Change* (Cambridge University Press, Cambridge), 211–19.
—— (1990). 'The Communitarian Critique of Liberalism', *Political Theory*, 18/1: 6–23.
—— (1992*a*) 'The Civil Society Argument', in Mouffe 1992*b*, 89–107.
—— (1992*b*). *What It Means to be an American* (Marsilio, New York).
—— (1992*c*). 'The New Tribalism', *Dissent*, Spring: 164–71.
—— (1992*d*). 'Comment', in Amy Gutmann (ed.), *Multiculturalism and the 'Politics of Recognition'* (Princeton University Press, Princeton), 99–103.
—— (1994). *Thick and Thin: Moral Argument at Home and Abroad* (Harvard University Press, Cambridge, Mass.).
—— (1995*a*). 'Pluralism in Political Perspective', in Kymlicka 1995*b*, 139–54.
—— (1995*b*). 'Response', in Miller and Walzer 1995, 281–98.
—— (ed.) (1995*c*). *Toward a Global Civil Society* (Berhahn Books, (Oxford).
—— (1997). *On Toleration* (Yale University Press, New Haven).
WARD, CYNTHIA (1991). 'The Limits of "Liberal Republicanism": Why Group-Based Remedies and Republican Citizenship Don't Mix', *Columbia Law Review*, 91/3: 581–607.
WARE, ROBERT (1989). 'How Marxism is Analyzed: An Introduction', *Canadian Journal of Philosophy*, supplementary vol. 15: 1–26.
WARREN, MARK (ed.) (1999). *Democracy and Trust* (Cambridge University Press, Cambridge).
WARREN, PAUL (1994). 'Self-Ownership, Reciprocity, and Exploitation, or Why Marxists Shouldn't Be Afraid of Robert Nozick', *Canadian Journal of Philosophy*, 24/1: 33–56.
—— (1997). 'Should Marxists be Liberal Egalitarians?', *Journal of Political Philosophy*, 5/1: 47–68.
WEALE, ALBERT (1982). *Political Theory and Social Policy* (Macmillan, London).
WEINBERG, JUSTIN (1997). 'Freedom, Self-Ownership, and Libertarian Philosophical Diaspora', *Critical Review*, 11/3: 323–44.
—— (1998). 'Self- and World-Ownership: Rejoinder to Epstein, Palmer, and Feallsanach', *Critical Review*, 12/3: 325–36.
WEINSTOCK, DANIEL (1998). 'Neutralizing Perfection: Hurka on Liberal Neutrality', *Dialogue*, 38/1: 45–62.
—— (1999). 'Building Trust in Divided Societies', *Journal of Political Philosophy*, 7/3: 287–307.
—— (2000). 'Saving Democracy from Deliberation', in Ronald Beiner and Wayne Norman (eds.), *Canadian Political Philosophy: Contemporary Reflections* (Oxford University Press, Toronto), 78–91.

Weinstock, Daniel (2001). 'Citizenship and Pluralism', forthcoming in Robert L. Simon (ed.), *Blackwell Guide to Social and Political Philosophy* (Blackwell, Oxford).

Weiss, Penny, and Friedman, Marilyn (eds.) (1995). *Feminism and Community* (Temple University Press, Philadelphia).

Weitzman, Lenore (1985). *The Divorce Revolution: The Unexpected Social and Economic Consequences for Women and Children in America* (Free Press, New York).

Wenar, Leif (1998). 'Original Acquisition of Private Property', *Mind*, 107: 799–819.

Wendell, Susan (1987). 'A (Qualified) Defense of Liberal Feminism', *Hypatia*, 2/2: 65–93.

West, Lois (ed.) (1997). *Feminist Nationalism* (Routledge, London).

West, Robin (1997). *Caring for Justice* (New York University Press, New York).

Whewell, William (1845) *The Elements of Morality* (Harper and Brothers, New York).

White, Patricia (1992). 'Decency and Education for Citizenship', *Journal of Moral Education*, 21/3: 207–16.

White, Steven (1991). *Political Theory and Postmodernism* (Cambridge University Press, Cambridge).

White, Stuart (1998). 'Interpreting the "Third Way"', *Renewal*, 6/2: 17–30.

—— (2000). 'Review Article: Social Rights and the Social Contract—Political Theory and the New Welfare Politics', *British Journal of Political Science*, 30: 507–32.

Willet, Cynthia (1998). *Theorizing Multiculturalism: A Guide to the Current Debate* (Blackwell, Oxford).

Williams, Andrew (1998). 'Incentives, Inequality, and Publicity', *Philosophy and Public Affairs*, 27/3: 225–47.

Williams, Bernard (1971). 'The Idea of Equality', in H. Bedau (ed.), *Justice and Equality* (Prentice-Hall, Englewood Cliffs, NJ), 116–37.

—— (1972). *Morality: An Introduction to Ethics* (Harper and Row, New York).

—— (1973). 'A Critique of Utilitarianism', in J. J. C. Smart and B. Williams (eds.) *Utilitarianism: For and Against* (Cambridge University Press, Cambridge), 75–150.

—— (1981). *Moral Luck* (Cambridge University Press, Cambridge).

—— (1985). *Ethics and the Limits of Philosophy* (Fontana Press, London).

—— and Sen, Amartya (1982). 'Introduction' in Sen and Williams (eds.), *Utilitarianism and Beyond* (Cambridge University Press, Cambridge), 1–21.

Williams, Melissa (1998). *Voice, Trust and Memory: Marginalized Groups and the Failings of Liberal Representation* (Princeton University Press, Princeton).

—— (2000). 'The Uneasy Alliance of Group Representation and Deliberative Democracy', in Kymlicka and Norman 2000, 124–52.

Wilson, Lois (1988). 'Is a "Feminine" Ethic Enough?', *Atlantis*, 13/2: 15–23.

Wolfe, Alan, and Lausen, Jyette (1997). 'Identity Politics and the Welfare State', *Social Philosophy and Politics*, 14/2: 231–55.

Wolff, Jonathan (1991). *Robert Nozick: Property, Justice, and the Minimal State* (Stanford University Press, Stanford, Calif.).

—— (1992). 'Not Bargaining for the Welfare State', *Analysis*, 52/2: 118–25.

—— (1996*a*). *An Introduction to Political Philosophy* (Oxford University Press, Oxford).

—— (1996*b*). 'Rational, Fair, and Reasonable', *Utilitas*, 8/3: 263–71.

—— (1998). 'Fairness, Respect, and the Egalitarian Ethos', *Philosophy and Public Affairs*, 27/2: 97–122.

WOLFF, ROBERT P. (1977). *Understanding Rawls* (Princeton University Press, Princeton).
WOLGAST, ELIZABETH (1987). *The Grammar of Justice* (Cornell University Press, Ithaca, NY).
WOLIN, SHELDON (1960). *Politics and Vision* (Little Brown, Boston).
WOOD, ALLEN (1972). 'The Marxian Critique of Justice', *Philosophy and Public Affairs*, 1/3: 244–82.
—— (1979). 'Marx on Right and Justice', *Philosophy and Public Affairs*, 8/3: 267–95.
—— (1981). 'Marx and Equality', in J. Mepham and D. H. Ruben (eds.), *Issues in Marxist Philosophy*, vol. iv (Harvester Press, Brighton), 195–220.
—— (1984). 'Justice and Class Interests', *Philosophica*, 33/1: 9–32.
WRIGHT, SUE (2000). *Community and Communication* (Multilingual Matters, Clevedon).
YOUNG, IRIS MARION (1981). 'Toward a Critical Theory of Justice', *Social Theory and Practice*, 7/3: 279–302.
—— (1987). 'Impartiality and the Civic Public', in S. Benhabib and D. Cornell (eds.) *Feminism as Critique* (University of Minnesota Press, Minneapolis), 56–77.
—— (1989). 'Polity and Group Difference: A Critique of the Ideal of Universal Citizenship', *Ethics*, 99/2: 250–74.
—— (1990). *Justice and the Politics of Difference* (Princeton University Press, Princeton).
—— (1993). 'Justice and Communicative Democracy', in Roger Gottlieb (ed.), *Radical Philosophy: Tradition, Counter-Tradition, Politics* (Temple University Press, Philadelphia), 123–43.
—— (1995*a*). 'Together in Difference: Transforming the Logic of Group Political Conflict', in Kymlicka 1995*b*, 155–76.
—— (1995*b*). 'Mothers, Citizenship and Independence: A Critique of Pure Family Values', *Ethics*, 105/3: 535–56.
—— (1996). 'Communication and the Other: Beyond Deliberative Democracy', in Seyla Benhabib (ed.), *Democracy and Difference: Contesting the Boundaries of the Political* (Princeton University Press, Princeton), 120–35.
YOUNG, IRIS MARION (1997*a*). 'A Multicultural Continuum: A Critique of Will Kymlicka's Ethnic-Nation Dichotomy', *Constellations*, 4/1: 48–53.
—— (1997*b*). 'Political Theory: An Overview', in Robert Goodin and Hans-Dieter Klingeman (eds.), *A New Handbook of Political Science* (Oxford University Press, Oxford), 479–502.
—— (2000*a*). *Inclusion and Democracy* (Oxford University Press, Oxford).
—— (2000*b*). 'Self-Determination and Global Democracy: A Critique of Liberal Nationalism', in Ian Shapiro and Stephen Macedo (eds.), *Designing Democratic Institutions* (New York University Press, New York), 147–83.
YUVAL-DAVIS, NIRA (1997). *Gender and Nation* (Sage, London).
—— and WERBNER, P. (eds.) (1999). *Women, Citizenship, and Difference* (Zed Books, London).
ZARETSKY, ELI (1982). 'The Place of the Family in the Origins of the Welfare State', in B. Thorne and M. Yalom (eds.), *Rethinking the Family: Some Feminist Questions* (Longman, New York), 184–224.
ZIMMERMAN, MICHAEL (ed.) (1993). *Environmental Philosophy: From Animal Rights to Radical Ecology* (Prentice-Hall, Englewood Cliffs, NJ).

索　引

（译名后的数字为原书页码，即本书边码）

译后记

那一年的盛夏，一位五十余岁的农民用平日走田过坎的加重自行车，载着自己的老母亲，历经常人无法想象的艰辛，翻山越岭来到这风景奇佳的深山峡谷。农民背着自己的母亲，沿着被称作“大龙潭”的绝壁幽涧中的狭长栈道，在高山流水的龙吟声中默默而行。脚下碧波激荡，眼前层峦叠障，心中几多期望。不知登上了多少阶梯，不知穿越了多少美景。深山里的凉风早把外界难耐的酷暑吹得无影无踪，可农民仍然满头大汗气喘吁吁。也该歇歇了，农民在一视野陡然开阔的转折处，把母亲安放在急流半绕的硕大岩石上小憩。

劳累的农民现在能够安然地环视四周。开阔的前方居然是从天而降的一幕接一幕的气势磅礴的飞瀑。真是一幅崇山峻岭作背景、急流乱卷奔前程的绝妙图画。农民显然为自己的劳累能换来这样的美景感到满意。庞大的山谷使这多事之夏本就不多的游人更显稀少，而从前方天桥上来到母子俩跟前的年轻人好像还不是游人。农民从年轻人全副武装的照相设备和胸前的营业标志，知道他是这山里的摄影个体户。农民从年轻人的口中不仅知道他是这山中惟一的摄影个体户，还知道自己小憩的地方是这里极有代表性的风景点——按照个体户的宣传，经过此处而没有留下纪念照的游人肯定会后悔。

农民回头望了望自己的老母亲。他本没有计划作这种奢侈的消费。或许是个体户亲自拍摄的风景照实在具有吸引力，农民最终拿出自己的“钱包”，从层层包裹的旧手绢中数了数沾满污渍的小面额纸币。让个体户喜出望外的是，农民居然要出十块钱为自己的老母亲拍摄五张照片。农民当然不知道，今天是个体户营业的第一天。农民更不知道，个体户在此之前的半天时间里几乎没有开张。十块钱的收入意味着五块钱的毛利润，意味着个体户挣到了可供一天吃住的全部开支。农民把岩石上坐着的母亲扶了起来，喜滋滋地为老人家整理一下衣裳。个体户因为激动而有些忙乱地摆开了架势。镜头中的农民是那样的幸福，母亲是那样的安详。

农民最终数够了包括分币角币在内的十块钱，但在把钱交到个体户手里时却犹豫了一下。农民脸上的幸福有些凝重。农民叮咛个体户，千万不要把照片丢失或寄错。农民告诉个体户，今天是他母亲八十岁的大寿，很可能是母亲有生之年的最后一次“远游”。个体户有些错愕，突然意识到这暗盒里已经曝光的五张底片的意义，全然不是自己一天的吃住开支，而是一份厚重无比的赤子之情。个体户居然有些担心，担心某个环节的出错将永远无法还原镜头中那份幸福与安详，无法记录生命历程中那无比美丽的一瞬。现在轮到个体户犹豫了。他在那一刻甚至有一种想要变买卖为馈赠的冲动。

平凡的往事并没有出人意料的结局。个体户最终按照买卖的游戏规则艰难但却理智地收取了他维系生计的收入。农民则背负年迈的母亲继续走向他内心的风景。农民不曾想到，他内心的风景外化成的蹒跚身影，居然与那山那水一同定格成了另一个心灵的永远的风景。个体户也不曾想到，这一瞬间凝成的心灵照片，在那内外动荡的 1989 年对于他日后的生命历程究竟有怎样的意蕴。

翻译有些类似于摄影，译本必须通过恰当的方式再现原著。翻译者也类似于摄影者，挑选怎样的文本类似于用镜头筛选怎样的风景。为什么摄影师的镜头偏偏要再现这一幅风景？与其说外于他的某一幅风景偶然促使他按动了快门，毋宁说是他内心的理念在引导他的取景，但他为何会形成这样的理念？

我不知道这问题对于他人会有怎样的答案，但我终于明白什么是自己的答案。那个夏天以后的每一次生活视野的动荡转换，终于凝成这样一个根本理念：自我的这个片断与那个片断以及这个自我与那个自我，无不处于相互映射的复杂的镜像关系。此自我与彼自我的关系以及这种关系与那种关系的关系，又在千重万叠的镜像结构中塑造着生活于其中的各个自我。不幸的是，这个理念的意义竟然要经过此后十余年沉沦挣扎的蹉跎岁月才在我心中逐渐澄明。幸运的是，即使在生命中最荒诞不经的幽暗片断里，记忆深处仍然不时闪现出高山深谷中那蹒跚身影和赤子深情。

我相信社会、思想与文化也在相互映射的复杂镜像结构中互动演变。我相信在这样的宏观结构中被影响和塑造的微观自我，正通过他们能有的想象去支持或批判那无需作为积极塑造者就能影响入微的宏观镜像。支持和批判当然不同，但如果只在给定的时空象限和思想框架内进行这种看似相反的意向活动，早已被规定好了的意向域的局限就正好相同。也许，在此镜像的映射下展现时空维度不同的彼镜像，才可能对此镜像有先于支持或批判的丰富理解。就像此时此刻这一个具体的微观自我，对自己的支持和批判也必须通过镜像反思不断地回溯 1989 年那高山深谷中有别于已的人生镜像。不同的是，要对由千万个自我构成的社会镜像进行反思，被给定的社会结构影响着的反思者就要在被称作历史与文化的更大的时空维度上寻找反思的参照。

可自我并不对不同镜像进行不加选择的综合。我选择了那样一个年代的那样一个具体镜像，因为在那个镜像映射下萌发的自我意向终于在今天实现着对于过去的选择和打量。自我意向诚然在发生和发展的意义上有其可以归因的诸多镜像，但自我意向也为尚不存在的未来拟定了愿意如何的取舍和想象。这样看来，承载着强烈愿望的自我意向不仅已经创造出了专属于自己而又指向未来的虚无的镜像，这样的自我意向还必将在未来的虚无的终结处兑现成既属于自己又属于他人的阐释对象。更大领域的反思者何尝不是这样？

反思者既要在历史的镜像中形成未来的意向，更要在指向未来的意向中提取历史的镜像。反思者必须超越给定的时空镜像，必须艰难地提炼可供更多的反思者作为反思镜像的意向。初时朦胧的意向经过艰苦的反思建构也许终会凝成具有丰富内容的理想。这样的理想将不是零乱和杂多的镜像，更不是模糊不清的幻象。这样的理想不仅是意向性的意义存在者在无常的生命困惑中勇于担待的依凭，更是直面和缓解人生苦难和社会不幸的必由路径。

我现在终于明白，出现在那个盛夏但却与年代无关的蹒跚身影为何总要在我的记忆深处烙上那个特殊年代的印迹。特殊年代的特殊意义在于以悲喜剧的方式幻灭了传承已久的理想。不幸的是，一种理想的幻灭居然会消解追求理想的理想。更不幸的是，一些不足以成为理想的必要目标随后居然成为了竞相追逐的理想。我也曾投身于这类追逐，愿意在这种追逐中获取超越现实束缚的手段，愿意借此体验现实人生的种种意义和无意义。我同时以怀疑论之名去解构那些漠视现实人生的独断理想，去反思作为理想内核的信念是否可能以及如何可能。但究竟是什么力量，使我的怀疑论一直不愿嘲弄理想本身并且拒绝接受无理想状态的浅陋？我现在终于明白，那特殊年代的普通身影，一直就是对于人生和社会理想以及两种理想的镜像关系的双重隐喻。

正如自我镜像不同于社会镜像，什么样的社会理想能够容纳千差万别的人生理想？不同的社会理想也可能潜入不同的人生理想，这是否意味着社会理想会因为不可避免的差异性就失去了被探讨和追求的依凭？在我看来，自我镜像的多元映射关系，恰好呈现了而不是遮蔽了对自我意向和人生理想进行主体间的探讨和慎思的意义。在我看来，社会理想的差异性也正好要求反思者去探究和建构能够解释这种差异性的、对社会理想及其合理依据的更丰厚深刻的思考。这样的思考拒绝以独断单一的道德图式去切割社会现实与人生百态的粗暴做法，因为这种看似崇高的执守有可能与它所欲批判的社会专制遥相呼应。这样的思考也拒绝以嬉笑怒骂的游戏姿态去窒息社会理想与人生追求的玩世不恭，因为这种有助于抗拒道德专制的话语，也许正好为缺失道德理想的社会不幸打下了伏笔。

确认社会理想的意义，不等于确认了实质性的社会理想。要立足当下为自己的社会的未来确立恰当的理想，我们就要努力呈现和阐释属于自己的社会、文化和思想的历史镜像。要使作为镜像映射的阐释变得丰厚和开阔，我们就要努力理解和阐释异域文化的社会和思想的历史镜像。由于已经生成的历史必须在镜像现实与镜像意向的共同映射下才成其为历史镜像，对历史镜像的理解就抗拒着类同于发生序列的线型理解模式。于是，异域文化的当代思想所投射的各种社会理想，就在两种意义上有理由成为反观我们自己的历史与现实的一面镜像。因为这样的镜像恰好是在我们自己的历史、现实与未来意向的共同映射下才成其为镜像，我相信通过这面镜像对于我们自身的反观也就蕴涵着对于这面镜像的反观。

在由差异性构成的镜像关系中通过否定和肯定的双重反思而逐渐澄明的自我，不会放弃他的独特性。在不同的社会理想的相互借鉴和批判中持续变迁或发展的社会，也理应不会失去文化与历史的独特性。无论路延伸向何方，我们不得不像高山深谷中那个执著的身影，背负自己的历史并引领自己的命运。

本书的翻译准备工作始于2001年4月在北京召开的“国际政治哲学研讨会”。此前，译者曾在教学中使用过该书的英文版第一版，并曾萌生过翻译的念头。在那次研讨会上，本书作者威尔·金里卡教授出席大会并作了主题发言。译者在南京大学哲学系顾肃教授的帮助下，与作者达成了翻译即将正式出版的本书第二版的初步意向。此后半年，译者与作者通过电子邮件建立了有效的联系和相互信任，并最终确定了翻译事宜。在此期间，威尔·金里卡教授还帮助促成了出版社之间的版权谈判，为中译本翻译工作的正式启动奠定了基础。

本书英文版第二版于2002年初由牛津大学出版社正式出版，中文版的翻译因借助了作者寄来的第二版清样稿而于2001年11月提前开始。自2001年11月至2002年3月，译者翻译了本书第一章至第五章的初稿并修订了二稿。2002年4月至8月，译者因赴牛津大学访问并在回国后忙于组织由四川大学哲学系承办的“中英澳暑期哲学学院”而使翻译工作被迫停顿。本书第六章至第九章的初稿翻译及二稿修订完成于2002年9月至2003年1月，三至五稿的校订以及注释、附录等与中译本相关的其他工作完成于2003年2月至4月。

翻译中的艰辛只是“如人饮水，冷暖自知”的“私人”体会，希望译本的质量能得到广大读者的“公共”认可。毫无疑问，译者受益于最近十几年出版的政治哲学领域的其他译著，如果没有那些可资借鉴的先行工作，本书的翻译工作将面临更多的困难。译者吸收了许多专门术语的先行译法，也修正了其中一些不妥甚至引人误导的译法。对于一些需要解释或修正的关键性译名，译者在正文中附有译者脚注。译者希望在先行工作的基础上的吸取和修正，能为以后的类似工作提供被吸取和被修正的进一步基础。尽管在主观上不敢有丝毫懈怠，译者相信译本中肯定还存有多次检查也未曾发现的问题或缺陷。这是译者的局限——局限之为局限就在于不可能为当局者发现。但译者必须为这样那样的问题或缺陷承担责任，因为人的必然的局限并不必然使人止步于当下的局限。

本书的翻译工作受益于各方人士的支持与鼓励。我首先要感谢本书作者威尔·金里卡教授对于译者在翻译过程中提出的若干问题的肯定和详细答复，以及他在百忙之中为本书撰写的“中译本序”。我要感谢顾肃教授对于本书翻译工作的一以贯之的关心，感谢他为一些重要术语的翻译提供的宝贵意见。我还要感谢台湾研究院副研究员钱永祥先生对本书翻译的关心与寄望。此外，汪宇先生为本书大陆简体字版和台湾繁体字版的同时出版做了大量的工作，在此也表示感谢。

虽然翻译工作在我访问牛津大学期间被迫停顿，但其间的所思所获却有助于整个译本的质量控制。我要感谢牛津大学中国研究所哲学部负责人尼克·邦宁(Nick Bunnin)博士——通过与他就我在访问期间撰写的两篇关于政治哲学的英文长文的讨论，以及他对这两篇论文的细致的编辑，我对于本书中的一些关键概念有了更丰厚的理解。牛津大学巴利奥尔学院的杨筱博士也为本书的一些重要术语的翻译提供了颇有价值的建议，在此一并致谢。

此外，四川大学哲学系以及四川大学伦理学研究中心的诸多同仁为本书中译本的完成给予了他们未曾想到的促进。我要感谢余平教授(他阅读了部分译稿)、高小强副教授(他对于本书中的几个德文术语予以了澄清)、丁元军副教授(他对一些用中文表达的概念的质疑促使我增加译者脚注和中译本附录)、黄玉顺教授(他对于“good”的翻译困难的健全直觉也支持我撰写了中译本附录)。我也要感谢蒋荣昌副教授、吴兴明教授、成先聪教授、熊林博士、越勇硕士、曾继茂博士、陈昌文教授、李绍猛博士以及恕不在此一一提及姓名的其他同事或友人，他们对本书中译本的完成也有或多或少的促进或帮助。

四川大学哲学系的部分西方哲学专业的研究生以及四川大学公共管理学院行政管理与社会学系的2002级专科起点本科班的同学，在试用这个译本的第三稿时也发现并纠正了一些错别字，并且好友葛清勋也阅读了部分译稿并给予了相当的鼓励，在此一并致谢。

最后，我要特别感谢我的家人在这一年多的时间里对我工作的支持(我的父亲校阅了全部译稿)。就在中译本定稿之际，我们的孩子刘之问来到了人世。但愿当她长大成人时，这本书中的一些重要内容仍然具有镜像价值。

刘　莘

2003年5月2日于成都·思无斋

图书在版编目(CIP)数据

当代政治哲学/(加)金里卡(Kymlicka, W.)著;
刘莘译.—上海:上海译文出版社,2015.9(2022.9重印)
(大学译丛)
书名原文:Contemporary Political Philosophy:
An Introduction
ISBN 978-7-5327-6989-6

Ⅰ. ①当… Ⅱ. ①金…②刘… Ⅲ. ①政治哲学-研
究 Ⅳ. ①D0

中国版本图书馆 CIP 数据核字(2015)第 095280 号

当代政治哲学
[加] 威尔·金里卡 著 刘 莘 译
责任编辑/王巧贞 装帧设计/未氓设计工作室
选题策划/汪 宇

上海译文出版社有限公司出版、发行
网址:www.yiwen.com.cn
201101 上海市闵行区号景路159弄B座
上海中华印刷有限公司印刷

开本 890×1240 1/32 印张 21 插页 2 字数 546,000
2015 年 9 月第 1 版 2022 年 9 月第 6 次印刷
印数:13,001—16,000 册

ISBN 978-7-5327-6989-6/B·403
定价:88.00 元

大学译丛　书目

01　《西方哲学史》(上下两册)／[挪] G·希尔贝克,N·伊耶　著
02　《世界经济简史》／[美] 龙多·卡梅伦,拉里·尼尔　著
03　《传播学史》／[美] E·M·罗杰斯　著
04　《美国人：殖民地历程》／[美] 丹尼尔·J·布尔斯廷　著
05　《美国人：建国的历程》／[美] 丹尼尔·J·布尔斯廷　著
06　《美国人：民主的历程》／[美] 丹尼尔·J·布尔斯廷　著
07　《专制与民主的社会起源》／[美] 巴林顿·摩尔　著
08　《希望的原理》(第一卷)／[德] 恩斯特·布洛赫　著
09　《文明的进程》／[德] 诺贝特·埃利亚斯　著
10　《协同学》／[德] 赫尔曼·哈肯　著
11　《资本主义与现代社会理论》／[英] 安东尼·吉登斯　著
12　《社会学》／[英] 安东尼·吉登斯　著
13　《大众传播与美帝国》／[美] 赫伯特·席勒　著
14　《传播政治经济学》／[加] 文森特·莫斯可　著
15　《信息社会的知识劳工》／[加] 文森特·莫斯可　著
16　《宗教与资本主义的兴起》／[英] R·H·托尼　著
17　《希望的理由》／[英] 珍·古道尔　著
18　《自恋主义文化》／[美] 克里斯托弗·拉什　著
19　《“中产”中国》／[美] 李成　编著
20　《西方六大美学观念史》／[波]瓦迪斯瓦夫·塔塔尔凯维奇　著
21　《法律的理念》／[英]丹尼斯·罗伊德　著

22 《观念的历险》/［英］艾尔弗雷德·诺思·怀特海　著

23 《人文科学的逻辑》/［德］恩斯特·卡西尔　著

24 《商业生态学》/［美］保罗·霍肯　著

25 《马克思的历史、社会和国家学说》/［德］亨利希·库诺　著

26 《政治的正义性》/［德］奥特弗利德·赫费　著

27 《跟大卫·哈维读〈资本论〉》/［美］大卫·哈维　著

28 《哲学的邀请》/［美］斯坦利·霍纳　等著

29 《宇宙之谜》/［德］恩斯特·海克尔　著

30 《全球化时代的民主》/［德］奥特弗利德·赫费　著

31 《世界文明史》/［日］山崎正和　著

32 《社会学与人类学》/［法］马塞尔·莫斯　著

33 《桑切斯的孩子们》/［美］奥斯卡·刘易斯　著

34 《论自由》/［法］雷蒙·阿隆　著

35 《卡桑德拉的女儿：欧美精神分析发展史》/［美］约瑟夫·施瓦茨　著

36 《实现罗尔斯》/［美］涛慕思·博格　著

37 《社会学主要思潮》/［法］雷蒙·阿隆　著

38 《全球时代的欧洲》/［英］安东尼·吉登斯　著

39 《社会理论的核心问题》/［英］安东尼·吉登斯　著

40 《经济人的末日》/［美］彼得·德鲁克　著

41 《当代政治哲学》/［加］威尔·金里卡　著